KB121303

하이데거
독일의 철학 거장과 그의 시대

Ein Meister aus Deutschland
Heidegger und seine Zeit

Ein Meister aus Deutschland
Heidegger und seine Zeit

하이데거

독일의 철학 거장과 그의 시대

뤼디거 자프란스키 지음

박민수 옮김

2017
세종도서 교양부문

북캠퍼스

하이데거 독일의 철학 거장과 그의 시대 **특별보급판**

초판 1쇄	펴낸 날 2017년 1월 16일
초판 3쇄	펴낸 날 2021년 12월 1일

지은이	뤼디거 자프란스키
옮긴이	박민수
발행인	이원석
발행처	북캠퍼스
등 록	2010년 1월 18일(제313-2010-14호)
주 소	서울시 마포구 양화로 58 명지한강빌드웰 1208호
전화	070-8881-0037
팩스	02-322-0204
전자우편	bcampus@naver.com

편집	함소연
디자인	책은우주다

ISBN	979-11-88571-13-0 04080
	979-11-88571-14-7 (Set)

이 도서의 국립중앙도서관 출판예정도서목록(CIP)은 서지정보유통지원시스템 홈페이지 (http://seoji.nl.go.kr)와
국가자료공동목록시스템(http://www.nl.go.kr/kolisnet)에서 이용하실 수 있습니다.(CIP제어번호: CIP2015027964)

기젤라 마리아 니클라우스에게 바침

관심과 호기심, 그리고 그들 나름의 조사로 내게 도움을
준 아래의 벗들에게 감사한다. 울리히 뵘, 한스–페터 헴펠,
헬무트 레텐, 세스 노터봄, 페터 슬로터다이크, 울리히 바너.

차례

제23장
645

대학 밖의 청중. 하이데거의 기술 비판: 몰아세움과 내맡김. 꿈의 장소에서: 그리스의 하이데거. 어느 장소의 꿈: 르 토르의 세미나. 메다르트 보스. 촐리콘의 세미나: 치료 요법으로서의 현존재 분석. 대학 입시생의 방.

제24장
673

카산드라의 외침. 아도르노와 하이데거. 아모르바흐와 들길. 본래성의 은어에서 60년대의 본래적 은어로. 말함과 아우슈비츠에 관한 침묵. 「데어 슈피겔」과의 인터뷰. 프라이부르크와 토트나우베르크의 파울 첼란.

제25장
703

생의 황혼기. 한나와의 재회. 하이데거와 프란츠 베켄바우어. 덩굴 잎과 계단을 누르는 무게와 마지막 저작들. 결코 잊을 수 없는 것. 존재 물음의 의미와 존재의 의미: 두 가지 선문답. 다리. 문신. 수리부엉이. 죽음. 다시 메스키르히의 하늘 아래로.

"하이데거의 사유를 통해 불어오는 폭풍은—수천 년이 지난 후에도 플라톤의 작품에서 불어오는 폭풍과 마찬가지로—이 세기에서 유래하는 것이 아니다. 폭풍은 태고로부터 불어와 어떤 완성된 것을 뒤에 남기며, 이는 모든 완성된 것이 그렇듯 태고로 돌아간다."

| 한나 아렌트 |

"일찍부터 사람들이 말했듯, 하나의 진리란 현세적인 것을 축복할 수 있어야 한다. 그렇지 않다면 진리는 세계 없이 남게 될 것이다. 세계가 황량해진 것은, 그처럼 많이 산출된 사상이 장소와 이미지 없이 떠돌고 있기 때문이다."

| 에르하르트 캐스트너 |

"인간이 없다면 존재는 침묵할 것이다. 존재는 있겠지만, 그것이 곧 '참된 것'은 아닐 것이다."

| 알렉상드르 코제브 |

일러두기

1. 본문에서 인용된 하이데거 저작은 약호로 표시했고, 책의 맨 뒤에 풀어서 실었습니다.
2. 하이데거가 직접 말한 내용이나 용어는 본문에서 " "로 묶고, 고딕체로 처리하였습니다.
3. 단행본 및 전집, 시집 등 책으로 출판된 모든 저작은 『 』안에 넣었고, 신문이나 잡지, 논문 등(단편)은 「 」안에 넣었습니다.
4. 원서의 주와 옮긴이 주는 모두 미주로 처리하였습니다.
5. 외래어 인명과 지명은 현행 외래어 표기법을 따랐습니다.

서문

하이데거에 관한, 그의 생애와 철학에 관한 이야기는 길어질 수밖에 없다. 한 세기의 모든 격정과 파국이 그 안에 담겨 있다.

하이데거의 철학적 출발점은 먼 과거로 거슬러 올라간다. 그는 헤라클레이토스, 플라톤, 칸트를 마치 자신의 동시대인인 양 다룬다. 하이데거는 그들이 말하지 않은 것을 듣고 이를 언어로 표현할 수 있을 만큼 그들에게 가까이 다가간다. 하이데거에게서는 여전히 하나의 훌륭한 형이상학이 발견되지만, 그 형이상학이란 그것이 침묵하고 있는 순간, 달리 말해 그것이 어떤 다른 것으로 열리는 순간의 형이상학이다.

하이데거의 열정은 대답이 아닌 물음을 향했다. 자신이 묻고 탐구한 것, 이를 그는 존재라 불렀다. 철학과 함께한 일평생 동안 그는 이 '한 가지' 물음, 존재에 대한 물음을 되풀이해 제기했다. 그 물음의 의미란 모던 세계에서 소멸할 위기에 처한 신비를 삶에 되돌려 주는 것 외에 다른 것이 아니다.

하이데거는 가톨릭 철학자로 출발했다. 그는 모던의 도전을 받아들였다. 그는 현존재의 철학을 전개했다. 텅 빈 하늘 아래 덩그러니 놓여 있고, 모든 것을 집어삼키는 시간의 위력 아래 던져져 있지만, 자신의 삶을 기획투사^{entwerfen}할 능력을 지닌 그런 현존재의 철학, 그것은 자유와 책임을 지닌 개별자에게 말을 걸며 죽음을 진지하게 다루는 철학이었다. 하이데거가 말하는 존재물음이라는 것은, 탁 트인 대양으로 자유로이 나아가기 위해 닻을 올리듯^{lichten} 현존재^{Dasein}를 밝혀 보이는^{lichten} 것을 뜻한다. 하이데거의 존재물음이 이 해방하고 밝혀 보이는 성격을 대폭 상실하고 외려 사유를 위축하고 경직시키고 있다는 것은 영향사의 슬픈 아이러니이다. 이러한 경직을 풀어내는 것은 중요한 일이 될 것이다. 만약 그런 일이 이뤄진다면, 우리는 이 철학 천재의 오인된 여러 통찰에 대해 트라키아 하녀[1]의 웃음으로 답할 수 있을 만큼 자유롭게 될지도 모를 일이다.

하이데거가 정치적 사건에 연루되었던 일은 아직도 이런 경직 상태의 원인이 되고 있다. 그는 철학적 이유에서 일시적으로 국가사회주의(나치즘)의 혁명가가 되었지만, 그를 정치적 소란에서 다시금 벗어나게 해 준 것도 그의 철학이었다. 그가 행한 일은 그에게 교훈이 되었다. 이후 그의 사상은 힘에의 의지에 의해 정신이 유혹당할 수 있다는 문제 주변을 맴돌기도 했다. 하이데거 철학의 길은 결단성에서 시작되어 위대한 역사적 순간의 형이상학을 거친다. 그리고 종내는 내맡김Gelassenheit의 사유로 그리고 세계와의 돌보는 만남의 사유로 나아간다.

마르틴 하이데거. 독일의 거장.

그는 실제로 신비주의자 마이스터 에크하르트Meister Eckhart[2] 학파에서 출발한 '거장'이었다. 비종교적 시대에 종교적 경험을 위한 지평을 열어 두었다는 점에서 하이데거와 견줄 만한 인물은 없다. 그가 발견한 것은 사물들 가까이에 머물면서 진부함으로의 함몰을 막아 내는 사유였다.

실제로 그는 지극히 '독일적'이었다. 토마스 만Thomas Mann의 아드리안 레버퀸[3]만큼이나 독일적이었다. 하이데거의 생애와 사유의 역사는 또 다른 파우스트의 역사이다. 여기서 드러나는 것은 철학에서 그려진 독일 특유의 길, 장차 유럽적 사건이 될 그 길이 지닌 사랑스럽고 매혹적인 부분, 그리고 심연과도 같은 깊이다. 그리고 마지막으로, 그는 자신의 정치 활동으로 인해 파울 첼란[4]이 시에서 말한 바 있는 '독일의 거장'과도 흡사한 점을 지니게 되었다.

　　그리하여 마르틴 하이데거라는 이름은 우리 세기 독일 정신사에서 가장 흥미진진한 장의 제목이 된다. 우리는 그에 관해 이야기하지 않으면 안 된다. 선악을 가리면서, 그리고 또한 선악의 피안에서.

제 1 장

—

내던져짐. 메스키르히의 하늘. 그 지역의 교파 분열.
중요한 역할. 종치기 소년들. 유일무이한 동생. 혀-
혀-현존재. 부모. 교회의 비호. 콘스탄츠. 세속의 사
람들과 그 타자들. 프라이부르크의 김나지움. 예수회
원이 될 뻔하다.

—

프리드리히 하이데거와 요한나 하이데거

내던져짐. 메스키르히의 하늘. 그 지역의 교파 분열. 중요한 역할. 종치기 소년들. 유일무이한 동생. 혀-혀-현존재. 부모. 교회의 비호. 콘스탄츠. 세속의 사람들과 그 타자들. 프라이부르크의 김나지움. 예수회원이 될 뻔하다.

H E I D E G G E R

1928년, 그 사이 유명해진 마르틴 하이데거는 학창 시절의 몇 년을 보낸 바 있는 콘스탄츠 신학생 기숙학교의 예전 사감 선생에게 이런 편지를 썼다. "인간이 얼마나 풋내기인가를 가장 강렬하고도 지속적으로 보여주는 것은 철학인 듯합니다. 철학을 한다는 것은 결국 초심자가 된다는 것 외에 다른 것을 뜻하지 않습니다."

하이데거의 초심 찬미는 여러 뜻을 지닌다. 그는 초심의 거장이 되고자 한다. 그가 지나간 미래를 탐색한 곳은 그리스 철학의 시초였으며, 삶의 한가운데서 철학이 늘 새롭게 샘솟는 지점을 발견하고자 한 곳은 현재였다. 이런 것이 일어나는 곳은 바로 "기분Stimmung"이었다. 그는 짐짓 사유에서 시작하는 척하는 철학을 비판한다. 하이데거에 의하면, 사실 철학은 "기분"에서 시작된다. 놀람이나 불안, 걱정, 호기심, 기쁨에서 시작되는 것이다.

하이데거에게 "기분"이란 삶과 사유를 결합시키는 것이다. 자신의 삶과 사유에서 모종의 관계를 탐색하는 입장에 대해 거부의 태도를 보였음을 생각해 본다면, 여기에는 아이러니가 없지 않다. 일찍이 아리스토텔레스에 관한 강의를 그는 다음과 같은 간결한 말로 시작했다. "그는 태어나서 일하다가 죽었다." 자기 자신에 관해서도 그는 이렇게 이야기되길 바랐다. 철학을 위해 살고 어쩌면 자신의 철학 안에서 사라져 버리는 것, 그것이야말로 그의 커다란 꿈이었을 테니 말이다. 이것 또한 그가 말한 "기분"과 관계가 있다. 현전現前하는 것das Anwesende에서—아마도 너무 일찌감치—성가신 것을 발견하고는 그 때문에 은폐된 것을 찾아나서는 그런 기분 말이다. 삶 자체가 성가신 것일 수 있다. 하이데거의 "기분"은 그로 하여금 이렇게 말하게 한다. "현존재"는 "내던져"졌으며, 존재는 "짐(부담)인 것으로 드러났다." 그도 그럴 것이 "현존재는 그가 '현존재' 안으로 들어오고자 하는가 여부를 일찍이 현존재 자신으로서 자유로이 결단한 적이 있었던가?"(SuZ, 228쪽)

하이데거는 커다란 제스처를 좋아했다. 그렇기에 우리는 그가 말하는 것이 서양인지 자기 자신인지, 논의되는 것이 존재 자체인지 그의 존재인지 결코 정확하게 알 수가 없다. 하지만 철학은 사유가 아니라 기분에서 유래한다는 원칙이 유효하다면, 사상을 다른 사상들과의 격투 장소에만, 달리 말해 정신적 전통의 고지대에만 정주시켜서는 안 된다. 물론 하이데거도 이런저런 전통을 붙들었지만, 이는 자신의 삶으로 되돌아가려는 이유에서였다. 그리고 이런 이유로 인해 그는 자신의 '세계에-도래함'을 선물이나 전도유망한 안착으로는 분명 체험할 수 없다. 어떤 전략이 있었음이 분명했다. 그의 기분에 의하면 그렇다.

그렇지만 하이데거가 그 안에 내던져져 있다고 느끼는 세계는 19세기 말 메스키르히의 세계가 아니다. 그는 1889년 9월 26일 메스키르히에서 태어나 유년 시절을 보냈으며, 끊임없이 그곳으로 돌아가고자 했다. 그는 자신을 모더니티의 이런저런 요구로부터 지켜 주었던 이 고향 세계 밖으로 던져졌을 때에야 비로소 내던져졌다고 느꼈다. 잊지 말아야 할 것은, 세계에-도래함이란 탄생으로 완료되는 것이 아니라는 점이다. 인간의 삶에서는 몇 차례의 탄생이 필요하며, 누군가는 이 세계에 결코 완전히는 도착하지 못할 수도 있다. 하지만 일단은 최초의 탄생에 좀 더 머물러 보기로 하자.

그의 아버지 프리드리히 하이데거Friedrich Heidegger는 메스키르히에 있는 성 마르틴 성당의 관리인이자 술통 제조자이다. 그는 1924년 사망한다. 그는 아들이 가톨릭교와 연을 끊는 것은 지켜볼 수밖에 없었지만, 아들이 철학적으로 획기적 업적을 이루리란 것은 알지 못한 채 죽는다. 어머니는 1927년 사망한다. 마르틴 하이데거는 임종을 앞둔 어머니의 머리맡에 바로 그즈음 출간된 『존재와 시간Sein und Zeit』의 육필 원고 한 권을 놓아둔다.

어머니는 이웃 마을인 괴킹엔 출신이다. 슈바벤 알프스의 고원에서 찬바람이 불어오면 메스키르히 주민들은 이렇게 말한다. "괴킹엔에서 불어오는 바람이로군……." 외가는 조상 대대로 "로흐 농원"이라 불리는 훌륭한 농장에서 살았다. 그 땅은 외가 선조 중 한 사람인 야콥 켐프 Jakob Kempf가 1662년 폴렌도르프 근처 숲에 위치한 시토회 수도원으로부터 봉토로 받은 것이었다. 1838년 하이데거의 외할아버지는 3800굴덴을 지불하는 대가로 그 농장의 소유권을 취득했다. 하지만 외가는 정신적으로 계속 가톨릭교회의 비호 아래 머물렀다.

친가 조상들은 영세농이자 수공업자였으며, 18세기에 오스트리아에서 이 지방으로 이주한 사람들이었다. 메스키르히의 향토 연구가들이 밝혀낸 바에 따르면, 친가는 메걸레스 가 및 크로이처 가와 먼 친척 관계에 있다. 이 두 가문 중 하나에서 17세기의 가장 유명한 설교가인 아브라함 아 산크타 클라라Abraham a Sancta Clara를 배출했으며, 다른 가문에서는 작곡가인 콘스탄틴 크로이처Konstantin Kreutzer가 나왔다. 콘스탄츠 신학생 기숙학교에서 마르틴의 종교적 조언자였던 콘라트 그뢰버Conrad

Gröber는 후일 프라이부르크의 대주교가 된 인물인데, 그 역시 하이데거 가의 먼 친척이었다.

메스키르히는 보덴 호수와 슈바벤 알프스, 그리고 도나우 강 상류 사이에 놓인 소도시이다. 알레만 지방과 슈바벤 지방의 경계 지대에 있 는 이곳은 척박한 탓에 예전에는 가난한 지역이었다. 알레만 사람의 기 질은 행동이 느리고 음울하며 이런저런 생각이 많은 편이다. 슈바벤 사 람의 기질은 쾌활하고 속을 잘 드러내며 몽상적인 면도 없지 않다. 한 쪽은 넌지시 비꼬기를 잘하는 반면, 다른 쪽은 열정적인 편이다. 마르틴 하이데거는 양쪽 모두에게서 뭔가를 물려받았다. 그리고 그가 자신의 정신적 후원자로 받아들인 사람들 중에서 알레만 사람으로는 요한 페 터 헤벨Johann Peter Hebel[1]이 있으며, 슈바벤 사람으로는 프리드리히 횔덜린 Friedrich Hölderlin[2]이 있다. 하이데거에게는 두 사람 모두 지역의 특징을 강하 게 지녔으면서도 넓은 세계로 우뚝 선 인물들이다. 하이데거는 자기 자 신 또한 그런 인물이라 여겼다. "하늘의 광대함에 자기를 열어 놓는 동 시에 대지의 어두움 속에 뿌리를 내리다."(D, 38쪽)

1942년의 한 강의에서 하이데거는 횔덜린의 도나우 찬가 「이스터 강Der Ister」을 해석한다. 이 강의 원고에는 후일 출판된 저작에는 수록되 지 않은 한 장의 메모가 첨부되어 있다. "아마도 시인 횔덜린은…… 어느 사유하는 자에게 규정적 역운이 될 수밖에 없는 바…… 이 사유하는 자의 선 조 중 한 사람이 바로 「이스터 강」이 집필되던 무렵…… 상부 도나우 계곡의 강가 절벽 아래 있는 어느 농장의 양 우리에서 태어났다."[3]

일종의 자기 신비화일까? 어쨌거나 소망스런 출신 배경을 자신에게 부여하려는 시도임은 분명하다. 이를테면 메스키르히 아래편의 도나우 하우스, 빌덴슈타인 성 바로 밑의 그 장소를 비추는 횔덜린의 광채 같 은 것 말이다. 도나우하우스는 하이데거의 선조들이 18세기에 살았던 곳이다. 그 집은 아직도 남아 있으며, 입주자들에 따르면 바스크 베레모를 쓴 하이데거 교수가 그곳을 수시로 방문했다고 한다.

도나우하우스와 빌덴슈타인 성에서 멀지 않은 곳에 보이론이 있는데, 이곳에는 베네딕트회 수도원이 있고, 한때는 아우구스티누스파 수도회의 성당참사회가 있었다. 이 적막한 수도승들의 세계에는 넓은 도서관과 가축우리와 헛간들도 있어서 마르틴 하이데거는 교회와 연을 끊은 후에도 그곳의 매력에서 벗어나지 못했다. 1920년대에 그는 방학이면 몇 주 동안 수도원 독방에 머물곤 했다. 강의 금지를 당해 칩거 생활을 했던 1945~1949년에도 보이론 수도원만은 공공연히 드나들었다.

19세기 말 메스키르히의 인구는 약 2000명이었고, 주민 대다수는 농업과 수공업에 종사했다. 소규모 공장도 몇 곳 들어섰으니, 양조장과 제사 공장, 낙농 제품 공장이 하나씩 있었다. 메스키르히에는 관공서와 실업학교가 몇 곳 있었고, 전보국과 기차역, 2급 우체국, 지방법원이 하나씩 있었으며, 각종 조합 본부와 국유지 및 왕궁 관리 사무소 몇 곳이 있었다. 메스키르히는 바덴 주에 속했는데, 이 점은 이 도시의 정신적 분위기와 관련해 중요한 의미가 있었다.

19세기 초 이래로 바덴에는 강력한 자유주의 전통이 자리를 잡았다. 1815년 대의제 헌법이 발효되었고, 1831년 언론 검열이 폐지되었다. 바덴은 1848년 혁명의 아성이었다. 헤커Hecker와 슈트루베Struve가 그해 4월 인근의 콘스탄츠에서 무장 봉기를 호소했으며, 혁명군이 도나우에싱엔에 집결했다. 이들은 격퇴되었으나 일 년 후 일시적이나마 권력을 장악했고, 바덴의 지배자인 대공은 엘자스 지방으로 도주했다. 낡은 봉건적 체제는 프로이센 군대의 도움을 받아서만 회복될 수 있었다. 바덴의 분위기는 프로이센에 우호적이지 않았으며―프로이센 국왕이 독일제국의 황제를 겸하게 된—1871년 이후에도 이곳 사람들은 제국독일어처럼 프로이센의 풍취를 풍기는 것들을 늘 못마땅하게 여겼다. 그러나 바덴의 자유주의도 결국은 제국과 타협했는데, 이는 가톨릭교회라는 또 다른 적대자가 대두한 때문이기도 했다.

원래 교회는 자유주의 정신과 격렬히 대립해 왔지만, 1848년 이래로는 자신의 이익을 위해 자유주의를 교묘히 이용했다. 가톨릭교회는 자유로운 국가 내의 자유로운 교회, 학교와 대학에 대한 국가 감독의 폐지, 교회 수익의 자유로운 할당, 교회 재산의 자유로운 관리를 요구했다. 복종은 인간보다는 신을 향해야 한다는 것이 교회의 주장이었다. 교회와 국가 사이의 갈등은 1854년 바덴 주 정부가 프라이부르크 대주교의 체포를 명함으로써 첨예화되었다. 결국은 주 정부가 양보로 돌아섰는데, 이는 주민, 특히 시골과 소도시 주민의 사고 관습 및 생활 관습에 교회가 굳게 뿌리 내리고 있음을 분명히 깨달은 때문이었다. 독일 남서부 가톨릭의 이러한 대중주의는 교회에는 충실성을 지켰지만 국가에는 적대적이었고, 엄격한 위계질서를 고수하면서도 국가 권력에 대해서는 자율성을 주장했다. 이 가톨릭 대중주의는 반프로이센의 경향이 강했으며, 민족주의보다는 지역주의의 색채를 띠었고, 반자본주의와 중농주의, 반유대주의, 향토주의의 성향을 보였으며, 특히 사회 하위 계층에 굳건히 뿌리를 내리고 있었다.

국가와 교회 사이의 갈등이 다시금 첨예화된 것은 1870년 로마 공의회가 교황 무류성의 교리[4]를 결의했을 때였다. 거기에 내재된 것은 민족주의 시대에 이르러 교회의 보편적 지배를 회복시키는 것이 불가능해졌다면, 최소한 가톨릭 세계가 국가와 세속 사회로부터 효과적으로 보호되어야 한다는 주장이었다.

이런 입장에 반발하여 형성된 세력이 이른바 '구舊가톨릭' 운동으로, 이 운동의 사회적 뿌리는 무엇보다 남부 독일의 민족주의-자유주의적 가톨릭 교양시민계급에 있었다. 이 사회적 환경에 속한 사람들은 지나치게 '로마 가톨릭'을 추종하기보다는 가톨릭적인 것과 민족적인 것을 결합시키고자 했다. 일부 '구가톨릭교도'들은 거기서 더 나아가 교회 전반의 현대화를 추구했다. 이들은 독신 계율의 폐지, 성자숭배의 제한, 교구의 자율화, 성직자 선출 등을 실현하기 위해 애썼다.

이 운동은 독자적인 교회 조직을 수립하고 주교도 선출했지만 수적으로 소수파에 머물렀다. 이 운동은 정부의 지지를 얻었고, 특히 바덴에서는 주 정부의 지원 아래 강력히 발전했지만, 그 구성원은 10만 명을 넘은 적이 없었다. 1870년대와 80년대에 메스키르히는 이 운동의 아성 중 하나였다. 한때는 메스키르히 주민의 거의 절반이 구가톨릭교도였던 적도 있다.

로마 가톨릭의 대표적 활동가 중 하나였던 콘라트 그뢰버는—마르틴 하이데거의 유년 시절도 그 영향 아래 있던 — 메스키르히의 '문화투쟁시대'를 다소 암울하게 묘사하고 있다. "그 난폭한 시절 동안 얼마나 많은 아이들의 행복이 파괴되었는지 우리는 스스로의 쓸쓸한 경험에서 알고 있다. 당시 유복한 편이었던 구가톨릭파 아이들은 가난한 가톨릭파 아이들을 배척했으며, 가톨릭파 아이들과 가톨릭 성직자들을 별명으로 불러 댔고, 가톨릭파 아이들을 두들겨 패거나 다시 세례를 준답시고 샘물 저수반에 빠뜨리기 일쑤였다. 구가톨릭파 교사들 또한 양과 염소를 분명히 구별했으며, 가톨릭파 학생들에게 '새까만 병자들'[5]이란 별명을 붙였고, 벌을 받지 않고는 로마의 오솔길로 다닐 수 없다는 점을 완력으로 깨닫게 해 주었다. 유감스럽지만 우리 또한 이런 사실을 스스로의 경험을 통해 알고 있다. 결국 가톨릭파는 단 한 명도 예외 없이 사소한 배교 행위를 범하게 되었다. 메스키르히에서 일정한 직업을 가지려면 구가톨릭파에 합류할 수밖에 없었다. 훨씬 훗날에는 압라흐에서 사소한 공직이나마 얻으려면 개종을 해야 한다는 점도 분명해졌다."[6]

이런 상황에서 지조를 지킨 사람들도 있었으니, 하이데거의 아버지도 그중 하나였다. 그는 이런저런 불이익을 당하면서도 이른바 '로마파'로 머물렀다.

정부는 메스키르히의 구가톨릭파에게 성 마르틴 도시교회의 공동 사용권을 인정해 주었다. '로마파'에게 이는 교회 모독을 뜻하는 것이었기에 그들은 성 마르틴 교회를 이용하지 않기로 했다. 1875년 그들은 보이론 수도사들의 적극적 도움을 받아 도시교회에서 멀지 않은 곳의 낡은 과일 창고 하나를 '임시 교회'로 개조했다. 그곳에 교회지기 프리드리히 하이데거의 술통 제조장도 갖춰졌고, 마르틴 하이데거가 세례를 받은 곳도 그 교회이다.

'로마파'와 구가톨릭파의 대립은 도시 공동체를 두 진영으로 분열시켰다. 구가톨릭파는 '상류층', '자유주의자', '모던파'라고도 불렸는데, 이들의 시각에서 보면 '로마파'는 진보에 발맞추지 못하는 자들, 진부한 교회 격식에나 매달리는 편협하고 퇴보적인 소인배일 뿐이었다. '로마파'가 봄이나 가을의 축제를 맞아 들판에 나오면, 구가톨릭파는 집 밖으로 나오지 않았으며, 구가톨릭파 아이들은 '로마파'의 성체 안치대에 돌을 던졌다.

어린 마르틴은 이런 다툼에서 처음으로 전통과 모던의 대립을 체험했다. 마르틴은 그러한 모던에서 유해한 측면을 감지했다. 구가톨릭파는 '위에 있는 자들'에 속했고, '로마파'는 다수파이면서도 열세에 몰린 신세라 느끼지 않을 수 없었다. 그럴수록 이들은 더욱 긴밀한 공동체로 뭉쳤다.

19세기가 끝나 갈 무렵 구가톨릭파의 수는 메스키르히에서도 급격히 줄었고, 문화투쟁의 분위기는 완화되었으며, '로마파'는 도시교회와 부속 재산 및 토지를 모두 돌려받았다. 하이데거 가족도 교회 구역에 있는 교회지기 관사로 다시 입주할 수 있었다. 1895년 12월 1일 엄숙히 거행된 예배는 '배교자들'에 대한 이 승리를 최종적으로 선언했다. 당시 어린 마르틴은 생각지도 못한 중요한 역할을 떠맡게 되었다. 구가톨릭파 교회지기로서 교회 열쇠를 후속자에게 넘겨주는 것이 창피스러웠던 전임자가 마침 교회 마당에 나와 놀고 있던 후속 교회지기의 어린 아들에게 열쇠를 쥐어 주었던 것이다.

어린 시절 마르틴 하이데거의 세계는 작고 나지막한 교회지기 관사였다. 관사는 교회 마당을 사이에 두고 우뚝 솟은 성 마르틴 교회와 마주해 있었다. 교회 구역은 16세기에 건축된 퓌어스텐베르크 성과 맞닿아 있었다. 아이들이 거대한 정문을 지나면 성의 안뜰이 나왔고, 좀 더 걸어 들어가면 성의 대정원이 나타났으며, 거기서 정원 문으로 나가면 성의 반대편 끝자락까지 갈 수 있었다. 거기서부터 들길이 뚫린 넓은 들판이 펼쳐졌다. "들길은 대정원의 문에서 시작되어 엔리트 쪽으로 뻗어 있다. 대정원의 나이 많은 보리수들이 성벽 너머로 들길을 바라본다. 들길은 부활절 즈음이면 피어나는 새싹들과 깨어나는 목초들 사이에서 밝게 빛나며, 성탄절 즈음에는 눈보라에 가려 가장 가까운 언덕 뒤로 사라져 버린다."(D, 37쪽)

'교회지기의 아이들'인 마르틴과 동생 프리츠Fritz는 교회 일을 도와야 했다. 두 아이는 미사 때에는 복사였고, 교회를 장식할 꽃을 꺾어 와야 했으며, 신부님의 심부름을 하고, 종도 쳐야 했다. 하이데거가 「종탑의 비밀Vom Gegeheimnis des Glockenturms」에서 회상하는 바에 의하면 종탑에는 7개의 종이 있었는데 종마다 이름이 달랐고 울리는 시간도 달랐다. 오후 4시에 울리는 종은 '피어레'였는데, 이 종은 낮잠에 든 소도시 주민들을 깨우는 일종의 자명종이었다. 3시에 울리는 '드라이에'는 조종弔鐘으로도 쓰였다. '킨데'는 성경 공부시간과 묵주기도 시간을 알려 주었으며, 12시에 울리는 '츠뵐페'는 학교의 오전 수업이 끝났음을 알렸다. '클라나이'는 시간마다 울리는 종이었고, 가장 아름다운 소리를 내는 '그로세'는 중요한 축일 전야와 당일 새벽에 울렸다. 부활절 전의 성목요일에서 성토요일까지는 종을 치지 않았으며, 그 대신 달가닥 소리를 울렸다. 핸들로 크랭크를 돌려 일련의 작은 망치들로 단단한 나무를 내리치는 장치가 있었던 것이다. 종탑의 네 구석마다 이런 장치가 있었고, 종치기 소년들은 교대로 핸들을 돌려 사방 하늘로 거친 소리가 울려 퍼지게 했다. 가장 아름다운 때는 뭐니 뭐니 해도 성탄절이었다. 새벽 3시 반쯤이면 종치기 소년들은 교회지기 관사로 갔고, 어머니는 식탁에 케이크와 밀크 커피를 차려 주었다. 아침 식사를 마치고 나면 현관에 등불을 밝혔고, 모두가 겨울밤의 눈길을 걸어 맞은편 교회로 갔다. 그러고는 어두운 종탑으로 올라가 살얼음 덮인 추가 달린 얼어붙은 밧줄을 당겼다. 마르틴 하이데거는 이렇게 회상한다. "교회의 여러 축일과 대축일, 사계절의 순환, 그리고 나날의 아침과 점심과 저녁 시간을 서로 이어 준 비밀스런 이음매는 어린 마음과 꿈과 기도와 놀이 사이로 어떤 종소리가 끊임없이 울려 퍼지게 했다. 아마도 종탑의 가장 매혹적이며 가장 완전하고 가장 영속적인 비밀 중의 하나를 품고 있는 것이 바로 그 이음매일 것이다."(D, 65, 66쪽)

20세기 초 교회의 비호 아래 있던 지방 소도시의 삶이란 그런 것이었다. 「들길Feldweg」에서 하이데거는 손수 만든 배를 가지고 학교 샘터에서 놀던 일을 회상한다. "배가 물 위로 나아가는 모습은 꿈속의 광경만 같았고, 그 광경은 지금껏 거의 볼 수 없었던 광채, 그러나 모든 사물을 비추는 광채에 휩싸여 있었다. 그 사물들의 영역은 어머니의 눈길과 손길에 에워싸여 있었다…… 그런 놀이 속의 항해는, 모든 배 닿는 곳을 뒤에 남기고서 떠나는 방랑 같은 것은 아직 전혀 알지 못했다."(D, 38쪽)

이러한 "지금껏 거의 볼 수 없었던 광채"가 메스키르히의 어린 시절에 대한 하이데거의 모든 기억을 덮고 있으며, 이는 그저 미화에 불과한 것은 아닐 것이다. 동생인 프리츠도 그 시절을 비슷하게 체험했으니 말이다. "그처럼 우리 대부분은 온갖 개구쟁이 짓을 벌이면서 그 시절 이후로는 두 번 다시 체험하지 못한 끊임없는 무중력의 은총을 만끽했다."[7] 동생 프리츠는 어린 시절 놀던 곳을 평생 떠나지 않았고, 그 지역 신용은행의 은행원으로 일하다가 바로 그 지역에서 생을 마감했다.

메스키르히 주민들에게 프리츠 하이데거는 '명물'이었고 인기도 많았다. 그래서 훗날 마르틴 하이데거가 세계적으로 유명한 철학자가 되었을 때도 변함없이 "프리츠의 형"으로만 사람들 입에 올랐다. 프리츠 하이데거는 말을 더듬었는데, 메스키르히 사람들의 이야기에 따르면 그는 "긴장했을" 때만 "말을 자연스레 뱉어 내지 못했다". 그럴 때면 하이데거의 '현존재Dasein'는 그의 입에서 "혀-혀-현존재"가 되었다. 하지만 풍자나 조롱을 쏟아 낼 때면 말을 더듬지 않았으며, 그의 사육제 재담은 정평이 나 있었다. 이런 재담을 쏟을 때면 그는 전혀 거리낌이 없었고, 그 때문에 히틀러 시대에는 지역의 유력 나치 당원들과 갈등을 빚기도 했지만 대중적 인기 덕분에 무사할 수 있었다. 프리츠는 대학을 다니지 않았다. 이 은행원은 때때로 스스로를 '탐조등'이라 불렀다. 그는 형을 대신해 3만 쪽의 원고를 타자해 주었고, 전쟁 중에는 그 원고를 은행 금고에 보관해 주기도 했다. 프리츠는 "미국인들이 달 위에 거대한 슈퍼마켓을 세우고도 한참 후인"[8] 21세기에야 그 원고가 이해될 수 있을 것이라고 말했다. 그의 말로는 원고의 교정과 퇴고를 도운 것도 그랬다. 프리츠는 한 문장에 두 가지 의미를 담는 것을 허용하려 하지 않았다. 그래서 문장을 쪼개야 한다고 형에게 말했다고 한다. 좁은 문으로는 한 사람씩 차례로 나가야 한다는 것이었다. 이처럼 문장이 문제일 경우 프리츠는 일목요연한 것을 선호했지만, 다른 경우에는 오히려 모호함에 가치를 두었다. 그의 전형적 어투 중의 하나는 이런 것이었다. "사람들이 나를 알아주지 않아도 좋아. 하지만 내가 속이 뻔히 들여다보일 만큼 단순한 놈이라 여겨서는 안 돼!" 그는 철학에서도 이런 우스꽝스런 점을 대단하게 여겼으며, 철학자들이 스스로를 너무 진지하게만 여기는 태도를 애석하게 생각했다. 프리츠는 우스꽝스런 것에 대한 감각도 지닌 사람이라야 그놈의 '혀-혀-현존재'도 제대로 다룰 수 있는 거라 말하곤 했다. "우리 안에는, 가장 깊은 마음 구석에는 온갖 곤경을 견뎌 내는 무엇인가가 살고 있다. 그것은 바로 우리 모두가 거의 예감치 못하는 근원적 어리석음의 마지막 잔존물인 즐거움이다."⁹ 프리츠 하이데거에게는 형인 마르틴에게 결여된 자기 아이러니의 감각이 있었다. 마르틴보다 5년 뒤늦은 자신의 탄생에 관해 프리츠는 이런 논평을 한 바 있다. "생의 고통은 누군가에게는 오늘, 다른 누군가에게는 내일 시작된다. 성곽으로 가는 길의 작은 애벌레에겐 그 고통이 재의 수요일에 시작된다. 토하고, 등 두드리고, 끔찍할 만큼 땅이 젖으니 말이다. 재의 수요일이면 늘 그렇기 마련이다."¹⁰

마르틴 하이데거는 후일 자신의 동생에게 감사의 마음을 담아 한 권의 책을 헌정한다. "유일무이한 동생에게." 멋진 모호함을 지닌 표현이다.¹¹ 프리츠 하이데거에 의하면 부모님은 신앙심이 깊었지만 광신도나 엄격한 종파주의자는 아니었다. 가톨릭의 삶은 부모님의 살과 피에 스며들어 있었기에 자신들의 신앙을 굳이 변호하거나 목소리 높여 주장할 필요도 없었다. 그렇기에 너무나도 자명한 '올바른 길'에서 아들

마르틴이 벗어났을 때 두 사람은 당황하지 않을 수 없었다.

어머니는 쾌활한 여자였다. 프리츠 하이데거에 따르면 "종종 어머니는 삶이란 멋지게 정돈된 것이기에 즐겁게 기대할 만한 무엇인가가 언제나 있기 마련이라고 말씀하시곤 하셨다."[12] 어머니는 단호한 성품이었고 때로는 강한 자존심도 드러냈으며 유복한 농가 출신이라는 자부심을 숨기지 않았다. 그녀는 부지런하다는 평판을 들었으며 앞치마를 두르고 두건을 쓴 모습 외에는 사람들 눈에 띈 적이 거의 없었다. 아버지는 내향적인 남자로 며칠이고 입을 열지 않고 지낼 수도 있었으며, 눈에 잘 띄지 않지만 근면하고 정직한 사람이었다. 훗날 두 아들이 회상할 만한 것이 별로 많지 않은 남자였던 것이다.

하이데거 가족은 풍족한 편은 아니었지만 가난하지도 않았다. 1903년 당시 기본 자산은 2000마르크였고, 소득세 견적은 960마르크였던 것으로 보아 중산층 중 하위에 속했다. 그 정도면 한 식구가 먹고 살기에 충분했지만, 자식들을 자비로 상급 학교에 보낼 만큼 넉넉하지는 않았다. 이 시점에서 교회가 도움의 손길을 내밀었다. 교회가 재능 있는 아이들을 지원하는 동시에 사제 후속 세대를 양성하는 것은 흔한 일이었으며, 특히 시골 지역에서는 그랬다.

교구 신부인 카밀로 브란트후버Camilo Brandhuber는 마르틴의 부모에게 재능 많은 아들이 메스키르히의 시민학교를 마치면(당시 그 지역에는 인문중고등학교인 김나지움이 없었다) 콘스탄츠의 가톨릭 신학생 기숙학교에 보내자고 제안했다. 이 기숙학교는 사제 양성을 위한 학교였다. 브란트후버는 마르틴에게 무상으로 라틴어를 가르쳐 주었고, 덕분에 마르틴은 김나지움으로 전학할 자격을 갖추게 되었다. 콘스탄츠의 신학생 기숙학교 사감은 콘라트 그뢰버였다. 브란트후버와 그뢰버는 마르틴이 지역 재단의 장학금을 받게 해 주었다. 부모는 교회가 아들을 거둬들인 것을 자랑스러워했다. 그러나 마르틴에게는 교회에 경제적으로 종속되는 시대가 시작된 것이다. 이제 그는 감사의 의무만을 지게 되었다.

이러한 경제적 종속은 1916년까지 13년간 지속될 것이다. 마르틴은 콘스탄츠의 신학생 기숙학교에서 바이스 장학금을 받았으며(1903년부터 1906년까지) 김나지움 시절의 마지막 몇 년과 프라이부르크대학에서 신학을 전공했던 첫 4학기 동안은 사제 양성을 목적으로 하는 엘리너 장학금을 받았다(1911년까지). 1913년부터 1916년까지의 대학 시절 동안은 셰츨러 재단의 재정 후원을 받았는데, 이 재단은 장학금 수혜자에게 성 토마스 아퀴나스의 철학과 신학을 보존하고 계승할 의무를 지웠다. 하이데거는 마음으로 이미 교회를 등지기 시작한 후에도 한동안 가톨릭 세계에 의존할 수밖에 없었다. 그는 이를 받아들여야 했으며, 그로 인해 수치심을 느꼈다. 그 자신이 "가톨릭의 체계"라 부른 것에서 받은 모욕을 용서하지 못했던 것이다. 이 제도적 "체계"는 공적 영역에서 이익을 추구하는 정책을 펼쳤기에 마르틴에게 혐오감을 안겼다. 그렇기에 후일 그는 반교회주의를 표방한다는 점 때문에라도 나치 운동에 공감했다.

1903년 하이데거는 콘스탄츠의 신학생 기숙학교에 들어갔고, 그 도시의 김나지움을 다녔다.

구가톨릭파와의 갈등이 낳은 여파는 아직 지속되었지만, 메스키르히는 여전히 폐쇄적인 가톨릭 세계였다. 그러나 50킬로미터 떨어진 콘스탄츠에서는 이미 모던 시대의 징후를 분명하게 느낄 수 있었다.

일찍부터 제국도시[13]였던 콘스탄츠에는 여러 종파가 혼재하고 있었다. 이 도시의 위대한 역사는 기념비적 건축물들 속에서 숨 쉬고 있었다. 15세기 콘스탄츠 공의회가 열렸던 곳은 이제 구 백화점이었고, 체코의 종교개혁가 얀 후스Jan Hus가 재판을 기다리며 머물렀던 집도 남아 있었다. '이단자' 후스가 갇혀 있었던 도미니크회 수도원은 이제 호텔로 개축되었는데, 이 '인젤 호텔' 내의 회관들은 이 도시의 정신적 삶을 이끄는 중심지였다. 그곳에선 각종 연주회나 강연회가 열려서 김나지움 학생들도 자주 찾았다. 그곳에서는 '모던의 정신'이 숭배되었다. 니체Nietzsche와 입센Ibsen과 무신론, 하르트만Hartmann의 '무의식 철학'과 파이힝어Vaihinger의 '의제의 철학'이 논의되었고, 심지어 정신분석과 꿈의 해석도 다루어졌다. 콘스탄츠에서는 바야흐로 진보 정신의 바람이 불고 있었다. 이 도시는 1848년 헤커의 혁명 이래로 줄곧 바덴 주 자유주의자들의 아성이었다. 하이데거와 같은 시기 콘스탄츠의 김나지움을 다녔던 귄터 덴Günther Dehn은 회상록에서 이런 이야기를 한다. 그와 동급생들은 남자수영장에서 수영 강사에게 배웠는데, 그가 1848년 혁명 당시 바리케이드에서 전투를 벌였던 인물이란 사실을 알고는 즐거운 전율을 느꼈다. 그 지역에서 발행 부수가 가장 많았던 신문인 「아벤트차이퉁Abendzeitung」은 민주적이고 반교회적이었으며, 그 도시에 프로이센 보병 연대가 주둔하고 제국 각지의 장교들이 즐겨 찾는 휴양지인 보덴 호수가 있었음에도 불구하고 (혹은 바로 그랬기 때문에) 조심스런 반프로이센의 경향을 띠었다.

성 콘라트 학교 혹은 간단히 '콘라디하우스'라 불렸던 가톨릭 신학생 기숙학교는 문화투쟁 시기 동안 폐쇄되었고, 1888년에야 다시 열렸다. 콘스탄츠의 김나지움은 예전에 예수회 신학교였지만 이제는 국가의 감독 아래 있었다. 따라서 기숙학교 학생들도 다녔던 김나지움은 '세속' 학교였던 셈이고, 이 학교는 다소 자유주의적이고 반종파주의적인 교양인문주의 정신에 의해 지배받고 있었다. 예를 들어 근대 언어 담당 교사인 파키우스Pacius라는 사람이 있었는데, 민주주의자요 자유사상가이며 평화주의자였던 그는 강한 발언을 많이 해서 학생들에게 인기가 많았다. "아리스토텔레스는 거대한 정신의 소유자 플라톤에 비하면 아무것도 아니야."[14] 파키우스는 이런 말로 기숙학교에서 지내며 김나지움에 다니는 학생들의 화를 돋우곤 했다. 신학자로 자라날 이 학생들에게 아리스토텔레스는 높은 평가를 받아야 마땅했기 때문이다. 하지만 개신교도들도 그의 혀 앞에서는 무사할 수 없었다. "내가 연구한 바에 따르면 점성술은 멜란히톤의 미신에서 유래한 거야." 그는 그렇게 말하곤 했다. 독일어와 그리스어 담당 교사인 오토 키미히Otto Kimmig는 레싱의 『현자 나탄Nathan der Weise』[15]을 유일하게 성스러운 책으로 여겼다. 이런 교사들이 마르틴 하이데거를 비롯한 학생들에게 미친 영향은 막대한 것이었음이 분명하다. "이 두 교사에게 기독교의 사상 세계란 전혀 실존하지 않는 것이었으며, 나는 이 두 사람에 의해 나도 모르게 그 세계 밖으로 인도되었다. 나는 이 사실을 나중에야 분명히 깨달았다."[16] 귄터 덴은 그런 결론을 내린다.

콘라디하우스의 신학생들은—가능한 한도 내에서는—김나지움에서 맞닥뜨리는 자유정신에 면역이 되어 있었다. 그들은 호교론의 훈련을 받았고 '세속 사람들'과 논쟁할 준비를 갖추고 있었다. 신학생들은 번갈아 가며 글을 지어 자신들이 무장되어 있음을 보여 주어야 했다. 이런 글에서는 예컨대 '인간이 진정 자신의 힘만으로 인간다움을 획득할 수 있는가?'의 문제나 '관용의 한계는 어디까지인가?'와 같은 문제가 다뤄졌다. 또한 '자유와 원죄'의 문제가 논의되었고, '괴테의 이피게니에는 이교적-기독교적 인물인가, 아니면 기독교적-독일적 인물인가, 그것도 아니면 이교적 인물에 불과한가?'라는 문제도 논의되었다. 신학생들은 그런 논쟁 훈련에서 머리를 식힐 겸 향토사의 주제, 예컨대 라이헤나우 수도원의 역사, 보덴 호수 북서 지역인 헤가우의 풍속과 관습, 보덴 호숫가에 살았던 선사시대 수상 가옥 거주자 등을 연구하기도 했다. 신학생들은 때때로 여느 청소년들과 다름없는 하루를 보내기도 했다. 화창한 날이면 기타 반주에 노래를 부르면서 야외로 나가곤 했는데, 마이나우 섬이나 보트만의 백작 정원, 운터제의 포도원 등을 자주 찾았다. 그들은 방언 연극을 연습하고 음악을 연주했다. 그리고 같은 김나지움을 다니는 세속 학생들이 극장을 찾아가 여배우들 앞에서 허세를 부리는 동안, 신학생들은 자신들이 올린 예수 탄생극의 마지막 상연에 관해 이야기를 나눴다. 하지만 기숙학교 신학생들은 비겁한 위선자들은 아니었다. 그들은—바덴 지방이었으니 당연한 일이었겠지만—학교 운영에서 심의권을 행사하는 대의원을 선출했으며, 신문을 발행하여 바덴이 독일 최초로 언론 검열을 폐지한 지역임을 주기적으로 환기시켜 주었다.

기숙학교 신학생들은 엄격하지만 참을 수 없을 정도는 아니었던 감독 아래 생활했다. 어쨌거나 마르틴 하이데거는 콘스탄츠에서 보낸 시절을 회상하면서 별다른 노여움은 드러내지 않았다. 학창 시절 저학년 담당 사감이었던 마테우스 랑Matthäus Lang에게 1928년 하이데거는 이런 편지를 썼다. "저는 콘라디하우스에서 학업을 시작할 무렵을 즐겨 회상하며 그럴 때면 감사의 마음을 갖게 됩니다. 또 제 모든 시도가 고향의 대지에 얼마나 강하게 연결되어 이뤄진 것인지를 점점 더 분명하게 느낍니다. 당시 신임 사감이셨던 선생님을 제가 얼마나 신뢰했으며, 변함없는 그 신뢰 덕분에 제 기숙학교 생활이 즐거웠다는 사실은 지금도 제 기억에 분명히 남아 있습니다."[17]

기숙학교 신학생들로서는 같은 김나지움에 다니는 '자유로운' 학생들과의 교류가 그다지 즐거운 일은 아니었다. 이 학생들이 유복한 환경 출신인 경우에는 더욱 그랬다. 변호사나 관료, 상인을 아버지로 둔 이 학생들은 신학생들을 '거세한 수탉'이라 부르며 얕잡아 보았다. 기숙학교 신학생들은 대개가 시골 출신이었고, 하이데거처럼 수수하거나 빈곤한 집안 출신이었다. 우편국장의 아들이었던 귄터 덴은 이렇게 회상한다. "우리는 항상 '거세한 수탉들'을 다소 우습게 여겼다. 그 애들은 옷차림이 형편없었고, 우리들 생각에는 제대로 씻지도 않는 것 같았다. 우리는 그 애들보다 우월하다고 느꼈다. 그런데도 우리는 그 애들을 철저히 이용하곤 했다. 그 애들은 평소 숙제를 제대로 끝내도록 훈련되어 있었다. 그리고 학교에서 쉬는 시간이 되면 그 애들은 우리를 위해 숙제를 다시 한번 베껴 써야 했다. 그 애들은 늘 그렇게 해 주었다."[18] 기숙학교 신학생들은 자기들끼리 어울렸으며, 그런 식으로 자기들의 입장을 지켜나갈 수 있었다. 다른 사람들의 눈에는 다소 우습게 보이는 공동체를 꾸렸던 셈이다. 이들은 '세속적' 동급생들이 즐기는 여러 가지 오락에 낄 수가 없었다. 용돈도 궁했지만, 그와 관련된 금지령도 있었던 것이다. 사흘간의 사육제 기간 동안 시내 후미진 골목이나 술집이 떠들썩해지고 학생들이 떼거리로 몰려다니며 바보짓을 벌일 때면, 신학생들은 멀리서 구경만 할 수밖에 없었다. 여름 휴가철이면 외지 휴양객이 도시로 몰려와 다채로운 깃발 장식의 유람선을 타고 메어스부르크로 관광을 떠났으며, 저녁에 다시 돌아온 이들은 노래를 부르고 소리를 질러 대며 구도심 골목들을 갈지자로 휘젓고 다녔다. 그런 사람들 사이에는 알록달록한 모자를 쓴 김나지움 학생들도 늘 끼어 있었지만, 신학생들은 여전히 구경꾼 신세였다. 다음 날 휴식 시간이나 점심시간이 되면 온갖 허세를 부려 가며 쏟아 내는 경험담과 무용담이 기숙학교 신학생들의 귓전에도 들려왔다. 포도 수확 철이면 어딜 가나 얼큰히 취한 사람들이 눈에 띄었다. 일부 술집의 경우 저녁 열시까지는 김나지움 학생들도 드나들 수 있었다. 이런 곳에서 학생들은 교사들과도 포도주 한잔을 기울이며 친분도 쌓고, 콧대도 눌러 주곤 했지만, 기숙학교 신학생들에게는 이런 기회가 전혀 없었다.

신학생들은 다른 세계에 속해 있었으며, 스스로 그 사실을 깨달을 수밖에 없었다. 그들은 열등감과 싸우지 않으면 안 되었다. 이럴 때면 반항심이 도움이 되었다. 배제된 자들은 스스로를 선택된 자로 느낄 수도 있는 법이다.

기숙학교와 그 바깥의 유쾌한 도시 생활 사이의 긴장, 가톨릭 세계와 자유주의적 환경 사이의 긴장은 어린 학생 마르틴 하이데거에게 이미 두 세계의 관념을 만들어 놓았을지 모른다. 한쪽에는 엄격하고 무거우며 완고하고 느릿한 세계가 있고, 다른 쪽에는 재빨리 변하고 피상적이며 순간적 자극에 빠져 있는 세계가 있다. 한쪽에는 고된 노력이 있고, 다른 쪽에는 단순한 활동이 있다. 한쪽에는 뿌리가 내려져 있지만, 다른 쪽에는 거침없는 행동이 있을 뿐이다. 한쪽 사람들은 고군분투하며, 다른 쪽 사람들은 지극히 편안한 길만을 추구한다. 한쪽 사람들은 사려가 깊은 반면, 다른 쪽 사람들은 경박하기 그지없다. 한쪽 사람들은 자신에게 충실하지만, 다른 쪽 사람들은 방만함 속에서 스스로를 잃어버린다.

이러한 도식적 구분은 후일 하이데거 철학에서 '본래성Eigentlichkeit'과 '비본래성Uneigentlichkeit'이라는 개념으로 널리 알려지게 될 것이다.

1906년 가을, 마르틴 하이데거는 콘스탄츠의 콘라디하우스에서 프라이부르크의 주교 직할 학교인 성 게오르크 신학생 기숙사로 옮겨 가며, 그곳에서 유명한 베어톨트 김나지움을 다니게 되었다. 메스키르히 지역 재단에서 받는 장학금으로는 콘스탄츠의 기숙학교 학비를 더 이상 충당할 수 없었기 때문이다. 이 교회지기 아들의 적극적 후원자였던 콘라트 그뢰버와 카밀로 브란트후버는 또 다른 재원을 발견했으니, 그것은 바로 엘리너 장학회였다. 이는 메스키르히 출신의 신학자였던 크리스토프 엘리너^{Christoph Eliner}가 16세기에 설립한 장학회였다. 이 장학회는 메스키르히 출신의 신학도를 후원했지만, 프라이부르크의 김나지움과 대학을 다녀야 한다는 조건을 달았다.

콘스탄츠로부터 프라이부르크로의 전학은 승급의 성격을 지닌 것이었다. 마르틴은 아무런 원한 없이 콘스탄츠를 떠났으며, 평생 이 도시에 대해 좋은 기억을 품었다. 훗날에도 그는 콘라디하우스 동창회에 참석하곤 했는데 프라이부르크의 기숙학교에서는 그런 애착의 감정이 생기지 않는다. 그는 남은 생애를 이 도시에서 보낼 것이므로 기숙학교에 대해 일정한 거리를 유지할 수밖에 없다. 프라이부르크에서는 가톨릭이 특히 강력한 영향력을 행사하는데, 그는 바로 이곳에서 가톨릭으로부터 멀어질 것이다. 이 도시에는 전성기 고딕 양식을 완성시킨 대성당이 우뚝 서 있다. 대성당은 마치 브라이스가우 만으로 나가려는 거대한 선박처럼 슈바르츠발트 산맥 기슭에 자리 잡고 있다.

제2차 세계대전 전까지는 대성당 주변의 프라이부르크 구도심이 예로부터의 모습을 거의 온전하게 유지하고 있었다. 대성당 광장을 중심으로 수많은 골목이 방사형으로 뻗어 나갔으며, 이 골목길 대부분이 작은 운하들과도 연결되었다. 신학생 기숙학교는 성직자들의 호화로운 저택 가까이에 있었다.

젊은 마르틴 하이데거가 전학 왔을 무렵의 프라이부르크는 한 세기 전 줄피츠 부아세레¹⁹가 괴테에게 보낸 편지에서 묘사했던 풍모를 여전히 지니고 있었다. "프라이부르크에 관해서는 한 권의 책이라도 써 드릴 수 있을 것 같습니다. 이곳만큼 빼어난 장소는 없으며, 모든 옛것이 아름답고 사랑스럽게 보존된 아주 훌륭한 곳입니다. 골목마다 수정처럼 맑은 개천이 흐르고, 골목마다 고풍스런 분수가 있습니다…… 어딜 가나 포도나무가 있어서 여기저기 성벽과 예전의 요새였던 곳이 포도

잎사귀로 무성합니다."[20]

베어톨트 김나지움에서 마르틴은 착실한 학생이었다. 당시까지도 그는 교회와 관련된 일을 하리란 포부를 품고 열심히 공부했으며 대학 입학자격시험을 마치면 예수회에 입회할 생각이었다. 교사들도 그의 이런 계획을 응원해 주었다. 기숙학교 교장은 1909년의 졸업 증서에 이렇게 쓰고 있다. "이 학생은 재능 있고 근면하며 품행 또한 올바르다. 이 학생은 성품 또한 이미 상당히 성숙해 있으며, 학업에서도 자기 주도적이다. 때로는 다른 과목을 다소 게을리 할 정도로 독일 문학에 관심이 많고, 이 분야에서 박식함을 보인다. 이 학생은 신학과 관련된 직업을 선택할 것이 분명하고 수도회 생활에 관심이 있으므로 필시 예수회에 입회 신청을 할 것이라 생각된다."[21]

일부 동급생들과 달리, 마르틴 하이데거는 당대의 '모던한' 지적 조류에 전혀 매력을 느끼지 못했다. 자연주의나 상징주의, 유겐트슈틸의 젊은 작가들은 그의 개인적 독서 목록에 아직 들어와 있지 않았다. 그는 자기 자신을 정신적으로 다소 엄격하게 훈련시켰다. 1915년 교수자격 논문 제출과 관련해 작성한 「이력서」에서 그는 김나지움 시절 받았던 자극에 관해 이렇게 쓰고 있다. "김나지움 7학년의 수학 수업에서는 단순한 문제 풀이 대신 이론적 접근이 좀 더 강조되었다. 그러자 이 과목에 대한 내 단순한 애호가 정말로 진지한 관심으로 변했으며, 머지않아 이런 관심은 물리학으로도 이어졌다. 더 나아가 종교 수업에서 자극을 받은 나는 생물발생설에 관해서도 폭넓은 독서를 하게 되었다. 졸업반이었던 9학년에는 무엇보다도 플라톤 수업 덕분에…… 비록 이론적 엄밀함은 아직 갖추지 못했지만, 좀 더 의식적으로 철학적 문제에 파고들게 되었다."[22]

당시로선 특히 반종교적이었던 생물발생설로 그의 관심을 일깨운 것이 하필이면 종교 수업이다. 분명 그는 정신적으로 다소 위험천만한 지대, 메스키르히 이래의 신앙을 위태롭게 할 지대로 유혹된 듯하다. 하지만 그는 정신의 모험에 겁을 집어먹지 않는다. 아직은 발밑에서 단단한 대지, 신앙의 대지를 느끼기 때문이다. 그리하여 1909년 9월 30일 그는 펠트키르히(오스트리아 포라를베르크 지방) 인근 티지스에 위치한 예수회에 수련 수사로 입회한다. 하지만 두 주일 간의 수련 기간이 끝나자마자 그곳을 떠나게 되는데, 후고 오트$^{Hugo Ott}$에 따르면 하이데거는 심장에 문제가 있음을 호소했으며 건강상의 이유로 귀가 조치를 받았다. 이 증상은 2년 후 다시 나타났고, 결국 마르틴은 사제가 되는 길을 포기하게 되었다. 아마도 머리의 계획에 마음이 반기를 든 것이리라.

제 2 장

—

반모더니스트 사이에서. 아브라함 아 산크타 클라라. 삶의 피안이 지닌 가치. 천상의 논리. 브렌타노와 후설을 발견하다. 19세기 철학의 유산. 독일 관념론의 폐기. '마치~처럼'의 철학. 문화가치로의 도피. 유효성과 돈.

—

하인리히 리케르트(1933년)

반모더니스트 사이에서. 아브라함 아 산크타 클라라. 삶의 피안이 지닌 가치. 천상의 논리. 브렌타노와 후설을 발견하다. 19세기 철학의 유산. 독일 관념론의 폐기. '마치~처럼'의 철학. 문화가치로의 도피. 유효성과 돈.

HEIDEGGER

마르틴 하이데거의 마음은 아직 흔들리지 않는다. 예수회로부터 거부당하자 그는 프라이부르크대학 신학과에 입학을 신청한다. 이런 선택을 한 것은 경제적 이유에서였을 수도 있다. 부모는 그의 대학 학비를 댈 수 없다. 그리고 프라이부르크 김나지움 시절부터 그가 받은 엘리너 장학금은 신학 공부를 조건으로 한다.

1909년 겨울학기에 그는 대학에서 신학 공부를 시작한다. 1915년의 「이력서」에서 그는 이렇게 쓰고 있다. "당시 정규 강의들은 별로 만족스럽지 못했기에 나는 스콜라철학 교재들을 구해 독학을 시작했다. 이런 책들을 통해서는 얼마간 형식논리학적 훈련을 쌓을 수 있었지만 철학적 관점에서 내가 구하는 것은 얻을 수 없었다."[1]

하이데거는 프라이부르크의 신학자들 중에서 오직 한 사람에만 주목하며 후일에도 그를 언제나 "스승"이라 부르게 된다. 이 스승이란 바로 카를 브라이크Carl Braig이다. 김나지움 졸업반 때 하이데거는 이미 브라이크의 개설서인 『존재에 관하여. 존재론 개요Vom Sein. Abriß der Ontologie』(1986년)를 공부했고, 이를 통해 전통적 존재론의 몇 가지 기본 개념을 숙달하였다. 그가 헤겔과 셸링을 비판적으로 검토해야겠다는 마음을 처음으로 먹게 된 것도 이 책을 통해서이다. 그는 산책을 할 때도 이 책을 들고 나가 브라이크 사유의 "예리한 방식"(Z, 82쪽)을 배웠다. 그 후 50년이 지난 뒤 하이데거는, 브라이크에겐 관념을 생생히 눈앞에 그려 내는 재주가 있었다고 회고한다.

카를 브라이크는 반모더니즘 신학자 중 한 사람이었다.

1907년의 교황 회칙 『주님 양 떼의 사목^{Pascendi dominici gregis}』이 '모더니즘'에 대한—"모더니스트의 그릇된 신조에 관해^{De falsis doctrinis modernistarum}"—투쟁을 선언했던 이래로 '모더니즘'과 '반모더니즘'은 그저 가톨릭 세계에서만 지적 투쟁의 두 기치가 된 것이 아니었다. 반모더니스트에게는 단순히 ('무원죄 잉태설[2] 같은) 교회 교의나 ('교황 무류성' 같은) 교권 위계 원칙을 옹호하는 것만이 중요했던 것은 아니다. 물론 적대자들은 반모더니스트를 이렇게 묘사하길 좋아했으며, 그렇기에 적대자들에게 반모더니즘이란 당대의 과학 정신과 계몽주의와 휴머니즘 및 일체 진보적 이념에 반발하는 반계몽주의자들의 위험스럽고 우스꽝스럽기까지 한 음모 외에 아무것도 아니었다.

그러나 반계몽주의자가 되지 않고서도 반모더니스트일 수 있다는 사실은 카를 브라이크가 몸소 보여 준다. 예리한 통찰력의 소유자였던 그는 모던의 과학적 태도의 다양한 변양들 내에 자각되지 않은 신앙의 전제들이 포함되어 있음을 드러냈다. 신앙과 무관하고 아무 전제도 없다고 생각되었던 것을 그 '독단의 잠[3]'에서 깨어나게 하려 한 것이다. 브라이크는 이른바 불가지론자들도 신앙을 갖는다고 말한다. 비록 초보적이고 투박한 신앙이긴 하지만 말이다. 진보와 과학, 그리고—우리에게 좋은 것이라 여겨지는—생물학적 진화에 대한 신앙, 경제와 역사의 법칙성에 대한 신앙이 바로 그런 것이다. 브라이크에 따르면 모더니즘은 "그것 자신이 아니거나 그것 자신에 이용되지 않는 모든 것은 도외시했고"[4] 주체의 자율성은 스스로를 가두는 감옥이 되어 버렸다. 브라이크에 의하면, 모던의 문명은 우리를 포함하는 현실, 우리가 일부를 이루는 현실의 소진되지 않는 비밀에 전혀 경외감을 품지 않으며, 이런 이유에서 그는 모던의 문명을 비판한다. 인간이 외람되게도 자신을 중심에 놓는다면, 인간에게는 결국 진리와의 실용적 관계만이 남는다. 우리에게 쓸모 있으며 우리의 실제적 성공에 도움이 되는 것만이 '참된' 것이다. 이에 반대해서 브라이크는 이렇게 말한다. "모든 진리가 그렇듯—진리 중에서는 수학적 진리가 가장 승리감에 찬 빛을 발하며, 이것이 영원한 진리 중 가장 엄밀한 형식이다—역사적 진리는 주관적 자아 앞에 놓이며 주관적 자아 없이 존재한다…… 이성으로서의 자아가 사물들의 합리적 면모 전반을 주시하면, 사물들은 진리 안에 있지 않게 된다…… 그리고 칸트 같은 이가 나서서…… 인간에게 사물들에 준거하라고 명하는 법칙을 바꾸지도 않게 될 것이다."[5]

실제로 브라이크는 칸트 이전으로 돌아가고자 하지만, 이때 헤겔과는 함께하려 한다. 지나치게 신중했던 칸트를 향해 실수에 대한 두려움이야말로 실수라고 논박했던 그런 헤겔과 함께 말이다. 브라이크는 초월적transzendental 한계를 넘어서라고 촉구한다. 이 세계란 우리가 발견한 것에 지나지 않는다는 사실은 확실한 것인가? 세계가 우리를 발견한 것이어서는 안 될 이유는 무엇인가? 우리가 무언가를 인식하는 것은 우리 자신이 무엇인가에 의해 인식되었기 때문이 아닐까? 우리는 신을 생각할 수 있다. 우리가 신의 생각이 아닌 이유는 무엇인가? 브라이크는 모던의 인간이 갇힌 곳은 내부가 거울로 된 방이라고 말하면서 그 방을—때때로 아주 거칠게—부숴 버린다. 브라이크는—영적으로나 경험적으로나—모던 이전을 연상케 하는 실재론을 공공연히 옹호한다. 그는 우리가 한계에 관해 아는 바가 없으므로 이미 한계를 넘어선 것이라 주장하면서 그러한 실재론을 정당화한다. 우리는 인식이라는 것을 인식하고 지각이라는 것을 지각하며, 그렇게 해서 이미 절대적 실재의 공간 안에서 움직이고 있다. 브라이크에 의하면, 절대자의 실재를 향해 자유로워지려면 주체의 절대주의에서 벗어나야 한다.

젊은 마르틴 하이데거는 이러한 모더니즘 논쟁의 각축장에서 처음으로 자신의 글을 발표했다. 그 사이 하이데거는 '성배 동맹Gralbund'에 가입했는데, 이는 가톨릭 청년운동의 엄격한 반모더니스트 분파였다. 이 단체의 정신적 지도자는 빈 출신의 리하르트 폰 크랄리크Richard von Kralik로 순수한 가톨릭 신앙의 부흥과 독일 민족의 로마 가톨릭 세계 제국 재건을 열렬히 추구하는 인물이었다. 이런 운동의 중심으로 고려되었던 곳은 프로이센이 아니라 합스부르크였으며, 여기서 짐작할 수 있듯 이 운동은 중부 유럽과 관련된 정치 구상에도 관심을 기울였다. 이 단체는 노발리스[6] 풍의 낭만주의적 중세를 꿈꿨고, 슈티프터[7] 풍의 충실히 보존된 전통이 지닌 '온유한 법칙'을 신봉했다. 하지만 이 단체는 모던의 요구와 유혹에 격렬하게 맞서 전통을 지킬 마음의 준비 또한 되어 있었다. 젊은 마르틴 하이데거에게 이 단체에 가입할 기회를 마련해 준 것은 1910년 8월, 메스키르히 인근의 작은 마을 크렌하인슈테텐에서 열린 아브라함 아 산크타 클라라 기념비 제막식이었다.

메스키르히의 향토주의는 항상 아브라함 아 산크타 클라라를 추모하는 데 공을 들였는데, 그는 1644년 크렌하인슈테텐에서 태어나 1709년 빈에서 사망한 명망 높은 궁정 설교사였다. 지역신문에는 이 인물에 관한 기사가 자주 실렸고, 5주년, 10주년, 15주년 식으로 그의 탄생일을 맞아 소규모 축제도 열렸다. 하지만 향토와 결부된 이 편안한 전통적 행사는 20세기 초부터 논쟁적이고 이데올로기적이며 공격적인 면모를 띠기 시작했다. 남부 독일의 '반모더니스트들'은 아브라함 아 산크타 클라라를 자신들의 선구자로 삼았다. 이들은 가톨릭의 자유주의 조류와 논쟁을 벌일 때도 이 인물을 들먹였다. 이 유명한 아우구스티누스회 수도승의 설교에서는 향락만을 추구하는 타락한 도시 생활과 교회의 계시 교리에 더는 순종하지 않는 정신적 오만함, 부자들의 낭비벽, 그리고 '유대인 고리대금업자들'의 탐욕을 강력히 탄핵하는 말을 얼마든지 찾아낼 수 있었다. 이 설교자는 가난한 하층민의 편이었으며, 자신이 하층민 출신임을 자랑스럽게 밝히곤 했다. 초가지붕 아래 태어난 모두가 머릿속에 지푸라기만 있는 건 아니라는 말은 흔히 인용되는 이 설교자의 격언 중 하나였다. 아브라함 아 산크타 클라라의 입장은 기독교-사회주의적이고 민중주의적이었으며, 투박했지만 경건했고, 그렇다고 위선적이지는 않았으며 반유대주의적이기도 했다. 반모더니스트의 관점에서는 더할 나위 없는 혼합이었던 셈이다.

1910년 8월 16일의 기념비 제막식은 성대한 민중 축제였다. 마르틴 하이데거도 프라이부르크에서 구경을 왔다.

마을은 꽃으로 단장됐고, 설교자 아브라함의 격언을 크게 쓴 현수막이 마을길 한가운데 창문과 창문 사이에 내걸렸다. 축제 행렬의 선두에서는 아브라함 아 산크타 클라라 시대의 역사적 의장을 갖춘 포고관이 말을 몰았다. 그리고 보이론의 수도사들과 고위 성직자 및 고위 관료들, 갖가지 색의 깃발을 든 학생들, 꽃 장식을 한 소녀들, 그리고 전통 의상을 입은 마을 사람들이 뒤를 이었다. 악대가 음악을 연주하고, 연설이 있었으며, 메스키르히 시민학교 학생들이 아브라함의 시와 격언들을 낭독했다.

마르틴 하이데거는 뮌헨에서 발행되는 가톨릭 보수파 계열의 주간 신문 「알게마이네 룬트샤우」에 이 행사에 관한 글을 기고했으며, 헤르만 하이데거Hermann Heidegger는 이 글이 아버지의 전집에 수록될 가치가 있다고 여겼다.

"자연스럽고 싱싱하고 건강하며 때로는 거칠기도 한 억양이 이 사건에 그만의 특색을 부여한다. 강건하고 자부심이 강하며 괴벽스러운 면도 없지 않은 주민들이 모여 사는 수수한 마을 크렌하인슈테텐은 낮은 분지에 잠에 취한 듯 자리 잡고 있다. 교회 종탑조차 유별나 보인다. 그 종탑은 여느 종탑들처럼 막힘없이 주변을 내려다보지 않고, 검붉은 지붕들 사이에 둔중하게 묻혀 있을 수밖에 없다…… 제막식 축제는 그처럼 소박하고 맑고 참다운 모습으로 진행되었다."(D, 1쪽)

여기서 잊지 말아야 할 것은 마르틴 하이데거가 이미 도시의—콘스탄츠 그리고 1906년 이후로는 프라이부르크의—공기를 잔뜩 마신 후 이 글을 썼다는 점이다. 시민적 환경에서 자신감을 갖고 노련하게 살아가는 사람들, 유행에 맞춰 옷을 입을 줄 알며 최신 문학과 예술과 철학의 문제에 조예가 깊은 사람들, 그런 사람들과 자기 자신을 가르는 것이 무엇인지 하이데거는 알고 있다. 둘 사이의 차이를 그는 자신의 세계, 즉 메스키르히 및 크렌하인슈테텐의 세계와 저기 바깥 세계 사이의 차이에서 감지했던 바, 두 세계 사이의 차이에서는 이미 본래성과 비본래성의 차이가 예고되고 있다. 기념비 제막식에 관한 글에서도 우리는 일종의 필자 자화상을 알아볼 수 있다. 교회 종탑만 "유별난" 게 아니라 그 자신도 그렇다. 다른 이들은 "막힘없이 주변을 내려다보"지만, 하이데거는 그의 "둔중함"으로 인해—마을 주민들처럼 "강건하고 자부심이 강하며 괴벽스러운 면도 없지 않게"—자신이 유래한 대지로 다시 내려갈 수밖에 없다. 그는 마을 주민들처럼, 그리고 또한 아브라함 아 산크타 클라라처럼 존재하고 싶다. 이 설교자는 "몸과 마음에서 민중의 건강함"을 지녔던 인물로, 그의 "원시가톨릭적 힘과 충실한 신앙과 신에 대한 사랑"은 깊은 인상을 남겼다. 하지만 그는 자기 시대의 세련된 정신문화에도 조예가 깊었음을 보여 주었다. 그는 그런 문화의 지배를 받는 대신, 그 문화를 자신의 제어 아래 두었다. 그렇기에 그는 "삶에 대한 지상의 모든 과대평가된 현세주의적 견해를 아무 두려움 없이 내파內破, Dreinschlagen"할 수 있었던 것이라고 하이데거는 말한다. 아브라함 아 산크타 클라라는 자신이 아는 것만을 말했다. 그는 너무 높이 달린 포도를 보며 짖어 대는 자가 아니었다.

젊은 하이데거는 자기 시대의 "데카당스"를 힐난한다. 그 이유는 무엇인가? "숨 막힐 정도의 답답함" 때문이다. 하이데거에 따르면 당대는 "외면적 문화"와 "급속한 변화", "기반마저 뒤엎는 혁신의 광기"와 "순간적 자극"의 시대이며, "삶과 예술의 심오한 영적 내용을 무모하게 뛰어넘어 버리는" 경향이 지배하는 시대이다.(D, 3쪽)

이는 당시 흔했던 보수적 문화 비판이다. '성배 동맹' 회원들만이 이렇게 생각하고 말한 것은 아니며, 랑벤[8]과 라가르드[9]에게서도 피상성과 효율성의 추구, 급속한 변화 및 혁신의 광기에 대한 유사한 논박이 발견된다. 하지만 여기서 눈에 띄는 점은 통상 이런 문화 비판의 맥락에서 두드러지기 마련인 반유대주의가 젊은 하이데거에서는 나타나지 않는다는 점이다. 케렌하인슈테텐 기념비 건립의 자금 조달을 위해 힘쓴 인물이 빈 시장 카를 루에거Karl Lueger였고 그가 반유대주의로 대중적 인기를 얻은 정치인이었다는 사실을 생각한다면, 이 점은 더욱 주목받을 가치가 있다. 한 가지 더 눈에 띄는 점은, 그런 모든 시대 현상에서는 "삶의 피안이 지닌 가치"가 배반당하고 있다고 말하는 하이데거의 확신이다. 이 말이 뜻하는 바가 무엇인지는 다른 텍스트에서 설명되는데, (빅토르 파리아스Victor Farías가 찾아낸) 이는 하이데거가 1910년부터 1912년까지 통합주의 가톨릭대학 졸업자 연맹의 월간 기관지인 「데어 아카데미커Der Akademiker」에 기고한 글들이다.

1910년 3월호에서 그는 덴마크의 문필가이자 에세이 작가인 유해

너스 외얀슨^{Johannes Jörgensen}의 자서전을 다룬다. 그 자서전의 제목은 '생의 허위와 생의 진실^{Lebenslüge und Lebenswahrheit}'이다. 이 책은 다윈주의에서 가톨릭교로 나아가는 작가 자신의 정신적 발전 과정을 묘사하는데, 그 과정은 절망에서 안심으로, 오만에서 겸손으로, 분방함에서 살아있는 자유로움으로 향하는 길로 그려진다. 젊은 마르틴 하이데거에게 그 길은 모범적이며 교훈적인 것이다. 그 길은 모던의 모든 어리석음과 유혹을 가로질러 결국은 종교적 신앙의 안식과 구원으로, 곧 "생의 피안"으로 들어서기 때문이다. "자아를 남김없이 전개하겠다"는 모던의 거대한 환상에서 벗어난 누군가가 있다. 자기 자신을 근거 삼아 자신의 일을 고찰하는 사람은 아무 근거를 갖지 못하는 것이나 마찬가지임을 삶에서 몸소 보여 준 사람이 마침내 나타났다. "우리 시대에는 '개성'이라는 것을 많이 들먹인다…… 예술가의 개성이 전면에 대두한다. 그런 흥미로운 사람들에 관해 많은 이야기를 듣는다. 댄디 오스카 와일드와 '천재적 술꾼' 폴 베를렌, 위대한 방랑자 막심 고리키, 극복인^{Übermensch} 니체. 모두가 흥미로운 사람들이다. 그런데 그들 중 하나가 은총의 시간을 맞아 떠돌이 삶의 거대한 허위를 의식하고는 거짓 신들의 제단을 부수고 기독교도가 된다면, 그들은 이를 '진부하고 혐오스럽다'고 말할 것이다."[10]

1930년의 유명한 강의 '진리의 본질에 관하여^{Vom Wesen der Wahrheit}'에서 마르틴 하이데거는 이렇게 말할 것이다. "자유가 우리를 참되게 하리라." 하지만 위의 청년기 글에서는 정반대의 주장이 나타난다. '진리가 우리를 자유롭게 하리라.' 그리고 이 진리는 인간이 자신의 힘만으로 자신 안에서 끌어낼 수 있는 무엇이 아니라, 살아 있는 신앙 공동체와 그 전통으로부터 얻을 수 있는 무엇이다. 오로지 이런 공동체와 전통에서만 "진리의 소유라는 지고한 행복"이 존재하며, 그 누구도 자신의 힘만으로 그것을 얻을 수는 없다. 젊은 하이데거는 스승인 카를 브라이크의 신앙적 실재론을 대변한다. 개신교 경건주의자들이 중시하는 심정의 경건성은 그가 생각하기에 여전히 너무나 주관적이다. F. W. 푀르스터 Foerster가 지은『권위와 자유. 교회의 문화 문제에 대한 고찰Autorität und Freiheit. Betrachtungen zum Kulturproblem der Kirche』에 대한 서평에서 하이데거는 "체험"에의 나르시즘적 도취를, 그리고 객관적 내용 없이 "개인적 기분"만을 표현하는 세계관들의 인상주의를 논박한다. 하이데거가 "세계관들"을 논박할 때의 표준적 논거는 이런 것이다. 그런 세계관들은 생의 이런저런 요구에 순응한다. 그러나 진리를 추구하는 사람은 거꾸로 생이 자신의 통찰을 따르게 만든다. 젊은 하이데거에게는, 쉽게 획득되지 않고 "자기 단속과 자기 방기의 기예"를 통해서만 획득될 수 있다는 것이 분명 진리의 결정적 기준 중 하나이다. 진리라는 것은 그것이 우리에게 저항하고, 우리를 도발하며 변화시킬 때에야 비로소 인식된다. 자신에게서 눈길을 거둘 수 있는 사람, 그리고 또 "충동들의 세계에 대해 정신적 자유를 획득한 사람"만이 "진리를 발견할 것이다. 진리란 제약 없는 자율주의를 따르는 정신에게는 무리한 요구이다". 진리는 환한 빛을 발하지만, 저절로 이해될 수 있는 것은 아니다. 자만심은 "종교적-도덕적 권위"에 머리를 숙여야 한다. "대다수 인간이란 자기 자신만을 의지하기에 진리를 발견하지 못하고 쟁취할 생각도 없으며 오히려 진리를 십자가에 못 박아 버린다는 사실. 거의 참담할 지경인 이 사실만으로도 개인주의 윤리학은 일체 근거를 상실한다."[11]

이러한 논증은 기억해 둘 필요가 있다. 하이데거는 후일에도 이런 논증을 고수할 것이기 때문이다. 요구받음과 번거로움은 진리의 기준으로 머물 것이다. 하지만 후일에는 신앙의 비호 아래서의 진리 획득이란 것도 편안한 길로 여겨질 것이며, 따라서 그 또한 진리에 대한 배반으로 간주될 것이다. 후일에는 우리 스스로에게 요구해야 하는 고충과 시련이란 바로 자유, 일찍이 하이데거가 의심했던 그 자유일 것이다. 하지만 그때의 자유는 형이상학적 비호가 없어도 견뎌 낼 줄 알고, 신앙적 실재론의 확정된 진리명제들도 필요치 않는 그런 자유가 될 것이다.

"개성의 숭배"에 대한 하이데거의 독설은 원한Ressentiment에서 자유롭지 못하다. 그는 개성의 세련된 도야를 헐뜯지만, 사실 그에게는 그런 도야의 기회가 없었음도 사실이기 때문이다. 교회의 원조를 받는 이 신학생은 김나지움과 대학의 시민적 환경 안에서 어딘지 어색한 태도를 감추지 못한다. 이를테면 '철학과 무관한 무대'에 등장해야 할 때면 그의 거동에서는 자신감이 사라진다. 그에게서는 '하층계급의 냄새'가 사라지지 않는다. 그 점은 후일에도 달라지지 않을 것이다. 1920년대 마르부르크대학에서 그는 독일 철학의 숨은 왕이 되겠지만, 그를 알지 못하는 많은 동료와 학생들은 여전히 그를 난방 수리공이나 건물 관리인으로 착각할 것이다. 그는 "흥미로운 요소들"을 비난하며, 그렇기에 한동안은 이런 요소들을 전혀 갖지 못한다. 그는 자신을 효과적으로 과시할 수 있는 역할을 아직 찾지 못했기에 즉각적 효과를 중시하는 사회적 무대는 기피한다. 시내 카페에 눌러앉은 젊은 니체 숭배자들의 인상적인 자기 연출법을 하이데거는 "체사레 보르자 방식의 열정"[12]이라 부르며 비웃는다. 손쉽게 이뤄지는 것, 번거로움 없이 즉흥적으로 실현되는 것은 무엇이든 그에게서 피상적이라는 혐의를 받는다. 자연스럽게 행동할 적절한 환경을 아직 찾지 못한 사람, 그렇기에 바깥 타인들과 함께 있을 때면 자기만의 '고유함'이 무거운 짐처럼 느껴지는 사람은 그런 식으로 생각하기 마련이다. 그런 사람이 어려움과 혹독함과 다루기 힘듦의 광륜으로 '진리'를 둘러싸 버린다면, 이는 그가 바깥의 '세속적인 것'에서 느끼는 저항, 그가 맞서야 하는 그런 저항에 대한 반작용인 셈이다. 그러나 집에 있을 때면 이 신앙의 진리에선 모든 무거움과 어려움이 사라진다. 그렇기에 외안슨의 책에 대한 서평도 가톨릭적 고향에서

만끽하는 안온함에 대한 서정적 찬사로 끝난다. "옛 도시들에서 외안슨은 그늘 속에 놓인 돌출창과 집 안 한구석에 걸린 친근한 성모화에 눈길을 던지고, 졸음을 못 이기는 샘물들의 웅얼거림을 들으며, 우울한 민요 가락에도 귀를 기울인다. 꿈같은 침묵 속으로 흩어지는 6월의 독일 저녁 분위기가 그의 멋진 책에 서려 있다. 신을 찾다가 마침내 고향을 얻은 가톨릭 개종자의 정서는 그의 예술을 낳은 강력한 요소일 수도 있으리라."[13]

이런 세계에는 가톨릭의 진리가 여전히 통하고 있다. 이곳은 메스키르히의 세계와 혼동될 만큼 유사한 세계이다. 이 세계에서는 신앙이 아직도 생의 질서에 속하며, 사람들은 "자기 단속과 자기 방기"를 스스로 강제하지 않고서도 신앙을 받아들인다. 그러나 누군가 자신의 신앙을 지닌 채 낯선 환경에 처하게 된다면, 규율과 논리가 그를 부축해 주어야 한다. 어떤 신앙 앞이든 심연은 입을 벌리고 있기 마련이다. 어떻게 하면 그것을 뛰어넘을 수 있는가? 젊은 하이데거는 전통과 규율을 중시한다. 후일에는 결단성 내지 결단주의Dezisionismus가 그것을 대신할 것이다. 그리고 더 후일이면 그는 내맡김에 의지할 것이다.

1910년경의 하이데거는 우리가 저축해서 뜻대로 처분할 수 있는 재산이 아니라 교회가 제공하는 "진리의 보화"야말로 선물이라고 여전히 믿는다. 이런 진리의 보화에 대한 신앙은 단순히 감정에 불과한 것이 아니다. 브라이크와 그의 제자 마르틴 하이데거의 시각에서 슐라이어마허식의 한갓 감정적인 종교는 모던의 주관주의를 용인하는 것일 뿐이다. 신앙은 감상적 위로가 아니라 혹독한 도전이다. 계몽된 세계가 신앙을 무리한 요구로 느끼는 것은 전혀 놀라운 일이 아니다. 실제로 신앙은 그런 요구이기 때문이다. 신앙은 예컨대 '진리'를 위해서는 삶을 즐기려는 마음의 논리를 단념하라고 요구한다. 젊은 하이데거는 이렇게 말한다. "그리고 그대가 정신적으로 살고자 하고 행복을 얻고자 한다면, 그대는 죽으라. 그대 안의 저열한 것을 살해하고, 초자연적 은총과 함께하라. 그러면 그대는 부활하리라."[14]

신에의 이러한 귀의에는 고향의 포근함 따위는 전혀 없다. 그런 귀의는 삶을 고되게 만들며, 슐라이어마허식의 감정적 유약함을 허용하지 않고, 한갓 내면성의 피난처로 전락하려 하지도 않는다. 지상에 깃든 신의 정신을 그즈음 하이데거는 어딘가 다른 곳에서 찾는다. "여기서 가장 강렬한 승리의 빛을 발하는 것은 수학적 진리인 바, 그것은 영원한 진리의 가장 엄밀한 형식이다." 브라이크의 이 말은 하이데거에게 방향을 제시했으며, 그렇기에 하이데거는 「데어 아카데미커」에서 이렇게 쓰고 있다. "얼음처럼 냉엄한 논리가 섬세한 감정의 모던적 영혼에 저항한다. '사유'는 더 이상 논리적 원리들의 변치 않는 영원한 한계 안에 억지로 편입될 수 없다. 우리에겐 이미 그런 사유가 있다. 마음의 정서적 영향을 일체 받아들이지 않는 엄밀한 논리적 정신에는, 진정으로 전제를 갖지 않는 모든 학문적 작업에는, 그 어떤 윤리적 힘을 지닌 토대, 즉 자기 단속과 자기 방기의 기예가 포함되어 있다."[15]

하이데거에게는 신앙의 자기 극복을 위해 필요한 것도 바로 그러한 힘이다. 그가 보기에 신앙의 권위주의와 엄밀한 논리의 객관주의는 똑같은 것이다. "영원한 것"에 참여하는 데는 다양한 길이 있다. 하지만 여기서는 감정도 중요한 역할을 하며, 매우 숭고한 감정은 특히나 그렇다. 신앙과 논리의 엄혹한 단련을 통해서야 "존재의 궁극적 물음들의 최종적이고 완결적인 답변"을 얻고자 하는 욕구가 만족을 얻는 바, "그런 물음들은 돌연 나타나서 목표와 길을 찾지 못해 고뇌하는 영혼을 여러 날 동안 납덩이처럼 짓누르곤 한다."[16]

하이데거는 1915년의 「이력서」에서 자신의 "형식논리학 수련"을 마치 일종의 기초 훈련 과정이었던 것처럼 쓰고 있지만, 사실 이는 아주 솔직한 태도는 아니다. 왜냐하면 젊은 날의 그에게 형식논리학과 수학논리학은 일종의 예배였던 바, 그는 논리학에 의지해 영원한 것의 수련으로 들어서며, 거기서 생의 불안정한 기반을 버틸 발판을 얻기 때문이다.

1907년 콘라트 그뢰버는 하이데거에게 프란츠 브렌타노^{Franz Brentano}의 박사 논문 「아리스토텔레스에서 존재자의 다양한 의미에 대하여^{Von der mannigfachen Bedeutung des Seienden nach Aristoteles}」를 선물로 주었다. 이 저작에서 하이데거는 자신이 "얼음처럼 냉엄한 논리"라 부르는 것, 자기 의견이나 감정에 근거해서만 살려 하지 않는, 강한 정신을 위한 그 무엇을 발견한다.

엄격한 규율을 중시하는 성직자인 그뢰버가 하필이면 이 저작을 선택했다는 것은 주목할 만한 일이다. 프란츠 브렌타노는 유명한 낭만주의 작가 클레멘스 브렌타노^{Clemens Brentano}의 조카로 1938년 출생한 인물이다. 그는 철학자였지만 가톨릭 사제이기도 했기에 원래는 신학에 철학을 예속시켰지만, 1870년 '교황 무류설 교리'가 선포된 후로는 상급자들과 갈등을 겪었다. 결국 그는 교회를 떠나고 결혼도 했으며, 그로 인해 빈대학의 교수직도 내놓아야 했다. 1895년까지 그는 강사 신분으로 대학 강단에 섰으며, 만년은 거의 시력을 잃은 상태로 베니스에서 지냈다.

브렌타노는 후설의 스승이자 현상학의 창시자 중 한 사람이었다. 브렌타노가 몰두했던 것은 신의 존재 방식에 관한 물음이었다. 신이 있다면, 이 '있다^{es gibt}[17]'가 뜻하는 것은 무엇인가? 신은 우리 머릿속의 표상인가? 신은 저 바깥 세계에 그 세계의 총괄 개념으로서, 세계의 지고한 존재로서 있는 것인가? 치밀한 분석을 통해 브렌타노는 주관적 표상들과 사물들 자체 사이에 제3의 무엇이 있음을 발견해 낸다. 그 무엇이란 바로 '지향적 대상intentionale Objekte'이다. 브렌타노에 의하면, 표상이란 순수하게 내적인 무엇이 아니며 언제나 '어떤 것'의 표상이다. 표상이란 주어져 있는 어떤 존재자, 좀 더 정확히 말해서 내게 주어지고 내게 나타나는 어떤 존재자의 의식이다. 이런 내적인 '지향적 대상들'이 바로 어떤 무엇이다. 다시 말해, 그런 내적인 지향적 대상들은 주체의 행위— 이를 통해 우리는 그런 대상들과 관계하게 된다—로 해소되지 않는다. 이런 식으로 브렌타노는 존재자의 온전하고 독특한 한 세계, 즉 통상적인 주체-객체-도식에서 중간 위치를 점하는 그런 세계를 마련한다. 브렌타노는 이러한 '지향적 대상들'의 세계 내에 신과 우리의 관계도 위치시킨다. 여기에 신이 '주어져 있다es gibt'. 신의 의식은 우리 경험의 실재 객체들에 의해 확증되는 것이 아니지만, 예컨대 '지고한 선'이나 '지고한 존재자' 등과 같은 추상적 보편개념에 근거하는 것도 아니다. 브렌타노는 아리스토텔레스의 존재 개념들을 탐구하는 바, 이는 신앙되는 신이란 우리가 무수한 존재자로부터 추상의 방식으로 획득하려 드는 그런 신이 아님을 밝히기 위해서이다. 아리스토텔레스에 근거해 그는 그러한 전체란 없음을 보여 준다. 있는 것은 개별 사물들뿐이다. 연장 그 자체는 없으며, 단지 연장된 사물들만이 주어져 있다. 사랑 자체는 없으며, 사랑의 수많은 개별 사건이 있을 뿐이다. 브렌타노는 개념적 사물들에 그 어떤 실체를 부여하는 오류를 범하지 말라고 경고한다. 실체는 보편개념들 안에 있지 않고 구체적인 개별 사물들 안에 있다. 구체적 개별 사물들은 무한히 다양한 관계 안에 있고, 고로 무한히 다양한 관점에서 규정될 수 있으므로 철저히 무한한 것들이다. 오로지 개별성에서만 그리고 존재 양식의 다양한 등급에서만 모습을 드러내는 이 세계는 소진될 수 없다. 프란츠 브렌타노의 사유에서 신이란 낱낱의 것 안에 있다.

브렌타노의 탐구는 아리스토텔레스에 기대어 사유 가능한 것의 영역을 측량하며, 그 결과 브렌타노에게 계속해서 구속력을 갖는 신앙은 기만적 논리화와는 무관하게 된다. 신앙은 논증과는 다른 근거 위에 서 있다. 하지만 브렌타노의 박사 논문이 암시하듯, 신앙의 행위에서―예컨대 판단이나 표상, 지각에서와 달리―진정 어떤 일이 일어나는 것인지를 언젠가는 정확하게 서술할 수 있을지도 모른다. 바로 이런 것이 향후 몇 년 동안 현상학적 프로그램의 윤곽을 이룰 것이다.

마르틴 하이데거에게 브렌타노의 독서는 쉽지 않은 과제였다. 하이데거는 방학이면 메스키르히로 가서 얼마나 이 과제와 씨름했는지 이야기한다. "어려운 문제들이 잇달아 밀려들어 아무런 출구도 보이지 않을 때면 들길이 도움을 주었다." 그곳 벤치에 앉아 있노라면 문제들은 다시금 아주 단순해졌다. "들길 주변에 머무는 온갖 성장한 사물들의 광활함이 세계를 선사한다. 그 세계의 언어로 말해지지 않은 것 안에서…… 신은 비로소 신으로 있다."(D, 39쪽)

하이데거는 프란츠 브렌타노를 거쳐서 후설에게 이른다. 정확히 세기 전환기에 출간된 후설의 『논리 연구』(1900~1901년)는 하이데거의 개인적인 숭배서가 되었다.

그는 대학 도서관에서 빌린 이 책을 2년 동안 자기 방에 놓아두었는데, 그 사이 이 책의 대출을 원하는 사람은 아무도 없었다. 이 책은 하이데거에게 고독하면서도 범상치 않은 열정을 불러일으켰다. 5년이 지나서도 그는 이 책을 떠올릴 때면 감격에서 헤어날 줄 모른다. "후설의 저서에 매혹된 나는 그 후 몇 년 동안 기회만 나면 그것을 읽었다…… 작품이 발산하는 매력은 책의 조판이나 표지처럼 외면적인 것까지 스며 있었다." (Z, 81쪽)

후설에게서 하이데거는 논리학의 심리학적 상대화에 맞서 논리학의 유효성^{Geltung} 요구를 강력히 옹호하는 입장을 발견한다. 1912년의 한 논문에서 하이데거는 무엇이 관건인지를 명확히 규정한다. "심리학주의의 부조리함과 이론적 불모성의 인식을 위한 토대가 되는 것은 행위와 논리적 내용 사이의 구분, 시간 안에서 진행되는 현실적 사유의 사건과 시간 밖에 있는 동일한 관념적 의미 사이의 구분, 요컨대 '존재하는 것'과 '유효한 것' 사이의 구분이다."(GA 제1권, 22쪽)

후설은 이렇게 "심리적 행위"와 "논리적 내용"을 구별함으로서 20세기 초 심리학주의 논쟁이라는 고르디아스의 매듭[18]을 끊어 버렸다. 하지만 그 방식이 너무나 섬세한 것이었기에 오로지 소수의 사람들만이 —거기에는 젊은 하이데거도 포함되었다—어떤 일이 일어났는지를 알아차렸다. 표면적으로는 철학의 전문적 문제가 쟁점인 듯 보였지만, 사실은 이 논쟁을 통해 당대 여러 경향의 대립과 긴장 상태가 해소되기에 이르렀다.

1900년경의 철학은 적잖이 곤란한 상황에 처한다. 자연과학이 실증주의와 경험주의 및 감각주의와 동맹을 맺고서 철학의 숨통을 막는다.

과학의 승리감은 엄밀한 자연 인식과 기술적 자연 지배에 기초한다. 통제된 경험과 실험, 가설 제시, 그리고 검증과 귀납적 과정. 이런 것이 바로 과학적 연구 논리의 구성 요소가 되었다. '어떤 것은 무엇인가?'라는 예로부터 권위를 가져온 철학적 물음은 더 이상 제기되지 않았다. 잘 알려져 있듯 이 물음은 궁극적 답이 없이 무한정 계속될 수밖에 없으며, 이제 무한은 더 이상 관심을 끌지 못했기에 사람들은 이런 물음도 놓아 버리려 했다. 모던의 과학자들은 스스로를 어떤 연구 과정의 기능적 참여자 정도로 이해했으며, 이런 과학자들에게는 '어떤 것은 어떻게 기능하는가?'라는 물음이 더 많은 결실을 약속하는 것으로 생각되었다. 이렇게 해서 과학자들은 어떤 확정된 것을 밝혀낼 수 있었으며, 이런 방식에 의해 사물을―그리고 어쩌면 사람도―자기들의 구상에 따라 기능하게 할 수 있으리란 전망을 품었다.

그런데 이런 모든 과정을 가동시키는 것은 우리의 지성이며, 이 지성 자체는 자연의 일부이다. 따라서 지성 자체도 동일한 방법에 의해 '외적' 자연처럼 다룰 수 있어야만 할 것이다(이는 야심찬 계획이었다). 그렇기 때문에 19세기 말에는 뇌의 생리학 및 화학 같은 학문과 결부되어 심리적인 것을 다루는 일종의 '자연과학', 즉 실험심리학이 출현한다.

이러한 연구 접근법의 원리란, 무지의 입장을 취하며 마치 심리적인 것에 관해서는 아무것도 모르는 듯이, 마치 심리적인 것을 외부로부터―실증주의적, 경험주의적으로―관찰할 수 있는 듯이 행동하는 것이다. 과학자들은 이해하기보다는 설명하기를 원하며, 의미를 추구하기보다는 합법칙성을 탐구한다. 왜냐하면 이해는 우리를 탐구 대상의 공범자로 만들기 때문이다. 이렇게 되면 탐구 대상을 우리로부터 깔끔하게 분리시킬 수 없게 된다. 다른 분야가 그렇듯 심리학에서도 경험과학적 접근법은 무균 상태의 대상을 요구하며, 이때 분석되어야 하는 것은 심리적인 것의 '의미'가 아니라 '메커니즘'이다. 즉 생리적 자극으로부터 표상 이미지로의 변화 법칙, 표상 복합 내의 규칙적 연상 구조, 그리고 궁극적으로는 사유 자체의 법칙, 곧 '논리'가 분석에 의해 도출되어야 한다.

이런 관점에서 보면 '논리'는 심리 내의 자연적 사건으로 나타난다. 그리고 바로 이것이 '심리학주의의 문제'이다. 심리적인 것을 자연주의적인 것으로 다루는 사람들은 사유 규칙인 '논리학'을 사유의 '자연법칙'으로 만들어 버린다. 그리고 이때 그들은 논리학이란 '우리가 어떻게 사유하는가'를 경험적으로 기술하는 것이 아니라 ─진리임을 주장할 수 있는 판단에 이르려 한다면(사실 과학이 요구하는 것은 바로 이것이다) ─우리가 어떻게 '사유해야 하는가'를 기술하는 것이라는 점을 간과한다. 과학은 사유를 자연적 심리 사건으로 분석한 결과 난처한 모순에 빠지고 만다. 과학은 사유를 법칙적으로 일어나는 사건으로서 탐구한다. 하지만 과학이 과학 자체를 좀 더 면밀히 검토해 본다면, 과학의 사유란 법칙적으로 수행되는 과정이 아님을 알아차릴 수밖에 없다. 사유는 법칙에 의해 규정되는 것이 아니라 그저 특정 규칙들에 결부되어 있을 뿐이다.

사유될 수 있는 것의 넓은 영역에서 논리학은 자연법칙으로 등장하는 것이 아니다. 논리학은 우리가 그것을 유효하게 할 때만 유효한 무엇으로서 등장한다.

주지하듯 법칙이란 개념은 두 가지 의미를 갖는다. 법칙은 어떤 것이 규칙적이고 필연적으로 그 고유한 방식대로 일어나는 것을 뜻한다. 다른 한편, 법칙은 어떤 사건에 특정 경로를 지정하려는 규칙을 뜻하기도 한다. 첫 번째 경우는 존재의 법칙이며, 두 번째 경우는 당위의 법칙이다. 첫 번째 법칙은 무엇이 있는가를 서술하고, 두 번째 법칙은 지시를 내린다.

후설의 탐구 목표는 논리학을 자연주의에서 해방시키고, 규범적인, 즉 정신적인 성격을 다시 드러내는 데 있다. 물론 논리적 작업은 심리적인 것에서 일어나지만, 그 작업은 심리적 과정의 자연법칙이 아니라 심리적인 것의 규범적 산물이다.

하지만 설명은 곧바로 또 다른 문제에 직면한다. 그것은 심리적 행위와 이 행위의 산물, 즉 사유의 '유래'와 사유 내용의 '유효성' 사이의 관계라는 문제이다.

'2 곱하기 2는 4'라는 계산 과정은 심리적 행위이지만, '2 곱하기 2는 4'라는 계산 결과는 심리적 행위가 수행되지 않을 때도 유효하다. 계산 결과는 어떤 두뇌가 그 계산을 수행했는가와 무관하게 유효성을 요구한다. 계산이나 그 밖의 어떤 논리적 조작을 수행하는 사람은 정신의 초주관적transsubjektiv 권역에 참여하는 셈이다(이는 이미 상당히 플라톤적으로 들리는 말이다). 그 권역에 집적된 의미와 유효성의 영역들이 심리적 사건이라 서술될 만한 사유 행위가 수행될 때마다 요청되고 현실화된다.

그렇지만 논리학이란 사유의 자연법칙이 아니라 유효성의 이념적 영역의 일부라는 표현에는 오해의 여지가 있다. 왜냐하면 여기서는 그저 실용주의적인pragmatisch 합의가 문제될 뿐이라는 추정도 가능하기 때문이다. 예컨대 삼단논법으로 결론을 끌어내는 논리에 관해 우리는 합의를 하지 않고서도 이를 '올바른 것'으로 설명해 왔다. 물론 이 논리는 올바르다. '모든 인간은 죽는다. 소크라테스는 인간이다. 고로 소크라테스는 죽는다.' 이러한 추론 방식은 분명코 올바르다. 그것은 유효하다. 하지만 그렇다고 해서 이렇게 형성된 판단이 경험적으로도 반드시 올바른 것은 아니다. 그런 판단이 경험적으로 올바른가 여부는 전제('모든 인간은 죽는다')가 올바른가 여부에 좌우될 것이다. 우리는 올바른 추론 방식에 따르면서도 수많은 그릇된 판단을 내릴 수 있다('만약 모든 인간이 공무원이라면, 소크라테스도 공무원이다' 등). 따라서 우리가 삼단논법이란 추론 방식에 익숙해진 것은 이 추론 방식의 도움으로 올바른 인식에 도달했기 때문이라고 말할 수도 없다. 경험적 의미에서 올바른 인식에 도달하기 위해 이 추론 방식의 도움을 받을 필요는 전혀 없다. 이 추론 방식은 훨씬 더 빈번히 우리를 오류로 이끄니 말이다. 그러므로 이 추론은 경험에 의해 실증되는 것이 아니라—모든 논리적 조작이 그렇듯—단순히 자명한 것일 뿐이다.

우리가 논리의 자명성에 빠져들수록 논리는 더욱더 수수께끼가 되어 버린다. 삼단논법을 단순히 분석하다보면 갑작스레 정신의 신비한 영역을 발견하게 되는 것이다. 정신 자신을 실용주의적, 생물학적, 자연주의적, 사회학적으로 환원하려는 모든 시도에 대해서 승리를 거두는 그런 정신의 영역 말이다.

그러나 19세기 중반 이후의 시대는—경험과학들이 실질적 성공을 이룬 결과—환원에 대한 열정, 달리 말해 정신을 지식의 영역에서 추방하려는 진지한 열정을 전개한다.

니체는 19세기에 대해 이런 진단을 내렸다.[19] "성실"하고 "정직"하지만, 그 방식은 천박하다고. 19세기는 "모든 종류의 현실 앞에서 더욱 예속적이고, 더욱 참되다." 19세기는 "이상의 우위"에서 풀려났고, 어디서나 본능적으로 "현실적인 것에의 예속"을 정당화하기에 적합한 이론들을 찾는다. 니체는 이러한 현실주의의 속물적이고 비겁한 측면을 거론했다. 하지만 사실 19세기 중반 이후로 하나의 현실주의가 승리를 구가해 온 바, 이는 오로지 현실적인 것을 더욱 완전하게 지배하고 자기 뜻대로 개조하려는 목적에서만 현실적인 것에 굴종하는 현실주의였다. 니체가 "자유로운 정신"에 허용했던 "힘에의 의지"는 "극복인들"의 높은 영역은커녕 이제 실천이성을 '과학화'한 문명의 활동, 그 분주한 개미떼의 활동 속에서나 승리를 구가한다. 이는 시민세계에 해당되는 얘기였지만, 노동운동에 대해서도 같은 말을 할 수 있었던 바, 노동운동의 투쟁 구호는 "아는 것이 힘"이었다. 교양은 사회적 출세로 이어져야 했고, 일체의 착각에 대한 저항력을 키워야 했다. 무언가를 아는 사람은 더 이상 쉽게 속임을 당하지 않는다. 지식에서 가장 감명 깊은 점은 더 이상 그 무엇에서도 감명 받을 필요가 없다는 점이다. 자주권의 획득이 약속되며, 이는 사물들을 누군가의 수준, 경우에 따라서는 가장 위축된 수준으로 끌어내리려는 욕망에 상응한다.

절대정신의 관념론적 비상이 끝난 19세기 중반 이후로 갑작스레 어디서나 인간을 '작게' 만들려는 욕구가 출현한다는 것은 참으로 놀라운 일이다. 당시에 '인간은 (   ) 외에 아무것도 아니다'라는 사유 패턴이 널리 확산되기 시작했다. 낭만주의의 관점에서는 우리가 마법의 주문을 외우기만 하면 세계가 노래를 부르기 시작했다. 19세기 전반의 시와 철학은 매번 새로운 마법의 주문을 찾아내고 고안하는 감동적인 기획이었다. 이 시대는 지나치게 큰 의미들을 요구했다.

정신의 이러한 마법 경기장에서 주역은 '반성의 경주자들Reflexions-athleten'이었다. 하지만 이런 주역들은 현실주의자들이 현실감각을 갖추고 '(   ) 외에 아무것도 아니다'라는 공식으로 무장해 문 앞에 나타난 순간에는 마치 왁자지껄 뛰놀며 모든 것을 어지럽히는 철없는 아이처럼 보였다. 이제는 어지럽힌 것을 치울 시간이 되었고, 생활은 진중해지기 시작했다. 그런 일은 이제 현실주의자들이 처리할 것이다. 19세기 후반의 이러한 현실주의는 인간을 '작게' 사유하면서도 인간을 이용해 위대한 일을 벌이는 기교를 습득할 것이다. 우리 모두에게 이득이 되는 모던의 과학 문명을 '위대한' 것이라 부를 수 있다면 말이다.

모던의 기획이란 기이하고 공상적인 것이라면 일체 거부하는 태도에서 시작된다. 하지만 실증주의적 냉정함의 정신이 후일 얼마나 가공할 만한 것을 낳게 될지는 당시로선 제 아무리 터무니없는 공상으로도 예상할 수 없었다.

독일 관념론은 19세기 중반 조악한 종류의 유물론에 의해 폐기되었다. 냉정함의 책자들이 갑작스레 베스트셀러가 되었다. 그런 책자의 예로는 카를 포크트Karl Vogt의 『생리학 서한Physiologische Briefe』(1845년)과 그의 논박서 『맹목적 신앙과 과학Köhlerglaube und Wissenschaft』(1854년), 야콥 몰레

쇼트^{Jakob Moleschott}의 『생의 순환^{Kreislauf des Lebens}』(1852년), 루트비히 뷔히너 ^{Ludwig Büchner}의 『힘과 물질^{Kraft und Stoff}』(1855년), 그리고 하인리히 출베^{Heinrich Czolbe}의 『감각론의 새로운 해설^{Neue Darstellung des Sensualismus}』(1855년)이 있다. 힘과 충격과 선기능^{線機能}의 이러한 유물론이 지닌 에토스를 출베는 다 음과 같이 특징지었다. "인식 가능한 세계를 초감각적 세계에 의해 개 선하고, 초감각적 요소를 덧붙여 인간을 자연 초월적 존재로 만들려 하 는 것은 다름 아닌 월권과 허영의…… 증거이다. 그렇다, 현상의 세계에 대한 불만족, 초감각적 관념의 심오한 근거란 분명히…… 도덕적인 허 약함이다."[20] 출베는 다음과 같은 요구로 자신의 글을 끝맺는다. "주어 진 세계에 만족하라!" 하지만 그러한 사유 관점에서 '주어진 세계'라는 것은 도대체 무엇이었나? 생성과 존재의 세계, 그것은 분자의 이합집산 과 에너지의 변환 외에 아무것도 아니었다. 그것은 바로 원자론자 데모 크리토스의 세계였다. 더 이상 아낙사고라스의 '누스'와 플라톤의 이데 아는 필요하지 않으며, 기독교의 신과 스피노자의 실체도 필요하지 않 고, 데카르트의 '코기토'와 피히테의 '자아', 그리고 헤겔의 '정신'도 필 요하지 않다. 인간 안에 거주하는 정신이란 뇌의 기능에 지나지 않는다. 사유와 뇌의 관계는 담즙과 간, 소변과 신장의 관계와 같다. 이런 관념 은 "다소 여과가 덜 된 것"이라고 당시 헤르만 로체^{Hermann Lotze}는 말했다. 그는 한때 강력했던 형이상학자 종족에서 살아남은 소수 인물 중 하나 였다. 로체는―비록 별다른 반향은 얻지 못했지만―유물론자들의 대 단한 묘기도 알고 보면 어리석기 짝이 없는 것임을 지적하기도 했다. 그는 라이프니츠를 상기시켰다. 라이프니츠는 홉스와 논쟁하는 가운데 유물론의 전체 문제, 특히 의식과 신체의 관계라는 문제를 해결해 버렸 다. 어떤 것이 다른 어떤 것에 근거한다 해도 이는 양자가 동일하다는 뜻이 되지는 않는다. 만약 양자가 동일한 것이라면 서로 구별되지도 않을 것이고, 서로 구별되지 않는다면 하나가 다른 하나에 근거할 수도 없을 테니 말이다. 인간의 삶은 호흡에 근거하지만 그렇다고 삶이 한갓 공기인 것은 아니라고 라이프니츠는 말한다.

유물론의 승승장구는 진중한 반론들에 의해서도 제지될 수 없었다. 이는 무엇보다도 유물론에 특별한 형이상학이 섞여 있기 때문이었다. 그 형이상학이란 바로 진보 신앙이었고, 그 가르침은 이런 것이었다. 우리가 사물과 생명의 가장 기초적인 성분까지 분석해 들어간다면, 우리는 자연 운행의 비밀 또한 발견하게 될 것이다. 그리고 모든 것이 어떻게 만들어져 있는지 밝혀낸다면, 우리는 그것을 모방할 수도 있을 것이다.

여기서 작동하는 것은 모든 것에서 그 책략을 간파하려는 의식이며, 이 모든 것에는 자연도 포함된다. 자연은 실험에 의해 현행범으로 잡혀야 하며, 자연의 운행 방식을 우리가 알게 된다면 자연에게 무엇이 올바른 방식인지 알려 줄 수 있다.

이러한 정신적 태도는 19세기 후반의 마르크스주의에도 추진력을 부여한다. 마르크스는 세심하게 공들여 작업한 저작에서 사회구성체를 해부하고 그 영혼인 자본의 성격을 드러냈다. 그렇지만 종국에선 프롤레타리아의 메시아적 사명(1850년 이전 독일 관념론에 대한 마르크스의 기여)이 자본의 냉혹한 법칙성(1850년 이후 결정론의 정신에 대한 마르크스의 기여)에 대항하는 또 한 번의 기회를 가질 수 있을지 여부가 더 이상은 아주 분명하지 않게 되었다. 마르크스 또한 모든 것에서 그 책략을 간파해 내고자 하며, 이데올로기 비판이 이를 가능케 한다. 이데올로기 비판자들이 볼 때 사유는—거대한 무리의 철학적 생리학자나 동물학자의 견해와 달리—두뇌가 아니라 사회로부터 분비되는 것이다. 이데올로기 비판적 사회과학자들도 정신의 독특한 분비물을 주술로부터 해방시키고자 한다. 유물론의 군사작전은 일반적으로 통용되는 유효성을 타깃으로 삼는다.

이러한 정신적 태도를 강렬히 비판하는 작품이 1866년 출간되는데, F. A. 랑에^{Lange}의 고전적 저작 『유물론의 역사^{Geschichte des Materialismus}』가 그것이다. 이 책의 영향력이 미미했다고는 결코 말할 수 없다. 니체는 이 책에서 강한 영향을 받았다. 비록 니체 철학은 후일 '생철학'으로 폭발했고 유물론의 여러 조야한 측면을 폭파시켜 버렸지만, 이런 작업의 도화선을 놓은 사람은 바로 랑에였다. 신칸트주의 역시 랑에에 의해 촉발된 것인데, 이 조류는 젊은 하이데거의 사상적 환경을 형성한 것이기도 하므로 나중에 다시 언급될 것이다.

랑에의 근본 사상은 두 가지 세계를 깨끗이 나눠 버린 칸트의 구분을 복원하는 것이다. 칸트의 두 세계 중 하나인 현상세계는 우리가 법칙에 따라 분석할 수 있는 세계로서 우리는 우리 본질의 일부에 의해 사물들 중의 사물로서 여기에 속해 있다. 우리 안에서 도달할 수 있는 또 다른 세계는 일찍이 '정신'이라 불렸던 것으로, 칸트에게서는 인간 내면과 관련해 '자유'라 불리고, 외적 세계와 관련해서는 '물 자체'라 불린다. 랑에는 자연에 대한 칸트의 정의를 상기시킨다. 그에 따르면 자연이란 우리가 자연법칙이라 부르는 법칙이 그 안에서 통용되는 무엇이 아니라 오히려 그 역의 것이 통용되는 무엇이다. 만약 우리가 어떤 것을 그런 '법칙'의 관점에서 바라본다면, 우리는 그 어떤 것을 현상적 '자연'으로 구성하는 셈이다. 하지만 우리가 그것을 자발성과 자유의 관점에서 바라본다면, 우리가 관계하는 것은 '정신'이다. 이 두 가지 관점은 모두 가능하고 필연적이기도 하며, 무엇보다도 서로 교환될 수 없다. 우리는 우리 자신을 사물들 중의 사물로서 분석할 수 있으며, 홉스가 분명하게 그랬듯 우리 자신을 기계로 간주할 수도 있다. 하지만 이런 관점을 선택하는 것은 바로 우리이다. 우리는 자신을 기계로 만들 수 있을 만큼 자유롭다. 우리는 현상세계의 한 구성 요소이며, 따라서 법칙에 따르는 자연, 사물들 중의 한 사물이다. 하지만 그와 동시에 우리 모두는 자신 안에서 자유의 자발성을 경험한다. 자유란 우리 안에서 계시되는 세계의 비밀이며 현상이란 거울의 이면이다. '물 자체', 그것은 우리의 자유 안의 우리이며, 모든 규정의 핵을 이루는 것은 우리가 우리 자신을 규정하고 있는 그 차원이다.

F. A. 랑에는 칸트의 이러한 이중적 관점—인간은 사물들 중의 사물이자 자유이다—을 다시 끌어들인다. 랑에에 의하면, 자연과학의 탐구 방법인 유물론은 철저히 긍정될 수 있다. 자연과학적 경험은 마치 오직 물질적 실재만이 존재하는 것 같은 태도를 취해야 한다. 자연과학적 경험은 자신의 설명으로는 더 이상 진척되지 않는 상황에 맞닥뜨릴 경우 임시적 충전물로 '정신'을 투입해서는 안 된다. '정신'은 인과 연쇄의 일부가 아니라 오히려 전반적 연쇄의 다른 측면을 이룬다. 자연과학의 관점에서 심리의 생리학을 추진해 볼 수는 있지만, 여기서 포착되는 것은 정신적인 것 자체가 아니라 그 물질적 등가물에 지나지 않는 것임을 망각해서는 안 된다. 랑에는 자연과학적 방법을 비판하는 것이 아니라 이 방법이 수반하는 그릇된 의식과 보잘것없는 철학을 비판할 뿐이다. 다시 말해, '연장적 사물$^{res\ extensa}$', 즉 외적 사물의 분석을 통해 인간적인 것 모두를 설명할 수 있다는 관념을 비판하는 것이다. 공간이라는 범주만 생각해 봐도 실제 우리는 존재하는 모든 것이 공간 내의 특정한 지점 혹은 공간적으로 서술 가능한 구조에서 제시될 수 있다고 쉽게 믿어 버리곤 한다.

F. A. 랑에의 커다란 공적은 다음과 같다. 정신이 모두 증발해 버리는 관념론의 비등점이 있듯, 더는 아무것도 움직이지 못하는 유물론의

빙점도 있다. 물론 유물론으로 정신을 밀수해 들여오면, 예컨대 그 누구도 정확한 뜻을 모르는 '생명력' 같은 것을 몰래 들여오면 뭔가 살아날 수도 있겠지만 말이다. 관념론의 비등점과 유물론의 빙점에 이르는 것을 방지하기 위해 랑에는 정신과 물질 모두를 인정한다.

랑에가 옹호하는 것은 얼마간 할인된 가격의 형이상학이다. 그에게 형이상학이란 개념의 문학, 달리 말해 시와 지식의 장엄한 혼합물이며, 종교도 마찬가지이다. 종교가 신과 영혼과 불멸에 관한 앎을 소유하고 있노라 주장한다면, 종교는 과학적 비판에 노출되며 더 이상 자신을 지탱하지 못한다. 전선을 재정비할 필요가 있다. '이상적 관점'은 '진리'를 인식한다는 데서가 아니라 '가치'를 형성하며 그리하여 현실을 변화시킨다는 데서 긍지를 찾아야 한다. 경험에 대해서는 진리가 있고, 정신에 대해서는 가치가 있다. 니체는 여기서 단순히 한걸음 더 나아가 진리의 가치를 거론하기 시작하며, 이렇게 해서 랑에가 구상한 진리와 가치의 공존에 종지부를 찍는다. 랑에는 진리들의 공격에서 가치를 구해 내려 한 반면, 니체에게서는 역으로 진리가 가치들의 생기론^{Vitalismus}에 삼켜진다. 이 경우 진리는 우리가 편안히 이용하는 환상에 불과한 것이 된다. 역으로, 가치를 다양한 문화에서 나타나는 사태^{Sachverhalte}에 불과한 것으로 정의하는 사람들도 있다. 리케르트^{Rickert}에게서 가치란 '가치사태^{Wertverhalte}'를 뜻한다. 이러한 가치사태는 문화과학의 관점에서 서술될 수 있고, 역사적 관점에서 이야기될 수 있다. 유효성이란 그것이 현사실^{Faktum}이 되었을 때만 유효하다. 오로지 유효성을 지녀 왔던 것만이 유효하다. 바로 이것이 역사주의의 핵심이 될 것이다.

F. A. 랑에는 화해를 모색한다. 유물론은 정신세계와 권력을 나눠 가져야 한다. "팔레스트리나의 미사곡을 부정하거나 라파엘의 마돈나를 오류라고 부를 사람이 어디 있겠는가? '대영광송^{Gloria in excelsis}'²¹은 인간

신경이 숭고한 것에 전율할 수 있는 한 세계사적 힘을 잃지 않고 여러 세기 동안 울려 퍼질 것이다. 그리고 전체를 이끄는 의지에 자기의지를 헌신함으로써 개인이 구원된다는 소박한 근본 사상, 인간 가슴을 뒤흔드는 가장 감동적이고 지고한 뜻을 표현하는 죽음과 부활이라는 표상…… 마지막으로, 배고픈 자와 빵을 나누고 가난한 자에게 복음을 전하라는 저 가르침, 이런 것들은 영원히 사라지지 않을 것이다. 그리고 이런 것들은 사회가 지성에 근거해 더 나은 공안체제를 완성하고 명민한 두뇌의 힘에 의지해 늘 새로운 발명으로 늘 새로운 욕구를 충족시켜 그 목표에 도달한다면 그런 사회에 자리를 양보할 것이다."[22]

이러한 관념론이 과학과 기술로 추동되는 문명과 맞물려 균형을 이뤄 내야 한다. 그것은 '마치~처럼'의 관념론이다. 이 관념론에서 권고되는 가치들은 예전의 존엄과 존재감을 상실했기에 거기서 인지되는 것은 손수 지어낸 무엇에 불과하다. 이상이란 원래 우상일 뿐이며 인공적인 것의 거짓 광채 속에서 빛나는 무엇이다. 사실 관념론자들은 본의와 달리 뻔뻔스런 태도를 취하지 않고서는 선과 미를 고집할 수 없다. 그들은 스스로 믿기보다는 남들에게 믿게 하려는 점쟁이의 미소를 띠고서 자신들의 교리를 설파한다. 교양 시민의 이런 뻔뻔스러움을 유려하게 표현하고 있는 19세기 말의 철학적 베스트셀러 중 하나가 바로 한스 파이힝어Hans Vaihinger의 『마치~처럼의 철학Philosophie des Als-Ob』이다. 이 책에서는 가치가 유용한 허구, 즉 의제라 지칭된다. 가치들은 한갓 고안물이다. 하지만 우리가 생의 과제들을 이론적으로나 실천적으로 해결해 나갈 때 도움을 준다면, 가치들은 우리가 통상 '객관적'이라 부르는 의미를 획득한다.

빌헬름주의 시대는 전체 국면에 걸쳐 이러한 '마치~처럼'에 흠뻑 젖어 있었다. 진짜가 아닌 것에서 즐거움을 구하는 태도가 만연했다. 그럴 듯하게 보이는 것이 사람들에게 감명을 주었다. 사용되는 모든 소재가 자신 이상의 것을 가장하려 했다. 소재상의 기만이 횡행했던 시대인 것이다. 대리석은 도색된 나무였고, 미광을 발하는 설화석고는 실상 석고에 불과했다. 새로운 것이 예스럽게 보여야 했으니, 주식거래소의 그리스식 주랑과 중세 성 모양의 공장 시설, 신축된 폐허가 그런 예였다. 역사적 연상이 인기를 끌어 법원청사는 총독의 궁전을 연상시켰고, 시민의 거실은 루터식 의자와 주석잔, 그리고 알고 보면 바느질 상자인 구텐베르크 성경을 갖추고 있었다. 빌헬름 황제 자신도 아주 진품은 아니어서, 힘에의 의지란 그에게 힘이라기보다는 의지였다. '마치~처럼'은 연출Inszenierung을 요하며 그것에 의해 살기 마련이다. 이 사실을 리하르트 바그너Richard Wagner만큼 잘 알았던 사람도 없었던 바, 그는 온갖 수단을 동원해 자신의 시대를 구원하려 했다. 물론 시한부의 구원, '마치~처럼'의 구원이었다. 이런 모든 것은 현실 지향적인 정신 태도와 잘 어울렸다. 이러한 정신 태도 내지 감각은 아주 효과적이었기 때문에 얼마간 미화되고, 치장되고, 장식되고, 예쁜 조각도 새겨질 수밖에 없었던 바, 이는 모든 것에 그럴 듯한 외양과 유효성을 부여하기 위함이었다. 마지막으로 독일의 공식 정책 또한 유효성의 획득에 힘을 쏟았다. 추구되는 것은 세계 안에서 확보된 독일의 유효한 입지였다. 어떤 것에서든 일단 유효한 입지를 획득한 자는 어떤 것이 되려고 노력할 필요가 없게 되기 때문이었다.

현실 지향성과 '마치~처럼'이라는 정신 태도의 이러한 혼합은 윌리엄 제임스Wiliam James나 찰스 퍼스Charles Peirce 같은 이들의 앵글로색슨 실용주의가 독일로 이입되는 문을 열어 놓았다. 주지하듯 실용주의는 진리의 사안에서 무장해제를 옹호한다. 진리는 여태껏 정주해 있던 이념의 영역에서 끌려 나와 행위 과정을 자기 조절하는 사회적 원리로 격하된다. 진리의 기준은 실천상의 성공이며, 동일한 것이 이른바 가치에도 적용된다. 가치의 실재성이란 이념적 존재와의—결코 충분히 증명될 수 없는—괴이한 일치에서가 아니라 그것의 효과에서 유지된다. 정신이 성취해 내는 것이 바로 정신이다. 실용주의는 진리의 대응설을 효과의 이론으로 대체한다. 이제 더 이상은 오류를 두려워할 필요가 없다. 첫째로, 진리의 객관적 기준이 폐기됨에 따라 오류에서는 그 존재론적 죄악이 탈각되기 때문이다. 이제 진리는 유용한 오류라 정의될 수 있다. 둘째로, 오류란 시도 과정의 일부이다. 개가 기다란 막대기를 입에 물고서 문을 통과하려 한다면 고개를 이리저리 돌려 본 후에야 마침내 성공할 것이다. 그것은 시행착오의 방법이다. 개가 문을 통과하듯 인간도 진리의 문을 통과하지만, 이 진리란 지금까지 통용되어 온 그런 진리가 아니다. 진리는 그 신성한 파토스를 상실해 버렸다. 이제 중요한 것은 확실성에 대한 욕구가 아닌 실천적 관심인 바, 주지하듯 그런 욕구란 알지 못하는 사이 종교적인 것을 많이 포함하는 정신 태도이다. 실용주의는 형이상학의 엄격한 구두시험을 현장 실습으로 대체한다. 실용주의는 허구한 날 전체를 문제시하는 튜턴^{Teuton}[23]의 긴장을 느슨히 풀어 주며, '오류가 우리를 나아가게 한다!'는 그 도덕적 원리에 의해 태연함을 갖도록 도와 준다. 윌리엄 제임스에 의하면, "우리의 오류란 결국 그토록 끔찍할 만큼 중요한 것이 아니다. 아무리 조심해도 오류를 피할 수 없는 세계에서는 어느 정도 부주의한 경솔함이 과도하게 신경질적인 불안보다 더 건강한 것이다."[24]

이런 부주의한 태도는 또 다른 강력한 시대 경향으로부터 지지를 얻는다. 그 시대 경향이란 다윈의 발견에 기초한 진화생물학이다. 이 학설에 따르면 우리뿐 아니라 자연 자체도 시행착오의 방법을 따라 움직인다. 돌연변이란 유전 정보의 전달 과정에서 나타난 오류이다. 종의 연쇄에서는 일탈이 일어나는 바, 이는 우연적인 변형이다. 도태는 적응의 성공 여부에 좌우된다. 시험을 견뎌 낸 것은 살아남는다. 이러한 방식으로─즉 우연적 돌연변이와 생존경쟁에서의 도태에 의해─자연은 목적하는 바가 없는 상태에서 목적을 이룬다. 그처럼 자연 또한 오류를 통해 나아간다. 더 나아가 돌연변이와 자연도태 법칙은 자연 목적론이라는 칸트의 문제 또한 텔로스(목적) 없이 해결해 버린 것처럼 보인다. 맹목적 우연이 자연을 산출하며, 이 자연의 결과들은 마치 자연이 어떤 목표를 추구하는 듯한 외양을 띤다. 신은 주사위를 던지지 않을 수도 있겠지만, 자연은 주사위 도박을 하다가 들킨 것만 같다. 당시 진화생물학은 아나키를 통해 질서를 얻고 오류를 통해 성공에 이르는 방법을 장엄하게 승인하는 것 같았으며, 진리란 실천적 성공에 불과한 것이라는 원칙에 넘어서기 어려운 명증성을 부여했다.

19세기 말에 베르너 폰 지멘스^{Werner von Siemens}[25]는 베를린 최대의 회의 장인 치르쿠스 렌츠^{Zirkus Renz}에서 그가 "자연과학적 시대"라 부른 이러한 정신을 인상적으로 소개했다. 새로운 세기를 기꺼이 환영하는 자연과학자들의 성대한 모임에서 그가 특별 강연을 했던 것이다. "여러분, 우리는 우리의 연구와 발명 활동이 인류를 더 높은 단계의 문화로 이끌고, 그 품위를 높일 것이며, 이상적 노력에 더욱 접근하게 하리란 믿음에서 결코 흔들림이 없을 것입니다. 우리는 급격히 시작된 자연과학 시대가 인류를 곤궁과 질병으로부터 멀어지게 하고, 생을 향유할 수 있는 기회를 더 많이 얻게 해 주며, 인류를 더욱 훌륭하고 행복하게 만들고, 운명에 만족하게 만들어 주리라는 믿음에서도 흔들림이 없을 것입니다. 이렇듯 더 나은 상태로 이르는 길을 언제나 명확히 깨닫지는 못할지라도 우리가 탐구하는 진리의 빛이 그릇된 길로 나아가지는 않으리라는 확신, 그 빛의 인도로 인류가 획득하는 충만한 힘이 인류의 품격을 실추시킬 수는 없고, 더 높은 존재 단계로 이끌 수밖에 없으리라는 확신을 우리는 고수할 것입니다."[26] 성공의 전제가 되는 것은 영적인 절제와 가까이 놓인 것에 대한 호기심, 즉 피안이 아닌 현세의 비가시적인 것—세포의 미시계와 전자파의 거시계—에 대한 호기심이다. 두 경우 모두에서 탐구는 비가시적 영역으로 밀고 들어가 가시적 결과를 산출하는 바, 미생물 병원체에 대한 투쟁과 전 세계에 걸친 무선 전신망의 형성이 그 예이다. 형이상학의 꿈 중 많은 것, 예컨대 신체에 대한 주권의 획득이나 시공간의 극복은 기술적 현실이 되었다.

물리학이 비행에 관해 가르치면 고공비행하던 형이상학은 추락하고, 그 후로는 지상에서 전개될 수밖에 없다. 지상에서 형이상학이 할 수 있는 일이란—신칸트주의의 예가 보여 주듯—지극히 소박한 종류의 것이다. 신칸트주의자인 파울 나트로프Paul Natrop는 1909년에 철학의 과제를 다음과 같이 정의했다. 철학의 과제는 자기투명성을 얻으려는 과학의 방법론적 노력 외에 그 무엇도 아니다. 철학에서 과학은 자신의 고유한 원리와 방식과 가치 방향을 깨닫게 된다. 이를 나트로프는 "과학의 이정표Wegweisung"라 부른다. 물론 이 이정표는 "외부에서 제시되는 것이 아니라 그 어떤 내적 법칙에 대한 계몽, 즉 과학이 이미 언제나 서술해 왔으며 지칠 줄 모르고 계속 서술하는 궤도의 내적 법칙에 대한 계몽을 통해 주어진다."[27] 이러한 입장은 철학을 그 발단에 완전히 역행하는 목표에 묶어 버린다. "최초에 철학은 모든 과학의 배아를 품고 있었다. 철학은 그 과학들을 출산하고 유아 상태의 그들을 모성으로 돌봤으며, 그 보호 아래 그들은 성장했다. 이제 철학은 다 자란 과학들이 넓은 세상으로 나가 세상을 정복하는 것을 꺼려하지 않는다. 철학은 변함없는 배려의 마음으로 잠시 그들의 뒷모습을 바라보며 이따금 나지막한 경고의 말도 던지겠지만, 그런 말은 이제 막 그들이 획득한 자립성을 속박하려는 것은 아니며 그럴 수도 없다. 그러나 철학은 마침내 노인의 뒷방으로 묵묵히 돌아갈 것이며, 어느 날 거의 이목도 끌지 않고 별다른 아쉬움도 남기지 않은 채 세상에서 사라질 것이다."[28]

빈델반트Windelband와 나트로프, 리케르트, 코엔Cohen은 '신칸트주의자'라 불린다. 왜냐하면 이들이 모던 자연과학에 대해 칸트의 방법적 성찰의 적용을 조언했고, 또 윤리적 규범의 정당화 문제에서도 마찬가지로 칸트로 돌아가기 때문이다. 이 철학적 조류는 제1차 세계대전 전까지 강력한 영향력을 행사했으며, 몇 가지 세부적 측면에서는 능동적이고 논쟁적인 정신을 보여 주었지만, 전반적으로 시대의 우월한 과학적 정신 앞에서 수세를 면치 못했다. 신칸트주의는 철학의 종말 이후 '자식들'인 과학 사이에서 계속 생존하기를 기대한 철학이었다. 그렇지만 나트로프도 인정했듯, "과학들 가운데의 철학"은 그다지 "많은 희망"을 지닌 것으로 보이지 않았다. 정확함을 추구하는 경험적 과학자들의 짐보따리는 실제로는 수많은 무반성적 세계관의 바닥짐과 사변적 밀수품들로 여전히 채워져 있었으며, 이들은 소박하고 맹목적인 믿음을 견지하면서 그에 대해 과학성이라는 명성을 요구했다. 예를 들어 동물학자 에른스트 헤켈Ernst Haeckel은 이런 종류의 과학자였다. 그는 다윈의 진화생물학으로부터 세계와 우주의 일원론적 이론을 정제해서는 이 이론으로 "세계의 수수께끼"―이는 1899년 출간된 그의 베스트셀러 제목이기도 하다―를 풀 수 있노라고 주장했다.

신칸트주의자들은 이중적 의미에서 과학의 양심이 되고자 했다. 방법상의 양심이자 윤리상의 양심이 되고자 한 것이다. 그도 그럴 것이 가치의 문제가 그들의 또 다른 전문 분야였기 때문이다. 가치의 문제란 이런 것이었다. 자연과학에서처럼 '어떤 것이 어떤 것으로 되는werden' 사안이 아니라 '어떤 것이 어떤 것으로서 유효한gelten' 그런 사안이 어떻게 과학적으로 분석될 수 있는가? 신칸트주의자들에게 문화란 가치 영역을 가리키는 총괄 개념이었다. 예컨대 어떤 조각상의 물질적 실체는 물리학이나 화학 등에 의해 분석될 수 있지만, 그렇다고 그 조각상이 무엇인지 파악되는 것은 아니다. 조각상이란 그것이 의미하는 바이기 때문이다. 이런 의미는 유효성을 가지며, 이는 그 조각상을 돌덩이가 아니라 예술로서 파악하는 사람들 모두에 의해 실현된다. 리케르트에 의하면, 모든 문화 과정에는 "인간에 의해 인정된 그 어떤 가치가 구현되어"[29] 있다. 자연과 문화는 분리된 영역이 아니며, 자연은 가치와 결부되는 정도에 비례해서 문화적 대상이 된다. 예를 들어 섹슈얼리티는 가치와 무관한 생물학적 사건이지만 문화적으로 전이될 경우에는 매우 가치 있는 사건, 즉 사랑이 된다. 인간의 현실은 가치 형성 과정에 엮여 있다. 이런 사실에 불가사의한 점이란 전혀 없다. 가치의 세계란 우리 머리 위에서 떠도는 무엇이 아니며, 인간이 행하는 모든 것은 바로 그런 행위로 인해 가치의 음조를 지니게 된다. 따라서 하나의 사태는 동시에 하나의 "가치사태^{Wertverhalt}"가 된다. 우리는 사태들을 설명할 수 있다. 그러나 가치사태들은 이해될 수 있을 뿐이다. 인간 사회 전체는 미다스 왕과 유사하다. 인간 사회가 손대는 모든 것, 인간 사회가 그 영향권으로 끌어들이는 것은—황금이 되지는 않을지라도—가치를 지니게 된다.

가치철학은 신칸트주의의 강박관념이었다. 이 강단 철학은 유효성의 비밀에 너무 깊이 빠져든 나머지 특히나 유효성을 지닌 대상인 돈을 간과해 버렸다. 20세기 초 전체 가치철학의 천재적 걸작인 『돈의 철학$^{Philosophie\ des\ Geldes}$』을 세상에 내놓은 사람은 아웃사이더인 게오르크 지멜$^{Georg\ Simmel}$이었다.

지멜은 약탈로부터 교환에 이르는 과정을 문명 일반의 결정적 사건이라 서술하며, 그렇기 때문에 문명화된 인간을 "교환하는 동물"[30] 이라 부른다. 교환은 권력을 흡수하며, 돈은 교환을 보편화한다. 원래는 물질적 사물에 불과한 돈이 실질적 상징, 즉 모든 재화의 교환물로 제시될 수 있는 실질적 상징이 된다. 일단 돈이 존재하게 되면, 그와 접촉하는 모든 것은 마법에 걸린다. 진주목걸이건 추도사건 성기의 상호사용이건 모든 것이 이제는 돈의 가치에 준해 평가된다. 돈은 사회화의 실재하는 초월적 범주이다. 돈에 의해 수립되는 등가 관계는 모던 사회의 내적 연관을 보증한다. 돈이란 세계 전체를 하나의 '재화'로 바꾸는 마법의 수단인 바, 이 재화는 돈의 가치에 의해 평가되며 그렇기에 이용될 수도 있게 된다.

하지만 어떻게 해서 어떤 무엇이 돈이 되는 것인가? 간단한—하지만 그것으로는 어떤 결론에도 도달할 수 없는—답변은 이렇다. 어떤 것이 유효한(통용되는) 무엇인가가 됨으로써 돈이 된다. 그리고 누군가 다른 이에게 무엇인가를 원할 경우 그에게 이 욕망되는 것의 대가를 지불하기ent-gelten 위해 이 유효한 것을 투입할 수 있다. 교환율은 그때그때 정확히 계산될 수 있지만, 그 비율이 어디서 비롯되는지는 모호한 채로 남는다. 교환율이 노동에서 비롯된다고 말하는 사람이 있는가 하면, 시장에서 형성된다고 말하는 사람도 있고, 또 욕망에서 비롯된다고 주장하는 사람이 있는가 하면, 결핍에서 유래한다고 설명하는 사람도 있다. 어떤 경우든 돈의 유효성 내지 통용성이란 그 물질적 성질에 부착된 것이 아니며 차라리 물질적 권력으로 화한 사회적 정신이라 보아야 할 것이다. 돈의 순환하는 힘은, 한때 원하는 곳이면 어디든 들어갈 수 있다고 얘기되던 정신을 능가해 버렸다.

그렇지만 지멜의 정신은—돈과 마찬가지로—사회적 삶의 가장 후미진 구석까지 파고든다. 돈은 성경과 한 병의 브랜디처럼 서로 이질적인 사물들을 위해 공통의 가치 표현을 만들어 낸다. 그리고 지멜은 여기서 니콜라우스 폰 쿠에Nikolaus von Kue가 제시한 신 개념과의 연결점을 발견한다. 니콜라우스 폰 쿠에에게 신은 '대립들의 일치coincidentia oppositorum'를 의미했다. "돈은 점점 더 모든 가치에 대해 절대적으로 충분한 표현이자 등가물이 되며, 그에 따라 대상 전체의 광대한 다양성 너머 추상적 높이까지 올라선다. 돈은 중심이 된다. 지극히 대립적이고 지극히 낯설며 지극히 멀리 떨어진 사물들이 그들의 공통성을 발견하고 서로 접촉하는 중심이 되는 것이다. 그리하여 돈은 또한 개별자 너머로의 고양, 그리고 자신의 전능과 지고한 원리에 대한 신뢰를 정말로 초래하게 된다."[31]

지멜의 예가 보여 주듯, 유효성의 힘에 대한 분석은 돈의 경우에도 형이상학 개념의 재고품을 참조하지 않고는 실행될 수가 없다.

형이상학에 적대적이었던 1914년 이전 시대에는 이처럼 유효성의 영역이—이는 돈의 영역이기도 했다—형이상학의 잔재를 위한 은신처였다. 그리고 다시 출발점으로 돌아가자면 후설에게서도 그런 태도를 볼 수 있는 바, 그는 심리학에서 해방된 논리적 유효성(타당성)을 옹호하며 자연주의 심리학의 침투에 맞서 플라톤적 이념의 왕국을 지키려 한다.

젊은 마르틴 하이데거도 그와 유사한 방어 자세를 취한다. 하이데거 역시—후설과 더불어 (그리고 에밀 라스크Emil Lask[32]와 더불어)—자신의 형이상학적 잔재를 유효성의 신비에서 발견한다. 다시 말해 생물학이나 심리학의 모든 상대화 시도에 맞서는 순수 논리성의 영역에서 그런 잔재를 발견하는 것이다. 하이데거가 볼 때, 이 영역에는 "생의 피안 가치"가 보존되어 있다. 그러나 논리학과 영혼의 삶 사이의 결속은 여전히 불명확하다. 「논리학에 관한 최근 연구들Neuere Forschungen über Logik」(1912년)이라는 논문에서 하이데거는 심리적인(영혼적인) 것을 가리켜 논리적인 것의 "운용을 위한 토대"라고 부른다. 하지만 그렇다 해도 "기묘하며 아마도 결코 완전히는 해명될 수 없는 문제들"은 여전히 남아 있다.

하이데거는 논리학을 수단으로 초개인적 유효성의 한 끝자락을 움켜쥘 수 있으리라 희망하며, 이는 그에게 큰 의미가 있다. 왜냐하면 그는 정신의 객관적 실재성을 믿고 싶어 하기 때문이다. 정신은 우리 두 뇌의 산물에 불과한 것이어서는 안 된다. 하지만 그는 외부 세계에도 자립적 실재성을 부여하려 한다. 실재는 주관적 정신의 환상으로 증발해 버려서는 안 된다. 그렇게 되면, 그가 그토록 질타했던 자아의 "무제한적 자율주의"의 인식론적 버전이 생겨나는 꼴이기 때문이다. 하이데거는 유물론으로의 추락과 주관적 관념론으로의 그릇된 승천이라는 두 가지 방향을 모두 피하고자 한다. 그의 최초 철학적 걸음마는 "비판적 실재론"으로 방향을 잡는 바, 이 실재론에 따르면 "실재적 자연의 규정 가능성을 믿는 사람만이 그에 대한 인식에 힘을 쏟을 것이다".(GA 제1권, 15쪽) 그리고 그는 객관적 정신의 가능성을 모색하며 방향을 정한다.

이 철학자는 그러한 정신을 교회의 자명한 "진리의 보화"에서 발견하기는 하지만, 이것에 만족하지는 못한다. 그렇기에 또 다른 영역에서 정신이 탐색되는데, 그 영역을 이루는 것은 논리학과 그것의 객관적 유효성이다.

우리가 학생 시절의 마르틴 하이데거에게서 보게 되는 것은 모던의 투기장에서 자기주장을 펼칠 수 있게 해 주는 철학, 그와 동시에 어떻게든 메스키르히의 하늘 아래 머물게 해 주는 철학을 모색하는 그의 모습이다.

제 3 장

—

겟세마네의 시간. 장래 계획. 박사 논문. '무'는 존재하나? '쾅쾅거리다'. 사제들에게 보낸 청원. 생철학의 피안에서. 철학에 침입하는 삶. 딜타이의 체험과 니체의 향유하는 삶. 베르그손의 거대한 물결. 막스 셸러의 꽃피는 정원.

—

마르틴 하이데거(오른쪽)와 친구 에른스트 라슬로브스키(1912년)

겟세마네의 시간. 장래 계획. 박사 논문. '무'는 존재하나? '쾅쾅거리다'. 사제들에게 보낸 청원. 생철학의 피안에서. 철학에 침입하는 삶. 딜타이의 체험과 니체의 향유하는 삶. 베르그손의 거대한 물결. 막스 셸러의 꽃피는 정원.

HEIDEGGER

「모던 철학에서의 실재성 문제Das Realitätsproblem in der modernen Philosophie」와 「논리학에 관한 최근 연구들」은 하이데거가 쓴 최초의 철학적 논저들이다. 사람들은 잘 모르겠지만 사실 이 논저들은 그에게 위기와 대변동의 계절로 느껴졌던 시기의 산물이다. 그가 충분한 신뢰성을 갖고서 인식될 수 있는 실재성의 원리와 논리학의 형이상학적 내구성을 옹호하는 논증을 펼쳤던 시기는 바로 그의 개인적 삶의 설계가 흔들리던 순간이었던 것이다. 그해는 1911년이었다.

신학생 기숙사에 거주하며 3학기 동안 신학을 공부하고 났을 때 그의 심장에 다시 이상이 나타난다. 그가 1915년의 「이력서」에 밝힌 대로 아마 "과로한" 탓이겠지만, 어쩌면 그릇된 공부에 대한 신체의 저항일지도 몰랐다. 마르틴은 기숙사 의사의 조언에 따라 몇 주간 "완전한 휴식"을 취하려고 1911년 2월 메스키르히로 떠난다. 윗사람들은 이 우수한 신학생의 신체 상태가 후일의 교회 직무를 담당하기에는 충분히 건강하지 못하다는 인상을 받는다.

여름 내내 하이데거는 메스키르히의 양친 집에서 지낸다. 그는 장차 어떤 길을 걸어야 할지 알지 못한다. 그는 우울하며, 그런 기분을 달

래기 위해 시를 짓는다. 이때 직업에 대한 회의감은 격정의 상태로 치달으며 "겟세마네의 시간"[1]을 보내는 듯한 기분이 되어 버린다. 이 말은 1911년 4월 하이데거가 「알게마이네 룬트샤우 Allgemeine Rundschau」라는 신문에 발표한 시의 제목이기도 하다. "내 인생의 겟세마네 시간. / 암울한 빛 속의 / 낙심하고 겁먹은 나를 / 너희는 자주 보았으리. // 내 눈물 어린 울부짖음은 결코 헛되지 않았네. / 내 젊은 존재는 / 지쳐 탄식하며 / 천사의 '은총'을 믿었을 뿐."[2]

이 시는 후고 오트에 의해 발견되었다. 오트는 에른스트 라슬로브스키 Ernst Laslowski의 편지들도 찾아냈는데, 그는 프라이부르크대학 신학 교수인 하인리히 핑케 Heinrich Finke의 지도를 받던 역사학 전공 학생이었다. 상부 슐레지엔 지방 출신으로 몇 학기 동안 프라이부르크대학을 다닌 라슬로브스키는 마르틴 하이데거의 헌신적인 친구가 되었다. 그는 일찍부터 하이데거에게 경탄의 마음을 품었다. 라슬로브스키는 한 편지에서 이렇게 쓰고 있다. "자네가 박사 논문과 교수 자격 논문을 준비하는데 필요한 4~5학기 내지 3~4학기 동안 자네 아버지가 지원을 해 줄수만 있다면, 그 정도로 충분할 텐데."[3] 하지만 아버지는 결코 학비를 댈 수 없다. 소시민의 아들인 하이데거는 교회의 비호 아래 계속 장학금을 받거나 다른 방식으로 근근이 버텨 나가는 수밖에 없다.

라슬로브스키와 나눈 편지들을 보면 이런저런 대안들이 검토된다. 마르틴은 신학을 계속 공부해서 성직자가 되어야 할까? 라슬로브스키는 그 편을 택하라고 충고한다. 마르틴이라면 지원을 받을 것이며, 그의 건강 상태에 대한 윗사람들의 우려만 불식시키면 아무 문제없을 것이라고 라슬로브스키는 말한다. 그러면 별 탈 없이 박사 논문과 교수 자격 논문을 쓸 수 있을 것이며, 학위를 마친 후 잠시 시골 교구에서 "성숙의 시간"을 보내고 나면 신학자로서 출세 가도를 달리게 될 것이다.

그러한 전망은 유혹적이다. 하지만 이미 하이데거는 자신이 신학에서 느끼는 매력은 신학적 요소가 아니라 철학적 요소에서 기인하는 것임을 알고 있다. 두 번째 가능성은 가톨릭 환경 안에 머물면서 철학에 전념하는 것이다. 이런 경우 "교회가 전하는 진리의 보화"는 철저히 불가침의 것으로 머물려야 한다. 심지어 그 보화를 지키기 위해 철학이 투입될 수도 있다. 신앙은 그 어떤 철학적 토대도 필요로 하지 않지만, 과학성을 잘못 이해한 데서 비롯한 반형이상학적 불손을 철학적으로 논박할 수는 있으리라. 과학자들이란 자기들 명제에 진리가치를 부여할 때 얼마나 많은 것을 형이상학에서 차용하는지 대개는 잘 알지 못하니 말이다. 순수한 논리학에조차 이미 "생의 피안 가치"가 포함되어 있음을 증명할 수 있다면, 교회와 그 "진리의 보화"는 지금만큼 절망적인 상태에 처하지는 않게 될 것이다. 마르틴이 이렇게 이해된 가톨릭철학과 호교론으로 향하고자 한다면, 아마 가톨릭 세계의 기관들이나 출판사로부터, 예컨대 '알베르투스 마그누스 협회'나 '학문 진흥을 위한 괴레스 협회' 같은 곳을 후원자로 확보할 수도 있을 것이다. 라슬로브스키는 슈트라스부르크대학의 가톨릭 철학자 클레멘스 보임커^{Clemens} ^{Baeumker}와 접촉해 보라고 조언한다. 보임커는 괴레스 협회 회장이고 「철학연보^{Philosophisches Jahrbuch}」의 편집인이며, 특히 철학 분야의 가톨릭 후속 세대 양성에 관심을 기울이고 있다. 가톨릭 철학자의 전망은 그다지 밝지 않다. 여타 철학들의 세계에서 가톨릭철학은 별로 진지하게 취급받지 못하며, 이와 관련된 교수직도 희소한 편이다.

세 번째 가능성은 지극히 소박한 종류의 것으로, 교직을 공부하고 국가시험을 치러 교사가 되는 것이다. 하이데거는 이 가능성을 진지하게 고려한다. 안정된 직업의 전망은 유혹적이기 때문이다. 그는 교직 전공 분야로 자연과학도 고려해 본다.

메스키르히에서 힘든 여름을 보낸 하이데거는 마침내 결단을 내린다. 그는 신학 공부를 중단한다. 그리고 1911~1912년 겨울학기에 수학과 물리학 및 화학을 전공하기 위해 등록한다. 물론 철학 공부에 대한 그의 열정도 식지 않는다. 그는 클레멘스 보임커를 만났으며, 1912년 보임커는 하이데거의 논문 「모던 철학에서의 실재성 문제」를 「철학 연보」에 실어 준다. 하이데거는 프라이부르크대학의 예술사 및 기독교 고고학 교수였던 요제프 자우어Josef Sauer와도 교분을 맺는데, 자우어는 가톨릭계 잡지 「리터라리셰 룬트샤우Literarische Rundschau」의 편집인이기도 했다. 같은 해 이 잡지에 하이데거의 논문 「논리학에 관한 최근 연구들」이 몇 차례로 나뉘어 게재된다.

1912년 3월 17일 자우어에게 보낸 편지에서 하이데거는 자신의 연구 계획을 피력한다. 자우어는 가톨릭교회와 긴밀한 관계에 있던 인물로, 하이데거가 어떤 계획을 가지고 "우리 교회의 종교·문화적 발전"에 협력하겠다는 것인지 알았을 때 적잖이 놀랐을 것이다. "모든 것이 아무것도 낳지 못하는 흠잡기나 모순들의 스콜라적 폭로가 되지 않으려면, 수학적 물리학의 원리를 적용해 시간과 공간의 문제에서 최소한 잠정적 해결책에 다가가야 할 것입니다."[4]

교회가 현대물리학의 시간 문제를 참조해서 어떤 도움을 받을 수 있는지에 관해 자우어는 잘 알지 못했을 수도 있다. 그는 철학에 그다지 정통한 인물이 아니었다. 그렇지만 논리학에 관한 하이데거의 연재 논문이 가톨릭 진영 내에서 계속 주목을 받자 그도 하이데거를 만족스레 여겼다. 하이데거는 그런 사실을 라슬로브스키에게서 듣게 되는데, 1913년 1월 20일 자 편지에서 라슬로브스키는 이렇게 말한다. "소중한 친구여, 내 느낌으로 자네는 아주 위대한 인물이 되어 모든 대학이 자네를 얻으려 혈안이 될 것만 같군. 하긴 달리 되어서도 곤란하지."[5]

물론 라슬로브스키는 "가톨릭이란 전체 모던 철학의 체계와 전혀 어울리지" 않는다는 점도 지적한다. 하이데거는 가톨릭이라는 명찰이 붙은 분류함에 보관되어서는 안 되며, 따라서 종파에 구애받지 않는 잡지들에도 글을 실어야 한다고 라슬로브스키는 말한다.

두 친구는 이러한 균형 유지의 어려움, 즉 가톨릭 세계의 호의를 지속시키는 동시에 종파 철학자라는 평판은 피해야 하는 어려움에 관해 상세히 논의한다. 라슬로브스키는 이렇게 말한다. "자네는 가톨릭에서 출발하지 않으면 안 돼. 하지만 맙소사! 그건 정말이지 골치 아픈 문제야."[6] 라슬로브스키는 한동안은 몸을 사리는 편이 최선이라고 말한다. 그렇게 하면 유리한 부수적 효과도 얻게 되리라는 말도 덧붙인다. "한동안 불가사의한 어두움으로 자신을 가리고 있는 게지. 그러면 사람들이 호기심을 품을 거고, 그다음부터는 모든 게 좀 더 수월해질 거야."[7]

아마도 라슬로브스키는 마르틴 하이데거에게 조금 빠져 있었을 것이다. 그래서 이 약삭빠른 친구는 공석으로 남아 있는 가톨릭철학 분야의 교수직까지 알아본다. 그는 이탈리아의 캄포 산토 토이토니코Campo Santo Teutonico[8]를 방문했을 때 엥엘베르트 크렙스Engelbert Krebs란 인물을 만나자 친구인 하이데거를 위해 선전의 북을 울린다. 프라이부르크 출신의 사제이자 신학자이고 대학 강사인 크렙스는 하이데거보다 8살이 많았는데 당장은 그를 위해서 해 줄 수 있는 일이 없다. 자기 앞가림부터 해야 할 처지이기 때문이다. 하이데거는 1914년 크렙스가 로마에서 프라이부르크로 귀환하자마자 그와 친교를 맺는다. 이렇게 시작되어 수년간 지속된 우정은 후일 하이데거가 "가톨릭의 체계"와 절연했을 때 종말을 고한다.

라슬로브스키는 마르틴의 돈줄도 찾아 준다. 브레슬라우대학으로 옮겨 간 그는 가톨릭 대학생 동아리에서 한 나이 많은 동문을 만난다.

라슬로브스키는 이 노인에게 하이데거가 독일 가톨릭의 위대한 철학적 희망이라 장담하면서 개인적으로 돈을 빌려주게끔 설득한다. 이 돈과 프라이부르크대학이 지급하는 소액 장학금, 그리고 과외 교습으로 번 돈으로 하이데거는 신학 공부를 중단한 후의 1년간을 버틴다. 1913년 여름 그는 '심리학주의에서 판단의 이론Die Lehre vom Urteil im Psychologismus'이라는 주제로 철학박사 학위를 받는다.

이 논문은 『논리 연구』에서 지대한 영향을 받은 것으로, 하이데거는 자신이 후설의 부지런하고 주의 깊은 제자임을 입증한다. 그는 후설과 함께 심리학주의의 대표자들을 논박한다. 심리적인 것에서 논리적인 것을 설명하려는 시도를 논박하는 것이다. 이 자신만만한 박사 과정 학생이 비판적으로 검토한 인물은 테오도르 립스Theodor Lipps나 빌헬름 분트Wilhelm Wundt 같은 명성 높은 철학자들이다. 심리학주의와의 논쟁으로 인해 하이데거는 후일 그의 철학의 주요 관심사가 될 '시간'에 관해 처음으로 성찰하게 된다.

심리적 행위로서의 사유는 시간 안에서 일어난다. 즉 그것은 시간을 요구한다. 그러나 하이데거가 후설을 따르며 말하는 바에 의하면, 사유의 논리적 내용은 시간과 무관하게 유효(타당)하다. 논리적인 것은 "일체 발전과 변화 너머에 있으며, 따라서 생성과 변화 없이 타당한 '정태적' 현상이다. 그것은 경우에 따라 주체에 의해 '파악'될 수 있지만, 이런 파악에 의해서는 결코 변화하지 않는 무엇이다".(FS, 120쪽) 따라서 몇 년 후와 달리, 하이데거에게 아직 시간은 모든 것을 자신의 운동으로 끌어들이는 존재의 힘이 아니다. 아직은 그 힘으로부터의 피안이 존재한다. 하지만 이런 논리적인 것의 "의미"는 무엇인가? 하이데거는 그런 물음을 제기하고는 이렇게 말한다. "어쩌면 여기서 우리는 궁극적이고 환원 불가능한 무엇, 그 이상의 해명이 불가능한 무엇, 일체의 또 다른 물음은 필연코 막다른

길에 처하는 그런 무엇 앞에 있는 것이리라."(FS, 112쪽)

정태적 논리학은 시간적으로 변화하는 동적 현실과 긴장 관계에 있을 수밖에 없다. 하이데거는—후일 그의 철학에서 중요해질—하나의 문제를 예로 들며 이 긴장 관계를 논한다. 그 예란 바로 "무無"에 대한 물음이다. 그는 판단 행위에서의 부정Negation을 조사한다. 우리는 '장미는 노랗지 않다'거나 '교사는 여기 없다'는 말을 할 수 있다. 이러한 '아니다/없다nicht'는 말은 우리가 기대하거나 관계하는 특정한 어떤 것이 지금 없음을 뜻할 뿐이다. 장미의 노란색이나 교사의 현전이 결여되어 있는 것이다. 이러한 결여, 이러한 '아니다/없다'로부터 곧 '무'라는 것이 추상된다. 하지만 그러한 '무'는 그저 사유에서의 무엇일 뿐이다. 즉 그러한 '무'는 현실이 아니라 판단 행위에서나 있을 뿐이다. 여기서 유효한 것은 이러한 사실이다. "어떤 것이 *실존하지 않는다*면, 나는 '그것이 실존한다'고 말할 수 없다."(FS, 125쪽)

1929년의 강연 '형이상학이란 무엇인가?Was ist Metaphysik?'에서 하이데거는—자신의 형이상학을 비롯해—모든 형이상학의 근원을 "무"의 경험에서 찾을 것이다. "무는 아님/없음과 부정보다 더 근원적"이며 "깊은 권태에서, 현존재의 심연에서" 솟아 나온다.(WM, 29쪽) 그는 존재자의 세계 전체를 의심스럽고 불안마저 야기하는 비밀스런 상태에 처하게 하는 무엇으로서 무를 기술하게 될 것이다.

젊은 하이데거도 이런 기분을 알게 되겠지만, 아직은 그 기분을 자신의 철학으로 끌어들이지 않을 것이다. 아직 그는 그럴 듯한 지위를 얻고자 하며 그래서 대학을 떠날 생각이 없는 강단 학자이다. 아직 그에게는 '무'란 판단에서만 발견될 뿐 현실에는 없다는 원칙이 유효하다. 이때 그가 사용하는 논증은 후일 논리실증주의자 루돌프 카르납

Rudolf Carnap이 하이데거와 그의 무의 철학을 논박할 때 사용할 논증과 똑같은 것이다.

하지만 카르납과 달리, 젊은 하이데거는 형이상학적 근거에서 출발한 형이상학자이다. 그렇기 때문에 무가 오직 판단에서만, 즉 우리 정신에서만 발견된다는 소견은 장차 무라는 개념이 존재론적으로 쌓을 경력에 지장을 주지 못한다. 우리 정신 안에 있는 것은, 바로 그렇게 있다는 사실만으로 거대한 존재의 한 측면을 이루기 때문이다. 우리를 통해서 부정이, 즉 무가 세계로 들어선다. 그처럼 부정의 소박한 의미론이 존재와 무의 장대한 존재론으로 성장한다. 하지만 그렇게 되면 이 '무'는 더 이상 판단의 냉정한 '무'가 아니라 불안의 '무'이다. 물론 이미 말했듯, 이 기분은 1912년 당시 하이데거의 철학적 시도에서는 아직 언어로 표현되지 못한다. 불안을 야기하는 현실의 측면을 다룰 때, 그의 태도는 아직 다소 가볍고 무심한 바, 예컨대 주체 없는 명제들에 내재된 "비인칭 판단"을 논할 때 그렇다. 우리는 흔히 이런 말을 한다. "Es blitzt."[9] 번쩍거리는 것은 누구인가? "내가 신비한 'es'에서 하나의 고유함, 하나의 순간적 상태를 진술하려 한다면? 혹은 그 판단이 전혀 다른 의미를 갖는 것이라면?"(FS, 126쪽) 번쩍거리는 이 "Es"는 무엇 혹은 누구인가? 후일의 하이데거는 이런 문제와 맞닥뜨릴 경우 아주 심사숙고하겠지만, 지금은 그저 "es kracht"를 예로 들며 이렇게 쓴다. "예컨대 어떤 군사훈련에서 나와 내 동료는 이미 서둘러 출발해 사격 위치를 잡은 포대를 뒤따라 달려가는 중이며, 우리가 포격 소리를 들은 순간 내가 이렇게 말한다고 하자. '서둘러, 벌써 쾅쾅거리고 있어es kracht schon'. 이런 경우 무엇이 쾅쾅거리는지는 아주 확실하다. 이 판단의 의미는 쾅쾅거림Krachen 안에, 즉 지금('벌써') 일어나는 것 안에 있다."(FS, 127쪽)

하이데거가 "비인칭 판단"을 고찰하는 것은, 특정 상황에서는 "심리학적 탐구"도, "단어 의미의 명백한 규정과 해명"도 어떤 판단의 내용을 드러낼 수 없으며, 이를 위해선 행위 상황의 맥락을 알고 이해해야 한다는 점을 보여 주기 위해서이다. 몇 년이 지나면 하이데거는 우리 일상생활의 바로 이러한 화용론Pragmatik을 자신의 존재물음의 무대로 삼을 것이다. 하지만 당장은 다시 한번 쾅쾅거림에 직면해야 한다. 이번에는 현실에서. 우리는 제1차 세계대전 전야에 있다.

군사훈련의 예가 제시되는 그 짧막한 순간, 단단히 밀봉된 그 분석안으로 이른바 "생활세계"가 틈입하는 것이다.

1913년 7월 26일, 하이데거는 철학과에서 '줌마 쿰 라우데'[10]의 우수한 성적으로 박사 학위를 받는다. 박사 학위 지도교수는 가톨릭철학 분야 정교수인 아르투어 슈나이더Arthur Schneider였는데, 그는 그해 여름 슈트라스부르크 제국대학으로 자리를 옮기기로 한다. 명성 높고 학과에서 영향력도 컸던 가톨릭 역사학자 하인리히 핑케 교수는 하이데거의 후원자가 된다. 핑케는 스물네 살의 이 청년에게 공석이 될 슈나이더의 자리에 희망을 품게 만든다. 다른 한편 당분간 슈나이더 대신 강의를 맡게 된 신학과 강사 엥엘베르트 크렙스도 그 자리를 노린다. 그 사이 친교를 맺게 된 크렙스와 하이데거는 경쟁자가 된다. 크렙스는 1913년 11월 14일 자 일기에 이렇게 쓰고 있다. "오늘 저녁 5시에서 6시 사이에 나를 찾아온 하이데거와 이야기를 나누었다. 그는 핑케가 자신에게 철학사를 주제로 교수 자격 논문을 준비하라고 재촉하고 있으며, 교수직이 비어 있으니 가능한 한 빨리 강사의 자질을 갖춰야 한다는 점을 넌지시 암시했다는 등의 이야기를 했다. 내 현재의 대리 강의 업무는 하이데거를 위한 자리를 덥히는 것으로 끝날 수도 있을 듯하다."[11]

이런 경쟁은 한동안은 우정에 별다른 영향을 미치지 않는다. 하이데거가 처음으로 자신을 찾은 후 크렙스는 이렇게 쓴다. "예리한 두뇌, 겸허하지만 행동에는 자신감이 넘친다."[12] 그는 이 대화에서 깊은 인상을 받았기에 슈나이더가 남긴 공석에 하이데거가 더 적합한 계승자임을 시기심 없이 받아들일 마음의 채비를 한다. 1913년 말의 일기에서 그는 이렇게 쓰고 있다. "그가 2년 전부터 그런 지위에 있지 않은 게 안타까울 뿐이다. 이제야 우리는 갑자기 그를 채근한다."[13]

크렙스와 하이데거는 학문적 업무를 서로 도왔다. 크렙스는 잘 알지 못하는 논리학 강의를 해야 한다. 하이데거가 크렙스의 강의 준비를 도와준다. "나는 그 자신이 생각하는 것 이상으로 도움을 받고 있다."[14] 이렇게 쓰고 있는 크렙스는 스콜라 철학사에 관한 지식으로 하이데거에게 도움을 준다.

하이데거는 교수 자격 논문의 주제로 스콜라철학을 선택했다. 원래는 논리학 연구를 계속해 "수 개념의 본질"에 관한 논문을 쓰려 했지만, 이제 가톨릭철학 전공의 교수직을 바라보기 때문에 스콜라철학으로 관심을 돌린다. 게다가 1913년 그가 지원해서 받게 된 장학금은 바로 그런 주제의 논문을 요구한다. 이 후한 장학금은 '성 토마스 아퀴나스의 명예를 위한 재단'이 지급하는 것으로, 이는 아우구스부르크에서 공장을 운영하는 셰츨러 가문이 1901년 설립한 것이었다.

하이데거는 이 장학금을 받기 위해 1913년 8월 2일 프라이부르크 주교좌 교회참사회에 이러한 내용의 청원서를 보냈다. "이 지극히 순종적인 종복은 고귀하신 교회참사회에…… 장학금 수여라는 보잘것없는 청원을 감히…… 제출하는 바입니다. 이 지극히 순종적인 종복은 기독교철학에 헌신하여 학자로서의 경력을 시작하고자 합니다. 이 종복은 너무나 부족한 형편에서 생활하고 있기에 그렇게 해 주신다면 고귀하신 교회참사회에 진심으로 감사드릴 것입니다……."[15] 이런 굴종적인 편지를 쓰는 혹은 써야만 하는 사람의 마음속에는 가시가 남는다. 그런 사람은 자신이 탄원해야 했던 이들을 쉽게 용서하지 못한다. 고귀하신 분들이 그를 지원했음에도 불구하고 혹은 바로 그랬기 때문에 그는 후일 그들에 관해 좋게 이야기하지 않을 것이다. 그에게 메스키르히에 있는 서민들의 교회는 조금 다른 의미가 있었다. 그곳은 고향이었고, 평생 그는 거기 속해 있다고 느꼈다. 메스키르히에 있을 때면, 그는 고령이 되어서도 성 마르틴 교회 예배에 빠지지 않았다. 그리고 종치기 소년이었을 적부터 앉았던 성가대석에 자리를 잡았다.

당시만 해도 하이데거는 전도유망한 가톨릭 철학자로 생각되었기에 교회참사회는 학기당 1000제국마르크의 장학금을 주기로 결정했다. 학생으로서는 그 돈이면 아무런 걱정 없이 생활할 수 있었다. 보좌주교인 유스투스 크네히트Justus Knecht는 재단의 목적을 분명하게 상기시킨다. "당신이 토미즘 철학 정신에 충실하리라는 믿음을 갖고서 우리는……."[16]

하이데거는 1916년 여름학기까지 3년 동안 장학금을 받는다. 3년 동안 그는 의무와 개인적 의향이—그 자신에게도—언제나 쉽게 구분되지 않는 방식으로 토미즘(토마스주의)과 스콜라철학에 묶여 있게 된다. 1915년 12월, 하이데거는 세 번째로 장학금을 청원하면서 이렇게 쓴다. "이 지극히 순종적인 종복은 기독교-가톨릭적 생의 이상을 실현하려는 장래 정신적 투쟁에 보탬이 되기 위해 스콜라철학에 내재된 정신적 자산을 유동화하는Flüssigmachung 작업에 학문적 생을 바칠 것이며, 그렇게 해서 교회참사회가 보여 주신 소중한 신뢰에 최소한이나마 감사드릴 수 있을 것이라 믿습니다."[17]

하이데거의 철학적 야망은 아직은 놀라울 만큼 소박하다. 1915년의 「이력서」에서 그는 중세 사상가들의 해석이 장차 생애에 걸친 작업이 될 것이라고 말한다. 물론 그는 거기서 발견되는 정신적 자산을 당면한 논쟁, 즉 "기독교-가톨릭적 생의 이상"을 둘러싼 "투쟁"에 이용하고자 한다. 그렇지만 그의 철학적 저작들에서는 그 사이 세계대전이 시작되어 이미 수십만의 병사가 전쟁터에서 쓰러졌으며 생철학이 승리를 거두고 있음을 암시하는 내용은 전혀 발견되지 않는다.

19세기 후반의 유물론과 기계론은 후설 철학과 논리적인 것에 관한 초기 하이데거 철학에 의해 논박되었던 것이다. 그런데 이러한 유물론과 기계론이 퇴조하자 이제는 생철학과 그 다양한 변양들이 하이데거에게 거대한 도전이 되는 듯하다. 하지만 그저 "유동화"라는 표현만이 그 사이에 하이데거가 생철학의 이런저런 모티프와 접촉하게 되었음을 암시한다. '액체화Verflüssigen'는 당대 생철학의 강박관념 중 하나였기 때문이다.

몇 년 전만 해도 젊은 마르틴 하이데거에게 생철학이란 "섬세한 감정의 모던 영혼"을 위한 무엇일 뿐이었다. 따라서 그에게는 아무 의미도 없는 것이었다. 1911년 「데어 아카데미커」에 발표한 논문에서 하이데거는 이런 말을 한다. "진정 영원한 것의 거울인 철학이 오늘날에는 그저 주관적 의견이나 개인적인 기분, 소망만을 성찰하고 있다. 반지성주의는 철학마저 '체험'이 되게 만든다. 모두가 인상주의자처럼 굴고 있다…… 오늘날에는 '생'이 세계관에 따라 재단되는 대신, 세계관이 '생'에 의해 재단된다……."[18]

생철학에 대한 이처럼 엄격한 유보의 태도는 하이데거의 경우 그의 가톨릭적인 "생의 피안 가치"에 의해서만 규정된 것은 아니다. 그런 태도는 신칸트주의자 하인리히 리케르트의 학파에서도 유래한 것이다. 하이데거는 리케르트로부터 교수 자격 논문의 지도를 받고 싶어 했는데, 이 문제에서도 그의 견해를 따랐다. 후일 리케르트는 생철학에 관한 자신의 견해를 다음과 같은 말로 요약했다. "연구자로서 우리는 생을 개념적으로 지배하고 고정해야 하며, 따라서 한갓 생동적인 버둥거림에서 벗어나 체계적인 세계 질서로 나아가야 한다."[19]

당시 강단철학은 물론 젊은 하이데거도 반대했던 생철학은 대학 밖에서는 이미 지배적 조류가 되어 있었다. '생'은 예전의 '존재'나 '자연', '신' 혹은 '자아'처럼 하나의 핵심 개념이 되었고, 두 개의 전선에서 적과 맞서 있는 투쟁 개념이기도 했다. 한편으로 그것은 독일 대학의 신칸트주의는 물론 시민적 도덕철학에 의해서도 육성된 새로운 '마치~처럼의 관념론'에 투쟁하는 개념이었다. '생'은 힘들게 연역되거나 별다른 성찰 없이 전승된 영원한 가치에 대립하는 것이었다. 다른 한편으로 '생'이라는 슬로건은 19세기 말의 유산인 영혼 없는 유물론에도 저항하는 것이었다. 신칸트주의 관념론 또한 이미 이러한 유물론과 실증주의에 대한 하나의 답변이었다. 하지만 그것은 무력한 답변이었다고 생철학은 주장한다. 만약 이원론에 입각해 정신을 물질적인 생과 분리한다면, 정신을 제대로 다루지 못한다. 그렇게 해서는 정신을 방어해 내지 못하고, 오히려 정신을 물질적 삶으로 처넣을 수밖에 없을 것이다.

생철학자들에게서 '생'은 너무 넓고 신축적인 개념이어서 영혼이나 정신, 자연, 존재, 활력, 창조성 등 모든 것을 포괄한다. 생철학은 18세기 합리론에 대한 슈트름 운트 드랑Sturm und Drang의 저항을 되풀이한다. 18세기에는 '자연'이 투쟁의 슬로건이었다면, 이제는 '생'이라는 개념이 같은 기능을 한다. '생'은 온갖 형상을 취할 수 있고, 갖가지 고안의 보고이며, 무수한 가능성으로 가득한 대양인 바, 생은 예측 불가능한 모험이 넘치는 것이어서 우리에게는 더 이상 피안이 필요하지 않다. 피안에 있는 것은 차안에도 충분히 있다. 생은 머나먼 하안을 향한 출발이지만, 동시에 그것은 아주 가까운 것이며 고유한 활력이다. '생'은 유겐트운동[20]과 유겐트슈틸Jugendstil, 신낭만주의, 그리고 교육개혁운동의 슬로건이 된다.

1900년 이전의 시민계급 젊은이들은 늙은이처럼 보이기를 원했다. 젊다는 것은 경력을 쌓는 데 단점이 되었다. 신문에는 수염이 빨리 자라게 하는 약 광고가 실렸고, 안경은 사회적 지위의 상징으로 간주되었다. 젊은이들은 아버지를 흉내 냈고, 뻣뻣하게 세운 옷깃이 그들 사이에 유행이었다. 젊음은 프록코트 안에 감춰 버리고 걸음도 느긋이 걸으려 했다. 일찍이 '생'이란 뭔가 흥을 깨는 것이라 여겨졌고, 젊은이들을 밀쳐내는 것으로 취급되었다. 그러나 이제 생은 격렬하고 활기에 찬 무엇이며, 따라서 젊음 그 자체이다. 그리고 젊음은 더 이상 숨겨야 할 결함도 아니다. 오히려 이제는 늙음이 자신을 변호하지 않을 수 없다. 늙음은 말라죽음이나 경직됨이라는 혐의 아래 있게 된다. 하나의 문화 전체, 즉 빌헬름 시대의 문화가 "생의 법정"(딜타이)으로 호출을 당하고는 이런 질문을 받게 된다. '그런 생이 아직도 생인가?'

생철학은 스스로를 주어적 소유격의 의미에서 '생의 철학'으로 이해한다. 그것은 생에 관해 철학하는 것이 아니라, 생 자체가 그 안에서 철학하는 것이다. 철학으로서 그것은 생의 한 기관Organ이 되고자 한다. 생철학은 생을 고양시키고자 하며 생에 새로운 형식과 형상을 열어 주려 한다. 생철학은 어떤 가치가 유효한가만을 발견하려는 것이 아니다. 그것은 새로운 가치를 창조하고자 원할 만큼 오만불손하다. 생철학은 실용주의의 생기론적vitalistisch 변양이다. 생철학은 어떤 견해의 유용성을 묻는 대신, 그 창조적 잠재성을 중시한다. 생철학의 입장에서 보면 생은 그 어떤 이론보다도 풍요롭다. 그렇기에 생철학은 생물학적 환원주의를 혐오한다. 생물학적 환원주의는 정신을 생의 수준 아래로 끌어내린다. 반면 생철학은 정신을 생으로 끌어올릴 것이다.

1914년 이전의 생철학의 위대한 주역들은 프리드리히 니체와 빌헬름 딜타이Wilhelm Dilthey, 앙리 베르그손Henri Bergson, 그리고 막스 셸러Max Scheler이다.

니체는 '생'을 창조적 잠재력과 동일시했으며, 이런 의미에서 생을 '힘에의 의지'라 불렀다. 생은 자기 자신을 원하며, 자기 자신에 형태를 부여하고자 한다. 의식이 생동적인 자기 형성 원리와 맺는 관계는 양가적이다. 의식은 억제의 요인일 뿐만 아니라 고양의 요인이 될 수도 있다. 의식은 불안이나 도덕적 주저, 체념을 낳을 수 있으며, 따라서 생의 도약이 의식으로 인해 중단될 수도 있다. 하지만 의식은 생에 봉사할 수도 있다. 생으로 하여금 자유로이 유희하고, 섬세하며 숭고해지도록 고무하는 가치를 의식이 정립할 수 있는 것이다. 그렇지만 의식이 어떻게 작용하든, 그것은 이러한 생의 한 기관으로 머물 뿐이다. 따라서 의식이 생에 마련해 주는 운명이란 동시에 생이 스스로 마련하는 운명이기도 하다. 한편으로 생은 의식을 통해 스스로를 고양하지만, 다른 한편으로 생은 의식을 통해 스스로를 파괴한다. 그러나 의식이 어떤 방향으로 작용할지를 결정하는 것은 무의식적 생의 과정이 아니라 의식적인 의지, 다시 말해 생에 대한 의식의 자유이다. 니체의 생철학은 19세기 말의 결정론이라는 구속복에서 생을 풀어내어 생에 자유를 되돌려 준다. 그것은 자신의 작품에 마주해 있는 예술가의 자유이다. 니체는 이렇게 선언한다. "나는 내 삶의 시인이 되고자 한다." 그리고 이러한 선언이 진리 개념에 어떤 결과를 가져왔는지는 이미 잘 알려져 있다. 객관적 의미의 진리란 존재하지 않는다. 진리는 일종의 환영, 생에 유용한 것으로 밝혀진 환영일 뿐이다. 이것이 바로 니체의 실용주의이다. 하지만 이는 앵글로색슨의 실용주의와 달리 디오니소스적 생의 개념에 결부되어 있다. 니체는 진화 법칙으로서의 '적자생존'과 '자연도태'라는 다윈주의 도그마와 결별한다. 그가 볼 때 그런 것은 공리주의 도덕의 투영일 뿐이다. 그런 사유 방식에 의해 속물들이 상상하는 자연은 이른바 적응이라는 것에 출세가 보상으로 주어지는 그런 세계이다. 니체에게 '자연'이란 헤라클레이토스의 놀이하는 현세 아이Weltkind이다. 자연은 이런저런 형상들을 만들고는 다시 부숴 버린다. 자연은 부단한 창조 과정이며, 이 과정에서는 순응한 자가 아니라 강렬한 활력을 지닌 자가 승리한다. 살아남는다는 것은 승리가 아니다. 생은 넘쳐남으로써 승리한다. 자기 자신을 낭비하고 삶을 향유할 때 비로소 승리하는 것이다.

니체의 생철학은 활동적이며 예술에 매료되어 있다. '힘에의 의지'는 우선은 정치적 비전이 아니라 심미적 비전으로서 작용했다. 이는 예술로 하여금 강한 자기의식을 되찾게 해 주었다. 앞서 예술은 과학적 이상의 압박을 받으며 그런 자기의식을 상실했고, 모방의 도그마에 굴종했던 것이다. 니체에 동조하는 사람은 이렇게 말할 수 있다. 예술과 현실이 서로 합치하지 않는다면, 현실의 상황은 더욱더 좋지 않게 된다!

20세기 초의 주요 예술 조류들인 상징주의와 유겐트스틸, 표현주의는 모두 니체로부터 영감을 얻는다. 심미적인 '힘에의 의지'에는 다양한 이름이 주어진다. 프로이트의 도시 빈에서는 무의식적인 것이 인기를 끌며, 거기서는 신경이 예민해야만 참으로 생동하는 사람이다. "신경적 측면이 완전히 자유로워져 인간이─특히 예술가가─이성적 고려나 감성적 배려 없이 전적으로 신경에만 몰두하게 될 때에야 비로소 상실된 즐거움이 예술로 돌아온다."(헤르만 바르Hermann Bahr, 1891년) 표현주의자들은 "모든 기예적 수단과 힘들을 통합시켜 사회를 재탄생시킬 것"을 요구한다.(후고 발Hugo Ball) 지고한 예술의 정신에서 국가와 사회가 '재탄생'될 수 있다는 믿음은 게오르게 유파와 상징주의자들도 공유한다. 프란츠 베르펠^{Franz Werfel}[21]은 "심장의 국왕 즉위"를 선언한다. 예술과 예술가의 전능함이라는 판타지가 그 위대한 시대를 맞이한다. 생철학의 정신은 현실 원리에의 봉사에서 예술을 다시금 해방시킨다. 예술은 현실에 저항할 때 지니는 비전에 다시 확신을 품으며, 그리하면 현실 또한 변할 수 있을 것이라 확신한다. '비전과 저항과 변화', 이것이 바로 표현주의의 삼위일체이다.

니체의 생철학은 '삶의 향유^{Ausleben}'를 중시하는 반면, 딜타이 생철학은 '체험^{Erleben}'에 초점을 맞춘다. 딜타이는 생물학에는 더 이상 관심을 갖지 않는다. 그는 정신사를 통해서 과연 인간이 무엇인가를 알고자 한다. 하지만 그가 발견해 낸 것은 단지 개별적인 작품과 형상들, 다시 말해 정신적 생이 풍성하게 드러나는 다양한 관점들이다. 딜타이의 생은 책들의 우주였으며, 그 안의 문장들은 각기 하나의 의미를 만들지만 전체가 모여 하나의 총괄적 의미로 결합되지는 않는다. 정신의 생은 다종다양한 형상들을 산출한다. 물론 그 형상들은 납골당의 해골들처럼 보일 수도 있다. 우리가 확정된 형상들, 즉 문화의 객관적 작품들로 굳어 버린 정신에 다시 생명을 불어넣을 줄 모른다면 말이다. 생명을 불어넣는 그런 일은 이해를 통해서 일어난다. 이해란 정신이 다른 정신의 객관화를 체험하는 방식, 즉 이미 굳어 버린 것을 정신이 '유동'시키는 방식이다. 딜타이는 이 표현을 사용하며, 하이데거는 그에게서 이 표현을 가져온다. 앞서 보았듯, 이는 하이데거가 가톨릭적 생의 이상을 실현하려는 투쟁을 위해 스콜라철학을 '유동화'시켜야 한다고 말할 때이다. 이해는 지나간 생을 되가져온다. 반복적 체험이 가능하다는 것은 시간의 무상성에 대한 승리를 뜻한다. 하지만 시간 속에서 생성되는 작품들은 자신의 내용이 객관적이고 구속력 있게 고정되는 것을 허용하지 않는다. 개개의 모든 이해 행위는 자신의 시점에 묶여 있다. 그리고 우리는 계속 흘러가는 시간의 포획에서 벗어나지 못하며, 시간은 부단히 새로운 것, 그때그때 일회적인 것을 산출한다. 끊임없이 새로운 관점들과 전망들, 비전들, 세계관들을 산출하는 것이다. 딜타이는 이렇게 묻는다. "세차게 밀려드는 신념들의 아나키를 극복할 수단은 어디 있는가?"[22] 회사난립시대Gründerzeit[23]의 이 섬세한 독일학자에게 아나키란 섬뜩한 것이었다. 그렇기에 딜타이는 정신의 생이 신비한 질서에 편입되어 있다고 믿었다. 물론 어떻게 그런 일이 가능한지는 그 자신도 정확히 말할 수 없었다. 어쨌든 간에 그는 인류의 정원을 가꾸는 정원사가 되기를 원했다. 딜타이에게 '생'은 편안한 울림을 지닌 것이었지, 니체에게서처럼 악령에 들린 듯한 울림을 지닌 것이 아니었다. "생은 철학의 출발점을 이루어야 하는 기본 사실이다. 생은 내면으로부터 알려지는 것이며, 그 배후로 돌아가는 것이 불가능한 무엇이다. 생은 이성의 법정에 호출당할 수가 없다."

니체는 자신의 삶을 철학으로 만들려 한다. 딜타이는 정신의 작품들을 삶으로 소생시키려 한다. 니체는 실존적 모험가로서 생철학을 추동하며, 딜타이는 교양 체험으로서 생철학을 추동한다.

니체와 딜타이가 아직 19세기의 사상가였다면, 20세기 생철학의 천재는 앙리 베르그손이었다. 그는 생철학을 하나의 체계로 발전시키려 시도했다. 1912년 그의 주요 저작인『창조적 진화』가 독일어로 번역되었다. 얼마 지나지 않아 이 책은 일반 독자들 사이에서도 유례없는 성공을 거두었다. 막스 셸러는 1913년 집필한『생철학 시론Versuch einer Philosophie des Lebens』에서 이렇게 쓰고 있다. "지금 베르그손이란 이름이 아주 거슬리는 소음을 내며 문화 세계를 울려대고 있기에 좀 더 섬세한 귀를 가진 사람들은 그런 철학자를 읽어야 할지 망설이고 있을지도 모른다."[24] 막스 셸러는 읽어야 한다고 답한다. 베르그손의 철학에서는

"세계와 영혼을 대하는" 전혀 새로운 "인간의 태도"가 표현되고 있기 때문이다. "이 철학은 편안히 벌린 손으로 어딘가를 가리키고 두 눈은 긴장 없이 크게 뜨고서 세상을 향한다. 그것은 데카르트가…… 사물에 던지는 번뜩이는 비판적 시선이 아니다. 그것은 정신의 빛을 쏟아 내는 칸트의 시선도 아닌 바, '다른' 세계에서 찾아온 듯 낯설게 군림하면서 사물을 덮치고 꿰뚫지도 않기 때문이다…… 오히려 그 시선은 자신의 정신적 뿌리에 이를 때까지 존재의 흐름에 의해 씻겨 나간다. 마치 그 존재의 흐름이 자명한 것이며 이미 그 자체로서…… 유익한 것인 듯 말이다."

일찍이 쇼펜하우어 Schopenhauer가 유사한 시도를 했듯, 베르그손은 생의 인식이 유래하는 두 가지 근원을 발견한다. 그 하나는 지성이며, 다른 하나는 직관(쇼펜하우어의 경우에는 '의지의 내적 경험')이다. 지성은 이미 칸트에 의해 엄밀히 분석된 바 있으며, 베르그손은 그 분석을 받아들인다. 공간, 시간, 인과성, 연장이 지성의 범주들이다. 하지만 베르그손은 관점에 변화를 준다. 지성이 생물학적 진화론의 관점에서 고찰되는 것이다. 이제 지성은 이런 진화의 산물로서, 다시 말해 생활세계에서 방향을 정하고 행위를 통제하는 기관으로서 나타난다. 지성은 분명 자신의 진가를 발휘한 바, 그것은 "주어진 생활 조건에 생명체가 점점 더 노련하게 적응해 간다는 것"[25]의 표현이다.

따라서 지성이란, 밀려드는 풍부하고 다양한 존재와 생성을 실제적 생존의 관점에서 여과해 내는 체계이다(이와 유사하게, 쇼펜하우어에게 지성이란 의지의 도구이다).

그런 점에서 베르그손은 실용주의적 생물학주의자이다. 하지만 이제 그는 결정적 일보를 내딛는다. 그 동기가 되는 것은 다음과 같은 단순한 고찰이다. 우리는 지성을 그 한계 내에서 분석할 수 있으므로 이미 언제나 지성을 넘어서 있다. 만약 그렇지 않다면 우리는 지성을 그 한계 안에서 발견할 수 없게 될 것이다. 지성의 영역에 대해 어떤 '외부' 가 존재하지 않으면 안 된다. 베르그손의 요점은 이런 것이다. 이 '외부' 란 내면적인 무엇, 즉 직관이다. 내적 경험인 직관 안에서 존재란 우리 가 거리를 취할 수 있는 하나의 대상이 아니며, 우리는 스스로를 이 존 재의 일부로서 경험한다. "세계를 채우고 있는 물질과 생명도 마찬가지 로 우리 안에 있다. 모든 사물 안에서 활동하는 힘들을 우리는 우리 내 부에서 느낀다."[26] 지성은 생존이라는 의미에서 생에 봉사하지만, 직관 은 생의 비밀 가까이로 우리를 데려간다. 세계 전체에 주목해 보자면, 생은 직관적 의식 내에서 자유롭게 유출하는 무한한 흐름으로 나타난 다. "그러니 이제 우리 자신의 내면으로 들어가 보자. 우리는 훨씬 더 깊은 지점에 닿을 것이며, 훨씬 더 강한 충격이 우리를 표면으로 되돌 릴 것이다……." 프루스트Proust의 걸작 『잃어버린 시간을 찾아서』는 자 기 내면을 지시하는 이러한 길 안내의 도움을 받은 것이다. 그런 내면 에서 생은 특히나 신비스럽게 그리고 시간의 내적 경험 속에서 상상력 을 자극하면서 현현한다. 바깥으로 향하는 지성은 물리학적 시간, 다시 말해 측정 가능하고 획일적인 시간(뉴턴Newton의 말로는 "균일하게 흐르는 시 간")을 구성한다. 내적 경험, 즉 직관이 아는 시간은 그와는 다른 것이 다. 그것은 '지속durée'이다. 생은 '지속한다'는 문장이 말하려는 것은 우 리의 생이 연속적 흐름 속에 있으며, 그 리듬과 응축, 정체, 소용돌이가 변화무쌍하다는 사실이다. 이 흐름에서는 그 무엇도 상실되지 않으며, 모두가 지속적으로 성장하고, 개개 지점은 일회적인 바 그때그때 선행 하며, 우리를 앞으로 밀어내는 과거가 동일한 것이 아니기 때문이다. 그 까닭은 지나가 버리는 지금이 과거에 첨가되어 과거를 변화시키기 때 문이다. 인간은 마치 어떤 매체 안에 있듯 시간 안에서 움직인다. 하지만 인간은 자신의 생을 영위함으로써, 다시 말해 주도성과 자발성을 소유함으로써 시간을 '시간화'하기도 한다. 인간은 무엇인가를 처음으로 시작하는 존재이다. 베르그손에 따르면, 시간 경험의 가장 깊은 내면은 창조적 자유의 경험을 숨기고 있다. 그것은 전체 우주 안에서 창조적 잠재력으로서 움직이고 있는 자유이다. 우주의 창조적 자유는 인간 자유의 경험에서 자기의식을 발견한다. 직관은 우리를 세계의 심장부로 데려간다. "절대적인 것 안에 우리가 있다. 우리는 그 안에서 맴돌며 산다."

1914년 이전의 철학은 그처럼 웅대하게 매혹하고 스스로 매혹당하면서, 또 활기에 차서 수많은 것을 약속하며 '생'이라는 주제를 선도했다. 그러나 청년 하이데거는 이 파도에 휩쓸리지 않는다. 그는 1913년의 박사 논문을 "순수논리학"의 전망에 관한 건조하고 딱딱한 서술로 종결짓는다. 그에 따르면 우리는 이 논리학의 도움을 받아 "인식론적 문제들에 접근"하고, "'존재'의 전체 영역을 그 다양한 현실 방식으로 분류할" 수 있다.(FS, 128쪽)

막스 셸러의 『생철학 시론』은 하이데거의 박사 논문과 거의 같은 시기에 집필된 것이다. 그러나 이 저작에서 셸러가 언급한 '출발의 감정 Aufbruchsgefühl' 같은 것은 하이데거에게서 전혀 감지되지 않는다. 셸러는 우리 눈앞에서 "세계관의 개조"가 일어나고 있다고 말한다. "그것은 수년 동안 어두운 감옥에 갇혀 있던 사람이 꽃이 만발한 정원으로 첫발을 내딛는 것과 비슷할 것이다. 그 감옥이란 기계적이고 기계화되는 것만을 지향하는 지성에 한정된 우리 인간의 환경과 그 문명일 것이다. 그리고 저 정원이란, 신의 다채로운 세계, 즉 우리가 비록 멀리서나마 우리에게 열리고 밝게 맞아 주기를 동경하는 그 세계일 것이다. 그리고 저 감옥에 갇힌 자는, 자신의 기계주의라는 짐을 진 채 한숨과 신음을 내뱉으며 성큼성큼 걸어가는 인간, 눈길은 땅에 떨구고 사지에 중압감

만을 느끼면서 자신의 신과 자신의 세계를 잊어버린 인간, 다시 말해 어제와 오늘의 유럽인일 것이다."²⁷

이러한 생철학적 출발의 분위기는 아직 젊은 마르틴 하이데거를 완전히 사로잡지 않았다. 이 점이 특히나 놀라운 것은, 저 바깥 당대 철학의 소용돌이 속에서는 후일 그가 중시한 많은 주제와 모티프가 이미 들끓고 있었기 때문이다. 시간의 또 다른 경험, 굳어 버린 정신의 유동화, 추상적인 인식주체의 해체, 진리의 장소인 예술 등이 그런 것이다.

하이데거의 어제 세계는 세계대전 중에야 붕괴될 것이다. 자신의 방식으로 '생'을 발견할 때까지, 후일 "현사실성Faktizität"과 "실존Existenz"이라는 이름의 세례를 베풀 그런 생을 발견할 때까지, 하이데거는 당분간 형이상학적 지붕 없이 견뎌야 한다.

제 4 장

—

전쟁 발발. 1914년의 이념. 역사를 제쳐 놓는 철학.
스콜라철학의 유동화. 둔스 스코투스. 교수 자격 논
문. 병역. 순조롭지 못한 출세. 남성동맹. 결혼.

—

1916년, 엘프리데 페트리와 약혼한 마르틴 하이데거

전쟁 발발. 1914년의 이념. 역사를 제쳐 놓는 철학. 스콜라철학의 유동화. 둔스 스코투스. 교수 자격 논문. 병역. 순조롭지 못한 출세. 남성동맹. 결혼.

HEIDEGGER

철학박사 학위를 갓 취득한 하이데거는 '둔스 스코투스의 범주론과 의미론Die Kategorie- und Bedeutungslehre des Duns Scotus'이라는 주제의 교수 자격 논문을 준비하고 있다. 한동안 아무 근심 없이 생활하게 해 준 셰클러 재단은 토미즘에 근거해 "교회의 진리 보화"를 철학적으로 옹호할 의무를 그에게 지운다. 그가 서두른다면, 아직 공석으로 남은 기독교철학 교수직을 차지할 가능성이 있다. 상황은 그리 나쁘지 않다. 그때 전쟁이 발발한다.

개전 시의 열광적 분위기는 당연히 프라이부르크대학도 예외로 남기지 않는다. 젊은 병사들은 이곳에서 축가를 듣고 화환을 받고 장중한 연설과 함께 전선으로 떠난다. 하이데거는 1914년 10월 10일 소집되지만 심장병으로 인해 '제한적 복무 가' 판정을 받고 징집 유예 처분된다. 그는 자기 책상으로 돌아가 중세 유명론의 정교한 논의에 몰두한다.

하이데거는 루트비히 마르쿠제Ludwig Marcuse가 자서전에서 묘사한 바 있는 기묘한 대학생 부류에 속해 있던 것 같다. 당시에는 마르쿠제도 프라이부르크대학에서 철학을 공부했는데, 그는 이렇게 쓰고 있다. "7월 말 나는 내가 가장 존경하는 세미나 동료의 하나인 헬무트 팔켄펠트Helmuth Falkenfeld를 괴테슈트라세에서 만났다. 그가 실망스런 표정으로 이렇게 말했다. '큰일이 났는데, 자네도 들었나?' 나는 걱정스런 표정과 함께 체념하는 투로 대답했다. '그야 물론이지. 사라예보 사건 말이로군.' 그가 말했다. '그 일을 말하는 게 아닐세. 내일 리케르트 교수님의 세미나가 휴강이라더군.' 나는 깜짝 놀라 물었다. '교수님이 편찮으신가?' 그가 대답했다. '그게 아니고, 임박한 전쟁 때문이라더군.' 내가 말했다. '세미나가 전쟁과 무슨 상관인데?' 그는 몹시 실망스런 표정으로 어깨를 으쓱거렸다."[1]

마르쿠제의 이 친구는 전쟁이 발발한 것을 애석해 한다. 발표 준비를 철저히 했는데 그 기회가 사라졌기 때문이다. 그는 개전 며칠 만에 징집되어 전선으로 간다. 거기서 그는 이런 편지를 쓴다. "나는 예전처럼 잘 지내고 있네. 비록 10월 30일 참가한 전투에서 24포병대가 쏘아댄 대포 소리 때문에 아직도 귀가 먹먹하지만 말일세. 그래도…… 내 여전한 생각으론 칸트의 제3이율배반이 이 모든 세계대전보다 중요하며 전쟁과 철학의 관계는 감성과 이성의 관계와 같은 것이라네. 이 물질세계의 사건들이 우리의 초월적 구성 요소와 최소한으로라도 관계한다고는 절대로 믿지 않네. 설령 프랑스군의 수류탄 파편이 내 경험적 신체를 꿰뚫는다 해도 그렇게는 믿지 않을 걸세. 칸트의 초월철학 만세."[2]

엄밀히 견지된 초월철학적 관점은 규율에 엄격했던 신칸트주의자들에게서 마취제처럼 작용한 듯하다. 전쟁이 불러일으킨 열정과 개인들에게 마련해 준 운명은 조야한 경험 세계의 일로 치부되었다. 인식과 도덕적 인격의 초월성은 그런 것과는 무관하게 머물렀다. 물론 그렇다고 해서 전쟁의 의미와 정당성이 의심을 받은 것은 아니었다. 하지만 그러한 무관성은 철학이—엄밀한 철학으로서는—그러한 일에 어떤 의미나 정당성을 제시할 필요가 없음을 뜻했다. 개인적 의견이나 판단은 열광에 들끓어도 좋았지만, 철학은 그 고상한 평정을 유지해야 했다. 비록 전쟁 초에는 민족 전체가 동요했을지라도 철학은 시대정신에 구애받지 않고 자기만의 길을 당당히 걸어야 했다. 철학자들 중에—엄격한 신칸트주의자들도 포함해서—그런 일에 휩쓸리는 사람이 있다면, 이는 그의 철학 때문이 아니라 전쟁 발발 시에 돌연 철학보다 더 중요한 무엇이 존재할 수 있음을 깨달은 때문이었다. 신칸트주의의 젊은 천재였던 에밀 라스크가 그런 예에 속한다. 전쟁이 일어나고 2년 후에 전사한 그에게 하이데거는 자신의 교수 자격 논문을 헌정했다. 이미 전쟁이 일어나기 전에 라스크는 생의 물질이 덜 분쇄될수록, 지성의 방앗간이 더욱 탁월한 분쇄 작업을 행한다고 말했다. 철학 사상은 생의 모호한 물질과 거리를 둘 때에만 빛을 발할 수 있다는 말이었다. 라스크는 이를 결함으로 느꼈기에 전쟁이 발발하고 몇 개월이 지나자 전선에서 어머니에게 이런 편지를 보냈다. "우리들은 정말로 제때에 고향을 떠난 것이었습니다. 인내심도 이미 한계에 달해 있었으니까요. 당시 저는 아무것도 하고 있지 않다는 느낌, 그 어떤 힘도 전혀 사용하고 있지 않다는 느낌이 들었습니다. 바로 '모든 것'이 걸려 있는 순간, 최소한의 행동마저 시도하지 않는 것은 참기 어려운 일이었던 그런 순간에 말입니다."[3]

하이데거는 잠시 참전에서 배제되었다는 사실을 전혀 유감스러워하지 않은 것 같다. 그는 자신의 생명을 위험에 맡길 필요가 없었다. 그는 다시 교수 자격 논문을 준비하면서 개인적 출세를 궁리할 수 있었다. 아마 그 밖의 생활에서는 전쟁에 열광하는 일반적 분위기를 공유했을 것이다. 그런 열광의 불꽃은 그와 가까운 가톨릭 친구들이나 여타 생활 영역에서도 강력히 피어올랐기 때문이다. 하이데거의 후원자인 하인리히 핑케는 1915년 '세계대전 중 독일인과 가톨릭교도의 이익 옹호를 위한 위원회'를 설립했다. 이 기관에서는 많은 행사를 개최하고 책자를 발행했는데, 모두 전쟁에 종교적 의미를 부여하고 온건한 입장에서나마 전쟁의 목표를 둘러싼 논쟁에도 개입하는 종류의 것이었다. 하이데거의 친구인 엥엘베르트 크렙스도 같은 입장에서 수많은 팸플릿을 발행했으며, 1916년에는 이것들을 모아 『우리 강함의 비밀. 위대한 전쟁에 관한 상념Das Geheimnis unserer Stärke. Gedanken über den großen Krieg』이라는 단행본을 발간했다.

전쟁이 발발하자 출판물이 홍수처럼 쏟아져 나왔다. 당시 백오십만 편 정도의 시가 독일인의 펜대에서 흘러나왔다. 릴케도 찬가 한 편을 써서 전쟁에 우호적인 입장을 표명했다.

"처음으로 그대가 일어섬을 본다 / 지극히 먼 곳의 경이로운 그대, 소문으로만 알던 전쟁의 신을 / …… / 마침내 하나의 신. 종종 우리가 더는 평화의 신을 잡을 수 없기에 / 돌연 싸움의 신이 우리를 사로잡는다…… / 사로잡힌 자들을 보고 있는 내게 복 있을진저."[4] 이런 '사로잡힌 자들' 중에는 대학교수들도 있었다. 1914년 10월 16일 발표된 '독일제국 대학교수 선언문'에는 3016명의 대학교수들이 서명을 했는데, 이 선언문은 "영국을 필두로 한 독일의 적이 우리를 위한답시고 벌이는 행태, 즉 독일의 학문 정신과 그들이 프로이센 군국주의라 부르는 것을 대립시키려는 행태에 격노하지 않을 수 없다"[5]고 밝혔다.

교수 등의 지성인들은 '군국주의'와 무관한 척하지도 않았지만, 그 것을 기정사실로 받아들이려 하지도 않았다. 그들은 군국주의를 뭔가 의미심장한 것으로 만들려 했다. 가뜩이나 전쟁의 열기에 사로잡혀 있던 사람들이 이런저런 해석의 열기에 사로잡혔다. "이 전쟁을 담당하며 그것에 혼을 불어넣고 있는 것은 실제로는 바로 우리 문화, 우리 정신, 우리 역사의 가장 심오한 힘들이다."[6] (마륵스Marcks, 『우리가 서 있는 곳은 어디인가? Wo stehen wir?』) 토마스 만은 「어느 비정치적 인간의 고찰Betrachtungen eines Unpolitischen」(1918년)에서 전쟁을 가리켜 "개개 민족의 개성, 그들의 영원한 용모"[7]가 한갓 "프레스코 심리학"에 의해서도 포착될 만큼 강력히 표출되는 사건이라고 말한다. 당시는 지극히 강렬한 종류의 민족 정체성 선언이 남발되던 시대이다. 당시 전쟁을 위해 웅대한 문화철학적 유형론을 구상한 인물은 토마스 만이 유일하지 않다. 그밖에도 강력한 효과를 발휘한 수많은 대조법이 존재한다. 심오한 문화 대 피상적 문명, 유기적 공동체 대 기계적 사회, 영웅 대 장사치, 감정 대 감상, 덕성 대 계산적 사고가 그런 대조법의 예이다.

철학자들의 반응 양태는 다양하다. 일부는 전혀 동요하지 않고 냉철히 학문에 전념한다. 앞서 보았듯, 루트비히 마르쿠제는 그런 사람들을 희화화했다. 다른 이들은—여기에는 특히 대중적 인기를 얻고 있는 생철학자들이 속한다—철학적 전문성을 살려 전쟁에 공헌하고자 한다. 전쟁을 정신의 싸움으로 재해석하는 것이다. 이를 위해 그들은 형이상학이라는 예비 물자까지 동원한다. 막스 셸러는 과도한 열변을 토하며 "전쟁의 천재"를 찬양하는데, 이는 그가 1915년 발표한 장편 에세이의 제목이기도 하다. 셸러는 전쟁이라는 양태에서 완전한 인간학을 기획해 보려 한다. 전쟁은 인간 내면에 숨겨진 것을 현출시킨다. 이때 셸러는 점잖은 태도를 잃지 않는다. 적대 세력을 비방하지 않고, 그들에게도 전쟁의 권리가 있음을 인정하는 것이다. 그가 전쟁에서 보는 것은 여러 문화의 자기주장인데, 이런 문화들은—개인들과 마찬가지로—그 무엇과도 같지 않은 자기만의 형상을 발견한 후에는 서로 충돌할 수밖에 없다. 이 지점에서 문화들은 불속에 뛰어들 수밖에 없고, 거기서 그들의 형상은 단련된다. 전쟁은 죽음과 대면하는 것이며, 그렇기에 민족과 거기 속한 개인들이 스스로를 하나의 전체로서—물론 언제라도 부서질 수 있는 전체로서—이해하게 만든다. 전쟁은 위대한 분석가다. 전쟁은 참된 것과 참되지 않은 것을 분리하며 참된 실체를 드러낸다. 전쟁은 국가의 "최종 시험"인 바, 이 시험에서 국가는 한갓 사회를 관리하는지, 아니면 진정 일반의지를 표현하는지 증명해야 한다. 전쟁은 진리의 시간이다. "평화를 그저 작은 회색의 중간 지대로 간주하는 거대하고 포괄적인 전체 인간이라는 상…… 이런 상이 이제 생생하게 우리 앞에 있다. 전쟁이 비로소 인간 본성의 넓이와 범위를 측정한다. 인간은 자신의 위대함과 왜소함을 온전히 자각한다."[8]

전쟁은 어떤 정신적 실체를 출현케 하는 것인가? 어떤 이들은 전쟁이 관념론의 승리라고 말한다. 유물론과 실리주의 탓에 오랫동안 숨이 막혔던 관념론이 이제 돌파구를 찾으며, 인간은 다시금 비물질적 가치, 즉 민족과 조국과 명예에 자신을 바칠 태세를 갖춘다. 그렇기에 에른스트 트뢸취Ernst Troeltsch[9]는 전쟁의 열광을 '정신에 대한 신앙'의 회귀라고 부른다. 정신은 "금전의 우상화", "회의감의 결핍", "향락의 추구", "자연의 법칙성에 대한 무력한 복종"에 승리를 거둔다.[10]

다른 이들이 전쟁에서 보는 것은 오랜 평화의 시기 동안 경직될 위기에 처한 창조 정신의 해방이다. 그들은 전쟁의 자연적 폭력을 찬미하며, 마침내 문화가 다시 자연의 근본적 힘과 접촉하게 되었다고 말한다. 전쟁은 "모든 문화 파괴자 중 가장 폭력적인 자인 동시에 모든 문화 산출자 중 가장 강력한 자이다." 그렇게 오토 폰 기어케Otto von Gierke[11]는 말한다.[12]

전쟁은 모든 것을 변화시킨다. 막스 셸러는 전쟁이 철학도 변화시키리라 희망한다. 더 이상은 "그저 형식주의적으로 시시콜콜 따지기"에 만족하지 않게 될 것이며, "독자적이고 독창적인 세계관"에 대한 갈망이 생겨날 것이다.[13]

그렇지만 전쟁이 벌어지는 동안 철학은 실상 어떤 새로운 '독창적 직관'도 획득하지 못한다. 철학은 그 형이상학적 자산으로 생명을 부지하며, 이를 이용해 전쟁이라는 파국적 사건에 '깊이'와 '의미'를 부여한다. 막스 베버에서 카를 슈미트에 이르기까지 진정으로 정치를 성찰하는 사상가들은 이런 태도에 혐오감을 느낀다. 생각의 곡예와 정치적 사유를 혼동하는 "문인들의 잡담과 잡문"[14]을 막스 베버는 혹독히 비난한다. 그리고 카를 슈미트의 시각에서 정치적인 것의 형이상학적 과장이란 허울뿐인 "기회주의"[15], 달리 말해 관념의 나르시즘적 생산을 위한 기회로만 현실을 이용하는 태도이다.

하이데거는 이런 모든 것에 거리를 둔다. 그의 철학적 열정은 정치의 영역에서 날뛰지 않는다. 이 시기 그의 사유는 역사를 제쳐 놓는 철학이라는 특징을 지닌다.

이미 언급했듯, 원래 그는 박사 논문을 끝내고 나면 "수 개념의 본질"을 연구하려 했다. 그의 후원자인 하인리히 핑케는 이 문제를 스콜라철학의 범위 내에서 다루라고 권한다. 하이데거는 적절한 텍스트를 하나 찾아낸다. 그것은 수 개념과 관련해서 그를 가장 사로잡는 주제인 '관념성의 실재성'을 탐구할 수 있는 텍스트이다. 그가 검토해 본 이 텍스트의 제목은 '의미의 양태에 관하여De modis significandi sive Grammativa speculativa'(혹은 사변적 문법)이다. 하이데거의 시대에는 이 텍스트가 둔스 스코투스Duns Scotus(1266~1308)의 저작으로 간주되었다. 하지만 최근 들어서는 둔스 스코투스 학파의 철학자인 토마스 폰 에어푸르트Thomas von Erfurt가 그 저자라는 설이 더 유력하다.

둔스 스코투스는 이성을 비판한 중세 철학자였다. 비범할 만큼 예리한 지력의 소유자였던 그는—중세인들은 그를 '명민한 박사Doctor subtilis'라 불렀다—자연적 이성의 도달 거리를 형이상학의 문제 안으로 국한시켰다. 그의 가르침에 따르면 신의 고유한 본질은 우리 이성에 의해 포착될 수 없다. 그리고 세계는 신의 창조물이며 따라서 신에 대한 지성의 투시 불가능성을 공유하므로, 우리 주위의 사물 또한—설령 우리가 그것들 하나하나를 적절히 파악하고자 할지라도—그 불가사의한 본성을 유지한다. 둔스 스코투스의 이러한 이성 비판, 이성에 대한 이성적 비판은 신앙에 봉사하는 것이다. 스코틀랜드 출신의 이 위대한 스콜라 철학자에게는 후일 칸트가 자기 자신에 관해 말한 것이 그대로 적용된다. 그가 이성을 이성적으로 비판한 것은 신앙을 위한 자리를 마련하기 위해서였다. 칸트와 둔스 스코투스 모두에게서 이 비판은 두 가지 방향을 취한다. 이성의 월권과 신앙의 그릇된 사용이 모두 거부되는 것이다. 참된 신앙은 인식을 '넘어설' 뿐, 인식을 '대체'하지는 않는다. 달리 말하면, 우리는 믿음과 인식에 대해 각기 고유한 영역을 할당해 준다. 우리는 어느 하나로 다른 하나를 대체하려 해서는 안 된다. 둔스 스코투스는 온건한 유명론자였다. 그에게 개념이란 우선 이름(노멘nomen)일 뿐 사태 자체의 본질은 아닌 것이다. 당연한 얘기지만, 이 중세 철학자에게 사태 자체란 무엇보다도 신과 세계이다. 이처럼 유명론자들은 사유와 존재의 이원성에서 출발한다. 하지만 이들은 두 가지 사이에 다리를 놓으려 한다. 이런 시도는 특히 하이데거가 찾아낸 둔스 스코투스 학파의 저작에서 확인된다.

이 저작의 근본 사상은 이렇다. 사유는 언어 안에서 움직인다. 언어는 하나의 기호 체계이다. 언어는 사태를 지시한다. 이를테면 주막 간판의 화관 그림이 거기서 마실 수 있는 포도주를 가리키듯 말이다. 실제로 둔스 스코투스(혹은 토마스 폰 에어푸어트)가 이런 예를 제시하는데, 이로 보아 그는 삶을 꽤나 즐길 줄 알았던 인물인 듯싶다. 사유와 존재자 사이에는 상이성('이질성')이라는 심연이 놓여 있지만, 둘 사이에는 공통성('동질성')도 있다. 이 둘 사이의 다리가 되는 것이 바로 유추Analogie이다. 우리의 사유와 존재자 사이에는 유추 관계가 있으며, 이는 신과 세

계 사이의 유추 관계와 동일한 것이다. 이 지점에서 위대한 중세 형이
상학의 원형 지붕은 다시금 견고한 버팀대를 발견한다. 지고한 존재자
에 이르기까지 존재의 모든 요소들은 유추에 의해 서로 관계 맺고 있
다. 신과 세계 사이의 유추 관계란 다음을 뜻한다. 신은 세계와 단적으
로 동일한 것은 아니다. 만약 그렇다면 신은 세계에 갇힌 꼴이 될 것이
다. 하지만 신은 세계와 전혀 다른 무엇일 수도 없다. 세계는 신의 창조
물이기 때문이다. 세계는 신을 지시한다. 마치 주막 간판이 포도주를 가
리키듯 말이다. 그리고 이때 마른 목을 축여 주는 것은 분명 주막 간판
이 아니라 포도주이다. 주막 간판은 현실의 것일 수도 있다. 하지만 신
혹은 포도주가 더욱 현실적이다. 하이데거는 이런 사상을 해석하면서
중세 사상에는 "현실성의 위계"(FS, 202쪽)가 존재한다고 말한다. 이 고
도로 사변적인 사유는 다음과 같은 물음에까지 다다른다. '사유 자체는
본래 현실성의 어떤 단계에 있는가?' 둔스 스코투스의 생각으로는 이
렇다. 개념 실재론자들은 창조의 근원인 신의 사상을 인간이 다시 한번
사유할 수 있다고까지 믿지만, 인간의 사유로는 개념 실재론자들의 믿
음만큼 신에게 가까이 접근하지 못한다. 반면, 급진적 유명론자들은 신
앞에서의 사유라면 무엇이든 무지의 밤 속에 가라앉혀 버리지만, 인간
은 급진적 유명론자들의 믿음만큼 신에게서 아주 멀리 떨어져 있지도
않다.

　이제 하이데거는 중세 사유의 이 대성당에서 무엇을 탐색하고 무엇
을 발견하는가?

　그는 이 사유에서 은닉된 모던성을 탐색하며, 그것을 "유동화"시키
고자 한다. 그리고 우선은 후설의 현상학적 방법을 선취하는 몇 가지
미묘한 지점들을 찾아낸다. 예를 들어 둔스 스코투스에게서는 이미 '제
1지향'과 '제2지향' 사이의 현상학적 구분이 발견된다. '제1지향'은 자

연적 태도, 즉 지각이나 사유에 의해 대상에 향하는 것을 말한다. '제2 지향'이란 사유가 그 자신과 자신의 내용에 향할 때의 특유한 시각이다. 이는 '노에시스^noesis(지향 행위)'와 '노에마^noema(지향 내용)'라는 후설의 구분과 같은 것이다. 이 구분에 관해서는 나중에 다시 언급하겠다.

하이데거는 이 중세 철학자를 후설 사상으로 끌어들여 "유동화"시킨다. 하이데거가 우리에게 소개하는 인물은—후설과 마찬가지로—순수 의식의 영역을 철저히 탐구하여 전체 세계의 구조를 마술처럼 불러낸 스콜라 철학자이다. 사유의 사유, 즉 사유의 작업을 행하면서 그런 자신을 바라보는 사유는 하나의 우주를 펼쳐 보이는 바, 우리는 그 우주가 이 세계의 것이 아니라는 확신만으로 그것을 세계로부터 몰아낼 수가 없다. 그 우주가 무엇인가를 의미한다면, 그것만으로 충분하다. 하이데거에 의하면, "둔스 스코투스는 의미 영역의 실존적 자유를 가르쳐 준다".(FS, 243쪽)

마르틴 하이데거는 수의 본질에 관해 철학하길 원했다. 그는 이 강박관념에 이끌려 둔스 스코투스의 궤적을 좇아간다. 스코틀랜드 학파의 "사변적 문법학"은 "하나의 것—著"과 "하나라는 수"로부터 하나의 완전한 존재론을 이끌어 내기 때문이다.

이 텍스트와 하이데거의 분석이 맨 처음 다루는 것은, 현실적인 것을 우리에게 존재케 하는 근본 범주이다. 물론 둔스 스코투스는 그런 근본 범주를 가장 아래의 '근본'에 위치시키는 것이 아니라—중세 사상에서 전형적으로 볼 수 있듯—'정상'에 올려놓는다. 이 근본 범주는 '초월범주'라 불리는데, '엔스^ens(존재자 일반)', '우눔^unum(하나)', '베룸^verum(진리)', '보눔^bonum(선)'이 바로 그것이다. 모든 것들의 시초가 되는 존재자—'엔스'—가 있다는 것은 자명하다. 이보다는 덜 자명하지만 조금만 생각해 보면 분명해지는 사실은 존재자가 언제나 '하나의' 존재자로서만, 특정한 무엇으로서만, 다시 말해 어떤 '일자'로서만 출현한다는 점이다. 그런데 이 '일자'는 자기와 다른 무엇('디버숨diversum')과 구별됨으로서만 일자이다. 하이데거에 따르면, "일자와 타자는 대상 취하기로서의 사유가 비롯되는 참된 근원이다."(FS, 160쪽) 하지만 이 근원에서부터 이미 사유와 존재자 사이의 미세한 균열이 시작된다. 그도 그럴 것이 이런 물음이 가능하기 때문이다. '타자가 아니라는 것이 일자의 고유성에 속하는가?' 그렇지 않다. 왜냐하면 모든 개별 존재자는 자기 자신인 무엇, 즉 고유한 무엇이며 '타자가 아님'은 그것의 고유성에 속하지 않기 때문이다. 그 '아님'은 대조하고 비교하는 사유를 통해서만 사물들에 부착된다. 말하자면 사물들은 자기 안에 갇혀 있기에 자기와 타자를 비교할 수 없으며, 따라서 주도적으로 서로를 구분할 수 없다. 사물들은 서로를 구분하지 않는다. 사물들은 우리 사유에 대해서만 구분될 수 있다. 이 발견은 지대한 영향력을 발휘할 의미를 품고 있다. 그 의미를 하이데거는 이렇게 표현한다. "참으로 실존하는 것은 개별자이다."(FS, 194쪽) 둔스 스코투스는 이런 개별자를 "하이케이타스haecceitas"라 부른다. 문자 그대로 번역하면, 사물들의 '이haec-지금ce-여기 있음itas', 즉 '지금 여기 이것'을 뜻한다. 개개 사물이란 시간과 공간의 특정 지점에서 일회적인 무엇이다.

이 발견은 지대한 영향력을 갖는다. 왜냐하면 우리 이성이 이성적 방식으로 스스로를 사상捨象한 뒤 고유한 사물과 우리 사유가 그것에 첨가한 것을 구별할 수 있음을 근본적 차원에서 분명히 드러내기 때문이다. 고유한 사물은 순수하게 개별적이며, 우리 지성이 부산히 움직이면서 그것들을 비교하고 연결 짓고 질서를 부여한다. 하이데거는 둔스 스코투스에 연계하여 이 점을 다음과 같이 표현한다. 우리는 순수하게 서로 다른 개별성(이질성)으로 이뤄진 존재자를 하나의 "동질적 매체"로 투사한다. 그리고 이 매체 안에서 우리는 존재자를 비교하고 파악하며 셈할 수도 있다. 이 동질성이 어떤 본성의 것인지는 수의 계열에서 특히 분명해진다. 내가 다섯 개의 사과를 센다면, 순서상 세 번째라는 것이 그 세 번째 사과의 고유성은 아니다. 내가 그 사과를 순서에서 빼내도 사과 자체는 달라지는 게 전혀 없기 때문이다. 따라서 한편으로는 이질적인 다양성이 있고, 다른 한편으로는 셀 수 있음이라는 동질적 매체가 있다. 다양한 존재자 안에는 수가 없다. 그러나―이것이 바로 유추 관계에서 결정적인 점인 바―존재자는 그 다양함에서 비로소 셈을 허용한다. 이처럼 두 영역은 서로 결부되어 있다. 개별자의 다양성과 수의 계열로 이뤄진 그 질서 사이에 바로 '유추'의 관계가 있다.

단순히 수를 세는 것에서 이미 유추는 작용한다. 그런데 이런 유추의 신비는 곧장 최강의 신비, 즉 신의 신비로 이어진다. 신과 전체 존재자 사이의 관계는 이를테면 이런 것이다. 신이 무한한 수의 계열이라면, 전체 존재자란 셀 수는 있지만 (말 그대로의 의미에서) '무수한' 존재자들의 개별성이다. 사물들은 고유한 무엇들이지만, 유추의 방식에 의해서만 우리 개념들(이 경우에는 수 개념들)의 관념적 의미 내용을 채우는 것들이기도 하다. 이는 다음을 뜻한다. 사물은 엄밀한 개념이라는 동질적 매체에서 표현되는 것과는 무한히 다르고 무한히 더 많은 무엇이다. 이제 하이데거는 이런 사실로부터 중요한 결론을 끌어내는데, 이 결론은 향후 그의 철학과 관련해서도 굉장히 중요한 의미를 갖는다. 일의적으로univok 사용되는 개념 이상을 추구하는 부류의 학문은 위와 같이 "동질성과 이질성이 독특한 방식으로 엮이는 참된 현실의 근본 구조"(FS, 199쪽)에 충분히 부응할 수 없다. 오히려 "독특한 의미 역동성"을 지닌 "생동적 언술"이 그러한 근본 구조에 더 훌륭하게 부응한다.(FS, 278쪽) 이런 결론은 하이데거 사유의 향후 모든 발전 국면에서도 규정적 의미를 지닐 것이다. 후일의 사유에서는 스콜라철학의 유추 개념이 더 이상 사용되지 않겠지만, 다음과 같은 확신만은 유지될 것이기 때문이다. 그에게는 일의적으로 명확한 논리가 아니라 발설된 언어, 즉 역사성과 의미 다양성을 지니고 시적 형상 또한 취하는 그런 언어가 좀 더 적합한 철학의 기관이다.

1915년 봄, 교수 자격 논문을 완성한 하이데거는 이를 리케르트에게 제출한다. 사자 갈기처럼 수염이 텁수룩하고 늘 분망한 이 인물, 프라이부르크 교수 사회에서 영향력이 컸던 이 인물은 수많은 무보수 조교들에 둘러싸여 생활했다. 그는 자신의 서재에서 수업을 했다. 별 어려움 없이 학생들로 가득 채울 수 있는 대학 강의실은 광장공포증 때문에 기피했다. 리케르트의 세미나는 그의 별장에서 진행되었고, 교수와 교양이 풍부한 명사들, 박사와 강사들 중 소수의 선별된 사람들만이 참여할 수 있었다. 하이데거도 몇 번인가 그 무리에 낄 수 있었다. 리케르트는 교육계의 중진 중 한 사람이었고 그 점을 드러내길 좋아했다. 그는 마치 작전참모처럼 독일 대학들의 철학과 인사 정책에 영향력을 행사하려 했다. 당시엔 이 학계가 좁은 편이라서 그런 감독이 충분히 가능했다. 그와 관계가 틀어지면 경력을 쌓는 데 지장이 생길 수 있었다. 그는 젊은 하이데거에게 별다른 관심을 보이지 않았다. 그의 눈에 젊은 하이데거는 가톨릭철학이라는 구석진 분야에 속한 사람이었다. 리케르트는 하이데거로부터 논문을 받았지만 읽고 싶은 마음이 들지 않았다. 그래서 엥엘베르트 크렙스에게 논문을 건네고는 알아서 점수를 매기게 했다. 분명 리케르트는 크렙스와 하이데거가 친구 사이인 것까지는 몰랐을 것이다. 크렙스는 어떻게 논문 점수를 매겼는지 자신의 일기에 적고 있다. "그렇지만 나는 하이데거를 옆에 앉혀 놓고 그 논문을 읽었다. 어렵거나 의아한 부분이 눈에 띄면 즉시 그와 이야기를 나누기 위해서였다."[16] 그렇게 점수가 매겨진 논문을 리케르트는 통과시켰다. 1915년 7월 27일의 교수 자격 논문 심사에서 하이데거는 '역사과학에서의 시간개념Der Zeitbegriff in der Geschichtswissenschaft'이라는 주제의 시범 강의를 했고, 이로써 심사는 종결되었다. 하이데거는 마이스터 에크하르트의 문장을 논문 서두의 모토로 선택했다. "시간은 유전하며, 영원은 단순히 머문다."

이제부터 하이데거는 강사이고, 그런 신분은 몇 년 간 더 계속될 것이다. 그는 친구 라슬로브스키에게 "강사들과 강사가 되려는 사람들"을 위한 격언이라면서 니체의 친구 로데Rhode의 말을 들려준다. "날렵하기 짝이 없는 민물고기조차 뒤룩뒤룩 살찐 배불뚝이 개구리로 만드는 데는 대학만 한 거만한 진창도 없다."[17]

하이데거는 대학의 환경을 질타하고 있다. 당시 그의 야망이 좌절되었기 때문이다. 그는 공석으로 남은 가톨릭철학 전공 교수직을 탐내고 있었다. 핑케가 암시적인 말을 던졌기 때문이다. 핑케는 하이데거의 교수 자격 논문이 완성될 때까지 그 자리가 공석으로 남도록 애를 썼으며, 그 와중에 리케르트의 지원도 얻었다. 리케르트는 자신의 영향력을 과시할 기회였기에 그 공석에 관심을 보였다.

1913/14년 겨울학기부터 공석의 담당 과목을 대신 맡았던 크렙스는 1년 반쯤 시간이 지나자 자신에게도 기회가 있는지 알고 싶었다. 친구 하이데거의 교수 자격 논문이 거의 완성된 시점이었지만 말이다. 1915년 3월 그는 카를스루에에 소재한 바덴 주 문화부 담당자와 접촉을 가졌다. 이때 크렙스는 담당자에게 자신과 여타 몇 사람을 천거했지만, 마르틴 하이데거의 이름은 언급하지 않았다. 그가 술책을 부렸다고는 말할 수 없다. 자신의 이런 행동을 프라이부르크대학 동료들에게도 솔직히 알렸기 때문이다. 하지만 하이데거는 마음의 상처를 입었고 배신감도 느꼈다. 라슬로브스키에게 보낸 편지에서 그는 시간이 갈수

록 온갖 부류의 인간에 대한 냉엄한 시각을 얻게 된다고 썼다. 크렙스는 가능성 있는 경쟁자의 대열에서는 곧 빠지게 되었는데 그가 신학과의 교의학 교수직을 약속받았고 실제로 얼마 후에 그 자리를 얻었기 때문이다. 반면 하이데거의 여건은 1916년 초부터 불리해지기 시작한다. 채용 공고가 나지만, 중세 스콜라 철학사 전공자를 뽑을 예정인 것으로 밝혀지기 때문이다. 하이데거는 역사적이기보다는 체계적 방식으로 둔스 스코투스에 접근했기에 이제 자신에게는 기회가 없음을 안다. 이런 상황을 알게 된 라슬로브스키는 스콜라철학의 모던화에 지나치게 매달리지 말라고 친구에게 충고한다. 그는 편지에서 이렇게 말한다. "자네가 지지난번 편지에서 어떤 분들이 촉각을 세우고 있다는 듯한 암시를 주지 않았다면, 나도 이처럼 어린 사람을 대하듯 충고를 하지는 않았을 걸세. 자네도 알다시피, 특히나 신학자들의 민감함이란 거의 신경과민에 가까운 정도이지. 그리고 '신뢰하기 어려운 신참'을 두고 음모를 꾸밀 때의 이른바 '책임감'이라는 것도 정말이지 대단하다네. 자네의 비판은 어떤 분들이 볼 때 아직 시기상조로 여겨질 걸세."[18]

보아하니 하이데거는 당시 편지와 개인적 대화에서 가톨릭철학을 비판하고 있다. 그로서는 아직 공공연히 표현해서는 안 되는 비판이다.

1916년 봄, 하이데거는 둔스 스코투스 논문의 단행본 출판을 위해 마지막 장을 새로 쓴다. 이 부분에서 새로운 어조가 두드러지게 나타난다. 스콜라철학에 비판적 거리를 취하는 관점이 드러나기보다는 어떤 새로운 조급함과 격렬함이 표출되고, 새로운 측면들이 강조되며, 무엇보다 이제 처음으로—당시로서는 이례적으로—'생'이 부각된다.

우리가 기억하듯, 하이데거는 논문 끝부분에서 "독특한 의미 역동성"을 지닌 "생동적 언술"을 말했다. 몇 쪽에 불과한 마지막 장에서는 "생, 살아 있는 정신, 살아 있는 행동" 같은 말이 23차례나 등장한다. 자신의 연구를 되돌아보면서 그는 "그 어떤 치명적 공허함"의 인상을 지울 수가 없으며, 이제 "그때까지 억눌러 왔던 정신적 불안"(FS, 341쪽)을 마침내 표출하길 원한다.

이렇게 조급함을 드러내는 하이데거는 자기 자신에게 공정하지 못한 태도마저 보여 준다. 그는 자신이 이제 강력히 요구하는 과제, 다시 말해 논리학을 "초논리적translogisch 맥락"에서 해석해 내는 과제를 아예 시작한 적도 없는 것처럼 말한다. 그런 맥락을 제공한 것은 중세 형이상학의 정신이었다. 하지만 그가 새로이 쓴 이 결론 장에서 중세 형이상학의 정신은 이제 생철학의 흐름 속으로 활발히 옮겨진다. 하이데거에 따르면, "살아 있는 정신"에 대해 "이론적인 정신 태도"는 전부가 아니며, "인식 가능한 것의 집약적 총괄"만으로는 부족하다. 그럴 것이 관건은 "참된 현실성과 현실적 진리로 돌입하는 것"이기 때문이다.(FS, 348쪽) 여행은 어디로 향해야 하며, 참된 삶은 어디서 발견되는가? 어쨌든 그것은 "내용상 피상적"이고 "표면만 스쳐 지나가는 생활 태도"가 아닌 집중성의 증대Intensitätssteigerung에서 발견된다. 중세에 그러한 집중성의 증대는 초월적 연관에 의해 가능했다. 하지만 오늘날 그것은 어떻게 획득될 수 있는가?

이런 맥락에서 "형이상학의 광학Optik"을 참조하라고 말하는 것은 그다지 놀라운 일이 아니다. 하지만 이 형이상학의 정당화에서는 새로운 면모가 나타난다. 그 정당성은 더 이상 그저 "교회의 진리 보화"에 근거하는 것이 아니라 "의미가 넘쳐 나며 의미를 실현하는 행동"에서 생겨난다. 하지만 그 결과 형이상학은 천상에서 지상으로 내려와 역사적 행위의 내적 논리가 된다. 둔스 스코투스 논문의 마지막 장에서 하이데거는 생의 역사적 정신을 발견한 참이다. 달리 말해 그는 헤겔을 발견한다. 그에게 헤겔은 "선행한 모든 근본적 철학 과제의 모티프 전체"가 지

양aufheben되어 있는 "역사적 세계관의 웅대한 체계"을 발전시킨 인물로 확인된다.(FS, 353쪽)

이처럼 하이데거는 둔스 스코투스 논문의 종장에서 헤겔의 역사주의에 기대를 건다. 하지만 이런 기대감의 표출에 가려져 이 논문에 내재된 또 다른 관점은 잘 드러나지 않고 있다. 그것은 하이데거의 향후 사색에 또 다른 선택 가능성을 제시할 관점이다.

하이데거는 인간 정신과 외적 현실 사이의 위협적인 이원론─신과 세계 사이 거대한 차이의 축소판─을 어떻게 둔스 스코투스가 '유추'의 개념에 의해 극복하는가를 검토했다. 이 개념에서는 정신과 현실의 차이와 통일이 함께 사유되며, 더 나아가 인간 정신에 대해 비교적 높은 현실성이 부여된다. 그도 그럴 것이 신으로부터 유추적으로 하강하는 현실의 계열에서 인간 정신은 신과 가장 가까이에 놓여 있기 때문이다. 그것은 왜인가? 인간 정신은 신과 유사한 것이기에 그 스스로 유추에 의한 이해의 기술을 터득하기 때문이다. 즉 인간 정신은 제한된 정도에서나마 창조 행위의 비밀을 터득하고 있다. 따라서 인간 의식은 여전히 신 안에 거한다. 마지막 장에서 하이데거는 초월성과의 체험된 연관이라는 이 황홀한 상태를 마치 바닷속에 가라앉은 세계인 양 회고한다. 그 상태는 역사적 기억으로 머문다. 우리가 헤겔처럼 역사 속의 신을 믿을 수 있다면, 그것만으로도 대단한 것이리라. 마지막 장에서 하이데거는 그런 생각을 표현한다. 하지만 이미 말했듯, 이것이 마지막 장에 담긴 유일한 관점은 아니다. 또 다른 관점은 '하이케이타스'라는 독특한 범주에 관한 성찰에서 제시된다. 유명론자들이 현실의 단수성이라는 기적을 표현하기 위해 주조한 이 개념을 하이데거는 꽤나 오랫동안 논한다. 그는 이 개념에 매료된 듯하다. "참으로 실존하는 것은 개별자이다…… 참으로 실존하는 것은 모두가 하나의 '지금 여기 이것'이다. 개별성(하이케이타스)이라는 형식은 참된 현실성의 원규정성Urbestimmtheit을 제시하는 소명을 갖는다."(FS, 195쪽)

하이데거에게 이러한 유명론의 사상이란 신적인 것을 신성한 피안으로 옮기려한 초기의 시도일 뿐 아니라, 신적인 것을 가까이에서, 즉 직접적이고 구체적인 현실에서 발견하려 한 초기의 시도이기도 하다. 개별 존재자는 그 자체 소진될 수 없는 무엇이다. 우리가 개별 존재자를 '대상'으로 사유한다면, 우리는 그것의 풍요함을 모두 쓰지 못한다. 이러한 '지금 여기 이것'을 현실적으로 사유한다는 것은 모든 것을 대상으로 만드는 사유를 극복한다는 뜻이 될 것이다. 그렇게 해야 비로소 존재자가 그 유일무이한 충만함 속에서 나타날 수 있다. 후일 하이데거는 이런 방식으로 만나게 되는 존재자를 가리켜 그것이 "현전한다"고 말할 것이다. 현전은 "대상성"의 협소함을 깨뜨려 버린다.

이런 방식에 의해 현실의 단수성으로 나아가는 사유는 헤겔에 대한 하나의 대안이 된다. 헤겔에게 '개별성'이란 철학적으로 무이며, 그것은 사유에 아무런 과제도 부여하지 못한다. 개별성은 이질적인 무엇인 바, 이는 개념의 동질적 환경 안에, 즉 보편적이거나 보편적이 될 수 있는 맥락에 있게 될 때에야 비로소 의미를 획득한다.

하이데거는 "자유로운 역동성"을 원한다. 그리고 "어떤 정신적 충격에 의해 자신의 작업 위로 올라설" 수 없다는 점에서 스콜라철학을 비난한다.(FS, 141쪽) 그런데 우리는 헤겔처럼 자신의 운동을 역사적 정신에 편입시켜서만 그 운동 "위로" 올라설 수 있는 것은 아니다. 우리는 역사적 보편주의를 포함한 일체 보편주의를 극복하고 현실적인 것의 단수성에, 즉 '지금 여기 이것'에 스스로를 여는 방식으로도 그렇게 될 수 있다. 실제로 후일 하이데거는 이런 방식을 선택한다. 이는 후설이 1916년 프라이부르크대학으로 초빙된 후의 일이다. 당시 하이데거는 자신의 철저한 연구를 위해 현상학의 창시자인 이 거장과 자신의 연관 지점을 찾아보았고, 마침내 그 지점을 발견했다. 하지만 1915년 교수 자격 논문의 마지막 장을 쓰고 있던 하이데거는 아직 헤겔의 "역사적 세계관의 체계"(FS, 353쪽)에 관심을 기울인다.

1918년, 성직에 있는 친구이자 신학자인 크렙스에게 보낸 작별 편지에서 하이데거는 자신이 헤겔에게서, 또 딜타이에게서 알게 된 생생한 역사 정신에 관해 언급할 것이다. 하이데거는 이 정신으로 인해 자신이 "가톨릭 체계를 문제가 많고 받아들일 수 없는 것으로 생각하게"[19] 되었다고 말할 것이다.

하지만 그것은 이제 현상학의 방법에서 조망되는 역사성의 이념이다. 이제 그러한 역사에 "생의 피안 가치"가 들어서고, 형이상학의 수직선은 역사와 현상학의 수평선으로 뒤바뀐다.

교수 자격 논문을 마친 하이데거는 다시 한번 군에 소집된다. 이번에도 심장 질환의 징후가 나타난다. 1915년 가을, 그는 바덴 주 뮐하임 군 병원에 4주간 입원하며, 그 후 예비 전력인 국민군의 일원으로 프라이부르크 우편물 검열국에서 근무하게 된다. 검열을 담당하는 그곳에서는 수상한 우편물, 특히 적국이나 중립국을 왕래하는 우편물이 개봉되었다. 징용된 여자들이나 전투 능력이 없는 남자들이 근무하는 곳이었다. 하이데거가 자원한 일은 아니었지만, 전시인 만큼 불평을 쏟을 직책도 아니었다. 하이데거는 1918년 초까지 편안히 복무하며 넉넉한 시간을 학문에 쏟을 수 있었다.

1916년 7월 23일, 2년간 공석이었던 가톨릭철학의 교수 자리가 채워졌다. 2년 전부터 물망에 올랐던 젊은 하이데거로서는 실망할 만한 결정이 내려졌다. 인사위원회는 뮌스터대학의 정교수인 요제프 가이저

Josef Geyser를 초빙하기로 합의했으며, 이때 제시된 근거는 하이데거에게 굴욕감을 느끼게 할 만한 것이었다. "교수직이 없는 학위자만을 고려해 보기도 했지만 인재가 너무 부족하여 학과는 오랜 고심 끝에 후보자를 단 한 명만 추천하기로 했다."[20] 하이데거는 후보 명단에조차 오르지 못했으며, 가이저가 초빙을 수락하지 않을 경우 생겨날 원외 교수직의 후보로도 전혀 고려되지 않았다. 그에게 돌아온 것은 비상근 강사직뿐이었다.

친구인 라슬로브스키는 멀리 슐레지엔 지방에서 위로의 편지를 보내 왔다. "그들은 자네가 두려웠을 거야. 모든 게 순전히 개인적인 동기에서 이뤄진 게지. 사람들에겐 더 이상 객관적으로 판단할 능력이 없어."[21]

하이데거는 인사위원회에서 "종파상 적합한 후보"[22]로 논의에 오르기는 했다. 하지만 이 초빙 건에서 결정적 발언권을 지닌 가톨릭 교수단이 아마도 그를 신뢰하기 어려운 신참으로 간주했을 것이다. 하이데거의 나이가 젊은 것도 불리한 요인으로 작용했을지 모른다. 박사 학위를 받은 지 고작 3년이었다. 게다가 동년배들은 전선에 나가 싸우고 개중 전사자도 나온 마당에 고향에 남은 이런 젊은이를 그렇게 빨리 출세시킬 수는 없었다. 그래서 신뢰할 만한 연륜을 쌓고 무기를 들어야 할 나이도 훨씬 지난 사람을 뽑은 것이다. 가이저의 나이는 하이데거보다 스무 살이나 많았다.

첫 번째 시도에서 교수직을 얻을 수 있으리란 하이데거의 희망은 이렇게 좌절된다. 그는 7년을 더 기다려야 할 것이다.

1915년 가을, 하이데거는 후일 아내가 될 엘프리데 페트리Elfride Petri 와 사귀게 되었다. 그녀는 프라이부르크대학에서 국민경제학을 전공하는 학생이었다. 반년 전 하이데거는 하급 세관 직원의 딸로 슈트라스부르크가 고향인 한 여인과의 약혼을 파기한 적이 있었다. 그 젊은 여인은 심각한 폐결핵을 앓았는데, 이것이 결별의 이유였는지는 알 수가 없다. 어쨌거나 하이데거를 니체 풍의 극복인^{Übermensch}으로 취급하기 좋아했던 라슬로브스키는 이 결별에 숭고한 의미를 부여했다. "나는 하루하루 네 성장을 지켜보았다. '사랑'과 '행복'이 번성하는 영역, 그 영역을 훌쩍 뛰어넘는 네 성장을. 내 오래전부터 이미 알 듯, 너는 네 길을 가야 한다. 네 목표에 한걸음씩 다가가기 위해, '사랑' 따윈 얼어 죽을 수밖에 없는 그곳을 향해."[23]

그로부터 반년 후 새로운 사랑이 시작된다.

작센 지방 고급장교의 딸인 엘프리데는 개신교도이며 북부 출신의 해방된 여성이다. 당시 여학생이 국민경제학을 전공하는 것은 지극히 이례적인 일이었다. 그녀는 유겐트운동에도 관여한 자유주의 여권론자 게르트루트 보이머^{Gertrud Bäumer}의 신봉자이다. 대학에서 서로 알게 된 마르틴 하이데거와 엘프리데는 방학이면 친구들과 함께 라이헤나우 섬에 놀러 가서 며칠을 지내기도 한다.

그런 어느 여름날의 추억이 하이데거의 시 「라이헤나우 섬의 저녁 산책^{Abendgang auf der Reichenau}」에 담겨 있다.

"호수의 은광이 / 저 멀리 어둔 강변으로 흐르며 / 여름 더위에 지쳐 저녁 이슬 맺은 정원에는 / 조심스런 구애의 말처럼 밤이 내린다. / 오래된 옥탑 지붕에서 들려온 / 마지막 새 울음소리가 / 하얀 달빛 받은 박공 사이에 걸린다 / 환한 여름날이 내게 마련해 준 것은 / 주렁주렁 과실을 맺었으니 / 영원의 세월에서 전해 온 / 황홀한 화물이 / 위대할 만큼 소박한 / 잿빛 황무지의 내게 전해진 것."(D, 7쪽)

이 시를 발표한 1916년 말 하이데거는 이미 엘프리데 페트리와 약혼한 상태이다. 두 사람은 석 달 후인 1917년 3월 결혼한다.

친구 라슬로브스키는 하이데거가 그처럼 서둘러 결정하지 않기를 바랐을 것이다. 그는 스스로 만들어 낸 하이데거의 이미지를 놓치고 싶지 않았을 것이다. 사랑이나 행복 따위는 '얼어 죽을' 수밖에 없는 지대로, 차라투스트라에서 묘사된 그런 지대로 철학이라는 고지의 유랑자가 들어서는 이미지 말이다. 하이데거는 인간들의 저지대, 짝을 찾고 가족을 꾸리는 그런 저지대를 박차고 올라서야 했다. 라슬로브스키는 겸허하게도 그런 저지대엔 자신도 속한다고 느끼며, 최소한 하이데거에 의한 정상 정복만이라도 목격하고자 한다. 숭고한 자와 그의 관찰자, 필경 라슬로브스키는 하이데거와의 우정을 이렇게 정의했을 것이다. 1917년 1월 28일 그는 하이데거에게 이런 편지를 보낸다. "마르틴, 내가 며칠간 자네와 있을 수만 있다면. 그럼 어떨지는 나도 잘 모르겠네. 하지만 페트리 양이 내게 쓴 편지의 내용은 별로 즐거운 것이 아니었어. 내가 잘못 생각한 것이라면 더 좋으련만. 하지만 제발 자네도 신중하게나! 우리가 다시 만날 때까지만 기다려 주게. 나는 정말이지 자네 걱정을 많이 한다네. 사안이 이처럼 중대한 것이니 말이네. 자네는 내 말을, 너무 성급히 결정하지 말라는 내 부탁을 이해할 걸세."[24]

마르틴 하이데거는 친구의 우려에 괘념치 않는다. 그 밖의 우려들도 불식시킨다. 메스키르히에 계신 신심 깊은 부모님은 아들이 사제와 신학자의 길을 포기하더니 이제는 다른 종파의 여자와 결혼한다는 소식을 듣고 충격을 받았을지도 모른다. 페트리 집안 사람들은 재능은 있으나 아직 정규직은 얻지 못한 이 가난한 집안 출신의 남자를 깔보는 것 같지는 않다. 하지만 그가 가족을 먹여 살릴 수는 있을까? 그리고 무엇보다 고위 장교 가문에 어울릴 만한 예의범절은 갖추고 있을까?

결혼식은 화려하지 않다. 강사 마르틴 하이데거와 국민경제학을 전공하는 여학생 엘프리데 페트리는 뮌스터대학 내 교회에서 아주 조출한 결혼식을 올린다. 양가 부모는 참석하지 않는다. 하이데거의 청으로 결혼식 진행을 맡은 엥엘베르트 크렙스는 이런 기록을 남긴다. "전시의 결혼식으로, 오르간과 신부 드레스, 꽃다발과 베일, 마차와 말, 연회와 축하객은 없었으며, 양가 부모도 축하 편지만 보내고 참석하지 않았음."[25]

엘프리데와 대화를 나눈 크렙스는 그녀가 가톨릭으로 개종하는 문제에 대해 고민하고 있다는 인상을 받았다. 하지만 그런 일은 일어나지 않는다. 결혼식 때 엘프리데와 마르틴은 아이를 가톨릭 방식으로 양육하겠다고 서약했지만, 1년 반 후 첫 아들이 태어나자 그 의무를 이행할 수 없을 것이라고 말한다.

당시 후설은 하이데거가 개신교로 개종했다고 믿었다. 그가 1919년 루돌프 오토Rudolf Otto에게 보낸 편지를 보면 그렇다. 여기서 후설은 비록 하이데거가 "자유로운 기독교도"이자 "교리에 얽매이지 않는 개신교도가 된 것은 더 없이 바람직한 일이지만", 자신은 "하이데거가…… 개신교로 개종하는"데 아무런 "영향력도 행사하지" 않았다고 말한다.[26]

후설은 젊은 마르틴 하이데거를 그렇게 보고 있다. 이때쯤이면 이미 그는 하이데거를 자신의 가장 우수한 제자로 여기며, 현상학의 위대한 철학적 기획을 수행할 거의 동등한 연구자로 대우한다.

제 5 장

—

현상학의 승리. 열린 감각. 머릿속의 세계. 후설과 그
의 숭배자들. 정신 나간 시계 제작자. 기초적인 것의
연구. 철학의 은밀한 동경인 시. 현상학자 프루스트.
후설과 하이데거—아버지와 아들. 엘리자베트 블로
흐만. 삶의 의욕과 '광기의 상태'.

—

에드문트 후설

현상학의 승리. 열린 감각. 머릿속의 세계. 후설과 그의 숭배자들. 정신 나간 시계 제작자. 기초적인 것의 연구. 철학의 은밀한 동경인 시. 현상학자 프루스트. 후설과 하이데거—아버지와 아들. 엘리자베트 블로흐만. 삶의 의욕과 '광기의 상태'.

HEIDEGGER

1916년 에드문트 후설이 프라이부르크대학으로 왔을 때, 현상학의 명성은 아직 철학 분야 너머로까지 확산되지 못하고 있었다. 하지만 몇 년 지나지 않아, 제1차 세계대전 중에는 대학의 이 전문 철학이 세계관적 희망을 지닌 무엇으로 변한다. 한스-게오르크 가다머Hans-Georg Gadamer에 의하면, "서양의 몰락이라는 구호가 어디서나 들렸던"[1] 1920년대 초에는 막스 베버와 카를 마르크스, 그리고 쇠얀 키르케고르Søren Kierkegaard[2]의 가르침 외에 현상학 또한 "세계를 개혁하려는 자들의 논의"에서 거론되었다. 이런 논의에서는 유럽을 구원할 방도가 무수히 제안되곤 했다. 불과 몇 년 만에 현상학은 전도유망한 무엇이라는 풍문에 싸였고, 풍문을 들은 가다머는—많은 다른 이들이 그렇듯—현상학의 거장과 마법사의 제자에게 배우기 위해 프라이부르크로 옮겨 왔다. 현상학은 새로운 여명의 아우라를 얻었으며, 그로 인해 몰락의 감정과 새로운 출발의 도취감이라는 양극단을 오가는 시대에 대중적 인기를 누릴 수 있었다.

1916년 이전에는 현상학의 아성이 괴팅엔과 뮌헨이었다. 괴팅엔대학은 후설이 1901년부터 1915년까지 재직한 곳이었고, 뮌헨대학에는

—'괴팅엔학파'[3]와 별도로—막스 셸러와 알렉산더 팬더Alexander Pfänder를 주축으로 두 번째 중심지가 형성되어 있었다. 현상학을 연구하는 사람들은 일개 학파로 머무르려 하지 않았기에 '운동'이라는 말, 즉 '현상학적 운동'이라는 말을 선호했다. 이들은 철학에서 엄밀한 학문성을 부흥시키는 것—현상학의 거의 공식적인 자기규정은 이런 것이다—에만 목표를 두었던 것이 아니라 지적 성실성의 기치 아래 생활을 개혁하는 데에도 관심을 기울였다. 이들은 사유와 감정에서 거짓된 파토스와 이데올로기적인 자기기만, 그리고 기강의 해이를 극복하고자 했다. 초창기부터 괴팅엔 현상학파의 일원이었던 헤트비히 콘라트―마르티우스Hedwig Conrad-Martius는 그 정신을 이렇게 표현했다. "그것은 엄정한 순수성과 성실성의 에토스였다…… 물론 그런 것은 사고방식과 성품과 생활 방식에도 침윤되어야 했다."[4]

집단의 양식에서 보면, 예술 영역에서의 슈테판 게오르게Stefan George[5] 일파와 철학 영역에서의 현상학적 운동은 유사점이 많다. 두 일파 모두 엄밀함과 기강, 그리고 순수성을 지향했다.

'사태 자체로!' 이것이 현상학의 모토였다. 하지만 여기서 '사태'는 무엇을 뜻했나? 아무튼 사태란 선입견이나 허장성세나 세계관적 구성물의 어지러운 덤불에 감춰지거나 거기서 잃어버린 무엇이라 생각되었다. 그것은 20세기 초에 후고 폰 호프만스탈Hugo von Hofmannsthal[6]이 유명한 『찬도스 경의 편지Der Brief des Lord Chandos』에서 표현하려 했던 것과 유사한 무엇이었다. 호프만스탈의 찬도스 경은 이렇게 말한다. "저는 어떤 것을 맥락 속에서 생각하거나 말하는 능력을 완전히 상실한 것 같습니다…… 어떤 판단을 표현하려면 혀가 추상적 말들을 자연스레 사용할 줄 알아야 하는데, 이런 말들이 썩은 버섯처럼 입안에서 뭉개지고 맙니다."[7] 그의 언어를 무력하게 만들어 버리는 것은 마치 처음인 듯 자신을 드러내는 사물들의 명증성, 고갈되지 않고 압박해 오는 무언의, 그러나 분명 매혹적이기도 한 그런 명증성이다. 이러한 명증성에 대해 열린 태도를 취하기. 현상학자들이 원한 것도 바로 이것이었다. 의식과 세계에 관해 사유되고 언술된 기존의 모든 것을 도외시하기. 바로 이것이 현상학자들의 야심이었던 것이다. 그들이 시종일관 추구한 것은 사물들을 기존 지식으로 덮어 버리지 않으면서 사물들 자체에 접근하는 새로운 방식이었다. 현실의 것에도 스스로를 "보여 줄" 기회를 주어야만 했다. 그럴 때 나타나는 것, 그리고 그것이 자발적으로 나타나는 양태를 현상학자들은 '현상Phänomen'이라고 불렀다.

호프만스탈의 확신, 즉 우리가 지각의 참된 알파벳을 처음부터 다시 배워야 한다는 확신은 현상학자들도 공유했다. 우리는 지금까지 언술된 모든 것을 일단 잊어야 하며, 현실의 언어를 다시 찾아내야 한다. 그런데 초기 현상학자들에 따르면 발견되어야 하는 것은 무엇보다 의식의 현실이었고, 이를 통해서야 비로소 외적 현실도 획득될 수 있었다.

현상학자들은 주위의 모든 철학자들이 아무 기초도 없이 체계를 세우고 있다고 비난했다. 이런 점에서 이들의 주장은 소박한 듯 보였지만, 사실 이는 소박한 것이 아니었다. 이들에 따르면 의식은 오랫동안 충분히 탐구되지 않았으며 여전히 미답의 대륙이다. 무의식의 연구는 서서히 시작되고 있지만, 의식은 여전히 친숙하지 못한 무엇이었다.

후설은 이 운동의 창도자였다. 그는 제자들에게 철저한 태도를 가지라고 요구했다. "기초적 차원의 작업을 수행하려면 지나치게 좋은 형편에 있어선 안 된다."[8] 후설은 그렇게 말하곤 했다. 제자들은 "주인의 포도원"에서 일꾼으로 일한다는 것을 영예로 느껴야 했다. 비록 이 주인이 누구인지는 늘 불분명했지만 말이다. 우리가 겸손과 금욕, 성실성과 순수성—현상학자들이 때때로 '순결성'이라고도 불렀던 것—을 고려해 본다면, 현상학자들 일부가 후일 아주 경건한 인물이 되었다는 점을 더 이상 우연으로 간주할 수 없다. 그 가장 좋은 예는 후일 복자^{編者9}의 지위에 오른 에디트 슈타인^{Edith Stein}이다. 1914년 이전인 후설의 괴팅엔 시절에 슈타인은—그녀 자신의 표현을 빌면—현상학을 위해 '봉사'했고, 1916~1918년에는 프라이부르크대학에서 후설의 개인 조교로 일했다. 1920년대에 그녀는 가톨릭에 귀의했고, 마침내 수도원에 들어갔다. 유대인이었던 그녀는 후일 나치에 체포되어 아우슈비츠에서 죽었다.

후설의 제자였던 아돌프 라이나흐^{Adolf Reinach}에 따르면, 현상학은 "수세기 동안의 작업을 거쳐야 완성될 수 있는"¹⁰ 기획이다. 1938년 사망한 후설은 4만 쪽이나 되는 미발표 원고 뭉치들을 남겼다. 이 원고에 비하면 생전에 출간된 저작은 정말이지 소소한 분량이었다. 1901년의 『논리 연구』 이후로 후설의 명성을 높이고, 그의 철학이 널리 수용되도록 만든 저작은 두 가지이다. 그 하나는 1910년 출간된 『엄밀한 학문으로서의 철학^{Philosophie als strenge Wissenschaft}』이며, 다른 하나는 1913년 발표된 『순수현상학과 현상학적 철학의 이념들^{Ideen zu einer reinen Phänomenologie und phänomenologischen Philosophie}』의 제1권이다(제2권은 사후 출간되었다).

일기에 기록한 대담한 꿈들에서 후설은 철학의 미래란 자신이 시작한 것을 계속 엮어 나가는 작업일 수밖에 없다는 생각을 표현했다. 그는 기회만 나면 스스로를 '초심자'라 칭했다. 자신의 연구와 관련해서도 그는 말하자면 초심자였다. 얼마 전 집필한 원고를 출판하기 위해 손질 작업을 하다가도 처음부터 원고를 새로 쓰기 일쑤였다. 그를 도와야 하는 조교들로서는 절망스럽기 짝이 없는 일이었다. 그는 거듭 새롭게 사유를 시작했으며, 자신이 일전에 쓴 내용을 타당한 것으로 받아들이기가 쉽지 않았다. 그에게 의식이란, 무엇보다 그 자신의 의식이란 결코 같은 장소에 두 번 몸을 담글 수 없는 강물 같은 것이었다. 이런 생각으로 인해 그에게는 출판에 대한 공포심이 생겨났다. 이런 어려움 따위가 없었던 철학자들, 예컨대 막스 셸러는 동시에 세 권씩 출간을 준비하는 것쯤은 아무렇지 않게 생각했지만, 후설은 그런 사람들을 수상쩍게 여겼다. 그는 셸러의 천재성을 인정하면서도 때때로 이런 조롱의 말을 내뱉었다. "착상은 있어야 한다. 하지만 그것을 출판해서는 안 된다."[11] 후설은 그렇게 말하곤 했다. 셸러는 남들과 대화하다 좋은 생각이라도 나면 꼭 메모를 했고, 당장 종이가 없으면 뻣뻣한 셔츠 소매라도 사용하는 사람이었다. 그는 생각을 마음속에 담아 두려 하지 않았고 그럴 수도 없는 성격이었다. 그와 달리 후설은 자신의 생각을 늘 숙성시키기만 하다가 결국 엄청난 양의 원고 뭉치만을 남겼다. 이 원고 뭉치는 1938년 어느 용감한 프란체스코 신부 덕분에 나치스의 압수를 피할 수 있었다. 원고들은 이 신부에 의해 벨기에의 뤼벵으로 옮겨졌고, 오늘날까지도 그곳의 연구소에 보관되어 있다.

후설은 1859년 오스트리아의 매렌^{Mähren} 주에서 태어났으며 도나우 왕국의 견실한 유대인 시민 가정에서 성장했다. 당대는 "안정감이……가장 추구할 만한 재산이고 공통의 생활 이상"[12](슈테판 츠바이크^{Stefan Zweig}[13])이었던 시대였다. 후설은 대학에서 수학을 전공했는데, 이 학문이 그에게는 신뢰할 만하고 엄밀하다고 생각되었기 때문이었다. 당시 그는 수학 또한 토대를 필요로 한다는 점을 깨달았다. 기초적인 것, 확실한 것, 토대를 이루는 것이야말로 그의 열정을 태울 수 있는 것이었다. 이렇게 해서 그는 철학에 이르게 되었지만—그가 회고록에서 쓰고 있듯—이는 "전통적 철학"은 아니었다.[14] 전통적 철학의 "모든 구석"에서 그는 "지적 불성실까지는 아닐지라도 불명확과 미숙한 애매성, 미온적인 태도"를 찾아냈고, "진지한 학문의 실마리가 될 만한 것은 그 무엇도" 발견할 수 없었다.

의식을 연구하려 한다면 어디서 시작해야 할까? 후설이 제자들의 귀에 못이 박히도록 얘기한 시작의 원리는 이런 것이다. 의식에 관한 모든 이론, 모든 가설과 설명을 무시하고, 가능한 한 최대로 불편부당하고 직접적으로 의식에 나타나는 것, 즉 지금 여기 내 의식에서 나타나는 것을 관찰해야 한다.

우리는 태양이 떠오르는 것을 본다. 그런데 모든 학문이 우리로 하여금 '태양이 떠오른다'라는 식의 말을 못하도록 막을 수는 없다. 설상가상으로 우리는 태양이 떠오르는 모습을 보지만, 이것이 실제로 일어나는 일인지는 알지 못한다. 단지 그렇게 보일 뿐이며, 현실은 다르다. 이런 '가상과 현실의 도식'에 의해 우리는 친숙한 전체 생활세계를 공중분해시켜 버릴 수 있다. 그 무엇도 있는 그대로의 모습이 아니다. 모든 것이 단지 그렇게 보일 뿐이다. '화창한 8월의 하루'란 대체 무엇인가? 예컨대 1913년 빈의 그런 날이란 무엇인가? 현상학에도 관심을 가졌던 작가 로베르트 무질Robert Musil은 아리송하게도 그런 날을 이렇게 묘사한다. "대서양 상공 위로 저기압이 걸쳐 있었다. 저기압은 러시아 상공의 고기압 쪽으로 움직이고 있었으며 아직 이 고기압을 북쪽으로 밀어낼 낌새는 보이지 않았다. 등서선과 등온선이 서로를 지탱했다……."[15]

'8월의 어느 화창한 날'은 무질이 조롱하듯 묘사하는 학문의 방식으로는 결코 체험되지 않는다. 하늘을 바라보는 우리에게 등온선 같은 것은 보인 적이 없으며 앞으로도 보이지 않을 것이다. 그 대신 보이는 것은 예컨대 서정적 감각의 어느 여름날이다. 그런 여름날은 우리 생활세계의 한 '현상'이라고 후설은 말할 것이다. 그런 날이 기상학적으로 어떻게 발생하는 것인지를 내가 안다 해도, 그런 '현상'은 존재한다. 그리고 후설이 뜻하는 의식 탐구는 엄밀한 자기분석을 통해 그러한 의식 현상의 내적 질서를 관찰한다. 이런 연구는 의식을 해석하거나 설명하는 대신, 현상들이 어떻게 '자기 자신으로부터' 존재하고 현출하는지를 서술하려 한다. 이처럼 의식 과정 자체에 주목함으로써 '본질'과 '현상'의 이원론이 단번에 사라진다. 좀 더 정확히 말해서, 바로 그러한 이원적 구분이 의식이 행하는 조작의 일부라는 점을 우리는 깨닫게 된다. 의식은 지각 과정에서 의식이 놓치는 것이 무엇인지를 특이한 방식으로 인지하고 있다. 그리고 현상은 의식에 들어서는 모든 것이므로, 그런 보이지 않음 또한 의식의 한 현상이다. 본질은 현상 '배후에' 숨겨진 무엇이 아니다. 내가 본질을 사유하는 한, 혹은 본질이 나를 따돌린다고 내가 사유하는 한, 본질 자체도 현상이다. 칸트의 '물 자체', 즉 단적으로 현출하지 않는 무엇을 가리키는 이 비개념^{Unbegriff} 또한 결국은 하나의 현상인 바, 그것은 사유되는 무엇이기 때문이다.

후설의 의도는 외적 세계의 실재성에 대한 부자연스러운 유아론적 의심을 다시금 소생시키려는 것이 아니었다. 오히려 그는 외적 세계 전체가 이미 우리 안에 있음을 드러내고자 한다. 다시 말해 우리는 외적 세계를 담는 빈 그릇이 아니며, 이미 언제나 우리는 무엇인가에 연관되어 있음을 드러내고자 하는 것이다. 의식은 언제나 어떤 무엇의 의식이다. 의식이란 '내부'에 있지 않고, 의식 대상이 되는 '외부'의 무엇 곁에 있다. 그것은 우리가 의식을 마침내 의식의 높이로 올리기 시작하면 곧바로 인지될 수 있다. 현상학은 그처럼 의식을 의식의 높이로 올리려는 시도 외에 다른 것이 아니다.

이러한 자기 계몽을 목적으로 후설이 개발한 기법이 바로 '현상학적 환원'이다.

현상학적 환원이란 어떤 지각, 좀 더 일반적으로는 어떤 의식 과정을 수행할 때 지각되는 것이 아니라 지각하는 과정 자체에 주목하는 특정한 방식을 말한다. 방법적 이유에서 우리는 이를테면 어떤 지각에서 '나와 버리는' 것이지만 완전히 나오는 것은 아니며, 단지 그러한 실행 자체를 시야에 포착하기에 충분한 정도로만 나오는 것이다. 나는 나무 한 그루를 본다. 내가 나의 나무 지각을 지각한다면, 나는 지각된 나무에 대해 내가 '현실적'이라는 표식을 붙이고 있음을 알아차린다. 하지만 내가 어떤 특정한 나무를 그저 상상하거나 기억한다면, 내가 보고 있는 것은 무엇인가? 나는 기억 내지 상상을 보는 것인가? 그렇지 않다. 나는 나무들을 본다. 물론 이번에는 '상상'이나 '기억'이라는 표식이 붙은 나무를 보는 것이다. 나무들이 다양하듯, 그 존재의 종류도 다양하다. 지금 여기서 보이는 나무들은 기억된 나무들, 상상된 나무들이다. 언젠가 그늘을 드리워 즐거움을 주었던 나무가 또 다른 때에는 목재로서 경제적 가치를 지닐 수 있는가 하는 관점에서 고찰될 수 있다. 그런 두 가지 지각에서 그 나무는 동일한 나무가 아니다. 나무의 존재는 달라졌다. 그리고 내가 그 나무를 이른바 '객관적인' 방식, 순수 사태적인 방식으로 조사한다면 이 또한 그 나무를 '존재하게' 하는 다양한 방식 중의 하나일 뿐이다. 이처럼 현상학적 환원은 그 나무가 '현실적으로' 무엇인가라는 물음을 배제하며, 그 대신 나무가 의식에 대해 어떻게 그리고 무엇으로서 주어지는지에 주목한다. 달리 말해 의식이 그 나무에 어떻게 관계하는가에 주목한다.

현상학적 환원이라는 훈련은 이른바 '자연적' 지각을 괄호 안에 넣으며, '외적' 현실을 괄호 밖에 내놓는다. 이렇게 해서 하나의 세계 전체가 상실되지만, 이는—후설이 『데카르트적 성찰』에서 말하듯—그 세계를 "보편적 자기 검토를 통해 재획득"[16]하기 위함이다.

현상학적 환원은 현상학에서 가장 결정적인 측면을 이룬다. 이는 의식 과정에 대한 특정한 방식의 주목을 뜻하며 '현상학적 시선'이라고 도 불린다. 의식의 생활이 이른바 외적 자연에 대해 어느 정도 재량을 갖는가를 우리가 알게 되는 것도 이러한 주목을 통해서이다. 하지만 현실과의 자연적 연관을 괄호에 넣어 버린다면, 남은 것은 공허한 유희뿐 아닌가? 이에 관해 후설은 다음과 같이 쓰고 있다.

"주어져 있는 객관적 세계에 대한 모든 태도 결정을…… 이처럼 보편적으로 무효화하는 것은…… 우리를 무와 대면케 하지 않는다. 오히려 그렇게 해서 우리에게 획득되는 것, 좀 더 분명히 말해 그렇게 성찰을 하는 자로서 내게 획득되는 것은 모든 체험들과 순수한 의견들을 포함하는 내 순수한 삶이다. 다시 말해 현상학적 의미에서 현상들의 우주가 획득되는 것이다. 아마 이렇게도 말할 수 있을 것이다. '에포케'(현실에 대한 자연적 연관의 무효화)란 내가 나를 순수한 자아로서 포착하는 철저하고 보편적인 방법이다. 이때 나는 나 자신의 순수한 의식 생활과 함께하는 바, 이러한 의식 생활에서는 그리고 이를 통해서는 객관적 세계 전체가 나에 대해 존재하며, 다름 아닌 나에 대해 존재하는 방식대로 존재한다."[17]

'순수한 의식'은 아무것도 비추지 않는 거울이나 텅 빈 위장처럼 공허한 의식으로 생각될 수도 있을 것이다. 하지만 이런 것이야말로 의식에 대한 단순한 억측에 불과하며, 이런 억측은 의식의 현실적인 자기 경험 앞에서는 유지될 수 없다. 즉 의식의 현실적인 자기 경험에서는 의식이 단 한순간도 존재와 분리되지 않음을 깨닫게 된다. 마주해 있는 객체들로 채워져야 할 텅 빈 의식 같은 것은 없다. 의식은 언제나 어떤 것의 의식이다. 방법적 의도에서 외적 현실로부터 '순화된' 의식도 어떤 '외적' 현실—즉 내적 세계의 외적 세계—을 상상하는 것을 중단할 수 없다. 의식이란 '내부'를 갖지 않는다. 의식은 자기 자신의 '외부'이다. 의식으로 충분히 깊게 파고들다 보면 우리는 돌연 다시금 바깥 사물들과 함께 있게 된다. 우리가 그것들이 있는 "바깥으로 내던져지는"[18] 것이다. 1930년대 초 후설을 읽고서 개종의 체험을 한 사르트르Sartre는 그렇게 말한다. 사르트르는 의식을 세계의 위장胃臟인 듯 다루었던 "소화 철학"의 무능한 전통에서 해방됨을 느낀다.

이처럼 후설에게 의식이란 언제나 '어떤 것에 향해' 있는 무엇이다. 의식의 이러한 근본 구조를 후설은 '지향Intention'이라 부른다.

의식 과정의 상이한 종류와 지향의 상이한 종류는 서로 대응한다. 거리를 취하는 인식 지향에서 어떤 것을 파악하려는 태도는 지향적 의식의 가능한 형식들 중 하나에 불과하다. 흔히 우리는 의식 현상 전체를 이런 지향과 동일시하지만, 이는 잘못된 것이며 그 밖에도 많은 다른 지향이 있다. 즉 '어떤 것에 향하는' 형식은 다양하다. 그리고 어떤 대상은 이른바 '중립적'으로 파악된 연후에 추가적으로 '의욕'되거나 '기피'되거나 '애호'되거나 '갈망'되거나 '평가'되는 것이 결코 아니다. 의욕이나 평가, 애호 등은 각기 아주 고유한 방식으로 대상과 연관되며, 이런 행위에서 '대상'은 그때그때 완전히 다르게 주어진다. 내가 어떤 대상을 포착할 때 호기심을 품느냐, 희망을 갖느냐, 불안해하느냐, 실천적 의도를 갖느냐, 아니면 이론적 의도를 갖느냐에 따라 똑같은 대상이 의식에 대해서 완전히 다른 무엇이 된다. 이런 사상을 설명하기 위해 후설은 이런 말을 한다. 사랑은 자신의 '대상'을 '비-대상'으로 '구성한다.'

우리 의식이 얼마나 미묘하고 다채롭게 작업하는지, 그리고 의식으로 하여금 자신의 작업 자체를 '의식하게' 만들려 하는 기획이란 얼마나 소박하고 조야한 것인지를 보여 준 것이야말로 현상학의 공적이다. 대체로 그런 도식에서는 어떤 주관적 내부 공간과 객관적 외부 공간이 대조된 후 이런 물음이 제기된다. 그처럼 인위적으로 분리된 것이 어떻게 서로 결합되는가? 또 세계는 어떻게 주관에 들어오고 주관은 어떻게 세계에 이르는가? 현상학의 설명에 따르면 지각과 사유는 우리가 보통 생각하는 것과는 다르게 움직인다. 프랑스의 현상학자 모리스 메를로-퐁티Maurice Merleau-Ponty의 말을 빌면, 의식은 '사이 세계'의 현상이다. 즉 의식은 전통적 의미의 주체도 아니고 객체도 아니다. 사유와 지각이란 당장은 자기 망각적 행위로 이뤄진 의식의 흐름 속에 포함된 어떤 움직임에 지나지 않는다. 어떤 기초적인 성찰, 즉 의식의 의식이 비로소 두 가지를 분리하여 드러낸다. 즉 한편에는 '자아', '주체', 자신의 의식을 소유하는 무엇을 놓고, 다른 한편에는 객체들을 놓는다. 이런 상황은 다음과 같이 표현될 수도 있다. 우선 의식은 전적으로 의식이 대상이 되는 무엇이며, 의지는 의욕되는 것 속에서, 사유는 사유되는 것 속에서, 지각은 지각되는 것 속에서 사라진다.

후설은 하나의 문을 활짝 열어 놓았다. 그리고 광대한 영역이 그의 눈앞에 펼쳐진다. 그것은 바로 의식의 세계이다. 의식의 세계는 그 자체로 다양성과 자발성을 지닌 세계이다. 그렇기에 충실한 현상학적 서술은 후설의 의도, 즉 체계와 법칙 인식을 지향하는 후설의 학문적 의도와 충돌을 일으킬 수밖에 없다. 후설은 거대한 작업을 종결짓지 않은 채 남겨 놓았고, 이는 종결될 수도 없는 종류의 것이다. 학문적 체계화를 지향하는 후설의 의도에 반해, 그의 거대한 작업은 그 자체가 어떤 의식의 흐름, 바로 그의 작업에 의해 서술되어야 하는 그런 의식의 흐름을 표현하는 것이 된 듯한 인상을 준다. 이런 흐름에 떠밀려 다니는 체계의 파편들은 스타니스와프 렘Stanislaw Lem의 철학적 공상과학소설『솔라리스Solaris』의 한 에피소드를 연상시킨다. 과학자들이 완전히 두뇌로만 이뤄진 한 행성을 발견한다. 거대한 플라스마 덩어리인 행성이다. 우주 공간에 외로이 떠 있는 이 두뇌는 분명 기능하고 있다. 그 표면에서는 거대한 형상들이 만들어지고 이런저런 파동이 일어나며 뭔가 뿜어 나오기도 한다. 여기저기 소용돌이가 일고 깊은 심연이 형성되기도 하면서 갖가지 형상이 나타나는 것이다. 과학자들은 이런 모든 변화를 기호로 보고 그것을 읽어 내려 한다. 거대한 도서관들이 세워지고, 체계와 명칭과 개념들이 안출된다. 그리고 마침내 과학자들은 어렴풋이나마 어떤 깨달음에 이른다. 정리벽이 있는 사람들에게는 가공할 만한 그 깨달음이란 이런 것이다. 이 두뇌의 대양, 거대한 두뇌의 개개 지점에서 일어나는 사건들은 절대로 두 번 다시 반복되지 않으며 다른 무엇과 비교되지도 않는다. 그 사건들은 개념으로 총괄할 수 없고, 거기에 이름을 붙이는 것은 무의미하다. 왜냐하면 그 사건들은 다시는 똑같이 일어나지 않으며, 그렇기에 그것들을 동일한 것으로서 식별할 기회를 제공하지 않기 때문이다. 인식의 모든 질서 부여 결과는 모래에 쓰인 기호이기에 파도가 밀려오면 이내 지워지고 만다.

후설은 19세기 사람이었다. 근엄한 교수 유형의 가부장적 학자로 궁극적 근거와 확실성, 심지어 신의 확증마저 추구한 인물이었던 것이다. 철학의 길로 들어섰을 무렵 말했듯, 그는 "엄밀한 철학적 학문에 의해 신과 참된 삶에 이르는 길"[19]을 발견하고자 했다.

하지만 경험과학자들은 이런 '정신 나간 시계 제작자'의 근본적 연구에는 그다지 관심을 보이지 않았다. '정신 나간 시계 제작자'는 프라이부르크 대학생들이 후설에게 붙인 별명이었다. 후설이 혼잣말을 하며 생각에 잠겨 있을 때면 종종 오른쪽 가운데 손가락을 왼손으로 쥐고 빙글빙글 돌렸기 때문이다. 이처럼 의식의 흐름에 몰두한 후설은 학생들이 입을 다문 채 자신만 바라보고 있다는 것도 느끼지 못했다. 그리고 어느 날엔가는 한 학생이―바로 한스-게오르크 가다머였다―불평을 하자, 강의를 마친 후설은 조교인 마르틴 하이데거에게 이렇게 말했다. "오늘 수업에서는 정말로 토론이 활발했어."[20] 뭔가를 좋아하면 그 것을 낙원의 중심으로 여기기 마련이다. 후설은 제자들이 다른 세계에 도 살고 있다는 것, 다른 문제에도 관심을 갖는다는 것을 도무지 이해 할 수 없었다. 후설은 조교인 에디트 슈타인에게 결혼 전까지는 자기 집에 머물러야 하며, 남편감은 자기 제자들 중에서 골라야 하고, 남편도 경우에 따라서는 조교로 일할 수 있을 거라고 말했다. 그녀의 아이들도 어쩌면 현상학자가 될는지 어찌 알겠느냐는 말도 덧붙였다. 이 모든 게 농담이 아니었다.

"근본을 탐구하는 전문 노동자"를 자처한 후설이 인식의 확고부동 한 근거를 찾으려는 시도에서 하필이면 의식의 흐름을 철학적으로 발 견한다는 사실, 그리고 이 무한히 살아 움직이는 요소를 근본으로, 즉 궁극적 확실성과 안정성의 토대로 삼으려 애쓴다는 사실은 따지고 보 면 우스운 것이며, 거기에는 역설이 없지 않다. 후설은 바람에 따라 위 치가 달라지는 모래 언덕에 집 한 채를 지으려 하며, 심지어 그 집이 여 러 세대에 걸쳐 존속할 것이라 생각한다. 현상학의 의식 탐구는 한 세 기는 족히 필요한 기획이다. 그는 자기도취에 빠져 이렇게 말한다. "말 하자면 근대철학 전체가 은밀히 동경해 온 것이 바로 현상학이라는 점 은 자명하다."[21] 하지만 이 모든 시도의 의미에 대해 묻기 시작하면 의 구심이 드는 순간도 있기 마련이다. 의식의 방대한 영역을 답파하려 한 다면 어쩔 수 없이 언제까지나—좋지 못한 의미에서—초심자로 머물 게 되지 않을까? 마치 매번 뒤로 물러나는 지평선에 도달하려는 것과 같지 않을까?

의식이 남김 없이 서술되고 분석될 수 없다면, 주머니의 다른 끝자 락, 다시 말해 주둥이를 닫아 버려야 한다. 바로 이것이 후설이 막다른 골목에서 벗어나는 방식이다. 이러한 사유적 단락短絡[22]은 '초월적 자아transzendentales Ego'라 불린다. 이는 의식의 모든 수행과 조작의 총괄 개념, 다시 말해 의식의 흐름이 시작되는 수원지이다.

만약 후설의 주장처럼 자기의식이 지각의 지각에서 부차적으로 형성되는 것이라면, 하나의 초월적 자아를 어떻게 전체 의식 과정의 처음으로 가져갈 수 있는가? 아주 간단하다. 의식 과정을 지켜볼 때의 현상학적 태도를 초월적 자아의 장소라고 선언해 버리면 된다. "개개의 모든 코기토, 즉 '생각하는 나'와 그 모든 구성 성분은 체험의 흐름 속에서 생성하고 소멸한다. 하지만 순수 주관은 그 나름의 방식으로 '등장'하거나 '퇴장'할지언정 생성하거나 소멸하지는 않는다. 그것은 행위 속에 들어섰다가 다시 행위 바깥으로 나간다. 우리는 순수 주관이 무엇인지, 그것이 그 자체로 무엇이며 무엇을 행하는지를 파악한다. 달리 말해, 순수 주관이 자기 지각에서 스스로를 파악하는 바, 이때 자기 지각 자체가 순수 주관의 행위들 중 하나이며, 더욱이 존재 구조의 절대적 확실성을 정초하는 행위이다."[23]

이렇게 해서 밝혀진 점은 다음과 같다. 후설은 우선 의식 과정을 자아와 세계로 분열되기 이전 모습으로, 즉 '무자아적' 과정으로 서술하려는 곡예를 벌인다. 그런 후에는 자신이 원래 극복하려 했던 관념, 즉 '자아'를 그 의식 내용의 소유자로 간주하는 관념을 취함으로써 다시 초월적 차원으로 돌아간다. 얼마 전까지만 해도 해체되었던 자아가 다시 데카르트의 전통에 따라 지고한 확실성의 심급이 된다. 이것이 바로 1913년 이후 후설 사상에서 윤곽이 드러나는 초월적 자아로의 전환인데, 후일 하이데거는 이를 비판하게 된다. 후설은 초월적 자아를 일종의 실체로 파악한다. 그 자체는 변하지 않고 그 내용들만 달라질 수 있는 실체로 파악하는 것이다. 이런 초월적 자아는 신의 정신—전통적으로 항상 모든 세계 내용의 불변적 근거라고 사유되었던 것—과도 수상쩍은 유사성을 지닌다. 따라서 초월적 자아의 발견을 두고서 후설이 다음과 같이 말한다면, 이는 놀라운 일도 아니다. "내가 나 홀로 그렇게 행동한다면, 그때 나는 인간적인 내가 아니다."[24]

결국 후설은 다시금—이미 피히테가 그랬듯—하나의 전체 세계의 출발 지점을 이루는 자아로 향하는 셈이다. 그리고 이제 의식은 마술적인 무엇이 되기를 중단한다. 세계 안에서 출현하는 무엇이며 전체 세계가 그에 대해 하나의 세계로서 나타날 수 있는 그런 무엇이 되기를 중단하는 것이다. 하이데거는 후일 이 수수께끼 같은 현상을 두고서 '존재론적으로 되는 것을 특징으로 하는 존재적인 것'이라 정의할 것이며, 후설이 그 현상을 슬그머니 빼내 온 세계로 그것을 되던질 것이다. 후설의 초월적 자아는 머릿속의 세계이지만, 이 머리는 더 이상 적절히 세계 안에 있지 않다.

여기서 분명해지는 점은 의식의 풍요한 삶을 어떤 고정된 지점에 묶어 두려 하면서도 자연주의적 환원이나 심리학주의적 환원만은 피하려 한다면, 사유는 신과 유사한 시점을 획득하려는 유혹에 아주 쉽게 빠져들고 만다는 것이다.

하지만 어떤 의식이 의식의 풍요한 삶을 파괴하지 않고 그것을 투시 가능하게 만들어 획득하고자 할 때, 반드시 초월적 철학자들의 신으로 날아올라야 하는 것은 아니다. 그런 소망을 갖는 의식은 시인이 될 수도 있다. 그것은 플라톤의 시대 이래로 철학자들의 은밀하거나 기이한 예감이다. 후설도 그런 예감을 모르지 않는다. 어느 일본인과의 대화에서 후설은 이렇게 말한 바 있다. "철학과 시는 그 가장 깊은 근원에서 서로 연결되어 있으며 영혼에서 은밀한 친족 관계에 있다."[25]

시와의 이런 "은밀한 친족 관계"는 그 어떤 철학에서도 현상학만큼 분명하게 두드러지지 않는다. 의식의 생활 및 세계 체험의 서술, 그리고 내적·외적 공간과 내적·외적 시간 같은 현상에 대한 주목은 이미 언제나 시인들의 주제였다. 특히 베르그손 학파에 속했으며, 오스망 대로변의 방음 장치가 완비된 방에서 현상학의 주제에 몰두했던 시인에게는 그랬다. 그 시인이란 바로 마르셀 프루스트이다. 현상학이 정말로 "근대철학 전체가 은밀히 동경해 온 것"(후설)이었다면, 프루스트는 현상학적 철학이 은밀히 동경해 온 모습이라고 말하지 않을 수 없을 것이다.

『잃어버린 시간을 찾아서』의 첫 부분, 화자가 잠에서 깨어날 때의 내면 묘사만 읽어 봐도 알 수 있다. 그것은 매일 아침 재탄생을 거듭하는 자아에 대한 탁월한 현상학적 묘사이다. 이때 자아는 지금과 여기의 교차점에서 자신을 재발견하기 전까지 매번 공간과 시간을 통과하는 여정을 거쳐야만 한다.

"하지만 내 침대에 누워 정신의 긴장을 완전히 해소할 수 있을 만큼만 깊이 잠들 수 있으면 그것으로 충분했다. 그렇게 하면 내가 잠든 장소에 대한 감각을 완전히 잃어버려서, 한밤중에 눈을 떠도 내가 어디 있는지 알 수 없었고, 처음 순간에는 내가 누구인지조차 알 수 없었다. 나는 동물의 내면에서나 감지할 수 있을 지극히 원시적이고 단순한 존재감만을 느꼈다. 나는 동굴에 사는 사람보다도 곤궁한 상태에 있었다. 그러다가 기억이 돌아왔다. 하지만 아직은 내가 있는 장소에 대한 기억이 아니라, 내가 살았던 장소 혹은 살았을지도 모르는 장소에 대한 기억이었다. 그런 기억이 도움의 손길처럼 내려와서는 혼자 힘으로는 빠져나올 수 없을 허무로부터 나를 꺼내 주었다. 일순간 나는 문명의 몇 세기를 통과했으며, 석유램프나 깃을 접은 셔츠 등의 어렴풋한 모습으로부터 서서히 나의 자아가 원래의 모습을 갖춰 나갔다."[26] 의식 과정의 세계에 현상학적으로 주목하려면 일상생활의 요구와 곡절에 저항하는 태도가 필요하다. 일상생활에서 우리는 사물과 사람과 우리 자신에만 주목할 뿐, 그 모든 것이 어떻게 우리 의식에 '주어지는지'에 대해서는 주의하지 않기 때문이다. 후설은 세계에 대한 자연적 태도와 단절할 것을 부단히 강조했다. 프루스트 또한 침실이라는 피난처에서만 기억의 현상학적 우주를 펼칠 수 있었다. 생애의 마지막 12년 동안 침실은 프루스트의 연구실이 되었다. 후설 그리고 특히 프루스트를 따를 때 우리는 세계 없음의 상태로 후퇴하지만, 그 대신 다채로운 내적 존재론의 영역으로 들어서게 된다. 거기에는 무한히 다양한 등급으로 나뉜 존재자의 왕국이 있다. 기억과 두려움, 동경, 희망, 사유의 대상들은 '현실들'로서 마찬가지로 무수하며, 이것들은 주관과 객관의 깔끔한 분리를 넘어서 버린다.

마르틴 하이데거가 철학에 입문하는 동기가 된 것도 어쨌거나 '존재자의 다양성에 관한' 브렌타노의 저작이었다. 그런 하이데거에게 후설의 현상학은 존재자의 다양성을 해명하는 철학으로 다가왔다.

1925년 여름, 마르부르크대학에서 하이데거는 '시간개념의 역사'에 관한 유명한 강의를 할 것이다. 여기서 그는 자기만의 철학적 길을 가게 해 준 것이 후설 현상학의 어떤 측면이었음을 회고할 것이다. 그러나 자신이 더 전진하기 위해 넘어서야만 했던 후설 현상학의 한계 또한 지적할 것이다.

결정적으로 중요한 것은, 매번 완전히 새롭게 '사태들'에 접근하는 현상학의 태도였다. "선입견의 배제—무엇이 시작되는 것인가라는 호기심 어린 질문을 제기하지 않은 채 그저 보이는 것을 보고 움켜쥐기." 현상학의 이런 선입견을 배제한 "사태성Sachlichkeit"을 획득하기란 결코 쉽지 않다. 왜냐하면 "인간은 자신의 실존 요소를 작위적이고 거짓된 것들에서 얻으며, 매번 또 다른 요설들로부터 획득하기" 때문이다.(GA 제20권, 37쪽)

하이데거에 따르면, 현상학이 극복한 철학 내부의 작위성에는 본질과 현상이라는 두 영역을 분리하는 강고한 교의도 포함된다. 현상학은 현상들, 즉 현출하는 세계를 복권시켰다고 하이데거는 말한다. 현상학은 '나타나는 것들'에 대한 감각을 예민하게 해 주었다. 현상학에서 이해하는 현상이란, 열등하며 심지어 기만적이라고도 주장되는 현실, 다시 말해 (형이상학적인 것이든, 자연과학적인 것이든) 본래적인 것을 그 배후에 숨기고 있는 현실이 아니다. 신이건 논리학의 '대상'이건 자연법칙이건, '본래적인 것'은 현출하는 무엇이다. 하이데거에게 현상학이란 사변도 아니고 사유의 구성물도 아니며, "가린 것을 걷어 내어" "드러나 보이게 하는" 작업이다.(GA 제20권, 118쪽) 이렇게 해서 드러난 것은 의식의 지향적 구조이며, 하이데거는 이것이야말로 현상학의 가장 중요한 발견이라고 말한다. 하이데거에 따르면, 이렇게 해서 전통적인 주체-객체의 이원론이 극복되는 바, 이는 두 가지 측면에서 그렇다. 즉 스스로를 나타내는 세계와 이미 언제나 세계와 결부된 의식이라는 두 가지 측면에서 극복이 이뤄지는 것이다.

하지만 1925년의 강연에서 하이데거는 후설의 한계도 분명하게 지적한다. 후설은 현상을 구해 냄으로써 존재자와 만나는 다양한 방식에 대한 감각을 단련시켜 주었다. 하지만 하이데거에 따르면 후설은 다음과 같은 물음을 한번도 제기한 적이 없다. '인간은, 좀 더 정확히 말해 지향적 의식이란 어떤 의미에서 존재적인가?' 후설은 그저 인간이란 '자연을 향한 되던짐Gegenwurf'이라는 부정적 규정까지만 밀고 나갔다. 인간이 무엇이며 누구인가라는 물음에 대한 하이데거의 답변은 나중에 알아보기로 하자.

어쨌든 후설과 집중적으로 공동 연구를 수행하던 처음 몇 년 동안 이미 하이데거는 후설의 관념들을 의식 내재적인 맥락에서 꺼내어 세계로 던지고 있다.

이때 그는 우선 역사적 삶에 관한 딜타이의 연구에서 도움을 받는다. 딜타이의 관점에서 보면, 역사의 피안에서 안전한 장소를 확보할 수 있다는 식의 자기 오해에 빠진 철학은 모두 의심스러운 것이 된다. 후설에 의한 초월적 자아의 구성은 그런 무력한 의식 즉, '피안'이다. 다음으로 키르케고르에 관한 연구가 후설의 의식 내재성에 대한 하이데거의 비판 작업을 돕는다.

정신의 망상적 자기 과신에 대한 키르케고르의 공격은—딜타이처럼—역사적 '삶'에서 출발하는 대신, 사유와 실존 사이의 제거될 수 없는 차이에서 출발한다. 삶의 여러 복잡성에 연루된 우리는 되풀이해서 스스로 어떤 사람이 되어야 할지 결정해야 하는 상황에 직면한다. 우리는 그저 생각될 수 있을 뿐인 것의 영역을 떠난다. 우리는 자기 자신을 확립하고 책임을 져야 한다. 모든 것을 고려할 수 있는 가능성의 인간으로부터, 사유 가능한 것 중 자신을 내적·외적 행위로 구속하는 무엇을 선택하는 현실성의 인간이 되는 것, 우리는 그 변화를 피할 수 없다. 키르케고르의 실존주의적 비판에 따르면, 의식 철학이란 생생한 삶의 위험으로부터 도피하는 짓에 불과하다.

하이데거에게서 역사적 삶과 실존적 삶의 이런 힘이 일개 단순한 관념으로 머물지는 않는다는 사실, 그 사실은 역사적 상황 자체를 통해서 드러날 것이다.

후설이 프라이부르크에 온 후로 하이데거는 이 거장에 가까이 가려 했지만 처음에는 냉담한 반응밖에 얻지 못했다. 하이데거는 후설의 눈에 가톨릭 철학자로 비쳤고, 그렇기에 별다른 관심을 끌지 못했다. 하이데거는 근 1년 동안 성과 없는 노력을 되풀이하다가 마침내 후설과 개인적 면담을 하게 되었다. 1917년 9월 24일, 후설은 하이데거에게 이런 편지를 썼다. "내 힘이 닿는 한 기꺼이 자네 연구를 지원하겠네."[27]

1917/18년 겨울학기에 후설은 마침내 하이데거를 '발견'했다. 그 얼마 전 에디트 슈타인이 후설의 개인 조교 일을 그만두었다. 후설의 원고를 출판 가능한 상태로 다듬어야 하고, 한참 정리를 하고 있노라면 이 '초심자'가 매번 새로운 기획과 메모를 넘겨 기존 업무를 완전히 쓸모없게 만드는 상황이 계속되자 더 이상 견딜 수 없었던 것이다. 더욱이 후설은 에디트 슈타인에게 과도하게 일을 시킬 뿐, 그녀의 교수 자격 논문을 통과시켜 주려 하지 않았다.

이제 후설은 새로운 조교를 찾지 않을 수 없던 처지라 마르틴 하이데거의 접근에 한층 우호적일 수 있었다.

1917년의 마지막 몇 주 동안 두 사람은 매우 집중적으로 철학적 대화를 나누었음에 틀림없다. 1918년 마르틴 하이데거는 국민군 병사로 입대해 고향 메스키르히 근처 호이베르크Heuberg의 군단훈련소에서 훈련을 받으라는 통지를 받게 된다. 후설은 사무적이지 않은, 지극히 개인적인 마음을 담은 편지를 통해 함께 철학할 수 없음을 얼마나 아쉬워하는지 밝힌다. 하이데거는 즐거운 마음으로, 물론 아첨도 잊지 않고 답장을 쓴다. 하이데거의 자기의식은 당장은 철학보다는 혹독한 군사훈련에 잘 적응해야 한다는 정황에 얽매여 있다. 애국주의 의식이 강했던 후설 또한 하이데거의 이러한 비철학적 유능함을 기뻐할 수 있다. 1918년 3월 28일 자 편지에서 후설은 잠시 철학은 접어 두는 게 현명하리라고 하이데거에게 말한다. "서부전선에서 대승을 거두면 전쟁도 그리 오래 계속되지는 않을 것"이며, 그리되면 하이데거도 "더욱 큰 활력"을 얻어 철학의 문제들로 돌아갈 수 있을 거라고 후설은 쓴다.[28]

당분간 하이데거는 군복무에 전념한다. 그는 전선 기상관측대에 소속되며—여담이지만 20년 후 제2차 세계대전에서 장-폴 사르트르도 같은 임무를 맡는다—그해 7월에 기상학 교육을 받기 위해 베를린으로 파견된다. 후설과의 편지 교환은 활발히 지속되며, 그 문장은 다정함과 신뢰로 넘쳐 난다. 1918년 9월 10일 자 편지에서 후설은 하이데거의 순진무구한 젊음을 칭찬한다. "영혼의 맑은 눈, 밝은 마음, 그리고 올곧은 생의 의지." 이 편지는 장중한 외침으로 끝난다. "아, 자네의 그 젊음! 자네의 편지를 받고 나 또한 그 젊음을 함께할 수 있으니 이 얼마나 기쁜 일인지! 이 얼마나 활력을 얻는 일인지!"[29]

후설은 1916년 봄 막내아들을 전쟁에서 잃었고, 1918년 가을에는 둘째마저 머리에 총탄을 맞고 군 병원에 입원해 있었다. 후설이 쓴 위의 편지에서는 열정적인 아버지 같은 어조를 느낄 수 있는데, 이는 당시 근심에 빠져 있던 그의 심정과도 관련이 있을 수 있다. 후설은 하이데거를 마치 아들인 양 대한다. 후설이 하이데거와 편지를 나누었던 시기에 에디트 슈타인은 간호사이자 가정부로 후설의 곁을 지킨다. 후설 부부는 중한 독감에 걸려 자리에 누웠고, 하녀는 일을 그만두었다. 후설의 딸은 여행 중이고, 군 병원에서는 좋지 않은 소식을 전해 온다. 로만 잉가르덴Roman Ingarden[30]에게 보낸 편지들에서 에디트 슈타인은 우울하기만 한 집안 상황을 묘사한다. 이런 상황에서 마르틴 하이데거와의 친분은 에드문트 후설에게 용기와 힘이 되었다. 그해 봄에만 해도 공공연히 떠들고 다녔던 승리에 대한 믿음은 사라진다. 그 대신 후설은 집에 틀어박혀 독일제국의 '체계'를 비난한다. 에디트 슈타인에 의하면, 아내인 말비네는 그 사이 "독립주의자들의 지지자"[31] (독립주의자들은 '독립사회민주당USPD'을 뜻함)가 되어 남편의 분노를 샀으며, 둘 사이에는 격심한 부부 싸움까지 일어났다.

그해 8월 말에 하이데거는 서부전선으로 보내졌다. 그는 아르덴주의 스당Sedan에 위치한 기상관측대에서 근무하게 되었는데 기상관측대가 그곳에 배치된 것은 마르네–샹파뉴 전투에서 독가스 투입을 대비해 기상관측 정보를 제공하기 위해서였다.

마르틴 하이데거가 이 상황을 어떻게 체험했는지는 그가 엘리자베트 블로흐만Elisabeth Blochmann에게 보낸 첫 번째 편지를 통해 추정해 볼 수 있다.

엘리자베트 블로흐만은 엘프리데의 대학 친구들 중 하나였다. 전시에 그녀는 잠시 슈트라스부르크대학으로 적을 옮겨 지멜에게서 철학 지도를 받고 독문학과 교육학을 공부했으며, 병원에서 사회봉사 활동을 하기도 했다. 그녀는 유겐트운동에서 깊은 감화를 받았는데, 이 운동은 1913년 이른바 '호엔 마이스너 선언Hohen-Meißner-Formel'에서 그 성격을 분명하게 드러냈다. "자유로운 독일 청년은 진실한 내면에서 나온 자기 결정에 따라 자기 책임 아래 삶을 형성하려 한다."

마르틴 하이데거와 엘리자베트 블로흐만, 그리고 엘프리데가 처음 만난 곳도 유겐트운동과 관련된 모임이었다.

처음의 편지들에서는 두 사람을 묶어 주는 유겐트운동의 정신을 분명하게 감지할 수 있다. "진실함"과 "책임감"이라는 말이 자주 등장하며, 사랑의 감정은 어렴풋이 감지될 뿐이다. 두 사람은 간접적이고 암시적인 표현에 공을 들인다. 세 살 연하인 엘리자베트 블로흐만은 마르틴 하이데거에게 경모의 마음을 표현하며, 이에 우쭐해진 하이데거는 철학적 조언자나 영혼의 인도자와 같은 태도를 감추지 못한다. "깊은 마음속 진실한 곳에서 생생하고 절박하게 체험하는 것, 그런 체험을 같은 뜻을 품고 있는 사람들에게 표현하는 것이 우리의 의무가 되어야 합니다."(1918년 10월 2일 자 편지, BwHB, 9쪽) "우리에게 정신적 삶은 다시금 참으로 현실적인 삶이 되었습니다. 그것은 개인적인 것에서 태어나는 힘, '넘어뜨리고는' 진정으로 일어서도록 촉구하는 힘을 획득해야만 하지요. 그리고 이 힘은 오직 간소함에서만 참되게 표현될 뿐, 권태롭거나 데카당스하거나 강요에 의한 것에서는 그럴 수 없습니다…… 정신적 삶이 형성되고 귀감으로 제시되려면 그런 삶을 함께하려는 사람들이 가장 본래적 실존에서 그 삶에 직접 사로잡혀야만 합니다…… 자신의 소명이 지닌 고유한 가치에 대한 믿음이 참되게 살아 있을 때, 우연적인 주변 세계의 모든 무가치한 것들이 내면으로부터, 그리고 영원히 극복될 것입니다."(1918년 6월 15일 자 편지, BwHB, 7쪽)

마르틴 하이데거는 파죽지세로 밀려오는 연합군에 맞서 독일 서부군이 수행한 마지막 반격의 목격자가 된다. 전쟁 이전에는 문화에 활기를 주었던 '정신'이란 것에 더 이상 아무런 현실성도 없음을 그는 너무나도 절실하게 깨닫는다. 전쟁은 모든 것을 불태워 버렸다. 이제 덩그러니 남은 것은 하이데거가 막연히 열띤 감정에 차서 "개인적인 것의 힘"이나 "고유한 가치에 대한 믿음" 혹은 "중심적 자아로의 귀속"이라 부르는 핵심뿐이다. 개인적인 핵심으로의 이러한 어쩔 수 없는 물러섬을 그는 커다란 기회로 체험한다. 이제 "우연적인 주변 세계의 모든 무가치한 것들"이 극복되지만, 이는 자기 자신을 신뢰하고 문명의 안일이란 그릇된 정신을 물리칠 수 있을 만큼 강할 때만 가능하다. 하이데거에 따르면, 그럴 때야 정신이 재탄생할 것이다. 이런 재탄생은 우선 "진실한 사람들"의 작은 무리에서 실현될 것이며, 이로부터 영향력이 퍼져 나가 나중에는 민족의 넓고 깊은 층위에서 혁신이 이뤄질 것이다. 1918년 11월 7일, 아직 전선에 남아 있는 하이데거는 엘리자베트 블로흐만에게 이런 편지를 쓴다. "종말은 도래할 수밖에 없고, 또 그것만이 우리의 구원입니다. 하지만 그 종말 이후의 삶이란 게 어떤 모습일지는 분명치 않지요…… 분명하고 확고부동한 것이 있다면, 그것은 참으로 정신적인 사람들에게 주어지는 요구입니다. 지금 이 순간 약해져선 안 되며, 결연한 지도력을 발휘하여, 민족을 현존재의 참된 자산이 품은 진정성과 참된 가치 평가로 도야하라는 요구를 말하는 것입니다. 비록 외적인 것들이 결핍되고 몇 가지 것은 포기해야 하는 상황이 임박해 있지만, 사실 내게는 살고자 하는 의욕이 있습니다. 오로지 내면이 빈곤한 탐미주의자들, 그리고 아직까지도 '정신적인' 인간들, 달리 말해 다른 이들이 돈과 여흥에 빠지듯 정신과 더불어 유희만을 벌이는 인간들, 그런 인간들만이 이제 몰락하고 속절없이 절망을 거듭하게 될 것입니다. 이런 자들에게서는 어떤 도움이나 쓸모 있는 지침 같은 것도 기대하기 어렵게 될 것입니다."(BwHB, 12쪽)

진정으로 "살고자 하는 의욕"이 있다고 하이데거는 쓴다. "정신과 더불어 유희만"을 벌였던 세계가 이제 붕괴되고 있다는 사실에 그는 위안을 얻는다. 그의 정치적 미래관은 여전히 모호하다. 전선에서 부친 편지들에는 거기서 체험한 일들이 거의 묘사되어 있지 않다. "전선으로의 여행길은 아주 훌륭했습니다."(1918월 10월 2일 자 편지, BwHB, 9쪽) 하지만 철학의 새로운 시작에 대한 기대감은 수시로 표현된다. 그는 무엇보다도 낡아 빠진 것, 허위적이고 인습적인 것, 그리고 한갓 작위적인 것을 무너뜨려야 할 것이라고 암시한다. 종교적인 뉘앙스도 지니는 "근원 체험"이라는 말이 나오는데, 철학과 신학은 그릇된 연속성과 유효성을 날조하는 것이기에 이런 체험을 덮어 감출 뿐이라고 하이데거는 말한다.

국민군 병사 마르틴 하이데거는 새로운 '집중성Intensität'을 찾아냈다. 그것은 전쟁 자체가 아니라, 파국에 의해 주변 모든 것이 불타 버린 후 남는 무엇이다. 그것은 승리의 혈전이 아니라 패배를 통한 노폐물의 제거이다. 이런 것이 바로 "정신과 그것의 힘"을 믿는 그 나름의 방식이다. "정신 안에서, 그리고 정신을 위해 사는 사람은 결코 지는 싸움을 벌이지 않습니다."(1918년 11월 6일 자 편지) 그리고 나중에는 이런 말도 한다. "우리가 원하는, 혹은 우리가 거기서 살고자 하는 새로운 삶은 보편적이기를 단념했습니다. 다시 말해 참되지 못하고 표면적(피상적)이기를 그만둔 것입니다. 그런 삶의 자산이 되는 것은 근원성이지요. 그건 인위적으로 구성되는 것이 아니라 총체적 직관에 의해 획득되는 명백한 무엇이란 얘기입니다."(1919년 5월 1일 자 편지, BwHB, 15쪽)

희망에 가득 찬 대단한 말들이다. 하지만 허장성세는 아니다. 종전 몇 주 전 상병으로 진급한 이 젊은 철학 강사는 1918년 11월 프라이부르크로 돌아오자마자 자신을 사로잡은 주제인 "총체적 직관"을 구명하는 데 전력을 투구하기 때문이다. 그는 이 직관, 이 순간의 명증성을 철학의 언어로 표현하려 하며, 무엇보다도 이 직관을 생의 연속성에 편입시키려 한다. 이때 그는 시간의 역동성을 감지한다. 시간은 직관과 순간의 명증성을 '시간화zeitigen'하지만, 그것들을 보존하지 않는다. 그것들을 지속시키지 않는 것이다. 시간은 일어난다. 그것은 '생생한 고유화(발현)Ereignis'이지, 인위적으로 만들어지는 것이 아니다. 하지만 무엇보다 중요한 것은 우리가 시간에서 만들어 내는 것이다. 1919년 5월 1일 엘리자베트 블로흐만에게 보낸 장문의 편지는 마르틴 하이데거의 내밀한 철학적 강박을 지극히 절절하게 드러내는데, 이는 젊은 나이의 그에게만 나타나는 강박은 아닐 것이다. 그는 이렇게 쓴다. "개인적 생의 흐름이란 넓이와 울림을 지닌 동일 진폭 내에서 흔들리며 은총을 입은 순간에야 분출키도 하는 것이라 생각하고 또 그래야 한다고 요구한다면, 이는 합리론의 오해가 될 것입니다. 그런 요구는 모든 생명의 신비함과 은총 앞에서 내적 겸허함을 갖지 못할 때 생겨나는 것이지요. 우리는 의미로 충만한 삶의 지극히 팽팽한 집중성을 기다릴 수 있어야 합니다. 그리고 우리는 그런 순간의 연속성을 지켜 나가야 합니다. 그런 순간을 향유하기보다는 생으로 편입시켜야 하는 게지요. 생의 진행 중에 그런 순간을 계속 획득하고 그것을 모든 도래할 생의 리듬에 맞춰나가야 하는 것입니다.

또 우리 스스로를, 그리고 우리가 살면서 소속되는 방향을 직접 느끼는 순간, 우리는 명확해진 것을 그 자체로만 확인하고—그것이 어떤 대상처럼 우리와 '대면'한 것인 양—단순히 기록하는 데 그쳐서는 안 됩니다. 자기 자신을 이해하며 갖는다는 것, 그것은 진정으로 살아 있는 것일 때만, 다시 말해 동시에 하나의 존재일 때만 참된 것일 수 있습니다."

1919년의 마르틴 하이데거는 자신의 직관을 다듬을 수 있어 "행복"하다. 그리고 주변에서 일어나는 일들을 그는 이렇게 부른다. "광기의 상태."(1919년 14일 자 편지, BwHB, 12쪽)

제 6 장

—

혁명의 시대. 막스 베버 대 강단예언자. 인플레이션 성자들. 하이데거의 교탁. 존재물음의 초기 역사. 체험과 탈체험. 그것이 세계화한다. 전면 공격의 철학. 하이데거의 다다이즘. 생의 투명성. 살고 있는 순간의 어두움. 유사한 정신의 소유자: 하이데거와 젊은 **에른스트 블로흐.**

—

1920년 무렵의 하이데거

혁명의 시대. 막스 베버 대 강단예언자. 인플레이션 성자들. 하이데거의 교탁. 존재물음의 초기 역사. 체험과 탈체험. 그것이 세계화한다. 전면 공격의 철학. 하이데거의 다다이즘. 생의 투명성. 살고 있는 순간의 어두움. 유사한 정신의 소유자: 하이데거와 젊은 에른스트 블로흐.

HEIDEGGER

1919년 초 막스 베버는 뮌헨에서 '학문으로의 내적 소명에 관해서 Vom inneren Beruf zur Wissenschaft'[1]라는 주제로 강연을 했다. 독일 제국의 여타 대도시들이 그렇듯, 그가 강연을 한 곳도 혁명적 격동이 일고 있는 도시였다. 불과 몇 주 후 뮌헨은 내전 상태에 있게 되고, 소비에트 공화국이 선포된다. 이때 톨러Toller[2]나 뮈잠Mühsam[3]처럼 '빛과 미와 이성의 제국'을 수립하겠다는 이상에 부풀었던 작가들이 잠시나마 지도적 역할을 했다. 막스 베버의 눈에 그 모든 것은 무책임한 감정의 정치, 모험가들이 추동하는 정치였다. 이런 모험가들은 정치에 의미와 행복의 실현을 요구하는 것이 정치에 과도한 부담을 지우는 일임을 이해하려 들지 않았다. 당시 강연장에 있던 카를 뢰비트Karl Löwith는 세상을 뜨기 1년 전 막스 베버의 모습을 이렇게 묘사한다. "창백하고 지친 표정의 그는 강당 안의 가득한 청중을 지나 다급히 연단으로 발걸음을 옮긴다."[4] 그의 "수염이 덥수룩한 얼굴"은 "밤베르크 교회의 예언자들에게서 볼 수 있는 음울한 불꽃"을 연상시켰다. "감동적인" 모습이었다. 막스 베버는 "인간이 바랄 만한 것들에서 모든 베일"을 찢어 냈지만, "이 명석한 지성인이 지극히 심오한 휴머니티의 소유자란 것을 느끼지 못할 사람은 없었다. 문학적 투사들의 무수한 혁명 연설이 있은 후 듣게 된 베버의 말은 마치 구원과도 같았다."

이 강연은 즉시 출판되어 광범한 대중에서 격렬한 논쟁을 유발했다. 이 강연은 냉정한 시대 진단을 담고 있다. 표면에서 논의되는 것은 학문의 윤리이지만, 그 핵심에서 막스 베버가 답하려는 것은 유의미한 삶에 대한 동경이 '합리적' 모던 문명의 철갑 속에서 과연 어떻게 실현될 수 있는가 하는 물음이었다. 그의 답변은 이런 것이다. 기술적 영향력에 의해 우리 일상을 근본적으로 변혁시킨 학문, 그리고 전쟁에서 그 가공스런 내재적 파괴력을 입증한 학문은 이제 운명이 되었다. 하지만 동시에 이 학문은 우리로 하여금 의미의 문제와 대면케 한다. "앞선 시대의 모든 착각들, 즉 '참된 존재로의 길', '참된 예술로의 길', '참된 자연으로의 길', '참된 신으로의 길', '참된 행복으로의 길' 같은 것들이 사라진 이제, 직업으로서의 학문의 의미는…… 무엇인가? 가장 간단한 답변은 톨스토이가 제시한 바 있다. '학문이란 아무 의미가 없다. 우리에게 중요한 유일한 물음, 즉 〈우리는 무엇을 해야 하는가?〉〈우리는 어떻게 살아야 하는가?〉라는 물음에 학문은 아무런 답을 제시하지 않기 때문이다.' 학문이 그런 답변을 제시하지 않는다는 것은 논박의 여지가 없는 사실이다. 다만 이런 물음은 남는다. 어떤 의미에서 학문은 '아무런' 답을 제시하지 않는 것인가? 또한 그 대신 학문은 물음을 올바로 제기하는 사람에게는 뭔가 해 줄 수 있지 않은가?"[5]

학문은 가치 결정들에 기초해서 정해진 목적들과 관련하여 그 수단의 적합성을 검토할 수 있다. 또한 학문은 다른 가치 결정들과의 내적 모순성이나 적합성을 분석할 수 있다. 즉 학문은 자기 성찰에 일정한 기여를 할 수는 있지만, 우리에게서 어떻게 살아야 할지에 대한 고민을 덜어 줄 수는 없다. 개인적 가치 결정의 그러한 면제는 모든 보호 감독으로부터의 해방으로 느껴질 수도 있을 것이다. 만약 그렇다면, 학문이 아무런 의미 결정이나 가치 결정을 내릴 수 없다는 사실은 문제가 아니라 오히려 기회로 간주될 수 있을 것이다. 하지만 사실은 그렇지 않다. 막스 베버에 따르면, 우리 문명은 너무나 철저하고 포괄적으로 합리성에 매몰된 결과 고유한 결정 능력에 대한 개개인의 자기 신뢰감을 약화시키기 때문이다. 물론 사람들은 평소 기술화된 세계에서 익숙해진 객관적 확실성과 보증을 스스로 가치 결정을 내릴 때도 지니려 한다. 전차를 타고 다니면서 전차가 어떻게 기능하는지 알 필요는 없다. 우리는 모든 것이 정확히 "계산"되고 있으리라고 믿어 버릴 수 있다. 그런데 우리는 무수히 다양한 측면에서 "계산"되는 생활세계 속에 살고 있으며, 다른 누군가가 파악하고 있음을 알 뿐 우리 스스로는 그 무엇도 정확히 파악하지 못하는 상황에 점점 익숙해진다. 사실 이렇지 않았다면 이러한 기술적 기적은 창출될 수 없었을 것이다. 하지만 만약 사정이 이렇다면, 우리는 확실성과 보장을 원래 기대할 수 없는 곳, 즉 의미와 가치 결정의 영역에서도 그것을 요구하게 될 것이다. 그렇게 해서 제공되는 자유를 부여잡는 대신, 사람들은 이런 영역에서조차 학문의 객관성을 요구한다. 그 결과 스스로에게 학문적 덧칠을 하여 신망을 얻으려 하는 세계관들이 번성한다. 막스 베버가 "강단예언자들Kathederpropheten"이라 부른 사람들이 하는 일이 바로 이것이다. 이들은 합리화에 의해 주술에서 풀린 세계의 신비 상실에 대해 반응하는 바, 이때 그릇되게도 마지막으로 남은 주술, 즉 개인의 인격과 그 자유를 합리화하려 든다. 이들은 합리성과 개인성 사이의 긴장을 견디려고 하지 않으며, 그 대신 전차처럼 안심하고 타고 다닐 만 한 세계 해석을 '체험'으로부터 불러낸다. '강단예언자들'은 신비가 아직 남아 있는 곳, 즉 개인의 영혼 속에 그 신비를 가만히 놓아두는 대신, 의도적인 재주술화의 박명 속에 탈주술화된 세계를 담가 버린다. 이와 달리 막스 베버는 그러한 혼합에 반대한다. 한 편에는 세계에 대한 합리적 진입과 개입이 있고, 다른 한편에는 —비록 때때로 자유의 짐을 벗어던지고 싶을지라도—개인적 인격의 신비에 대한 존중이 있다. 막스 베버는 솔직할 것을 요구한다. 우리는 사실을 직시해야 한다. 그 사실이 설령 불편한 것일지라도 말이다. 우리가 합리적으로 총괄하고 기술적으로 관리할 수 있는 세계에서 신은 사라지고 없다. 신이 아직 존재한다면, 그곳은 오로지 개인의 영혼, "자신의 책임 아래" 기꺼이 "지성을 희생"하고 신을 믿을 준비가 되어 있는 그런 개인의 영혼뿐이다. 사람들이 예술가나 거장에 매료되듯, 막스 베버는 더 이상 이 세계의 것이 아닌 이 생생한 신앙에 매료되었다. 그런 신앙을 가진 자들을 그는 "종교의 거장들"이라 부른다. 그에 비해 스스로를 학문과 혼동하거나 그 이상에서 학문과 경쟁하려 드는 신앙을 그는 위험천만한 사기라 부른다. 베버가 볼 때는 학문으로부터 기만적 차용을 시도하지 않는 신앙만이 "이 세계 배후의 신비한 생활 영역에서 혹은 개인들 상호의 형제애와 직접적 관계에서"[6] 그 존엄과 진리를 갖는다. 여기서는 분명 "예언자적 정령"이 떠돌고 있을지도 모른다. 하지만 우리는 이 정령이 정치적 투기장으로 흘러들지 않게 주의해야 할 것이다.

막스 베버의 이러한 경고는 아무런 효과도 얻지 못했다. "강단예언자들"은 분노로 반응했다. 이제 그런 강단에 오르려던 (그리고 후일 마르틴 하이데거와 함께 국가사회주의 혁명에 참여할) 인물 중 하나인 초등학교 교사 에른스트 크리크Ernst Krieck가 베버에 대한 '우파적' 비판의 선봉으로 자처하고 나섰다. 그는 "객관성의 제스처"와 가치의 자유라는 점을 공격했다. 크리크에 따르면 이런 것은 전형적인 데카당스 현상이며 "뿌리 없는 지성주의"의 표현이다. 이런 현상은 학문에서도 나타난다. 민족이 영혼을 잃은 것이다. 그렇기에 크리크는 "학문의 혁명"을 요구한다. 학문은 "보편적 민족종교", 민족을 "도덕적으로 통일"시켜야 하는 그런 종교의 형성에 동참해야 한다. 이런 민족종교가 단순한 공리주의적 기계의 수준 이상으로 국가를 끌어올릴 수 있다.[7] 막스 베버는 비판과 중상과 비방에서 자신을 지켜 내기가 어려웠다. 그는 1920년 세상을 떠났다. 더 살았다 한들 우후죽순으로 등장하는 예언과 미래상, 구원설, 그리고 세계관들을 당해 내기 어려웠을 것이다. 바이마르 공화국의 초기 몇 년 동안은 막스 베버가 고발한 "강단예언자들"이 치열한 경쟁을 벌였기 때문이다. 당시는 인플레이션 성자들의 시대였다. 거리와 숲, 시장, 서커스 천막, 그리고 담배 연기 자욱한 술집 골방 등에서 이들은 독일의 구원, 더 나아가 세계의 구원을 설파했다. 오스발트 슈펭글러Oswald Spengler의 『서양의 몰락Der Untergang des Abendlandes』은 그즈음 몇 해 동안 60만 부나 팔린 저작으로 거대한 이론적 기획을 품고 있었다. 이 저작에서 표현된 종말 시간과 새로운 출발의 정신은 수천 개의 파편들, 즉 수천 가지 세계 해석들을 사방으로 날렸다.[8] 거의 모든 주요 도시들에는 하나 이상의 "구세주"가 있었다. 카를스루에도 한 명이 있었는데, 그는 자신을 "근원 소용돌이"라 부르면서 신도들에게 우주 에너지의 획득을 약속했다. 슈투트가르트에서는 "인간의 아들"이란 자가 신도들과 함께 구원을 약속하는 채식 만찬을 열곤 했다. 뒤셀도르프에서는 새로운 그리스도라는 자가 임박한 세계 몰락을 경고하면서 아이펠Eifel 고지[9]로 피난을 가라고 외쳤다. 베를린에서는 "정신의 군주" 루트비히 호이서Ludwig Haeusser가 청중으로 가득한 회관에서 원시공산주의의 색채를 지닌 '철저한 예수 윤리'를 호소하고 사랑의 아나키즘을 선전했다. 그는 "인도자"[10]로 자처하고 스스로를 "민족과 제국과 인류의 더 높은 발전을 위한 유일한 가능성"이라고 소개했다. 그 당시 무수한 예언자와 카리스마적 인물들은 거의 모두가 일종의 천년왕국설이나 묵시록을 설파했다. 그들

은 종전 시기 나타난 혁명적 흥분 상태의 조종자들, 세계 혁신의 결정
론자들, 이데올로기와 대체 종교의 장터에서 날뛰는 형이상학자이자
장사꾼들이었다. 진지함을 잃지 않으려는 사람들은 이런 추잡한 무대
를 멀리하려 했지만, 사실 두 부류 사이의 경계란 불분명했다. 좁은 의
미의 정치 무대에서도 사정은 다르지 않았다. 좌우 진영 어디서나 메시
아주의와 구원설이 범람했던 것이다. 뮌헨에 소비에트 공화국이 수립
된 며칠 동안 톨러와 뮈잠은 세상을 "꽃이 만발한 초원"으로 바꿀 것이
며, "누구나 거기서 자기 몫의 꽃을 딸 수 있게" 하겠노라는 포고문을
집필했다.[11] 일체 착취와 위계질서는 물론 법률적 사고가 폐지될 것이
라 선언되었고, 신문들은 최신 혁명정부 포고문 외에 횔덜린이나 실러
의 시를 제1면에 실으라고 명했다.

열에 들뜬 그 시기의 정신은—어느 정치 진영에서건—무의미한 것
에 의미를 부여하는 데 몰두했다. 정치에서건 학문에서건 사람들은 모
던 세계의 탈주술화를 받아들일 준비가 되어 있지 않았다. 1920년 이
후로 현실주의와 현실 정치의 정신('바이마르 연합'의 정신)은 더 이상 다
수파가 아니었고, 정신과학과 사회과학은 세계관을 금욕하라는 막스
베버의 요청에 거의 귀를 기울이지 않았다. 사태에 입각하고 형이상학
을 단념하라는 베버의 요구에 당대인들은 저항감을 느꼈으며, 이런 사
정을 1921년 에두아르트 슈프랑어Eduard Spranger는 다음과 같이 요약했다.
"젊은 세대는 내면의 재탄생을…… 열렬히 기대한다…… 오늘날의 젊
은이는 그 어느 시대보다도 더 자신의 정신적 기관들의 총체성을 통해
호흡하며 살아간다." "전체성을 향한 충동"과 "동시에 종교적인 동경"
이 존재한다. "인위적이고 기계적인 환경에서 벗어나 영원히 샘솟는 형
이상학적인 것을 되찾고자 하는 암중모색"이 존재하는 것이다.[12]

전후 마르틴 하이데거의 최초 강의는 1919년 초 임시학기에 개

설된다. 제목은 '철학의 이념과 세계관의 문제^{Die Idee der Philosophie und das} ^{Weltanschauungsproblem}'이다. 이 젊은 강사는 시대의 논쟁에 개입하려 한다. 서두의 고찰에서 그는 막스 베버를 끌어들인다. 그는 철학의 학문적 성격을 강조하는 바, 철학에서는 "모든 학문이 그렇듯 철학자의 개인적 입장이 배제되어야 한다".(GA 제56/57권, 10쪽)

하지만 베버와 달리 그는 학문적 인식과 가치판단을 분리시키는 입장에 머물려 하지 않는다. 그는 경계선을 긋는 데 멈추지 않고, 우리가 가치판단을 내리며 세계관을 수립한다는 사실과 그 방식 또한 문젯거리로 삼으려 한다.

대다수 베버 비판자들과 달리, 하이데거는 학문과 가치판단과 세계관을 다시 화해시켜 그 어떤 궁극적인 형이상학적 종합에서 이들을 총괄하려 들지는 않는다. 그 대신 하이데거는 이런 구분에 선행하는 어떤 영역을 드러내겠다는 야심찬 목표를 세운다. 그는 묻는다. 현실을 학문적이거나 가치 평가적이거나 세계관적인 입장에서 정리하기 이전에 우리는 어떻게 현실을 체험하는가? 이와 같은 학문의 학문을 이제 그는 이를테면 학문론이라 부르지 않고 "근원 학문으로서 철학의 이념"이라 부른다. 마치 그는 학문의 현상학적 정초라는 후설의 기획, 즉 학문과 자연적 태도가 비롯되는 의식구조들의 서술을 지속시킬 작정인 듯보인다. 하지만 이미 첫 번째 강의에서 그가 후설을 넘어선다는 점이 분명해진다. 그는 후설의 원칙을 인용한다. "'직관'에서 원초적으로 드러나는…… 모든 것은, ~로서 주어져 있는 것으로 받아들여져야 한다."(GA 제56/57권, 109쪽) 그리고 나서 하이데거는 후설이 "주어져 있음^{Gegebensein}"의 종류를 이론적으로 정향된 의식에서만 서술했다는 점을 지적한다. 하지만 사실 우리가 "주변 세계의 체험"에서 이론적 태도를 취하는 것은 예외적 경우에 속한다. "체험의 근원 태도"(GA 제56/57권, 110쪽)는 그와 완전히 다른 태도이며, 이는 아직까지 철학의 주목을 제대로 받은 적이 없다. 당시까지도 후설이 가장 아끼는 제자였던 이 젊은 강사는 자부심에 차서 그렇게 말한다.

"체험", 그것도 "체험의 근원 태도". 이런 말은 숨겨진 비밀을 감춰 둔 검은 주머니, 결국 형이상학의 보화를 언제라도 다시금 꺼내들 수 있을 그런 주머니를 연상시키지 않는가? 당시 학생들은 그런 것을 기대했으며, 우리는 이 점을 카를 뢰비트나 한스-게오르크 가다머의 진술에서 확인할 수 있다. 하지만 그런 것을 기대했던 사람들은 실망을 피하기 어려웠다. 세계관에 굶주리고 형이상학에 목말라하면서 "체험"으로부터—낡은 것이건 새로운 것이건—어떤 의미가 제공되기를 기대한 사람들은 실망할 수밖에 없었던 것이다. 하이데거의 강의는 냉정하면서도 열정적이고, 간결하면서도 장황스러웠다. 또 다른 강단예언자로 나서는 대신 그는 자신이 강의하는 강단 교탁의 "체험"을 정확히 의식해 보라고 학생들에게 요구한다. 이 강의 전체에서 중심에 놓이는 것은 이런 교탁의 체험이다. 따라서 이 체험 상황에 대한 하이데거의 인상 깊은 현상학적 서술에서 다소 많은 부분을 인용해 보겠다.

"평소처럼 여러분은 평소의 시간에 이 강의실로 들어와 평소 앉던 자리로 갑니다. '여러분의 자리를 바라봄'이라는 이 체험을 붙잡으십시오. 또는 여러분이 나의 입장이 되어 볼 수도 있습니다. 강의실로 들어온 나는 교탁을 바라봅니다…… 내가 보는 것은 무엇입니까? 사각으로 절단된 갈색 표면인가요? 아닙니다. 나는 뭔가 다른 것을 봅니다. 상자인가요? 좀 커다란 상자 위에 작은 상자를 올려붙인 모습인가요? 결코 아닙니다. 내가 보는 것은 그 뒤로 가서 말해야 할 교탁입니다. 여러분이 보는 것은 거기서 누군가 말을 하는 교탁. 내가 이미 어떤 말을 하고 있는 교탁입니다. 흔히 얘기되는 대로, 순수한 체험에는 근거를 이루는 연결 맥락 같은 것은 없습니다. 마치 내 눈에 처음에는 재단된 갈색 평면이 보이고, 다음에는 그 평면이 상자로, 다음에는 높은 탁자로, 다음에는 대학 강의실의 교탁으로 보이는 것은 아닙니다. 내가 상자에다가 무슨 꼬리표마냥 연단의 요소를 갖다 붙이는 것은 아니라는 뜻입니다. 그 모든 것은 잘못되고 오인된 해석이며, 체험을 순수하게 응시하는 데서 일탈하는 것입니다. 나는 말하자면 단번에 교탁을 봅니다. 나는 그것을 고립시켜서만 보지 않습니다. 나는 내 키에 비해 너무 높은 교탁을 봅니다. 그래서 그 위에 놓인 책을 보려는 순간 성가심을 느낍니다…… 나는 어떤 방향과 조명과 배경 속에서 교탁을 봅니다…… 교탁 보기의 이 체험에서 내게는 직접적 주변 세계에서 비롯된 무엇인가가 주어져 있습니다. 이런 주변 세계적인 것은…… 특정한 의미 성격Bedeutungscharakter을 지니고 있는 사태, 즉 대상이 아닙니다. 이런저런 한정된 의미를 지시하는 무엇으로 파악되지 않는다는 것입니다. 그보다는 어떤 의미적인 것das Bedeutsame이 본원적입니다. 그런 것이 직접적으로, 즉 사태 파악이라는 사유상의 우회로를 거치지 않고서 내게 주어집니다. 어떤 주변 세계에 둘러싸인 내게는 그런 의미적인 것이 어디서나 그리고 언제나 의미를 지닙니다. 그것은 모두가 이 세계의 것입니다. 그것은 세계화합니다."(GA 제56/57권, 71, 72쪽)

"그것이 세계화하다Es weltet." 이는 하이데거가 창조한 자신만의 독특한 언어 중 최초의 것이다. 이에 관해서는 나중에 더 많은 얘기를 하게 될 것이다. 위의 인용에서 관찰할 수 있듯, 처음에는 자명하게 여겨졌지만 좀 더 자세히 들여다보자 어떤 복잡성, 아직 이름 없는 어떤 복잡성이 드러나는 과정이 있고, 그런 과정을 가리키기 위해 위와 같은 표현이 고안된다. 우리와 너무 가까이 있어 평소 우리가 인식하지 못하는 무엇을 지칭하기 위해 하이데거는 그런 표현을 고안하는 것이다. 사실 교탁 보기에 관해 숙고하다 보면, 어느덧 우리는 또 다른 질서, 더 이상 지각의 질서가 아닌 질서로 넘어가게 된다. 즉 우리는 다음과 같은 패턴으로 사유하게 된다. 지각하는 내가 있고, 이 내가 어떤 무엇, 즉 대상과 만나며, 이 대상에서 나는 절로 몇 가지 속성들을 알아차린다. 이제 하이데거는 우리가 현실에서는 그런 식으로 사물을 만나지 않는다는 점을 주목시키려 한다. 앞서의 사유 패턴과 달리 현실에서 사물이 우리와 마주치는 방식은, 예를 들어 1919년 2월의 흐린 어느 날 프라이부르크 대학 제2강의실에서의 교탁 체험이라고 하는 구체적 예를 검증해 볼 때만 드러난다. 우리는 지각 행위에 '관해' 말하려 해서는 안 된다. 우리는 통상적 이론으로 돌아가는 대신, 지각 행위를 수행하고 동시에 그 행위에 주목해야 한다. 주목하는 행위에 주목해야 하는 것이다. 그렇게 하면 이 맥락에서 하이데거에게 중요한 것이 무엇인지, 그리고 그가 제자리에 머물고 있다는 인상을 남길 만큼 늘 새로이 맴돌고 있는 문제가 무엇인지 헤아려 볼 수 있다. 그것은 바로 우리가 처음에 지각하는 것은 어떤 혼연하면서도 의미 있는 세계 맥락이며, '중립적' 대상을 획득하는 것은 자연적 지각 행위로부터 추상의 길로 나갈 때만 가능하다는 것이다. 통상적인 이론적 태도에서 그 과정을 고찰하면, 우리는 그 과정을 전도시키게 된다. 즉 우리는 이른바 '중립적' 사물에서 그 과정을 시작해 거기에 속성들을 부여하며 어떤 세계연관의 적당한 부분에 그것을 배치한다.

"근원 체험"이라는 모호한 개념이 좀 더 분명한 의미를 획득한다. 그것은 실제로 일어나는 대로의—즉 그에 관한 이론적 통념 너머의—지각을 지칭한다. 따라서 교탁이 "세계화한다"는 것은 다음을 뜻한다. 나는 교탁의 의미적인 것, 그것의 기능, 공간 내 위치, 그것이 받는 조명, 그것과 연관된 자잘한 에피소드(한 시간 전에는 다른 누가 여기 서 있었음, 여기 오려고 내가 지나온 길에 대한 기억, 교탁을 마주보고 앉아 알아듣기 어려운 이런 얘기를 듣고 있어야 하는 짜증스러움 등)를 체험한다. 교탁이 "세계화한다"는 것은 교탁이—시간적·공간적으로—하나의 세계 전체를 불러 모으고 있음을 뜻한다. 우리는 이 사실을 아주 쉽게 검증해 볼 수 있다. 우리가 나중에 이 교탁 체험 같은 것을 기억해 낸다면, 우리가 그와 동시에 하나의 생활 상황 전체를 기억하고 있음을 깨닫게 될 것이다. 프루스트 이래로 우리는 그 사실을 특히 잘 알고 있다. 우리가 교탁을 끌어내면 하나의 세계 전체가 딸려 나온다. 프루스트는 마들렌 과자를 차에 담갔다. 그러자 콩브레의 우주가 펼쳐진다. 마들렌 과자가 "세계화한다".

우리는 모든 어떤 것을 그처럼 강력히 "세계화하는 무엇"으로 체험하지 않는다. 하지만 모든 어떤 것이 어느 정도까지는 "세계화한다." 하이데거는 어느 "세네갈 흑인"이 어쩌다가 그 강의실로 들어와서 앞쪽의 기묘한 목재 사물을 바라보는 상황을 상상한다. 이런 경우 그 흑인은 이해할 수 없는 중립적 무엇, 이를테면 벌거벗은 무엇을 지각할 수밖에 없지 않을까? 이런 경우에도 우리가 처음에 지각하는 것은 언제나 의미적인 것이라는 말이 적합할까? 이 경우에도 적합하다. 그 흑인은 이 무엇을 어쨌든 의미 속에서 체험할 것이기 때문이다. '저걸로 뭘 해야 할지 모르겠군.'

최초에 "의미"가 있다, 최초에 "그것이 세계화한다" 등등의 말이 가능하다.

하지만 "체험"에, 그리고 "세계화"에 이토록 몰두하는 목적은 무엇인가? 우선 생각해 볼 수 있는 것은 이렇다. 우리가 세계 안에, 예컨대 교탁 앞에 있다면, 우리는 이때 실제로 어떤 일이 일어나는가를 의식하게 될 것이다. 언제나 하나의 체험이기도 한 그런 상황이 우리 자신에게 투명해져야 할 것이다. 그렇지만 하이데거는 그 정도로 만족하지 않는다. 그는 우리가 이론적 태도, 통상 '학문적'이라 불리는 태도에 있을 때면 어떤 일이 일어나는가를 분명하게 조명하고자 한다. 이른바 '객관

화하는 학문적 태도'에서 우리는 본원적으로 의미적인 것, 즉 "주변 세계
적인 것", 체험적인 것이 사라지게 만든다. 우리는 그 무엇을 '벌거벗은'
대상성에 이르기까지 벗겨 버린다. 이런 일은 우리가 체험하는 자아를
퇴장시키고 인위적이고 새로운 이차적 자아를 내세울 때만 성공하는
바, 이 새로운 자아는 '주체'라는 이름을 갖게 된다. 그리고 이른바 중립
성을 취하는 이 주체가 마찬가지로 중립적인 대상—이는 이제 '객체'라
불린다—과 마주하게 된다. 바로 이 지점에서 하이데거가 목표하는 것
이 무엇인지 분명해진다. 근대철학과 거기서 출발한 근대 학문에 의해
근원 상황으로 정립되는 것, 전제가 필요 없는 성찰의 출발점이자 궁극
적 확실성으로 정립되는 것, 다시 말해 '주체-객체'의 대립은 결코 전제
가 없는 시원이 아니다. 거기서 시작되는 것이 아니다. 그보다는 우리가
—앞서 서술했듯 "세계화하는" 방식으로 체험을 하면서—교탁과 마들
렌 과자와 세네갈 흑인을 포함하는 세계 안에 있다는 데서 무언가 시작
된다.

　그 사이에 우리는 "근원ur"이라는 하이데거의 희미한 용어에 익숙해
졌고 (그때그때 상황적으로 시원을 이루는 것과 관련해) 그 정확한 의미를 헤
아릴 수 있게 되었다. 그렇다면 우리는 어째서 하이데거가 "살았던 삶
의 근원 지향Urintentionen des gelebten Lebens", 인위적이고 유사 시원적인 주체 –
객체 대립 저변에서 드러나야 할 그런 근원 지향을 말하는지도 이해할
수 있을 것이다. 하이데거는 (그가 후설에게서도 발견하는) "이론적인 것의
부당한 절대화"에 이의를 제기하고자 한다. "이론적인 것으로 너무 깊이 몰
두하면…… 주변 세계적 체험의 영역을…… 조망하는 데 커다란 방해가 된
다."(GA 제56/57권, 88쪽) 그는 공격적인 어조를 띠고서 "주변 세계적인 것
을 지속적으로 파괴하는 이론적인 것의 감염"(GA 제56/57권, 89쪽)을 말하
며, 이런 것에 "탈체험Entleben"이라는 새로운 이름을 붙여 주기도 한다. 이

론적인 태도는 아무리 유용하고 우리의 자연적 세계 태도의 한 종류라 할지라도 분명 "탈체험적"이다. 후일 하이데거는 이 개념 대신 게오르크 루카치^{Georg Lukács}로부터 수용한 "사물화^{Verdinglichen}"라는 개념도 사용할 것이다. 강의에서 그는 이렇게 말한다. "사물성은 주변 세계적인 것에서 형성된 본원적 영역 전체를 둘러싸 버린다. '그것이 세계화한다'는 이러한 사물성 속으로 사라지고 없다. 사물은 그 자체로서 단순히 있다. 다시 말해 그것은 현실적이다…… 의미적인 것은 그런 잔재, 즉 '현실적으로 있음'에 이를 때까지 탈―해석^{ent-deuten}된다. '주변 세계를 체험하기'는 그런 잔재, 즉 '어떤 현실적인 것을 그 자체로 인식함'에 이를 때까지 탈―체험된다. 역사적 자아는 사물성의 상관개념인 저 특수한 '자아성'의 잔재에 이를 때까지 탈―역사화^{ent-geschichtlichen}된다……."(GA 제56/57권, 91쪽)

이러한 이론적 태도에 의해 사람들은 이미 오래 전부터 삶―자신의 삶과 자연의 삶―을 유용하긴 하지만 위험성도 큰 정도로 변화시켜 왔다. 이는 생을 "탈체험"(하이데거) 혹은 '탈주술화'(막스 베버)함으로써만 가능한 일이었다.

합리성의 탈주술화된 세계의 유일한 '피안'으로 막스 베버가 남겨 놓은 것은 더 이상 합리화될 수 없는 개인적 '가치 결정'의 영역이었다. 이러한 사적 피난처로부터 이제 세계관들도 용솟아 오른 바, 이런 세계관들에는 그것이 학문적 위신을 요구하지 않는 한 어떠한 이의도 제기될 수 없었다.

"비합리적인 것"이라는 말에 대한 하이데거의 비판은 훨씬 더 비타협적이다. 하이데거에 의하면, 학문들이 사용하는 '비합리적'이란 말은 사실 이론적 태도의 맹점에 남아 있는 체험의 잔재를 가리키는 이름이다. "이론적으로 나 스스로가 체험에서 출발한다…… 이제 사람들은 이 체험을 갖고 뭘 해야 할지 모르며, 그래서 비합리적인 것이라는 편리한 명칭도 고

안되었다."(GA 제56/57권, 117권)

그 결과 이 비합리적인 것은 하나의 '대상', 더욱이 너무 '애매'하기 때문에 그것으로 뭐든 만들어 낼 수 있는 '대상'이 된다. 그것은 세계관의 가내수공업자들을 위한 지하 창고, 새로운 예언자들이 올라설 암벽, 형이상학적 욕망의 모호한 대상, 형언할 수 없는 체험에서 형언키 어려운 대단한 이론들을 만들어 내는 밤의 몽상가들을 위한 도피처 등 무엇이라도 될 수 있다. 그런 비합리적인 심적 구성물은 예컨대 심리 흐름의 역학이나 지하(이드)와 지층(자아)과 다락(초자아)을 갖춘 유복한 시민 가정 혹은 넓은 대양과 방파제와 범람과 습지와 간척지를 갖춘 바다 풍경 등 온갖 외양을 취할 수 있다. 그렇기에 그런 비합리적인 것에 몰두하는 사람은 호랑이 등에 올라타기라도 한 듯 행동할 수 있다.

물론 막스 베버가 분명히 고려했듯, 이런 비합리적인 것 또한 가치 판단의 근원으로 간주될 수 있다. 하지만 하이데거는 다른 글에서 이렇게 묻는다. 우리가 눈앞에 가진 '대상들' — 사람, 사태, 사물 — 이란 "처음에는 벌거벗은 현실들이었다가…… 나중에 경험이 진행되는 과정에서 벌거벗고 돌아다니지 않도록 가치 성격이라는 옷을 입게 되는 것인가?"(GA 제61권, 91쪽)

하이데거는 막스 베버에게도 영향을 준 리케르트의 가치철학에 대해, 그리고 가치에서 자유롭다고 주장하는 학문의 입장에 대해 비웃음과 조롱을 쏟아 낸다. 하지만 하이데거는 교화적이고 세계관적인 유형의 형이상학, 즉 나무의 열매마냥 가치들이 매달린 저 높은 하늘을 묘사하면서도 우리의 평소 인식과 평화로이 공존하는 형이상학에 대해서도 냉정한 분노의 말을 감추지 않는다. 그것은 '더 높거나 더 깊은' 체험에 근거해, 합리적 세계의 탈주술화된 철갑 속에서 받는 고통을 위로하고 보상하려는 형이상학이다. 하이데거는 (2년 후의 강의에서) 이러한 형이상학을 두고서 이렇게 말한다. "불명료함을 피난처로 끌어들이기, 불순하고 과장되며 스스로를 숨기는 이른바 '세계 감정'을 뿌옇게 발산하기."(GA 제61권, 101쪽)

하이데거는 구체적 이름을 거론하지 않지만, 당대 방대한 양의 세계관 문헌들이 형이상학의 경향을 지녔다는 것은 누구라도 알 수밖에 없다. 이는 별로 놀라운 일이 아니다. 생의 물리학^{Physik}이 주는 불편감에서 벗어나는 가장 쉬운 길은 사변적인 총체 해석의 '메타'에 의존하는 것이었기 때문이다. 마르틴 하이데거는 이 역겨운 짓거리에 고개를 절레절레 흔든다. 이 초기에 개설된 그의 강의 대부분은 문화 영역의 행태에 대한 비난에서 시작되며, 철학은 하늘을 향한 그런 곁눈질을 늦기 전에 포기해야 한다고 부단히 강조한다. 그는 "냉엄한 시선"을 요구한다. 우리는 그런 세계관의 물음 모두를 안심하고 "폐기할" 수 있다.(GA 제61권, 45쪽) "절대적인 의심스러움으로 뚫고 들어갈"(GA 제61권, 37쪽) 엄두를 내지 못하는 사람은 차라리 손에서 철학을 놓아야 할 것이다.

이런 단호한 반론은 두 가지 의미를 함축한다. 먼저 여기서는 직업철학자가 자유문필가 유형의 형이상학자와 철학하는 문예비평가에 맞서 자기 권역을 방어하고 있다. 이때 직업철학자는 상대의 속물성을 공격하지만, 그 자신에게도 그런 속물성이 없지 않다. 그러나 다른 한편으로 하이데거는 규범에 대한 도발자의 역할을 떠맡아 진선미의 비호자들을 자극한다. 그것은 공허한 숭고함과 거짓된 내면성과 허황된 이야기와 위선적인 심오함에 대한 전면 공격이다. 한마디로 말해, 그것은 철학에서의 다다이즘이다.

이미 전쟁 동안 베를린과 취리히 등지에서는 다다이스트들이 게오르게 유파의 유미주의와 표현주의자들의 '아, 인간이여' 식 파토스, 그리고 교양 속물들의 전통주의와 형이상학적 하늘 타령에 조롱을 퍼부었다. 이런 모든 관념 또한 전쟁의 현실 앞에서는 우스꽝스런 것으로 비쳤기 때문이다. 하지만 다다이스트들의 도발은 무엇보다 다음과 같은 태도에서 표현되었다. "당신들이 그 모든 것에 대립시키는 것은 대체 무엇인가?"라는 물음에 그들은 이렇게 답한다. "전혀 대립시키는 게 없다! 우리는 어차피 이미 사실이 되어 버린 것을 원할 뿐이다." 「다다이즘 선언Dadaist manifesto」에 따르면, 이 유파는 "윤리학과 문화와 내면성의 모든 표어를 짓뭉개 버린다." 다시 말해 전찻길은 전찻길이고, 전쟁은 전쟁이며, 교수는 교수이고, 공중변소는 공중변소이다. 말을 하는 사람이 입증하는 것은, 그저 존재의 간소한 동어반복에서 의식의 수다스러움으로 도피한다는 점뿐이다. "다다이즘에 의해 새로운 현실성이 그 권리를 주장한다."(「다다이즘 선언」) 이 새로운 현실성이란 모든 선량한 정신들에 의해 버림받고 그런 정신들의 문화적 안락함에 의해 파괴되었던 현실성이다. "다다라는 말은 우리를 둘러싼 현실과의 가장 원시적인 관계를 상징한다."(「다다이즘 선언」) 존재하는 것은 오로지 여기 이것과 여기 이것과 여기 이것뿐이다.

하이데거가 자신의 최초 강의에 투여한 통찰력과 철학적 아카데미즘에서 다다이즘의 자극을 찾아내고자 한다면, 다음과 같은 점을 상기할 필요가 있다. 그는 다소 허세를 부리는 어조로 "삶의 근원 학문", "근원 지향", 그리고 "원리들의 원리"에 대한 물음에서 시작해서는 기대감에 찬 학생들을 교탁 체험의 야릇한 수수께끼로 인도한다. 그것은 하나의 도발이며 진정 다다이즘 취향의 도발이다. 평범한 것에서 시작해 이례적인 것으로 나아가는 변화 과정에도 같은 말을 할 수 있다. 이러한 주목에 의해 일상적인 것이 신비하고 모험적인 무엇이 된다. 하이데거와 마찬가지로, 다다이스트들 내지 최소한 그들 중 일부는 우상파괴의 경향을 지님에도 불구하고 혹은 바로 그렇기 때문에 기적적인 것을 추구한다. 취리히의 '볼테르 클럽'에서 저녁 시간을 보낸 후고 발[13]은 자신의 형이상학적 일기 『시간으로부터의 도피』에 이렇게 쓰고 있다. "아마도 기적에 도달하는 또 다른 길, 반대에 도달하는 또 다른 길이 있을 것이다."[14] 하이데거가 그랬듯, 다다이스트들은 나름의 방식으로 은밀하고도 기이한 형이상학자로 머물렀다.

'메스키르히의 작은 마법사'—얼마 후면 그는 이렇게 불릴 것이다—는 교탁 체험에 관해서도 철학할 수 있었기에 전쟁 중 온갖 것을 경험했을 학생들마저 숨을 죽일 만큼 충격을 받았다. 균형추가 내던져졌다. 웅장한 옛말과 비대해진 체계, 공허할 뿐인 학문적 난문들이 거친 손길로 치워지고, 그 대신 아주 기본적인 물음이 다시 제기되었다. 내가 교탁을 체험한다면, 지금 그리고 여기서 일어나는 일은 무엇인가? 이러한 시점 전환은 1945년 이후 독일 문학의 '벌채 시대'[15]에 흔히 나타난 시점 전환과 흡사하다. "너희들의 노래를 때려 부숴라 / 너희들의 시를 태워 버려라 / 너희들이 말해야 할 바를 / 적나라하게 말하라"(볼프디트리히 쉬누레Wolfdietrich Schnurre[16]) 혹은 "이것은 나의 모자 / 이것은 나의 외투 / 여기 리넨 천 주머니 속에는 나의 면도기(귄터 아이히Günter Eich[17]).

하이데거의 주변적인 것으로의 귀환은 논쟁적이고 도발적인 일격이라는 형태를 띤다. 공격의 대상은 철학에도 만연해 있는 신용 사기의 행태, 불분명한 미래를 담보로 한 어음 발행의 행태이다. 하이데거의 간결한 진술에 함축된 메시지는 이런 것이다. 철학의 사령관이 우뚝 서서 지휘하는 언덕은 더 이상 없으며, 지금 여기서 일어나는 일을 적절히 파악하는 데서 우리는 충분히 어려움을 겪었다. 몇 년 후 하이데거는 좀 더 장중한 어조로 이러한 전환을 표현할 것이다. "우리가 언제나 서둘러 달려가는 가장 가까운 것, 바라볼 때마다 새로이 낯설어지는 가장 가까운 것"으로의 귀환.(『언어로의 도상에서Unterwegs zur Sprache』, GA 제12권, 94쪽)

주변 세계적 체험의 이 가까움에 사로잡히게 하는 하이데거의 수완은 놀랍기까지 하다. 당시 학생들에게도 오늘날 우리와 마찬가지의 일이 일어났다. 이 사유에 이끌려 들어간 우리는 놀라움에 두 눈을 비비며 이렇게 자문하는 순간에 직면한다. '그렇다고 쳐. 하지만 교탁 체험이 나와 무슨 상관이야?' 카를 야스퍼스Karl Jaspers도 하이데거식 철학하기와 만나는 색다른 경험을 했다. 그는 이 경험을 하이데거에 관한 자신의 비망록에 함축적으로 기록해 두었다. 야스퍼스는 이 비망록을 1920년대부터 작성했고, 그가 죽었을 때도 책상 위엔 이 비망록이 놓여 있었다. 야스퍼스는 하이데거에 관해 이렇게 말한다. "동시대인들 중에서 가장 큰 자극을 주는 사상가. 거만하고 저항하기 어려우며 신비스런, 그러나 늘 우리를 빈손으로 남게 하는 사상가."

　　사실 1919년의 이 강의에서 하이데거가 설명하는 주변 세계 체험은 어떤 공허한 비밀을 품고 있다. 하이데거는 대체로 우리가 풍요한 직접적 체험에 우리 자신을 열지 않는다는 점을 보여 준다. 하지만 이 풍요함을 규정하고 서술하는 단계에 이르면—몇 가지 사소한 사실 외에는—남는 게 전혀 없다.

　　그런데 하이데거는 교탁의 본질을 규명하려 드는 것이 아니다. 그는 교탁의 예를 통해 특정한 유형의 주목을 이해할 수 있게 만들려 한다. 그의 주장에 의하면, 이러한 주목은 첫째로 철학하기의 근본이 되어야 하는데, 둘째로 우리에 의해 (그리고 또 전체 철학 전통에 의해서) 통상 "너무 경솔하게" 처리된다. 진정한 철학하기는—'대상'이나 상황과 무관하게—그런 태도, 그런 주목을 취할 수 있기를 요구한다. 이것은 분명 하나의 방법이다. 비록 역설적인 방법이지만 말이다. 이론적으로 접근하는 일체의 방법을 배제하고, 어떤 상황을 탐구나 성찰의 주제로 삼기에 앞서 '주어져' 있는 대로 파악하는 것이 그 방법이다. '주어진'이라는 표현 또한 이미 너무 많은 이론적 요소를 포함하고 있다. 왜냐하면 그런 상황에서 나는 '이 상황이 내게 주어져 있다'고 말하는 대신, '내가 그 상황에 있다'고 말하며, 또 내가 그 상황에 있으면, 더 이상 그 상황과 대면하는 '나'도 없기 때문이다. 자아–의식 자체가 이미 어떤 굴절의 소산이다. 지각과 체험은 '자아'에서 시작되지 않는다. 체험이 어떤 도약을 한 후에야 비로소 '자아'가 개입된다. 나는 상황과의 직접적 접촉을 상실한다. 어떤 균열이 생긴다. 비유를 달리해서 표현하자면, 나는 어떤 유리창을 통해 그 대상들을 본다. 이 유리창이 더 이상 완전히 투명하지 않고 무언가를 반사할 때에야 나는 자신을 보게 된다. 하이데거가 원하는 것은 어떤 상황으로의 몰두를 직접 포착하는 주목이다. 그것은 한편으로 어떤 살고 있는 상황의 명료한 표현, 다른 한편으로 거리를 취하고 대상화하고 추상화하는 말하기 사이에 있는 중간적인 무엇이다. 그것은 '순간순간에서 생의 자기투명성'이다.

그렇다면 이런 자기투명성이 왜 중요한가?

우선은 우리가 이론적 태도에서 상실하는 것이 무엇인지 의식하기 위해서이다. 이 지점까지는 하이데거의 의도가 분명하다. 하지만 주도면밀한 집중성을 지닌 그의 철학하기는 독특한 과장을 포함하고 있다. 그리고 그런 과장이 이미 이 초기부터 그의 사상을 매혹적으로 만든다. 이 과장은 그의 물음, 아직은 명료히 제시되지 않지만 후에는 의례적으로 되풀이될 그 물음 속에 숨어 있다. 그것은 바로 존재에 대한 물음이다. 하이데거는 우리의 '상황 속 존재'를 탐색하기 위해서 체험으로 파고든다. 그는 이제야 이 존재를 위한 언어 발견의 단계에 있을 뿐이다. 하지만 과학적 이론화와 세계관의 거대하고 웅장한 그림들에서는 끝내 이 존재를 놓치게 된다는 것을 분명히 알고 있다.

어떤 과잉된 의도가 '존재'를 향하고 있다. 하지만 거기서 과잉된 것은 무엇인가?

그의 의도가 과잉된 것은 그것이 어떠한 체험 상황에 대한 적절한 인식만을 목표할 뿐 아니라 성공적 삶과 관련된 존재 적합성 또한 목표하기 때문이다. 하이데거는 마치 체험된 순간의 자기투명성이란 것에 어떤 약속, 어떤 희망이라도 있는 양 그것을 획득하려 애쓴다. 그에게서 이런 생각은 간접적이고 식어 버린 것, 심지어 아카데믹한 것으로 치부되긴 하지만, 그럼에도 충분히 빈번하게 빛을 발한다. 그는 생활 상황의 재생된 자기투명성을 간단히 "생의 공감"(GA 제56/57권, 110쪽)이라 부르기도 하며, 어떤 결정의 지점, 즉 이론을 택할지 투명성을 택할지 결정해야 하는 지점이라고도 표현한다. "우리는 철학의 삶과 그 죽음을 택일해야 하는 방법적 기로에 서 있다. 무로 향하느냐, 다시 말해 절대적 사태성으로 향하느냐, 아니면 다른 세계로 도약하느냐, 좀 더 정확히 말해 비로소 세계로 도약하느냐를 택일해야 하는 심연 앞에 있는 것이다."(GA 제56/57권, 63쪽)

야스퍼스는 하이데거를 가리켜 "우리를 빈손으로 남게 하는 사상가"라고 말한다. 사실 하이데거의 의도에는 해소되지 않는 과잉이 남아 있다. 아마도 비상한 집중성의 훈련, 정신의 명료한 현전은 성공할 것이다. 하지만 우리는 그 이상을 기대하지 않았나? 그리고 하이데거로부터 은연중에 더 많은 것을 약속받지 않았나? 그리고 하이데거 또한 자신에게 더 많은 것을 약속하지 않았나?

이 강의를 시작할 무렵 하이데거가 엘리자베트 블로흐만에게 쓴 글을 기억에 되살려 보자.

"우리가 원하는, 혹은 우리가 거기서 살고자 하는 새로운 삶은 보편적이기를 단념했습니다. 다시 말해 참되지 못하고 표면적(피상적)이기를 그만둔 것이죠. 그런 삶의 자산이 되는 것은 근원성입니다. 그건 인위적으로 구성되는 것이 아니라 총체적 직관에 의해 획득되는 명백한 무엇이란 얘기입니다."
(1919년 5월 1일 자 편지) 이 편지에는 "모든 생명의 신비함과 은총 받음"이
라는 말과 더불어, 우리가 "의미로 충만한 삶의 지극히 팽팽한 집중성을 기
다릴 수 있어야" 한다는 말도 나온다.

　　같은 해 하이데거의 의도와 놀랄 만큼 유사한 저작이 출간된다. 존
재란 것은 우리에게 많은 것을 알려줄 듯한 기대감을 품게 하는 것인
데, 하이데거와 마찬가지로 이를 "살고 있는 순간의 어두움" 속에서 탐
색하는 저작 한 편이 출간되는 것이다. 그것은 20세기 철학이 낳은 위
대한 저작 중 하나인 에른스트 블로흐^{Ernst Bloch}의 『유토피아의 정신^{Geist der}
^{Utopie}』이다. 이 저작은 표현주의적 양식에, 그노시스^{Gnosis}[18]적인 분위기도
물씬 풍기며, 이미지를 추구하고 이미지에 탐닉하는 특징도 지니고 있
다. 이 저작은 이런 문장으로 시작된다. "너무나 가깝기에…… 사는 동
안 우리는 보지 않고 흘러가 버린다. 그렇기에 거기서 일어난 일, 거기
서 원래 존재한 우리 모습이, 우리가 체험할 수 있는 것과 일치하려 들
지 않는다. 그것은 사람들의 원래 존재가 아니고, 사람들이 생각한 바
는 더더욱 아니다." 블로흐의 풍요함에는 하이데거에게 결여된 것이 있
다. 그것은 "살고 있는 순간의 어두움"에 관한 영적 상상력이다. 더 나
아가, 하이데거는 인습에 얽매이지 않는 태도를 보임에도 불구하고 여
전히 특정 학파, 즉 현상학파의 영역에 속해 있는 반면, 철학적 아웃사
이더 블로흐는 어디에도 속박되어 있지 않다. 블로흐는 단도직입적으
로 말한다. 살고 있는 순간의 어두움을 밝히는 데는 "철학의 마지막 한
계까지 다다른 서정주의"[19]가 필요하다.

　　하나의 예를 들어 보자. 블로흐는 항아리의 체험을 묘사한다. 그의
눈앞에 항아리가 하나 있다. 혹은 그가 우리 눈앞에 항아리 하나를 놓
는다.

"이 항아리의 어둡고 불룩한 뱃속이 어떤 모습일지 가늠하기는 어렵다. 누군가 그것을 알고 싶어 한다. 호기심 품은 어린아이의 끈덕진 물음이 다시 시작된다. 항아리는 어린이다움과 무척 유사하기 때문이다…… 낡은 항아리를 오래 응시하다 보면 그 색깔과 모양이 온통 주변에서 맴돈다. 나는 잿빛 물웅덩이를 만날 때마다 그 색깔로 변하지는 않으며, 레일이 모퉁이에서 휠 때마다 함께 휘어지지도 않는다. 하지만 항아리 모양은 될 수 있으며, 갈색으로 이상하게 자라나 북구의 암포라[20]처럼 된 나 자신의 모습을 본다. 더욱이 그저 모방이나 공감에 의해서가 아니라, 나 자신이 내 부분보다 더 풍요해지고 현재적이 되며 내가 관여하는 이 형상으로 인해 나 자신으로 더욱 성장하는 방식으로 그렇다…… 일찍이 그처럼 사랑스럽고 긴요하게 만들어진 것은 무엇이든 자신의 삶을 영위한다. 그러고는 낯설고 새로운 영역으로 들어와 우리와 함께 간다. 우리로서는 살면서 될 수 없었던 방식으로, 원래의 형상을 취하면서, 그 어떤—비록 아직은 희미할지라도—우리 자신의 기호, 우리 자신의 인장으로 장식한 채로 말이다. 여기서도 우리는 햇빛이 잘 드는 기다란 복도 저 끝의 문을 마주보고 있는 듯한 느낌이 든다. 마치 예술 작품을 바라볼 때처럼."[21]

어떤 항아리의 체험에서 그것이 우리 존재와 어떤 관련을 맺는지를 우리가 보여줄 수 없는 이유는 무엇인가? 후일의 저작에서 하이데거 또한 항아리를 다뤄 보려 할 것이다. 하지만 초기 강연의 교탁 체험에는 그가—젊은 블로흐와 마찬가지로—추구하는 존재의 저 충만함이 아직 결여되어 있다.

그렇지만 하이데거는 이런 충만함에만 관심을 두는 것이 아니라 또 다른 신비에 더욱 관심을 기울인다. 그 신비란 '벌거벗은 사실(현사실)das nackte Daß', 즉 어떤 것이 주어져 있다는 그 단순한 사실을 말한다.

직접적 체험과 그것의 대상화 사이의 관계를 하이데거는 "탈―체험"의 과정이라 특징지었다. 상황의 통일성은 해체되고, 체험은 객체들과 마주한 주체의 자기 지각이 된다. 우리는 직접적 존재로부터 떨어져 나온다. 그리고 이제 '대상들'을 가진 누군가, 특히 주체라 불리는 대상으로서 자기 자신을 갖는 누군가가 된다. 이 객체들과 주체는 또 다른 징표들과 연관들과 인과관계들에 근거해 검토될 수 있다. 그것들은 분석에 의해 규정되며, 경우에 따라서는 가치 평가도 받는다. 이런 2차적 과정에서는 중성화된 '객체들'이 다시금 세계연관에 편입되거나 ―하이데거가 말하듯―벌거벗고 돌아다니지 않도록 옷을 걸치게 된다.

이러한 이론적 세계 구성은 추상적 소진점을 가진다. 이것이 무슨 뜻인지는 다시금 교탁의 주변 세계적 체험에서 설명된다. 그의 설명에 의하면, 우리는 이 교탁을 다음과 같이 분석할 수 있다. "그것은 갈색이다. 갈색은 하나의 색이다. 색은 순수한 감각적 자료이다. 감각적 자료는 물리적 혹은 생리적 과정의 산물이다. 물리적 과정은 근원적 원인이다. 이 원인, 즉 이 객관적인 것은 특정한 수의 에테르 진동이다. 에테르의 핵은 단순한 요소들로 분해되며, 이 단순한 요소들 사이에는 단순한 법칙성이 존재한다. 이 요소들은 궁극적인 것이다. 이 요소들이 바로 어떤 것이다."(GA 제56/57권, 113쪽)

이러한 방식으로 우리는 사물들의 핵심이나 본질 같은 "무엇인가etwas überhaupt"에 도달한다. 이처럼 어떤 것의 핵심이라 추정되는 것은 단계적 순위 전반을 한갓 현상들의 등급인 것처럼 나타나게 한다. 갈색 교탁은 현출하는 모습 그대로의 것이 아니다. 그것은 분명 무는 아니지만, 그 자체로 현출하는 어떤 것도 아니다. 이러한 이해 방식에 근거해서 하이젠베르크Heisenberg는 이렇게 말한다. 모던의 자연과학적 세계상에서는 원자들을 (심지어 원자 아래의 아원자 입자들을) "본래적 존재자"로 여기는 고

대의 자연철학이 부활되고 있다.[22]

하이데거에 따르면, 이러한 분석적 환원에서는 '어떤 것이 있다'는 수수께끼가 소우주적 관점에서 아원자적 관계들로 대체된다(마찬가지로 우리는 이 수수께끼를 대우주적 관점에서 우주 전체로 대체할 수 있을 것이다). 하지만 이러한 환원 과정에서는 간과된 것이 하나 있다. 어떤 것의 수수께끼가 환원의 모든 수준에서 보존되고 있다는 점이다. 그도 그럴 것이 감각적 자료나 에테르의 진동, 그리고 핵 등과 마찬가지로, 색은 이미 하나의 '어떤 것'이기 때문이다. 하이데거는 이 '어떤 것'을 학문이 환원의 결말 단계에서 남기는 어떤 것과 구별한다. 후자와 달리, 체험의 매 지점에서 놀랄 만한 현전을 드러내는 이 '어떤 것'을 하이데거는 "세계에 선행하는vorweltlich" 무엇이라고 부른다.(GA 제56/57권, 102쪽) 보아 하니 하이데거는 이 표현을 니체의 "배후 세계Hinterwelt"를 보완하려는 의도로 선택한 듯하다. 니체의 '배후 세계'는 저 뒤나 저 아래나 저 너머의 '본질'에 다다르기 위해 '현상들'을 실체 없는 것으로 치부해 버리는 호기심과 관련된 용어였다. 하이데거가 생각한 이 놀라운 무엇, 그가 "세계에 선행하는" 것이라 부른 이 무엇은 바로 '어떤 것이 있다'라는 기적의 깨달음을 가리킨다. '어떤 것이 있음'에서 느끼는 이 경이감은 임의의 모든 체험과 결부될 수 있다. 이런 경이감을 가리키는 표현으로 "세계에 선행하는"이라는 말을 선택한 것은 적절한 처사였다. 왜냐하면 이 표현에서는 마치 우리가 이제 막 세상에 태어난 것과도 같은 경이감이 암시되기 때문이다. 실제로 강의 끝에서 하이데거는 강의 첫 부분을 다시 상기시킨다. 강의 시작부에서 그는 체험을 현상학적 자기투명성으로 이끌려는 자신의 시도를 가리켜 "또 다른 세계로의 도약", 좀 더 정확히는 "비로소 세계로의 도약"(GA 제56/57권, 63쪽)이라고 칭한 바 있다.

하이데거에 따르면, 경이감의 이러한 근원적 경험은 이론적 "탈체험"에 정확히 대립된다. 이 근원적 경험이 뜻하는 것은 "생의 연관과의 절대적 단절이나 탈체험된 상태의 완화 혹은 체험 가능한 것의 이론적 확정 상태나 냉각 상태"가 "아니다". 이 근원적 경험은 "생의 지고한 잠재적 가능 성을 표시하는 지수^{Index}"(GA 제56/57권, 115쪽)이며 "특별히 집중적인 체험 의 순간"(GA 제56/57권, 115쪽)에 일어나는 "근본 현상"이다. 비록 드물 긴 하지만 그런 근본 현상이 일어난다면, 이는 그 어떤 깨달음과 결부 되어 있다. 그 깨달음이란 이런 것이다. 그러한 근본 현상은 잠재적으로 이미 언제나 공진하고 있지만 은폐된 채로 머무는 바, 왜냐하면 우리는 대개―아무런 거리를 취하지 않거나 이론적 태도의 "탈체험적" 거리를 취하면서―우리 생활연관 속에 스스로를 "고정시켜 살아가기^{festleben}" 때 문이다. 의심할 수 없는 사실은 여기서 단순하면서도 신비한 어떤 경험 의 현상학적 해명이 이뤄지고 있다는 점이다. 이는 신비의 성격에 관한 빌헬름 분트의 의미심장한 명제를 생각해 보면 분명해진다. "개념을 직 관으로 역전시키는 것이 언제나 신비의 고유한 특징이다."[23] 나는 교탁 을 바라보면서 하나의 기적, 즉 내가 존재하며 내게 주어진 세계 전체 가 존재한다는 기적을 깨달을 수 있다.

수수께끼와도 같은 '어떤 것이 있다'에 대한 경이감은 그 어떤 가능 한 답변에 의해서도 충족될 수 없는 의문을 포함한다. '있음'이라는 사 실^{Daß}'을 '왜^{Warum}'에 의해 해명하는 답변은 모두를 무한 역진에 빠지게 하기 때문이다. 개개의 모든 '왜'는 또 다른 '왜'로 이어지기 마련이다. 그리고 어떠한 답변도 가능하지 않기 때문에 '있음이라는 사실'에 관해 정확히 무엇이 물어지는 것인지도 표현할 수가 없다. 그렇기에―이런 맥락에서도 유사한 문제를 다루었던―에른스트 블로흐는 이런 경이감 을 "구성 불가능한 문제의 형상"이라 불렀다. 그리고 이러한 경이감을 실감 나게 이해하고 체험할 수 있게 해야 하는 결정적 순간에 직면하자 그는 영리하게도 시인에게 발언권을 넘겨 버렸다. 『흔적^{Spuren}』에서 블로흐는 크누트 함순^{Knut Hamsun}[24]의 작품 『목신^{Pan}』의 탁월한 구절을 인용한다.

"'생각해 봐요! 나는 금파리를 볼 때도 있어요. 물론 이런 이야기가 중요하게 들릴 리 없겠죠. 당신이 이해할지 모르겠어요.' '네, 네, 저도 이해해요.' '그래요. 나는 종종 풀을 바라보기도 해요. 어쩌면 풀도 나를 바라볼지 모르죠. 우리가 어찌 알겠어요? 나는 풀잎 하나를 들여다 봐요. 아마 풀잎은 가늘게 떨고 있을 거예요. 그리고 그것이 내게 실재하는 무엇으로 보이는 거예요. 나는 속으로 생각하죠. 여기 이 풀잎이 떨고 있네! 만약 내가 보고 있는 게 소나무라면, 그 가지 하나에서도 나는 생각할거리를 얻을 거예요. 하지만 언덕에서 사람들과 만날 때도 있어요. 우연히 마주치는 거죠.'…… '그래요!' 그녀가 몸을 똑바로 세우며 말했다. 빗방울이 떨어지기 시작했다. '비가 오는군요.' 내가 말했다. '네, 생각해 보세요. 비가 와요.' 그녀도 말하고선 먼저 발걸음을 옮겼다."[25]

제 7 장

—

가톨릭과의 결별. '현사실적 삶'과 '신에의 반항'. 파괴 작업. 카를 바르트의 신. 낙하하면서 낙하법칙을 연구하기. 카를 야스퍼스와 우정의 시작. 1923년의 존재론 강의. 『존재와 시간』의 전주곡.

—

1924년 무렵의 하이데거와 엘프리데, 그리고 두 아들

가톨릭과의 결별. '현사실적 삶'과 '신에의 반항'. 파괴 작업. 카를 바르트의 신. 낙하하면서 낙하법칙을 연구하기. 카를 야스퍼스와 우정의 시작. 1923년의 존재론 강의. 『존재와 시간』의 전주곡.

HEIDEGGER

'교탁 체험'에 관한 강의를 하던 시기에 하이데거는 가톨릭과도 결별한다. 1919년 1월 9일, 그는 엥엘베르트 크렙스에게 편지를 쓴다. 크렙스는 가톨릭 시기를 함께 보낸 친구로 그사이 프라이부르크대학의 가톨릭 교의학 교수가 되었다.

"나는 지난 2년 동안 내 철학적 입장을 원칙적으로 해명하려 애썼고…… 여기서 어떤 결론에 이르렀네. 그런데 만약 내가 철학 외적 구속에 묶여 있었다면 그 결론은 신조와 교의의 자유에 근거해 획득한 것일 리 없네. 역사적 인식의 이론도 포괄하는 인식론적 통찰에 근거할 때, 나는 가톨릭의 '체계'가 문제적이며 받아들일 수 없는 것이라 생각하게 되었어. 하지만 기독교와 형이상학 자체를 그렇게 생각한다는 것은 아니야. 물론 이제는 새로운 의미의 기독교와 형이상학이긴 하지만 말이네. 나는 일찍이 내가 중세 가톨릭에 어떤 가치들이 간직되어 있는지를 강하게 느꼈다고…… 믿네…… 내 종교현상학적 연구는 중세에 강하게 끌리고 있는데…… 이 연구가 증명해 주겠지만 나는 원칙적 입장을 바꿔 객관적으로 고결한 판단과 가톨릭 생활세계의 존중을 소홀히 하고, 분노 어린 배교자의 조야한 논법 따위에 빠져 버린 일은 없네. 철학자로 살기는 쉽지가 않아. 자기 자신과 가르침을 받는 사람 모두에게 내적 성실성을 유지하려면 희생과 단념과 투쟁이 요구되지. 학문의 수공업자들이야 끝내 그런 건 모르겠지만 말일세. 나는 내게 철학에의 내적 소명이 있다고 믿네. 그리고 연구와 가르침을 통해 이 소명에 응하는 중이며, 내적 인간의 영원한 사명을 위해서, 오직 그것을 위해서만 최선을 다하는 중이라고 믿네. 또 나는 그런 식으로 내 존재와 활동을 신 앞에서 정당화하는 중이라고 믿는다네."[1]

엥엘베르트 크렙스는 2년 전 마르틴과 엘프리데의 교회 결혼식에서 사회를 보았고, 두 사람으로부터 자식들은 가톨릭 세례를 받게 하겠다는 약속을 받았다. 그런데 하이데거가 위의 편지를 쓰게 된 것은 엘프리데가 아이를 가졌고, 그사이 두 사람은 아이에게 가톨릭 세례를 받게 하지 않기로 합의했다는 소식을 알리기 위해서였다. 하이데거에게 "가톨릭 체계"와의 결별은 그 제도와의 결별이기도 했다. 형식적으로는 교회를 탈퇴하지 않았지만(가톨릭 교회법상 이는 불가능한 것이기도 하다), 후설 서클에서 이제 그는 '종파에서 자유로운 개신교도'로 간주된다. 앞서 인용된 대로, 1919년 3월 5일 루돌프 오토에게 보낸 편지에서 후설은 그렇게 말했다.

그가 내적으로 이미 가톨릭 세계에서 너무 멀어졌다는 사실은 마치 실제로 닥친 일이기라도 한 양 "배교자의 조야한 논법"의 유혹을 단호히 거부한다는 점에서도 드러난다. 중세 가톨릭이 지닌 가치를 높이 평가하기에 그로부터 멀어질 수밖에 없다고 하이데거는 쓴다. 크렙스에게는 얼마간 안도를 느끼게 하는 말이다. 오늘날의 가톨릭은 분명 그런 존경을 요구하지 않기 때문이다. 하이데거는 자신이 정신적으로 발전한 것이 "철학 외적 구속"에서 자유로웠기 때문이라고 말한다. 이제 뒤돌아보니 사제의 길을 포기하게 된 것이 그로서는 잘된 일인 듯하다. 그에게 아직도 어떤 종교적 신념이 남았는가? 그는 "기독교"와 "형이상학"을 여전히 고수한다. 물론 그가 밝히듯 이제는 "새로운 의미"에서이지만.

그가 고수하는 것은 더 이상 중세 가톨릭 사유에서 신과 세계의 통일이 이뤄졌다는 식의 형이상학이 아니다. 하이데거도 처음에는 그러한 사유에서 정신적 고향을 발견했지만, 그의 섬세한 감각은 거기서 미세한 균열을 발견했다. 이 균열은 후일의 전체적 단절을 예고하는 것이었다.

그가 고수하는 형이상학은 낡은 통일이 붕괴된 '이후의' 형이상학이다. 옛 하늘은 무너져 내렸고, 세계는 세계성(현세성)Weltlichkeit으로 분리되었으며, 우리는 이러한 기정사실에서 출발할 수밖에 없다. 지금까지 철학은 세계성으로 충분히 뛰어들어 본 적이 없다. 1919년 임시학기 강의에서 그는 그렇게 주장한다.

언뜻 보면, 이제 세계의 "세계화"를 진지하게 사유하라는 하이데거의 강한 요구는 19세기 말에서 기원하는 운동, 즉 실제적 현실의 발견을 주장하는 운동을 되풀이하는 것만 같다. 당시에는 정신의 배후에서 경제가 발견되었고(마르크스), 사변 배후에서 죽음을 향한 실존이 발견되었다(키르케고르). 또한 이성 배후에서는 의지(쇼펜하우어), 문화 배후에서는 충동(니체, 프로이트) 그리고 역사 배후에서는 생물학(다윈)이 발견되었다.

하이데거는 이러한 실제적 현실의 '발견' 운동에서 스스로 인정하는 것보다 더 많은 영향을 받았다. 그는 얼마 전까지만 해도 가톨릭의 하늘 아래서 사유했다. 하지만 이제는 이러한 '발견'마저 가능한 한 철저하게 능가해 보려 한다. 그의 눈에 이러한 비판적 공격은 여전히 안전감을 보장하는 세계관을 개진하려는 시도에 불과하다. 그런 시도들은 여전히 "생의 잠재성"—학문적 성질의 것이건 덜 학문적인 성질의 것이건 모든 자기 해석과 세계상의 참된 생산 장소—으로 뚫고 들어가지 못한다. 1921/22년 겨울학기 강의에서 그는 이러한 실제적 현실을 가리키는 하나의 이름을 발견한다. 그것은 바로 "현사실적 삶das faktische Leben"이다.

"현사실적 삶"은 그 어떤 형이상학적 심급에 의해 지탱되는 것이 아니며, 그것은 공허로 곤두박질해 현존재 안에 불시착한다. 세계뿐 아니라 개별적인 "현사실적 삶" 또한 문자 그대로의 의미에서 전락Fall이다.

나중에 자세히 이야기될 것 중 한 가지만 미리 말해 두면 이렇다. 어떤 종교적 믿음이나 형이상학적 구성에 진리가眞를 부여하고, 이러한 행위에 정당성을 마련해 주는 무엇, 우리는 그런 무엇을 하이데거의 이른바 "현사실적 삶"에서는 찾지 못할 것이다. 유한한 인간과 무한자의 진리 사이의 매끈한 이행이라는 중세적 원리, 경계를 이탈하는 왕래에 관한 이 원리는 "현사실적 삶"과 관련해서 환상에 불과한 것이 되었다. 따라서 풍요한 전통을 누리며 제도로 확립된 교회에 의해 언제든지 써먹을 수 있는 "진리 보화"로 관리되어 온 존재, 요컨대 신 또한 환상에 불과한 것이 된다.

1920년대 초에 하이데거는 여러 차례 종교현상학을 강의한다. 거기서 다뤄진 것은 바울과 아우구스티누스, 루터, 그리고 키르케고르의 사상이다. 이 강의들 중 일부는 아직 출간되지 않았다. 그러나 오토 푀겔러Otto Pöggeler는 하이데거의 원고를 읽을 수 있었고, 거기서 '반항자' 하이데거를 발견했다.

하이데거는 바울의 데살로니가 전서 중에서 다음과 같은 대목을 해석한다. "교우 여러분! 그 시기와 때에 대해서는 여러분에게 더 쓸 필요가 없습니다. 주님의 날이 마치 밤중의 도둑같이 온다는 것을 여러분이 잘 알고 있기 때문입니다."[2] 신은 시간과 마찬가지로 우리 뜻대로 할 수 있는 무엇이 아니다. 하이데거에 따르면, 심오한 종교사상가들에게서

신은 시간의 신비를 가리키는 이름이 된다. 하이데거는 고린도 후서의 한 부분도 상세히 논하는데, 거기서 바울은 신과의 특별한 신비적 결속을 뽐내는 사람들에게 그리스도의 말을 상기시킨다. "너는 이미 내 은총을 충분히 받았다. 내 권능은 약한 자 안에서 완전히 드러난다."[3] 청년 루터와 후일의 키르케고르가 그랬듯, 우리는 우리 손을 벗어난 은총의 순간에 관한 이러한 원시기독교의 종교성으로 다시 한번 들어서기만 하면 된다. 그리고 신앙이 시간에 대해 내성을 지니기를 원했던 형이상학과 신학의 대성당은 안으로부터 붕괴할 것이다.[4]

우리 뜻대로 할 수 없는 '시간적' 신을 하나의 자산으로 변화시키려는 이런 시도는—하이데거가 아우구스티누스에 근거해 말하듯—안정을 추구하는 인간 마음의 '불안정'에 의해 야기된다. 아우구스티누스는 우리가 스스로 얻는 안정과 신으로부터 받는 안정을 엄격히 구분했다. 신으로부터의 안정은 우리를 엄습한다. 바울이 주님에 관해 말하는 것이 그 안정에도 적용된다. 그것은 "밤중의 도둑 같이" 다가와 모든 불안정을 없애 준다. 평온이 선사되지 않는다면, 우리는 평온에 이를 수 없을 것이다.

서양 기독교적 전통에서 신과 인간 사이의 심연, 즉 우리 재량을 벗어난 은총의 순간과 인간 사이의 심연에 주목하는 사람, 요컨대 시간의 신비에 주목하는 사람은 이제 하이데거에 의해 호출을 받는다. "현사실적 삶"은 신으로부터 분리되었고, 형이상학적 은신처는 환영에 지나지 않는 것임을 입증하려는 하이데거의 시도에서 보조 선서인으로 호출당하는 것이다.

1922년 집필된 『아리스토텔레스의 현상학적 해석Phänomenologische Interpretationen zu Aristoteles』—이 텍스트는 나중에 다시 다뤄질 것이다—의 머리말에서 하이데거는 이렇게 쓰고 있다. "자신인 바 안에서 스스로를 이해하는 철학이란 모두가 생을 해석하는 현사실적 방법인 바, 이러한 철학에서 —특히 그 철학이 신의 '예감'을 지니고 있을 때는—생을 스스로에게 다시 끌어당기는 그 자신의 행위란 종교적으로 말하면 신에 대한 반항임을 알 수밖에 없다. 하지만 그렇게 해서만 철학은 정직하게, 다시 말해 그것에 가용한 가능성에 부합해서 신 앞에 서 있게 된다. 무신론적으로 말하면, 종교성에 대한 말뿐인 우려, 솔깃해지는 우려에서 자신을 떼어 놓는 것이다."(DJ, 246쪽)

하이데거가 신에 관해 말하는 방식은 후설이 의식 바깥의 현실에 관해 말하는 방식과 유사하다. 후설은 현실을 괄호로 묶고, 하이데거는 신을 괄호로 묶는다. 후설은 괄호 묶기에 의해 순수 의식의 영역을 획득하고자 했으며, 이 영역이 자체 안에서나 자체 밖에서나 이미 무수히 다양한 현실성을 포함하고 있음을 입증하려 했다. 하이데거는 세계의 순수 세계성을 포착하기 위해 신을 괄호로 묶으며, 세계 안에서 신의 대용품을 창조하려는 일체 경향을 멀리한다. 후설은 이렇게 말한 바 있다. "우리가 보편적 자기 성찰에 의해 세계를 다시 획득하려면 우선…… 세계를 상실해야 한다."[5] 하이데거도 유사한 반전을 꾀하는가? 그는 현사실적 삶의 자기 투시성에 의해 신을 우선 잃어버리고는 우리 재량 밖의 사건으로서, 즉 "밤중의 도둑 같이" 현사실적 삶 안에 침입하는 사건으로서 신을 재획득하려 하는가?

이 점에 관해서는 나중에 다시 논하기로 하자.

어쨌든 한동안 하이데거는 철학적 "무신론"에 의해, 변증법적 신학을 보완하는 입장을 취한다. 변증법적 신학은 1922년 카를 바르트Karl Barth의 『로마서Römerbrief』제2판 출간과 더불어 강력한 영향력을 발휘하기 시작했다.

"신에 대한 반항"은 카를 바르트에게서 나타난다. 그는 자신의 신학을 위기의 신학이라 지칭했다. 그것은 전쟁 중에 그리고 전쟁을 통해 위기에 빠져 버린 문화의 신이다. 바르트와 이 문화의 신 사이의 관계는 하이데거와 "교회의 진리 보화" 사이의 관계와 유사하다. 단적으로 우리 재량을 벗어난 것이 그릇되게도 문화적 자산이 되어 버린다. 하이데거가 그렇듯 바르트도 "삶을 다시 당겨 오려" 하며, 위안으로 가득한 형이상학적 구성물로의 도피를 생과 차단하고자 한다. 신에 도달하는 활주로 같은 것은 없다. 신은 세계의 부정이다. 바르트에 의하면 세계성으로부터 신의 개념을 개진하려는 시도는 자기기만에 지나지 않는다. 형이상학과 문화의 경건성에 대한 하이데거의 비판도 같은 주장을 함축한다. 하이데거는 이 위대한 개신교 신학자에게서 친화성을 감지했으며, 그렇기에 1920년대 초 어느 날 오직 카를 바르트에게서만 당대의 정신적 삶이 존재한다고 말했다. 아마도 하이데거의 '괄호 쳐진' 신은 카를 바르트의 신과 유사할 것이다. "우리인 것이며 우리가 가진 것이자 행하는 모든 것의 순수한 한계이자 순수한 시작이신 분, 모든 인간적인 것에 맞서 있고 우리가 신이라 부르고 신이라 체험하고 예감하며 기도하는 것과 결코 같지 않으신 분, 모든 인간적 불안에는 '무조건적 정지!'이고 모든 인간적 안정에는 '무조건적 전진!'이신 분, 우리의 부정 속의 긍정이며 우리의 긍정 속의 부정이신 분, 최초의 것이자 최후의 것이고 우리에게 알려지지 않은 그 자체이며, 결코 우리에게 알려진 것 중에서 위대한 것은 아니신 분…… 이런 분이 바로 살아 있는 신이시다."[6]

신의 문화적 독점에 반발해 바르트는 이렇게 쓴다. "여기에는 낭만주의자가 체험할 그 무엇도 없고, 음유시인이 열광할 그 무엇도 없으며, 심리학자가 분석할 그 무엇도 없고, 이야기꾼들이 떠들어 댈 그 무엇도 없다. 여기에는 신의 '배아 세포'나 '유출' 같은 것은 없고, 거품을 치며 넘쳐나는 생명 같은 것, 이를테면 신의 존재와 우리 존재 사이의 연속적 관계가 형성된다는 그런 생명 같은 것도 없다."[7]

이 신학은 많은 점에서 슈펭글러의 획기적 저작인『서양의 몰락』과 대응을 이루었다. 카를 바르트가 그처럼 열변을 토하며 주장하는 것, 즉 신의 심판이 우리 문화에 가져올 '지진 분위기'는 슈펭글러의 저작도 표현한 바 있는 문화 낙관주의의 동요 상황에 상당히 정확하게 상응한다. 바르트의 신학에는 전쟁이라는 파국의 잔향이 여전히 남아 있다. 예컨대 신이 우리 삶으로 뚫고 들어오면 "탄흔"이 남으리라고 말할 때 그렇다.

그릇된 피안으로부터 "생을 다시 끌어당김"은 하이데거와 바르트에게 가장 중요한 과제이다. 마르틴 하이데거는 신에게서 생을 떼어 내며, 바르트는 생에서 신을 떼어 낸다.

하이데거는 우리가 자신에게 끌어당겨야 하는 이 '삶'을 1921/22년 겨울학기 강의인 '아리스토텔레스의 현상학적 해석'에서 논한다. 아리스토텔레스 입문을 기대했던 학생들은 놀랐을 것이 분명하다. 물론 하이데거는 아리스토텔레스 수용과 관련해 몇 가지 점을 고찰하면서 강의를 시작한다. 하지만 이는 철학사가 대체로 철학과는 관계가 없음을 보여 주기 위해서일 뿐이다. "철학의 본래적 기반은 철저히 실존적인 '포착'과 '물음성Fraglichkeit의 야기'이다. 자기 자신과 삶과 결정적 행위들을 물음성 안에 세우는 것이야말로 모든 철두철미한 해명의 근본개념이다."(GA 제61권, 35쪽)

앞서 임시학기의 강의에서 하이데거는 교탁 체험을 예로 들어 우리가 가장 단순한 체험조차 얼마나 잘못 이해하고 있는지를 보여 주었다. 이제는 생의 "결정적 행위들"에 초점이 맞춰지는 듯하다.

아리스토텔레스가 아닌 "현사실적 삶"에 관한 강의에 놀란 학생들은 곧바로 또 다른 놀라움에 직면한다. 개인의 실존 영역에 대한 "철저히 실존적인 포착"이 설명될 것이라 기대했던 이들은 실망을 금할 수 없을 것이기 때문이다. 하이데거는 현사실적 삶에 "관해" 철학해서는 안 되며 그것 "으로부터" 철학해야 한다고 단호히 강조한다. 하지만 그럴 때의 "위험"을 빈번히 언급하며, 철저한 물음성은 "내적·외적인 모든 실존을 내거는 것"을 뜻하기에 이러한 사유를 실행하다가 "몰락"할 수도 있으니 "용기"가 필요하다는 말도 한다. 따라서 전주곡은 극적이고 열기에 차 있지만, 뒤따르는 전체 논의는 묘하게도 복잡한 ─ 거리 취하기를 즐기는 신즉물주의Neue Sachlichkeit[8]의 병기고에서 나올 법한 ─ 개념 장치들에 의해 냉각된다. 이때 "폐허성Ruinanz"이나 "전구성Prästruktion", "파괴(탈구성)Destruktion", "가면성Larvanz", 혹은 "빛남Reluzenz" 같은 말이 등장한다. 그즈음 특유의 농부 복장으로 다니기 시작한 하이데거는 아직은 '근원에 가깝게', '대지적으로' 말하는 대신 즉물적인 언어, 거의 기술적이고 냉정한 언어를 구사한다. 번뜩이는 모더니티의 제스처라고도 할 수 있다. 아무튼 당시 사람들은 그렇게 느낄 수밖에 없다. 본래성의 은어들은 아직 기미를 보이지 않는다.

이 강의에서는 이후 수년 동안 유지될 하이데거의 전형적인 어조가 처음으로 등장한다. 거리를 두는 중립성과 실존적 열정 사이의 긴장, 추상적 개념성과 정서적 구체화 사이의 긴장, 호소의 절절함과 서술의 거리 짓기 사이의 고유한 긴장이 드러나는 것이다.

우리는 하루하루 살아가지만 우리 자신을 알지 못한다. 우리는 우리 자신의 맹점 안에 있다. 우리가 스스로에게 투명해지고자 한다면 노력이 필요하다. 하이데거가 말하듯, "생에 반격을 가하는" 노력이 필요한 것이다. 생에 관한 하이데거의 철학은 즉흥적spontan 생의 경향에 반대한다. 그렇기에 이 철학은 오싹한 차가움을 갖는 동시에 팽팽한 긴장을 유지할 수 있다.

그리하여 아리스토텔레스에 관한 하이데거의 강의는 다음과 같은 설명으로 시작된다. 아리스토텔레스를 이해하고자 하는 사람, 그와 긴장 관계에 있고자 하는 사람은 먼저 자기 자신을 이해하고 있어야 한다. 최소한 자신이 아리스토텔레스에게서 그리고 그를 통해 이해하고자 하는 바가 무엇인지 이해하고 있어야 한다. 자기 자신을 이해하고자 하는 사람은 자신이 처한 상황을 분명히 알아야 한다. 바로 이것이 1921년 대학 철학과에서 벌어지는 교육 상황이다. 이 상황에서 물음에 물음이 거듭되며 하나의 세계 전체가 열린다. 하필이면 철학을 공부하는 이유가 무엇인가? 철학이 도대체 어떤 역할을 할 수 있는가? 이런 시대에, 대학에서, 직업으로 혹은 다른 직업을 위한 교양으로 말이다. 철학을 선택했을 때 자신의 생에서 기대하는 것은 무엇인가? 하이데거는 그런 물음을 제기한다. 좀 더 정확히 말하면, 그런 물음을 연출한다. 그는 순전한 불명료성과 의문성의 눈보라를 불게 하려 한다. 이 눈보라는 아무리 우리가 상황을 투명하게 만들려 해도 상황 자체가 원래 불명료하고 애매한 것임을 밝혀 줄 것이다. 이와 연관해 우리는 하이데거 사상의 점차적 형성 과정에서 그의 독창적 언어들이 창조되고 있음을 다시금 관찰할 수 있다. 하이데거에 의하면 우리가 처해 있는 이 삶은 외부로부터 관찰될 수 없다. 우리는 언제나 그 안에 있고, 그 개별적 요소들에 둘러싸여 있다. 우리가 있는 곳에는 오로지 '이것'과 '이것'과 '이것'이 있을 뿐이다. 하이데거는 이 삶을 여러 차례 '여기 이것'이란 말로 설명하며, 그러다 갑자기 적절한 표현을 떠올린다. 생의 특징은 바로 "개별성Diesigkeit"이다.(GA 제61권, 88쪽) 이 "개별성"은 견디기 어려운 것이다. 그에 대해 철학은 대개 이런 식으로 답한다. 철학은 사람들이 "벌거벗은" 채 무방비한 상태로 자신의 시대를 돌아다니지 않도록 피신처를 만들어 준다. 그 피신처란 바로 가치와 전통, 체계, 사상적 구성물들이다. 사람들은 교양이라는 재화 뒤에 몸을 숨기고, 생명보험이나 건축 자금 적립 계약에 의지하듯 철학에 의존한다. 사람들은 노동과 노력을 투여하고는 거기서 얼마만큼 수익이 발생할지, 그것이 어떤 점에서 유용할지, 그것으로 무엇을 할 수 있을지 묻는다. 그러나 하이데거에 의하면 철학으로는 아무것도 드러 낼 수 없다. 기껏해야 우리가 '하는 게' 대체 무엇인지 정도나 분명히 드러낼 수 있을 것이다. 철학은 "원칙적인 것"과 관계가 있다. 그런데 여기서 원칙적인 것은 문자 그대로의 의미로 이해되어야 한다. 그것은 바로 시원적인 것을 뜻한다. 그렇다고 세계가 어떻게 시작되었는가 하는 물음이 중요한 것은 아니며, 공리나 최상의 가치라는 의미의 시작이 중요한 것도 아니다. 원칙적인 것이란 나를 끊임없이 내 삶의 초심자로 만들면서 나를 견인하는 무엇을 말한다.

하이데거는 어떤 운동을 몹시 공들여 가며 서술함으로써 긴장감을 고조시킨다. 모두가 이 운동의 원리가 무엇인가에 대한 답을 기대한다. 이 강의는 이미 거의 절반이 지나갔다. 하지만 우리는 덩그러니 다음과 같은 문장만 껴안은 채 여전히 어두움 속에 앉아 있다. "본래 현사실적 삶이란 언제나 원칙적인 것으로부터의 도피라는 점을 이해한다면, 원칙적인 것으로의 적절한 전환은 '너무나 당연한 일'이 아니라는 점에도 놀랄 수 없을 것이다."(GA 제61권, 72쪽)

오르페우스는 사자들의 왕국에서 에우리디케를 이끌고 나올 때 뒤돌아봐서는 안 되었다. 그는 뒤를 돌아보았고, 에우리디케는 다시 그림자의 왕국으로 떨어졌다. 하이데거는 생을 동요시켜 뒤돌아보게 하려 한다. 생은 "뿌리로부터 이해"되어야 한다. 다시 말해 생은 그것이 유래한 근본, 하지만 자기세계에 "고정되어 살다" 보니 이제는 벗어나려 드는 그 근본에서 이해되어야 한다. 그렇지만 생은 자기 마음속의 "무"를 예감하기에, 다시 말해 충만을 간원하는 공허와 공포를 예감하기에 아마도 그러한 "전환"은 어려운 것이 아닐까? 생의 효율성을 위해 우리는 언제나 무언가를 조달하고 배려해야^{besorgen} 하는 세계로 우리를 내모는 그 무엇을 외면해 버려야 하는 것이 아닌가? 하이데거는 일상적으로 우리에게 중요한 것에 시선을 던져 보라고 권한다. 진지하게 배려된 것에 대해 더 이상 같은 방식의 진지함만 갖게 하지 않는 시선을 요구하는 것이다. 일상적이고 습관적인 것을 돌연 달라진 무엇으로 나타나게 하는 하이데거의 주문은 바로 '염려(마음 씀)^{Sorge}'이다. "삶은 염려이다. 더욱이 '편리를 도모하기', '도피하기'의 경향을 지닌 염려이다."(GA 제61권, 109쪽)

"염려"라는 개념은 장차 『존재와 시간』의 중심에 놓일 것이다. 그러나 이미 이 강의에서도 이 개념은 인상 깊게 등장한다. "염려"는 다음과 같은 태도를 총괄하는 말이다. '어떤 것을 중요하게 여기다', '어떤 것을 걱정하다', '어떤 것을 보살피다', '어떤 것을 의도하다', '어떤 것의 이상 유무를 확인하다', '어떤 것을 다룰 줄 알다', '어떤 것을 알아내고자 하다.' 이런 의미로 이해하면 "염려"과 "배려"는 행위 일반과 관련해서 거의 같은 뜻을 갖는다. 이런 개념을 선택한 것은 그러한 삶의 활동들의 시간-연관적 성격을 강조하기 위해서이다. 나는 배려하여 행동함으로써 나 자신에 "앞서^{vorweg}" 있게 된다. 나는 관심을 갖고 실현하고자 하는 어떤 것을—공간적·시간적으로—"나에 앞서서^{vor mir}" 갖는다. 혹은 나는 그것을 "내 뒤에^{hinter mir}" 가지며, 그렇기에 그것을 견지하거나 제거하고자 한다. 배려는 자기 주변에 공간적인, 그리고 무엇보다도 시간적인 지평을 갖는다. 모든 행동에는 두 가지 얼굴이 있다. 한 얼굴은 미래를 바라보고, 다른 얼굴은 과거를 향한다. 미래를 배려하는 것은 과거의 그 무엇도 소홀히 하지 않기 위해서이다.

이러한 분석 전체는 평범한 사실을, 즉 인간이란 언제나 어떤 식으로도 행동한다는 사실을 기이한 어휘로 치장해 서술하는 태도라 이해될 수도 있을 것이다. 하지만 하이데거를 그렇게 이해한다면, 그것은 그릇된 이해가 된다. 핵심을 놓치는 격이라는 뜻이다. 핵심을 이루는 것은 이런 생각이다. 배려에서 우리는 자기 자신을 "앞섬voraus" 뿐 아니라 —하이데거에 따르면—자기 자신을 상실하기도 한다. 배려된 것의 세계가 내게 감춰진다. 내가 나 자신에게 은폐된다. 나는 배려되는 관계들 속에 "고정되어 살아간다". "배려에서는 삶이 스스로에 대해 자기 자신을 닫아 버리며, 닫아 버림의 상태에 있으면서 스스로에게서 벗어나지 못한다. 생은 외면을 거듭하면서도 늘 새로이 스스로를 모색한다."(GA 제61권, 107쪽)

생이 "스스로에게서 벗어나 살고aus sich hinausleben", 배려된 것 속에 스스로를 "고정시켜 살아가며festleben", 그리하여 스스로를 "놓치고 살아가는entgehen" 이 과정을 하이데거는 "폐허성"이라는 용어로 표현한다. 하이데거는 이 용어를 통해 '폐허Ruine'나 '황폐한runiös' 같은 단어가 연상되도록 의도한다. 좁은 의미에서 폐허성은 "전락Sturz"을 뜻한다.

우려와 배려는 하이데거에 의해 미래나 과거를 향한 운동, 그러나 어쨌든 '수평적인' 운동으로 이해된다. 이제 그는 이러한 수평적인 것의 운동성을 수직적인 것으로 기울게 하여 자연스럽게 그것에 급속한 속도를 부여한다. 그것이 바로 전락 혹은 추락Absturz이다. 그러나 하루하루 살아가는 "현사실적 삶"은 자신이 전락한다는 사실을 전혀 감지하지 못한다. 철학이 비로소—사실상 상황이 아니라 전락인—상황에 대해 우리 눈을 열게 한다. 하이데거에 따르면 생은 자기 자신으로 당겨져야 하며, 그로 인해 생은 자기 자신은 물론 그 어디서도 버팀대를 찾을 수 없다는 사실을 깨닫는다. 하이데거는 생의 자기투명성이 생의 안정화를 뜻하기라도 하는 양 생각하는 오해를 불식시키기 위해 갖은 애를 쓴다. 오히려 반대이다. 철학이란 고조된 불안정이다. 이를테면 방법적으로 추동된 불안정이다. 이 시기 하이데거 철학에는 다다이즘의 모토가 어울린다. "나는 추락하는 동안 낙하법칙을 연구하려 들 수 없을 만큼 냉정을 잃고 싶지는 않다."(후고 발)

우리는 어디로 전락하는가? 강의 끝자락에 이르면 하이데거도 이 물음을 피해갈 수 없다. 그의 답변은 신탁처럼 수수께끼 같아 적지 않은 학생들에게 당혹감을 안긴다. "전락의 방향은 전락에게 낯선 것이 아니다. 그것 자체가 현사실적 삶의 성격을 지니며, 더욱이 '현사실적 삶의 무'이다."(GA 제61권, 145쪽)

"현사실적 삶의 무"란 무엇인가? 현사실적 삶 자체는 일어나는 일이므로 '무'일 수가 없다. 현사실적 삶은 주어져 있다. 더 적절히 표현하자면, 그것은 경우^Fall이다. 따라서 "현사실적 삶의 무"란 이 삶에 속하면서 삶을 무로 해체해 버리지 않는 무엇이어야 한다. 현사실적 삶에 속하는 이러한 무는 어쩌면 죽음을 의미하는 것인가? 하지만 이 강의에서는 죽음이 언급되지 않는다. 오히려 하이데거는 이 '무'를 다음과 같이 정의한다. "현사실적 삶"은 "황폐한 현존재"에서 자신을 잃어버리는 한에서 무가 된다. 하이데거는 말한다. "황폐한 현존재 안에서의 (현사실적 삶의) 비출현^Nichtvorkommen."(GA 제61권, 148쪽)

이때쯤이면 하이데거는 자신이 철학으로 새로운 전환을 도입하는 중임을 예감한다. 그는 "황폐한 현존재" 속에서 현사실적 삶의 "비출현"에 관한 사상에 의해 소외 사상을 변주한다. 19세기 헤겔에게서, 그리고 후에는 마르크스에게서 강대한 역사적 역할을 수행한 사상을 말이다. 이 사상에 따르면 인간은 그 안에서 자기 자신을 재인식할 수 없는 그런 세계를 창출한다. 인간의 자기실현은 자기 퇴화이다.

이 강의에서 하이데거는 아직 자신의 고유한 성찰을 이러한 사상 전통과 분명하게 구분 짓지 못한다. 하지만 그 차이는 엄청나게 중요한 것이다. 소외의 철학은 '참된 자아'의 상을 전제한다. 있는 그대로의 인간, 있을 수 있고 있어야 하는 양태의 인간이란 '이념'을 전제하기 때문이다. 그러나 하이데거는 이러한 이념 뒤에 큼지막한 의문부호를 붙인다. 우리는 인간의 고유한 규정에 관한 이 앎이란 것을 도대체 어디서 얻는 것인가? 하이데거는 이러한 '앎'을 신학에서 슬쩍해 온 밀수품이라 여긴다. 하이데거가 말하듯, 우리는 그런 앎을 고집해도 좋다. 하지만 그런 경우 우리는 그런 이념을 분명히 선언하고 우리가 그것을 충실한 믿음에서 취한 것임을 밝혀야 한다. 그리고 그런 이념을 철학적으로 증명 가능한 실체인 듯 가장해서는 안 된다.

우리가 알 수 있듯, 하이데거는 참된 자아라는 이념을 거부하지만, 여전히 그런 이념에 속박되어 있다. 이러한 긴장은 앞으로도 계속될 것이다. 그 이념은 『존재와 시간』에서 분명하고 장중하게 표현될 것이다. "본래성"이라는 표제 아래서.

1920년대 초 하이데거는 조심스레 모색하고 입장을 확정하면서 생의 자기투명성에 관한 자신의 철학으로 다가가고 있었다. 바로 이 무렵 카를 야스퍼스와의 우정이 시작되는데 그 또한 철학의 새로운 시작을 탐색하는 중이었다. 두 초심자의 미묘한 우정이 시작된 것이다.

두 사람은 1920년 봄 후설의 집에서 열린 파티에서 처음 만난다. 1년 반 동안의 조심스런 탐색 끝에 두 사람은 마침내 1922년 여름 "진귀하고 독자적인 투쟁공동체의 의식"(1922년 6월 27일 하이데거가 야스퍼스에게 보낸 편지)으로 뭉치게 되었다. 이미 첫 만남에서부터 대학의 아카데믹한 관례에 반발하는 공동전선 형성의 기미가 나타났다. 야스퍼스는 『철학적 자서전 Philosophische Autobiographie』에서 그날 저녁 후설의 집에서 있었던 일을 회상한다. "1920년 봄, 아내와 나는 며칠간 프라이부르크에 머물렀다…… 후설의 생일 파티가 있었다. 꽤 많은 사람들이 커피 테이블 주위에 몰려 있었다. 후설의 아내가 하이데거를 가리켜 '현상학적 아이'라 불렀다. 나는 내 여제자 아프라 가이거Afra Geiger의 이야기를 꺼냈다. 인품이 탁월한 학생으로 후설에게 배우려고 프라이부르크로 왔으나 후설이 학생지도규정에 근거해 그녀를 받아들이지 않았다는 이야기를 했다. 그러고는 후설이 학생의 인품을 보는 대신 대학의 형식주의에 얽매였기에 그 자신과 학생 모두에게 좋은 기회를 놓쳤다는 말도 덧붙였다. 하이데거가 끼어들어 내 입장을 열렬히 옹호했다. 경직된 대학 규정에 맞서 두 젊은이의 연대 같은 것이 형성된 것이다…… 그날 오후의 분위기는 좋지 않았다. 소시민적인 무엇, 협소한 무엇이 느껴지는 듯했다. 인간과 인간의 자유로운 소통과 정신적인 불꽃같은 것이…… 결여되어 있었다…… 내게는 하이데거만이 달라 보였다. 후에 나는 그를 방문했고 그의 조그만 방에 둘이 앉아 얘기를 나누었다. 그때 그가 루터에 관심을 쏟고 있으며 연구에 열중하고 있음을 알았다. 나는 강렬하면서도 간단하게 말하는 그의 이야기 방식에 공감을 느꼈다."[10]

하이데거보다 여섯 살 연상이었던 카를 야스퍼스는 당시 전문적 철학자들 사이에서 아웃사이더로 간주되었다. 그는 정신의학을 전공한 의학자 출신으로 이 분야에서는 1913년 발표한 『일반 정신병리학Allgemeine Psychopathologie』으로 이미 유명세를 떨치고 있었다. 이 책은 출간되자마자 그 분야의 표준 저작 중 하나가 되었다. 하지만 야스퍼스는 의학 분야에서 벗어나기 시작했다. 자연과학에 정향된 심리학의 틀에서는 심리적인 것을 충분히 이해할 수 없다는 점이 분명해졌기 때문이다. 특히 한계상황에 처한 환자들에게서는 그 점이 확연히 나타났다. 그는 아직 이러한 심리학의 토대를 떠나지 못했지만, 딜타이가 제시한 이해의 방법과 의식 현상을 서술할 때의 현상학적 신중함에서 자극을 받았다. 하지만 그가 철학으로 결정적인 발걸음을 내딛게 된 것은 막스 베버와 키르케고르의 자극 덕분이었다.

사실 연구와 가치 결정을 엄격히 구분한 막스 베버의 입장은 그에게 깊은 인상을 남겼다. 그는 막스 베버에 찬동해서 그릇된 학문적 가장은 거부되어야 마땅하다고 확신했다. 하지만 그의 생각에는 베버를 넘어서는 점이 있었다. 야스퍼스의 생각에 따르면 가치 결정의 영역, 다시 말해 개인적으로 책임져야 할 삶은 비록 '학문적'일 수는 없어도 한갓 개인적 생각이나 종교적 내용에 불과한 것은 아닌 자기 해명을 필요로 하며 또한 그런 해명 능력을 지니고 있다. 막스 베버가 결정들의 근거에 놓은 '생의 힘'을 야스퍼스는 투명하게 만들고자 했다. 야스퍼스는 후일 이러한 철학의 방식을 '실존 해명Exitenzerhellung'이라 부를 것인데, 그에게 위대한 모범으로 떠오른 사상가는 키르케고르였다. 막스 베버는 엄밀한 과학의 본체로부터 철학을 분리시켰으며, 그렇게 하여 철학을 해방시켜 주었다. 키르케고르는 철학에 그 실존적 파토스를 회복시켜 주었다. 카를 야스퍼스의 관점에 따르면 그렇다.

야스퍼스가 1919년 발표한 『세계관의 심리학Psychologie der Weltan-schauungen』은 그가 심리학에서 '실존 해명'의 철학으로 넘어가는 과정에서 산출한 저작들의 하나이다. 이 저작은 전문적 학문 분과의 경계를 넘어서서 강한 영향력을 발휘했다. 야스퍼스는 이상형을 구성하는 베버의 방법을 활용해서 '태도와 세계상'이라는 것을 탐구했다. 그에 따르면 태도와 세계상은 인간의 생활 경험, 특히 자유와 죄와 죽음 같은 근본 경험에서 비롯되는 것이며, 개개의 철학적 기획에 그 독특한 윤곽을 부여하는 것도 이런 태도와 세계상이었다. 야스퍼스는 그러한 세계상과 태도의 유형론을 서술적으로, 다시 말해 어느 정도 '외부에서부터' 기획하지만, 역사적 의도나 지식사회학적 의도를 갖고 그러는 것은 아니다. 더 나아가 그는 모든 기투의 근저에 놓여 있다고 하는 '의식 일 반Bewußtsein überhaupt' 같은 것—당시 신칸트주의자들이 선호한 주제—에 주 목하지도 않는다. 이 저작은 때로 역사학적, 지식사회학적, 혹은 신칸트 주의적으로 이해되곤 하지만 사실은 그런 의도를 지니고 있지 않다. 야 스퍼스에게 중요한 것은 자기존재Selbstsein가 어떤 형식으로 자신을 실 현하고, 어떻게 오류를 범하며, 무엇으로 인해 좌절하는가 하는 물음이 었다. 야스퍼스가 여기서 탐색하는 것은 자유의 운동이다. 그가 탐색하 는 것은 자유에 대한 두려움이기도 한 바, 바로 이런 두려움으로 인해 이른바 안전한 원리와 설명이라는 '피난처'로 숨어 버릴 마음이 생긴 다. 그의 관심을 자극한 것은 무엇보다도 '한계상황Grenzsituation(죽음, 고통, 우연, 죄, 싸움)'에서의 태도와 사유 방식인 바, 그런 한계상황에서는 자 유로이 자기 책임을 떠맡은 삶의 모험적 성격이 나타난다. 야스퍼스가 『철학적 자서전』에서 이 책과 관련해 밝히는 바에 의하면, "모든 게 단 숨에 집필되었다…… 전체의 분위기는 내가 말로 할 수 있었던 것보다 더 포괄적이었다."[11]

이 저작으로 인해 철학의 영역으로도 새로운 울림이 전해진다. 공 공의 반향은 대단해서 야스퍼스는 철학박사 학위가 없음에도 불구하고 1921년 하이델베르크대학의 철학교수로 초빙되었다. 하지만 그의 위 상은 불분명한 상태에 머물렀다. 관례에 엄격한 학자들은 그를 이탈자 로 간주했다. 잘 알지도 못하면서 철학을 넘보는 사람으로 여긴 것이다. 철학자들은 그를 설교하기 좋아하는 심리학자 정도로 여겼다.

야스퍼스는 개의치 않았다. 그는 자신이 '자유롭게 트인 곳으로 나 아가는 길'에 있다고 느꼈다.

야스퍼스가 하이데거를 만난 것은 이런 상황에서였다. 그리고 1921년 8월 1일 자 편지에서 하이데거가 자신의 철학적 작업을 소개하며 다음과 같은 말을 할 때, 야스퍼스는 그의 생각을 너무나 잘 이해할 수 있었다. "내가 자유롭게 트인 곳으로 나아가고 있기는 한 것인지 나도 모릅니다. 나로서는 일단 갈 수 있는 만큼 가 보고 거기 멈춰 있는 것이니까요."(BwHJ, 25쪽)

1919년부터 야스퍼스 저작의 서평 작업을 시작한 하이데거는 1921년 7월, 이 서평을 야스퍼스에게 보냈다. 하이데거가 쓴 원고는 방대한 분량이었으며, 바로 그 때문에 「괴팅엔 학자신문Göttingische Gelehrte Anzeigen」에는 축약본이 실렸다. 원래의 원고는 1973년에야 출간되었다.

하이데거는 우선 이 책에 많은 찬사를 보내지만, 그런 다음에는 아주 조심스레 비판을 개진한다. 그의 비판에 따르면, 야스퍼스는 충분히 멀리까지 나아가지 못했다. 그는 실존의 수행에 "관해" 썼을 뿐, 자신의 성찰을 이 실존 수행 "안에" 세우지는 못했다. 그는 세계관의 은신처에 자유를 대비시키고, 개인적 실존의 핵심을 언급했다. 하지만 그런 창조적 자유가 자기존재Selbstsein의 기초에서 마치 눈앞에 존재하는 것 etwas Vorhandenes처럼, 즉 결국은 다시금 학문적으로 확인 가능한 사실인 것처럼 서술된다면, 개인적 실존의 핵심에 관한 언급 자체가 세계관이 되어 버린다. 서평을 끝맺으며 하이데거는 이렇게 쓴다. "참다운 자기 성찰이 현존할 때만 우리는 그러한 자기 성찰을 의미 있게 전개할 수 있다. 그리고 참다운 자기 성찰이란 참다운 깨어남에서만 현존한다. 또 참다운 자기 성찰이 참답게 깨어나는 것은 타인이 특정한 방식으로 사정없이 성찰로 밀어 넣어지는 식으로만 가능하다…… 성찰로 밀어 넣기, 주목하게 만들기는 우리가 길의 일정 구간을 몸소 나아가는 식으로만 가능하다."(W, 42쪽) 그렇지만 우리는 철학의 "사태"를 자기 것으로 받아들일 때만 앞으로 나아갈 수 있다. 그런데 철학의 "사태"란 "철학 자체와 (그것의) 악명 높은 참혹함"이다.(W, 42쪽)

야스퍼스는 "참혹함"이란 표현을 자기 자신과 관련시킬 필요가 없었다. 여기서는 일종의 인간학적 참혹함이 거론되는 것임이 맥락에서 확연히 드러났고, 그렇기에 야스퍼스도 이 서평에 노여움을 품지 않았다. 하지만 그는 이 서평에 당혹감을 느꼈다. 우리가 실존 수행에 "관해서"가 아니라 실존 수행 "으로부터" 철학해야 한다는 하이데거의 요구가 뜻한 것은 무엇인가? 하이데거가 야스퍼스의 생각을 이해하지 못한 것인지도 몰랐다. 하이데거가 권한 길, 즉 "자기 감소"로서 철학의 길을 야스퍼스도 이미 걸어가고 있는 중임을 하이데거가 인식하지 못한 것인지도 몰랐다. 그게 아니라면, 하이데거는 전혀 다른 뜻으로 그런 길을 말한 것일 수도 있었다. 하지만 그런 경우라면 하이데거의 암시는 충분하지 못했다. 어쨌든 야스퍼스는 하이데거가 어떻게 자신의 길을 계속 가려는 것인지 알 수 없었다. 그렇지만 두 사람이 같은 길을 가고 있다는 모호한 감정은 여전히 남아 있었다. 1921년 8월 1일, 야스퍼스는 하이데거에게 이런 편지를 쓴다. "내 생각에 당신 서평은 내가 읽은 모든 서평들 중에서 가장 깊숙이 사상의 뿌리로 파고든 것입니다. 그렇기에 당신 서평은 정말로 깊은 감동을 주었습니다. 그러나 뭔가 부족하다고 느낀 점이 있다면…… 그것은 적극적positiv 방법입니다. 서평을 읽는 내내 나는 전진의 잠재적 가능성을 느꼈습니다만, 결국 실망하고 말았습니다. 나도 그만큼은 이미 나아가 있었으니까요."(BwHJ, 23쪽)

하이데거는 답장에서 자신의 서평을 가리켜 "우스꽝스럽고 변변치 못한 초심자의 글"이라 말한다. 그리고 자신이 "당신보다 더 멀리 나아가 있다고"는 생각한 적이 없으며, "어떤 우회로를 만들 생각 같은 것"도 한 적이 없다고 말한다.(1921년 8월 5일 자 편지, BwHJ, 25쪽) 두 사람은 일 년 동안 서신을 주고받는다. 그리고 1922년 여름, 야스퍼스는 하이데거에게 하이델베르크로 와서 며칠간 머물 것을 권한다. "며칠간 우리가 적절한 시간에 만나 함께 철학을 하면서 우리의 '투쟁공동체'를 시험하고 강화하면 좋을 듯합니다. 우리가 함께 지내면 어떨까 생각합니다. 물론 방은 따로 쓰고요. 아내가 여행 중이라 빈 방이 있거든요. 각자가 제 할 일을 하고, 기분에 따라 만나 이야기를 나누면 됩니다. 물론 식사는 매번 함께해야 하지요. 무엇보다 저녁 시간에 만나 대화를 나누면 좋겠지만 다른 시간도 상관없습니다. 절대 억지로 만날 필요는 없고요."(1922년 9월 6일 자 편지, BwHJ, 32쪽)

하이데거는 초대를 받아들인다. 9월의 이 며칠은 두 사람의 기억에서 영원히 사라지지 않을 것이다. 두 사람은 이 기억으로 살게 될 것이다. 얼마 후면 두 사람의 우정도 이 지나간 미래에 의해서만 지탱될 것이기 때문이다. 집중적인 철학적 사유, 우호적이고 느긋한 분위기, 함께 출발하고 시작해 보자는 돌연한 감정. 야스퍼스가 회고록에서 밝히듯 그에게 이 모든 것은 "강렬한" 경험이었고, 그와 하이데거는 잊을 수 없는 방식으로 "가까워졌다". 이 신성한 대화 이후 야스퍼스에게 보낸 편지에서 하이데거는 이렇게 말한다. "당신 집에서 보낸 그 8일은 여전히 내게서 지워지지 않고 있습니다. 갑작스럽게 찾아온 그 며칠은 겉으로 보면 아무 대단한 일도 없는 시간이었습니다…… 감상 따위는 없는 신랄한 행보. 이와 함께 우리에게 우정이 찾아왔지요. 두 사람 모두 확신하는 투쟁공동체가 점점 더 확실해졌고요. 이 모든 것이 내게 기이하게 여겨집니다. 세계와 삶이 철학자에게 기이한 것과 같은 의미에서 말입니다."(1922년 11월 19일 자 편지, BwHJ, 33쪽)

시작 단계의 우정은 그토록 활기에 차 있었기에 야스퍼스는 두 사람만이 집필하는 잡지, 철학의 "횃불"이 될 만한 잡지를 창간하자고 제안한다. "시대의 철학적 황무지"에서 이제는 이른바 교수철학에 항의해 목소리를 내야 한다는 것이었다. "우리는 비방을 일삼지는 않겠지만, 논의는 가차 없을 것입니다."(1922년 11월 24일 자 편지, BwHJ, 36쪽) 하지만 그러다가 야스퍼스 교수는 하이데거가 아직 교수직에 있지 않다는 사실에 생각이 미친다. 그렇다면 잡지 발간 계획은 하이데거가 어딘가에 초빙될 때까지 기다려야 하리라. 교수다운 걱정이다.

잡지 발간 계획에는 한 가지 장애가 더 있다. 두 사람은 아직 자신들의 입장을 확실히 정리하지 못했기에 행동을 개시하면 어떤 일부터 해야 할지조차 애매한 상황이다. 야스퍼스는 말한다. "우리 둘 다 자신이 원하는 게 무엇인지 알지 못합니다. 다시 말해 우리 두 사람은 아직 명료하지 않은 앎에 근거하고 있습니다."(1922년 11월 24일 자 편지, BwHJ) 하이데거는 자신이 "참으로 구체적인 불확실성 속에서 좀 더 확신을 얻는다면" 그것으로 이미 많은 것이 달성되는 것이리라고 답한다.(1922년 7월 14일 자 편지, BwHJ, 41쪽)

실제로 1922년 여름과 1923년 여름 사이 하이데거는 자기 해명에서 중요한 진전을 이룬다. 『존재와 시간』의 윤곽이 그려지기 시작한 것이다. 그 윤곽은 논문 모음집인 『아리스토텔레스의 현상학적 해석 (해석학적 상황의 게시)Phänomenologische Interpretationen zu Aristoteles(Anzeige der hermeneutischen Situationen)』과 1923년의 '존재론' 강의에서 발견된다. 전자의 텍스트는 1922년 말 교수직 지원을 위해 마르부르크대학에 보낸 (그리고 1989년에야 출간된) 원고이며, 후자의 강의는 마르부르크대학 교수로 취임하기 전 프라이부르크대학에서 마지막으로 개설한 강의이다.

『아리스토텔레스의 현상학적 해석』은 마르부르크대학 사람들에게 강한 인상을 남겼다. 파울 나트로프는 거기서 "천재적 기획"을 보았고, 가다머는 그 원고에서 "진정한 영감"을 얻었다. 당시 가다머는 나트로프에게 박사 논문 지도를 받고 있던 터라 원고를 접할 수 있었다. 이 텍스트는 흔치 않은 "강력한 충격"을 주었기에 가다머는 다음 학기에 당장 프라이부르크로 가서 하이데거의 강의를 들었고, 임용된 그를 좇아 다시 마르부르크로 돌아왔다.

1923년의 '존재론' 강의도 이와 유사하게 강렬한 인상을 남겼다. 후일 철학 분야에서 이름과 지위를 얻은 사람들 중 적지 않은 수가 당시 강사 하이데거의 강의를 들었다. 어느새 많은 사람들이 그를 철학의 비밀스런 왕으로 여겼다. 슈바벤 산 모직 옷을 입은 왕이었다. 강의를 들은 사람들 중에는 가다머, 막스 호르크하이머Max Horkheimer, 오스카 베커Oskar Becker, 프리츠 카우프만Fritz Kaufmann, 헤르베르트 마르쿠제Herbert Marcuse, 한스 요나스Hans Jonas가 있다.

아리스토텔레스 원고에서 하이데거는 자신의 철학적 의도를 간결하게 정의한다. "철학적 물음의 대상은 인간 현존재인 바, 이 물음에 의해서 인간 현존재는 그 존재 성격과 관련된 조회의 대상이 된다."(DJ, 238쪽)

언뜻 생각하면 이 정의는 복잡할 것이 없다. 철학 연구가 다른 무엇을 하겠는가? 그리고 인간 현존재를 탐구하는 것 외에 다른 무엇을 해 왔겠는가?

하지만 철학은 그 역사 과정에서 인간 현존재 외에 다른 것도 탐구해 왔다. 바로 그렇기 때문에 소크라테스의 저항, 철학을 다시 인간에 관한 인간의 염려로 되돌리려는 소크라테스의 저항이 필요했던 것이다. 그리고 이러한 긴장, 즉 신과 세계를 탐구하려는 철학과 인간 현존재에 초점을 맞추는 철학 사이의 긴장이 철학의 역사에서 지속되고 있는 것이다. 하늘을 쳐다보다 웅덩이에 빠진 밀레토스의 탈레스Thales von Milet는 이런 갈등을 구현한 최초의 인물일 것이다. 하이데거 철학에서 현존재는 여전히 전락하는 중이다.

"존재 성격"이라는 용어도 언뜻 생각하기엔 어렵지 않게 이해될 수 있을 듯하다. 어떤 '대상'의 탐구에서 우리가 그것의 존재양태 외에 다른 무엇을 밝혀내려 하겠는가?

어떤 분자의 존재 성격은 그것을 구성하는 요소들, 화학적 반응 양식, 유기체 내에서의 그 기능 등에 의해 드러나는 것이 아닌가? 어떤 동물의 존재 성격은 해부를 통해서, 그 동물의 행동 양태에서, 혹은 진화에서 차지하는 위치 등에 의해서 드러나지 않겠는가?

이런 식으로 이해하면 "존재 성격"이라는 용어는 퇴색해 버리고 만다. 그렇게 이해하면 이 용어는 어떤 대상에 관해 우리가 알 수 있는 모든 것을 포괄하게 된다. 그런 지식은 불가피하게 구분의 지식일 수밖에 없다. 하나의 분자를 다른 분자들과 구분하는 방식, 한 동물을 다른 동물이나 식물이나 사람과 구분하는 방식의 지식인 것이다. 이렇게 되면 "존재 성격"이라는 총괄적 개념이 다수의 "존재 성격들"이라는 복수 형태로 변한다.

이런 관점에서 보면, 한편으로 그 자체 불변하는 앎의 욕구라는 태도가 있고, 다른 한편으로 상이한 가능적 대상들이 있다. 그리고 우리는 그 대상들에 관해 무언가 알고자 한다. 즉 개개 경우에 어떤 목적이 추구되든 관계없이, 우리는 그 대상들의 "존재 성격"을 탐구하고자 한다.

물론 학문은—늦어도 칸트 이래로—상이한 대상들에는 상이한 방법으로 접근해야 함을 분명히 알고 있다. 이 점은 특히 자연과 인간이라는 '두 세계들'에 타당한 사실이다. 인간이 자연 이상의 존재인 한에서, 즉 인간이란 문화를 창조하며 그렇기에 자기 자신을 산출하는 존재인 한에서 그렇다. 문화과학과 자연과학 사이의 방법적 차이를 분명히 의식시키려 한 이들은 바로 신칸트주의자들이었다. 빈델반트에 의하면 자연과학은 보편적 법칙을 목표하고, 문화과학은 개별적인 것의 이해에 초점을 맞춘다. 또 리케르트에 의하면 자연과학은 사태를 탐구하고, 문화과학은 가치 태도를 탐구한다. 그렇지만 상이한 존재 성격들에 관한 그런 성찰은 하이데거가 보기에 더 이상 충분히 철저하지 못하다. 그는 자신이 추구하는 것이 무엇인지를 『아리스토텔레스의 현상학적 해석』에서 밝히고 있다. 그것은 지나치게 압축적이어서 이해하기 쉽지 않은 단 하나의 문장으로 표현된다. 우선 이 문장을 소개한 다음 '존재론' 강의에 근거해 그 의미를 간단히 설명해 보도록 하겠다. "철학적 물음의 이 근본 방향은 외부로부터 물음의 대상에 얹히거나 조여지는 것이 아니라, 현사실적 삶의 근본 운동성에 대한 명확한 파악이라 이해될 수 있다. 이때 현사실적 삶은 자기 존재의 구체적 시간화 속에서 자기 존재를 염려하는 방식으로 존재하며, 그것이 자기 자신을 회피하는 곳에서도 마찬가지이다."(DJ, 238쪽)

"외부로부터 얹히지" 않는다. 탐구되어야 하는 것에 스스로를 "내보일" 기회를 줘야 한다는 현상학의 근본명제를 하이데거는 현존재 일반의 탐구에 적용하려 한다.

그렇기에 '존재론' 강의는 '어떻게 우리가 인간에 관해 적절히 말할 수 있는가?'라는 논제의 예비 고찰을 매우 상세히 다룬다. 그리고 우리는 종내 이 예비 고찰이 이미 문제의 핵심에 닿아 있는 것임을 깨닫게 된다.

하이데거에 의하면, 우리가 어떤 '대상'이 무엇인지 밝혀내기 위해 그것에 접근한다면, 즉 우리가 그것의 "존재 의미^{Seinsinn}"를 파악하고자 한다면, 우리는 "존재 의미" 일반이 그로부터 해명되는 "수행 의미^{Vollzugssinn}"로 들어서야 한다. 다른 문화권에서 살다가 우리의 경제생활로 들어왔지만 아직 그것의 "수행 의미"를 파악할 수 없는 사람은—설령 그가 돈을 만져 본 적이 있고 손에 쥐고 있다 해도—돈의 "존재 의미"를 이해하지 못할 것이다. 또한 음악의 수행 의미 안에 있지 않다면 음악은 소음으로 머물 것이다. 이 점은 예술이나 문학, 종교, 허수의 계산,

축구 경기 같은 다양한 존재 영역에서도 마찬가지이다. 역으로 이런 고찰은 환원론적 방법의 편협한 측면을 분명하게 드러내 주기도 한다. 내가 '사유는 뇌 생리의 한 가지 기능이다'나 '사랑은 호르몬 분비의 한 기능이다'라고 말한다면, 이는 사유나 사랑의 수행에 나를 세워 보지도 않고 사유나 사랑의 존재에 관해 진술하는 셈이 된다. 하지만 그것들의 존재 의미는 이러한 수행에서야 비로소 해명된다. 비수행적 관점에서 보면, 그 모든 것이 전혀 존재하지 않는다. 경기이건 음악이건 그림이건 종교이건 말이다.

이러한 고찰은 현상학적 성격을 갖는다. 즉 이러한 고찰은 "현상들"이 "있는 그대로의" 자신을 드러내게 하려면 어떤 태도가 필요한가를 구명하고자 한다. 경기는 경기와 무관한 태도에는 자신을 보여 주지 않는다. 사랑은 사랑에 대해서만 자신을 보여 주고, 신은 신앙에 대해서만 자신을 드러낸다. 여기서 하이데거는 이렇게 묻는다. 그렇다면 인간은 무엇으로 '있는가'가 스스로를 드러낼 수 있게 하려면 나는 어떤 태도로 보아야 하는가?

답은 그저 이런 것이다. 현존재를 이해하고자 한다면, 현존재의 사유는 자신을 현존재의 수행 의미 안에 세워야 한다. 앞서 아리스토텔레스 원고의 한 구절을 인용한 바 있는데, 여기서 하이데거가 말하려는 것이 바로 이것이다. "현사실적 삶의 근본 운동성에 대한 명확한 파악."

이러한 "근본 운동성"을 하이데거는 이 문헌에서 최초로 아주 분명하게 "실존"이라 부른다.

어떤 것이 '실존한다.' 이 말을 우리는 대개 이렇게 이해한다. 우리는 어떤 것의 '눈앞에 있음'을 추정하며, 그렇게 추정된 것이 주어져 있음을 알게 되면 '그것이 정말로 실존한다'고 말한다. 갈릴레이^{Galilei}는 계산에 근거해 목성에 달이 있을 수밖에 없을 것이라 추정했으며, 그 후

망원경에 의해 목성의 달이 '실존'한다는 것을 알아냈다. 하지만 그처럼 '정말로 눈앞에 있음'이란 의미의 실존이야말로 하이데거가 배제하려는 것이다. 그는 '실존한다'라는 용어를 타동사적으로 사용한다. 나는 실존함으로써 단순히 눈앞에 있는 것이 아니라 '나를' 실존하게 해야만 한다. 나는 살아 있을 뿐만 아니라 내 삶을 '영위해야' 한다. 실존이란 하나의 존재 방식이며, 더욱이 "자기 자신에 접근할 수 있는 존재"이다.(DJ, 245쪽) 돌이나 식물 혹은 동물과 달리 그 어떤 자기관계에 있는 존재자가 바로 실존이다. 그것은 '있는' 무엇일 뿐 아니라, '거기ᵈᵃ' 있음이 인지되는 무엇이다. 그리고 이런 자기 인지가 있기에 우려와 시간의 전체 지평도 열릴 수 있는 것이다. 따라서 실존한다는 것은 어떤 눈앞에 있음이 아니라 하나의 수행, 하나의 운동이다. 이런 깨달음이 하이데거 자신에게 얼마나 고무적인 것이었는지는 1921년 그가 카를 뢰비트에게 보낸 편지에서 드러난다. "나는 내가 해야만 하는 것, 필요하다고 생각하는 것을 할 뿐이네. 그리고 내가 할 수 있는 방식으로 그것을 행하고 있지. 나는 저 모호한 오늘날을 위한 문화적 사명에 부합해서 내 철학적 작업을 치장하지는 않고 있어…… 나는 나 자신의 '나는 있다'라는 것으로부터, 그리고 내 정신적이며 특히 현사실적인 유래로부터 작업을 한다네. 이 현사실성과 더불어 실존이 미쳐 날뛰고 있네."[12]

현존재의 수행 의미는 방금 서술된 타동사적 의미의 실존이다. 같은 의미지만, 그것은 시간 속에서 우려하고 근심하고 스스로를 기투하는 삶인 현사실적 삶이다. 인간의 현존재란 마치 어떤 대상처럼 그것을 내 눈앞에 세운다면 이해되지 않는다. 인간의 현존재는 오로지 그것의 수행 의미에서만 이해될 수 있다. 하이데거가 염두에 둔 현존재의 철학, 그가 『존재와 시간』보다 이미 몇 년 앞서 윤곽을 잡았던 현존재의 철학은 일종의 관찰자로서 현존재 '위에' 있는 것이 아니다. 현존재의 철학은 이런 현존재의 표현, 현존재의 기관^{Organon}이다. 철학이란 정신에서 현전하는 행위 내에서 배려되는 삶이다. '존재론' 강의에서 하이데거가 말한 바에 의하면, 철학의 이러한 극단적 가능성이란 "자기 자신에 대한 현존재의 깨어 있음"(GA 제63권, 15쪽)이며, 이는 현존재가 "자기 자신을 회피하는 곳에서도"(DJ, 238쪽) 깨어 있음의 기습을 받을 수 있음을 뜻한다. 달리 말해 철학의 극단적 가능성이란 삶의 "몰락 경향(빠져 있음의 경향)^{Verfallsgeneigtheit}"을 투명하게 드러내기, 이른바 안정으로의 도주로를 차단하기, 삶의 불안정에 스스로를 내맡기는 용기를 갖기 등을 뜻한다. 그리고 이때 우리는 이러한 의식을 가져야 한다. 지속적이고 확고하며 의무적이라는 모든 것은 실상 가식적인 것에 불과하다. 그런 것은 모두 현존재가 스스로에게 씌운 가면이거나 "공공의 태도", 즉 지배적인 의견과 도덕관과 의미 부여에 의해 씌워진 가면이다.

"자기 자신에 대한 현존재의 깨어 있음"은 하이데거에 의해 철학의 최고 과제로 규정된다. 하지만 이 진리는 우리로 하여 참된 자아를 발견하게 해 주지 않고, 우리가 도망치고 싶어 하는 불안정 속으로 우리를 다시 내던져 버린다. 바로 그렇기 때문에 "철학에 대한 두려움"도 있는 것이다.(GA 제63권, 19쪽) 이 시기의 하이데거는 불안을 야기하는 것이야말로 철학이라고 생각한다. 철학에 대한 두려움은 곧 자유에 대한 두려움이다. 하이데거는 우선은 '자유'라는 말 대신 현사실적 삶의 "가능존재^{Möglichsein}"라는 표현을 쓴다.

이처럼 하이데거가 생각하는 철학은 우려하고 배려하는 현존재의 공동 수행^{Mitvollzug}이다. 하지만 철학은 또한 자유로운 운동이며, 가능성을 지니는 것이 인간 현실의 일부라는 사실에 대한 자각이기도 하다. 따라서 철학이란 깨어 있는 현존재와 다른 것이 아니며, 그렇기에 현존재와 꼭 같이 배려되고 꼭 같이 문제적이며 꼭 같이 죽을 수밖에 없다.

우리가—하이데거의 철학도 포함해—철학에 관해 말할 수 있는 최선의 것은 이렇다. 그것은 모든 현존재와 마찬가지로 자기 시간을 갖는 '생생한 고유화Ereignis'이다.

제 8 장

—

마르부르크대학으로의 초빙. 야스퍼스와의 투쟁공동
체. 마르부르크의 사람들. 신학자들 사이에서. 한나
아렌트. 위대한 열정. 그림자에서 벗어나려는 한나의
분투. 은거 중인 하이데거의 승리. '생은 영혼 앞에 순
수하고 단순하고 위대하게 있다'. 『존재와 시간』의 생
성. 죽음을 앞둔 어머니.

—

한나 아렌트(1923년)

마르부르크대학으로의 초빙. 야스퍼스와의 투쟁공동체. 마르부르크의 사람들. 신학자들 사이에서. 한나 아렌트. 위대한 열정. 그림자에서 벗어나려는 한나의 분투. 은거 중인 하이데거의 승리. '생은 영혼 앞에 순수하고 단순하고 위대하게 있다'. 『존재와 시간』의 생성. 죽음을 앞둔 어머니.

HEIDEGGER

하이데거는 이미 1920년에 마르부르크대학 교수직에 지원한 적이 있다. 그때는 그저 주목을 끄는 정도의 성과만을 얻었는데 당시 그는 후보자 순위에서 세 번째였다. 마르부르크에서는 이 젊은 강사의 장래가 촉망되기는 하지만 출간된 저작이 아직 충분하지 않다는 의견이 대세를 이루었다. 1922년 여름, 마르부르크대학에 조교수 자리가 하나 나고, 이 대학으로 초빙될 가능성이 다시 생기지만 이때까지도 하이데거는 새로운 저작을 내놓지 못한 상태이다. 하지만 강의만으로 얻은 명성이 어느새 눈덩이처럼 불었고, 마르부르크 신칸트주의의 좌장인 파울 나트로프마저 1922년 9월 22일 후설에게 이런 내용의 편지를 썼다. 나트로프는 마르부르크에서 "최근 하이데거에게 특별히" 주목하게 되었으며, 이는 후설이 그의 조교를 높이 평가하기 때문만이 아니라 "내가 그의 최근 활동에 관해…… 들은 바가 있기 때문이기도 하다"고 쓰고 있다.[1] 나트로프는 하이데거가 출판을 위해 쓴 글이 있다면 좀 받아볼 수 있는지 알고 싶어 한다. 후설은 나트로프의 뜻을 하이데거에게 전하며, 하이데거는—야스퍼스에게 보낸 편지에서 말하듯—당장 준비에 착수해 "3주에 걸쳐" 아리스토텔레스에 관한 글을 요약하고 머리말을 붙인다. 그리고 60쪽짜리 이 원고를 마르부르크로 보낸다. 이 원고가 앞서 소개된 바 있는 『아리스토텔레스의 현상학적 해석(해석학적 상황의 게시)』이다.

"마르부르크에도 이제 내 원고가 한 편 있습니다." 야스퍼스에게 보낸 1922년 11월 19일 자 편지에서 하이데거는 이렇게 쓰고 있다. 실제로 나트로프는 자신과 니콜라이 하르트만Nicolai Hartmann이 "지극히 흥미로운 하이데거의 요약 원고를 읽었다"고 후설에게 전하며, 그 원고에서 "비범한 독창성과 깊이와 엄밀함"을 볼 수 있었다고 말한다. 나트로프는 하이데거가 마르부르크에서 자리를 얻을 가능성이 있다고 평가한다.[2]

같은 시기 괴팅엔에서도 하이데거에게 관심을 보인다. 그곳에서는 게오르크 미쉬Georg Misch가 칭찬으로 가득한 평가서를 쓴다. 하이데거는 "인간 삶의 역사성이 지닌 의미에 관한 지극히 독창적인 의식, 고유한 자기 발전에서 생성된 의식"[3]을 보여 준다는 내용이다.

딜타이의 사위인 미쉬는 후설의 측면 지원에도 불구하고 괴팅엔에서 자신의 평가를 관철시키지 못한다. 후설은 하이데거의 임용을 위해 마르부르크뿐 아니라 자신의 예전 근무지에서도 애를 썼으나 소용이 없다. 마르부르크에 좀 더 가능성이 있는 듯하다. 그러나 어느새 넷으로 늘어난 가족을 조교의 박봉으로 먹여 살리게 된 (그래서 엘프리데가 교사로 일해야 했다) 하이데거는 별로 기대를 품지 않는다. 그는 야스퍼스에게 이렇게 쓴다. "이리저리 끌려 다니지만 가능성은 불투명하고 입에 발린 칭찬이나 듣다 보니 상황은 끔찍해지고 있습니다. 물론 다들 그럴 의도가 있어 그러는 건 아니겠지만 말입니다."(1922년 11월 19일, BwHJ, 34쪽)

하지만 하이데거는 성공을 거둔다. 1923년 7월 18일 그는 마르부르크대학에서 원외 교수 자리를 얻는다. 바로 다음날 그가 야스퍼스에게 자랑스레 알리듯, 원외 교수지만 "정교수의 지위와 권리가" 보장된 자리이다.

1년 전 야스퍼스와 하이데거는 "투쟁공동체"를 이루기로 합의했다. 그들은 시대의 철학 정신을 "가차 없이" 다루는 철학 잡지의 발간을 계획했으나, 하이데거의 지위가 아직 확실하지 않았기에 계획의 실행을 뒤로 미루었다. 이제는 상황이 달라졌다. 하지만 두 사람은 더 이상 잡지 발간 계획에 신경 쓰지 않는다. 그러나 이제 하이데거의 어조에는 더욱 가차 없는 기세가 실린다. 1923년 7월 14일 그가 야스퍼스에게 보낸 편지에서는 그런 어조를 놓치기 어렵다. 이제 막 교수로 임용된 하이데거는 명랑한 기분으로 동업자 무리에게 분노를 표출한다. 초빙 후보 중 세 번째로 자신의 경쟁자였던 리하르트 크로너 Richard Kroner에 관해 그는 이렇게 쓴다. "그처럼 참담하기 그지없는 인간 존재는 지금까지 한 번도 본 적이 없습니다. 이제 그는 늙은 노파처럼 자신의 신세를 한탄하고 있지요. 사람들이 그에게 베풀 수 있는 선행이 있다면, 그건 오늘 당장 그에게서 강사 자리를 빼앗는 일일 것입니다." 하이데거에 의하면, 크로너는 마르부르크에서 영향력이 큰 니콜라이 하르트만에게 편지를 써서 자신을 뽑아 주면 학생처럼 하르트만의 수업도 열심히 듣겠다는 약속마저 했다. 하이데거는 야스퍼스에게 이렇게 말한다. "나라면 그런 짓은 하지 않을 것입니다. 나라면 오히려 내가 있다는 사실만으로 그를 괴롭게 해 줄 것입니다. '16인의 돌격대'[4]가…… 나와 함께할 것입니다."

하이데거는 야스퍼스와의 "투쟁공동체"를 다시 결의하며 이제 그것을 "구체화"할 때가 도래했음을 말할 때도 호전적인 태도를 보인다. "수많은 우상숭배가 근절되어야 합니다. 다시 말해 오늘날 철학의 다양한 주술사들이 얼마나 끔찍하고 조잡한 제작물을 쏟아 내는지가 폭로되어야 합니다. 그래야 그들이 살아 있는 동안 신의 왕국이 그들과 함께 나타나리란 생각 따위를 하지 못하게 될 테니까요."

하이데거는 공적으로는 후설을 여전히 "스승"이라 불렀고, 후설의 지원 덕을 톡톡히 보고 있었다. 하지만 내심으로는 이미 후설에게서 아주 멀어졌고, 그렇기에 야스퍼스에게 보낸 한 편지에서 후설 또한 주술사들에 포함시킨다. "당신도 알다시피, 베를린에서 후설에게 초빙 의사를 전해 왔습니다. 후설은, 정교수직이 영원한 행복이라 착각하는 강사보다도 더 형편없이 처신합니다…… 후설은 이제 완전히 제정신이 아닙니다. 과연 '제정신'이었던 적은 있는지. 최근 들어서는 점점 그런 의문마저 들더군요. 늘 변덕을 부리고 하찮은 얘기만 늘어놓아서 측은할 지경입니다. '현상학의 창시자'라는 소명으로 살고 있지만, 그 소명이 뭔지는 아무도 모릅니다. 한 학기만이라도 이곳에 있어 본 사람은 무슨 일이 일어나는지 압니다. 더 이상 아무도 그를 추종하지 않는다는 것을 깨닫게 되지요…… 그런 사람이 이제 베를린으로 가서 세계를 구원하겠다는 겁니다."

어쨌거나 후설은 에른스트 트뢸치가 남긴 베를린대학의 그 영예로운 자리를 받아들이지 않았다. 베를린으로 가서 세계를 구하겠다는 그의 욕망은 하이데거가 생각한 것만큼 크지 않았다. 오히려 하이데거가 자신의 야심을 예전 스승에게 투사한 것뿐이라는 견해도 있다. 아닌 게 아니라 야스퍼스에게 보낸 이 호전적 편지에서는 이미 하이데거가 아우게이아스의 외양간을 청소하는 헤라클레스[5]의 역할을 맡고 싶어 한다는 점이 드러난다. 하지만 하이데거가 후설에게서 읽어 낸, 그를 못마땅하게 여기게 된 지점이 바로 이런 구원의 태도가 아닌가? 아무튼 야스퍼스에게 보낸 이 편지에서 하이데거는 "철학의 원칙적 개혁"과 "전복"의 판타지를 전개한다. 1923년의 이 여름, 하이데거는 자신이 하이데거임을 발견한다.

프라이부르크대학의 마지막 강의인 그해 여름학기의 '존재론' 강의는 그의 강한 자기 확신을 드러낸다. 그는 자신감에 찬 어조로 야스퍼스에게 이야기한다. "나는 세상에 그것의 책들과 잡다한 문헌들을 넘겨주고 대신 젊은이들을 취합니다. '취한다'는 것은 단단히 붙든다는 뜻입니다. 그 결과 젊은이들은 한 주일 내내 '압박 속에' 있게 됩니다. 일부는 견뎌 내지 못합니다. 가장 간단한 선발 방식이지요. 일부 학생은 어째서 내가 그 무엇도 허용하지 않는지, 어째서 그 어떤 게으름과 그 어떤 피상성, 그 어떤 속임수와 그 어떤 상투적 문구도 허용하지 않는지 깨닫기까지 두세 학기나 걸립니다……나의 가장 큰 기쁨은 이곳에서 내가 솔선해서 변화를 시도할 수 있다는 점, 그리고 이제 내가 자유롭다는 점입니다."(1923년 7월 14일, BWHJ, 41쪽)

하지만 재정적인 문제에서 그는 아직 그만큼의 확신을 품지 못한다. 급여로 얼마를 요구할 수 있을까? 주거비와 이사 비용도 요구할 수 있을까? 야스퍼스가 그의 기대감을 약화시키려 애쓴다. "급여와 관련해선 그 무엇도 요구하기 어려울 것입니다."(1923년 6월 20일, BwHJ, 39쪽)

마르부르크로 이사하기 얼마 전 하이데거는 토트나우베르크 Totdnauberg에 한 뙈기 땅을 구입해 아주 소박한 오두막을 짓는다. 그가 직접 나서지는 않는다. 엘프리데가 모든 준비와 감독을 떠맡는다. 그 후로 토트나우베르크는 그가 세상에서 물러나는 장소이자, 그가 사색하는 폭풍의 언덕이다. 여기서부터 모든 길은 아래로 향한다.

1923년 가을, 하이데거는 마르부르크로 이주한다. 하지만 1928년 늦여름, 그는 다시 이 도시를 떠난다. 프라이부르크대학에서 후설의 뒤를 잇기 위해서이다. 마르부르크에서 보낸 5년의 시간에 대한 하이데거의 생각은 일관되지 않다. 마르부르크 시절이 끝나갈 무렵 야스퍼스에게 보낸 편지에서 그는 이렇게 말한다. "마르부르크에 관해서는 좋게 말할 점이 하나도 없습니다. 나는 단 한순간도 편했던 적이 없습니다."(1928년 5월 13일, BwHJ, 96쪽)

하지만 비교적 긴 시간이 흐르자 그는 어느 사적 대화에서 마르부르크 시절이야말로 생애에서 "가장 흥분되고 가장 열중했던 때이며, 이런저런 일도 가장 많았던 때"였다고 회고한다. 그리고 "가장 행복했던" 때였다고도 말한다.[6]

야스퍼스에게 보낸 편지에서 그가 마르부르크 시절을 폄하한 데에는 전술적 의도 또한 있었다. 당시 야스퍼스는 하이델베르크를 떠날까 고려하는 중이었고, 하이데거에게 마르부르크로 옮겨도 괜찮을지 의견을 구했다. 하지만 하이데거로서는 이직을 권할 수가 없었다. 그 몇 해 동안이 그에게 생산적이었던 건 대학의 상황이 나아졌기 때문만이 아니라 마르부르크와 토트나우베르크를 오가며 기분 전환을 할 수 있었기 때문이었다. 물론 야스퍼스에게 말할 수 없는 또 다른 이유도 있었다. 그에 관해서는 나중에 더 이야기하기로 하자.

마르부르크는 전통 깊은 대학이 있는 소도시로 개신교의 영향이 강했다. 이 대학은 1927년에 건립 400주년을 기념했다. 헤르만 뫼르헨 Hermann Mörchen 이 전하는 바에 따르면, 개혁파 교회에서 이 기념식이 열릴 때 예복 차림의 하이데거는 불만에 가득 찬 표정으로 평소 다니지도 않던 가톨릭교회를 방문했다. 이 조그만 대학 도시는 방학이면 텅텅 비어 깊은 잠에 빠졌고, 그럴 때면 하이데거는 토트나우베르크의 오두막으로 향했다. 그 도시에는 마땅히 숨을 곳이 없었다. 모두가 서로를 알았다. 술책을 꾸미고, 소도시 특유의 험담을 즐기고, 파벌을 짓고, 사소한 차이를 돋보이며 제멋에 겨워하는 게 일상인 곳이었다. 이른바 '교양인들'이 지배한다는 이유로 이 좁은 세계는 스스로를 큰 세계로 착각하고 있었다. 야스퍼스에게 쓴 편지에서 하이데거는 이렇게 말한다. "대학은 지루합니다. 학생들은 그저 착실할 뿐, 자기 주도적인 힘 같은 게 없습니다. 나는 부정성이라는 문제에 깊이 몰두하고 있으니만큼 '무'라는 게 어떤 모습

인지 연구할 최적의 기회를 만난 셈이겠죠."(1926년 12월 2일, BwHJ, 69쪽)

마르부르크에는 '사교 생활'이라는 게 없었고, 어차피 하이데거는 그런 것을 중요하게 여기지도 않았다. 시 정부 고위 공직자인 히치히Hitzig 부인은 대학에 누군가 임용되면 반드시 초대를 했는데, 하이데거도 몇 번 얼굴을 비쳤다. 이 부인은 생존하는 독일 교수 중 91명과 친척 간이라는 소문이 있었다. 그리고 경제사가 프리드리히 볼터스Friedrich Wolters를 중심으로 한 슈테판 게오르게 숭배자들의 모임이 있었다. 또 '모던'하거나 신즉물주의적이거나 좌파적 경향의 사람들은 예술사가 리하르트 하만Richard Hamann의 집에 모였다. 루돌프 불트만Rudolf Bultmann은 매주 한 번 저녁 8~11시에 모여 그리스 텍스트를 낭독하는 모임의 중심인물이었다. 11시부터는 다소 편안한 모임이 되었지만, 엄격한 시간 배분에 따라 진행되기는 마찬가지였다. 한 시간 동안 수준 높은 학문적 한담이 있었으며, 그다음엔 포도주를 마시고 시가를 태우며 농담을 나누는 것이 허용되었다. 불트만은 학자적 양심에 따라 특별히 훌륭한 농담들을 공책에 충실히 기록해 두었는데, 나중에 기회가 되면 참고하기 위해서였다. 대시민계급의 생활 방식에 길들여진 에른스트 로베르트 쿠르티우스Ernst Robert Curtius 같은 이에게 이런 생활환경은 고역이었다. 때문에 그는 이따금 기차를 타고 이웃 도시 기센으로 가 역사 근처 고급 레스토랑의 맛있는 음식을 즐겼다. 마르부르크에서는 그런 음식을 맛볼 수 없기 때문이라고 그는 말하곤 했다.

이런 비좁은 대학 세계에서 하이데거는 얼마 지나지 않아 비밀에 싸인 스타가 되었다. 그는 매우 이른 아침에 강의를 시작했는데, 이는 그다지 경악스런 일은 아니었던 모양이다. 겨우 두 학기만에 150명이나 되는 학생들이 그의 강의를 들었기 때문이다. 하이데거가 임용되었을 때 니콜라이 하르트만의 제자였던 가다머는 하르트만의 제자들이 대거 하이데거에게 옮겨 갔다고 전한다.

발트 해의 남작[7]이었던 하르트만은 밤의 인간이었다. 그는 정오쯤에 기상했고, 자정쯤 되어야 활기를 되찾았다. 그 또한 집에서 사교적인 모임을 가졌고, 토론은 새벽까지 계속되었다. 가다머는 이렇게 말한다. "그런데 마르부르크로 온 하이데거가 아침 7시에 강의를 시작했고, 그 것만으로도 두 사람 사이의 갈등은 피할 수 없는 일이 되었다. 우리는 하르트만 모임의 한밤중 시간을 더 이상 중요하게 여기지 않았다."[8]

하이데거가 나타나기 전까지 철학의 중심점이었던 하르트만은 이제 그런 위상에서 밀려났다. 2년 후 쾰른에서 초빙 의사를 전해오자 그는—안도와 해방감을 느끼며—이를 수락했다. 하르트만의 지도를 받고 박사 학위를 받은 가다머는 자신의 옛 스승과 새 스승이 함께하는 자리를 만들어 보려 했다. "인플레이션은 끝났지만 여전히 극도의 가난에 시달렸던 1924년, 가난한 학생인 나는 건초 마차로 이삿짐을 날라야 했다. 고결한 분들이 그 마차를 끌어 주었다. 하르트만과 하이데거가 함께 끌채를 잡았다. 두 사람이 같은 방향으로 마차를 끌었던 것이다! 그런 순간이면 하이데거는 귀여운 아이 같은 장난기를 발휘했다. 이삿짐을 부리고 돌아가는 길에 갑자기 하이데거가 끌채를 하르트만에게만 맡겼다…… 그러고는 마차로 뛰어올라 우산을 펴 썼다."[9]

하이데거는 외양으로도 마르부르크에서 눈에 띄는 인물이었다. 겨울이면 그가 어깨에 스키를 메고 도시 밖으로 나가는 모습을 볼 수 있었다. 스키 복장으로 강의를 한 적도 몇 번 있었다.

여름이면 하이데거는 유명한 로덴 재킷과 무릎 아래서 여미는 반바지를 입었다. 바로 그가 찬미하는 반더포겔Wandervogel[10] 복장이었다. 학생들은 이를 '실존적 복장'이라 불렀다. 그것은 화가 오토 우벨오데Otto Ubbelohde가 디자인한 것이었다. 가다머에게 이 복장은 "일요일 예배에 참석한 농부의 소박한 정장"[11]을 연상시켰다.

하이데거는 일찌감치 '마르부르크 대학생 협회Akademische Vereinigung Marburg'와 접촉을 가졌는데, 이는 '동맹 청소년단Bündnische Jugend'과도 연계된 조직이었다. 동맹 청소년단은 학생 조합들에 대항했고, '늙은 세대의 속물근성'을 비난했으며, 호엔 마이스너 선언에 따라 청소년의 자기 교육과 자기 책임의 원리를 견지했다. 그리고 또 전문 분야를 넘어선 면학의 이상을 실현하려 애썼다. 이 단체의 특징은 슈테판 게오르게의 엄격함과 반더포겔적 낭만주의의 혼합이라 할 수 있다. 사회정치적 사안에서 이 단체는 다소 좌파적인 경향을 띠었으며, 어쨌든 반시민적 단체였던 것만은 분명했다. 그리고 교양 시민 특유의 그럴듯한 문구에 진저리를 치면서 '순수성'을 내세웠다. 언젠가 한 학생이 '자기만의 개성을 가꾸겠노라며' 큰소리를 치자 하이데거는 다소 빈정거리는 투로, 그런 욕심은 버리는 게 나을 거라고 말했다. 이들의 정신적 분위기는 토마스 만이 『파우스트 박사Doktor Faustus』에서 묘사한 청소년 운동의 분위기와 유사했다. 토마스 만의 이 작품에서 아드리안 레버퀸은 친구 몇 명과 이곳저곳을 도보로 순회하다 건초 더미에서 밤을 보내게 된다. 이들은 "교양인들의 은어"로 신과 세계라는 거대한 주제에 관해 토론을 벌이는데, "자신들의 교만함과 허황됨은 조금도 의식하지 못했다. 그들은 즐겨 '본질적인 문제'를 제기했으며, '종교의 영역'이나 '정치의 영역' 혹은 '학문의 영역', '구조적 원칙', '변증법적 긴장 관계', '존재적 상응' 따위에 관해 이야기했다."[12] 젊은이들이 불편한 건초 속에서 잠잘 준비를 마치자 대화는 "적나라한 현세"에 관한 것으로 바뀌었다.

하이데거는 '대학생 협회'의 학생들 앞에서 몇 차례 강연을 했다. 이때 그는 이 집단이 평소 중시하는 엄격성에 새로운 강세를 부여했다. 그는 다른 무엇보다도 실존적인 문제가 "개념의 얼음 같은 차가움"에 의해 다뤄져야 한다고 말했다. 하이데거는 이 학생들을 집에도 초대했는데, 언젠가 성 니콜라우스 축일[13]에는 모두 함께 노래를 연이어 불렀고, 엘프리데는 과자를 구웠으며, 니콜라우스도 한 사람 등장했다. 이 이야기를 우리에게 전하는 헤르만 뫼르헨은 헤겔의 『정신현상학』을 선물로 받았다. 하이데거와 학생들은 아코디언과 기타를 챙겨 하이킹을 떠나기도 했다. 이 집단의 학생들에게는 토트나우베르크의 오두막으로 하이데거를 방문하는 것도 허용되었다. 그럴 때면 이 철학의 비밀스런 왕은 학생 같은 태도로 궁전을 다스렸다. 하지 축제 때면 오두막 아래 언덕으로 불붙인 바퀴를 굴렸고, 하이데거는 바퀴를 굴리는 학생들의 등에 대고 소리를 질러 댔다. 때로는 오두막 앞 풀밭에 장작더미를 쌓아 불을 붙였고, 하이데거가 일장 연설을 했다. "밤의 불가에서 깨어 있으라……" 어느 날인가 그는 이런 말로 연설을 시작했고, 이어지는 것은 역시 그가 좋아하는 그리스인들의 말이었다. 그는 토트나우베르크의 파르메니데스Parmenides였다.

하이데거의 제자로 받아들여지지 못한 아르놀트 폰 부겐하겐Arnold von Buggenhagen은 세미나 중의 그의 모습을 이렇게 묘사한다. "하이데거는 노트 같은 것은 보지 않고 높지도 낮지도 않은 목소리로 말했다. 그의 말에는 비범한 지성이 넘쳤으나, 그보다 더 돋보이는 것은 이야기의 방향을 규정하려는 의지의 힘이었다. 특히 이야기의 주제가 위험한 것으로 넘어가면 그런 힘이 강하게 표출되었다. 존재론적 주제를 이야기할 때 그의 모습은 교수의 이미지보다는 선장의 이미지에 가까웠다. 거대한 함선조차 유빙으로 침몰할 위험이 있는 시대에 선교에서 대양 항해를 지휘하는 선장의 이미지 말이다."[14]

부겐하겐은 철학하기의 이 새로운 음조, 1932년 야스퍼스의 철학적 주저가 출간된 이후에야 '실존철학'이라는 명칭을 얻은 이 새로운 음조가 당시 어떻게 들려왔는지 기술한다. 그것은 진부한 이성 보편론의 요구로부터의 해방, '어떤 식으로든' 직접 삶에 참여하라는 격려로 다가왔다. 여기서 매혹적인 점은 이 '어떤 식으로든'이 규정되어 있지 않다는 점이다. 하이데거의 철학하기는 개인적 신조나 표현주의, 실생활에 대한 도움 따위에는 관심을 두지 않는다는 점이 곧 분명해졌기 때문이다. 하이데거는 그런 식의 기대를 아주 단호하게 거부했다. 강의 중에 그는 셸링의 이런 말을 자주 인용했다. "생의 불안은 인간을 중심으로부터 몰아낸다." 하이데거에게 그 '중심'이란 "나는 내가 있음을 안다"라는 단순한 문장으로 표현되는 자기만족이다. 부겐하겐은 하이데거가 이런 "벌거벗은 사실"에서 시작되는, 혹은 시작되어야 하는 불안을 얼마나 솜씨 있게 설명해 내는지 이야기한다. 인식의 정당한 근거가 이성에 있다고 칸트에게서 배웠던 사람은 이제 그것이 교체 불가능하고 대리 불가능한 개별자에 있다고 여기게 된다. 즉 그 근거는 보편화의 능력에 있는 것이 아니라 개별적인 것 안에 있다. 근본적인 무엇으로서의 개별자는 언제나 무언중에 언급되어 왔으나, 분명한 윤곽은 취하려하지 않았다. 부겐하겐의 회고에 따르면, 그와 일부 학우들은 자신들이 보편성을 지향하는 이성의 근거를 단념해도 좋을 만큼 "충분한 실존성"[15]을 지니고 있는가 자문하곤 했으며, 부끄럽게도 그렇지 못함을 깨닫곤 했다.

하이데거의 강의를 듣는 학생들에게 금세 분명해진 사실이 있다면, 그의 철학은 전통적인 대학 수업처럼 '배우고 치워 버릴' 수가 없다는 점이었다. 하이데거의 강의는 기를 죽일 만한 학식으로 가득 차 있었지만 그가 그런 측면을 중시한 것은 아니었고, 그 점은 학생들도 알 수 있었다. 그는 자신의 풍부한 지식을 대단치 않게 여기는 듯한 태도를 보였다. 학생들은 열렬한 몸짓과 함께 진행되는 이 철학자의 강의에 경탄을 보냈다. 어떤 학생에게는 그 모습이 "화려한 날갯짓으로 하늘을 나는 독수리"처럼 보였고, 또 어떤 학생에게는 "격분한 사람"처럼 보였다. 당시 부겐하겐은 갑자기 이런 생각이 들었다고 한다. "이 철학자는 미쳐 버린 아리스토텔레스가 아닐까? 그가 주목을 끄는 것은 강대한 사유력으로 자신의 사유에 맞서고, 또 그런 사유를 하면서 사유하라고 주장하는 대신 실존하라는 주장을 펼치기 때문이 아닐까?"[16]

하지만 하이데거의 이 "실존"은 많은 학생들에게 수수께끼 같은 것으로 머물렀다. 이런 상황에서 그들이 택할 수 있는 최선책은 자기 자신의 수수께끼를 탐구하는 것이었다. 부겐하겐은 이런 시도에서 자신이 성공하지 못했다고 고백한다. 이런 시도에서 좀 더 성공을 거두는 학생들도 나타날 것이다.

헤르만 뫼르헨은 하이데거는 '침묵'조차 인상적이었다고 전한다. 철학과 독문학 외에 신학도 공부한 뫼르헨에게 "실존"에 관한 논의는 종교적 의미를 갖는 것이었다. 그는 하이데거에게 이에 관해 물었지만, 하이데거는 아무 말도 하지 않았다. 뫼르헨에게 그것은 "본질적인 '침묵'만큼 무조건적이고 '순수하게' 말하는 것은 없다"는 사실의 증거였다. "동시에 그것은 하이데거가 자신의 가르침을 받는 이들에게 허용하는 일종의 '자유'를 예시하는 것이었다."[17] 언젠가 세미나 중에 하이데거는 이런 말을 했다. "우리는 신학에 관해 침묵함으로써 그것에 존중을 표한다."

하지만 신학에 대한 이 침묵은 프라이부르크에 있을 때보다도 더 그의 상황을 난처하게 만들었다. 마르부르크는 개신교 신학의 아성이었기 때문이다. 이곳에서는 개신교 신학이 그 모던한 '양태'를 특히 생생하게 전개하고 있었다. 과학적 정신 및 문화와 논쟁하는 가운데 기독교 신앙으로의 새로운 접근법을 획득하려는 시도가 활발했던 것이다.

마르부르크로 옮겨 온 직후 하이데거는 에두아르트 트룬아이젠[Eduard

Thruneysen의 강연을 들었다. 트룬아이젠은 카를 바르트를 중심으로 한 '변증법적' 신학파에 속하는 사람이었다. 하이데거가 토론에서 한 말은 가다머에게는 잊지 못할 말이었다. 하이데거가 말한 내용은 그 장소의 정신과는 모순되지 않았지만, 가다머가 마르부르크에서 소문으로 듣던 하이데거와는 일치하지 않았던 것이다. 하이데거가 교회와 신앙에 등을 돌렸다는 것이 소문의 내용이었다. 그러나 당시 토론 자리에서 하이데거는 이렇게 말했다. "신학이 다시 발견해야 하는 참된 과제가 있다면, 그것은 신앙으로 불러내고 신앙에 머물게 하는 말을 찾아내는 일입니다."[18]

이런 말은 그 장소, 즉 마르부르크의 위대한 신학자 루돌프 불트만의 생각을 아주 정확히 표현한 것이다. 불트만은 하이데거보다 2년 앞서 마르부르크로 왔다. 일찍이 카를 바르트가 그랬듯, 불트만은 그곳에서 개신교를 개혁할 것이다. 이 신학은 '탈신화화'라는 표어 아래 1945년 이후에야 커다란 영향력을 발휘하게 될 테지만, 불트만이 이 신학을 기획한 것은 하이데거가 있던 시절의 마르부르크이다. 게다가 그것은 하이데거 철학의 정신에서 탄생한 신학이다. 불트만 스스로가 이 점에서는 의혹의 여지를 남기지 않았다. 하이데거의 현존재 분석에 근거해 불트만은 인간의 상황, 즉 '실존'을 서술해 내려 한다. 던져져 있음과 우려, 시간성, 죽음, 그리고 비본래성으로의 회피 등이 언급된다. 불트만에게는 하이데거의 형이상학 비판이 중요한 의미를 갖게 된다. 이 비판에 따르면 형이상학에서는 사유가 시간을 비현실적으로 배제하고 생을 뜻대로 처분할 수 있기라도 한 듯 허세를 부린다. 하이데거가 형이상학 비판이라 생각한 것이 불트만에게서는 탈신화화이다. 철학자 불트만은—하이데거와 마찬가지로—인간 현존재의 '실존 구조'를 해명하려 한다. 그리고 신학자 불트만은 이 '벌거벗은' 실존, 즉 날것 그대로의 실존을 기독교의 사명과 대질시킨다. 마찬가지로 역사적 독단에서 해방되고 그 실존적인 근본 의미로 환원되는 사명과 대질시키는 것이다. 불트만은 하이데거가 실존 이상을 서술하기보다는 그저 실존적 구조를 서술할 뿐이라고 이해한다. 이렇게 이해된 하이데거는 불트만의 신학에 얼마든지 연계될 수 있다. 불트만은 이렇게 말한다. "실존철학은 나 자신의 실존에 관한 물음에 답하지 않으며, 그렇게 해서 나 자신의 실존을 내 개인적 책임에 맡긴다. 그리고 실존철학은 그렇게 함으로써 나를 성경 말씀에 열어 놓는다."[19]

하이데거와 불트만은 급속히 가까워지며, 이 우정은 평생 동안 유지될 것이다. 하지만 두 사람의 정신적 관계는 불균형한 상태로 머문다. 불트만은 하이데거에게서 많은 영향을 받지만 하이데거가 불트만에게서 받는 영향은 그리 크지 않다. 하이데거는 신앙을 전제로 해서 불트만의 신학을 이해하지만 신앙은 철학의 사안일 수가 없다. 이런 점에서 그는 불트만의 신학을 따르지 않는다. 반면 불트만은 하이데거 철학의 길을 일정 구간 함께 걸어가지만 이는 기독교의 복음과 만날 수 있는 장소를 찾기 위해서이다.

1924년 여름, 하이데거는 불트만의 요청에 응해 마르부르크대학 신학과에서 '시간의 개념Der Begriff der Zeit'이라는 주제의 강의를 한다. 이는 웅변적인 철학적 침묵을 구사하는 하이데거의 기예가 신학의 분야에서 발휘된 좋은 사례이다.

그는 신학이나 신에 관해서는 말하려 하지 않는다. 처음부터 그는 이 점을 분명히 하며, "인간적인 것"만을 다룰 것이라 말한다. 하지만 인간적인 것에 관해 이야기하다 보면 마치 열쇠가 자물쇠에 맞듯 결국 불트만식의 신학과도 연결될 것이라는 말도 덧붙인다.

이 강의를 할 무렵 하이데거는 장차 『존재와 시간』으로 완성될 사상을 이미 형성시켜 가는 중이다. 그는 "현존재의" 가장 중요한 "근본 구조들", 즉 "시간"의 성격에 의해 고스란히 규정되는 그 구조들의 개요를 간결한 형태로 제시한다.

이 강의에서 그는 시간성을 사멸성이라 설명하는데, 시간성의 이 특징이 강조되기는 이때가 처음이다. "현존재는…… 자신의 죽음을 안다…… 현존재란 자신의 지나감Vorbei으로 앞서 달려감이다."(BZ, 12쪽) 지금 그리고 여기의 모든 행위와 체험에서 우리는 이미 그러한 "지나감"을 감지한다. 생의 진행이란 언제나 생의 소멸 과정이다. 우리는 이런 소멸 과정으로서의 우리 자신에게서 시간을 체험한다. 따라서 이러한 "지나감"은 우리 생의 종말에나 있을 죽음의 사건이 아니라 생의 수행 방식, 곧 "내 현존재 자체의 방식Wie"이다.(BZ, 18쪽)

이러한 생각은 죽음에 관한 위대한 전통적 성찰, 예컨대 소크라테스의 죽음 사상, '항상 죽음을 생각하라'는 기독교의 훈계, '철학이란 죽음을 배우기'라는 몽테뉴Montaigne의 격언과 어떻게 다른가?

하이데거의 생각은 다음과 같은 점에서 그러한 전통적 사상과 구별된다. 하이데거는 죽음에 대해 사상으로 승리를 거두기 위해 성찰을 개진하지 않는다. 그는 부단한 현재적 "지나감"인 죽음을 사유할 때에야 비로소 시간성으로의 통로, 그리고 현존재를 뜻대로 할 수 없음의 통로가 열린다는 점을 분명히 드러내기 위해 성찰을 전개한다.

이 강의는 후일 『존재와 시간』의 유명한 죽음의 장에서 개진되는 내용을 암시하는 수준에 머물고 있다. 하지만 이런 암시만으로도 신학과 형이상학의 강력한 전통에 분명한 거부 의사를 표현하기에는 충분하다. 그것은 신이나 지고한 존재를 시간을 초월한 영역으로 수립하는 전통, 그리고 우리가 신앙이나 사상을 통해 그 영역에 참여할 수 있다고 주장하는 전통이다. 하이데거는 이를 본래적 시간성에서의 도피라고 해석한다. 이른바 영원한 것과의 결속이란 시간을 초월해 획득되기는 커녕 시간 앞에서 움찔하며 물러설 뿐이다. 시간은 우리의 가능성을 확장하는 게 아니라 그 가능성 뒤에 머물게 한다.

하이데거가 거리를 두는 이 전통과 불트만이 탈신화화의 신학에 의해 거부하는 전통은 같은 것이다. 그것은 기독교적 복음의 중심에 십자가를, 따라서 어떤 신의 죽음을 세우는 신학이다. 불트만의 신학에는 하이데거가 밝혀낸 것과 동일한 시간성의 경험이 전제되어 있다. 불트만에 따르면, 기독교의 복음을 받들기 이전 우리는 온갖 공포와 불안을 품은 채 '죽음을 향한 존재'를 경험할 수밖에 없었다. 십자가와 부활은 신앙인의 삶에서 수행되는 변화를 가리킨다. 인간의 부활이란 미래적 영원성의 상상된 사건이 아니라 인간 내면의 변화로서 지금 여기서 수행된다. 그것은 철저히 경험된 생의 시간성, 다시 말해 그 사멸성에서 생성되는 부활이다. 불트만의 해석에 따르면, 바로 이것이 신약이 전하는 역설적이고 간명한 메시지이다.

하이데거의 철학이 당시 종교적 사상가들에게 얼마나 강한 영감을 심어 주었는지는 한스 요나스의 예에서도 분명하게 나타난다. 그는 하이데거와 불트만의 제자였다. '그노시스와 고대 후기 사상'에 관한 요나스의 방대한 연구는 불트만이 기독교를 탐구하는 방식대로 또 다른 영적 전승을 논한다(그노시스는 후기 고대와 초기 기독교에서 가장 강력한 영적 운동이었다). 불트만과 마찬가지로 한스 요나스 또한 하이데거의 현존재 분석을 '자물쇠'로 택한다. 영적 메시지라는 '열쇠'를 꽂을 자물쇠로 택하는 것이다. 그도 그럴 것이—어쨌든 요나스의 해석으로는—그노시스란 '던져져 있음'의 경험으로부터 생명을 얻는 것이기 때문이다. 그노시스적 신비론과 신학은 현세로 '추락한' 정신('프노이마^{Pneuma}')에 관해 이야기한다. 현세에 떨어진 정신은 항상 정처 없이 외롭게 지내야 한다.

정신은 자신의 참된 근원을 배반하고 망각할 때만 현세적인 것에 섞일 수 있다. 현세 속에 자신을 산산이 흩뿌려 사라질 때만 동화될 수 있다는 얘기이다. 그노시스의 구원설에서 무엇보다 중요한 문제는 과연 현세를 떠도는 정신이 자신의 존재망각을 극복하고, 흐트러진 자신을 다시 끌어 모으며, 망각된 근원을 기억하게 되는가 여부이다. 간단히 말해, 한스 요나스가 서술하는 그노시스란 하이데거적 의미의 "본래성"을 찾아 나선—역사적으로 확정 가능한—종교적 운동이다.

마르부르크 시절 하이데거에게는 아주 특별한 종류의 본래성과 마주할 놀랄 만한 기회가 열렸다. 그런 기회를 이곳의 신학자들은 '카이로스Kairos'라 불렀다. 그것은 '위대한 기회'라는 뜻이었다. 그것은 하나의 만남, 후일 자신의 아내 엘프리데에게 고백하게 되듯, "그의 생애의 열정"에서 비롯된 만남이었다.

1924년 초, 열여덟 살의 유대인 여학생이 마르부르크로 왔다. 불트만과 하이데거에게 배우기 위해서였다. 그녀의 이름은 바로 한나 아렌트Hannah Arendt이다.

쾨니히스베르크에서 태어나고 성장한 그녀는 독일 문화에 동화된 유대인 가문 출신이었다. 대시민계급의 유복한 가정에서 태어난 그녀는 이미 열네 살 때부터 철학에 관심을 가졌다. 그녀는 칸트의 『순수이성비판』을 읽었고, 그리스어와 라틴어에 통달해서 열여섯 살에는 고대문학 연구독서회라는 동아리를 만들기도 했다. 한나 아렌트는 쾨니히스베르크에서 외래 통학생으로 졸업 시험을 치렀는데, 이 시험을 보기도 전에 그녀는 베를린으로 가서 로마노 구아르디니Romano Guardini[20]의 강의를 듣고 키르케고르의 저작을 읽었다. 철학은 그녀에게 하나의 모험 같은 것이 되었다. 베를린에 갔을 때 그녀는 하이데거에 관한 소문도

들었다. 그녀는 이렇게 회상한다. "소문의 내용은 아주 단순하다. 사유가 되살아났다. 죽었다 믿었던 과거의 지적 보화가 입을 열었다. 그리고 이제 이 보화는 사람들이 수상쩍게 여겼던 것과는 전혀 다른 것을 산출한다는 점이 밝혀진다. 이제 한 스승이 있다. 아마도 사유를 배울 수 있으리라…… 세계-내-존재라는 단순한 사실에서 열정처럼 솟아오르며…… 어떤 궁극 목적보다는…… 생 자체를 가질 수 있는…… 그런 사유를."[21]

마르부르크에서 한나 아렌트는 짧은 머리 모양과 최신 유행 복장으로 모두의 주목을 끄는 여학생이었다. "그녀에게서 가장 눈에 띄는 점은 눈빛이 발하는 도발적인 힘이었다."[22] 1920년대에 잠시 그녀의 남자친구였던 베노 폰 비제Benno von Wiese는 젊은 날을 회고하며 이렇게 말한다. "그 눈을 보면 빠져들 수밖에 없었고, 두 번 다시 헤어나지 못할까봐 두려움이 일었다." 종종 그녀는 우아한 녹색 원피스를 입었고, 이 때문에 학생들은 그녀를 '녹색녀'라 불렀다. 헤르만 뫼르헨에 따르면, 학생 식당에서 이 여학생이 입을 열면 주변 식탁에서 갑자기 대화가 중단되곤 했다. 그녀의 이야기라면 들을 수밖에 없었던 것이다. 그녀의 행동거지엔 자부심과 수줍음이 섞여 있었다. 불트만의 세미나 참석자를 선발하는 의무 면담에서 그녀는 공세적 태도를 취하여 자기편에서 참석 조건을 제시했다. 불트만에게 그녀는 "그 어떤 반유대적 언사도 없어야"[23] 한다고 단도직입적으로 말했다. 불트만은 침착하고 친절한 태도로 반응했으며, 만약 반유대적 언사가 있을 경우 "이를 어떻게 처리할지에 관해 우리 두 사람은 약속한 것이나 다름없다"고 다짐해 주었다. 한스 요나스는 불트만 세미나에서 한나 아렌트를 만났고 그녀와 우정을 맺게 되었다. 한스 요나스는 세미나에 참석한 학생들이 이 동료 여학생을 어떤 예외적 현상으로 느꼈다고 술회한다. 학생들은 그녀에게서 "그 어떤 격렬함과 목표 의식, 질적으로 수준 높은 것에 대한 감각, 본질적인 것에 대한 탐구심, 그리고 심오함을 발견했으며, 사람을 사로잡는 매력을 느꼈다."

그녀는 대학 근처 다락방에 세를 들어 살았다. 이 방에서 그녀는 친구들과 철학적 토론을 벌이곤 했는데, 개중에는 쾨니히스베르크와 베를린에서부터 알았던 친구들도 있었다. 때때로 그녀는 아주 매력적인 장면을 연출해 친구들을 즐겁게 했다. 자그마한 룸메이트인 쥐 한 마리를 쥐구멍에서 불러내 먹이를 주었던 것이다.

그리고 1924년 2월 이래로 두 학기 동안 그녀는 철학 스승 마르틴 하이데거를 이 방에서 만났다. 철저한 비밀에 부쳐졌기에 그녀의 가장 친한 친구들조차 그 사실은 알지 못했다.

엘즈비에타 에팅어Elzbieta Ettinger는 한나 아렌트의 유고로부터 이 관계의 역사를 재구성했다. 그녀는 한나 아렌트의 편지에서 인용을 하고 (출판을 위해 공개된 적이 없는) 하이데거의 편지들도 요약해서 소개한다. 필자의 아래 서술은 에팅어의 조사에 근거할 텐데, 그에 따르면 두 사람의 관계는 1924년 2월에 시작되었다. 그해 2월 초 하이데거는 이미 몇달 전부터 눈에 띄었던 이 여학생을 자신의 연구실로 불러 대화를 나누었다. 그녀가 하이데거에게 남긴 이미지는 이런 것이었다. "그녀는 레인코트를 입고 모자를 깊숙이 눌러쓴 채 들릴락 말락 한 목소리로 '네', '아니요'라고만 답했다."[24]

한나 아렌트는 평소 경탄을 금할 수 없었던 이 남자에게 즉각 거부할 수 없는 매력을 느꼈음이 분명하다. 1925년 2월 10일, 하이데거는 "친애하는 아렌트 양에게"라는 형식적 인사로 시작되는 첫 번째 편지를 쓴다. 에팅어가 말하듯, "하이데거는 정중하게 거리를 유지하면서 존중감을 표현하고 그녀 정신과 영혼의 높은 수준을 칭찬했으며 스스로에게 충실한 사람이 되도록 그녀를 돕고 싶은 마음뿐이라고 썼다."[25] 에팅어의 말처럼 그것은 사무적이면서도 감성이 넘치는 편지이며, 한 편의 "서정적인 노래"이다. 하이데거가 엘리자베트 블로흐만에게 보낸 첫 번째 편지도 이런 종류의 것이었다. 상대에게 세심하게 경의를 표하는 동시에 자신을 영혼의 인도자로 내세우는 편지 말이다. 1918년 6월 15일 그는 블로흐만에게 이런 편지를 쓴 바 있다. "그리고 만약 당신이 자신의 운명에서 그런 정신에 대한 감동을 소중히 여기고 있다는 확신이 내게 없었다면, 나는 오늘 편지를 쓰지 않았을 것이고 장래에도 정신적 교류를 유지할 생각 따위는 하지 못했을 것입니다."(BwHB, 7쪽) 한나에게 보낸 첫 편지에서 하이데거는 조금 덜 투박한 어투를 사용했을지는 몰라도 정신 교육자로 자처하기는 마찬가지이다. 이 편지에 한나는 혼란과 더불어 압도당하는 기분을 느낀다. 위대한 스승이 자신에게 관심을 보인 것이다. 나흘 후 하이데거가 보낸 편지는 "친애하는 한나"로 시작된다. 그리고 두 주일 후에는 단 몇 줄을 써 보내며, 이로부터 "육체적 친밀성이 생겨난다."(에팅어)

헤르만 뫼르헨에 따르면, 불트만의 세미나에서 하이데거가 창세기 3장의 원죄론에 대한 루터 주석과 관련해 자신의 해석을 발표한 때도 바로 이 2월이었다.

하이데거는 관계의 규칙을 제시하고, 한나는 그것을 지켰다. 가장 중요한 것은 엄밀한 비밀 유지였다. 그의 아내만이 아니라 대학과 소도시의 어느 누구도 이 관계를 알아서는 안 되었다. 하이데거는 한나에게 지극히 암시적인 편지를 보내 "다음번 만날 장소와 시간을 분 단위로 정확히 알려 주었고, 자신이 혼자 있는지 여부를 알리는 전등 점멸의 신호와 더불어 몇 가지 안전 수칙과 지침도 전달했다."[26] (에팅어) 한나는 모든 지시에 순종했다. "내 사랑으로 인해 당신이 더 힘들어져서는 안

되기 때문"[27]이었다. 한나 아렌트는 하이데거에게 자신을 선택하라고 요구할 생각은 하지도 못했다.

1924년 여름방학, 하이데거가 토트나우베르크에 가 있는 동안 한나는 쾨니히스베르크로 돌아가 친척집에 머문다. 거기서 그녀는 자신의 모습을 다소 암시적으로 묘사한 글을 써서 하이데거에게 보낸다. 이 관계에서 자신이 진정 현실적으로 존재하지 못한다는 감정에 시달리기 때문이다. 그녀는 "그림자"—이것이 그녀가 쓴 글의 제목이다—로 머물 수는 없기에 이제는 자신을 드러내고자 한다. 이제 막 그녀에게 일어난 "진기하고 놀라운" 사건, 그녀의 삶을 "지금 여기와 그때 거기"로 갈라놓은 이 사건에 그녀는 언어를 부여하고자 한다.[28] 그녀는 이 사랑을 "유일한 무엇에 대한 부동의 헌신"이라 부른다. 한나 아렌트는 어떤 분위기에 완전히 녹아들어 마치 그림자처럼 자기 영혼의 움직임을 그려 보인다. 그 영혼은 세계와 분리되고 세계를 상실한 내면의 소용돌이 안에 있다. 이 텍스트는 이런저런 성찰에 흐름이 끊기기도 하며, 거리를 취한 제3자의 관점에서 아직 진정으로 세상에 태어나지 못한 사랑에 관해 이야기한다. 아주 기본적인 무엇이 결락되어 있는 바, 한나 아렌트는 후일 『활동적 삶Vita Acitva』[29]에서 이를 "세계의 사이 공간"이라 부를 것이다. "사랑이 그저 다른 누군가를 붙잡을 때의 열정일 때는 세계의 사이 공간이 불꽃 속에 사그라져 버린다. 우리를 타자들과 결속시키는 동시에 그들과 분리하는 사이 공간이 소멸되는 것이다. 사랑하는 사람들이 공동세계와 분리되는 까닭은 그들에게 세계는 없기에, 사랑하는 사람들 사이에서 세계는 불타 버리기에 그러하다."[30]

"세계의 사이 공간"은 열정뿐 아니라 비밀 유지를 강요함으로 인해서도 해체된다. 사랑이 드러나선 안 되는 곳, 그 사랑의 증인이 없는 곳에서는 머지않아 현실과 상상의 구분 기준도 사라지기 마련이다. 이런 점 때문에 한나는 우울해진다. 그녀는 "그림자 속에서" 자신의 "저주받은 유형 생활"[31]에 관해 말한다. 이 시기 그녀가 쓴 시 한 편에는 이런 말이 있다. "왜 내게 내미는 너의 손은 / 그처럼 수줍고 은밀한가? / 너는 그토록 먼 곳에서 왔기에 / 우리의 포도주를 알지 못하는가?"[32]

하이데거는 한나 아렌트보다 열일곱 살이나 많았고, 두 아들의 아버지였으며, 공명심이 강한 여자와 결혼했다. 그의 아내는 가족의 명성에 무척 신경을 썼으며, 여학생들에게 인기가 많은 남편을 의심의 눈초리로 주시했다. 특히 한나에 대한 반감은 두드러졌다. 하이데거가 한나를 아끼는 마음을 공공연히 드러낸 때문이기도 하지만, 한나가 유대인이라는 사실 또한 반감을 키웠다. 엘프리데의 반유대주의는 이미 1920년대에 일부 사람들에게 주지의 사실이었다. 이와 관련해서 에팅어는 귄터 슈테른Günther Stern(귄터 안더스Günther Anders)의 회고담을 전한다. 후일 한나 아렌트와 몇 년간 결혼 생활을 하게 될 귄터 슈테른의 회고에 의하면, 토트나우베르크에서 파티가 열린 어느 날 엘프리데 하이데거는 그에게 마르부르크의 나치 청년단에 가입할 의사가 있는지 물었다. 귄터 슈테른이 자신은 유대인이라고 대답하자 그녀는 경악을 금치 못했다. 당시 한나는 하이데거에게 어떤 결단을 요구하지는 않았다. 하지만 그녀가 그런 결단을 기대했으리란 추측마저 배제할 수 있는 것은 아니다. 비밀 유지란 결국 하이데거만의 놀이였다. 그녀의 생각에 이 관계가 좀 더 옹골찬 현실이 되도록 애써야 하는 사람은 하이데거였다. 하지만 그는 그런 것은 원하지 않았다. 한나의 헌신은 그에게 행운이었지만 그에게 어떤 책임을 지우는 것이어선 안 되었다. 여러 통의 편지에서 그는 기회 있을 때마다 그녀만큼 자신을 이해하는 사람은 없다고, 철학의 문제에서도, 아니, 특히 그 문제에서 그렇다고 말한다. 실제로 한나 아렌트는 그녀가 얼마나 하이데거를 잘 이해했는지 입증하게 될 것이다. 그녀는 그 자신보다도 더 잘 그를 이해하고 있었다. 사랑하는 사람들이 그렇듯, 그녀는 그의 철학을 보정할 것이며, 그의 철학에 대해 그것이 결여한 현실성을 부여하게 될 것이다. "죽음으로 앞서 달려감"에 대해 그녀는 탄생성의 철학으로 응답할 것이며, "각자성^{Jemeinigkeit}"의 실존적 유아론에는 다원성의 철학으로 답할 것이다. "세인^{Man}"의 세계로 "빠져 있음^{Verfallenheit}"에 대한 비판에 그녀는 "세계 사랑^{amor mundi}"으로 답할 것이며, 하이데거의 "빛 트임^{Lichtung}"에 대해서는 "공공성"의 철학적 찬미로 답할 것이다. 하이데거의 철학은 그제야 완전한 무엇이 될 테지만, 이 남자는 그것을 깨닫지 못할 것이다. 그는 한나 아렌트의 저작은 전혀 읽지 않거나 건성으로 보고는 치워 버릴 것이다. 그리고 읽은 내용 때문에 기분도 상할 것이다. 이 모든 것에 관해서는 나중에 더 이야기하기로 하자.

지금 하이데거는 한나를 사랑한다. 그리고 한동안은 더 그녀를 사랑할 것이다. 그는 자신을 이해하는 여인인 그녀를 진심으로 사랑하며, 그녀는 그에게 『존재와 시간』의 뮤즈가 된다. 후일 그는 그녀가 없었다면 이 저작을 쓰지 못했을 것이라 고백하게 될 것이다. 하지만 자신이 그녀에게서 배울 수도 있다는 생각은 단 한순간도 하지 않을 것이다. 1955년 『전체주의 지배의 요소와 기원^{Elemente und Ursprünge totaler Herrschaft}』이라는 위대한 저작을 출간한 아렌트는 하이데거를 방문할 계획을 세웠다가 결국 계획을 접어 버리고 만다. 그녀는 하인히리 블뤼허^{Heinrich Blücher} ³³에게 보낸 편지에서 그 이유를 밝힌다. "이제 곧 내 책이 출간될 수밖에 없다는 사실이…… 생각할 수 있는 최악의 상황을 만들고 있어. 당신도 알다시피, 나는 하이데거에게 내가 단 한 줄도 글을 쓴 적이 없고 앞으로도 쓰지 않을 것처럼 처신할 준비는 되어 있어. 말로 하진 않아도 바로 이런 게 전체 사건의 불가결한 조건이지."³⁴

다시 마르부르크로 돌아가자. 관계가 지속될수록 비밀을 유지하기는 점점 더 어려워진다. 게다가 한나에게 이 관계는 점점 더 괴이한 것이 된다. 하이데거는 만남의 소중한 순간만을 중요시할 뿐, 한나가 언제나 자기 주변에 있기를 원하는 것은 아니다. 이 역할은 엘프리데에게 돌아간다. 그렇기에 1925년 초 하이데거는 한나에게 하이델베르크로 가서 자기 친구인 야스퍼스의 지도를 받으라고 적극 권한다. 관계의 종말이 아니라 공간적으로 떨어져 있는 것뿐이라고 그는 말한다. 마침 한나도 마르부르크를 떠날까 고려하는 중이었다. 그녀에게는 다른 이유가 있다. 에팅어가 추측하듯, 그녀는 하이데거가 자신을 붙잡기를 바랐을 것이다. 그가 만류하기를 바랐을 것이다. 그런데 오히려 하이데거 쪽에서 그런 제안을 하자 그녀는 상처를 받았을 것이다. 하지만 에팅어도 분명히 지적하듯, 한나는 그저 하이데거를 떠보기 위해 그런 생각을 한 것은 아니었다. 10년의 세월이 흐른 후 그녀는 하인리히 블뤼허에게 이런 편지를 쓴다. 블뤼허는 당시 그녀의 모든 것이었던 사람, 연인이자 친구, 오빠이자 아버지이며 동료인 남자였다. "'위대한 사랑'과 나 자신의 정체성을 동시에 가질 수 있다는 걸 나는 여전히 믿지 못하는 것 같아…… 나는 후자를 가져 본 후에야 전자를 가지게 되었어. 하지만 이제는 마침내 진정한 행복이 무엇인지도 알게 되었어."[35]

하인리히 블뤼허는 한나의 망명 동료였고, 한때는 공산주의자였으며, 후일 미국에서 독학으로 공부해 철학교수가 된 사람이다. 지적으로 카리스마가 넘치고, 자기 확신이 있으며, 마음이 따뜻한 이 남자를 만나고 나서야 한나는 헌신과 자존의 통일을 경험하게 될 것이다. 하이데거와는 그런 일이 가능하지 않았다. 1924년이 끝나 갈 무렵 그녀는 스스로를 지키기 위해 하이데거를 떠나려 한다. 하지만 그녀는 그에게서 벗어나지 못한다. 그녀는 하이데거에게 하이델베르크의 새 주소를 알려주지 않지만, 내심 그가 자신을 찾아내기를 바란다.

하이데거는 한스 요나스에게서 한나의 하이델베르크 주소지를 알아내며, 둘 사이엔 다시 편지가 오간다. 그리고 다시 만남이 이뤄진다. 1926년 봄, 하이데거는 강연을 위해 스위스로 향한다. 에팅어에 따르면 두 사람은 만날 약속을 했다. 한나는 하이데거의 동선에 놓인 어딘가의 작은 마을에서 그를 기다려야 했다. 그는 하루 동안 여행을 중단하고 여관에 묵을 것이다. 그는 기차가 작은 역들에서 멈출 때마다 그녀가 있는지 확인하겠다고 했다.

하이데거에게 한나는 베노 폰 비제와의 관계를 얘기하며, 후에는 귄터 안더스와 사귄다는 이야기도 한다. 그녀는 하이데거의 반응에서 상처를 받는다. 그는 축하의 말을 하면서도 계속 밀회를 이어 갈 계획을 알린다. 이로 인해 그녀는 깨닫는다. 하이데거는 그녀가 얽혀 있는 일상의 사소한 정열보다 자신의 위대한 정열을 더 중시한다는 사실을. 하지만 무엇보다도 그는 그녀의 연애 행각이란 그에게서 벗어나려는 무력한 시도에 불과한 것임을 끝내 깨닫지 못하는 듯하다. 설령 그가 이 점을 깨달았다 해도, 그녀는 그의 달라진 태도에서 여전히 자신에게 권력을 행사하려는 욕망을 읽어 냈을 것이다. 그녀는 주춤 물러서며 편지에 답장하지 않는다. 하지만 그는 다시금 어떤 요구와 부탁, 사랑의 맹세를 전해 올 것이며, 그녀는 그에게 갈 것이다. 에팅어는 한 가지 예를 소개한다. 1920년대 말 한나는 친구와 함께 뉘른베르크로 여행을 떠난다. 그때 하이데거로부터 "밀회를 제안하는"[36] 편지를 받는다. 카프카의 작품 『성Das Schloß』에서 고위 관료 클람이 프리다를 불러내듯, 하이데거는 그녀를 불러낸다. 그리고 한나는 프리다와 똑같이 반응한다. 그녀는 그 부름에 응해 달려간다.

마르부르크를 떠나고 6년이 지난 후 한나 아렌트는 라헬 바른하겐 Rahel Varnhagen[37]에 관한 책을 쓴다. 핑켄슈타인Finckenstein 백작과 라헬의 실패한 사랑의 묘사에서 우리는 그녀가 자신의 경험과 환멸을 투사하고 있다는 인상을 받는다. 라헬은 백작이 살롱뿐 아니라 그의 가족 앞에서도 자신을 인정해 주기를 바랐다. 유대인인 그녀는 백작의 융커[38] 세계로 편입되기를 원했다. 그리고 백작은 그럴 용기가 없다면, 다시 말해 ―한나 아렌트가 말하듯―그녀에게 "공개"와 "인정"이라는 선물을 줄 수 없다면, 최소한 관계를 끝내기라도 했어야 했다. 한나 아렌트에 의하면 무엇보다도 라헬은 백작이 관계의 타성에 의해 사랑의 모험이 압도될 정도로 상황을 방치해 버리자 이에 실망한다. 한나 아렌트는 이렇게 쓴다. "그가 승리자이다. 그가 원하는 것을 얻었다. 삶이, '운명'이. 좀 더 정확히는 그의 삶, 그의 운명이. 그의 눈에는 과도하고 제정신이 아닌 요구를 간단히 제압해 버릴 뿐, 선과 악 어디에도 관여치 않으려는, 어떤 입장도 기피하려는 그의 삶과 운명이."[39]

아무런 결단도 내리지 않은 하이데거, 그리하여 운명이 그녀의 "과도하고 제정신이 아닌 요구"를 제압하게 만든 하이데거 또한 그러한 "승리자"였을까?

'운명'이 자신의 뜻대로 수년간 두 사람을 헤어지게 만든 후인 1950년, 한나는 하이데거를 다시 만난다. 이때 그녀는 하인리히 블뤼허에게 이런 편지를 쓴다. "근본적으로 보자면 나는 행복해. 결코 잊지 않는 게 옳았다는 것을 확인하게 되었으니 말이야."[40] 이러한 재회로 인해 평생에 걸친 이야기의 새로운 장이 열릴 것이다.

뮤즈가 떠난 후에도 하이데거는 "영감"을 놓치지 않고 집필을 계속할 수 있다. 방학을 맞으면 그는 토트나우베르크로 가서 원고를 정리한다. 이 원고는 1927년 『존재와 시간』이라는 제목으로 출간될 것이다. 그가 머무는 곳은 이웃 농부 집의 방 한 칸이다. 오두막은 식구들 때문에 좁고 소란스럽기 때문이다. 야스퍼스에게 보낸 편지에서 그는 고되면서도 즐거운 일에 대한 강한 의욕을 표현한다. 야스퍼스에게 그는 한나 아렌트와의 일은 고백하지 않았다. 아무튼 1925년 7월 24일 자 그의 편지는 이렇다. "8월 1일에 저는 오두막으로 갈 예정입니다. 산의 강렬한 공기를 고대하고 있습니다. 여기 아래의 약하고 가벼운 것들은 장기적으로는 사람을 망가뜨립니다. 일주일 동안은 장작을 패고, 다시 글을 쓸 생각입니다." 1925년 9월 23일 자 편지는 이렇다. "이곳 위는 장관입니다. 봄이 되기 전까지는 여기 위에서 일하며 지내고 싶은 마음이 간절합니다. 교수들과 어울리고 싶은 마음은 전혀 없습니다. 농부들이 훨씬 더 편하며, 재미있기까지 합니다." 1926년 4월 24일 토트나우베르크에서 온 편지는 승리감으로 차 있다. "4월 1일 내 논저 『존재와 시간』의 인쇄를 시작했습니다…… 일은 잘 진행되는 중이며, 새 학기와 이제 다시 주변을 감쌀 속물적 공기를 생각하면 짜증이 날 뿐입니다…… 이미 한밤중입니다. 산 위에는 폭풍이 몰아치고, 오두막의 대들보가 삐거덕거립니다. 생은 영혼 앞에 순수하고 단순하고 위대하게 있습니다…… 저 아래서 그처럼 기이한 역할을 할 수 있다는 게 더 이상 이해되지 않을 때가 종종 있습니다."

『존재와 시간』이 완성된 데에는 어느 정도 외부로부터의 자극이 주효했다. 1925년 니콜라이 하르트만이 쾰른대학의 초빙을 수락했고, 마르부르크대학 철학과는 원외 교수 하이데거를 정교수로 승격시키고자 했다. 이제 인사위원회는 하이데거에게 슬며시 압력을 넣어 새로운 저작의 출판을 독려한다. 그 전에 인사위원회는 하르트만으로부터 "하이데거의 아주 탁월한 저작 하나가 완성 직전에 있다"는 말을 들은 바 있다. 그리고 철학과는 이 언질만으로 1925년 8월 5일 하이데거를 하르트만의 후계자로 올린다. 하지만 1926년 1월 27일 베를린에서 거부의 편지가 온다. 문화부 장관 카를 하인리히 베커Carl Heinrich Becker는 이렇게 쓰고 있다. "하이데거 교수의 교육적 성과는 인정합니다만, 위대한 문헌상의 업적으로 금번 승격에 필요한 학과 동료들의 특별한 인정을 얻기도 전에 귀 대학 철학과의 유서 깊은 정교수직을 하이데거 교수에게 맡기는 것은 적절치 않은 처사라고 본관은 생각합니다."[41] 1926년 6월 18일 철학과는 문화부 장관에게 하이데거의 정교수 승격을 인정해 달라는 청원을 다시 올린다. 그 사이 분량이 적지 않은 그의 저작 한 권이 인쇄에 들어갔다는 말도 덧붙인다. 가인쇄본 한 부도 동봉되지만, 가인쇄본은 11월 25일 반송된다. 문화부는 결정을 바꾸지 않는다. 1927년 『존재와 시간』이 후설과 막스 셸러에 의해 간행되는 「철학과 현상학 연구 연보Jahrbuch für Philosophie und Phänomenologische Forschung」의 특별호로 출간된다. 마침내 문화부도 어떤 종류의 저작이 출간된 것인지를 파악한다. 1927년 10월 19일, 하이데거는 철학과 정교수로 승격된다.

짧지 않은 시간 동안 불유쾌한 옥신각신이 되풀이되었다. 1926년 4월 24일 하이데거는 야스퍼스에게 이런 편지를 쓴다. "그 모든 일에…… 나는 전혀 관심이 없습니다." 하지만 최소한 이런 상황으로 인해 하이데거는 아직 완성된 것이라 여기지 않는 저작을 출판할 수밖에 없었다. 야스퍼스는 가인쇄본이 나오는 대로 몇 장씩 원고를 받는다. 원고에는 그리 많지 않은 하이데거의 보충 설명이 첨가되어 있다. 1926년 5월 24일의 편지에서 하이데거는 이런 말을 한다. "전반적으로 보아 내게 이것은 아직 완성을 바라보며 진행 중인 연구입니다." 1926년 12월 21일 자 편지에서 그는 자신의 저작을 "대단히 높이" 평가하지는 않지만, 그 덕분에 "좀 더 위대한 선배들이 뜻한 바를 근본적인 차원에서 이해하는 것은 배울 수 있었다"고 말한다. 1926년 12월 26일 자 편지에는 이런 말이 나온다. "사실 이 저작은 내가 이미 소유한 것보다 더 많은 것을 내게 가져다주지는 않을 것입니다. 내가 이미 소유한 것이란, 나 혼자 힘으로 자유롭게 널리 트인 곳으로 나왔으며, 몇 가지 확신과 방향에 의거해 '물음'을 제기할 수 있다는 것을 말합니다."

1927년 봄, 하이데거의 어머니가 임종을 맞게 된다. 야스퍼스에게 하이데거는 신심 깊은 어머니의 눈에 자신이 신앙을 버린 아들로 비칠 수밖에 없음이 얼마나 큰 고통인지를 넌지시 암시한다. "내가 어머니께 커다란 걱정거리이며 편안히 눈 감을 수 없게 만드는 아들이란 점은 당신도 능히 짐작할 수 있을 것입니다. 가장 최근 어머니 곁에서 보낸 시간은 내가 영원히 잊지 못할…… 한 조각의 '실천철학'이었습니다. 내 생각에 대부분의 '철학자들'에게 신학과 철학의 물음, 좀 더 정확히 믿음과 철학의 물음은 순전히 책상 위의 물음입니다."(1927년 3월 1일, BwHJ, 73쪽)

어머니가 자리에 누워 있던 이즈음 하이데거는 튀빙겐대학에서 '현상학과 신학Phänomenologie und Theologie'이라는 주제의 강연을 한다. 1927년 3월 9일의 이 강의는 후일 마르부르크대학에서 개작된 형태로 되풀이된다. 이 강의에서 하이데거는 이런 말을 한다. "가장 깊은 핵심에서 신앙은 하나의 특수한 실존 가능성인 바, 이는 본질적으로 철학에 속하는…… 실존 형식과 철천지원수로 머문다." 그렇지만 이 적대 관계가 "상호 존중과 인정"을 배제하는 것은 아니다. 그러나 이는 차이가 분명하게 유지되고 지워지지 않을 때만 가능하다. 하이데거에 의하면, 기독교철학은 "나무로 만든 철이다". "오로지 자기 자신에만 의지하는 현존재의 자유로운 물음"인 철학은 스스로를 신뢰할 수 있어야 한다.(W, 66쪽)

그렇게 하이데거는 자신의 철학을 이해한다. 『존재와 시간』과 더불어 그는 자신의 철학에 도달했다고 믿는다. 그렇기에 그는 죽음을 앞둔 어머니의 머리맡에 이제 막 출간된 저작의 육필 원고를 올려놓는다.

제 9 장

—

『존재와 시간』. 천상의 서곡. 어떤 존재인가? 어떤 의미인가? 어디서 시작하는가? 해초 군락으로서의 현존재: 모든 것은 서로 연결되어 있다. 내-존재. 불안. 염려는 흐름을 넘어간다. 인간은 어느 만큼의 본래성을 견디는가? 플레스너와 겔렌의 양자택일. 하이데거의 도덕철학. 역운과 자유. 집단적 현존재: 공동체인가 사회인가?

—

1931년 무렵의 에른스트 카시러

『존재와 시간』. 천상의 서곡. 어떤 존재인가? 어떤 의미인가? 어디서 시작하는가? 해초 군락으로서의 현존재: 모든 것은 서로 연결되어 있다. 내-존재. 불안. 염려는 흐름을 넘어간다. 인간은 어느 만큼의 본래성을 견디는가? 플레스너와 겔렌의 양자택일. 하이데거의 도덕철학. 역운과 자유. 집단적 현존재: 공동체인가 사회인가?

다시 앞으로 돌아가 보자. 마르틴 하이데거는 신학적 간주곡이 끝난 후 가톨릭철학의 연구자로 경력을 시작했다. 그의 사상은 우리의 세계 인식과 자아 인식의 완성점이자 보증점이라 생각되는 신에 대한 물음 주변을 맴돌았다. 신이 의미를 상실한 모던에 대해 수세적으로만 자기 주장을 펼칠 수 있게 된 전통. 하이데거는 이런 전통에서 출발했다. 하이데거는 메스키르히 위의 하늘을 지켜내고 싶었다. 그는 모던의 무기를 써서라도 그것을 지켜내고자 했다. 모던의 무기란 예컨대 논리학의 초시간적·초주관적 유효성이라는 후설의 테제 같은 것으로, 그는 이 사상이 중세의 형이상학 철학에 이미 마련되어 있음을 알아냈다. 하지만 이미 이런 형이상학 철학에서 그는 이성의 유명론적 자기 회의 또한 찾아냈다. 이러한 자기 회의가 스스로 인정하듯, 이성에는 신만이 아니라 '하이케이타스', 즉 '지금 여기 이것', 다시 말해 일회적인 개별자, 개체 또한 형용할 수 없는 무엇으로 머문다.

그러나 형이상학의 모든 의문성이 그에게 드러난 것은 역사성의 이념 덕분이다. 형이상학적 사유는 인간의 불변성을 고려하지는 않지만 궁극적 의미 연관의 불변성은 요청한다. 하이데거가 딜타이에게서 배운 것은 진리들 또한 그 역사성을 가진다는 점이었다. 교수 자격 논문이 끝나갈 무렵 그에게서는 결정적인 관점의 전환이 일어났다. 그는 자신이 그토록 가까이 다가갔던 중세 사유를 멀리서 고찰해 보았고, 그러자 그 사유는 매혹적이긴 하지만 이미 지나간 시대의 산물로 나타났다. "의미Sinn와 의의Bedeutung는 인간 내에서야 그리고 그 역사에서야 비로소 생성된다"는 딜타이의 견해는 그에게 결정적인 것이 되었다. 철저하게 파악된 역사성의 이념은 일체의 보편주의적 유효성 요구를 파괴한다. 인간의 자기 이해에서 이러한 이념은 서양 역사에서의 최대 단절을 나타내는 것이 되리라. 또한 그것은 하이데거를 사로잡았던 '가톨릭적' 철학하기의 종말을 뜻하는 것이었다.

현실의 역사, 즉 세계대전으로 인한 어제 세계의 붕괴에서 하이데거는 기존의 토대가 흔들리고 새로운 시작이 도래할 수밖에 없음을 깨달았다.

하이데거에게 역사적 삶은 1918년 이후 철학하기의 토대가 된다. 하지만 하이데거 스스로 말하듯, '삶'이라는 개념이 아직 미규정적인 상태로 있는 한, 이런 통찰로는 그다지 많은 것이 획득되었다고 할 수 없다. 그가 그러한 통찰에 한 가지 문제가 있다는 사실을 의식하게 된 것은 현상학을 통해서이다. 그는 적절한 현상학적 방식으로 이런 물음을 제기했다. '인간의 삶이 그 특유성에서 "나타날" 수 있게 하려면 어떤 태도를 취해야 하는가?' 이 물음의 답이 그의 고유한 철학의 근거를 형성하는 바, 그 근거란 바로 대상화의 비판이다. 하이데거에 따르면 우리가 이론화하는 태도, 즉 객관화하는 태도에서 인간의 삶을 파악하려 하면, 그 삶은 우리에게서 벗어나 버린다. 이 점은 단순한 '교탁 체험'을 의식하려는 시도에서 이미 언급된 바 있다. 객관화하는 사유에서는 생활세계의 풍요한 연관들이 사라져 버린다. 객관적 태도는 체험을 "탈체험"하고 우리가 마주치는 세계를 "탈세계화entwelten"한다. 하이데거의 철학하기는 살고 있는 순간의 어두움으로 향한다. 이때 추구되는 것은 신비스러운 심층, 즉 무의식의 지하 세계나 영적인 것의 천상 세계가 아니라―일상적인 것도 포함하는―생활연관들의 '자기투명성'이다. 하이데거에게서 철학은 "현존재 그 자체의 깨어 있음"의 기예가 된다. 일상적인 것으로의 이런 전향은, 여전히 인간의 소명을 안다고 믿는 철학에 대한 논쟁적 강세를 지닌다. 하이데거는 새로운 출발의 파토스를 내보이며 등장한다. 그의 초기 강연은 숭고한 문화가치들을 파괴하고 전통적 의미 부여를 한갓 망령으로 폭로하려는 다다이즘적 욕구로 차 있다. 1921년 뢰비트에게 보낸 편지에서 말하듯, 그는 자신의 현사실성이 "미쳐 날뛰게" 하며 "저 모호한 오늘날을 위한 문화적 사명" 따위에는 개의치 않는다. 처음에는 무진 애를 써 가면서, 하지만 점점 떠 뚜렷한 승리를 확인시켜 가면서 그는 현존재―이제 그는 인간의 삶을 이렇게 부른다―의 어두움으로부터 어떤 구조들을 부각시킨다. 이 구조들은 『존재와 시간』에서는 "내―존재In-Sein", "처해 있음(정황성)Befindlichkeit", "이해 Verstehen", "빠져 있음Verfallen", "염려"와 같은 "실존범주들Existenzialien"로 소개된다. 그는 "자기 자신의 존재할―수―있음에 관심을 갖는 현존재"의 공식을 발견해 낸다.

1923년부터 『존재와 시간』이 출간된 1927년까지는 엄청난 생산성의 시대이다. 주요한 강의들에서는 『존재와 시간』의 주제들이 이미 전개되고 있다. 그의 전집에서 무려 1500쪽을 차지하는 그 방대한 분량에 비하면 『존재와 시간』은 빙산의 일각에 불과하다. 물론 이 저작에서는 그의 사상이 건축적으로 치밀하게 구성되고 있으며 전문용어 또한 종횡으로 구사되고 있다. 더욱이 그 건축용 가설물, 즉 방법상의 사전 조처가 그대로 드러나 있어서 이 저작은 극도로 난해한 인상을 지닐 수밖에 없었다. 하지만 단순한 것을 오히려 의심스럽게 여기는 학계에서는 이런 점이 전혀 흠으로 작용하지 않았다. 일반 독자층에게서 이 책의 난해함은 그 명성을 드높이는 역할을 했다. 현존재 자체가 난해한 것인지, 아니면 그에 대한 분석이 난해한 것인지는 해결되지 않는 문제로 남을 수 있었다. 어쨌거나 이 저작은 전반적으로 어딘지 모르게 신비스럽다는 인상을 주었다.

『존재와 시간』에서 하이데거가 철학적으로 증명하려는 것은 이런 사실이다. 인간의 현존재는 이러한 "현da", 이러한 '거기 있음' 외에는 아무런 다른 지주도 갖지 못한다. 어떤 의미에서 그는 니체의 작업을 지속시킨다. 그 작업이란, 신의 죽음을 사유하고 "최후의 인간"(니체), 즉 가련한 대용품 신들로 견뎌 나가면서 신이 사라졌다는 사실의 경악스러움은 인정치 않으려는 인간을 비판하는 일을 말한다. 『존재와 시간』에서는 경악할 수 있는 능력을 표현하는 공식이 제시된다. 그것은 "불안으로의 용기"이다.

'존재와 시간'은 모든 것이 다뤄질 것임을 약속하는 제목이다. 당시 학계에서는 하이데거가 거대한 저작을 준비 중이라는 사실이 알려져 있었다. 하지만 이처럼 강력한 요구가 제시되리라고는 아무도 예측하지 못하고 있었다. 잊지 말아야 할 사실은, 당시만 해도 하이데거는 건설적 철학자보다는 철학적 전통의 능숙한 해석자로 간주되었다는 점이다. 그 누구도 흉내 낼 수 없는 방식으로 그 전통을 현재화할 줄 알고, 또 루돌프 불트만이 예수를 다루듯 플라톤이나 아리스토텔레스를 다룰 줄 아는 사람, 즉 이들을 상대화할 수 있는 해석자로 평가되었던 것이다.

헤르만 뫼르헨은 1927년 초의 어느 날 하이데거가 청년운동 학생들과 만났을 때의 일을 회고한다. 당시 하이데거는 "혼자만 아껴 온 가장 소중한 장난감을 보여 주는 아이처럼 기대에 부푼 표정으로 말없이 교정 원고를 내밀었다. 갓 인쇄된 교정지의 제목은 '존재와 시간'이었다."[1]

이 저작은 효과적인 극작법을 활용하여 일종의 천상의 서곡으로 시작한다. 플라톤이 등장한다. 대화편 『소피스테스』의 한 구절이 서두에 인용되는 것이다. "왜냐하면 '존재한다'는 표현을 쓸 때 여러분이 본래 의미하려는 바를 여러분은 이미 오래 전부터 알고 있었음이 분명하기 때문이다. 하지만 우리는 그것을 이해했다고 믿어 왔지만, 지금은 당혹감에 빠져들었다."

하이데거에 의하면 이 "당혹감"의 상태는 지금도 계속되고 있으나, 우리 스스로는 그것을 인정하려 들지 않는다. 우리는 어떤 것이 "존재한다seiend"라고 말할 때 우리가 뜻하는 바가 무엇인지 여전히 알지 못한다. 그 서곡은 이중적 존재망각을 나무란다. 우리는 존재가 무엇인지를 잊었으며, 또한 이런 망각 자체도 망각해 버렸다. "그렇다면 존재의 의미에 대한 물음을 새롭게 제기하는 것이 마땅하다." 하지만 우리는 이 망각을 망각했으므로 "무엇보다도 먼저 이 물음의 의미에 대한 이해를 다시금 일깨우는 것이 필요하다."

서곡에 호응이라도 하듯 이 저작은 맨 처음부터 모든 논의의 지향점을 암시하고 있다. 그것은 "시간을 모든 존재 이해 일반의 가능한 지평으로 해석하는 일"이다. 존재의 의미는 바로 시간이다. 요점은 이렇게 모습을 드러낸다. 하지만 이 요점을 이해시키기 위해 하이데거는 이 저작뿐 아니라 그의 남은 생애 전부를 필요로 한다.

존재의 물음. 정확히 말하면 하이데거는 두 가지 물음을 제기한다. 그 하나는 이렇다. 우리가 "존재한다"라는 표현을 쓸 때, 우리가 본래 뜻하려는 것은 무엇인가? 이는 표현의 의미를 묻는 물음이다. 이 물음에 하이데거는 존재 자체의 의미에 대한 다른 모든 물음을 결부시킨다. 이 중적 의미를 지닌 이런 물음과 관련해서 하이데거가 주장하는 바에 따르면, 이 물음의 의미에 대한 이해는 아직까지 한번도 있어 본 적이 없다. 상당히 기이한 주장이다.

(표현의 의미가 아니라) 존재의 의미에 대한 물음에 주목해 본다면, 이는 역사적 시원들에서 오늘날에 이르기까지 인간의 성찰을 지속적으로 사로잡아 온 물음이라 할 수 있다. 그것은 인간 삶과 자연의 의미와 목표와 의의에 대한 물음이다. 생을 위한 가치와 방향에 관한 물음이자 세계Welt, 우주Kosmos, 만유Universum의 이유와 목적에 관한 물음인 것이다. 실천적-도덕적 삶은 인간으로 하여금 그런 것을 묻게 한다. 물리학과 형이상학과 신학이 아직 서로 공존했던 과거에는 학문 또한 의미의 물음에 대답하려 시도했다. 하지만 칸트 이후로 드러난 사실은 이렇다. 도덕적 존재로서 우리는 의미의 물음을 제기할 수밖에 없지만 학자로서는 그런 물음에 답할 수 없으며, 그 이래로 엄밀한 학문들은 이 물음에서 물러나 버린다. 그러나 실천적-도덕적 삶은 일상적으로, 즉 광고와 시와 도덕적 성찰과 종교에서 이 물음을 계속해서 제기한다. 그렇다면 어떻게 하이데거는 우리가 이 물음에 대해 더 이상 이해를 하지 못한다고 주장할 수 있는 것인가? 이런 주장은 그가 이 모든 종류의 의미 부여와 그에 상응하는 의미 물음이 실상은 "존재의 의미"를 놓치고 있다고 생각할 때만 가능하다. 이는 대범한 주장이며 이런 주장에 의해 무엇보다도 이 철학자 자신이 조명을 받게 된다. 이때 이 철학자는 플라톤 시대 이래로 망각되고 은폐된 무언가를 다시 발견하는 사람으로 등장하기 때문이다. 이미 천상의 서곡에서 하이데거는 자신을 시대와 단절하는 주역으로 등장시킨다. 그가 존재의 의미에 관해 세부적으로 어떤 기여를 했는지는 이제 좀 더 설명될 것이다. 하이데거는 통로를 길게 연

장시키는 데는 명수이다. 우리는 터널의 끝에 이르러서야 빛을 반길 수 있게 될 것이다.

우선 하이데거는 존재의 의미에 대한 물음―나는 이를 '강조된 물음'이라고 부르겠다―을 제쳐 놓는다. 그는 다른 물음, 즉 다음과 같은 '의미론적' 물음에서 시작한다. 우리가 "존재한다"는 표현을 사용할 때 우리가 뜻하는 것은 무엇인가? 우리는 어떤 '의미'에서 '존재'를 말하는가? 이 물음은 분명 모던 과학들의 맥락에도 포함된다. 물리학, 화학, 사회학, 인간학 등의 모든 과학은 각기 존재자의 특정 영역을 다루거나, 동일한 영역을 상이한 문제의식과 방법에 의해 다룬다. '어떻게 해야 우리가 대상에 적절히 접근하는가?'라는 문제와 관련된 모든 방법적 고려는 '영역 존재론regionale Ontologie'을―더 이상 이런 명칭은 사용하지 않는다 해도―함축한다. 따라서 우리가 그때그때 대상 영역에서 어떤 의미로 존재를 취하는가를 더 이상 이해하지 못한다는 하이데거의 주장은 우선은 잘 납득이 되지 않는다. 하이데거는 제대로 뭔가를 밝히려 하지 않는다. 더군다나 신칸트주의는 방법 의식에 부여되는 탁월한 의미를 개진한 바 있다. 자연과학과 문화과학을 섬세하게 구분한 리케르트와 빈델반트의 사상이 있었고, 딜타이의 해석학과 막스 베버의 이해사회학, 후설의 현상학적 방법, 그리고 무의식의 정신분석적 해석학이 있었다. 이 학문들 중 어느 것도 방법적으로 단순하지 않았다. 모두가 현실 탐구의 전체 맥락에서 자신의 장소에 관해 숙고했으며, 그런 점에서 존재론적 문제의식을 지니고 있었다. 따라서 존재의 의미에 대한 '강조된 물음'과 관련해 유효한 것이 의미론적-방법론적 물음과 관련해서도 마찬가지로 유효하다. 하이데거의 주장에 의하면, 두 가지 경우 모두에서 물음의 의미에 대한 이해는 없지만 그럼에도 물음은 어디서나 제기된다. 실천적-도덕적 삶에서는 강조된 물음이, 학문들에서는 방법적-의미론적 물음이 제기된다. 하이데거는 뭔가 특별한 것을 추구하지만, 우리는 아직 그것이 뭔지 모른다. 그는 교묘하게 긴장을 조성하고 나서야 자신의 테제를 제시한다. 그의 주장에 의하면 인간에 관한 탐구에서 분명히 드러나듯 학문들은 각기 어떤 의미에서 인간을 "존재하게" 하는지 스스로 분명하게 깨닫지 못하고 있다. 학문들은 마치 우리가 인간을 세계의 여타 대상들과 마찬가지로 전체로서 시야에 포착할 수 있기라도 한 듯한 태도를 보인다. 이때 학문들은 현존재의 자연발생적인 경향, 즉 "자신의 고유한 존재를 자신이 본질적으로 끊임없이, 우선적으로 관계 맺는 존재자로부터, 즉 '세계'로부터 이해하려는 경향"(SuZ, 15쪽)에 따른다. 하지만 이런 것은 자기 신비화이다. 현존재는—그것이 살아 있는 한—결코 일개 대상처럼 종료·완성·완결되지 않으며, 온갖 가능성을 지닌 채 항상 미래를 향해 열려 있다. 현존재에는 가능-존재^{Möglich-sein}가 포함된다.

여타 존재자들과 달리, 인간은 자기 자신의 존재와 관계를 맺는다. 이를 하이데거는 "실존"이라 부른다. 앞서 하이데거가 1922년 개진한 아리스토텔레스-해석을 논할 때 설명했듯, 실존은 타동사적 의미를 갖는다. 현존재의 자동사적 측면을 "던져져 있음"이라 부른다. "현존재는 그가 '현존재' 안으로 들어오고자 하는가, 그렇지 않은가에 대해 일찍이 그 자신으로서 자유로이 결단한 적이 있는가?"(SuZ, 228쪽) 하지만 우리가—자동사적으로—여기 있다면, 우리는 우리에게 자동사적인 것을 타동사적으로 사는 것 외에 다른 도리가 없다. 우리가 자동사적으로 되어 버렸다 해도, 우리는 타동사적으로 존재할 수 있고, 그렇게 존재해야만 한다. 후일 사르트르는 이를 다음과 같은 공식으로 표현할 것이다. "우리가 되어 버린 상태에서 무언가를 이루어 내기". 우리는 자기와의 관계이며, 따라서 동시에 존재와의 관계이다. "현존재의 존재적 탁월성은 그가 존재론적으로 있다는 사실에 있다."(SuZ, 12쪽)

"존재적ontisch"이란 표현은 있는 모든 것을 칭한다. "존재론적ontologisch"이란 표현은, 내가 있고 또 어떤 것 일반이 있다는 사실에 대해 호기심을 느끼고 신기해하며 또 깜짝 놀라기도 하는 사유를 지칭한다. 예컨대 아무나 흉내 내지 못할 그라베Grabbe[2]의 다음과 같은 문장은 존재론적이다. "세상에 단 한 번, 그것도 데트몰트에서 배관공으로서!"[3] 따라서 현존재 혹은 실존은 우리가 있다는 것만을 뜻하는 게 아니라 우리가 있다는 '사실'을 우리가 지각하고 있음을 뜻한다. 그리고 우리는 결코 눈앞의 어떤 것etwas Vorhandenes으로서 완성되어 있지 않다. 우리는 완성된 무엇인 양 우리 자신을 한 바퀴 돌아볼 수가 없으며, 어떤 지점에서든 우리는 미래를 향해 열려 있다. 우리는 우리의 삶을 '영위'해야 한다. 우리는 우리 자신에게 맡겨졌다. 우리가 되어 가는 것이 바로 우리이다.

이미 서두에서, 즉 '현존재에 관해 어떻게 적절히 말해질 수 있는가?'란 물음에서 하이데거는 시간에 초점을 맞춘다.

시간을 내다보고 열려 있는 지평을 응시하면서 우리는 많은 불확실한 것이 우리 앞에 있음을 깨닫는다. 하지만 한 가지만은 아주 확실하다. 그것은 거대한 "지나감", 즉 죽음이다. 우리가 죽음을 아는 것은 다른 사람들이 죽기 때문만이 아니다. 그것은 우리가 매순간 '지나감'을 체험할 수 있기 때문이기도 하다. 그 지나감이란 시간의 흐름을 말하는바, 그것은 순수한 작은 이별들, 순수한 작은 죽음들이다. 시간성이란 현재적 지나감과 미래적 지나감의 경험, 그리고 결국은 죽음이라는 지나감의 경험이다.

시간성의 두 측면—닫아 버리는 측면과 열어 놓는 측면, 즉 죽음으로의 존재와 가능-존재—은 현존재에 대한 중대한 도전이다. 바로 '그렇기에'—그리고 여기서 원환은 닫히고 우리는 다시 한번 시작에 있게 된다—현존재는 스스로를 마치 '눈앞의 어떤 것'처럼 다루는 경향이 있다. 즉 완료되기도 전에 완료된 것이라 우리가 믿을 수 있는 어떤 것처럼 다루는 경향이 있는 것이다. 하이데거의 시각에서 인간의 학문적 객관화란 불안케 하는 시간성으로부터 현존재의 회피이다. 이때 학문들은 앞서 거론된 바 있는 일상적 현존재의 고집스런 경향을 정립할 뿐이다. 그것은 스스로를 "세계로부터", 다시 말해 사물들 중의 한 사물로서 이해하려는 경향을 말한다. 학문이란 현존재의 일상적 자기 사물화의 세련된 형식, 방법적으로 치밀한 형식이다. 그러나 하이데거는 이렇게 돌처럼 굳은 마음을 움직이려 한다.

그는 존재의 두 가지 물음, 즉 존재의 의미에 대한 강조된 물음과 '존재'라는 표현에 대한 방법적-의미론적 물음을 하나의 테제에서 결합시킨다. 그 테제란, 현존재를 사물들 속으로 던져 버리는 경향은 존재의 의미에 대한 강조된 물음에서도 유지된다는 것이다. '의미'란 것이 마치 의지물이나 방향타로 쓰일 수 있는 눈앞의 어떤 것인 양 세계 안이나 상상적 피안의 어떤 것으로 탐색된다. 신 혹은 보편법칙, 확고부동한 도덕률로서 모색되는 것이다.

하이데거에 따르면, 눈앞의 어떤 것인 양 의미에 대해서 묻는 이런 방식은 자신의 시간성과 자신의 가능-존재로부터 현존재의 도피에 속한다. 존재의 의미에 대한 물음이 눈앞에-있음-형이상학의 차원에서 제기되고 답변을 얻으며, 그 결과 질문 자체를 놓치게 된다. 그러한 작태가 오늘날 다시금 만연하고 있다. '의미가 만들어진다.' 의미 조달의 프로그램도 있다. 의미 자원의 부족이 운위되는가 하면, 의미를 효과적으로 경영해야 한다는 말도 들려온다. 정말이지 어리석은 눈앞에-있음-형이상학이다.

여기서 문제되는 것은 그릇된 이론적 태도가 아니다. 이미 말했듯, 존재의 의미에 대한 물음은 더 이상 엄밀한 학문들의 문제로 다뤄지지 않는다. 엄밀한 학문들은 바로 그런 물음에서 벗어났기 때문에 탁월한 성과를 이룬 것이다. 의미의 물음은 일상의 실천적-도덕적 의식에 의해 제기된다. 하지만 이러한 의식 태도는 어떻게 이해되어야 하는가?

존재의 의미에 대한 물음의 주체를 저작의 중간쯤에서야 등장시킨 다는 점은 『존재와 시간』의 세련된 극작법을 보여 주는 특징이다. 주체, 다시 말해 이 물음을 제기하는 '누구Wer'에 해당하는 것은 어떤 기분인 바, 하이데거에게서 그 기분은 "불안이라는 근본적 처해 있음Grundbefindlichkeit der Angst"이다. "불안" 속에서 현존재는 존재의 의미, 좀 더 정확히는 자신의 존재 의미를 묻는다. 이 저작의 유명한 제40절은 불안의 분석에 할애된다. 한나 아렌트와의 관계에도 불구하고, 『존재와 시간』에는 환희나 사랑에 관한 장이 없다. 존재의 의미에 대한 물음을 들끓게 할 수도 있을 기분에 관한 장이 없는 것이다. 이는 그 철학적 해명 능력과 관련해서 특정 기분에만 철학적 근거를 지닌 특징을 부여할 수 있다는 데서 기인한 것은 아니다. 이 점은 저자 자신의 개성과 그의 실제 기분들, 그리고 특정한 기분에 대한 그의 선호와 관련이 있다.

그렇게 해서 불안이 대두하는 것이다. 불안은 기분들 중에서도 그림자에 가려진 여왕이다. 불안은 두려움Furcht과 구분되어야 한다. 두려움은 특정한 것에 향한다. 그것은 세밀한 어떤 것과 관계한다. 그러나 불안은 규정되어 있지 않으며 세계와 마찬가지로 경계가 없다. 무엇에 대한 불안인가를 묻는다면, 그 무엇은 바로 "세계 자체"이다. 불안 앞에서는 모든 것이 벌거벗겨진 채 바닥에 떨어지며, 모든 의의가 탈각된다. 불안은 절대적이다. 불안은 아무런 동기도 없이 우리 내부에서 강력해질 수 있다. 어찌 그렇지 않겠는가? 불안의 본래적 대응물은 바로 무이니 말이다. 불안을 품은 자에게 세계는 "더 이상 아무것도 제공하지 못하며, 타자들의 공동 현존재Mitdasein도 마찬가지이다". 불안은 자기 이외에는 그 어떤 신도 용납하지 않는다. 불안은 두 가지 점에서 고립을 초래한다. 불안은 다른 인간들과의 연대를 끊어 버리며, 개별자를 세계와의 친숙한 연관에서 끌어낸다. 불안은 현존재를 세계 및 그 자신의 벌거벗은 "현사실Daß"과 대질시킨다. 그러나 현존재가 불안의 차가운 불길을 통과해 지나간 후에 남는 것은 무가 아니다. 불안이 현존재에서 태워 없애 버린 그 무엇은 현존재의 불타는 핵심 또한 드러내 주었다. 그 핵심이란 "자기-자신을-선택하고-파악하기의 자유를 향해 자유롭게 존재함"을 말한다.

고로 현존재는 불안에서 세계의 "섬뜩함Unheimlichkeit"과 자신의 자유를 경험한다. 따라서 불안은 동시에 두 가지일 수 있다. 그것은 세계에 대한 불안이자 자유에 대한 불안이다.

이런 분석은 키르케고르에게서 영감을 얻은 것인 바, 그에게서 자유에 대한 불안이란 곧 죄지음에 대한 불안이다. 키르케고르는 신앙으로의 "도약Sprung", 즉 심연으로의 도약을 통해 이 불안을 극복하려 한다. 하이데거의 "불안"은 이런 도약의 서곡이 아니다. 그는 집안에서 이어받은 신앙을 상실했다. 하이데거에게서 불안은 도약 이후의 것이다. 이미 전락하고 있는 중의 불안이다.

분명히 하이데거의 불안 철학은 1920년대의 일반적 위기의 분위기에서 탄생한 것이다. 문화에서의 불편함—이런 제목을 가진 프로이트의 에세이가 1929년 나왔다—은 이미 널리 만연되어 있었다. 이 시기 다양한 세계관을 피력하던 에세이들은 몰락 중이거나 전도되거나 소외된 세계가 야기한 불편한 감정을 표현하고 있었다. 그 진단은 하나같이 암울했고, 제안되는 치유책은 다양했다. 화를 입은 전체를 하나의 점에서부터 치유하려는 시도가 번성했다. 바이마르 정치에서 민주주의적 중심이 총체적 개혁가들의 극단주의에 침식된 것처럼, 1920년대의 위기 철학에서도 주로 극단적 해결책으로 회피할 것이 제시되었다. 그런 해결책의 이름은 다양했다. '프롤레타리아', '무의식', '영혼', '성자', '민중' 등이 그것이었다. 당시 위기 극복 철학의 시장을 휩쓴 것은 카를 크리스티안 브리Carl Christian Bry의 『위장된 종교들Verkappte Religionen』로 이는 1920년대의 베스트셀러였다. 이 책은 『존재와 시간』보다 2년 앞서 나왔는데, 당시는 광적 반유대주의와 인종주의가 만연한 시대였다. 또 독일공산당KPD이 '볼셰비키화'되기 시작했으며, 히틀러가 란츠베르크Landsberg에서 『나의 투쟁Mein Kampf』을 썼고, 수백만의 사람들이 심령학이나 채식주의, 나체문화, 신지학, 인간학 등의 다양한 종파운동에서 구원을 모색했으며, 다양한 방향 제시와 구원의 약속이 있었다. 통화가치 하락의 정신적 외상으로 인해 인플레이션 성자들의 사업은 번창했다. 브리에 따르면, "편집광적으로" 의미 해석과 구원의 전일적 원리가 될 수 있다면, 무엇이든 "위장된 종교들"이 될 수 있다. 그 자신 종교적 인간이었던 브리는 종교와 대용 종교를 구분하는 놀랍도록 단순한 기준을 찾아냈다. 진정한 종교는 세계의 설명 불가능성에 대한 경외감을 가르친다. 신앙의 빛 안에서는 세계가 더욱 커지기도 하지만 더욱 어두워지기도 한다. 세계는 그만의 비밀을 간직하고 있으며, 인간은 스스로를 그 일부로 이해하기 때문이다. 인간은 그 자신에게 불확실한 존재로 머문다. 그에 비해 '위장된 종교들'의 편집증 환자는 세계를 위축시켜 버린다. "그는 개개의 모든 것에서 자신의 생각을 뒷받침해 주는 것만을 찾아"[4] 내며, 세계와 자신의 의혹에 대항해 신앙의 열정을 품고서 자신의 생각을 옹호한다.

　『존재와 시간』은 이러한 위기적 분위기에서 나온 것이지만 치료법이 제시되지는 않는다는 점에서 앞서 거론된 저술들과는 구분된다. 프로이트는 1929년 '문화에서의 불편함'에 관한 진단을 이렇게 시작했다. "그래서 나는 동료 인간들 앞에 예언자로 나설 용기가 없다. 그리고 내가 그들에게 어떤 위안도 제공하지 못한다는 비난에 순순히 고개를 숙인다. 그들 모두가 요구하는 것은 근본적으로 위안이기 때문이다."[5] 이러한 말은 하이데거의 작업에도 들어맞는다. 그 역시 불편함의 경험을 기초로 사유하지만 예언자로 나서 '위안을 주는 것'은 거부한다.

하지만 '존재의 의미'에 대한 하이데거의 강조된 물음은 그런 기대를 충분히 갖게 할 만한 것이었다. 실제로 그런 기대가 있었고, 물론 충족되지 않았다. 이런 기대가 실망으로 끝날 수밖에 없다는 것은 『존재와 시간』이 전하는 메시지의 하나이다. '존재와 시간'이란 제목은 그 뒤에 아무것도 없음을 암시한다. 존재의 의미는 시간이다. 하지만 시간은 증여가 담기는 풍요의 뿔[6]이 아니다. 시간은 우리에게 그 어떤 내용도 주지 않고, 그 어떤 방향도 제시하지 않는다. 의미는 시간이다. 하지만 시간은 의미를 '제공하지' 않는다.

하이데거의 현존재 분석에서 불안은 급격한 전환점을 나타낸다. 사람들이 지금까지 "고정되어 살아가던" 연관들에서 풀려나온다. 불안에 관한 장에 선행하는 분석들은 자신의 세계에서 친숙하고 안정되게 살아가는 현존재를 주제로 한다. 세계를 미끄러지게 하는 것이기 때문에 그리고 거리를 두는 현상인 한에서 불안은 일상적 현존재 특유의 거리 없이 고정시켜 살아가는 "세계-내-존재In-der-Welt-Sein"보다 서술하기가 더 쉽다. 이것을 투명하게, 즉 보이기 쉽게 만들려면 바깥의 일정 지점에 서서 관찰해서는 안 되며, 그 거리 없는 현존재의 운동을 일정 구간 '함께해야' 한다. 바로 여기서 현상학의 원리가 유효성을 갖는다. 우리는 현상에 '관해' 이야기해서는 안 되며, 현상으로 하여금 스스로를 "나타낼" 수 있게 해 주어야 한다.

이런 점에서 철학은 지금까지 빈번히 죄를 범해 왔다. 철학은 어떻게 의식이 세계로부터 생성되는가(자연주의)를 서술하거나, 어떻게 세계가 의식으로부터 구성되는가(관념론)를 서술해 왔다. 하이데거는 제3의 길을 모색한다. 독창적이면서 자기주장을 강하게 밀어붙이는 그의 접근법은 이렇다. 우리는 "내-존재In-Sein"에서 시작해야 한다. 왜냐하면 '현상적으로' 나는 우선 나 자신을 경험하고 나서 세계를 경험하는 것이 아니고, 또 우선 세계를 경험하고 나서 나 자신을 경험하는 것도 아니며, 경험에서 양자는 불가분한 연관 속에 묶여 있기 때문이다. 이런 경험을 현상학은 '지향성'이라 불렀다. 하이데거의 시각에서는 바로 이것이 현상학의 가장 중요한 통찰이다. 하지만 후설과 달리 그는 이러한 통찰을 의식 구조로만 이해하지 않고 현존재의 세계연관으로 파악한다.

"내-존재"의 분석이 진행되다 보면 기이한 용어들이 복잡하게 얽혀 있는 상황에 이른다. 이런 상황이 나타나는 것은 개념적 진술 하나하나가 주체와 객체의 분리 및 '주관적'(내적) 아니면 '객관적'(외적) 관점의 선택으로 빠져드는 것을 피해야만 하기 때문이다. 그리하여 줄표로 이어진 단어들의 기이한 조합이 출현하는 바, 하이데거는 이런 기이한 단어 조합에 의해 불가분의 연관들 속에 있는 구조를 드러내려 한다. 몇 가지 예를 들어 보자. "세계-내-존재"란 현존재가 세계와 마주해 있지 않고 이미 언제나 세계 안에서 자신을 발견함을 뜻한다. "타자와의-공동-존재Mit-sein-mit-anderen"는 현존재가 이미 언제나 타자들과의 공동 상황에 처해 있음을 뜻한다. "자기를-앞질러-존재함Sich-vorweg-Sein"이 뜻하는 것은 현존재가 지금 시점에서 그저 간헐적으로만이 아니라 지속적으로 배려하면서 미래를 내다봄을 뜻한다. 이런 표현들은 하이데거 작업 전반의 역설적 성격을 보여 준다. 분석이란 말은 원래 어떤 것이 부분들로 나뉨을 뜻한다. 하지만 하이데거는 분석을 진행하는 동시에 분석의 결과─즉 여러 부분과 요소로의 분리─를 다시 역진시키려 한다. 하이데거는 해초 군락을 뒤지듯 현존재를 뒤진다. 우리가 어느 부분에서 그 것을 잡아당기든 그것은 언제나 한 뭉텅이로 딸려 나올 수밖에 없다. 어떤 개별적인 것을 파악하는 동시에 그것과 결부된 전체를 함께 생각 하려는 이런 노력은 이따금 어쩔 수 없이 자기 패러디를 낳는다. 그리 하여 예컨대 "염려"는 "'(세계 내부적으로 만나는 존재자)-곁에-존재함'으로서 의 '자기를-앞질러-이미-(하나의 세계)-안에-존재함'"이라 규정된다.(SuZ, 327쪽)

언어의 복잡성은 일상적 현존재의 복잡성에 상응해야 한다. 1925 년의 여름학기 강의 '시간개념의 역사를 위한 서설Prolegomena zur Geschichte des Zeitbegriffs'에서 하이데거는 이렇게 말한다. "우리가 여기서 어색하고, 아마 아름답지 못할 표현들을 끌어들일 수밖에 없다면, 이는 한갓 내 기분이나 진 기한 용어에 대한 내 선호에서 비롯된 일이 아니라 현상 자체가 강제한 일이 다…… 그런 표현들이 자주 등장한다 해도 거슬려 해서는 안 된다. 아름다운 것은 학문들에 전혀 없으며, 아마도 철학에 가장 없을 것이다."(GA 제20권, 204쪽) 게다가 이 특별한 용어는 브레히트Brecht의 방법과 유사한 소외의 기법이다. 그도 그럴 것이 탐구되는 것은 "낯선 미지의 사태가 아니라, 거 꾸로 가장 가까우며" 따라서 "오류로" 이끄는 것이기 때문이다.(GA 제20 권, 205쪽) 그렇기에 충분히 계산된 그런 언어가 중요하게 된다. 이 언 어는 철학자들조차 이해할 수 있을 정도로 자명한 것을 말한다. 그러한 한에서 이 언어는 지금까지 대체로 철학이 기피해 온 일상적 삶의 탐구 에서 철학이 애쓰고 있다는 사실을 증언하는 것이기도 하다. "존재적으 로 가장 가까우며 잘 알려진 것이 존재론적으로는 가장 먼 것이며 알려지 않은 것이고…… 간과되는 것이다."(SuZ, 43쪽)

현존재의 분석을 하이데거는 "실존분석"이라 부른다. 그리고 현존재 의 근본 기분은 "실존범주"라고 불린다. 이 개념은 수많은 오해를 낳았다. 하지만 "실존범주"라는 개념은 전승된 범주^{Kategorie} 개념과의 유비에서 간단히 만들어진 것이다. 전통적 철학은 통상 그 '대상들'의 기본 규정들을 범주라고 불렀다. 공간과 시간, 연장 등이 그런 예이다. 하이데거에게 현존재는 눈앞에 있는 '대상'이 아니라 "실존"이기에 그는 근본 규정들도 범주가 아니라 "실존범주"라 칭한다.

그리하여 하이데거는 현존재 분석을 "내-존재"에서 시작한다. 이는 현존재 자체가 바로 거기서 시작되기 때문이다. "내-존재"는 우리가 어딘가에 처해 있다는 사실만을 뜻하는 것이 아니라, 우리가 이미 언제나 어떤 것과 교류한다는 것, 어떤 것과 관계한다는 것 또한 의미한다.

잘 알려져 있듯, 철저함^{radikal}이란 근본까지 파고드는 것을 뜻한다. 마르크스에게 인간의 근본은 노동하는 인간이다. 인간의 근본 규정으로서 하이데거의 "어떤 것과 교류함^{Umgehen mit etwas}"은 '노동'보다 더 포괄적인 것을 뜻한다. 마르크스는 노동을 '자연과의 물질대사'라고 정의한다. 하이데거에게서도 "교류^{Umgehen}"는 (사물적, 자연적) "주변 세계^{Umwelt}"와 연관되는 것이지만, 그와 마찬가지로 "자기세계^{Selbstwelt}(자기관계)" 및 "공동 세계^{Mitwelt}(사회)"와 연관되는 것이기도 하다.

하이데거의 접근 방식은 실용주의적이다. 행위가—"교류"가 뜻하는 게 바로 이 행위이다—현존재의 근본 구조로 간주되기 때문이다.

행위와 인식의 관계 또한 실용주의적이다. 하이데거의 용어로 표현하면 이렇다. 일차적 교류는 그때그때 거기 속하는 "둘러봄^{Umsicht}"이다. 인식은 행위의 한 기능이다. 따라서 인식하는 의식을 그 자체로부터 이해하려 한다면 그 또한 오류가 될 것이다. 이는 후설 같은 이의 현상학적 의식 연구에 대립하는 입장이다. 인식은 세계와의 실천적 교류에서 시작되므로 그에 대한 탐구 또한 실천적 생활 활동으로부터 시작되어야 한다.

이는 잘 알려진 유물론의 원리, 즉 '존재가 의식을 규정한다'는 원리로 돌아가는 것이 아닌가? 이에 대한 하이데거의 반론은 이렇다. 우리가 의식을 존재에 의해 규정되게 한다면, 우리는 존재가 무엇인지를 아는 척하는 셈이 된다. 하지만 우리는 존재가 무엇인지 알지 못하며, 그것이 무엇인지 물을 뿐이라고 하이데거는 말한다. 우리는 그저 "주변세계와 공동세계와 자기세계"가 현존재와 어떻게 만나는지 주의 깊게 관찰하고 현상학적으로 기술할 수 있을 뿐이다.

그는 우선 이런 물음을 제기한다. 사물적 주변 세계는 어떻게 그리고 무엇으로서 우리와 만나는가? 그것은 "도구^{Zeug}"로서, 즉 나의 활동 영역에서 어떤 특정한 "사용사태^{Bewandtnis}"를 갖는 도구로서 만난다.

하나의 예를 들어 보자. 내가 습관적으로 여닫는 문을 나는 도료를 칠한 나무판이라 지각하지 않는다. 내가 그 문에 익숙해 있다면, 나는 그것을 전혀 지각하지 못한다. 나는 서재로 들어가려고 그 문을 연다. 그 문은 그것의 '장소'를 내 생활공간 안에 갖고 있지만 내 생활시간 안에도 갖고 있다. 그 문은 틀에 박힌 내 일상에서 일정한 역할을 한다. 그 문이 삐걱거리는 소리, 오래 사용한 흔적과 거기에 '붙어 있는' 기억 등이 바로 내 일상에서 행하는 역할이다. 하이데거의 표현을 빌리면, 그 문은 "손안에^{zuhanden}" 있다. 어느 날엔가 그 문이 놀랍게도 굳게 잠겨 있다면 나는 거기에 머리를 부딪칠 것이다. 그런 경우 나는 그 문을 내 머리를 다치게도 할 수 있는 단단한 나무판으로 인지할 것이다. 그때 "손안의(도구적)" 문이 "눈앞의(대상적)" 문으로 된 것이다.

이런 방식으로 내게 익숙해져 있는 연관들이 "손안의 것"의 세계를 구성한다. 거기에는 내가—세부적으로 인식하지는 못할지라도—행동하면서 익숙해져 있는 의미 연관이 있다. 우리는 이런 의미들을 명확하게 의식하지는 못한 채로 그 의미들을 '살아간다'. 밖으로부터건 의식으로부터건 어떤 장애가 생길 때에야 비로소 이 살았던 연관이 허물어진다. 그리고 사물들이 한갓 "눈앞의" 무엇으로서 눈에 들어온다. 그런데 "눈앞의 것"에서는 손안의 것의 살았던 의미들이 사라져 버리거나 무력해진다. 손안의 것이 눈앞의 것으로 변할 때에야 비로소 사물들은 엄밀한 의미에서 "대상들"이 되며, 이론적 태도에서 탐구될 수 있는 것은 바로 이 "대상들"이다.

하이데거의 분석은 사유를 위해 "손안의 것"의 세계를 구원하려 시도한다. 왜냐하면 이 세계는 대개 철학적 인식에 의해 "성급히 다뤄지기" 때문이다. 우리는 사물들(과 인간들)을 너무도 성급히 다루어 그것들이 이렇든 저렇든 상관없다는 방식으로 "눈앞에" 있게끔 만들어 버린다. 후일 하이데거는 세계가 한갓 눈앞의 것으로 변화하는 것을 "존재망각Seinsvergessenheit"이라 부를 것이다. 그리고 "손안의" 생활공간을 의식적으로 보전하는 것은 존재연관성Seinsverbundenheit이 될 것이며, 이는 "사물들에의 가까움" 혹은 그 곁의 "거주"라고도 불릴 것이다. 그리고 이에 상응하는 태도는 "내맡김"이라 불릴 것이다.

물론 『존재와 시간』에서는 이와는 또 다른 실존의 이상도 등장하며, 오히려 지배적으로 논의되는 것은 이것이다. 이에 관해서는 나중에 알아보도록 하자.

세계와의 이러한 교류의 근본 구조를 하이데거는 "염려"라 부른다. 그는 이 표현에 포괄적인 의미를 부여한다. 염려는 모든 것이다. 이를 설명하기 위해 하이데거는 후기 고대의 인물 휘기누스Hyginus가 전하는 '쿠라(염려)Cura' 우화를 인용한다.

"언젠가 '염려(쿠라)'가 강을 건널 때 점토를 발견했다. 그녀는 곰곰 생각을 하다가 점토 한 덩어리를 떼어 내 빚기 시작했다. 자신이 빚은 것을 바라보며 이런저런 생각에 잠겨 있을 때 주피터가 다가왔다. '염려'는 자신이 점토로 빚은 것에 정신을 불어넣어 달라고 주피터에게 간청했다. 주피터는 쾌히 승낙했다. 하지만 '염려'가 그 형상에 자기 이름을 붙이려 하자 주피터는 이에 반대하며 자기 이름을 붙여야 한다고 주장했다. 이름을 두고서 '염려'와 주피터가 다투고 있을 때 대지(텔루스)도 나섰다. 그녀는 자기 몸 일부가 형상에 쓰인 것이니 자기 이름을 붙여야 한다고 주장했다. 한참을 다투던 이들은 사투르누스(시간)를 판관으로 모셨다. 사투르누스는 다음과 같이 그럴듯한 결정을 내려 주었다. '그대 주피터는 정신을 주었으니 그 형상이 죽을 때 정신을 받고, 그대 텔루스는 몸을 선물했으니 몸을 받아 가라. 하지만 '염려'가 이 존재를 처음 만들었으니, 그것이 살아 있는 동안은 '염려'가 그것을 자기 것으로 삼을지어다.'"(SuZ, 198쪽)

"염려"라는 말은 우리가 때때로 무엇인가에 관해 '근심한다'는 것을 뜻하지 않는다. "염려"는 인간 조건의 근본적 특징의 하나이다. 하이데거는 '배려하다', '계획하다', '돌보다', '계산하다', '예측하다'의 의미로 이 표현을 사용한다. 여기서 결정적인 것은 시간과의 연관이다. 자신이 편입될 수밖에 없는 열린 지평, 그러나 자기 뜻대로 할 수 없는 그 지평을 눈앞에 보고 있는 피조물만이 염려하면서 존재한다. 우리는 염려하고 배려하는 존재이다. 왜냐하면 우리는 앞으로 열려 있는 시간 지평을 분명하게 경험하기 때문이다. 염려란 '살아가는 시간성' 외에 다른 것이 아니다.

염려하면서 시간에 내몰리는 우리는 행위하는 가운데 세계와 만나는 바, 이 세계는 그것과 교류하는 관점에 따라 눈앞에 있거나 손안에 있다. 하지만 현존재 자체는 눈앞의 것도 아니고 손안의 것도 아니며, 바로 "실존"이다. "실존한다"는 것은 어떤 자기관계를 가짐을 뜻한다. 즉 자기 자신 및 자신의 존재와 관계를 가질 수밖에 없다는 뜻이다. 인간에게 그 고유한 존재는 어떻게 알려지는가? 하이데거의 답변은 이렇다.

그것은 "기분"에서 알려진다.

"인식의 개시 가능성은…… 현존재로 하여금…… 자신의 존재에 직면케 하는 기분의 근원적 개시에 비해 그 미치는 범위가 너무 좁다."(SuZ, 134쪽)

분명 하이데거는 질기게도 살아남는 철학의 자기 신비화에 대항해 싸우고 있다. 철학은 사유의 노력이기에 사유에 대해 가장 큰 개시의 능력, 즉 열어 밝히는 능력을 인정한다. 감정과 기분은 '주관적'이기에 세계의 객관적 인식을 담당하기에는 부적합하다는 것이다. 물론 이른바 '정동^Affekte'은 이미 언제나 이론적 호기심의 대상이었다. 정동은 인식의 '객체'는 될 수 있어도 인식의 '기관'이 되는 것은 대개 허용되지 않는다. 니체 및 생철학에 의해 여기에 변화가 일어났지만 하이데거의 견해로는 그들은 아직 충분히 철저하지 못했다. "기분"에서 출발하는 철학이 스스로를 "비합리주의의 피난처"로 밀어 넣었다는 것이다. 그것은 철학이 머무르기에는 적합지 않은 장소였다. "비합리주의란—합리주의의 대립으로서—합리주의가 맹목적으로 반대하는 것에 대해 그저 곁눈질로 훔쳐보면서 이야기하는 것에 불과하다."(SuZ, 136쪽)

하이데거는 "기분"을 똑바로 주시한다. 곁눈질은 하지 않는다.

우리는 언제나 "어떤 식으로든" 기분에 사로잡혀 있다. 기분은 어떤 "처해 있음"이다. 우리는 어떤 기분으로 스스로를 몰고 갈 수도 있지만, 본질적으로 기분은 생겨나거나 스며들거나 슬며시 다가오거나 엄습한다. 우리는 기분의 주인이 아니다. 기분에서 우리는 자기 규정의 한계를 경험한다.

그런데 하이데거는 모든 가능한 기분을 하나하나 검토하지는 않으며, 자신의 구상에 적합한 몇 가지 기분에 초점을 맞춘다. 일상적인 근본 기분으로서 그가 부각시키는 것은 "지긋지긋함"과 "권태"의 흔적을 지닌 "종종 지속적이고 단조로우며 희미한 미기분^Ungestimmtheit"이다. 이런 "미기분"

에서는 "존재가 부담으로 드러나게 되었다".(SuZ, 134쪽) 하이데거에 따르면 일상의 활동은 이런 기분의 홍수이다. 현존재는 원기를 얻고 능동적이 된다. 그리고 기분이 알려 오는 것을 스스로에게 인정하지 않는다. "현존재는 대개…… 기분 속에서 개시되는 존재를 회피한다."(SuZ, 135쪽)

하이데거의 기초존재론은 현존재에게 도주로를 막아 버리는 소모적 시도로 이해될 수도 있다. 마찬가지로 하이데거는 장황하고 지루할 만큼 철저하게 앞서 말한 기분들, 즉 "현존재의 부담 성격"이 분명하게 드러나는 그런 기분들에 초점을 맞춘다. "현존재의 부담 성격"은 지긋지긋함과 권태에서는 무미건조하고 일상적으로, 불안에서는 현저하게 극적으로 드러난다.

그런데 부담을 지우는 기분이 근본적 기분이라는 주장은 전혀 구속력을 갖지 못한다. 하이데거와 유사하게 기분에 근본적 성격을 부여한 막스 셸러는 전혀 다른 결론에 도달하기 때문이다. 『공감의 본질과 형식Wesen und Formen der Sympathie』(1912년)에서 셸러는 사랑과 결속, 즉 공감과 동조를 '근본적 처해 있음'으로 설명하며, 반대로 음울하고 짐스러운 감정은 이러한 공감적 근본 특징을 저해하고 중지시키는 것이라 평가한다.

우리는 하이데거가 자신을 지배하는 근본적 기분과 위기로 점철된 바이마르 시대의 분위기에서 출발한 것이라고 말할 수도 있다. 하이데거 자신이 언제나 기분의 "각-자성Je-meinigkeit"과 "역사성"을 강조하고 있으니, 이런 평가는 정당한 것일 수도 있다. 하지만 "각-자성"과 "역사성"에도 불구하고 그는 기초존재론적으로 정당화될 수 있는 진술을 시도한다. 그 자신의 현존재와 그의 시대만이 아니라 현존재 일반이 그런 근본 기분에서 파악되어야 한다는 것이다.

하이데거는 자신의 현존재 분석으로 존재에 대한 물음을 제기하려

했으며, 그렇기 때문에 이 분석이 그저 철학적 인간학에 대한 기여로만 이해되는 것은 원치 않았다. 그만큼 더 눈에 띄는 사실은 당대 저명한 철학적 인간학자인 헬무트 플레스너Helmuth Plessner와 아르놀트 겔렌Arnold Gehlen이 마찬가지로 인간 현존재의 부담 성격에서 출발한다는 점이다. 그러나 두 사람이 그로부터 끌어내는 결론은 다른 종류의 것이다. 이들의 견해와 대조해 볼 때 하이데거의 접근법이 특히 분명한 윤곽을 드러낸다. 플레스너는 인간학적 주저인 『유기체의 단계와 인간』(1928년)에서 인간의 "탈중심적" 위치에 근거해 인간을 정의한다. 인간에게는 그가 완전히 편입되어 있는 특수한 유기적 환경이란 것이 없다. 인간은 세계 개방적이다. 그는 동물처럼 "자신의 중심을 드나드는 방식으로 살지"[7] 않고 스스로 자신의 중심을 비로소 탐색하고 창출해야 한다. 인간은 거리 존재인 바, 그는 어렵사리 자신의 중심을 직접 찾아내고 창조해야 한다. 인간은 자기 자신과 자신의 탈중심적 위치를 어렵사리 견뎌 내야 하는 거리 존재Distanzwesen이다. 왜냐하면 이러한 탈중심적 위치로 인해 그는 풀기 어려운 모순에 빠지기 때문이다. 인간은 자신의 위치를 찾아내며 관계들을 창출하지만 그 안으로 완전히 흡수되지는 못한다. 인간은 되풀이하여 그런 관계들을 끊어 버린다. 그가 내면으로부터 스스로를 반성적 존재로 경험하기 때문이다. 그는 행위함으로써 세계로 들어서고 반성함으로써 세계로부터 빠져나온다. 그는 세계에 대해서만 탈중심적인 것이 아니라 자기 자신에 대해서도 그렇다. "자기 자신에게 완전히 돌아갈 수 있게 해 주는 자아가 바로 인간이다. 이런 인간은 더 이상 '지금 여기'에 있지 않고 그 '배후', 다시 말해 자기 자신의 배후에 있다. 장소 없이, 무 안에 있는 것이다…… 그의 실존은 진정 무 위에 세워진 것이다."[8]

탈중심성이 뜻하는 것은 이렇다. 우리는 생이 우리를 지탱해 주는 것 이상으로 생을 지탱해야 한다. 적극적으로 표현하면, 우리는 자신의 삶을 영위해야 한다. 인간은 "자연적 인위성"의 법칙 아래 있다.

이러한 견해는 1930년대에 아르놀트 겔렌에 의해서도 개진된다. 그의 생각에도 인간은 세계 개방적이며 본능적으로 어떤 특수한 환경에도 순응하지 않는다. 만약 결핍이 다른 방식으로 보상되지 않는다면, 이러한 비순응성은 생물학적 생존 기회를 감소시키고 말 것이다. 자연으로서의 자신에게 결핍된 것을 인간은 문화로서 성취해야 한다. 인간은 자신에게 적합한 환경을 스스로 창조해야 한다. 이때 인간은 부담 경감의 원리에 따라 움직인다. 어차피 인간은 많은 것을 '만들어 낼' 수밖에 없다. 그렇기에 인간은 자신의 자발성과 동기 에너지와 추진 에너지를 가능한 한 적게 쓰더라도 사물들과 자기 자신이 '기능'할 수 있게 하려고 애쓴다. 다시 말해 인간은 전체 철학 전통이 인간 존엄의 총화로 간주해 온 것, 즉 자발성과 반성성과 자유가 자신에게서 경감될 수 있도록 생활세계를 정돈해 나가며, 이렇게 해서 자신의 탈중심성과 자발성을 제거하려 시도한다.

인간이 내향적이 되면 될수록, 생은 그만큼 더 무거운 부담으로 다가온다. 대체로 그러한 내향성은 그 자신의 세계를 지탱하기에는 너무 약하다. 하지만 그것은 사회적 생활세계의 사물화와 제도화를 부당한 요구와 '비진리'로 느끼게 할 만큼은 충분히 강하다. 결국 인간은 이러한 내향성의 "부정합Hiatus"에서 고통을 겪기에 불가피한 것들에 굴복해 버리며, 문명에 의해 현존재의 부담을 경감시킨다. 이로 인해 비록 스스로를 상실한다는 감정을 품게 되지만 말이다. 인간은 자신 안으로 들어감으로써 세계를 상실하고, 세계로 들어감으로써 자기 자신을 상실한다. 겔렌은 이로부터 다음과 같은 결론을 이끌어 낸다. "인간은 자기 자신 및 자기 동류와의 '지속적' 관계를 '간접적으로만' 유지할 수 있다.

인간은 자기 자신을 단념하는 우회적인 방식으로 스스로를 재발견해야 하는 바, 바로 그것이 제도들의 의미이다. 물론 그것은…… 인간에 의해 산출된 형식들이며, 이 형식들에서 영혼적인 것은…… 사물화되고 사물들의 과정에 연루되며 오직 그렇게 해서만 지속적인 것이 된다. 그리하여 최소한 인간은 동물과 달리 거친 자연이 아니라 자신의 창조에 의해 태워지고 소비된다."[9]

하이데거와 마찬가지로 겔렌과 플레스너는 모두가 현존재의 부담 성격에서 출발하여 생존의 기본적 필수 요건으로서 부담 경감의 문화적 기술에 관해 서술한다. 하이데거도 "현존재 안에는 모든 것을 가볍게 취하고 가볍게 만들려는 경향"(SuZ, 127쪽)이 분명하게 지배하고 있음을 말하기는 한다. 그러나 하이데거에 의하면 인간에게서 그 자신의 "본래적으로 존재할 수 있음"을 **빼앗아** 버리는 것이 바로 이러한 경향이다. 우리가 현존재의 부담 성격과 어떻게 교류하는가, 즉 부담 경감을 추구하는가 아니면 부담을 받아들이는가의 여부가 비본래성이냐 본래성이냐를 결정한다. 어쨌거나 하이데거에게서 부담 경감은 우선은 도주와 회피와 빠져 있음—즉 "비본래성"—의 기교라는 의심을 받게 된다. "본래적" 영웅은 거인 아틀라스처럼 세계의 무게를 견뎌 내는 존재이다. 더 나아가 그런 영웅은 당당한 자세로 걸어가며 생의 대범한 기획을 입안하는 기예 또한 성취해야 한다.

하이데거의 저작에는 유명한 죽음의 장 외에 본래성과 비본래성의 분석이 있다. 이 분석 덕에 이 저작은 1920년대에 대중으로부터 커다란 주목을 받았다. 본래적 생활세계에 관한 하이데거의 서술은 시대 비판적 특징을 분명히 드러낸다. 물론 그 자신은 이후로 줄곧 그 점을 부인했다. 그렇지만 대중화와 도시화, 신경을 지치게 하는 공공 생활, 엄청난 규모로 성장하는 오락 산업, 소모적인 일상, 정신세계의 잡문적 피상성에 대한 비판이 분명히 "존재할 수 있음" 대신 "세인"에 근거해 살아가는 현존재의 서술로 섞여 들고 있다. "모두가 타인이며 어느 누구도 그 자신이 아니다."(SuZ, 128쪽)

"세인"의 이러한 세계는 1920년대의 다른 저자들에 의해 때로는 훨씬 더 강렬하고 정확하게 서술되기도 했다. 『특성 없는 남자』를 쓴 로베르트 무질이 그렇다. "'오늘날에도 뭔가 전체적인 것이 되고자 여전히 노력하고 있다면, 그건 평가받을 만한 일이지.' 발터가 말했다. '그런 건 이제 없어.' 울리히가 되받았다. '신문만 봐도 알 수 있어. 신문은 말할 수 없이 불투명한 것들로 가득 차 있거든. 거기에는 너무 많은 게 언급되고 있어서 라이프니츠 같은 사람의 사고 능력으로도 감당할 수 없을 정도야. 하지만 사람들은 그런 것을 전혀 알아차리지 못해. 사람들이 변했거든. 전체적인 세계와 대면하는 전체적인 인간이란 건 이제 없어. 그저 어떤 인간적인 것이 일반적인 배양체 속을 떠돌 뿐이지.'"[10]

발터 메링Walter Mehring은 그의 풍자시 「끄응, 우리는 산다네!Hoppla, wir leben!」에서 이렇게 말한다. "지상의 이 호텔에서는 / 사회의 지체 높은 분들이 손님이었으니 / 그들은 경쾌한 태도로 / 무거운 생의 부담을 짊어지노라!"

비키 바움Vicki Baum은 1931년 출간하여 크게 성공을 거둔 소설 『호텔 사람들Menschen im Hotel』에서 이렇게 말한다. "당신이 떠나면 다른 누군가 도착해 당신의 침대에 눕는다. 그것으로 끝. 두어 시간 동안 라운지에 앉아 주시해 보라. 당신은 사람들에게 얼굴이 없음을 알게 될 것이다! 그들은 모두가 서로의 모조품일 뿐이다. 그들은 모두 살아 있지 않지만 그 사실을 깨닫지 못한다."

하이데거의 "세인"도 그러한 모조품이다. "일상적 현존재는 '누구인가'라는 물음에 대해서는 '세인'이라고 답했으니, 이 세인은 '아무도 아닌 자

Niemand'이다. 모든 현존재가 서로 섞여 있음으로 해서 그때그때 이미 자신을 이 세인에게 내맡겨 버린다."(SuZ, 128쪽)

하이데거의 서술이 모던의 바이마르 세계에 깊은 인상을 준 것은 그 서술의 특이한 분위기 덕분이다. 결과적으로 진부하고 일상적인 것이 기초존재론적으로 설치된 무대 위에서 장엄하게 등장하는 효과가 생겨난다. 진부하고 일상적인 것이 실존의 드라마에서 주인공 역할을 맡는다. 바로 그렇기에 하이데거가 시대 비판가로 이해되기를 원하지 않는 것이기도 하다. 비판은 존재적인 무엇에 불과하지만, 그가 다루는 것은 존재론적인 것이기 때문이다.

이런 "아무도 아닌 자"는 하이데거의 무대에서 유령 같은 무엇처럼 떠돈다. 그들은 가면들이다. 하지만 가면 뒤에는 아무것도 없다. 자아는 없다. 자아는 어디로 갔나? 비본래성은 본래적 자아의 표기나 몰락 혹은 소외의 상태인가? 우리 안 혹은 무대에서는 참된 자아가 스스로를 다시 실현하기만을 기다리고 있는가? 그렇지 않다고 하이데거는 말한다. 비본래성은 우리 현존재의 "근원적인" 형상이며, 더욱이 (존재적으로) 통상적인 것에서만 그런 것이 아니라 존재론적으로도 그렇다. "비본래성"은 "내-존재"와 마찬가지로 실존적인 것이기 때문이다. 우리는 이미 언제나 우리가 활동하며 편입되는 상황 속에 있다. 이 점은 "주변 세계"의 예에서 이미 설명되었다. 물론 그 점은 "공동세계"와 "자기세계"의 경우도 마찬가지이다. 즉 현존재는 "우선 그리고 때때로" 자기 자신 곁에 있지 않고, 저 바깥 자신의 일과 타인들 곁에 있다. "우선 '나'는 고유한 자기의 의미에서 '존재하지' 않고 '세인'의 방식으로 타자이다…… 우선 현존재는 '세인'이고 대개 그렇게 머물러 있다. 현존재가 세계를 고유하게 발견하고 자기에게 가까이 가져올 경우, 현존재가 자신에게 자기의 본래적 존재를 개시하는 경우, 이러한 '세계'의 발견과 현존재의 개시는 언제나 은폐와 암흑의 제거로 수행된다. 현존재가 자신에게 빗장을 걸어 잠글 때의 그런 위장의 분쇄로 수행되는 것이다."(SuZ, 129쪽)

"위장"이 분쇄되고 "본래적 존재"가 개시되는, 즉 열어 밝혀지는 순간을 우리는 이미 알고 있다. 그것은 바로 불안의 순간이다. 이때 세계는 그 의미를 상실하고, 세계가 무를 배경으로 해서 벌거벗은 '현사실'로서 등장하며, 현존재 자체는 자신을 가려 주는 그 무엇도 없이, 어떤 객관적 의미의 보호를 받거나 그것에 의해 인도됨 없이 스스로를 경험한다. "본래적 자아"로의 돌입은 우연한 충격으로서, 배후에는 아무것도 없다는 경험으로서 일어난다. 본래성의 철학을 위한 이러한 창도적 체험은 하이데거의 『존재와 시간』에서보다 1929년 프라이부르크대학 취임 강연에서 더 분명하게 설명되었다. 이 강연에 따르면 철학은 우리가 "무와 마주칠" 용기를 가질 때에야 시작된다. 그럴 때 우리는 무를 직시하고, 우리가 현실적인 무엇일 뿐 아니라 무로부터 무엇인가 나타나게 할 수 있는 창조적 존재라는 점도 깨닫는다. 핵심은 이런 것이다. 인간은 무가 어떤 것이 되고 어떤 것이 무가 되는 장소로서 스스로를 경험할 수 있다. 불안은 우리를 이러한 전환점으로 인도한다. 불안은 우리로 하여금 바로 우리 자신인 "가능존재"와 대면케 한다.

불안에 대한 하이데거의 분석은 결코 죽음의 두려움을 주제로 삼는 것이 아니다. 그보다는 이렇게 말할 수 있을 것이다. 분석의 주제는 삶에 대한 불안이다. 갑작스레 삶이 그 전체적 우연성으로부터 우리에게 나타날 때 느끼는 불안이 바로 그 주제인 것이다. 불안은 일상적 삶이 이러한 우연성으로부터 늘 도피하고 있음을 분명하게 해 준다. 이것이 "스스로를 고정시켜 살아가려는" 모든 시도가 지닌 의미이다.

"세인"은 모든 평범한 사람들일 뿐이라고 생각될 수도 있다. 하지만 철학자들 또한 세인이다. 하이데거의 비판에 따르면 철학자들은 그들의 거대한 구성물, 즉 그들의 가치 세계와 형이상학적 배후 세계들에서 스스로를 고정시켜 살아가기 때문이다. 철학 역시 대개는 우연성의 충격을 제거하거나 그것을 절대로 허용하지 않는 일에 몰두한다.

이제 "본래성" 자체를 논해 보자. 그것은 부정의 부정이다. 본래성은 도피의 경향, 회피의 경향에 저항한다.

본래성은 무를 자신의 과제로 삼았다. 본래성은 다시 한번 세계에 도달하는 것을 뜻한다. 본래성은 새로운 현존재 영역을 발견해 내는 것이 아니다. 모든 것이 그대로일 수 있고, 앞으로도 그럴 것이다. 다만 그에 대한 태도가 바뀌는 것이다.

불안이 본래성의 창도 체험이라면, 하이데거의 유명한 "죽음으로 앞서 달려감"은 이러한 본래성의 성공 사례 중 하나이다. 그렇기 때문에 『존재와 시간』의 면밀한 구조에서 죽음에 관한 내용이 "현존재의" 가능적 "전체 존재"에 관한 장 안에 놓이는 것이다. "현존재의 전체 존재"는 "본래성"을 가리키는 또 다른 말이다.

죽음과 관련해서도 하이데거는 비교를 위해 죽음의 일상적 이해를 끌어들인다. 죽음의 일상적 이해는 이런 공식으로 규정된다. "사람은 결국 언젠가 죽는다. 하지만 이것은 우선 자기 자신에게는 해당되지 않는다." (SuZ, 253쪽) 우리가 살아 있는 한, 자신의 죽음은 "당장 자기 눈앞에 있지 않기에 위협적이지 않은 어떤 것으로 이해되고 있다".(SuZ, 253쪽)

만약 "항상 죽음을 생각하라"는 수천 년의 전통을 하이데거가 참회와 개심의 새로운 설교 형식으로 서술하려 한 것이라면, 이는 철학적으로 그다지 독창적인 업적이 되지 못할 것이다. 비록 그가 요하네스 테플Johannes Tepl의 중세 문헌인 『뵈멘의 농부Der Ackermann aus Böhmen』에서 한 문장을 인용할 때 그 전통도 염두에 두고 있음을 암시한다 해도 말이다. "인간은 태어나자마자 이미 죽을 만큼 나이가 들었다."

하이데거는 우리가 삶에서 죽음과 마주치는 상이한 방식들을 현상학적으로 서술하려 한다. 즉 감동적인 언어가 아니라 지극히 자제하면서 즉물적 거리를 지닌 용어로 서술하려는 것이다. 그럼에도 불구하고 여기서 우리는 어떤 흥분을 감지하는 바, 그 흥분은 우리가 그의 철학하기의 뜨거운 지대에 와 있음을 알려 준다. 하이데거에 따르면, 죽음은 삶의 끝이 아니라 "종말을 향한 존재"이다. 죽음은 마지막 짧은 순간으로 우리 앞에 있을 뿐 아니라 이미 우리 삶 안에 "들어와" 있다. 우리는 이미 우리의 죽음에 관해 알고 있으니 말이다. 죽음은 우리가 지속적으로 직면하는 "가능성"이며, 그 자체로서는 "고유한 실존의 불가능성의 가능성"이다. 모두가 죽음과 만나게 되지만, 각자는 자기만의 죽음을 죽어야 한다. 이런 운명의 보편성을 생각한다 해도 각자는 거기서 도움을 얻지 못한다. 한꺼번에 아주 많은 사람이 죽는다 해도 죽음은 개별적이다. 죽음을 절대적 한계로 이해하려 하면 그와 동시에 죽음을 이해의 한계로서 이해할 수밖에 없다. 죽음과의 관계는 일체 관계의 종말이다. 죽음의 사유는 일체 사유의 종말이다. 하이데거는 죽음의 사유에서 시간의 비밀을 추적하고자 한다. 죽음은 시간 '안'에서의 어떤 사건이 아니라 시간의 종말이다. 시간 '안'의 사건으로서의 죽음은 내가 타자의 죽음을 경험할 때 나타난다. 그럴 때 나는 공간화된 시간을 연상한다. 이러한 공간적 시간은 너무나 광대해서 타자가 죽은 후에도 나는 여전히 그 안에 장소를 갖는다. 시간의 그러한 공간적 이미지는 비본래적인 시간 사유에서 유래한다. 이런 이미지에서는 고유한 시간이 성찰되지 않는다. 불가역적인 시간 운동, 다시 말해 거대한 "지나감"이 나를 통과해 간다는 사실이 성찰되지 않는 것이다. 비본래적인 공간 이미지는 시간을 '눈앞의 것'으로서 취한다.

여기서 우리는 하이데거가 실존으로서의 존재자와 눈앞의 것을 구별했다는 점을 기억할 필요가 있다. 이 구별은 죽음의 분석과 관련해서 특히 중요해진다. 눈앞의 것은 공간화된 것이다. 하지만 인간의 현존재는 주어지고 인내되는 시간 그리고 끝까지 살아가는 시간이다. "눈앞에 있음"에 대립하는 "지나가며 있음Vorbeisein"이다. 사물들은 시간 '안'에 있지만 현존재는 자신의 시간을 갖는다. 현존재는 스스로를 "시간화한다". 그리고 안전성과 지속성에 대한 욕구와 관련시켜 볼 때 이는 과도한 요구이기에 바로 생의 자기 사물화를 향한 경향이 있기 마련이다. 즉 우리는 사물들처럼 시간 안에 안거하고 싶어 한다. 불멸성이라는 위로의 사상은 지나가 버리는 시간에 대항하여 지속적 공간의 힘을 제공한다.

최초에 제기된 존재의 의미에 대한 물음이 시간의 사유에 의해 갑작스레 새로운 빛을 받고 나타난다. 우리는 의미에 대한 물음이 대개 어떤 의미로 제기되는지 알고 있다. 즉 그것은 불변하는 의미 혹은 불변하는 것의 의미에 대한 물음으로 제기된다. 하이데거는 바로 그런 변치 않고 지속하는 것에 저항해서, 즉 공간의 은밀하고 음험한 암시에 저항해서 사유한다. 존재의 의미는 시간이다. 이는 존재가 결코 지속하는 것이 아님을 뜻한다. 존재는 지나가는 무엇이다. 그것은 눈앞의 것이 아니라 생생한 사건Ereignis이다. 자신의 죽음을 진정으로 사유하기를 감행하는 사람은 존재의 유한한 사건으로서의 자기 자신을 발견한다. 이미 이런 발견은 현존재가 스스로를 위해 도달할 수 있는 거의 최대치의 자기 투시성이다. 자기 은폐가 비본래성이라면, 이러한 자기 투시성은 본래성의 행위이다. 하이데거의 철학은 이러한 자기 투시성을 다루는 것이며, 따라서 이 철학은 그러한 본래성의 행위로 이해될 수 있다.

『존재와 시간』의 일부 해석자들은 하이데거의 본래성 철학을 기초 존재론적 입장에 근거해 일체 윤리학으로부터 정화시키려 애쓴다. 이들의 목적은 이런 "본래성"과 후일 하이데거의 나치 참여 사이에 일말의 연관이 있을 수 있다는 의심을 불식시키는 데 있다. 하지만 이런 노력은 부당하게도 이 본래성 철학을 형식주의적으로 만들 수밖에 없다. 그도 그럴 것이 어쨌든 하이데거는 "본래적 실존에 대한 견해의…… 근저에는 현존재의 어떤 현사실적 이상faktisches Ideal"(SuZ, 310쪽)이 놓여 있다고 분명하게 말하기 때문이다.

이런 이상은 우선은 부정적으로 규정된다. 현존재가 본래적인 것은, 현존재가 헤겔에 의해 '실체적 인륜성'이라 불린 국가와 사회와 공적 도덕에 의지하지 않고 자기 자신에만 근거할 용기를 가질 때, 현존재가 "세인"의 세계로부터의 부담 경감 제안을 단념할 수 있고, 또 "상실"의 상태로부터 스스로를 빼내올 힘을 가질 때, 또 현존재가 더 이상 수천 가지 가능성과 유희하지 않고 바로 그 자신인 가능존재를 포착할 때이다.

위대한 아리스토텔레스 해석자인 하이데거가 자신의 본래성 윤리학을 공공성의 윤리학에 대립시킨다면, 그는 공적 생활의 실천 윤리학이라는 아리스토텔레스 전통에 등을 돌리지 않을 수 없다. 플라톤에 반대해서 아리스토텔레스는 '선의 철학'을 당대 사회적 현실의 토대 위로 되돌려 놓았다. 아리스토텔레스는 통상적인 것과 관습적인 것을 복권시켰다. 아리스토텔레스의 시각에서 도덕 선은 사회적으로 유효한 것에 대립해서 획득되는 것이 아니라 오로지 그에 연계해서만 획득될 수 있었다.

아리스토텔레스와 그로부터 출발하는 전통, 즉 윤리적 실용주의와 의사소통적 이성의 이론에 이르기까지 그 전통의 입장에서 볼 때, 윤리적으로 책임 있는 성공적 생의 출발점과 방향 지침으로 타당한 것은 바로 하이데거가 "세인"의 세계라 칭하는 영역이다.

자아가 "세인"으로부터 빠져나와 자기 자신에게 돌아간다면, 자아가 도착하는 곳은 어디인가? 하이데거에 의하면 자아가 도착하는 곳은 피할 수 없는 죽음과 시간에 대한 의식, 모든 문명적인 현존재의 심려Daseinsfürsorge에 대한 불신, 그리고 무엇보다도 고유한 존재가능의 의식, 다시 말해 자발성과 창도성, 창조성이라는 의미에서의 자유이다. 이는 비록 다른 길을 통해서이지만 고트프리트 벤이 도달하려 하는 도착점이기도 하다. 「선술집Destille」이라는 시에서 그는 이렇게 말한다. "나는 나 자신을 무너뜨린다, / 나는 종말 가까이에 머무른다 / 그러자 폐허 더미 사이에 / 위대한 시간이 있다." 벤에 따르면 자기 자신에 도달한 현존재는 우선 '무너질' 수밖에 없다. 하이데거에 의하면 현존재는 뿌리치고 빠져나와야 한다. 그러면 발아래서 아무런 근거도 발견하지 못하며 그저 자유의 심연을 보게 된다. 하지만 이때 현존재는 '위대한 시간' 또한 발견한다.

1929년 다보스에서 카시러Cassirer와 장대한 논쟁을 벌일 때 하이데거는 이렇게 말할 것이다. "인간이 자기 자신의 고유한 가능성의 정점에서 실존하는 것은 지극히 드문 순간뿐이다."(K, 290쪽)

하이데거의 본래성에서 실제로 관건이 되는 것은 일차적으로 선하고 윤리적으로 올바른 행위가 아니라, 위대한 순간을 위한 기회의 열림, 다시 말해 현존재의 집중성 상승이다. 하지만 윤리적인 것도 중요한 문제로 다뤄지는 한, 『존재와 시간』에서 이에 관해 하이데거가 개진하는 고찰은 다음과 같은 한 문장으로 요약된다. '네가 원하는 것을 하되, 스스로 결단을 내리고 다른 누구에게 결정과 책임을 빼앗기지 말라.' 당시 마르부르크대학의 학생들은 하이데거의 말을 이렇게 패러디했다. '나는 결단을 내렸다. 하지만 뭘 위해 결단한 것인지는 모른다.' 이렇게 말했던 학생들은 하이데거의 결단주의Dezisionismus를 잘 이해한 것이긴 하지만 다른 한편 오해한 것이기도 하다. 실제로 하이데거는 결단성이라는 말은 했지만 결단을 내려 선택하는 내용이나 가치는 거론하지 않았으므로 학생들은 그를 이해한 셈이다. 그러나 하이데거의 철학에서 지침이나 방향 제시를 기대했다는 점에서 학생들은 그의 생각을 오해한 것이다. 하이데거는 분명 이런 기대가 실망으로 끝나기를 원한다. 그런 태도는 철학을 하는 비본래적 방식의 하나이기 때문이다. 어쨌거나 하이데거의 생각에 철학은 도덕적 조사 작업이 아니라 이른바 윤리적 객관성이란 것의 제거와 파괴 작업이다. 이런 작업 후에 남는 것은 진정으로 무이다. 풍부한 윤리적 사유의 전통과 비교해 보면 그렇다.

도덕철학의 관례에 충실하게 하이데거는 양심도 다룬다. 하지만 어디까지나 이는 무를 구체적 규정들에서 보여 주기 위해서이다. 양심은 우리에게 본래성을 호소하지만, 본래적이 되기 위해 어떻게 해야 하는지는 말하지 않는다. "양심은 부름 받은 자에게 무엇을 불러 말하는가? 엄밀히 말하면 아무것도 없다…… 부름 받은 자아에게 '아무것도' 불러-말해지지[zu-gerufen] 않고, 도리어 그 자아가 자신을 향해, 다시 말해 자신의 가장 고유한 존재가능을 향해 불러-세워지는[aufgerufen] 것이다."(SuZ, 273쪽)

하이데거는 형식주의라는 비난을 두려워하지 않는다. 마르부르크 대학에서 행한 강연 '시간의 개념' 에서 그는 칸트의 도덕철학이 지닌 형식주의를 언급한다. 주지하듯, 칸트의 도덕철학은 어떤 사람의 행위에서는 타자의 이성, 다시 말해 타자의 자유가 존중받아야 한다는 것 외에 다른 도덕 격률을 논하지 않았다. 쉬운 말로 그것은 '남이 네게 행하기를 원치 않는 것은 남에게도 행하지 말라'이다.

이성과 자유의 상호 존중이라는 칸트의 요청과는 유비적으로 하이데거는 타자 내에서 현존재의 상호 존중이라는 원리를 전개한다. "그러나 공동 존재로서의 현존재가 관계 맺는 존재자는 손안의 도구의 존재 양식을 갖고 있지 않다. 그 존재자도 현존재이다. 이러한 존재자는 배려되지 않고 '심려'된다."(SuZ, 121쪽)

하이데거는 서술적 표현을 선택하지만, 이 표현에는 사실 어떤 요구가 담겨 있다. 그도 그럴 것이 이러한 "심려"는 사람들이 서로 교류할 때의 일상적이고 통상적인 방식을 지칭하는 것이 아니라 그들이 서로 '본래적으로' 교류해야 할 때의 방식을 가리키기 때문이다. "이러한 심려는 본질적으로 본래적인 염려, 다시 말해 타인의 실존과 관계하는 것이지" 타인이 배려하는 "어떤 것에 관계하는 것이 아닌" 바, 이 심려는 타인을 도와 그가 자신의 염려 속에 있음을 투시하게 해 주고, 그 염려에 대해 '자유롭게' 해 준다.(SuZ, 122쪽)

서술이라는 제스처를 취하는 가운데 하이데거는 여기서 자신의 정언명령을 표현한다. 본래성에 속하는 것은 자기 자신도 타자도 사물, 즉 '도구'로 만들지 않는다. 그리고 "자기 자신에로의 결단성" 또한—다시금 서술적 표현으로 은폐되어서—어떤 도덕적 요구와 결부되어 있다. 즉 이 결단성은 "함께 존재하는 타인들을 그들의 가장 고유한 존재가능에서 '존재'하게 하는" 가능성을 열어 놓아야 한다. "결단성의 본래적인 자기 존재로부터야 비로소 본래적인 상호성이 생겨난다."(SuZ, 298쪽)

하지만 이러한 "본래적 상호성"이 어떤 것일 수 있는지는 본래적 자기 존재와 마찬가지로 한동안 규정되지 않은 채로 머문다. 여기서도 유일한 정보는 다시금 부정적인 것에 불과하다. 자기 존재와 마찬가지로 상호 존재는 "세인으로의 자기 상실"로부터 벗어나야 한다. 비본래성으로부터의 집단적인 탈출과 분리가 생각될 수 있는가?

하이데거에 의한 본래적 상호 존재와 비본래적 상호 존재의 구분은 흔히 페르디난트 퇴니스Ferdinand Tönnies가 동명 저작에서 시도한 '공동체와 사회(공동사회와 이익사회)Gemeinschaft und Gesellschaft'의 구분과 동일시되었다. 이 저작은 1887년 출간되었지만 처음에는 그다지 주목을 받지 못했다. 하지만 1920년대에 이 책은 사회학의 베스트셀러가 되었고, 모던적 대중사회에 대한 보수적 비판에 가장 중요한 개념들을 제공했다. 그 이후로 공동체는 사회보다 더 높은 가치를 갖는다. 공동체는 "살아 있는 유기체"와 "지속적이고 참된" 공동생활을 뜻한다. 사회는 "기술적인 집합체이자 인공물"이며 "과도적이고 외견뿐인" 공동생활을 보장한다. 공동체에서 인간은 "모든 분리에도 불구하고 결속되어" 있는 반면, 사회에서 인간은 "모든 결속에도 불구하고 분리되어" 있다.[11]

그러나 하이데거의 본래적 상호 존재는 사실 공동체의 표상과 합치하지 않는다. 공동체의 표상에는 거리 부담과 고독, 개별성에서 벗어나고자 하는 개인의 소망도 함축되어 있기 때문이다. 반면 하이데거의 본래성은 일체의 순응주의Konformismus를 거부한다. 그는 현존재에게 자신의 "대체 불가능한", 다시 말해 개별적인 존재가능을 권장하며, 그렇기 때문에 긴밀한 동질성을 지닌 공동체를 오히려 의심스러운 것으로 여긴다. 그렇지만 하이데거는 그의 본래성 윤리학에서 또 다른 정치적 결론을 끌어내게 될 것이다. 장차 그는 국가사회주의 혁명을 비본래성에서의 집단적 탈출로 이해할 것이며 그래서 거기에 동참할 것이다. 하지만 이런 결론은 『존재와 시간』의 세계관에서 불가피하게 도출되는 종류의 것은 아니다. 다른 이들은 그로부터 또 다른 결론들을 끌어냈다. 본래성 철학을 포함하는 하이데거의 기초존재론은 모호한 측면이 있기에 정치적 사안에서 다양한 선택의 여지를 제공한다. 제1세대 하이데거주의자인 헤르베르트 마르쿠제와 장-폴 사르트르, 귄터 안더스, 한나 아렌트, 카를 뢰비트가 그 좋은 예이다.

의심의 여지가 없는 사실은, 『존재와 시간』에서 하이데거는 자유의 존재론을 전개함에도 불구하고 다원주의적 민주주의의 적대자란 면모 또한 여실히 드러내고 있다는 점이다. 그에게는 민주주의적 공공성의 원리에 대한 이해가 결여되어 있다. "공공성은 우선 모든 세계 해석과 현존재 해석을 규제하며 모든 것에서 권한을 갖는다. 그런데 그것은…… 공공성이 분명하게 제 것으로 삼을 만한 어떤 현존재의 투명성을 갖고 있기 때문이 아니다. 도리어 그것은 공공성이 수준과 진실성의 모든 차이에 대해 무감각하므로 '사태에' 개입하지 않기 때문이다."(SuZ, 127쪽)

여기서 하이데거가 민주주의적 공공성과 관련해서 비난하는 점은 그 구조 원리 외에 다른 것이 아니다. 실제로 "현존재의 투시성"을 지닌 것이건 아니건 모든 의견과 이념이 접근할 수 있다는 것이 민주주의 공공성의 구조 원리에 속한다. 그런 유형의 공공성에서는 모든 인간이 평균성과 저급성을 갖고서 등장하여, 고유한 것이건 아니건 발언할 수 있다. 어쨌거나 그 이념에 따르면 그러한 공공성은―생이 아무리 하찮고 별 볼일 없는 것일지라도―생을 비추는 거울상이다. 또 그러한 공공성에서는 진리들이 여론의 시장에서 팔리는 한갓 여론의 하나로 강등되는 것을 견디지 않으면 안 된다. 민주주의적 공공성은 실제로 "세인"의 놀이터이다.

잘 알려져 있듯, 비정치적이거나 반민주주의적인 전통에 각인된 대학의 고상한 사람들은 지극히 소수의 경우를 제외하면 바이마르 민주주의에 우호적이지 않았다. 그들은 민주주의에 속하는 모든 것, 예컨대 정당제도, 의견 및 생활양식의 다양성, 이른바 '진리'라는 것들의 상호 상대화, 평균성, 그리고 비영웅적 규격성을 경멸했다. 이런 집단의 사람들에게는 국가와 인민과 민족이야말로 높은 가치였고, 이런 가치에서는 옛 위상을 상실한 형이상학적 실체들이 아직 숨 쉬고 있었다. 모든 정당을 초월해 민족의 본체를 정화하는 도덕 이념으로서의 국가, 그리고 카리스마를 가지고 민족의 정신을 표현해 내는 영도자적 인물이야말로 그들이 원하는 것이었다. 『존재와 시간』이 출간된 해에 뮌헨대학 총장인 카를 포슬러Karl Vossler는 대학 동료들의 반민주주의적 정서를 힐난했다. "낡은 비이성이 매번 새로운 껍질을 쓰고 나타날 뿐이다. 형이 상학적으로, 사변적으로, 낭만주의적으로, 광신적으로, 혹은 추상적이 거나 신비적으로 정치화가 이뤄진다…… 사람들의 탄식 소리가 들려온 다. 그 모든 정치적 수작은 얼마나 지저분하고 씻을 수 없이 불결한가. 언론은 얼마나 참되지 못하고, 내각은 얼마나 위선적이며, 의회는 얼마 나 천박한가. 이런 한탄에 잠겨 있다 보면, 정치를 하기엔 우리가 너무 고상하고 정신적이라는 생각마저 든다."

본래적 하이데거 또한 정당들보다 높은 곳에 올라서서 경멸의 눈으 로 정치적 활동을 내려다본다.

그런데 이 시점에서 하이데거는 정치 영역에서 비본래성의 극복에 대해 어떤 관념을 품고 있는가? 『존재와 시간』은 이에 관해 아직 분명 한 답을 제시하지 않는다. 그 이유는 한편으로 본래성으로의 전환이 철 저한 개별화의 행위로 머문다는 점에 있다. 하이데거는 요르크 폰 바르 텐부르크 백작Graf Yorck von Wartenburg이 한 말에 찬동을 표하면서 그것을 인 용한다. "국가정책의 과제는 이런 기초적 공공 의견을 붕괴시켜 가능한 한 보기와 관찰하기의 개별성이 형성되도록 하는 데 있습니다. 그럴 때야 이른 바 공적 양심이라는 이 극단적 외면화 대신 개개인의 양심, 다시 말해 양심이 힘을 얻을 것입니다."(SuZ, 403쪽에서 재인용)

다른 한편, 인간이란 자기 민족과 그 "역운Geschick"(역사적 운명)과 그 "유산"에 편입되어 있다는 점 또한 세계-내-존재가 포함하는 사실이 다. 그리고 본래성이란 특수한 목표와 가치를 지닌 특별한 행위 영역을 표현하는 것이 아니라, 그저 그때그때 생활 영역과 관련해서 달라지는 태도와 입장을 뜻할 뿐이며, 따라서 현존재는 민족의 이러한 "역운" 속 에 본래적으로 편입될 수도 있지만 비본래적으로 편입될 수도 있다. 그 렇지만 『존재와 시간』에는 한 민족의 역운의 넘겨받음과 그 존속이 어떤 모습을 가질 수 있는가에 관해서는 더 자세한 언급이 없다. 얼마간 제시되는 암시에 따른다면, 현존재는—집단적 현존재도—규범이나 법제나 제도를 통해서가 아니라 오직 생존했던 모범을 통해서만 자신의 본래성에 도달한다. 즉 "현존재는 스스로를 자신의 영웅으로 선택함"(SuZ, 385쪽)으로서만 자기 본래성에 이른다.

그러나 『존재와 시간』에서는 본래성에 이르는 집단적 길에 관한 모호한 암시가 있음에도 불구하고 개인주의적인 경향이 지배적으로 유지된다. 심지어 하이데거는 자신의 접근법을 한번은 "실존적 유아론"(SuZ, 188쪽)이라 부르기까지 한다. 실존의 결정적 물음을 물을 때는 누구나 혼자로 머문다. 민족과 집단적 "역운"은 개인이 "본래적 실존 가능"의 영역에서 결단을 내릴 때 그 무거움을 덜어 줄 수 없다. 집단적 "역운"에서 관건이 되는 것은 "개시된 상황의 우연들을 꿰뚫어 볼 수 있게 된다"는 측면이다.(SuZ, 384쪽) 하이데거는 역사적 행위의 일체 장기적 기획들과는 결별한다. 남는 것은 역사적 기회원인론Okkasionalismus이다. 우리는 순간을 이용해서 기회를 포착해야 한다.

하지만 무엇을 위해서 그래야 하는가?

어딘가 멀리에 놓인 역사적 목표를 위해서는 아니다. 만약 목표란게 있다면, 그것은 바로 지금 이 순간이다. 중요한 것은 현존재 감정의 고양이다. 본래성은 집중성 외에 다른 것이 아니다.

아직까지 하이데거는 자신의 집중성 순간을 무엇보다 철학에서 발견한다. 하지만 오래지 않아 그는 이를 정치에서도 발견할 것이다.

제 10 장

—

시대의 분위기: 거대한 순간을 기다림. 카를 슈미트와 파울 틸리히 그리고 그 밖의 사람들. 정신의 현전. 결단성과 무. 강의의 제약성에서 해방됨. 현존재를 불러냄. 보이론의 저녁기도. 경건함과 대담함. 악. 다보스의 대토론: 마의 산의 하이데거와 카시러. 밤과 낮.

—

1929~1930년 세계 대공황 시기, 실업자들의 행렬이 하노버 노동청 앞에 길게 늘어서 있다.

시대의 분위기: 거대한 순간을 기다림. 카를 슈미트와 파울 틸리히 그리고 그 밖의 사람들. 정신의 현전. 결단성과 무. 강의의 제약성에서 해방됨. 현존재를 불러냄. 보이론의 저녁기도. 경건함과 대담함. 악. 다보스의 대토론: 마의 산의 하이데거와 카시러. 밤과 낮.

『존재와 시간』은 미완의 작품이었다. 원래는 2부로 구성되었지만, 제1부조차 완성되지 않았다. 하이데거가 시한에 쫓겨 밤낮으로 매달렸지만 저작은 완성되지 않았다. 그의 생애에서 며칠간 면도조차 못하는 경험을 한 것은 그때가 유일했을 것이다. 그러나 『존재와 시간』에서 예고되었으나 실현되지 않은 장들의 모든 주제를 하이데거는 이후 저작들에서 다뤘다. 『존재와 시간』은 제1부 3장에서 '시간과 존재'라는 주제를 다룰 예정이었으나 이는 실현되지 않았다. 하지만 이 주제는 1927년 여름학기 강의인 '현상학의 근본 문제Grundprobleme der Phänomenologie'에서 대략적으로 논의된다.

『존재와 시간』에서 누락된 거대한 분량의 제2부―칸트, 데카르트, 아리스토텔레스의 사상에서 나타나는 범례적 존재론에 대한 해체 작업―는 이후 몇 해 동안 하이데거의 개별 논문이나 강의에서 다뤄진다. 1929년에는 『칸트와 형이상학의 문제Kant und das Problem der Metaphysik』가 발간되며, 1938년에는 데카르트주의 비판을 함축한 '세계상Weltbild' 강의가 수행된다. 그리고 이어지는 여러 차례 강의에서 그는 아리스토텔레스와 논쟁한다.

이런 의미에서『존재와 시간』은 계속 집필되는 책이자 완결된 책이기도 하다. 하이데거 학파가 후일 신비화하는 "전회Kehre"라는 것도 이런 기획의 틀 내에서 등장한다. 전회가 하나의 과제로 처음 거론되는 것은 1928년 여름학기의 '논리학' 강의에서이다. "시간의 분석은 동시에 전회이다."(GA 제26권, 201쪽)

이러한 "전회"가 뜻하는 것은 이렇다. 현존재의 분석은 우선 시간을 '발견'하지만─이해된 시간의 관점 아래서─그 고유한 사유로 돌아간다. 시간의 사유는 사유의 고유한 시간성을 고찰한다. 하지만 이는 역사적 상황의 분석이라는 의미의 고찰은 아니다. 하이데거에게 시간성의 핵심은 그런 것에 있지 않다. 우리가 이미 알고 있듯, 현존재의 시간성은 "염려"에서 수행된다. 현존재는 염려하면서 자신의 열린 시간 지평으로 들어와 살며, 배려하고, 예비하면서vorsorgend 시간의 흐름 속에서 머무를 지점과 신뢰할 만한 것들을 탐색한다. 머무를 지점들은 노동이나 관례, 제도, 조직, 가치 같은 것들일 수 있다. 하지만 그런 정류 지점들은 자신의 고유한 시간성의 의식으로 '전회된' 철학에 대해서는 모든 실체적 위신을 상실할 수밖에 없다. 시간의 흐름을 발견한 철학은 스스로를 그 흐름의 일부로 파악하는 것 외에 다른 무엇도 할 수 없다. 보편주의적이고 시간 지양적인 위장을 금지당한 이 '전회된' 철학은 존재의 의미가 시간이라면 시간에서 빠져나와 어떤 신뢰할 만한 존재로 도피하는 것도 불가능하다는 점을 깨닫게 된다. 도주로는 닫혀 있다. 철학은 더 이상 답을 주지 못한다. 철학은 스스로를 배려된 물음으로 이해할 수 있을 뿐이다. 철학이란 활동 중인 염려, 하이데거의 말로는 "자기 우려Selbstbekümmerung" 외에 다른 것이 아니다.

철학은 지혜를 가장하기 때문에 스스로를 기만하는 방식 중에서도 특히 투시하기가 어려운 종류의 것이다. 하이데거는 철학을 함으로써 철학의 책략을 드러내려 한다. 그런 것이 대체 어떻게 이뤄질 수 있는 가? 하이데거의 답변은 이렇다. 철학은 의미로서의 시간을 발견함으로써 시간의 팔딱거리는 핵심, 즉 "순간"에 대한 감각을 예민하게 만들 수 있다. 전회, 그것은 시간의 존재가 지나고 이제 존재의 시간이 되었다는 뜻이다. 하지만 존재의 시간은 그때그때 순간의 뾰족한 끝에서 균형을 잡는다.

하이데거가 말하는 "순간"에는 독특한 파토스가 있다. 이 말은 지나가 버리는 시간이란 언제나 어떤 현재, 어떤 순간 지점을 지나간다는 상투적 의미를 담고 있지 않다. 순간은 단순히 '주어지는' 것이 아니다. 순간은 발견되어야 하는 바, 우리가 시간과 맺는 통상적 관계가 공허하거나 안정적인 '평상시대로'에 의해 순간성을 덮어 감추기 때문에 더욱 그렇다. 순간성이란 어떤 돌발적 사건이 아니라 현존재의 업적, 본래성의 미덕이다. "순간이란 '결단성의 눈길' 외에 다른 것이 아닌 바, 이 결단성에서는 어떤 행동의 온전한 상황이 열리고 또 그렇게 유지된다." 순간을, 그리하여 결단에의 강제를 똑바로 대면하는 것을 하이데거는 "현존재의 본래적 실존의 근본 가능성"이라 부른다.(GA 제29/30권, 224쪽)

하이데거는 "순간"을 발견하고 이를 각별히 논하는데, 사실 1920년대에 이는 열광적 호기심과 형이상학적 실험 열기를 자극한 한 가지 주제였다. 에른스트 블로흐의 '살고 있는 순간의 어두움'에서 카를 슈미트의 '결단의 순간'과 에른스트 윙어Ernst Jünger의 '돌연한 경악'을 거쳐 파울 틸리히Paul Tillich의 '카이로스'에 이르기까지 시간의 균열에 관한 모든 철학적 구상은 하이데거의 경우와 마찬가지로 "순간"과 결부되는데, 순간에 관한 이런 논의는 키르케고르에게서 시작되었다.

키르케고르의 '순간'이란 신이 삶으로 침입하여 개별자가 신앙으로 도약할 결단을 내리게끔 부름을 받는다고 느끼는 때이다. 개별자를 그리스도와 분리하는 역사적 시간은 그런 순간에 의미를 상실한다. 그리스도의 복음과 구원의 작업에서 말을 건네받고 도발을 당한 사람은 그리스도와 '동시적으로' 실존한다. 이처럼 실존적으로 불타오르는 순간에는 종교를 문화적 소유물과 인습적 도덕으로 몰고 가 버리는 모든 문화 전통이 불타 없어진다. 키르케고르 이후로 '순간'은 카를 슈미트나 에른스트 윙어 같은 반시민적 종교의 거장들이 치켜든 봉화가 된다. 슈미트는 순간의 신비학을 가지고 정치와 국법의 영역을 헤매며, 윙어는 전사와 초현실주의자 사이로 뛰어든다. 시민적 안정의 무미건조한 '평상시대로'에 대해―순간에서의―집중적 무한성의 눈부신 향유가 마주 세워진다.

　이렇게 이해된 순간은 '완전히 다른 것'과의 관계를 약속한다. 순간은 시간의 다른 경험 및 다른 시간의 경험을 뜻한다. 순간은 돌연한 전회와 변화를, 심지어 도래와 구원을 약속하겠지만, 어찌됐든 결단을 강요하는 것이기도 하다. 그런 순간에는 수평적 시간이 수직적 시간에 의해 단절된다. 1917년 출간되어 커다란 반향을 일으킨 저작『성스러운 것Das Heilige』에서 루돌프 오토가 정의하듯, 순간이란 신성한 것과의 만남을 위한 주관적인 시간 등가물이다. 집중성에 목말라하던 1920년대의 정신적 삶은 신성한 것이라면 무엇에든 주목했다. 형이상학적 충동은 우리가 결단의 순간을 놓칠 수도 있다는 불안으로 변한다. "추상적 시대의 표준시계는 폭파되었다."[1] 후고 발은『시간으로부터의 도주』에서 그렇게 말하며, '볼테르 클럽'에서는 수천 가지 소소한 문화적 혁명을 연출하면서 거대한 혁명에 대한 기대감을 표현한다. 다다이즘은 모든 것을 새롭게 만들 위대한 순간을 대비하는 유일한 훈련 프로그램이다. 그렇기에 독특한 조바심이 표현된다. "다다이스트가 된다는 것은 사물들로 하여금 자기 자신을 던져 버리게 하고 일체 침전 형성에 저항하는 것을 뜻하며, 한 의자에 한순간만 앉는다는 것은 삶을 위험에 빠뜨린다는 것을 뜻한다."(「다다이즘 선언」) 정신적으로 물질적으로 안정성을 잃은 생활환경에서는 정신의 현전Geistesgegenwart이 위대한 이상이다. 정신의 현전이란 기회에 대한 감각이다. 1920년대 출간된 카프카의 소설 『성』도 이러한 정신의 현전을 다룬다. 이 소설에서는 기회의 상실과 정신적 현전의 결핍에서 시작된 한 편의 형이상학적 호러 시나리오가 전개된다. 토지 측량기사 요제프 K는 잠에 곯아떨어졌다가 성 고위층과의 약속을 놓쳐 버린다. 그를 구원할 수도 있었을 약속이었다.

형이상학적인 면에서 상당히 냉정을 유지하는 신즉물주의Neue Sachlichkeit는 마찬가지로 정신의 현전에 중요성을 부여한다. 신즉물주의는 '시대의 첨단에' 있는 것만을 일정 수준에 도달한 것으로 여긴다. 브레히트에게 복서는 컬트적 인물이 된다. 복서는 정신 현전의 경기자이다. 훌륭한 복서는 머리를 숙이고 펀치를 날릴 때면 순간에 대한 본능적 감각을 발휘한다. 신즉물주의의 기동성 판타지는 우리가 기차를 놓치듯 시간을 놓칠 수도 있다는 강박관념의 지배를 받는다. 바이마르 공화국 말기에 등장한 특정 유형의 시대 진단은 역사적 진리를 시간의 연속이 아니라 균열과 단절에서 탐색한다. 블로흐의 '흔적', 벤야민Benjamin의 '일방통행로', 에른스트 윙어의 '모험심'이 그 예이다. 이런 모든 시도에서는 벤야민의 명제가 타당성을 획득한다. "인식 가능성의 지금은 각성의 순간이다." 역사는 화산 분화구이다. 역사는 발생하는 것이 아니라 분출한다. 그렇기에 우리는 생매장되기 전에 재빨리 위험을 예견할 수 있어야 한다. 순간을 사랑하는 사람은 지나치게 자신의 안전을 걱정해서는 안 된다. 위험스런 순간은 모험심을 요구한다. 오스발트 슈펭글러에 따르면 "세계사는 파국에서 파국으로 전진"하므로 우리는 결정적인 것이 "번개나 지진처럼 갑작스레" 일어난다는 점에 주의해야만

한다. "여기서도 우리는 '진화'라는 개념에 함유된 것 같은…… 19세기의 관념에서 해방되어야 한다."[2]

20세기로 하여금 순간의 신비를 깨닫게 한 19세기 사상가 중 한 사람은 키르케고르였다. 또 다른 사상가는 니체였다. 키르케고르의 순간은 완전히 다른 것으로의 돌입을 뜻했다. 니체의 경우에는 '위대한 이탈'의 순간에 자유로운 정신이 탄생한다. "위대한 이탈은…… 지진처럼 갑작스럽게 일어난다. 돌연 젊은 영혼들은 동요되고 분리되어 떨어져 버리고 만다. 그들 자신도 무슨 일이 일어난 것인지 알지 못한다. 충동과 혼란이 지배하여 주인처럼 그들에게 명령한다. 의지와 욕망이 깨어나 어디로든, 어떻게든 나아가려고 한다. 미지의 세계를 향한 격렬하고 모험적인 호기심이 그들의 모든 감각에서 불타오르고 불꽃을 흩날린다…… 그들이 사랑해 왔던 것에 대한 갑작스러운 공포와 의심, 그들의 의무라 불렸던 것에 대한 섬광 같은 경멸감, 그리고 방랑을 향한 반항적이고 자의적이며 화산처럼 폭발적인 욕망."[3]

니체의 순간은 고양된 집중성인 바, 이는 키르케고르의 경우와 달리 절대자와의 접촉이 아니라 자력에 의한 초월—'위대한 이탈'—에서 획득된다. 그것은 이를테면 내생적 가열이다. 상위 가치들에 따르기란 통용되지 않는다. 그런 가치들은 사라졌으니 말이다. '신은 죽었다!'는 순간의 집중성은 자유에서, 절대적인 자발성에서 유래한다. 그것은 무로부터 생겨난다. 물론 그런 순간이란 예외 상태이다. 하지만 평소 규칙적 삶에 숨겨져 있던 것은 이런 예외에서야 분명하게 드러난다. "정상적인 것은 아무것도 증명하지 않으며, 예외가 모든 것을 증명한다…… 예외에서는 현실적 삶의 힘이 반복에 의해 경직되어 버린 기계장치의 껍질을 깨부술 수 있다."[4]

이는 카를 슈미트가 1922년 발표한 저작인 『정치 신학』에 나오는 문장이다. 카를 슈미트는 "규범적으로 봤을 때 무에서 태어난" 결단들을 열렬히 옹호한다. 결단의 힘은 힘에의 의지 외에 다른 근거를 갖지 않는다. 근원적 힘을 지닌 순간의 집중성이 정당성을 대신한다. 규범적으로 봤을 때 무에서 태어난 결단에 관한 이러한 이론을 파울 틸리히는 1932년 "정치적 낭만주의"라 불렀다. 이러한 정치적 낭만주의는 "아들에게서 어머니를 창조하고 무에서 아버지를 불러내라는"[5] 요구를 함축하고 있다. 카를 슈미트에게 국가란 지속성을 갖는 신적 예외 상태이다. 그는 국가화된 성스런 순간을 주권성이라 부른다. 그의 단호한 정의에 따르면 "주권자란 예외 상태를 결정하는 자이다."[6] 카를 슈미트는 자신의 주권 개념에 신학적 내용이 담겨 있음을 분명히 한다. "법학에서 예외 상태는 신학에서의 기적과 유사한 의미를 갖는다."[7] 기적에서는 신의 주권성이 현현하고, 예외 상태에서는 국가의 주권성이 현현한다.

바이마르 공화국 시대를 풍미한 위대한 순간의 찬미자들은 거의 예외 없이 무의 모험가이자 복음 없는 사제들이다. 그들의 행동이 곧 생각의 내용이다.

현존재가 분산Zerstreuung으로부터 자기 자신으로 돌아간다고 하는 하이데거의 순간은 "반복에 의해 경직되어 버린 기계장치의 껍질"(카를 슈미트)이 깨부숴지는 예외 상태이기도 하다. 동시에 그것은 니체와 키르케고르가 말하는 순간, 즉 무엇인가 돌입되고 무엇인가 분출되는 순간이기도 하다. '형이상학의 근본개념들Die Grundprobleme der Metaphysik'이란 강의(1929/30년)에서 하이데거가 말하듯, 이때 관건은 "개개의 모든 비밀이 저마다 간직하고 있으며 현존재에게 그의 위대함을 부여하는 내적 경악"의 순간이 용인된다는 점이다.(GA 제29/30권, 244쪽)

그 사이 하이데거는 프라이부르크로 돌아왔다. 1928년 후설의 후임으로 그가 초빙된 것이다. 후설 자신이 하이데거를 후임으로 지명했다.

1928년 이후 하이데거의 저작과 강연에서는 새로운 어조를 들을 수 있다. 그런 예로는 1929년 프라이부르크대학 취임 강연인 '형이상학이란 무엇인가?Was ist Metaphysik?'와 이 대학에서 개설한 강의인 '근거의 본질에 관하여Vom Wesen des Grundes'(1929년) 및 '진리의 본질에 관하여Vom Wesen der Wahrheit'(1930년), 그러나 무엇보다 1929/30년의 거대한 강의인 '형이상학의 근본개념들'을 들 수 있다. 온도가 상승한다. 신즉물주의도 하이데거의 저작에서 마침내 사라진다. 엔지니어의 작업을 연상케 하는 냉랭한 기초존재론적 서술이 이제는 분명하게 실존주의적 흐름 속에 놓인다. 하이데거는 청자들에게 열기를 불어넣기 시작한다.

1929/30년 강의가 있던 시기 엘리자베트 블로흐만에게 보낸 편지에서 그는 이렇게 말한다. "내 '형이상학 강의'에는 준비할 것이 아주 많습니다. 하지만 전체적인 작업은 자유로운 편입니다. 강의의 제약성과 본말이 전도된 학문성, 그리고 이와 결부된 모든 것이 내게서 떨어져 나갔습니다." (1929년 12월 18일 자 편지, BwHB, 34쪽)

어떤 일이 일어난 것일까?

1928년 '논리학의 형이상학적 시초근거들Metaphysische Anfangsgründe der Logik'을 강의할 때만 해도 하이데거는 『존재와 시간』의 성과를 요약하면서 실존 분석이란 순수한 서술임을 강조했다. 실존 분석이란 실존에 관해 말하는 것이지 '실존을 향해' 말하는 것이 아님을 강조했던 것이다. "따라서 현존재 분석은 일체 예언과 세계관적 고지에 앞서 있다. 또한 그것은 지혜도 아니다."(GA 제26권, 172쪽) 현존재 분석은 단순히 분석일 뿐이다.

현존재 분석은, 아리스토텔레스가 윤리적 사유의 근본 가능성으로 언급한 두 가지 요구 중 그 무엇도 제기하지 않는다. 현존재 분석은 '소피아Sophia(지혜)'도 아니고 '프로네시스Phronesis(실천적 슬기, 신중)'도 아니다. 현존재 분석은 우리가 시대 속에서 그리고 시대에 대해 어떤 태도를 취해야 할지 조언하는 세계관적 고지도 아니다. 더 나아가 현존재 분석은 시대의 혼란을 넘어선 어떤 관점을 목표하는 지혜도 아니다. 현존재 분석은 영원한 진리와 아무 관계가 없고, 시대에 제약된 슬기와도 관계가 없다.

분석은 그저 현존재 전반의 조건을 보여 주는 것이어야 한다. 그리고 1928년의 이 강의는 단순화의 우를 두려워함 없이 그 조건을 몇 가지 간략한 "명제"로 요약한다.

첫째로, 현존재는 우선 현사실적으로 언제나 그것의 세계(육체, 자연, 사회, 문화)로 "분산"되어 있다

둘째로, 분산에서 상실되긴 하지만 되가져올 수도 있는 현존재의 "근원적인 적극성과 역량"이 없다면, 이런 분산은 거의 인지될 수조차 없을 것이다. 근원적 역량이 없다면 분산될 수 있는 것도 없을 것이다. 현존재의 극적인 근본 사건은 근원과 분산 사이에서 일어나며, 이때 분산은 역설적이게도 우리가 결코 소유하지 못하며 언제나—분산으로부터—획득할 뿐인 근원적 역량보다 더 근원적이다.

셋째로, 분산으로부터의 이런 되가져옴은 명징함을 통한 충격을 필요로 한다. 참된 감각의 순간을 필요로 하는 것이다. 하이데거에게서 그것은 불안의 기분, 권태의 기분이다. 이런 기분에서 양심이 부르는 소리가 들려오는 바, 이를 통해 현존재로 자기 자신의 부름을 받는다.

넷째로, 집중과 분산, 즉 거대한 순간과 일상적 배려 사이의 이러한 동요는 "전체로서의 현존재"가 시야에 들어올 때만 가시적이 된다. 분산과 근원 사이의 동요가 전부이며, 그 밖에는 아무것도 없다.

다섯째로, 전체를 향한 이런 시선은 철학하는 자의 "극단적인 실존적 투입을 근거로" 해서만 가능하다.(GA 제26권, 176쪽) 기초존재론자는 자신이 "실존적으로" 체험한 것만을 "실존론적으로" 분석할 수 있다.

철학하는 자는 무엇을 투입해야 하는가? 그 자신의 불안과 권태, 양심의 부름에 대한 그 자신의 청취가 그 답이다. 참된 감각의 순간에서 시작되지 않는 철학하기는 뿌리가 없고 대상도 없다.

이러한 "극단적인 실존적 투입"이 세부적으로 어떤 의미를 갖건 간에 분명한 점은 이런 것이다. 하이데거가 뜻하는 현존재 분석은 청자/독자에게서도 이런 투입이 실현될 경우에만 이해될 수 있다. 하이데거는 어떻게 해서든 이러한 "실존적 투입"을 촉발시킬 수 있어야 한다. 그는 "실존에 관해" 말하는 것에 그쳐서는 안 되며, 다른 사람들의 현존재에서도 "근원적인 적극성과 역량"을 일깨워야만 한다. 들으려는 자, 더 나아가 이해하려는 자는 느껴야만 한다. 철학자는 "인간의 의식을 서술하는 것"에 작업을 한정시킬 수 없고, "인간 내의 현존재를 불러내는" 기예를 터득해야 한다. 다시 말해, 기초존재론의 전망은 "인간 현존재의 변화 내에서만 그리고 그로부터만" 열린다. 요컨대 실존적 분석이 이해되려면 실존적 참여가 필요하다. 그렇기에 하이데거는 청자들에게서 참된 감각의 순간을 불러낼 수 있는 길을 모색하지 않을 수 없다. 말하자면 그는 그런 순간을 연출해야만 한다. 그것은 "강의의 제약성과 본말이 전도된 학문성"에서 벗어난 자기 주도적 연습과 훈련과 명상이 될 것이다. 참된 감각의 순간, 즉 불안과 권태와 양심의 부름이 청자들에게서 일깨워져야만 이런 것들에 내재된 "현존재의 비밀"이 밝혀질 수 있다. 하이데거의 이 새로운 양식은 '생생한 고유화'의 철학이다. 철학은 우선 '처해 있음'을 불러내야만 그것의 해석에 몰두할 수 있다. 철학은 예컨대 현존재를 경악에 몰아넣고 불안에 빠뜨리고 권태에 밀어 넣어야만, 이런 기분들로 몰아대는 것이 어떤 무가 아니라는 사실을 깨닫게 할 수 있다.

실존적 행동 철학의 이 새로운 어조는 당시 청자들에게 강렬하게 작용했다. 하이데거의 취임 강연 '형이상학이란 무엇인가?'를 학생 신분으로 체험한 하인리히 비간트 페체트^{Heinrich Wiegand Petzet}는 이렇게 말한다. "어둡게 걸린 하늘을 거대한 번개가 두 조각으로 가르는 것만 같았다…… 고통스러움마저 느끼게 하는 그 광휘가 세상의 사물들을 밝음에 드러내 주었다…… 문제는 어떤 '체계'가 아니라 실존이었다…… 강의실을 나설 때 나는 할 말을 잃은 상태였다. 마치 한순간 세계의 근거를 엿본 것만 같았다."[8]

바로 그것이다. 하이데거는 청자들로 하여금 한순간 '세계의 근거'를 엿보게 하려 애쓴다.

근거, 근거 짓기, 충분한 근거에서 나온 모든 명제들, 학문적 태도와 일상적 생활 감정 등 사람들의 눈길이 향하는 곳 어디서나 확고한 토대 위에 서야 한다는 요구가 자신을 알려 온다. 하이데거는 가벼운 조롱의 어조를 띠고서 견실과 안주의 다양한 변양들을 검토해 나간다. 하지만 그 사이에 하이데거는 묻는다. 그런데 무는 과연 어떠한 것인가? 근거 내지 근거들을 철저하게 묻는 사람은 언젠가 근거란 심연이라는 사실을 발견할 수밖에 없는가? 어떤 것은 오직 무를 배경으로 해서만 우리 앞에 부각될 수 있는 것인가?

잠시 동안 하이데거는 실증주의적 과학자와 논리학자의 입장을 취한다. 주지하듯 이들에게는 무란 것이 없다. 과학자는 항상 어떤 것만을 다루며, 논리학자는 무란 그저 언어적인 곡예라고, 즉 부정판단('꽃은 노랗지 않다' 혹은 '그는 집으로 오지 않는다' 같은)의 명사화라고 말한다. 이러한 반론들은 하이데거에게 모던 학문들의 내적 "말라 죽음"과 "뿌리 없음"에 논쟁을 걸 기회를 제공한다. 하이데거에 따르면 이러한 "말라 죽음"과 "뿌리 없음"은 기초적 경험들에 대해 자신을 닫아 버린다. "논리학 자체의 이념은 하나의 좀 더 근원적인 물음의 소용돌이 속에서 스스로 해체되어 버린다."(WM, 37쪽) 하이데거는 무를 계속 추적해 나간다. 하지만 그는 논증에 의해 무를 제시할 수는 없다. 그는 어떤 경험을 불러 깨워야 한다. 그 경험이란 바로 우리가 익히 알고 있는 불안의 순간이다. "불안이 무를 드러낸다. 우리는 불안 속에 '떠다니고' 있다. 좀 더 분명히 말한다면, 불안이 존재자 전체를 미끄러져 나가게 하기 때문에 우리를 표류하게 한다."(WM, 9쪽)

이 "미끄러져 나가게 함"은 좁게 죄는 동시에 흘려보내 버린다. 모든 것이 그 의미를 잃고 공허하게 되는 것이기에 흘려보내 버린다. 그 공허함이 자기감정으로 밀려드는 것이기에 좁게 죄어든다. 불안은 비워 버린다. 그리고 이 비어 있음은 죄어든다. 심장이 오그라드는 것이다. 외적 세계가 사물화되고 생명 없는 상태로 굳어 버리며, 내면의 자아는 자신의 행동 중심을 상실한 채 비인격화된다. 불안은 밖으로는 사물화이며 안으로는 비인격화이다. "그 결과 존재자의 한가운데 있는 우리 자신도—즉 이 존재하는 인간도—덩달아 우리 자신에게서 미끄러져 나간다. 그러므로 근본적으로는 '너에게'와 '나에게' 섬뜩한 것이 아니라 '누군가에게' 그런 것이다."(WM, 32쪽)

불안의 이 영점에서 하이데거는 이제 하나의 놀라운 전환을 수행한다. 무로의 이 순간적인 가라앉음을 하이데거는 "존재자를 넘어서 있음"이라 부른다. 그것은 일종의 초월 행위이며, 이를 통해서야 우리는 전체로서의 존재자에 관해 말할 수 있게 된다. 물론 우리는 전체라는 주제를 추상적인 방식으로도 언급할 수 있다. 우리는 순전히 생각에 의해서 전체라는 하나의 상위개념 혹은 집합개념을 만든다. 하지만 그렇게 이해된 전체는 체험된 현실이 아니며, 내용 없는 개념일 뿐이다. 이 전체는 전혀 중요치 않은 것이라는 불안스런 감정이 엄습할 때에야 비로소 체험된 현실이 된다. 우리에게 다가오기는커녕 우리에게서 미끄러져 빠져나가는 현실이 되는 것이다. 불안을 느끼는 가운데 현실이 미끄러져 빠져나간 사람은 거기에서 간격의 드라마를 경험한다. 불안스런 간격이 입증하듯 우리는 이 세계에 완전히 속하지 못하며, 이 세계 너머로 밀려 나가지만 그렇게 해서 이르는 곳은 또 다른 세계가 아니라 공허이다. 삶의 한가운데서 우리는 공허에 에워싸여 있다. 우리와 세계 사이에 열려 있는 이러한 공허한 활동 영역을 초월할 때 우리는 "무 속으로 들어가 머물러 있음"(WM, 38쪽)을 경험한다. 모든 '왜'의 물음은 다음과 같은 궁극적 물음에서 양분을 얻는다. '도대체 왜 무엇이 있고 오히려 무가 있지 않은가?' 스스로를 혹은 세계를 없는 것으로 생각할 수 있는 사람은, 즉 아니라고 말할 수 있는 사람은 무의 차원에서 움직이는 것이다. 그는 무가 있음을 증명한다. 하이데거에 따르면, 인간은 "무의 자리 지킴이"(WM, 38쪽)이다.

따라서 현존재의 초월은 무이다.

순간의 철학자 중에서 종교적인 사람들은 순간에서 신적인 것(루돌프 오토)이나 '무조건 우리와 관계된 것'(파울 틸리히) 혹은 '신의 왕국'(카를 바르트)이나 '포괄적인 것'(카를 야스퍼스)이 들어섬을 본다. 하이데거의 순간도 어떤 초월로 나아가지만, 그것은 공허의 초월이다. 무의 초월인 것이다. 하지만 신적인 것의 힘이 사라지고 없지는 않다. 그것은 인간이 의식을 갖고 수행할 수 있는 운동, 즉 무와 어떤 것 사이의 독특한 운동에서 출발하는 힘이다. 그것은 인간이 '무엇인가 주어져 있다'는 기적을 기적으로 체험하도록 허용하는 신적인 유희공간이다. 그뿐이 아니다. 이런 사실을 배경으로 할 때 마찬가지로 놀라운 것은 인간의 창조적 잠재성이다. 인간은 어떤 것을 산출할 수 있다. 인간은 자신의 '그렇게 있음^Sosein'의 모든 우연성과 함께 있는 스스로를 발견하지만, 인간은 자기 자신과 자신의 세계를 만들어 낼 수 있으며, 존재를 성장시키거나 파괴할 수도 있다. 공허의 불안 속에서 우리는 한 세계를 상실하지만 무로부터 끊임없이 새로운 세계가 태어난다는 사실을 경험한다. 불안을 통과해 우리는 다시금 새롭게 세계에 이를 수 있다.

현존재란 이러한 유희공간, 이러한 열린 지평에서 실존함을 뜻한다. 이 유희공간은 무의 경험에 의해서 열린다. 바퀴가 돌아갈 수 있는 것은 그것이 바퀴통에서 '유희'를 갖기 때문이다. 즉 바퀴통이 축과 붙어 있지 않기 때문이다. 마찬가지로 현존재가 운동하는 것은 그것이 '유희', 다시 말해 자유를 갖기 때문이다. 이러한 자유는 현존재가 무를 경험한다는 사실만을 함축하는 것이 아니다. 자유는 현존재가 "저항의 완강함"이나 "증오의 날카로움"에서, "거절의 아픔"이나 "금지의 냉혹함"에서 '부정을 말하여Nein-Sagen' 자신에게 공간을 마련해 준다는 사실 또한 함축한다.(WM, 37쪽)

하이데거에게 부정과 무는 자유의 거대한 신비이다. 현존재에서 열리는 무와 어떤 것 사이의 유희공간은 분리와 구분과 결단의 자유를 제공하기 때문이다. "무의 근원적인 개시성 없이는 자기 존재가 없고 자유가 없다."(WM, 37쪽)

따라서 현존재의 형이상학적인 근본적 고유화Grundereignis란 이런 것이다. 현존재는 무 안으로 초월할 수 있으며, 그렇게 해서 또한 존재자 전체를 무의 밤으로부터 존재의 밝음으로 들어서는 어떤 것으로 경험할 수 있다.

강의 '형이상학이란 무엇인가?'가 종결되고 몇 주가 지난 1929년 여름, 엘리자베트 블로흐만이 토트나우베르크의 하이데거를 방문한다. 두 사람 사이에는 억눌린 사랑의 이야기가 있다. 같은 해 늦여름, 한나 아렌트는 하이데거에게 보낸 한 통의 편지에서 이렇게 고백했다. 하이데거는 여전히 그녀 삶에 "연속성"을 부여하며, 그녀는 "용기를 내어"… "우리―'부디' 이 말을 쓰는 것을 허락하세요. 사랑의 연속성"을 그에게 상기시켜 왔다고.' 그리고 이제 여기에 블로흐만이 있다. 하이데거는 두 여인 사이에 있다. 하이데거는 엘리자베트 블로흐만에게, 자신이 그녀에게 "불쾌감을 줄 수밖에 없는" "무엇인가를 강요한" 결과 그가 다다랐던 "우리 우정의 한계"에 관해 말한다. 하이데거는 지나치게 가까이 다가갔거나 지나치게 거리를 유지했기에 엘리자베트 블로흐만에게 상처를 입힌 것이다. 1929년 9월 12일 자 편지의 애매한 내용은 이 두 가지 해석 모두를 허용한다. 이 편지는 예전에 두 사람이 함께 보이론을 찾았던 하루짜리 여행과 관계가 있다. 두 사람은 그곳에 있는 베네딕트 수도원 교회를 방문했다. 두 사람의 대화는 종교라는 주제를 맴돌았다. 하이데거는 엘리자베트에게 가톨릭교회에 대한 자신의 입장을 설명했다. 이 편지는 그날의 대화를 상기시킨다. 진리는 "간단한 것이 아닙니다". 하이데거는 그렇게 쓴다. 진리는 "우리가 현존재를 완전히 갖게 되는 날과 시간을 필요로 합니다". 계속해서 이런 말이 나온다. "신, 혹은 다른 뭐라 부르든 간에 그것은 개개인을 그때그때 다른 목소리로 부릅니다." 우리는 이런 신에 관해 재량권이 있는 듯 교만을 부려서는 안 된다. 그 어떤 제도와 교리도 진리를 보존할 능력이 없다. 그런 모든 것은 "조잡한 인공물"에 지나지 않는다고 그는 말했다. 그러고 나서 하이데거는 당시 이런 긴 대화 후에 분명 엘리자베트 블로흐만을 어리둥절하게 했을 상황에 관해 언급한다. 그날 두 사람은 수도원 교회의 저녁기도에 참석했고, 하이데거는 깊은 감동에 사로잡혔다. 가톨릭교회를 격렬히 공격하는 하이데거의 인상을 아직 지우지 못하고 있었던 엘리자베트로서는 놀라운 일이었다. 이제 이 편지에서 하이데거는 자신의 태도를 설명하려 한다. 그날 보이론에서의 체험은 "어떤 본질적인 것을 위한 씨앗으로서 자라날 것"이라고 그는 쓴다.

이런 "본질적인 것"을 서술하려는 그의 시도는 강의 '형이상학이란 무엇인가?'의 핵심 사상을 요약한 것이라 할 수 있다. 혹은 이 '형이상학' 강의는 보이론의 저녁기도에서 체험한 것을 요약한 것이라 말하는 편이 더 나을지도 모르겠다. 하이데거는 이렇게 말한다. "인간이 날마다 밤으로 들어선다는 것은 오늘날의 사람들에게 평범한 일입니다…… 저녁기도에는 밤의 신비하고 형이상학적인 근원적 힘이 남아 있습니다. 우리가 참되게 실존하려면 지속적으로 돌파해야 하는 그런 힘 말입니다. 선이란 오로지 악의 선이기 때문입니다."

하이데거에게 그날의 저녁기도는 "밤으로 실존이 들어서 있음과 이를 위한 일상적 준비의 내적 필연성"을 가리키는 상징이 되었다.

그러고 나서 그는 이 경험을 자신의 무의 철학과 결부시킨다. "우리는 본질적인 것을 심화시킨다고 믿으면서, 실상은 우리가 '완전하게' 살 때만, 다시 말해 밤과 악을 직시하며 우리 마음에 따라서 살 때만 그것이 성장한다는 것을 망각합니다. 결정적인 것은 바로 이런 근원적 힘의 '부정성'입니다. 현존재의 깊이에 이르는 길에 '무'를 놓아두는 게지요. 이것이야말로 우리가 구체적으로 배우고 '가르쳐야' 하는 것입니다."

그러나 이 편지는 한 가지 중요한 점에서 강의를 넘어선다. 무에 관한 '형이상학' 강의에서 드러나지 않는 밤의 차원이 여기서 언급되기 때문이다. 편지의 논의와 달리, 강의에서는 무가 아직은 분명하게 악과 결부되지 않는다. 편지에 따르면, 우리는 "완전하게", 즉 "밤과 악을 직시하며" 살아야 한다. 하필이면 엘리자베트 블로흐만에게 보낸 편지에서 무가 지닌 악의 측면을 언급한다는 사실, 혹시 이것이 그가 자신을 유혹자로 생각한다는 사실과 관계가 있을까? 어쨌거나 여기서 표현된 그의 사유, 무의 사유에서는 기독교-그노시즘적 형이상학의 여운이 들려온다. 그에게 이 형이상학은 당연히 아직도 살아 있는 전통이다.

이 전통에는 인간 조건에 악도 속한다는 앎이 아직 남아 있다. 사도 바울에서 아우구스티누스와 루터를 거쳐 칸트에 이르기까지 이 전통에서는—문제가 되는 것이 전체 존재이건 도덕이건 정치이건 간에—일체 성찰이란 모든 것의 근저에 놓인 밤으로부터 출발해서 이뤄진 것이라는 점이 아직 망각되지 않았다. 그런 밤은 카오스나 악 혹은 다름 아닌 무라 불렸다. 그리고 사유와 문명의 모든 밝음은 이런 밤을 배경으로 부각되었다. 그 밝음은 밤에서 유래한 것이며 다시금 밤으로 돌아갈 운명을 지고 있었다. 사람들은 안정적인 듯 보이는 문명의 단계에서도 언제든 유혹과 파괴와 절멸의 심연이 입을 벌릴 수 있음을 알고 있었다. 그노시즘 사상의 영향을 아직 강하게 받았던 초기 기독교에서 세계의 악에 관한 물음은 '세계란 무엇인가?'라는 물음과 거의 같은 것이었다. 세계의 정의와 악의 정의는 거의 동일했다. 세계 내 악의 실존과 관련해 한동안 가장 큰 영향력을 행사한 답변이 당시 그리스도의 탄생과 더불어 발견되었다. 우리는 이 세계에서 탄생하지만 이 세계에 의해 탄생한 것은 아니라는 믿음이 그 답변이다. 구상적이고 생동적인 초기 악마 표상은 신비주의의 서민적 형태였을 뿐이었고, 이는 악이란 신과 마찬가지로 불가해하다는 점을 감출 수 없었다. 어쩌면 악은 더욱 불가해한 바, 악은 질서를 형성하기는커녕 질서를 부정하는 것이기 때문이다. 여기에는 지성도 들어설 수 없으며, 초기에 악을 이해하고 설명해 내려는 시도가 없었던 것도 그 때문이다. 그렇기에 악에는 그저 저항하고 신의 은총만을 믿어야 한다고 했다. 물론 거기서 사람들은 전능한 신이 어째서 악을 허용할 수 있었는가라는 문제점을 발견하기는 했다. 이 문제는 너무나 중대한 것이어서 중세 모든 철학과 신학이 여기서 벗어날 수 없었다. 세계 내 악을 보면서도 신을 정당화하는 변신론^{Theodizee}의 문제는 모던에 이르기까지 사유를 자신의 궤도에 묶어 두었으며, 모던에서 이 문제는 변인론^{Anthropodizee}의 문제로 세속화되었다.

옛 형이상학은 인간의 자유에 관한 심오한 성찰을 통해 변신론의 논의에 기여하고자 했다. 이러한 형이상학에 따르면 세계의 창조주인 신은 인간에게 자유를 주어 인간을 신과 유사하게 만들었다. 사람들은 악이 인간의 자유로부터 세계로 도래한 것이라 보았다. 좀 더 정확히 말해 이 자유는 창조 안의 '열린' 지점인 바, 이를 통해 악이 산출된다. 악은 무 혹은 카오스로서 창조의 근저에 놓여 있다. 이미 당시의 이런 사유에서도 인간은 다름 아닌 자유롭고 창조적일 수 있다는 이유로 "무의 자리 지킴이"였다.

하이데거는 이런 사유를 되풀이해서 논하며, 특히 인간의 자유에 관한 셸링의 저작을 해석할 때 그렇다. 셸링의 이 저작은 위와 같은 전통에 아주 충실한 것이다. 하이데거의 되풀이될 성찰은 *그*가 얼마나 무의 형이상학—여기서 무는 동시에 악에 의한 유혹을 뜻한다—에 익숙했던가를 보여 줄 것이다.

엘리자베트 블로흐만에게 보낸 편지에서와 달리, '형이상학' 강의는 무와 밤에 관한 논의의 윤리적 의의를 드러내지 않는다. 반면 편지는 —"선이란 오직 악의 선이다"—어떻게 선이 악에서 쟁취되는가, 어떻게 우리가 밤을 견디고 다시 낮으로 돌아오는가라는 도덕적 물음에 주목하게 만든다. 강의에서 하이데거는 현존재의 한 경향, 즉 무의 심연 앞에서 숨어 버리고 거짓된 안전과 편의에 안주하려는 경향에 관해 말한다. 그는 불안이 "잠을 잔다"고 말한다. 그렇기에 그는 자유의 위험한 유희공간을 부여잡는 "대담한 현존재"가 되라고 호소한다. 우리는 우선 불안을 통과해야만 "누구나 갖고 있고 누구나 슬그머니 도망쳐 피하곤 하는 우상에서" 벗어날 힘을 갖게 된다.

'형이상학' 강의에서 제기되는 문제를 도덕적 개념으로 번역하면 이렇게 될 것이다. 악에 대한 저항만이 중요한 것이 아니며, 우리는 먼저 악이 있다는 것, 우리 내면과 주위에 이러한 밤이 있다는 것부터 인지해야 한다. 문제는 심연과 악에서 보호받고 있다고 느끼는 우리 문화의 지루한 일차원성이다. 이 편지에서 하이데거가 말하는 바에 따르면, 모던의 인간은 밤을 "낮으로 만들며, 그가 낮을 이해하는 식대로 밤 또한 활동과 흥분의 연속으로" 이해한다.

하이데거가 '형이상학' 강의에서 실제로 무 대신 악에 관해 말했다면, 무를 직시하고 이를 통과해 가라는 격려의 말은 애매한 이중적 의미를 갖게 되었을 수도 있다. 그랬다면 무에 대한 열광이 마치 진귀하고 매혹적이고 거친 경험에 탐닉하듯 집중성을 갈망하고 도덕을 망각하면서 악에 탐닉하는 사람이 있다는 의미와 연결되었을 수도 있다. 그런 의미의 무는 당시 에른스트 윙어 같은 사람의 혁명적 허무주의에 의해 공공연히 선전된 바 있다. 에른스트 윙어는 1932년에 발표한 에세이 『노동자Arbeiter』에서 이렇게 쓰고 있다. "새롭고 좀 더 대담한 삶을 준비하는 최선의 수단 중 하나는 고립되고 독단적인 정신의 가치를 멸절시키는 것, 시민의 시대가 인간에게 수행한 교육 작업을 파괴하는 것이다…… 생에 대한 정신의 반역을 향한 최선의 대답은 정신에 대한 정신의 반역이다. 그리고 이러한 폭파 작업에 참여하는 것은 우리 시대의 고귀하고 잔혹한 즐거움의 하나이다."[10]

"대담한 현존재"가 되라는 하이데거의 격려는 유사한 방향을 가리킨다. 하지만 악으로 향하는 용기, 즉 전투적이고 무정부주의적이며 모험적인 초도덕성에서 갖는 심연적 쾌락에 관해서는 전혀 언급하지 않고, '오로지' 무를 향한 용기만을 말한다. "무의 자리 지킴이"인 인간은 에른스트 윙어의 전사 유형일 필요는 없다. 하지만 그것이 어떻게 달리 표상될 수 있는가?

이제 다보스의 얼음 정상으로 가보자. 1929년 봄, 다보스대학의 연구 주간 동안 마르틴 하이데거는 에른스트 카시러와 전설적인 논쟁을 벌였다. 두 사람은 세계 각국에서 초대된 청중 앞에서 몇 차례 강연을 했다. 이 연구 주간의 정점을 이룬 것은 두 사람 사이의 논쟁이었다. 그것은 거대한 사건이었고, 여러 나라의 언론이 취재를 위해 모여들었다. 철학에 일가견이 있는 사람이라면 누구나 그 행사에 참석했거나 최소한 아래 평지에서 보도 기사를 읽었다. 당시는 아직 라디오의 시대가 개막되지 않은 때였다. 마르틴 하이데거는 그의 명성의 첫 번째 정점에 서 있었다. 카시러 또한 스타였고 명성이 높은 인물이었다. 1920년대에 출간된 카시러의 주저 『상징 형식들의 철학Die Philosophie der symbolilschen Formen』은 문화철학의 기념비적 저술이었다. 신칸트주의에서 출발한 카시러는 학문적 인식 이론의 협소한 문제 틀에서 벗어나 있었고, 이 저작에서 인류 창조 정신의 포괄적 철학에 도달해 있었다. 카시러는 이 작업을 위해 함부르크에 소재한 아비 바르부르크Aby Warburg 도서관의 방대한 자료를 활용할 수 있었다. 그는 휴머니즘 전통과 보편주의적 색채를 띤 문화이상주의의 위대한 대표자로 간주되었다. 1929년 다보스 정상의 토론을 마친 직후 그는 함부르크대학의 총장직을 맡게 되었다. 유대인으로서는 최초로 독일 대학의 총장으로 임명되었던 것이다. 카시러는 공공연히 공화제를 옹호하여 다수를 차지하는 반동적 교수들의 공분을 사고 있었기에 이는 특히나 주목할 만한 일이었다. 그는 함부르크 시의회의 초청을 받아 바이마르헌법 기념식에서 강연을 했다. 그는 공화주의-의회주의 헌법이란 '비독일적인 것'이라는 교수 계층 일반의 편견에 저항했으며, 공화주의는 라이프니츠와 볼프 같은 인물의 철학에서 이미 구상되었고 칸트의 평화론 저작에서 완성된 표현을 발견했다는 점을 입증했다. 카시러에 따르면 "사실 공화주의 헌법의 이념 자체는 독일 정신사 전체에서 결코 낯선 것이 아니며 외부로부터 들어온 것은 더더욱 아니다. 오히려 그것은 고유한 토대에서 자라나 그 가장 고유한 힘, 즉 관념론적 이상주의 철학의 힘을 통해 육성된 것이다.”

이 강연은 함부르크에서 저항과 반발을 불러일으켰다. 유화적 인물인 카시러는 의도와 달리 격렬한 전선 한가운데 있게 되었으며, 그로 인해 그의 총장 선출은 함부르크 바깥에서도 자유주의 정신의 승리로 축하되었다. 실제로 카시러는 헌법 정신이 투철한 애국자였다.

바로 정치적 휴머니즘과 이상주의적 문화철학의 이 위인이 다보스의 행사 개최자들에 의해 새로운 것과 혁명적인 것을 지지하는 마르틴 하이데거의 토론자로 초대된 것이다. 참관자들은 시대의 강력한 경향을 대표하는 투사들의 대결인 중세의 전설적 논쟁을 보는 듯한 기분이었다. 하얀 눈이 반짝이는 다보스 정상에서의 형이상학적 격투기. 하지만 참관자들에게는 시대의 깊이가 아니라 상상력의 공간에서도 뭔가 기억나는 일이 있었다.

1924년 출간된 장편소설『마의 산^{Der Zauberberg}』에서 토마스 만은 휴머니스트 제템브리니와 예수회파인 나프타를 등장시켜 다보스 산정의 위대한 논쟁을 벌이게 했다. 그 논쟁은 당대 정신적 전투의 원형이었다. 한편에는 제템브리니가 있다. 그는 물러섬이 없는 계몽의 아들이며 자유주의자이고 반교회주의자이며 한없이 웅변을 쏟아 내는 휴머니스트이다. 그리고 다른 한편에는 나프타가 있다. 그는 비합리주의와 종교 심판의 사도이며 죽음과 폭력과 에로스를 사랑한다. 제템브리니에게 정신은 인간에게 도움을 주는 생의 힘이다. 반면 나프타는 생에 저항하는 정신을 사랑한다. 제템브리니는 인간을 향상시키고 위로하고 확장시키려 한다. 반면 나프타는 인간을 경악케 하고 휴머니즘적인 ‘안일한 침대’에서 쫓아내고자 한다. 그는 인간을 교양이라는 거주지에서 몰아내고 인간의 자만심을 꺾어 버리고자 한다. 제템브리니가 인간에게 친절하다면, 나프타는 형이상학적 테러리스트이다.

다보스대학이 주관한 이 행사의 참석자들은 정말로 이런 상상의 사건을 연상하게 되었다. 당시 프랑크푸르트대학의 감독관으로 하이데거의 스키 여행 동료이기도 했던 쿠르트 리츨러Kurt Riezler는 스위스 일간지 「노이에 취르허 차이퉁Neue Zürcher Zeitung」에 게재한 기사에서 이 마법의 산 에피소드를 암시한다.(1929년 3월 30일 자 조간판)

그렇다면 카시러 뒤에는 제템브리니의 유령이 떠돌고, 하이데거 뒤편에선 나프타의 유령이 떠도는 것인가? 하이데거 자신은 한나와 열애 중이던 1924년 그녀와 함께 『마의 산』을 읽었다.

당시 학생 신분으로 하이데거의 초대를 받은 O. F. 볼노브Bollnow는 이 회합에서 받은 인상을 "숨이 멎는 것 같았다"는 말로 회상한다. 당시 참석자들은 "어떤 역사적 순간을 함께하고 있다는 격앙된 감정을 느꼈다. 그것은 괴테가 『프랑스 종군기』에서 말한 것과 아주 유사했다. '오늘 여기서 세계사의 새로운 시대가 시작되며, 그대들은 거기 함께 있었다고 말할 수 있으리라.' 물론 이번 경우에는 세계사가 아니라 철학사였다."[11]

하이데거는 이런 과도한 기대가 마음에 들지 않았다. 엘리자베트 블로흐만에게 보낸 한 편지에서 그는 "모든 게 한갓 선풍적 사건"이 될 수도 있을 "위험"을 말한다. 그는 분에 넘치는 "호감"을 얻고 "중심인물이" 되었다. 그래서 그는 칸트에게만 초점을 맞추어 자신에 대한 철학적 관심을 그쪽으로 돌리려 했다. 그런 철학적 관심에 비하면 그랜드 호텔의 우아한 실내에 그가 관습에 어긋난 차림으로 들어섰을 때 받은 이목은 그다지 불쾌한 것도 아니었다. 엘리자베트에게 보낸 편지에 따르면 그는 행사 중 틈틈이 어느 지인(쿠르트 리츨러를 말한다)과 함께 산으로 "멋진 스키 여행을" 다녀왔다. "기분 좋은 피로감과 함께 산정의 햇빛과 자유로움을 만끽하면서, 또 장거리 활강에서 얻은 활력을 온몸에 담은 채 우리는 저녁마다 스키복을 입고서 우아한 정장 차림의 사람들 사이에 끼어들었습니다. 객관적 연구 활동과 느긋하고 즐거운 스키 활강의 이런 직접적 통일은 대다수 대학 교육자와 청중들에게 전대미문의 것이었습니다."(1929년 4월 12일자 편지, BwHB, 30쪽)

그는 이런 식으로 주목받기를 원했다. 철학의 거대한 채석장을 깨나가는 성실한 노동자, 우아한 세계를 멸시하는 자, 스포츠맨이자 야성아, 정상으로 돌진하는 자, 그리고 대범하게 뛰어드는 자로서 말이다. 마의 산의 철학적 정상회담을 목격한 이들도 그와 비슷한 모습으로 하이데거를 기억했다. 어느 참석자는 이렇게 말한다. "하이데거와 카시러의 논쟁은 우리에게 인간적으로도 아주 깊은 인상을 심어 주었다······ 거뭇하게 탄 피부의 작은 남자, 스키의 달인이자 단호하고 힘찬 표정의 스포츠맨, 투박하고 무뚝뚝하며 때로는 촌스럽기까지 한 남자, 강하게 이목을 끄는 폐쇄적 태도와 아주 진지한 도덕적 성실성을 갖고 자기 앞의 문제들에 전념하는 남자가 한편에 있다. 그리고 다른 편에는 겉모습에서나 내면으로나 품격을 갖춘 백발의 위인, 광대한 사상 영역을 이해하고 포괄적인 문제의식을 가진 남자, 표정은 명랑하고 태도는 친절하며 생기와 융통성을 잃지 않는 남자, 그리고 무엇보다도 귀족적인 기품이 넘치는 인물이 있다."[12]

이 철학자의 아내 토니 카시러Toni Cassirer는 1950년 회고록을 발표했는데, 그 내용에 따르면 그녀와 그녀의 남편은 이미 행사에 참석한 동료들로부터 하이데거가 기묘한 모습으로 등장할 것이란 언질을 받았다. "그가 일체 사회적 인습을 거부한다는 점은 우리도 이미 알고 있었다." 그녀와 가까운 사람들은 하이데거가 최악의 짓을 저지를까 봐 우려하고 있었다. 그들은 하이데거가 에른스트 카시러의 철학을 "가능하다면 무화시킬" 것이라고 수군거렸다.[13]

하지만 토니 카시러가 후일의 회고에서 주장하는 개인적 적대감 같은 것은 논쟁에서 전혀 감지되지 않았다. 앞서 인용한 목격자에 따르면 논쟁은 "놀라울 만큼 화기애애하게" 진행되었다. 엘리자베트 블로흐만에게 보낸 한 편지에서 하이데거 역시 카시러와 만난 일을 개인적으로 득이었다고 평가하고 있다. 다만 그는 예의를 지키는 분위기 때문에 두 사람 사이의 대립이 충분히 예리하게 드러나지 못한 점을 아쉬워했다. "토론에서 카시러는 지극히 정중했고 지나칠 만큼 예의를 지켰습니다. 그래서 나는 충분히 반론을 전개할 수 없었고, 그 때문에 필요한 만큼 예리하게 문제들을 표현하기가 어려웠습니다."(BwHB, 30쪽)

하지만 논쟁 속기록에서는 이런 인상을 받을 수 없다. 논쟁은 상상할 수 있을 만큼은 충분히 첨예하게 전개되었다.

카시러는 하이데거가 인간의 "유한한 본질"로 "물러남"으로써 문화에서 나타나는 "전체적 객관성"과 "절대성"을 "포기"하려는 것인지 묻는다.(K, 278쪽)

카시러는 인간 정신의 상징적 힘, 더불어 문화 창조적 힘을 "형식들"의 세계로 이해하게 만들려고 애쓴다. 이 형식들은 전승된 형이상학적 의미의 무한성을 재현하지는 않지만 유한한 존재의 단순한 자기 유지 기능에 불과한 것은 아니다. 그에게 문화란 형식으로 변한 초월성이다. 문화는 유지되기보다 파괴되기 쉽지만 인간에게 공간적 거처를 건립해 준다. 인간을 위협하는 야만, 부단히 그 야만을 막아 주는 불안정한 보호막 역할을 하는 것이다.

하이데거는 카시러가 정신의 거처 안에서 지나치게 편안함을 느낀다고 비난한다. 그에 따르면 모든 문화, 정신의 모든 행위가 자유의 표현이라 본다는 점에서 카시러의 생각은 옳다. 하지만 이런 자유는 형식적인 것으로 굳어질 수 있다. 그렇기 때문에 자유는 부단히 새롭게 해방으로 변해야 한다. 자유가 문화의 어떤 상태로 굳어 버리면 자유는 이미 상실된 것이나 다름없다. "인간 내 자유와의 유일하게 적절한 관계는 바로 인간 내 자유의 자기해방입니다."(K, 285쪽)

하이데거가 문제로 여기는 것은 인간이 스스로 창조한 문화 안에 "고정되어 살아간다는" 점, 지주와 안전을 모색하고 그렇게 해서 자신의 자유에 대한 의식을 상실한다는 점이다. 이런 의식을 다시 일깨울 필요가 있다. 문화적 편리함에 관한 철학은 이를 실행할 수 없다. 우리는 현존재를 그 근원적인 벌거벗음과 던져져 있음 앞으로 데려가야 한다. 카시러는 문화의 초월적 기능에 주목했다. 앞서 카시러는 헤겔을 인용하며 이렇게 말했다. "이 정신 영역의 성배로부터 인간에게 무한성이 흘러나오며", 그 결과 인간은 자신의 유한성과 덧없음에 직면할 필요가 없게 된다고 말이다. 하지만 하이데거에 의하면 이는 철학의 고유한 과제를 오인한 것이다. 실상 철학의 과제는 "단순히 정신의 작품만을 이용하는 게으른 측면으로부터 인간을, 이를테면 운명의 혹독함으로 되던져 버리는 것"에 있다.(K, 291쪽)

논쟁의 정점에서 하이데거는 이렇게 묻는다. "철학은 불안으로부터 인간을 자유롭게 하는 과제를 얼마만큼이나 지니고 있습니까? 어쩌면 철학은 그야말로 철저히 인간을 불안에 맡겨 버리는 과제를 지니고 있지 않을까요?"(K, 286쪽)

하이데거는 이미 답변을 제시했다. 철학은 인간을 우선 경악스러움에 몰아넣고 저 거처 없음의 상태, 인간이 부단히 문화로 도피해서 벗어나려 하는 그 상태로 되돌려 보내야 한다.

하지만 카시러는 답변에서 문화이상주의를 주장한다. 인간이 문화를 창조할 수 있다는 것이 "그의 무한성의 징표입니다…… 나는 자유의 의미와 목표가 실제로 '현세의 불안을 너희들에게서 떨쳐 버리라!'는

의미의 해방이라 믿고 싶습니다."(K, 287쪽)

카시러에게 중요한 것은 문화 안에서 거주하는 기예인 반면, 하이데거는 "기반을 심연으로" 만들고자 한다.(K, 288쪽)

카시러는 문화에 의한 의미 창조의 작업을 옹호한다. 내적 필연성과 지속성을 갖고서 인간 실존의 우연성과 덧없음에 대해 승리를 거두는 성과를 옹호하는 것이다.

하이데거는 열정적인 몸짓으로 이런 모든 것을 거부한다. 남는 것은 위대한 집중성의 희귀한 순간뿐이다. 더 이상 우리는 "현존재의 실존의 최고 형식은 삶과 죽음 사이에서 현존재가 지속하는 지극히 희귀한 순간들로 환원될 수 있다는 것. 인간은 지극히 희귀한 순간에만 자신의 고유한 가능성의 정점에서 실존한다는 것"(K, 290쪽)을 외면해서는 안 된다.

하이데거에게 보이론 수도원 교회의 저녁 미사 방문은 그런 순간의 하나였다. 당시 그는 "밤의 신비하고 형이상학적인 근원적 힘", "우리가 참되게 실존하려면 지속적으로 돌파해야 하는 그런 힘"을 의식하게 되었다.

후일 하이데거가 친구들에게 가끔 이야기한 유년의 정경도 그런 순간이었다. 어린 시절 초저녁이면 그는 복도에서 어머니로부터 불붙인 양초를 건네받았다. 그는 바람을 손으로 막으면서 마당을 가로질러 교회로 가서는 제단 위에 양초를 올려놓았다. 그리고 양초가 더 오래 탈 수 있도록 흘러내린 촛농을 손가락으로 다시 밀어 올렸다. 양초는 결국 타 버렸지만, 하이데거는 바로 그 순간을 지연시키면서 그것을 기다렸다.

현존재는 두 개의 막으로 구성된다. 제1막이 현존재가 탄생하는 밤이라면, 제2막은 이 밤을 극복하는 낮이다. 카시러는 제2막, 즉 문화의 낮에 주목한다. 하지만 하이데거에게 중요한 것은 제1막이다. 그는 우리가 유래한 곳인 밤을 들여다본다. 그의 사유는 어떤 것이 비로소 모습을 드러내는 밤에 고정되어 있다. 하나가 생성된 것에 향한다면, 다른 하나는 근원에 향한다. 하나가 인간 창조의 거처에 관심을 갖는다면, 다른 하나는 '무로부터의 창조'라는 심오한 비밀에 매혹되어 있다. 이 비밀은 인간이 자기 실존으로 깨어나면 언제든 새롭게 발현한다.

제 11 장

—

알려지지 않은 주저: 1929/30년의 '형이상학' 강의.
권태에 관하여. 비밀과 그 경악스러움. 하이데거의
자연철학 시론. 돌에서 의식으로. 열림의 역사.

—

프라이부르크대학의 본관 모습(1936년 무렵)

알려지지 않은 주저: 1929/30년의 '형이상학' 강의. 권태에 관하여. 비밀과 그 경악스러움. 하이데거의 자연철학 시론. 돌에서 의식으로. 열림의 역사.

HEIDEGGER

1928년 2월, 후설의 후임으로 프라이부르크에 온 마르틴 하이데거는 카를 야스퍼스에게 편지를 쓴다. "프라이부르크는 다시 한번 내게 철학에서 무엇인가 남아 있는지, 아니면 모든 것이 학식으로 해소되어 버렸는지 시험해 볼 기회가 될 것입니다."(1928년 11월 24일 자 편지, BwHJ, 104쪽) 하이데거는 자기 자신을 시험대에 세우려 한다. 하지만 학식의 유혹이 있을 뿐 아니라 새로이 얻은 명성이 어려움을 낳는다. "내가 들어선 공적인 실존이 그다지 편하게 느껴지지 않습니다."(BwHJ, 123쪽) 그러는 사이 하이데거의 강의는 대중의 인기를 얻었다. 지그프리트 크라카우어 Siegfried Kracauer는 1929년 1월 25일 프랑크푸르트의 칸트 학회에서 하이데거가 행한 강연에 관해 이렇게 보고한다. "마지막으로 언급할 사실은, 강연자의 이름만 듣고 철학에 그다지 일가견이 없어 보이는 청중이 엄청나게 모였다는 점이다. 이들은 지극히 난해한 정의와 변별의 미로 속으로 기꺼이 들어올 생각을 한 것이다."[1]

당연히 하이데거는 대중 앞에 모습을 드러내길 좋아하고 명성도 즐긴다. 하이델베르크대학 세미나에서는 이제 '하이데거'도 읽히고 논의된다는 말을 야스퍼스에게 듣자 기분이 우쭐해지기도 한다. 하지만 하이데거는 『존재와 시간』의 저자로만 평가받고 싶지 않다. 야스퍼스에게 보낸 편지들에서 그는 이 책의 가치를 깎아 내린다. "얼마 전 내가 책이란 것을 한 권 썼다는 생각 따위는 더 이상 하지 않고 있습니다."(1928년 9월 24일 자 편지, HwHJ, 103쪽)

『존재와 시간』 출간 후 수년 동안 하이데거는 철학의 공공성이 자신에게서 무엇인가 더 기대하고 있다는 사실을 의식하지 않을 수 없었다. 철학의 공공성이 기대하는 것은 세계 속의 인간에 관한 체계적으로 완성된 설명, 인간의 모든 생활 영역을 포괄하는 설명이었다. 사람들은 『존재와 시간』을 철학적 인간학에 대한 한 편의 기여로 읽었고, 이 기획이 지속되기를 원했다.

1929년의 저작 『칸트와 형이상학의 문제』에서 하이데거는 그러한 기대를 오해라 부르며 단호히 물리쳐 버렸다. 이 저작에서 그가 말하는 바에 의하면 인간과 그의 근본적 생활연관들에 "관한" 완성된 철학을 전개하는 것은 불가능하다. 그러한 완성을 무리하게 요구하는 태도는 현존재의 근본 성질, 다시 말해 유한성 및 역사성과 모순된다. 인간 안에서 언제 철학하기가 깨어나든 간에 그것은 매번 새로운 시작이며, 그 종결은 내부로부터의 체계적 완성에 의해 달성되는 것이 아니다. 오히려 철학하기의 현실적이고 유일한 종결이란 죽음을 통한 우연적 중단이다. 철학도 죽는다.

그러나 철학자는 이미 최종적 죽음에 앞서 '죽는다'. 언젠가 생각해낸 것 안의 생생한 사유가 경직되어 버리면, 철학자는 죽은 것이다. 과거가 현재와 미래에 승리를 거두면, 즉 과거에 사유된 것이 사유를 포획해 버리면, 철학자는 죽은 것이다. 1920년대 초에 하이데거는—아리스토텔레스에서 후설에 이르기까지—철학적 전통의 사상을 다시금 "유동화"시키려 했다. 이제 그는 어느새 체계로서 인용할 수 있게 되고 방법으로 활용할 수 있게 된 기초존재론을 다시 사유의 운동 속에 녹여 버리는 것을 자신의 과제로 삼는다.

엘리자베트 블로흐만에게 보낸 1929년 9월 12일 자 편지에서 하이데거는 자기 자신과 자신의 저작들을 둘러싼 요란 법석에 관해 언급한다. "그릇된 풍조가 득세한 결과 우리는 탐구에서 근본적으로 잘못된 길에 빠져들었습니다. 우리는 본질적인 것이 완성되어야 한다고 믿습니다." (BwHB, 32쪽)

그는 단순히 자신의 사상, 자신의 체계를 지속시키고 증축할 생각은 없다. 같은 편지에서 그는 이렇게 말한다. "겨울학기의 형이상학 강의로 나는 완전히 새로운 시작을 이루어야 할 것입니다."

하이데거가 '형이상학의 근본개념들. 세계-유한성-고독^{Die Grundbegriffe der Metaphysik. Welt-Endlichkeit-Einsamkeit}'이라는 제목으로 예고한 1929/30년 겨울학기의 거대한 '형이상학' 강의는 앞에서도 잠시 언급된 바 있다. 여기서는 새로운 양식이 시도된다. 앞 장에서 나는 그것을 '생생한 고유화의 철학'이라 불렀다. 이 강의에서 하이데거는 철학이 "인간 현존재 내의 근본 사건"(GA 제29/30권, 12쪽)을 불러 깨워야 한다고 말한다. 어떤 근본 사건인가? 강의 제목에서 "유한성"과 "고독"이라는 말이 이미 암시하듯, 하이데거에게 중요한 것은 "집에 있지 않음(편하고 익숙하지 않음)das Unzuhause" 이라는 경험의 심화이다. 철학은 "일체 안심이나 보증과는 상반되는 것이다. 철학은 소용돌이인 바, 인간은 그 소용돌이로 휘말리면 휘말릴수록 그만큼 더 홀로 환상 없이 현존재를 개념 파악하게begreifen 된다".(GA 제29/30권, 29쪽)

하지만 이런 경우 그러한 철학하기의 "개념들Begriffe"은 학문의 개념들과는 다른 기능과 다른 종류의 "엄밀함"을 가져야 한다. "만일 우리가 애초에 개념 파악해야 할 바에 의해 사로잡혀 있지 않다면"(GA 제29/30권, 9쪽) 철학적 개념들은 공허한 것으로 머문다. 하이데거는 철학의 개념들을 일체 자기 확실성과 세계 신뢰에 대한 "공격"이라 이해한다. "최고의 불확실성"은 철학의 "지속적이며 위험스런 이웃"에 속한다는 것이다. 하지만 "철학의 위험성에 대처하기 위한 이런 기본적 준비 태세"는 드물게만 만날 수 있는 것이며, 그렇기에 실질적인 철학적 논쟁 또한 없다. 비록 그 사이 헤아리기 어려울 만큼 많은 철학적 저작이 출판되기는 했지만 말이다. "그것들 모두가 제각기 진실임을 증명하려 들지만, 이때 정작 현실적이고 가장 중요한 과제, 즉 자신의 현존재와 타인의 현존재를 생산적인 물음성으로 몰고 가야 하는 과제는 망각하고 있다."(GA 제29/30권, 29쪽)

이 강의에서는 위험성과 섬뜩함과 물음성이란 말이 자주 등장한다. 철학적으로 거칠고 위험하게 살려는 이런 시도를 위해 하이데거는 형이상학Metaphysik이라는 제목을 요구한다. 하지만 그가 말하는 것은 초감성적 사물들의 교설이라는 의미의 형이상학이 아니다. 그는 넘어섬(메타Meta)의 측면에 대해 또 다른 의미, 그의 주장으로는 '근원적인' 의미를 부여하려 한다. 그에게 중요한 것은 어떤 다른 '장소', 즉 피안 세계의 탐색이라는 의미의 넘어섬이 아니라, "일상적 사유와 물음에 대한 독특한 태도 전환"이다.(GA 제29/30권, 66쪽)

이러한 태도 전환을 실현하려면 역시 "현존재가 스스로를 자신의 영웅으로 선택"(SuZ, 385쪽)하는 것으로 충분하다. 왜냐하면 "다른 사람들의 내면에서 철학하기를 일깨워 주는 동기가 될 수 있는 기이한 운명"(GA 제29/30권, 19쪽)을 지닌 사람들이 있기 때문이다.

하이데거 자신이 바로 이런 "기이한" 사람들에 속한다는 사실에는 의심의 여지가 없다. 그는 자신이 철학의 카리스마적 인물이란 점, 자신에게 어떤 사명이 있다는 점을 깨닫고 있다. 1928년 12월 3일 그가 야스퍼스에게 쓴 편지를 보면, 그 사명이란 "그처럼 기이한 고립을 현존재로 가져가기―사람들이 시대에 가져다 주어야 한다고 믿는 고유한 다른 것

앞에 그처럼 어둡게 서 있기"(BwHJ, 114쪽)이다. 그리고 야스퍼스는 어느 날 하이데거의 방문을 받고 나서 매우 감격하여 이런 편지를 보낸다. "내가 기억할 수 있는 한, 오늘 당신의 이야기를 들을 때만큼 내가 누군가의 이야기를 경청한 적은 없습니다. 그 부단한 초월하기에 잠겨 있으려니 내가 마치 순정한 공기 속을 자유로이 떠다니는 것 같았습니다." (BwHJ, 129쪽)

이 초월이 어디로 향하는가는 두려움에 대한 하이데거의 분석이 이미 보여 주었다. 그것은 무로 향한다. 그리고 무로부터 아주 경악스럽고 불안을 느끼게 하는 무엇이 생겨난다. 시간과 순간의 비밀을 탐색하는 하이데거의 생생한 고유화의 철학에서 이제 공허의 또 다른 거대한 사건, 즉 권태가 다뤄진다는 것은 자연스런 일이다. 그리고 이로부터 밝혀지는 것은 하이데거가 일찍이 강의한 관념들 중 가장 인상적인 것에 속한다. 전체 철학 전통에서 어떠한 기분이 서술되고 해석된 경우는 지극히 드물다. 여기서는 정말로 권태가 생생한 고유화의 사건이 된다.

하이데거는 자신의 청자들로 하여금 거대한 공허로 뛰어들게 만들려 한다. 그들은 실존의 근본적 웅성거림을 들어야 한다. 하이데거는 더 이상 그 무엇도 중요하지 않은 순간, 우리가 의지하거나 자신을 채울 수 있을 그 어떤 세계 내용도 제공되지 않는 순간을 열어 놓으려 한다. 그가 열어 놓으려는 것은 시간의 공허한 소멸의 순간, 순수한 시간 내지 시간의 순수한 현전이다. 그것은 권태, 다시 말해 우리가 지나가게 할 수 없고 그럭저럭 때울 수도 없으며 흔히 말하듯 의미 있게 채울 수도 없어서 시간이 지나가려 하지 않기에 우리가 시간이 어떻게 지나가는가를 깨닫게 되는 그런 순간이다. 하이데거는 흔들림 없는 끈기를 갖고서—150쪽 분량의 강의 원고에 걸쳐—이 주제를 다룬다. 그는 권태를 형이상학의 창도적인 생생한 고유화로 연출한다. 권태에서는 형이상학적 경험의 두 극, 즉 전체 세계와 개별적 실존이 역설적이게도 서로 결부된다는 점을 보여 준다. 개별자는 세계 전체에 의해 포착되지 '않고' 공허하게 뒤로 남겨지며, 바로 이런 방식으로 세계 전체에 의해 포착된다. 하이데거는 자신의 청자들을 이끌고 다음과 같은 물음을 제기할 수밖에 없는 지점까지 데려가려 한다. "결국에 우리는 깊은 권태가 말 없는 안개처럼 현존재의 심연을 이리저리 휘젓는 사태까지 이르게 된 것이 아닌가?"(GA 제29/30권, 119쪽)

이 권태의 심연에 직면할 때 우리는 대개 '공허에 대한 공포'에 사로잡힌다. 하지만 우리는 이런 공포를 견뎌 내지 않으면 안 된다. 그도 그럴 것이 이런 공포로 인해 우리는 어떠한 무, 즉 '왜 무엇이 있고 오히려 무가 있지 않은가?'라는 오랜 형이상학적 물음이 겨누는 그러한 무에 친숙해지기 때문이다. 하이데거는 무를 '공허하게-머물기'라는 기예의 연습으로서 받아들이기를 청자들에게 강권한다.

하이데거가 강조하듯, 여기서 문제되는 것은 의도적이고 인위적인 기분, 노력해서 획득되는 태도가 아니다. 그보다는 "일상적으로 자유로운 눈길의 내맡김Gelassenheit이 중요하다."(GA 제29/30권, 137쪽) 하이데거에 의하면 일상에서 우리는 흔히 공허함을 느끼지만, 마찬가지로 일상적으로 그런 공허함을 즉시 덮어 감춘다. 그는 우리에게 그런 덮어 감춤을 잠시 중단해 보라고 촉구한다. 물론 이런 내맡김은 혹독한 철학적 투쟁을 통해 획득된다. 일상의 즉흥적 노력이란—견디어진 공허한 순간에서와 달리—세계로부터 빠져나오려 하지 않고 세계로 전락하는 것인데, 이런 노력에 반하는 것이 그런 내맡김이기 때문이다. 평소의 모든 노력은 아무런 도움도 되지 않는다. 철학하기란 그런 빠져나옴과 상실됨과 버림받음 없이는, 다시 말해 그런 공허함이 없이는 획득될 수 없기 때문이다. 하이데거는 철학의 탄생을 권태의 무로부터 끌어내려 한다.

권태의 일상적 잠재성을 성찰하는 가운데 하이데거는 당대의 정신적 상황에 관해서도 언급한다. 그에 따르면 현재의 문화에서 갖는 불편함이 널리 확산되고 있다. 하이데거는 이런 불편함을 표명하는 저술가들로 슈펭글러와 클라게스Klages, 셸러, 레오폴트 치글러Leopold Ziegler를 거론하며, 단 몇 마디 말로 이들의 진단과 예견을 일축해 버린다. 하이데거는 말한다. 그런 진단과 예견은 흥미롭고 재기 넘치는 것일지 몰라도 솔직히 말해 우리를 "건드리지도" 못한다. "정반대로 그 모든 것은 세간의 주목을 끌려는 짓이며, 이는 언제나 스스로 인정되지는 않아도 역시 허울뿐인 위안거리를 뜻한다."(GA 제29/30권, 112쪽) 왜 그런가? 그런 진단과 예견은 "우리를 우리 자신으로부터 떼어" 놓고는 "세계사적인 처지와 역할 속에서" 우리 자신을 되비쳐 보도록 유도하는 것이기 때문이다.(GA 제29/30권, 112쪽) 그렇게 우리가 문화 주체로서 자신을 돋보이게 할 수도 있을 드라마가 상연되고 있다. 심지어 암울한 몰락의 비전이 우리의 자기 존중 감정, 좀 더 정확히는 자신을 표현하고 표현된 자신을 보고자 하는 우리 욕망의 비위를 맞춰 준다. 하이데거는 이런 유의 철학적 시대 진단에 대한 비판을 다음과 같은 명증한 언급으로 끝맺는다. "이런 철학은 인간에 대한 '서-술Dar-stellung'에만 이를 뿐 인간의 '현-존재Da-sein'에는 결코 이르지 못한다."(GA 제29/30권, 113쪽)

하지만 현존재의 심연에는 권태가 도사리고 있으며, 삶은 권태를 피해 서술 형식들에서 도피처를 구한다.

하이데거의 분석은 사막 중심의 탐험이 된다. 이때 그는 극적 상승 효과에 대한 감각을 지니고 있음을 보여 준다. 그가 사유를 이끄는 장소가 비어 있으면 비어 있을수록 긴장은 증대할 것이다. 그는 "어떤 것에 의해von" 권태로워짐에서 시작한다. 여기서는 아직 동일화될 수 있는 대상들이 있다. 어떤 사물이나 책, 축제, 혹은 특정한 사람 등 우리가 권태를 그 탓으로 돌릴 수 있는 무엇이 있는 것이다. 말하자면 권태는 밖으로부터 우리에게 밀려들며 외적인 원인을 갖는다. 하지만 그 대상이 더 이상 명료하게 조사될 수 없다면, 권태가 외부에서 밀려드는 동시에 내부에서 솟는다면, 이때 문제가 되는 것은 "어떤 것에서^{bei} 권태로워하다"이다. 정각에 도착하지 않은 기차가 우리를 권태롭게 한다고는 말할 수 없다. 하지만 기차가 연착한 결과 우리가 처하는 상황은 우리를 권태롭게 할 수 있다. 우리는 특정 사건에서 혹은 그 사건이 기연이 되어 권태를 느낀다. 이러한 권태에서 짜증을 낳는 요소는 해당 상황에 처한 사람이 스스로 권태로워지기 시작한다는 점이다. 그는 무엇을 해야 할지 알지 못하며, 그 결과 이제 그 사람과 관계 맺기 시작하는 것은 바로 무이다. 하이데거는 기꺼이 아카데믹한 환경에서 예를 택한다. 저녁 파티의 지루한 한담^{Unterhaltung}은 지겨움을 낳을 뿐 아니라 가벼운 공황 상태에 처하게도 한다. 그 이유는 바로 그런 상황이 우리 스스로를 권태 유발자로 만들기 때문이다. 이런 상황은 정말로 복잡한 것이다. 왜냐하면 권태를 유발하는 것이 바로 권태를 몰아내야 할 한담인 경우가 대부분이기 때문이다. 권태는 시간을 쫓아내 지나가게 하는 조처 속에 잠복해 있다. 권태에 대항해 동원되는 것이 무엇이든 그것은 이미 언제나 권태에 감염되어 있다. 추락의 위험을 지닌 사람들이 지탱^{unterhalten}되어야 한다. 시간은 어디로 쫓겨나 지나가는가? 달리 말해, 시간을 지나가게 하는 현존재는 어디로 표류하는가? 끌어당겨 삼켜 버리는 일종의 실존적 블랙홀이 있는 것인가?

가장 깊은 권태는 완전한 익명의 권태이다. 이런 권태는 특정한 무엇에 의해 야기되지 않는다. 우리는 "누군가 권태를 느낀다(그것이 누군가를 지루하게 하다)"[2]라고 말한다. 하이데거는 이 표현을 세심하게 분석한다. 이 표현에는 이중적 미규정성이 내포되어 있다. "그것^{Es}"과 "누군가^{einen}"가 그 두 가지인 바, 여기서 '그것'은 모든 것이자 아무것도 아니며, '누군가'는 사람이지만 규정되지 않은 개인 존재이다. 따라서 이 표현에 의하면 마치 권태가 자아를 집어삼키는 듯하다. 물론 자아는 자신이 권태 유발자가 되면 부끄러움을 느낄 수 있다. "그것이 누군가를 지루하게 하다"를 이제 하이데거는 채워지고 채우는 시간의 완전한 부재를 가리키는 표현, 누군가가 더 이상 아무런 말 건넴과 요구를 받지 않는 그런 순간을 가리키는 표현으로 삼는다. 이러한 "공허 속에 내버려져 있음"을 그는 "전체에서 자신을 거부하는 존재자에게 넘겨져 있음"이라 칭한다.(GA 제29/30권, 214쪽)

여기에서 암시되는 전체에 대한 이해는 놀랄 만한 것이다. 이 전체는 더 이상 사람과 관계하는 것이 아니다. 어떤 공허한 무엇이 어떤 공허한 전체에 마주해 있고, 무연관성 속에서 서로 관련을 맺고 있다. 여기에는 삼중의 부정이 존재한다. 어떤 비-자아와 어떤 공허한 전체 그리고 부정적 연관으로서의 무연관성이 바로 그것이다. 여기서 분명해지듯 바로 이것이 하이데거가 권태에 대한 흥미진진한 분석을 이끌고 가려는 정점 내지 최심점이다. 우리는 하이데거 취향의 형이상학 심장부에 도달해 있다. 이 지점에서 하이데거는 "권태의 본질을 해석해 내는 일을 통해 시간의 본질로 밀고 들어가는" 그의 의도가 지향했던 바에 도달해 있기도 하다.(GA 제29/30권, 201쪽) 하이데거는 이렇게 묻는다. '모든 것을 채우는 것의 이러한 완전한 부재에서 시간은 도대체 어떻게 체험되는가?' 시간은 그냥 지나가 버리려 하지 않는다. 시간은 멈춰 서 있다. 시간은 활기 없는 부동 상태에 우리를 붙들어 놓는다. 시간은 "옭아매어 꼼짝 못하게 한다". 이 포괄적 마비 상태는 시간이란 단순히 우리가 그 안에서 움직이는 매체에 불과한 것이 아니라 우리가 산출하는 무엇임을 깨닫게 해 준다. 우리는 시간을 "시간화한다". 그리고 우리가 권태에 의해 마비된다면, 그 순간 우리는 시간을 시간화하기를 중단한 것이다. 하지만 이런 중단은 결코 전면적이지 않다. 매순간 시작되고 중단되는 시간화의 과정은 바로 우리 자신인 시간의 흐름과 연관된 채로 머물지만, 이는 어디까지나 정체와 속박과 마비라는 양태의 연관이다.

중단되는 시간 흐름의 이런 양가적 경험이 바로 하이데거가 상연하고 분석하는 권태의 드라마에서 격변의 지점을 이룬다. 삼중의 부정, 즉 비–자아와 공허한 전체와 무연관성으로부터 빠져나올 길은 오직 하나뿐이다. 우리는 스스로를 잡아떼 내야 한다. 더 이상 아무것도 진행되지 않는다면, 우리는 스스로를 출발시켜야 한다. 바로 이것이 다음의 난해한 문장이 담고 있는 핵심이다. "그런데 이처럼 옭아매는 것 자체, 즉 시간이…… 알려 주고 본질적으로 가능케 하는 것은…… '현존재의 자유' 그 자체 외에 다른 것이 아니다. 왜냐하면 현존재의 이 자유는 현존재가 '자신을 해방하는' 데서만 존재하기 때문이다. 그런데 현존재의 자기 해방은 오로지 현존재가 자기 자신으로 결단할 때만 일어난다."(GA 제29/30권, 223쪽)

하지만 권태에서 이 자아가 실체 없는 유형으로 희석되었기 때문에 그러한 결단은 행동으로 옮겨 가기를 기다리는 어떤 빈틈없는 자아로 되돌려질 수 없을 것이다. 오히려 이런 자아는 결단에서야 비로소 탄생한다. 어떤 의미에서 그런 자아는 발견되는 게 아니라—결단을 통해—창안되는 것이다. 그런 자아에서야 비로소 닫혀 있던 것이 열린다. "결단의 순간"은 권태로부터 생겨나 권태에 종지부를 찍는다. 그렇기에 하이데거는 이렇게 말할 수 있다. (권태에서) "옭아매는 시간"은 보완적으로 "현존재가 본래적으로 가능하게 해 주는 것의 첨단으로 밀려 넣어지는" 상황을 낳는다.(GA 제29/30권, 224쪽) 좀 더 평이하게 표현한다면, '권태에서 너는 네가 행하는 것 외에는 그 어떤 것도 중요하지 않음을 깨닫는다'.

따라서 자기 자신으로 깨어나는 현존재는 깊은 권태의 지대—이

"전체에서의 공허"—를 가로질러 건너야 한다. 고찰의 이 지점에서 하이데거는 권태라는 다소 '사적'이고 '내밀한' 기분에서 눈길을 돌려—문화철학적으로—현재의 사회·역사적인 상황에 주목한다. 그는 이렇게 묻는다. "전체에서의 공허"라는 이런 곤경이 여전히 경험되고 있는가? 아니면 오히려 이런 곤경은 당면한 좀 더 구체적인 다른 곤경들과의 투쟁으로 인해 은폐되거나 배제되고 있지 않은가?'

당시는 1929/30년의 겨울이었다. 세계 경제 공황의 결과로 대량 실업과 궁핍한 생활이 시작되었다. 하이데거는 당대의 곤궁 상태에 잠시 눈길을 던져 본다. "어딜 가나 혼란과 위기, 파국, 절박한 일이 일어나고 있다. 오늘날의 사회적 비참함이 그렇고, 정치적 혼란이 그렇고, 학문의 무기력함이 그렇고, 예술의 공허함이 그렇고, 철학의 지반 상실이 그렇고, 종교의 무능력이 그렇다. 어디에나 곤궁함이 있음은 분명하다."(GA 제29/30권, 243쪽) 이런 곤궁에 대처하는 다양한 프로그램과 정당과 조처가 제공되고 있으며, 온갖 종류의 사업도 일어나고 있다. 그러나 하이데거에 따르면, "이런 버둥거리는 긴급 방어 조치는 정작 '전체에 걸친 곤궁'은 드러나지 못하게 하고 있다."(GA 제29/30권, 243쪽)

"전체에 걸친 곤궁"은 그 어떤 개별적 곤궁이 아니라 권태의 기분에서도 경험할 수 있는 현존재 일반의 부담 성격을 가리키는 총괄 개념이다. 즉 "전체에 걸친 곤궁"은 "인간에게는 현존재가 그 자체로서 요구되고 있다는 사실, 인간에게는 '거기 존재함'이 과제로 주어져 있다는 사실"을 가리키는 총괄 개념이다.(GA 제29/30권, 246쪽) 이러한 "현존재의 실재하는 압박"(GA 제29/30권, 244쪽)을 회피하는 자는—하이데거에게 일상의 영웅주의를 이루는 것인—강고한 저항심을 결여하고 있다. 생을 이런 의미의 "부담"으로 경험하지 못한 자는 현존재의 "비밀"에 관해서도 전혀 알지 못하며, 따라서 "개개의 모든 비밀이 저마다 간직하고 있으며 현존재

에게 그의 위대함을 부여하는 그런 내적 경악"도 갖지 못한다.(GA 제29/30권, 244쪽)

비밀과 경악. 하이데거는 신적인 것에 대한 루돌프 오토의 정의를 넌지시 가리킨다. 루돌프 오토의 해석에 의하면, 성스러운 것의 종교적 경험은 우리가 비밀로서 만나게 되는 어떤 힘에 대한 경악이다. 하이데거는 이렇게 이해되는 신적인 것의 징표는 수용하지만 그것과 피안의 관계는 지워 버린다. 현존재 자체는 신적인 것, 경악을 유발하는 비밀스런 것이다. 경악이란 어떤 것이 있고 무가 있지 않다는 사실에 대한 극적으로 고양된 놀라움이다. 경악스런 수수께끼는 그 벌거벗은 '현사실'에서의 존재자이다. 다음에 이어지는 문장들에서 논의되는 것 또한 바로 '이러한' 경악이다. 이 점은 분명히 짚고 넘어가야 하는 바, 당대에는 아직 없던 명백한 정치적 의미를 후일의 해석자들이 그 문장들에 부여했기 때문이다. 그 문장들이란 이런 것이다. "모든 곤궁에도 불구하고 오늘날 우리 현존재의 압박이 부재한다면, 그리고 비밀이 결여된다면, 우리에게 우선적으로 중요한 문제는 인간을 위해서 어떤 기반과 차원, 즉 인간 현존재의 비밀 같은 것을 다시 만나게 되는 그런 기반과 차원을 획득해 내는 일이 될 것이다. 이러한 요구에 직면해, 그리고 그런 비밀에 근접하려는 노력에 직면해 오늘날의 평범하고 우직한 사람은 어쩌면 겁을 집어먹고 때로는 눈앞이 캄캄해져 악착같이 자기의 우상에 달라붙을 것이며, 이는 지극히 정상적인 일이 될 것이다. 만약 뭔가 다른 것을 소망한다면, 그것은 오해가 될 것이다. 우리는 먼저 우리 현존재로 경악을 몰고 올 수 있는 자를 불러오지 않으면 안 된다."(GA 제29/30권, 255쪽)

이러한 경악을 몰고 올 수 있는 자는 누구인가? 당분간 그것은 카리스마를 지닌 철학자, "다른 사람들의 내면에서 철학하기를 일깨워 주는 동기가 될 수 있는 기이한 운명"(GA 제29/30권, 19쪽)의 소유자 외에 다른 누구도 아니다. 달리 말해 그럴 수 있다고 생각하는 사람은 바로 하이데거 자신이다. 이 시점에서는 경악을 야기하기와 철학하기를 일깨워 주기가 아직은 같은 것이다.

하이데거는 자신의 진술이 정치적으로 '강력한 인물'에 대한 요청으로 오해받을 수도 있음을 예감이라도 한 듯, 위의 구절에 이어 다음과 같은 내용의 진술을 덧붙인다. 자기 자신으로 인간의 그러한 깨어남을 야기할 수 있는 것은 정치적 사건이 아니며 세계대전은 더더욱 아니다. 즉 문제는 정치적 깨어남의 체험이 아니라 철학적 깨어남의 체험이다. 그렇기 때문에 하이데거는 정치 영역에서 "세계관이라는 건물"을 짓고 그 안에서 살기를 권하는 일체 시도를 비판하는 것이기도 하다.(GA 제29/30권, 257쪽) 현존재는 자기 자신에게 "투시적"이 되면 그러한 건물 짓기를 중단한다. 인간 안에서 현존재를 "불러낸다"(GA 제29/30권, 258쪽)는 것은 그런 건물이 무너질 수밖에 없는 운동 속에 현존재가 있게 한다는 것 외에 다른 뜻이 아니다.

여기까지 이르기 위해 하이데거는 짧지 않은 길을 지났다. 그의 강의 초안으로 보면 260쪽에 달한다. 그가 서두에 제기한 형이상학의 근본 물음, 즉 '세계란 무엇인가?', '유한성이란 무엇인가?', '고독이란 무엇인가?'란 물음은 어느새 거의 잊혀졌다. 이제 하이데거는 이 물음을 다시 거론하며 권태에 관한 지금까지의 해석은 그저 예비 단계에 불과한 것이었음을 상기시킨다. 그 해석은 어떤 기분을 일깨우려는 혹은 연출하려는 시도였는 바, 그 기분에서 우리는 "세계와 유한성과 고독"과―개념의 작업을 비로소 가능하게 해 주는 방식으로―만나게 된다. 이 만남에서 무엇보다 중요한 것은 그 '방식^{Wie}'이다. 개념에 의해 파악되어야 하는 것이 우선은 어떤 사건처럼 일어나야 한다. 더욱이 그것은 지금 여기에서, 1929/30년 겨울학기의 목요일 오후마다 일어나야 한다.

"전체로서의 세계." 그것을 경험하기 위해 특별한 기분이 필요한 것은 왜인가? 분명히 "세계"는 항상 거기 있다. 세계란 문제가 되고 있는 모든 것이다. 분명히 우리는 언제나 세계 한가운데 있다. 하지만 지금까지의 논의에서 우리가 알게 되었듯, 하이데거에게 세계 안의 이러한 일상적 체제는 동시에 세계로의 전락이다. 세계 안에서 우리는 사라져 버렸다. 바로 그렇기에 하이데거가 권태의 기분을 특별히 부각시키는 것이다. 권태의 기분에서는—『존재와 시간』에서 분석되는 불안의 기분과 마찬가지로—"세계의 전체"가 거리를 취하고서 나타나며, 이러한 거리는 놀라움 내지 경악의 태도를 가능하게 해 준다. 그리고 이런 태도에 관한 논의가 하이데거가 연출하는 실존주의 드라마의 제3막을 이룬다. 제1막에서는 일상적으로 사람들이 세계에 흡수되어 버린다. 제2막에서는 모든 것이 멀리 물러나고, 거대한 공허의 사건이 일어나며, 삼중의 부정성(비-자아, 공허한 세계, 무연관성)이 등장한다. 마지막으로 제3막에서는 멀리 물러났던 것, 즉 고유한 자아와 "세계"가 다시 돌아온다. 자아와 사물들이 이를테면 '더욱 존재적'이 된다. 그것들이 새로운 집중성을 획득한다. 모든 것이 그것들로 향한다. 이 강의만큼 하이데거가 이 점을 숨김없이 명백하게 표현한 경우는 거의 없다. "일체 사물을 다시금 좀 더 단순히, 좀 더 강하게, 좀 더 지속적으로 '보기' 위해서는, 철학적 현존재 안에서 일어나는 사건의 이러한 근원적 차원을 다시금 획득하는 것이 중요하다."(GA 제29/30권, 35쪽)

'전체로서의 세계'는 연구자의 시각이 담기에는 지나치게 커다란 주제이다. 분명 그럴 수 있다. 바로 그렇기에 하이데거는 이 거대한 주제가—연구하기에는 지나치게 큰 것일지 몰라도—일상의 권태나 불안

같은 감정에서, 좀 더 정확히는 세계로부터 미끄러져 나옴에서 직접적으로 체험된다는 점을 보여 주고자 한다. 결말에 이르러 분명해지듯, 권태에 대한 세밀한 분석은 우리가 '전체로서의 세계'를 갖는 방식에 대한 서술의 시도와 다른 것이 아니다.

하지만 관점이 바뀌는 것일 수도 있다. 우리가 '세계를 갖고 있음'은 세계가 우리를 '갖고 있음'과는 전혀 다른 것이다. 우리가 "세인"의 세계와 "손안의 것의 배려"로 흡수된다는 의미에서만 그런 것이 아니다. 그런 의미는 이미 『존재와 시간』에서 하이데거가 밝힌 바 있다. 그뿐 아니라 우리가 자연에 속해 있다는 의미에서도 그렇다.

하이데거는 이 강연의 제2부에서 그로서는 최초로 일종의 자연철학을 전개한다. 이는 그에게서 확인되는 유일무이한 시도, 두 번 다시 되풀이되지 않는 시도이다. 그리고 이런 자연철학적 고찰에 어떤 의미가 부여되는가는 그가 이에 대해 『존재와 시간』에 버금가는 위상을 부여한다는 점에서 드러난다.

이 강의보다 1년 앞서 철학적 인간학에 관한 두 편의 중요한 저작이 출간되었다. 그것은 막스 셸러의 『우주에서 인간의 지위』^{Die Stellung des Menschen im Kosmos}와 헬무트 플레스너의 『유기체의 단계와 인간』이다. 셸러와 플레스너는 각기 다른 방식으로 생물학의 연구 결과와 철학적 해석을 결합하여 인간과 기타 자연 사이의 연관과 단절을 드러내려 했다. 『존재와 시간』에서 하이데거는 현존재와 비인간적 자연 사이의 단절을 강하게 부각시켰으며, 그 결과—후일 카를 뢰비트가 비판했듯—인간 실존이 신체적, 자연적 전제들로부터 분리된다는 인상이 생겨날 수밖에 없었다. 셸러와 플레스너는 공히 하이데거에게서 영감을 얻었지만, 이들은 인간을 다시금 자연과의 연관 속으로 돌려보냈다. 그러나 이때 인간을 자연화시키지는 않으며, 이 점이 두 사람에게는 특히 중요한 것이었다.

당시 특히 커다란 주목을 받은 것은 셸러의 시도였다. 셸러의 시도에 직면한 하이데거는 자연철학적 인간학의 영역을 잠시나마 다루지 않을 수 없게 되었다고 느꼈다.

자연은 세계의 일부이다. 그러나 비인간적 자연 일반이 '세계'를 갖는가? 돌이나 동물은 하나의 세계를 갖는가, 아니면 그저 그 안에서 나타날 뿐인가? 여기서 '그 안'이란 세계 형성적 자연 존재인 인간에게만 주어져 있는 세계 지평을 말한다.

『존재와 시간』에서 개진된 하이데거의 설명에 따르면, 자연의 존재 방식들, 즉 비유기적인 것과 유기적인 것 내지 신체와 결부된 삶은 오로지 "해체적abbauend 고찰이란 의미에서만 접근 가능한 것이다".(SuZ, 371쪽) 이는 결코 간단한 작업이 아니다. 의식이 의식 없는 것을 포착해야 하며, 인식이 인식 없는 것을 포착해야 한다. 현존재가 이러한 '현(거기)da' 이 주어져 있지 않은 존재자를 이해해야 한다.

1929/30년 '형이상학' 강의의 자연철학 부분은 바로 이런 '현'에 관한 성찰이자 '현'을 알지 못하는 자연 일반을 우리가 어떻게 이해할 수 있는가에 관한 하이데거의 성찰로서 유일한 것이다. 이런 어두움의 영역으로 그가 밀고 들어가려는 것은 그로부터 다시 한번 인간에게 시선을 던지기 위해서이다. 그것은 낯설게 하기의 시선인 바, 이 시선 앞에서는 인간 안이 밝아지며 그렇게 해서 자연 일반 안도 밝아진다는 생생한 고유화가 아주 특이한 무엇으로 변한다. 중요한 것은 이런 점이다. 자연으로부터 볼 때 드러나는 사실은, 인간 내에서는 하나의 현-존재—후일 하이데거의 표현으로는 '빛남Lichtung'—가 열리며, 스스로에게 감춰져 있던 사물과 생명체들이 이 현존재에게는 현출할 수 있다는 점이다. 현존재는 자연에게 무대를 제공한다. 하이데거의 자연철학은 바로 이러한 '현'의 현출을 연출해 내는 데서 유일한 의미를 지닌다.

사물과 생명체가 우리 앞에 등장한다. 그러나 우리는 그것들 안으로 들어갈 수도 있는가? 우리가 그것들의 존재 방식을 공유할 수 있는가? 그것들이 우리에게 자신을 알려 오고, 우리가 그것들에 우리를 알리는가?

우리는 사물 및 생명체와 한 세계를 공유하는 바, 그것들은 이 세계에 잠겨 있고 우리에게 이 세계는 '현'존재한다. 그런 점에서 우리는 사물 및 생명체가 갖지 못한 '현'을 그것들에 부여한다. 그리고 우리는 사물과 생명체로부터 그것들이 들어서 있는 평온과 침잠을 받아들인다. 이 측면에서 우리는 다름 아닌 존재의 결핍을 우리 자신에게서 경험할 수도 있다.

하이데거는 이에 관한 고찰을 돌에서 시작한다. 돌은 "세계를 갖지 않는다". 돌은 세계 안에서 나타날 뿐, 세계와의 관계를 스스로 산출할 수 없다. 동물들의 세계 관계를 서술할 때 하이데거는 무엇보다 야콥 폰 윅스퀼Jakob von Uexküll의 연구에 근거한다. 하이데거는 동물에게 "세계가 빈곤"하다고 말한다. 동물의 주위 세계란 동물의 충동을 자극하는 "두름테Umring"이다.(GA 제29/30권, 347쪽) 이 "두름테"에서 나온 자극의 종류에 상응해서 다양한 행동방식과 열망이 논의되고 "풀이"된다. 동물에게 세계는 "주위 세계"이다. 동물은 이 주위 세계와 분리되면 아무것도 체험할 수 없다. 하이데거는 네덜란드의 생물학자 뷔텐다이크Buytendijk의 말을 인용한다. "그렇게 해서 분명해지는 점은, 동물의 세계 전반에서 동물이 환경에 구속되는 방식은 거의 신체 자체의 통일만큼이나 밀집하다는 사실이다."(GA 제29/30권, 375쪽) 확장된 신체로서의 이런 '주위 세계'를 하이데거는 "들뜸테Enthemmungsring"라고 부른다. 동물은 이 테를 깨뜨리는 무엇인가에 들떠 반응한다. 동물은 분명 어떤 것에 반응하며 그런 한에서 그 어떤 것과 관계하지만, 그 어떤 것을 특정한 어떤 것으로 지각하는 것은 아니다. 달리 말해 동물은 자신이 어떤 것을 지각한다는 사실을 지각하지 못한다. 동물은 세계에 대해 특정한 개방성을 갖지만 그렇다고 동물에게 세계가 세계로서 "열리는" 것은 아니다. 이런 일은 인간에게서야 일어난다. 인간과 그의 세계 사이에는 어떤 유희공간이 있다. 세계 구속성이 어느 정도 완화되어 있어서 인간은 자기 자신 및 세계와 관계 맺을 수 있고, 또 세계 안에서 나타나는 무엇으로서의 자기 자신과 관계 맺을 수 있다. 인간이란 그저 타자와 다를 뿐 아니라 자기 자신을 타자와 구분할 줄도 안다. 그리고 그저 상이한 사물과 관계할 뿐 아니라 사물들을 구분할 줄도 안다. 우리가 이미 알고 있듯, 하이데거는 이런 '유희공간'을 "자유"라 부른다. 드러나는 존재자는 자유의 지평에서 또 다른 현실 성격을 획득한다. 존재자는 가능존재를 배경으로 해서 자태를 드러낸다. 가능성을 지닌 생명체는 현실성을 가능성의 실현으로밖에 간주할 수 없다. 인간에게 열리는 가능적인 것의 유희공간에 의해 현실적인 것은 뚜렷한 윤곽과 예리함과 개별성을 획득한다. 현실적인 것은 하나의 지평, 즉 비교 가능성과 발생과 역사와 시간의 지평 안에 있다. 이 모든 것에 근거해서 어떤 무엇이 어떤 무엇으로 확정되고 구분되며 물음의 대상이 된다. 동물들의 "충동적 행동Benommenheit"에서 세계는 그저 살아가는 것이지 체험되지는 않는다. 그런데 이러한 "충동적 행동"으로부터 이제 세계가 분명하게 지각된 무엇으로 떠오른다. 가능존재는 어떤 것이 존재하지 못할 수 있다는 생각 또한 함축한다. 그 결과 세계는 독특한 투시성을 획득한다. 세계란 지금 여기서 문제가 되는 모든 것이다. 하지만 바로 같은 이유에서 세계는 모든 것이 아니다. 세계란 가능한 것과 없는 것의 더 큰 공간에 포괄되어 있다. 우리가 현전하는 것을 그 자체로—감사하고 경탄하고 경악하고 환호하면서—경험할 수 있는 것은 오로지 우리가 부재하는 것에 대한 감각을 지니고 있기 때문이다. 인간이 경험하는 현실은 어떤 운동, 즉 도래와 자기 은폐와 자기 현시의 운동 속에 끌려 들어가 있다.

가능존재 및 무와의 이런 친숙함—동물의 세계 관계에는 없는 것 —에서는 하이데거가 "세계 형성"이라 부르는 느슨한 세계연관이 잘 드러난다.

막스 셸러는 자신의 인간학적 기획 『우주에서 인간의 지위』에서 인간의 정신적 성격을 셸링의 한 관념, 즉 인간 내에서 그리고 인간을 통해 "생성되는 신"의 관념에 연계해서 해석했다. 그와 마찬가지로 하이데거는 강의 마지막에서 셸링의 또 다른 위대한 사상을 끌어들인다. 자연은 인간 안에서 눈을 뜨고 자신이 거기 있음을 깨닫는다. 셸링의 이러한 "빛살Lichtblick"(GA 제29/30권, 529쪽)은 하이데거에 의해 "열린 자리"라 불리는 바, 이는 자연적으로는 닫혀 있는 존재자 한가운데 있는 인간에게서 열린다. 인간이 없다면 존재는 침묵할 것이다. 하지만 존재가 '눈앞에 있다'면, 그것은 현−존재하지 않게 될 것이다. 인간 안에서 자연은 자기 가시성을 획득했다.

1929/30년 겨울학기의 이 강의는 하이데거의 가장 중요한 강의일 것이며 감히 그의 두 번째 주저라 불릴 만하다. 이 강의는 권태를 일깨우기와 그에 대한 분석에서 시작되었다. 일종의 희미한 방심 상태에서 논의를 시작한 것이다. 강의는 이 지루한 방심 상태에서 시작되어 열광이라는 또 다른 방심 상태에서 종결된다. 생을 찬미하는 정신으로 채워진 구절, 하이데거 저작에서는 드문 구절 중의 하나가 거기서 발견된다. "인간이란 저 '머물러 있을 수 없음'이면서 또한 '자리를 떠날 수 없음'이다…… 그리고 오로지 자리 빼앗김(경악)Entsetzen의 위험이 있는 곳에만 놀라움의 희열이 있다. 모든 철학하기의 숨결인 저 깨어 있는 황홀 말이다."(GA 제29/30권, 531쪽)

제 12 장

———

공화국 종말을 앞둔 총결산. 플레스너. '원형 지붕'의 붕괴. 동지와 적. 하이데거의 모호함: 개인인가, 민족인가? 베를린대학의 첫 번째 초빙 제의. 카를 만하임. 지식사회학 논쟁: 자유주의 구제의 시도. '조정 불가능성'과 함께 살기. 플라톤 동굴 속의 하이데거. 권력 부여의 이념. 존재자는 어떻게 더 존재적이 되는가.

———

플라톤

공화국 종말을 앞둔 총결산. 플레스너. '원형 지붕'의 붕괴. 동지와 적. 하이데거의 모호함: 개인인가, 민족인가? 베를린대학의 첫 번째 초빙 제의. 카를 만하임. 지식사회학 논쟁: 자유주의 구제의 시도. '조정 불가능성'과 함께 살기. 플라톤 동굴 속의 하이데거. 권력 부여의 이념. 존재자는 어떻게 더 존재적이 되는가.

HEIDEGGER

막스 셸러는 세상을 뜨기 직전인 1928년의 한 강연에서 이렇게 말했다. "약 1만 년의 역사에서 우리는 인간이 완전히 그리고 남김 없이 문제적이 되어 버린 시대, 인간 자신이 무엇인지 더 이상 알지 못하지만 동시에 자신의 그러한 무지는 잘 알고 있는 시대에 최초로 살고 있다."[1]

셸러의 진단은 바이마르 시대 말기의 역사적 상황이 지닌 두 가지 측면과 관련이 있다. 먼저 이 진단은 서로 적대적인 이데올로기와 세계관의 사분오열을 염두에 두고 있다. 당시의 거의 모든 이데올로기와 세계관은 붕괴와 변혁과 출발의 정서를 담고 있지만 전반적으로는 속수무책의 감정을 양산할 뿐이다.

"마치 세계가 액체 상태가 되어 손가락 사이로 흘러내리는 것만 같다."[2] 발터 라테나우Walther Rathenau[3]는 이미 1912년 시대의 경향을 그렇게 묘사한다. 이런 경향이 더욱 진전된 바이마르 공화국 말기에 로베르트 무질은 그저 풍자적인 태도로 시대를 평할 수 있을 뿐이다. "어떤 새로운 ~주의가 등장할 때마다 사람들은 이제 새로운 인간이 탄생했다고 믿는다. 그리고 학년이 끝날 때마다 새로운 시대가 도래한다…… 불안정과 무기력 그리고 비관주의적 색채가 오늘날 영혼을 이루는 모든 것이다…… 당연히 이런 점은 일찍이 듣도 보도 못한 개개의 모든 정신적 소상품들에도 반영되어 있다…… 농민과 노동자의 정당들에는 각양각색의 철학이 넘쳐 난다…… 성직자에겐 자신의 네트워크가 있지만, 슈타이너 추종자들에게도 수백만의 동지가 있으며, 대학은 그 나름의 권위를 행사한다. 실제로 나는 언젠가 웨이터 조합 기관지에서 언제나 존중받아 마땅한 숙박 및 요식업소 종업원의 세계관에 관해 읽은 적이 있다. 정말이지 바빌론의 정신병원이라 할 만하다. 수천 개의 창가에서 수천 명이 제각기 소리를 질러 댄다."[4]

새로운 사건과 상황들은 전통적 해석과 지향 모델에 명백히 과부하로 작용하며, 바이마르의 다양한 세계관 양산은 이러한 현실의 반작용이다. 그런 새로운 상황에는 자유주의적 개방 사회의 다원주의도 포함된다. 그리고 그 어떤 세계관과 인간상도 구속력을 갖지 못한다는 원칙에 의해 정의되는 것이 바로 다원주의이다. 내용적 진술에는 더 이상 아무 구속력이 없다. 구속력을 지닌 것이 있다면, 그것은 대립되는 모든 의견에 구속력을 행사하며 평화로운 공존을 도모하려는 게임의 규칙뿐이다. 정신적 다양성을 추구하는 다원주의 환경에서는 이른바 진리들도 한갓 의견들로 격하된다. 구원의 말을 발견했다고 믿는 사람들에게는 모욕적인 주장이다. 생활 형식으로서의 민주주의는 절대적 진리의 요구를 상대화시킨다. 법률가 중에서 공화국을 지지한 소수 인물 중의 하나였던 한스 켈젠Hans Kelsen은 당시 이렇게 말했다. "형이상학적-절대주의적 세계관은 귀족적 태도를 함축하며, 비판적-상대주의적 세계관은 민주주의적 태도를 포함한다. 인간 인식의 절대적 진리와 절대적 가치를 폐쇄적인 것이라 여기는 사람이 있다면, 그는 자신의 의견뿐 아니라 다른 사람의 의견, 반대되는 의견도 최소한 가능한 것이라 여겨야만 한다. 그렇기에 상대주의는 민주주의 사상에 전제가 되는 세계관이다."[5]

바이마르 사회는 표현의 자유와 사상의 자유를 보장했으며, 모두가 여기에서 이득을 보았다. 하지만 그런 보장의 결과, 다시 말해 상대주의마저 받아들일 준비가 된 사람은 지극히 소수였다. 독일 청소년의 정신적 태도에 관한 1932년의 어떤 연구에 따르면, 당시 대부분의 청소년들에게 자유주의는 죽은 것이나 다름없었다. "이 젊은이들은 '자유주의적' 세계관에 대해 말없이 경멸감을 품고 있을 뿐이다. 그런 세계관은 세상물정 모르는 태도라고 조롱하며 정신적 절대성을 주장하는 이들에게 이 젊은이들도 동조하는 것이다. 이 젊은이들은 정신적 문제에서 타협이란 모든 악덕과 거짓의 시작이라고 생각한다."[6]

이러한 반자유주의의 대표자 중 한 사람이 당시 독일에서 광범위한 독자층을 거느렸던 러시아 철학자 니콜라우스 베르자예프[Nikolaus Berdjajew]였다. 1920년대에 그는 베를린에서 살았고, 모던의 실험실이었던 이 도시를 경멸했다. 에세이 『새로운 중세』(1927)에서 그는 민주주의란 진리가 무엇인지를 "다수결"로 결정하는 제도라 비난하면서 이를 단호히 배척해 버린다. "민주주의는 자유를 사랑한다. 하지만 이 사랑은 인간 정신과 인간 개성에 대한 존경의 마음에서 비롯된 것이 아니라 진리에 대한 무관심에서 유래한 것이다."[7]

베르자예프에게 정신에 대한 존경의 결핍과 민주주의는 같은 것이다. 막스 셸러도 정신에 대한 멸시가 만연해 있다고 말한다. 바로 이것이 그의 철학적 시대 분석에서—속수무책의 감정 다음으로—다뤄지는 역사적 상황의 두 번째 측면이다. 하지만 셸러의 시각에서 정신에 대한 이러한 멸시는 민주주의가 아니라 그 적대자들에 의해 자행된다.

그에 따르면 문명의 모든 노력을 회피하여 이른바 자연적이고 원초적인 것에 향하고, 피와 대지, 본능과 도취, 민족 공동체와 그 운명을 근원적 힘으로 불러내려는 모든 시도는 정신에 대한 멸시이다. "이 모든 것은 새로운 세계의 인간 내면에서 체계적인 충동의 반란이 일어나고 있음을 시사한다."[8] 막스 셸러에 따르면 그것은 평준화하는 이성에 대한 반란이다. 셸러에게서 영향을 받은 토마스 만도『독일인에게 건네는 말 Deusche Ansprache』(1930년)에서 이와 유사하게 당대 지배적인 정신적 경향에 관해 언급했다. 그는 "관념론적-인문주의적 학교"에서 도망쳐 나와 이제는 "광신주의의 무도병"을 선보이는 "제멋대로의 학생들"에 관해 이야기한다. "이념에서 도망친 인류의 별난 영혼 상태에 상응하는 것은 그로테스크한 양태의 정치, 구세군 풍 행동, 대중적 발작, 장터의 호객 소리와 할렐루야, 입가에 거품이 일 때까지 수도승의 주문마냥 되풀이되는 단조로운 슬로건이다. 광신주의는 구원의 원리가 되고, 열광은 간질 발작의 황홀이 되며, 정치는 제3제국의 대중적 아편이나 프롤레타리아적 종말론이 되고, 이성은 얼굴을 감춰 버린다." 토마스 만은 사회민주주의 노동자운동의 냉정한 공화주의 이성을 찬양한다. 그는 중도좌파 정치 세력을 지지하며, 휴머니즘적 근본 신념이 부식되고 있음을 지성인들에게 경고한다. 그리고 집중성에 굶주려 어떤 대가를 치르든 반란을 도모하려는 모험 정신, 파괴를 형이상학적 황홀경이라 찬미하는 그런 모험 정신의 흥분 상태에 불신을 보낼 것을 권고한다. 이때 토마스 만이 염두에 둔 것은 에른스트 윙어류의 야생인이었다. 윙어는 1920년대에 이렇게 선언한 바 있다. "어디든 우리가 서 있는 곳은 화염방사기가 모든 것을 태워 없애 위대한 정화를 완수한 곳이 될 것이다."[9]

토마스 만은 분명한 정치적 논증을 전개하지만 셸러는 철학의 영역을 떠나지 않는다. 셸러는 정신의 자기 성찰을 옹호하는 바, 정신은 위대한 정신적 종합의 시대가 실제로 지나가 버렸음을 자기비판에 의해 통찰하지 않으면 안 된다. 하지만 그렇다고 해서 정신이 뒤로 물러나 체념해서도 안 된다. 정신은 자신의 의문스런 위상을 기회로 포착해야 한다. 셸러는 속수무책의 상태에도 숭고한 의미가 있다고 본다. 잘 알려져 있듯, 그의 마지막 저작 『우주에서 인간의 지위』는 이런 고찰, 즉 확실성의 상실은 동시에 새로운 신의 탄생 과정일 수도 있다는 고찰로 종결된다. "보호"와 "지지"의 신, "세계 바깥의 전능한 힘"인 신은 더 이상 없고, 자유의 신이 있을 뿐이다.[10] 우리가 우리 자신의 자유로운 행동, 즉 자발성과 주도성을 통해 성장시키는 신만이 있는 것이다. 이 신은 모더니티의 제대로 걷지 못하는 환자들에게 은신처를 제공하지 않는다. "인간을 지지해 주기 위해, 인간의 나약함과 필요를 보완해 주기 위해 절대적 존재가 있는 것은 아니다. 인간의 그런 나약함과 필요는 기회만 생기면 절대적 존재를 '대상'으로 만들려 한다."[11]

이처럼 셸러의 신은 자유를 향하는 용기에서 나타난다. 우리는 현재의 혼란과 방향 상실을 견뎌 내야 한다. 광신적 일면성과 갖가지 독단론에 저항하는 힘에서 새로운 휴머니즘이 탄생한다. 이때의 휴머니즘은 "영원하고 객관적인 로고스의 이념인 바…… 어떤 '하나의' 민족이나 문화권이…… 아니라 모든 사람들, 연대하여 협력하는 미래의— 개별적이기에—대체될 수 없는 문화 주체들을 포함한 모든 사람들만이…… 그 이념의…… 비밀로 뚫고 들어갈 수 있다."[12]

1931년의 에세이 「힘과 인간의 본성」에서 헬무트 플레스너는 셸러의 이런 고찰을 자유로운 정신의 소유자들에게서도 극복되지 않은 어떤 욕망의 사례로서 언급한다. 그 욕망이란 타협의 공식에 대한 욕망, 거처할 곳 없는 정신에 화려한 "원형 지붕"을 마련해 주려는 욕망이다. "모든 것이 유동하는 이런 상황에서 어떻게 우리가 지속적인 종합, 몇 년 후면 추월되지 않을 종합을 희망할 수 있겠는가? 원형 지붕에서 기대할 만한 것이 있다면 그것은 붕괴뿐이다."[13]

플레스너 인간학의 원리는 이런 것이다. 어떤 가능한 정의의 윤리적, 학문적, 종교적 틀은 모두 인간의 역사적 산물이기에 인간은 결코 완결적으로 정의될 수 없다는 사실이 바로 인간의 정의를 이룬다. 실체적으로 이해된 정의상의 의미에서 '인간'이란 언제나 그 자신이 창조한 문화의 발명품이다. 인간에 '관한' 모든 진술은 인간을 결코 완결된 대상적 단위로 시야에 포착할 수 없다. 가능한 모든 관점은 "창조적 주관성의 세력권"에서 생성된다. 주관성은 철저히 역사적으로 사유되어야 한다. 하지만 역사는 "시간 바깥에 놓인 가치들의 담지자가 어떤 맥락에서 오가는 무대"에 불과한 것이 아니다. 오히려 역사는 "가치의 산출과 파괴의 장소"로 이해되어야 한다.(앞의 책 304쪽) 하지만 이런 역사성의 이념 또한 하나의 역사적 이념이다. 역사에 의한 가치의 자기 상대화라는 사상 또한 절대적 위치에 있지 않다. 이런 종류의 자기 주제화는 알지 못하는 문화들이 있었고 지금도 있다. 남는 것이 있다면, 그것은 인간의 "불가해함"이라는 "마음을 불안케 하는" 인식이다. 인간이 불가해한 것은, 그가 자신의 근거들을 당장 갖지 못하고 항상 자기 앞에 두고 있기 때문이다. 인간을 이루는 근거는 그때그때 결단의 순간에야 비로소 드러나기 마련이다. 인간의 규정이란 자기규정이다. 인간은 자신이 선택하여 결정한 그 무엇이다. 인간은 미규정의 상황에서 스스로의 윤곽을 만들어 낸다. "미규정성과 자기 자신의 이런 관계 속에서 인간은 스스로를 힘으로 파악하며, 자신의 생을 위해—이론적으로나 실천적으로—열린 물음을 발견한다."(앞의 책 321쪽)

플레스너는 이런 사실로부터 다음과 같은 결론을 이끌어 낸다. 그때그때 주어진 역사적 순간에서 인간이 무엇인지 결정하는 것은 철학이 아니라 실천적 행위, 조망이 불가능할 수밖에 없는 상황 속의 실천적 행위이다. 인간의 본질은 "중립적 상황 속의 중립적 정의"(앞의 책 319쪽)에서 드러나는 것이 아니다. 이런 맥락에서 플레스너는 이제 하이데거에 관해 언급한다. 플레스너의 주장에 따르면, 하이데거의 기초존재론은 인간 현존재의 중립적 정의들 중에서 이미 너무 많은 것을 지니고 있다.

하이데거의 실존적 개념들은 역사적으로 무변별적이며 이 점에서 결함을 지닌다는 뜻이다. 예컨대 역사성의 개념 자체가 역사적으로 이해되고 있지 않다.

플레스너에 따르면 막스 셸러와 마르틴 하이데거는 각기 다른 방식으로 "절대자를 전망하는 교향곡"(앞의 책 286쪽)을 연주한다. 전자는 절대자를 창조적 정신 속에 놓고, 후자는 현존재적 기초 속에 놓는다.

하이데거의 경우, 이런 입장은 결국 정치 영역 전반에 대한 경멸로 이어진다. 정치 영역은 "세인"과 "비본래성"의 영역으로 간주되며, 이는 본래적 자기 존재의 영역과 분리되어 있다. 플레스너에 의하면, 이는 역사의 폭력 앞에서 궁극적 형이상학으로 도피함을 뜻하는 독일의 "내면성"과 다른 것이 아니다.

플레스너는 철학을 이 내면에서 끌어내 역사의 폭력 앞에 드러내려 한다. 그로 인해 비록 철학이 상처를 입을 수도 있겠지만 말이다. 철학은 "현실의 토대 결여"(앞의 책 345쪽)를 받아들여야만 한다. 다시 말해 원하든 원하지 않든 철학은 "동지와 적의 자연스런 생활연관"(앞의 책 281쪽) 속에 있음을 깨닫게 될 것이다. 철학에는 어떤 편안한 외부, 상쟁하는 당파들 너머의 위치란 것이 없다. 시대는 보편적인 숨 돌림을 허용하지 않는다. 숨 돌릴 틈은 없다. 현실을 포착한다고 주장하는 철학은 어떤 것이든 적과 동지의 자연적 생활연관 속에 들어설 수밖에 없으며,

이 연관에서 스스로를 파악함으로써 그 연관을 파악하려 시도해야 한다. 여기서 플레스너는 분명 정치적인 것에 대한 카를 슈미트의 정의를 끌어들이고 있다.

헬무트 플레스너의 이 에세이가 집필된 것은 독일에서 이미 내란이 시작되었던 시점이다. 1930년 9월 선거에서 나치스는 약진을 했으며, 나치스 돌격대[14]는 행진을 벌이고 적색투쟁동맹 및 공화국수호파와 시가전을 벌인다. 정치적 중도파와 타협의 이성은 짓뭉개진다. 군사적 진영 형성과 대결이 주도적 정치 양식이 된다.

이런 상황에서 플레스너는 인간의 '근거'를 파악할 수 있노라는 미몽에서 철학이 마침내 깨어나야 한다고 주장한다. 철학은 정치보다 현명하지 않다. 양자의 눈앞에 놓인 것은 똑같다. 그것은 "알 수 없는 미래로 열려 있는" 무엇이며, 이것으로부터 "철학과 정치는 대범한 선취 작업을 통해…… 우리 삶의 의미를 형성해 낸다".(앞의 책 362쪽)

철저하게 이해된 역사성 개념은 플레스너를 다음과 같은 견해로 이끈다. 철학은 외적 의무에서뿐 아니라 그 내적 논리에 근거해서도 정치적인 것의 위험한 영역을 다뤄야 한다. 그러나 철학은 정치와 대면하자마자 시대의 높이에 선다는 것이 얼마나 어려운지 깨닫는다. 철학의 사유는 "결코 삶만큼만 나아가지 않고 항상 그보다 훨씬 더 멀리 나가 버린다".(앞의 책 349쪽) 역사적 순간에서 어떤 정신의 현전은 철학의 제도적 능력을 훨씬 넘어서는 것 같다. 그렇기에 철학은 자신의 과제를 대개 원칙이나 미래상을 언급하는 것에 국한시킨다. 철학은 전제의 영역 아니면 기대의 영역 둘 중 하나에 머문다. 철학은 혼란스런 현재, 결단의 순간을 회피한다. 하지만 정치는 "적절한 순간을 포착하는 기예, 유리한 기회를 잡는 기예이다. 중요한 것은 순간이다".(앞의 책 349쪽) 그렇기에 플레스너는 이 "순간"에 열려 있는 철학을 요구한다.

1931년, 철학자의 순간이 요구하는 것은 무엇인가? 플레스너의 답변에 따르면 철학자는 "민족성"의 의미를 파악해야 한다. "나와 너라고 말하는 능력 혹은 친숙함과 낯섦과 마찬가지로 민족성은 인간의 본질적 특징 중 하나이다."(앞의 책 361쪽) 보편적 휴머니티의 이념에서 이러한 공속성이 사라지게 한다면, 이는 좋지 못한 관념론이다. 개인과 민족 모두에서 고유함이 주장되어야 한다. 하지만 이러한 자기주장은 패권이나 서열을 뜻하지 않는다. 모든 민족과 문화는 "창조적 주관성"의 "힘의 근거"로부터 생겨나기에 플레스너는 "민주주의적 가치에서 모든 문화의 동등성"(앞의 책 319쪽)을 인정하며 "고유한 민족성의 절대화가 점진적으로 극복"(앞의 책 361쪽)되기를 희망한다. 간단명료한 정치적 언어로 표현하면 이는 다음을 뜻한다. 베르사유 평화조약의 요구와 전쟁 보상금 지불에 대해 민족적인 자기주장을 펼치는 동시에 민족주의적 혹은 심지어 인종주의적인 광신적 애국주의를 거부하기. 그럼에도 불구하고 자기 "민족"에 대한 개인의 귀속은 "절대적인 측면"을 유지한다. 왜냐하면 개인은 자신의 소속을 멋대로 거부할 수 없고 이미 언제나 그 안에 있기 때문이다. "개인의 모든 정치적 문제는 그가 속한 민족의 시야에서 결정된다. 왜냐하면 개인은 오직 이 시야에서만, 즉 이런 가능성들의 우연적 굴절에서만 실존하기 때문이다." 이러한 상황은 개인에게 "사유에서든 행동에서든 순수한 실현을" 허용하지 않으며 "혈통과 전통에 의해 개인이 이미 언제나 귀속되어 있는 특정 민족에 결부된 상대적 실현만을" 허용한다.(앞의 책 361쪽)

플레스너의 에세이는 하이데거에 대한 두 번째 비판으로 종결되는 바, 그는 하이데거에게서 "민족"과의 관계가 결여되어 있다는 점을 비난한다. 플레스너에 따르면 하이데거는 본래성의 철학에 의해 독일의 전통적인 "영혼의 사적 영역과 권력의 공적 영역 사이의 균열"을 심화시킨다. 하이데거는 "정치적 무관심주의"를 조장하며, 이는 "우리의 국가와 민족을 위험스럽게" 하는 짓이다.

여기서 플레스너를 이처럼 상세히 다룬 것은 다음과 같은 이유에서이다. 하이데거의 사상과 결부된 플레스너의 철학은 하이데거의 경우 좀 더 은폐된 방식으로 수행되는 정치화와 민족주의화를 아주 공들인 성찰에 의해 수행하고 있다. 그런데 하이데거는 이를 은폐된 방식으로나마 수행하고 있기에, 1931년 플레스너의 비판이 발표되었을 때 자신이 공격당한다고 느낄 필요가 없다. 즉 그 자신도 이미 '민족'과의 분명한 연관, 더불어 정치와의 분명한 연관을 탐색하는 중에 있다. 게다가 그 방식도 플레스너의 방식과 크게 다르지 않다.

여기서 『존재와 시간』에서 논의된 "역사성"과 "역운" 및 "민족"의 사상을 다시 한번 기억에 불러 보자. 이미 거기서는 민족공동체와의 결속이—핵심적 역할은 아닐지라도—일정한 역할을 했다. 『존재와 시간』의 실존 이상은 개인의 자유로운 자기 연관에 맞춰 재단되어 있기는 하지만, 하이데거는 이것이 개인주의로 이해되기를 원하지는 않는다. 그렇기 때문에 그는 공동체와 민족의 "현사실적" 현존재의 힘을 강조하는 바, 공동체와 민족은 내던져져 있음의 측면으로서 고유한 현존재 기투에 받아들여져야 한다. 자기 현존재의 내던져짐을 "아무런 환상 없이"(SuZ, 391쪽) 받아들일 수 있게 된 사람은 자신이 귀속되는 민족을 선택할 수 없다는 점, 자신이 민족으로도 내던져졌으며 그 민족의 역사와 전통과 문화 안에서 태어났다는 점 또한 깨달을 수밖에 없다. 개별 현존재가 "공동체, 즉 민족의 사건"(SuZ, 384쪽)에 이처럼 엮여 있는 것을 하이데거는 "역운"이라 부른다. 물론 이러한 귀속은—여타 생활연관이 모두 그렇듯—상이한 방식으로, 다시 말해 "본래적"으로나 "비본래적"으로 수행될 수 있다. 이렇게 이해된 민족의 "역운"을 현존재는 "받아들일" 수 있다. 현존재는 이러한 역운을 함께 지고 책임질 준비가 되어 있다. 자신의 생명을 기꺼이 "희생"할 준비가 되어 있는 현존재는 민족의 일을 자기 자신의 일로 삼게 된다. 이 민족의 전통으로부터 "현존재는 스스로를 자신의 영웅으로 선택"한다.(SuZ, 385쪽) 하지만 이런 모든 것에도 불구하고 개인은 그의 자기 책임성을 포기하지 않는다. 민족과의 본래적 관계는 자기 자신과의 관계로 머문다. 반면 자기 자신에서 벗어나기 위해 민족 공동체를 추구하는 태도는 비본래적이다. 그런 사람에게 "민족"은 "세인"의 세계와 다른 것이 아니다.

이처럼 민족과의 관계에는 본래적인 것과 비본래적인 것이 있으므로 민족과 민족 귀속에 관한 모든 언술은 '본래적'이라 얘기되는 모든 것에 따라붙기 마련인 "모호함" 속에 머물 수밖에 없다. "모든 것이 진정으로 이해되고 파악되고 언술된 것처럼 보이지만 근본에서는 그렇지 않고, 혹은 그렇지 않은 것처럼 보이지만 근본에서는 그렇다."(SuZ, 173쪽)

『존재와 시간』에서 하이데거는 이러한 "모호함"에서 벗어나지 않았다. 민족과 역운이란 말이 나오지만, 그의 사유는 아직 시간이 명하는 것, 역사적 순간이 구체적으로 요구하는 것을 밝히려 애쓰지 않는다. 하이데거는 아직 스스로를 "자신의 영웅"으로 찾아내지 못했다. 용어 면에서 그는 원칙적인 것의 엄격히 구획된 영역, 즉 기초존재론을 아직 떠나지 않았다. 구체적 역사는 비본래성이라는 혐의 아래 있거나 아니면 "역사성"으로 형식화된다. 역사적 '소재'라면 무엇이든 담을 수 있거나 그 무엇도 담을 수 없는 공허한 형식이 되는 것이다. 사유는 자기 자신에게 어떤 역사적-정치적 열림("민족"의 "역운")을 요구할 뿐 아직 이를 실행하지는 않는다.

당대의 비판은 이러한 "모호함", 즉 비역사적 존재론과 역사성의 요청 사이의 동요를 철저히 인지했다. 플레스너의 하이데거 비판은 그 하나의 예이다. 그에 앞서 게오르크 미쉬는『존재와 시간』에 관한 상세한 서평에서 하이데거는 역사적 삶의 해석학자에 대해 존재론자가 승리를 거두게 했다는 견해를 보였다.

평소『존재와 시간』에 대한 여러 반응을 몰이해한 것이라 자주 불평했던 하이데거조차 이 점에 관해서는 별 이의가 없었다. 왜냐하면『존재와 시간』이 출간되고 얼마 되지 않아 그는 곧 플레스너와 미쉬가 제시한 방향, 다시 말해 좀 더 철저한 역사성의 방향, 순간과의 연관 및 정치적 결단의 방향으로 사유를 진척시켰기 때문이다.

1932년 9월 18일 엘리자베트 블로흐만에게 쓴 편지에서 하이데거는『존재와 시간』이 어느새 자신에게서 멀어졌고 당시 들어선 길이 이제는 수풀만 "무성해져" 더는 걸어갈 수 없을 것 같다고 말한다. 1930년 이래로 엘리자베트 블로흐만과 야스퍼스에게 보낸 편지에서 그는 "새로운 시작"의 불가피성을 빈번히 언급한다. 하지만 그런 새로운 시작에 성공할 수 있을지에 대한 불안감도 토로한다. 1931년 12월 20일 야스퍼스에게 보낸 편지에서 그는 "나 자신의 실존적 힘이 미치는 곳 너머까지 너무 멀리 나가 버려서 실질적으로 내가 물을 수 있는 좁은 한계를 명확히 볼 수 없게" 되었다고 솔직히 고백한다. 이 편지에서 그는 1년 전 있었던 "베를린 에피소드"를 언급한다.

1930년 3월 28일, 하이데거는 베를린대학으로부터 초빙 의뢰를 받았다. 그것은 독일의 철학교수직으로서는 가장 손꼽히는 자리였다. 당시 프로이센 문화부장관 카를 하인리히 베커의 책임 아래 있던 인사위원회는 에른스트 카시러를 가장 선호했다. 좁은 선택의 범위 안에는 하이데거도 포함되어 있었지만, 그에 대해서는 반대 의견이 우세했다. 파리아스의 조사에 따르면 하이데거를 가장 반대한 인물은 에두아르트 슈프랑어였다. 슈프랑어는 하이데거의 대중적 인기란 그의 철학보다는 개성 덕분이 아닌가 하는 물음을 제기했고, 하이데거의 철학은 배우고 가르치기에는 대체로 적합하지 못하다는 평가를 내렸다. 위원회 보고서에는 이런 말이 기록되어 있다. "최근 마르틴 하이데거라는 이름이 자주 거론되고 있다. 지금까지 그가 이룬 저술 업적에 학문적 가치가 있는지 여부는 논란의 여지가 매우 큰 문제지만, 그에게…… 강한 개성적 매력이 있음은 분명하다. 하지만 하이데거에게 몰리는 수많은 학생들조차 그를 거의 이해하지 못한다는 점은 그의 숭배자들도 솔직히 인정하는 바이다. 지금 그는 위기에 직면해 있다. 거기서 벗어나려면 시간이 더 필요하다. 지금 그를 베를린으로 초빙한다면 불행한 결과를 낳을 것이다."[15]

하이데거가 위기에 직면해 있다는 소문은 한편으로 『존재와 시간』의 제2권이 출간은커녕 아직 예고조차 되지 않았다는 사실에 근거했다. 1929년의 『칸트와 형이상학의 문제』는 양립된 반응을 얻었으며, 무엇보다도 『존재와 시간』의 후속편으로 받아들여지지 않았다. 다보스 토론에서 하이데거의 모습도 그가 위기에 처해 있다는 인상을 강하게 심어주었다. 사람들의 기억에 남은 것은 문화철학에 대한 그의 퉁명스런 거부와 역시 모호하기만 한 새로운 시작의 선포뿐이었다.

1930년 봄, 프로이센 문화부에서 어떤 변화가 일어났다. 아돌프 그리메Adolf Grimme가 베커를 해임한 것이다. 철학적 교양을 갖춘 정치가인 그리메는 후설의 제자였으며 파울 틸리히를 중심으로 한 종교적 사회주의자 집단에도 속해 있었다. 그는 베를린대학 철학과의 후보 명단과 학과의 분명한 반대 의사를 물리치고 하이데거를 초빙하려고 애썼다. 그리메는 유명한 인물을 초빙하길 원했다. 더욱이 그는 하이데거의 반시민적, 문화혁명적 태도에 아무런 반감을 품지 않았다. 그리메 자신도 반시민적 청년운동에 가담했기 때문이었다. 베를린의 자유주의 신문들은 장관의 이러한 고압적 태도에 반발했다. "사회주의자 장관이 문화적 보수반동주의자를 초빙한다."[16]

1930년 4월, 하이데거는 교섭을 위해 베를린으로 향하던 중 야스퍼스의 조언을 듣기 위해 하이델베르크에 들른다. 그에 앞서 신문을 통해 하이데거의 초빙 관련 기사를 접한 야스퍼스는 하이데거에게 이런 편지를 썼다. "당신은 가장 눈에 띄는 위치에 서게 될 것이며, 그 결과 지금까지 몰랐던 당신 철학의 추진력을 경험하고 또 이를 소화해 내게 될 것입니다. 나는 이보다 더 나은 기회는 없을 것이라 생각합니다."(1930년 3월 29일 자 편지, BwHJ, 130쪽) 야스퍼스 자신도 이미 한 번 베를린에서 초빙을 받으리라 희망을 품었던 적이 있기에 "가벼운 괴로움을 느끼지만, 이번에 초빙 의뢰를 받은 사람이 바로 당신이기에 그 괴로움은 최소한의 것일 뿐"이라 말한다.

하이데거는 장관에게서 학과의 저항이 있다는 이야기를 들었지만 그래도 신중히 교섭에 임한다. 그는 자신의 삶이 "대도시의 성가신 소란 속에서도 상대적으로 평온"을 누리는 것이야말로 자신의 철학하기의 불가결한 "토대"이므로 이를 위해 적절한 조치를 취해 줄 것을 요구한다.[17]

하지만 프라이부르크로 돌아온 하이데거는 초빙을 거절하기로 결심한다. "그리메의 입장을 생각하니 거절하기가 무척이나 어려웠습니다." 1930년 5월 10일 엘리자베트 블로흐만에게 보낸 편지에서 그는 그렇게 쓰고 있다. 그리메에게 보낸 편지에서 그는 자신의 거절 이유를 이렇게 밝힌다. "저는 이제야 제 확실한 작업의 시작 단계에 이르렀습니다. 그렇기에 저 자신 및 다른 분들이 기대할 수밖에 없는 수준으로 베를린의 교수직을 수행할 준비가 충분히 되어 있지 않다고 느낍니다. 그 시대의 진정한 철학, 다시 말해 그 시대를 지배하는 철학만이 참으로 지속하는 철학이 될 수 있습니다."[18]

이는 결정적으로 중요한 진술이다. 하이데거의 솔직한 고백에 따르면, 그는 아직 "준비가 충분하지" 않으며 "진정한 철학"에 도달하지 못했다고 느낀다. "진정한 철학"이란 헤겔의 방식대로 그 시대를 사상에서 표현하는 철학일 뿐 아니라 그 시대를 "지배하는" 철학, 다시 말해 그 시대에 방향을 제시해야 하는 철학 혹은—1년 후 그가 플라톤 강의에서 말하게 되듯—"현재를 극복"해야 하는 철학이다.

스스로 제기한 이런 요구를 그는 아직 감당할 수 없다고 느끼지만, 다른 한편으로는 거기로 향하는 길 위에 있다고 쓴다. "출발"은 이미 이루어졌다.

베를린대학의 이 첫 번째 초빙 건은 많은 관심을 불러일으켰다. 하지만 당시만 해도 하이데거는 거의 강령에 가까운 '시골 사랑의 신조 고백'을 자신만만하게 쏟아 내거나 하지는 않는다. 그는 자신이 아직 준비가 되어 있지 않다고 겸허히 말할 뿐이다. 그리메에게 보낸 하이데거의 편지는 "내게도 그어져 있는 한계를 인정"[19]해 달라는 부탁으로 끝을 맺는다.

참된 철학은 "그 시대를 지배하는" 것이어야 한다고 하이데거는 썼다. 여기서 그는 거대한 과제 앞에 철학과 자기 자신을 세운 것이다. 철학은 시대를 진단하고 예견하는 힘을 증명해야 하며, 더 나아가—단순히 결단성만이 아니라—특정한 결단을 촉구해야 한다. 정치화 가능성을 함축한 철학적 통찰이 탐구되어야 하며, 행위의 대안들이 가시화되고, 경우에 따라서는 철학적 입장에서 결정될 수 있어야 한다. 하이데거는 이 모든 것을 철학에서—철학이 "그 시대를 지배"하고자 한다면—요구한다.

하이데거의 이러한 요구는 당대의 추세에서 벗어나지 않는다. 이 점은 당시 지성계를 뒤흔든 지식사회학 대논쟁을 시야에 두면 특히 분명해진다. 이 논쟁은 1928년 9월 사회학대회에서 카를 만하임^{Karl Mannheim}이 화려하게 등장하면서 야기되었다. 이 대회에 참가했던 젊은 노르베르트 엘리아스^{Norbert Elias}는 당시 일어난 "정신혁명"[20]에 관해 언급한 바 있고, 사회학자 알프레트 모이젤^{Alfred Meusel}은 "허술한 배 한 척에 몸을 싣고 파도가 몰아치는 대양을" 건너려 할 때의 "두려움"을 묘사한다. 당시 무슨 일이 있었던 것일까?

카를 만하임은 "정신적인 것의 영역에서 경쟁의 의미"라는 주제로 발표를 했는데, 언뜻 보면 그의 발표는 마르크스주의의 통상적 설명, 즉 정신의 형상들을 사회적 토대의 조건으로부터 파악하는 설명을 따르는 것 같았다. 하지만 만하임의 발표에는 마르크스주의자들을 도발하는 측면이 있었는데, 그것은 마르크스주의자들이 대개 적대자들에게만 씌우는 이데올로기의 혐의를 다름 아닌 마르크스주의에 적용한 점이었다. 이렇게 만하임은 마르크스주의자들의 보편주의적 허세를 공박한다. 하지만 만하임은 마르크스주의에 대한 이 정도의 모욕으로는 학문 세계에서 커다란 주목을 받기에 역부족이라고 느꼈던 것 같다. 만하임의 공격에서 가장 도발적인 측면은 정신적 형상들의 분석에서 진리물음은 괄호로 묶는 것을 원칙으로 삼았다는 점이다. 만하임의 견해에 따르면, 정신의 영역에는 그저 다양한 "사유 양식"이 공존할 뿐이며, 이런 사유 양식들은 이중적 관계 속에 있다(만하임은 자신의 접근법을 "관계주의적^{relationistisch}"이라 부른다). 사유 양식들은 직접적으로는 자연적·문명적 현실과 관계하고 서로 결부되어 있기도 한 바, 이런 관계들로부터 전통 형성과 합의 공동체, 경쟁 및 적대성으로 이뤄진 아주 복잡한 과정이 생겨난다. 이 과정은 고삐 풀린 시장경제와 혼동될 만큼 유사한 모습을 갖는다. 이 모든 과정은 물론 하나의 '토대'를 갖지만, 이 토대는 다시금 어떤 사유 양식에 의해서만 파악될 수 있다. 사유가 뿌리를 내리고 있는 그 무엇은 사유 양식들의 논쟁 속에서도 늘 논란의 여지가 있는 것으로 머문다. 그렇기 때문에 이런 '토대'와 관련해서는 완결된 개념도 주어질 수 없다. 만하임은 "존재"라는 용어를 사용하는데, 이는 사유가 다룰 수 있고 사유를 도발할 수 있는 것 모두를 가리킨다. 만하임에 의하면 사유란 결코 벌거벗은, 즉 날것 그대로의 실재나 현실적 현실과 관계하는 것이 아니다. 사유는 언제나 해석되고 이해된 현실 속에서 움직인다. 만하임은 '세인'에 대한 하이데거의 분석을 비판적으로 언급한다. "이 철학자는 이 '세인', 이 비밀에 가득 찬 주체를 세심히 검토한다. 하지만 그는 이 '세인'이 어떻게 생겨나는가에 관해서는 관심을 갖지 않는다. 하지만 이 철학자가 물음을 중단하는 바로 여기서 사회학적 문제가 시작된다. 사회학적 분석이 보여 주듯, 존재에 관한 이런 공개적 해석은 단순히 주어져 있는 것이 아니고 생각에서 짜낸 것도 아니며 투쟁을 통해 획득되는 것이다. 여기서는 관조적인 지식욕이 관심을 주도하지 않는다. 세계관이란 대개 개별 집단이 벌이는 권력투쟁의 상응물이다."[21]

만하임의 관계주의는 어떤 세계관적 당파나 해석의 기투에도 정당성을 부여하지 않는다. 랑케의 역사적 시대들이 그렇듯, 모든 정신적 형상들은 신 앞에서는 아닐지라도 근본을 이루는 존재의 눈앞에서 동등한 가치를 갖는다. 특권을 누리는 접근법은 없다. 개개의 모든 사유가 —자기 나름의 방식으로—"존재 구속성"을 갖는다. 하지만 무엇보다 중요한 점은 이런 것이다. 개인이나 집단의 사유가 뿌리박고 있는 것은 그때그때 다른 특별한 존재이다. 모든 토대에는 "특정 생활권의 패러다임적 근원 경험"(앞의 책 345쪽)이 들어 있는 바, 이런 근원 경험들이 다양한 정신적 형상에서 자신을 드러내며 따라서 "실존적 종류의 조정 불가능성"(앞의 책 356쪽)의 핵심을 지니게 된다. 따라서 차이들이 어떤 공통의 세계상이나 거기서 도출되는 행위 원리들에서 완전히 조정되기란 불가능하다. 하지만 만하임에 따르면 상쟁과 배제 경쟁에 처한 "당파들"에 저마다 존재구속성을 인정해 줌으로써 대립과 긴장을 완화시키는 것이 바로 지식사회학의 정치적 과제이다. 이런 이해의 행위는 분열된 전체에서 적대 에너지의 일부를 제거할 것이다. 이러한 진전이 이뤄지면 다양한 세계관이 사회에서 공존하며, 이들 중 그 무엇도 절대성을 요구할 수 없게 된다. 최선의 경우에는 상이한 세계관들이 자기 투시성에 근거해 자제력을 발휘하는 가운데 대립과 경쟁으로 역사적 발전을 추동할 것이다. 불화를 겪는 부부가 상담전문가의 도움을 받아야 하듯, 부분들의 관계만으로 이뤄진 사회는 지식사회학의 도움을 받아야 할 것이다. 지식사회학이―가능한 한도에서나마―정치적 조정과 대립 중재의 자격을 얻을 수 있다면, 이는 어떤 특권화된 존재구속성이나 초시간적으로 타당한 진리에 근거한 것이 아니라 일정 정도 "자유로이 부유하는 지성"에 근거한 것이다. 지식사회학은 완전한 균질성에 도달하는 것이란 가능하지 않고 바람직하지도 않다는 점을 알고 있다. 지식사회학에 의하면 "인간에 의한 세계 구성의 심층"(앞의 책 350쪽)에는 결코 서로 조정될 수 없는 존재구속적 차이들이 존재한다. 지식사회학의 지성적·정치적 강령은 바로 이런 사실을 이해함으로써 사회의 대립을 완화시키려 한다.

만하임의 지식사회학은 바이마르 공화국 말기의 인상 깊은 학문적·정치적 시도로서, 그 목표는 일종의 존재론적 다원주의를 기틀로 삼아 자유주의를 구제하는 데 있었다. 지식사회학은 사유에 대해서 조정이 가능한 대립과 가능하지 않은 대립을 구분하라고 요구했으며, 합의는 가능한 곳에서만 모색하고 가능하지 않은 경우에는 "실존적 종류의 조정 불가능성"의 신비에 모든 것을 맡기라고 권했다. 카를 만하임은 다음과 같은 말로 발표를 끝맺는다. "법적으로 아직 지성의 명석함과 엄밀함이 지배하는 곳에서 비합리적인 것을 취하고자 하는 사람은 그 참된 장소에 있는 비밀의 직시를 두려워한다."(앞의 책 369쪽)

하이데거는 지식사회학의 이러한 갈등 완화 프로그램을 알고 있었다. 하지만 존재론적 다원주의로 회귀하여 자유주의를 구제하려는 이런 시도는 그가 볼 때 시대의 당면 문제를 해결하는 데 기여할 수 없는 것이다. 그는 지식사회학이란 "그 참된 장소에 있는 비밀"에 그저 한걸음 다가간 것뿐이라고 간단히 일축해 버린다.

1931/32년 겨울학기의 플라톤 강의는 『국가』에 나오는 동굴의 비유를 꽤 오랫동안 다루는데, 여기서 하이데거는 지식사회학자들을 동굴 안에 포박된 자들과 함께 앉힌다. 포박된 자들은 벽에 비치는 그림자의 움직임만 볼 수 있을 뿐, 현실의 대상은 물론 모든 것을 비추는 태양도 보지 못한다. 동굴 밖으로 나와 진리의 빛을 보았고 이제 함께 포박되었던 자들에게 돌아가 그들을 해방시키려 하는 사람은 정작 그들에게서 환영 받지 못할 것이다. "그에게 사람들은 그가 일면적이라고, 어딘가에서 온 그가 일면적 관점을 갖고 있는 것으로 보인다고 말할 것이다. 그리고 아마도, 아니, 확실히 거기 아래 사람들은 이른바 '지식사회학'이라는 것도 갖고 있어, 그것에 근거해 그가 이른바 세계관적 전제를 가지고 작업한다고 해석할 것이다. 그리고 그의 그런 작업은 당연히 동굴 내의 합의 공동체에 심각한 방해가 되기에 거부하지 않을 수 없다고 말할 것이다." 그러나 빛을 본 참된 철학자는 이런 "동굴의 잡담"을 전혀 중요시 하지 않을 것이며, 그럴 만한 가치가 있는 몇 사람을 "거칠게 붙들고 끌어당겨" "긴 역사를 지나서 동굴 밖으로 데리고 나오려" 할 것이다.(GA 제34권, 86쪽)

1930년, 하이데거는 철학이 "그 시대를 지배"해야 한다고 요구했다.

하지만 우리는 그 후 몇 년 동안 그가 그리스 사유의 세계로 점점 더 깊이 파고드는 모습을 보게 된다. 그는 역사에서 벗어나려는 것인가? 방금 소개한 플라톤 강의에서 그는 거의 격분한 태도로 이런 의심을 물리친다. "역사로 참되게 회귀할 때 우리는 현재에 거리를 취하게 되며, 이 거리가 비로소 '달려 나갈' 수 있는 틈새를 마련해 준다. 이 틈새는 우리 자신의 현재를 '뛰어넘기' 위해 꼭 필요하다. 우리 자신의 현재를 '뛰어넘기'란 개개 모든 현재의 취급에 적합한 유일한 방식으로 우리 자신의 현재를 취급한다는 것, 다시 말해 그 현재를 '극복'되어야 하는 것으로 취급한다는 것을 뜻한다…… 결국 '역사'로의 회귀는 오늘날 고유하게 일어나고 있는 일로 비로소 우리를 데려간다."(GA 제34권, 10쪽)

그러나 하이데거는 지나간 역사에 처박혀 옴짝달싹 못하는 위험에 빠진다. 그리고 '달려 나감'에서 진정 현재로의 도약이 실현되는지 여부가 때때로 그 자신에게조차 불확실해지는 듯하다. 플라톤의 철학하기가 그에게 준 인상은 너무나 강력했기에 그는 자신이 뭔가 독자적인 것을 말할 수 있는지조차 거듭 의심하게 된다. 야스퍼스에게 보낸 한 편지에서 하이데거는 자신을 일종의 박물관 "관리인"이라 칭한다. 그의 유일한 직무는 "전승된 소수의 위대한 작품들 앞을 지나치는 관람객들을 위해 작품들이 적절한 조명을 받을 수 있도록 창문 블라인드가 열려 있는 정도"(1931년 12월 20일, BwHJ, 144쪽)를 확인하는 일이다. 자기 희화화로 생각되는 이런 언급이 얼마나 진지한 것이었는지는 엘리자베트 블로흐만에게 보낸 한 편지에서 감지할 수 있다. "나 자신의 일에 몰두하면 몰두할수록 매번 나는 더욱 큰 확신을 품고서 그리스인들의 위대한 시원으로 돌아갈 수밖에 없습니다. 그리고 종종 내 모든 시도는 단념해 버리고, 이 그리스 세계가 단순히 전수받을 무엇으로 우리에게 남겨진 게 아니라 그 감동적인 위대함과 모범성을 지닌 채 다시금 우리 눈앞에 있다는 사실을 확인시키

는 일이야말로 좀 더 본질적인 과제가 아닌가 하며 주저하게 됩니다."(1932
년 12월 19일, BwHB, 55쪽)

하이데거는 이미 1920년대 초부터 철학의 그리스적 시원에 관심을
기울였다. 그러나 이제 그 시원은 그에게 아주 강력한 영향을 미치기에
때때로 그는 자신의 철학적 자기 확신이 사라질 것만 같은 위기를 느낀
다. 그는 겸허해진다. 물론 그리스인들 앞에서만 그런 것이지, 당대 철
학 앞에서도 겸허해진 것은 아니다.

그리스인들에 대해 집중적 탐구를 수행할 때 하이데거의 정서는 양
가적이다. 한편으로는 무한한 지평이 그에게 열리며, 이 지평은 그에게
활력을 주고 자유로운 운동성의 위대한 감정을 품게 한다. 하지만 이
지평은 그를 작고 미미한 존재로 보이게 하는 지평이기도 하다. 이러한
과거로 간단히 숨어 버리고 싶은 강한 유혹도 있기 마련이지만 그는 철
학에 대해 역사적 순간을 "지배"하라고 요구하는 철저한 역사성을 이해
하고 있기에 이런 "근원"에 머물 수만은 없다. 하이데거는 과거로의 즐
거운 침잠을 현재로 뛰어들기 위한 "달려 나감"으로 재해석할 수밖에 없
다. 하지만 그는 아무런 환상 없이 자신이 대학 강단 철학자로서 여전
히 "실질적으로…… 물을 수 있는 좁은 한계"에 갇혀 있으며 "나 자신의 일
에 뒤엉켜 들어" 지장을 겪고 있다고 고백한다.(엘리자베트 블로흐만에게 보
낸 1930년 5월 10일 자 편지, BwHB, 35쪽) 이런 의기소침한 순간에 하이데
거는 바로 자신이 동굴 속에 앉아 있음을 깨닫는다. 엄격히 보면 현재
의 절박한 문제에 대해 그는 아직은 특별한 것, 독창적인 것을 말할 수
없다. 그리고 이 사실로 인해 그는 괴롭다. 기분이 들뜰 때면 그는 새로
운 시작을 감행할 힘을 느끼고 자신이 플라톤과 동등한 위치에 있다고
느낀다. 하지만 때때로 자신은 텅 비어 있으며, 아무런 독창성이나 창조
성도 없다는 느낌이 찾아온다. 자신의 넘치는 의욕에 때로는 휩쓸리지

만 때로는 짓눌리기도 한다. 야스퍼스에게 보낸 편지에서 그는 플라톤 적 공식으로 이런 의욕을 표현한다. 철학의 직분은 "참된 공공성" 가운 데서 "앎이 있는 통솔자이자 감독관"이 되는 것이다.(1931년 12월 20일 자 편지, BwHJ, 144쪽)

그가 플라톤에게서 발견한 것, 너무나 강력하여 그 자신의 "고유한 것"을 앗아갈 정도인 그것은 대체 무엇인가?(1932년 12월 8일 야스퍼스에 게 보낸 편지, BwHJ, 149쪽) 그리고 "앎이 있는 통솔자"라는 자격을 부여하 는 통찰들이란 대체 어떤 것인가?

앞서 말했듯, 1931/32년의 플라톤 강의 전반부는 『국가』에 나오는 동굴의 비유 해석에 할애되었다. 하이데거는 사건의 각 단계를 상세히 서술하고 해석한다. 제1막: 동굴 거주자들이 맞은편 벽면의 그림자 연 극을 구경한다. 제2막: 그들 중 하나가 포박에서 풀려 해방된다. 제3막: 풀려난 자는 고개를 돌릴 수 있기에 불 뒤편에 놓인 사물을 본다. 그리 고 동굴 바깥의 밝은 세상으로 나간다. 처음에는 눈이 부셔 아무것도 볼 수 없지만 곧 햇빛 아래 사물들을 보게 된다. 사물들은 "더욱 존재적" 이 된다. 그리고 마침내 태양을 발견한다. 태양은 모든 것을 비출 뿐 아 니라 모든 것이 자라나 번성케도 한다. 제4막: 해방된 자는 다시 동굴로 내려가 동료들도 해방시키려 한다. 하지만 그들은 원래의 습관에서 벗 어나는 것을 거부한다. 그들에게 해방된 자는 제정신이 아니고 우스꽝 스러운 사람, 건방지고 위험한 사람으로 간주된다. 그는 그들 손에 잡히 면 죽임을 당하고 말 것이다.

이 비유는 아주 명백한 뜻을 지닌 것처럼 보인다. 더욱이 플라톤이 직접 이 비유를 다시 한번 해석한다. 포박된 자들은 외적 감각, 외적 지 각에 사로잡혀 있다. 해방은 내적 감각, 즉 사유를 낳는다. 사유는 영혼 의 관조 능력이다. 영혼의 서로 다른 두 능력인 욕망과 용기는 감관 세계에 얽혀 있는 반면, 사유는 이 세계로부터 벗어나며 참된 모습의 사물들을 볼 수 있게 해 준다. 사유가 올려다본 태양은 최고의 진리를 상징한다. 하지만 이 진리란 무엇인가? 플라톤은 선이 바로 최고의 진리라고 말한다. 선은 태양과 같다. 이는 두 가지 의미를 갖는다. 첫째로 선은 사물들을 볼 수 있게 한다. 선은 사물들이 인식될 수 있게 만들며, 그렇게 해서 우리가 인식할 수 있게 해 준다. 둘째로, 선은 존재하는 모든 것이 태어나 자라나고 번성케 한다. 선은 가시성이 승리할 수 있게 하며, 사실은 동굴 거주자들도 여기서 이익을 얻는다. 왜냐하면 불은 태양의 자손으로서 동굴 거주자에게 최소한 그림자 형상은 보여 주기 때문이다. 그리고 선은 어떤 것이 있게 하며, 이 어떤 것이 존재를 유지할 수 있게 해 준다. 선의 힘에 의해 살아가는 이 포괄적인 존재를 플라톤은 질서 정연한 공동체, 즉 이상적 폴리스로 생각했다. 플라톤의 이 대화편은 정의의 본질에 대한 물음에서 시작된다. 그리고 플라톤은 정의, 즉 선에 의해 질서 잡힌 존재란 영혼 탐구의 방식으로 인식되기가 지극히 어렵고 차라리 더 큰 척도, 즉 폴리스의 척도에서 고찰되는 편이 낫다는 점을 분명하게 강조한다. 정의가 폴리스라는 인간 집단에서 인식되면 그것은 개별 인간의 영혼에서도 재인식될 것이다. 플라톤이 자신의 이상국가에서 제시한 정의의 근본 원리는 올바른 기준과 질서의 실현이다. 불평등한 인간들이 살고 있는 단계적 위계질서의 세계에서 모든 사람이 자신의 고유한 힘을 전개하면서 전체를 위해 일할 수 있는 장소를 할당받는다. 조화롭게 협업하는 전체라는 상을 플라톤은 폴리스를 넘어 더욱 포괄적인 피타고라스적 천체의 조화 차원까지 확장시킨다. 그러나 이렇게 해서 원환도 닫힌다. 영혼은 우주에서 기원을 가지며, 우주는 영혼과 비슷하다. 영혼과 우주는 모두 안정과 불변의 영역에서 움직인다. 이들은 순수한 존재이며, 이 점에서 가변적 시간, 즉 생성과 대립한다.

그러나 하이데거는 이런 종류의 플라톤주의에서 시작할 수는 없다. 마지막에 언급된 측면, 즉 불변성이라는 존재 이상에서 논의를 시작해 보자.

하이데거에게 존재의 의미는 시간이다. 지나감과 일어남인 것이다. 그에게 지속성의 존재 이상이란 없으며, 사유의 과제란 인간으로 하여금 시간의 지나감에 대해 예민한 태도를 취하게끔 하는 데 있다. 일상적 사물화의 경향이 관계와 상황들을 그릇된 무시간성에서 경직시키는 곳에서는 어디서나 사유가 시간 지평을 열어 놓는다. 사유는 "유동"해야 한다. 사유는 존재자, 무엇보다 현존재 자체를 시간의 흐름에 넘겨주어야 한다. 사유는 영원한 이념들의 형이상학적 피안을 해체해야 한다. "물음의 소용돌이"에서는 그 무엇도 지속성을 갖지 않을 것이다.

따라서 하이데거는 플라톤에게서 무엇인가 얻어 내려면 결을 거스르는 독서 방식을 택할 수밖에 없다. 이는—하이데거의 시간에 대립하는—플라톤의 안정된 존재라는 측면에도 해당된다. '진리'의 측면도 마찬가지이다.

플라톤에게서는 지속하는 진리가 있으며, 이는 우리에 의해 발견되기만을 기다리는 진리이다. 벽에 나타난 그림자 형상은 원상, 즉 등 뒤의 불 앞을 오가며 그림자를 던지는 사물들의 모상이다. 모상은 원상과 관계가 있다. 하지만 이 '원상적' 사물도 더 높은 단계, 즉 이념과 비교하면 불완전한 모상에 불과하다. 참된 인식은 모상을 통과하여 원상, 즉 본래적으로 '있는' 것을 발견한다. 진리는 올바름, 다시 말해 인식되는 것에 대한 인식의 적합성이다. 동굴 거주자들의 지각은 올바르지 않다. 왜냐하면 이들은 그저 가상을 포착할 뿐 그것들에서 나타나는 진리는 놓치기 때문이다. 플라톤에게는 이념들의 절대적 진리가 있다. 절대적 진리는 영혼의 고양 상태에서 포착되며 수학과 신비적 황홀경 사이에 위치한 사유에 의해 파악될 수 있다. 그러나 하이데거에게는 그러한 진리가 있을 수 없다. 그에게는 오로지 '진리의 사건'만이 있는 바, 이 사건은 인간의 자기관계와 세계 관계에서 일어난다. 인간은 자신과 무관하게 실존하는 진리는 발견하지 않는다. 인간은—시대별로 상이한—어떤 해석 지평을 기투하며, 여기서 현실적인 것이 특정한 의미를 획득한다. 하이데거는 이미 『존재와 시간』에서 이러한 진리 개념의 윤곽을 그려 보였고, 1930년의 강의 '진리의 본질에 관하여Vom Wesen der Wahrheit'에서는 그에 관해 좀 더 상세한 논의를 개진했다.

　이 강의에서 제시된 설명에 따르면, 진리는 '참된' 진술이라는 점에서 주관 측면에 있지 않고, 적절한 지칭이라는 점에서 객관 측면에 있지도 않다. 오히려 진리는 이중적 운동에서 수행되는 하나의 사건이다. 그 운동이란 한편으로 스스로를 드러내며 등장하는 세계로부터의 운동이며, 다른 한편으로는 세계를 자기 것으로 만들고 열어 보이는 인간으로부터의 운동이다. 이 이중적 사건은 인간이 자기 자신과 세계에 대해 설정하는 거리 속에서 일어난다. 인간은 이런 거리에 관해 알고 있으며, 그렇기 때문에 자신에게 나타나는 세계와 자신에게서 벗어나는 세계가 있다는 것도 안다. 인간이 이를 아는 것은 그가 자기 자신 또한 스스로를 나타낼 수 있고 숨길 수도 있는 존재로 경험하기 때문이다. 이러한 거리가 바로 자유의 유희공간이다. "진리의 본질은 자유다."(WW, 13쪽) 여기서 자유는 '거리 취하기' 내지 '유희공간'을 뜻한다. 유희공간을 보장하는 이런 거리를 하이데거는 "개시성Offenheit"이라고도 칭한다. 이러한 개시성에서야 비로소 은폐와 탈은폐의 유희가 있게 된다. 이런 개시성이 없다면 인간은 그를 둘러싸고 있는 것과 구별되지 않을 것이다. 만약 그렇다면 인간은 결코 자기 자신을 자기 자신과 구별할 수 없을 것이며, 자신이 거기 있다는 사실, 즉 현존재한다는 사실조차 알지 못할 것이다. 오로지 이런 개시성이 있기에 인간은 현실에 관한 자신의 진술을 현실로부터 자신에게 나타나는 것과 비교해 보겠다는 생각에 이를 수 있다. 인간은 파기할 수 없는 진리들을 갖지는 못하지만—결코 파기할 수 없이—어떤 진리 관계, 즉 은폐와 탈은폐, 출현과 소멸, 현-존재 Da-Sein와 탈-존재 Weg-Sein의 유희를 산출하는 진리 관계 안에 있다. 이렇게 이해된 진리를 지칭하는 가장 간략한 표현으로 하이데거가 선택하는 것은 "알레테이아 aletheia"인데, 진리를 뜻하는 이 그리스 단어를 그는 어원에 충실하게 '탈-은폐 Un-Verborgenheit'라고 번역한다. 진리는 은폐성으로부터 쟁취된다. 이는 어떤 존재자가 스스로를 드러내고 현출하는 방식으로 이뤄지거나, 어떤 존재자가 드러나게 되고 탈은폐되는 방식으로 이뤄진다. 어떤 경우든 여기서 일어나는 일은 일종의 투쟁이다.

이러한 고찰은 진리의 메타역사적 기준이란 있을 수 없다는 결론에 이른다. 어떤 진리로 접근하기의 무한한 역사는 더 이상 없으며, 이념의 천상으로 플라톤적 영혼의 고양이란 것도 없다. 오로지 진리의 사건이 있을 뿐이며, 이는 존재 기투의 역사를 뜻한다. 그러나 이러한 존재 기투의 역사는 문화 시대와 문명 유형들의 주도적 패러다임들의 역사와 동일한 것이다. 예컨대 근대는 자연에 기초한 그 존재 기투에 의해 규정된다. "거기서 일어난 결정적으로 중요한 사건은 일종의 기투 Entwurf가 수행되었다는 사실이다. 그리고 자연과 자연의 전개 아래서 장차 무엇이 이해될지가 그러한 기투를 통해서 미리 앞질러 '테두리 쳐'졌다. 즉 이제 자연과 자연의 전개는 대량의 점들의 시간·공간적으로 규정된 운동 연관으로 이해된다."(GA 제34권, 61쪽) 이런 존재 기투는 물론 어떤 개별적 두뇌에서 생성된 것으로 표상해선 안 되고 문화적 종합으로 고찰되어야 하는데, 바로 이런 존재 기투가 모던을 그 모든 측면에서 규정한다. 자연은 계산의 대상이 되며, 인간은 자신을 사물들 중의 한 사물처럼 바라본다. 세계 내에서 어떤 식으로든 지배하고 조작할 수 있는 듯 보이는 측면만이 주목 대상이 된다. 이러한 도구적 근본 태도가 바로 기술적 발전을 야기했다. 하이데거에 따르면 우리의 전체 문명은 어떤 특정한 존재 기투의 표현인 바, 우리는 "전철을 타고 도시를 돌아다니는 것 같은 평범한 일상"(GA 제34권, 121쪽)에서조차 바로 그러한 존재 기투의 영역에서 움직이고 있다. 우리의 인식이 기술적 완성으로 향한다고 해서 '더욱 참되게' 되는 것은 아니다. 자연은 우리가 어떻게 물음을 제기하는가에 따라서 그때그때 다른 답변을 제시한다. 우리가 간섭하면 자연은 그때그때 상이한 측면을 "탈은폐"한다. 그리고 우리 자신이 자연의 일부이기에 우리의 간섭 방식에 따라 우리 자신도 변화한다. 우리도 스스로를 탈은폐하며 우리 본질의 다른 측면들이 작용하게 한다.

우리가 무한한 과정을 거쳐 접근해 나가는 거대한 미지의 X라는 의미의 진리, 우리가 우리 진술을 그것에 점점 더 적합하고 올바르게 맞춰 나가는 그런 진리란 없다. 있는 것은 오로지 그때그때 달리 나타나는 존재자와의 활발한 "대결Auseinandersetzung"뿐이며, 이 대결에서 우리는 우리 자신도 그때그때 다르게 나타낸다. 이 모든 것은 하나의 창조적 과정이다. 개개의 모든 존재 기투는—물질적으로나 정신적으로나— 특정 방식으로 해석되고 조직된 세계를 산출하기 때문이다.

이처럼 진리의 절대적 기준은 없고 어떠한 역동적 진리 사건이 있을 뿐이다. 그렇긴 해도 하이데거는 여기서 더 나아가 이러한 진리 사건을 판정할 수 있는 기준을 발견한다. 그것은 바로 성공이라는 기준이다. 즉 존재자는 우리가 그것과 만나고 그것을 존재하게 하는 방식에 따라서 "더 존재적"이거나 덜 존재적으로 작용할 수 있다. 하이데거가 보기에 모던의 기술적 자연 이해는 존재자를 퇴색케 하는 존재 기투이다. "이러한 과학으로 인해 존재는 더 존재적이 되었는가, 아니면 존재자와 인식하는 인간 사이에 완전히 다른 무엇이 끼어들어 왔는가. 그리고 그 결과 존재자와의 관계가 뭉개졌으며 자연의 본질에 대한 본능이 인간에게서 쫓겨나고 인간의 본질에 대한 본능은 교살되었는가. 이것은 그 자체로 또 하나의 물음을 이룬다."(GA 제34권, 62쪽)

이러한 표현들에서 알 수 있듯, "더 존재적인 것"의 비교 기준으로 하이데거가 중시하는 것은 살아 있는 것의 증대와 감소이다. 달리 말해, 존재자가 그것의 가능성으로 가득 차서 나타날 수 있는가, 우리가 우리 자신과 세계를 "해방"시킬 수 있는가, 우리의 주목 방식이 존재자를 그 전체적 풍요에서 출현하고 성장하게 하며 우리 자신도 그렇게 성장할 수 있게 해 주는가 여부가 관건이 된다. 그러한 주목 방식을 하이데거는 "가능한 것에 대한 본질 통찰"(GA 제34권, 64쪽)이라 부르는데, 이런 통찰에는 특별한 기관이 있다. 그것은 바로 "근원적인 철학과 위대한 문학"이다. 이 두 가지가 "존재자를 더 존재적으로" 만든다.(GA 제34권, 64쪽)

1933년 이후로 하이데거는 "위대한 문학"의 궤적을 좇으면서 철학하는 경향을 보일 것이다. 1930년대 초만 해도 중점은 여전히 플라톤 같은 사상가의 "근원적 철학"에 놓인다.

하지만 진리를 진리 사건으로 이해하는 하이데거의 사유에 대해 절대적 진리의 대표적 형이상학자인 플라톤은 그 어떤 실마리도 제시하지 못할 듯하다. 하지만 어쩌면 불가능하지만은 않은 일일 수도 있을까?

하이데거도 인정하듯—물론 부정하기도 어려울 테지만—('객관적' 진리가 아니라) 개시하는 진리 사건으로 이해된 "알레테이아"의 이런 근본 경험이 플라톤에게서는 이미 "영향력을 잃기" 시작했으며, "진리의 본질에 대한 통속적 파악"으로 변질되어 진술의 "올바름"으로 이해되었다.(GA 제34권, 17쪽) 하이데거가 그리스인들에 의한 위대한 시작을 확인하고자 한다면, 그는 플라톤이 스스로를 이해했던 것보다 더 잘 플라톤을 이해하지 않으면 안 된다. 그렇기 때문에 하이데거는 플라톤이 생각한 진리의 기준점, 즉 태양으로 상징되는 선의 최고 이념이 정점에 놓인 이념 세계를 제거한다. 그 대신 그는 거의 전적으로 영혼의 해방과 상승 과정에만 주목한다. 하지만 하이데거에 따르면 여기서 중요한 것은 "정신적 배경 세계"를 발견하는 일이 아니다. 오히려 이런 해방 과정에서는 태도와 입장에서의 변화, "존재자가 더욱 존재적"이 되게 하는 그런 변화가 일어난다. 하이데거는 플라톤의 고양을 일체의 현실도피와 구별한다. 이 고양은 현실도피와 상반되는 것이다. 그림자(의견, 습관, 일상적 태도)의 동굴에서 해방되는 자는 세계, 즉 현실적 세계에 비로소 올바르게 다다른다. 그렇다면 현실적 세계는 무엇인가? 사실 우리는 이미 그것을 알고 있다. 하이데거는 이미 여러 번 그것에 관해 서술했다. 그것은 본래성의 관점에서 바라본 세계이다. 던져져 있음과 기투의 투기장, 염려와 희생과 투쟁의 장, 역운이 지배하는 세계, 무와 공허가 위협하는 세계인 것이다. 그것은 미리 주어진 진리의 지붕 아래 보호를 기대하지 않고 차라리 노숙 상황으로 결단을 내린 자들, 진정 자유로운 자들만이 견뎌 낼 수 있는 위험한 장소이다. 하이데거에게는 '이런' 세계 이해가 중요하기에 그는 동굴 비유의 원래 정점, 즉 태양의 황홀한 목격에서 얻은 구원의 순간에 오래 머물지 않는다. 그 대신 하이데거는 급히 돌아서 다시 동굴로 내려간다. 서둘러 등을 돌리고 다시 동굴로 돌아간다. 하이데거가 보기에 이 비유담은 거기서야 비로소 극적인 정점에 도달한다. 빛을 향해 해방된 자가 이제 스스로 해방자가 되기 때문이다. 하지만 해방자는 "일종의 폭력 행사자가 되어야 한다".(GA 제34권, 81쪽) 포박된 자들은 그들 세계에서 편안히 지내며 다른 상황은 알지 못하기에 그 상황에서 해방되기를 결코 원치 않기 때문이다. 하이데거는 이 사건의 두 가지 측면을 집중적으로 이용하여 영웅적 철학자에 관한 자신의 상을 그려 낸다. 영웅적 철학자는 통솔자이자 감독관의 직분을 소명으로 받은 자로서, 포박된 자들을 해방하려는 시도에서 언제든 순교자가 될 태세를 갖추어야 한다. 포박된 자들은 저항할 것이며, 폭력을 행사하는 자에게 폭력으로 맞설 것이기 때문이다. 포박된 자들은 평온을 지키기 위해 아마 그를 죽이고 말 것이다.

공동체 전체를 위해 새로운 진리 사건이 일어나게 하고 새로운 진리 연관을 수립하는 철학적 통솔자. 그리고 철학자의 죽음을 죽을 뿐 아니라 어쩌면 철학의 죽음마저 감내해야 하는 순교자로서의 철학자. 하이데거에 의하면, 철학의 "독살"은 철학이 동굴 거주자의 습관과 공리적 타산에 승복할 때 일어난다. 하이데거는 철학 사업의 행태를 조롱하듯 그려 보인다. 종교적 교화의 위축 형태로서의 철학, 실증과학의 인식론적 하녀로서의 철학, 세계관적 잡담으로서의 철학, 지적 허영의 장터를 떠도는 가벼운 읽을거리로서의 철학. 이 모든 것은 철학이 "고유한 본질의 공허화와 무력화"(GA 제34권, 84쪽)를 견뎌야 함을 뜻한다. 플라톤에서는 선의 태양을 바라보았고, 하이데거에서는 자유의 열매를 맛보았던 본래적 철학, 플라톤에서는 진리를 소유하고, 하이데거에서는 진리 사건을 유발하는 이 본래적 철학이 출구 없는 상황에 처한다. 왜냐하면 철학은 이러한 "독살", 즉 유용함과 관례를 위해 도구화되는 방식의 "독살"에 저항할 수 없으며, 그런 경향에 동참하지 않으면 멸시를 받으면서 주변으로 밀려날 것이기 때문이다. 그러나 자유로움의 에토스는 철학에 대해 위험을 회피하지 말라고 명한다. 철학은 동굴에서 되돌아 나와서는 안 된다. "자유로움, 해방자가 됨은 역사 속에서 함께 행동함을 말한다."(GA 제34권, 85쪽) 하이데거는 이렇게 간단히 요약한다. "본래적인 철학하기는 지배적 자명성의 영역에서는 아무런 힘이 없다. 오로지 이 자명성이 변하는 정도로만 철학은 발언할 수 있다."(GA 제34권, 84쪽)

다시 우리는 역사와 만난다. 먼저 "지배적 자명성"이 변화해야 현실적 철학이 발언할 수 있다. 위대한 역사적 순간을 기다리는 것 외에 다른 무엇이 남겠는가? 물론 아직 다른 가능성, 즉 언젠가 위대한 철학자가 출현할 가능성이 있다. 1929/30년의 형이상학 강의에서 하이데거가 말했듯, "다른 사람들의 내면에서 철학하기를 일깨워 주는 동기가 될 수 있는 기이한 운명"(GA 제29/30권, 19쪽)을 지닌 카리스마 있는 철학자가 나타날 가능성도 있는 것이다. 철학의 박물관에서 위대한 작품들이 적절한 조명을 받도록 애쓰는 하이데거는 이미 자신의 새로운 역할 또한 십분 음미하고 있다. 하이데거가 플라톤 강의에서 말하듯, 그 새로운 역할이란 도래할 자를 위해 "길을 개척하는" 선구자의 역할이다.(GA 제34권, 85쪽) 같은 시기 야스퍼스에게 보낸 편지에서 하이데거는 예언자 같은 질문을 제기한다. "다가올 수십 년 동안 철학을 위한 토대와 공간을 마련하는 일이 이뤄지고, 먼 곳으로부터 지령을 전하러 오는 사람들이 출현할는지요?"(1932년 12월 8일 자 편지, BwHJ, 149쪽)

철학자들의 협력 아래 역사에서 그런 거대한 변화가 있게 된다면, 본래적 철학하기가 해방의 행위로 간주된다면, 정치적인 것과의 결부는 더 이상 기피될 수 없다. 마침내 『국가』에서 플라톤이 묘사한 것과 같은 영혼의 고양 또한 정치의 차원과 통하게 된다. 주지하듯, 플라톤은 이 저작에서 공동체란 참된 철학자들에 의해 지배될 때만 질서 있게 유지된다는 사상을 전개한다. 플라톤 자신은 폭군 디오니수스가 지배하는 시라쿠사로 가서 그런 이상의 실현을 시도한 바 있고, 잘 알려져 있듯 좌절을 겪어야 했다. 그는 노예로 팔렸다가 간신히 자유의 몸으로 돌아올 수 있었다.

하지만 플라톤은 그런 따위 경험에 개의치 않을 것이다. 참된 철학자는 선의 이념으로부터 빛을 받는다. 그 결과 그는 자기 자신 안에서 질서를 창조한다. 영혼의 능력인 욕망과 용기와 지혜는 조화로운 상태에 있다. 그리고 그는 공동체를 이러한 내적 조화의 모델에 따라 정비할 수 있을 것이다. 조화로운 영혼과 마찬가지로 공동체는 3단계로 구성된다. 욕망 능력에 상응하는 것은 노동계급이며, 용기에 상응하는 것은 전사와 수호자 계급이고, 지혜에 상응하는 것은 철학하는 수뇌부이다. 이는 서양의 정치사상에서 오래 전부터 고집스레 유지되어 온 세 가지 질서이다. 중세에 이 질서는 농부와 기사와 성직자의 삼위일체에서 표현되었다. 그리고 하이데거의 총장 연설에서도 이런 생각은 유령처럼 떠돌 것이다. 이 연설에서 그는 "노동 봉사, 국방 봉사, 그리고 지식 봉사"의 삼위일체를 불러낼 것이다.

태양을 보고 나서 동굴에 돌아온 철학자는 몇 가지 윤리적 준칙을 함께 가져온다. 플라톤의 『국가』는 의심의 여지없이 철학적 윤리를 설파하는 저작이다. 그런 만큼 다음과 같은 점은 놀랍게 느껴진다. 하이데거는 분명 그 시대에서 어떻게 철학이 강력해질 수 있는가라는 문제에 집중하고 있다. 그런데도 그는 플라톤의 선의 이념에서 중요한 것은 "윤리나 도덕이 결코" 아니며, 우리는 "이러한 선의 이념의 일체 감상적인 생각부터 떨쳐 버려야" 한다고 말한다.(GA 제23권, 100쪽)

그렇기에 물음은 점점 더 급박해진다. 하이데거가 플라톤의 확고한 정치 윤리학을 일축해 버린다면, 그는 플라톤 철학하기의 경탄스런 힘을 대체 어디서 발견하고 있는 것인가?

동굴의 비유에서 해방되어 빛을 본 자가 반드시 해방자가 되어 동굴로 돌아가야 하는 것은 아니다. 그는 구원을 받고 진리에 이르렀음에, 자신이 생의 최고 형식, 즉 '관조적 삶'에 도달했음에 만족할 수도 있을 것이다. 어째서 그는 다시금 사람들 사이에 섞이는가? 어째서 그는 거기서 해방의 활동을 이루려 하는가? 어째서 "지혜"는 다시금 정치적인 것의 장터로 돌아가는가? 플라톤은 이런 물음을 제기하며, 이때 정치적 정의라는 덕의 이상을 일체 정치적 분쟁에서 벗어남이라는 이상과 구별한다. 실천 철학과 구원 철학은 서로 대립한다. 철학자는 둘 중 하나를 선택해야 한다. "이제 그 사람들은…… 철학이 얼마나 즐겁고 행복한 것인지 만끽한 한편, 다수의 광기마저 충분히 보았으며, 국사를 돌보는 자들 중에는 건전한 자가 한 명도 없다는 사실을 알게 되었습니다…… 이 모든 것을 진지하게 헤아려 본다면, 조용히 지내면서 자신의 일만을 돌보게 될 것입니다. 마치 겨울에 바람이나 먼지나 폭우를 피해 벽 아래로 숨은 사람이 무법만을 일삼는 타인들을 보면서 자신은 불의나 신성치 못한 일을 멀리하면서 이승의 삶을 살 수 있고, 또 이승과 편안한 마음으로 작별할 수만 있다면 만족하게 되듯 말입니다."[22] 철학에 의한 자기 구원이라는 이 가능성은 플라톤에게 언제나 유혹으로, 다시 말해 정치 윤리학의 대안으로 머문다.

하이데거가 플라톤의 정치 윤리학을 배제해 버린다면, 어쩌면 그의 경탄은 철학을 통한 자기 구원이라는 이러한 유혹과 결부되는 것이 아닐까? 아니, 그렇지 않다. 하이데거는 "역사 속에서 함께 행동함"(GA 제34권, 85쪽)이라는 철학적 의무를 분명하게 선언하기 때문이다. 구체적으로 표명된 플라톤의 윤리학도 아니고 철학적 자기 구원의 의지도 아니라면, 하이데거의 철학하기는 플라톤과 연관하여 도대체 어디서 영감을 얻고 있는가?

아주 간단하다. 그것은 자유로워지기, 넓게 트인 곳으로 나아가기의 행위이다. 그것은 하나의 "근원적 경험"으로, 이 경험에 대해서는 특정 문화와 문명에서 관례와 의무와 가치관으로 포함되어 있는 모든 것이 그 궁극적 구속성을 상실하게 된다. 하지만 이는 구속력을 갖지 않는 무엇으로 편입됨을 뜻하는 것이 아니다. 그것은 우리를 구속하는 무엇이 우리에 의해 선택된 무엇으로 변화하는 경험을 뜻한다. 동굴에서 해방된 자가 다다른 넓게 트인 곳은 그로 하여금 "전체에서"의 존재자를 보게 한다. "전체에서"란 '무의 지평에서'를 뜻한다. 존재자가 유래하며 또 존재자가 그 앞에 출현하는 무의 지평 말이다. 동굴에서 해방된 자는 자신의 일을 무 위에 놓는다. 그는 자신의 입지점을 "전체에서의 존재자에 대한 물음 가능성"에서 선택한다. 그리고 이렇게 해서 "존재"와 관계 맺고, 또 "무 안의 존재의 한계"와 관계 맺는다.(GA 제34권, 78쪽) 이러한 태도를 가리키는 하이데거의 공식은 "권한 부여Ermächtigung"이다.(GA 제34권, 106쪽) 이것이 뜻하는 것은 무엇인가? 하이데거는 답하기를 꺼린다. "그것이 무엇을 말하는지는 이제 더 이상 이야기할 거리가 아니다. 그것은 오로지 행해져야 한다."(GA 제34권, 78쪽) "권한 부여"의 경험과 더불어 "철학의 한계"(GA 제34권, 106쪽)에 다다르게 된다.

이 시기 하이데거의 철학은 권한 부여의 이념에 집중되고 있다. 그는 철학의 한계를 넘어서는 길을—물론 철학적 근거에서 출발해 철학적 수단을 갖고서—탐색한다.

플라톤에 깊이 몰두한 하이데거는 거기서 발견되는 "거인족의 싸움"에 매혹되며 상승의 도취감과 의기소침의 감정을 오가다가 마침내 자신의 역할을 발견한다. 그는 역사적–정치적인 동시에 철학적인 깨달음의 포고자가 되고자 한다. 철학에 걸맞은 시대가 도래할 것이며, 시대를 지배하는 철학이 나타날 것이다. 그리고 그 자신은 어떻게든 한 부분을 떠맡게 될 것이다. 시종으로서든, 기사로서든. 정치가 철학적으로, 철학이 정치적으로 될 수 있고, 또 되어야만 한다면, 깨어 있어야 하며 순간을 놓치지 않아야 한다.

제 13 장

———

1931/32년 겨울 오두막에서: '거친 통나무에는 거친 쐐기를 박아야 한다'. 국가사회주의 혁명. 동굴로부터의 집단 탈출. 존재가 도래했다. 비정치적 정치에 대한 동경. 하층민과 엘리트의 동맹. 히틀러의 '멋진 두 손'. 하이데거의 관여. 총장 선거. 총장 취임 연설. 고대 문화의 폭발적 부활. 복음을 고하지 않는 사제.

———

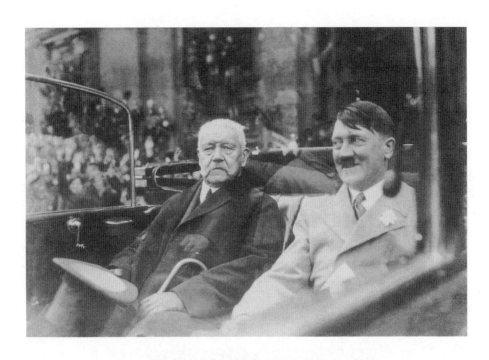

1933년 5월 1일, 당시 독일 수상 아돌프 히틀러와 대통령 파울 폰 힌덴부르크

1931/32년 겨울 오두막에서: '거친 통나무에는 거친 쐐기를 박아야 한다'. 국가사회주의 혁명. 동굴로부터의 집단 탈출. 존재가 도래했다. 비정치적 정치에 대한 동경. 하층민과 엘리트의 동맹. 히틀러의 '멋진 두 손'. 하이데거의 관여. 총장 선거. 총장 취임 연설. 고대 문화의 폭발적 부활. 복음을 고하지 않는 사제.

HEIDEGGER

플라톤은 정치 한가운데로 밀고 들어갔다. 폴리스 주민의 기본적인 정치적 충동이 있었고, 권력이 철학을 유혹할 가능성이 있었으며, 또 이론의 차분한 행복을 철학에 허락할 사회조직에 대한 갈망이 있었기 때문이다. 플라톤은 일상생활에서 아주 멀리 떨어지고자 했다. 하지만 그는 폴리스의 주민으로 머물렀으며 그로부터 벗어날 수 없었다. 후일 그가 건립한 아카데미 역시 폴리스의 보호를 받고 폴리스에 봉사하면서 운영되었다.

플라톤을 탐독하는 마르틴 하이데거는 아직 정치로 뛰어들지 않지만 역사적 변화, 어쩌면 새로운 존재 이해를 산출할 그런 역사적 변화를 희망한다. 하이데거는 아직은 역사를 창조하는 힘을 이른바 현실 정치와는 구분한다. 현실 정치에서 그는 "권모술수"와 불모의 흥분 상태, 북적거림과 당파 싸움만을 볼 수 있을 뿐이다. 그에게 본래적 역사는 심층에서 이뤄지며, 그런 심층에 관해 지배적 정치는 아무것도 알지 못한다.

바이마르 시대에는 정치의 그런 역사철학적 심화 내지 확장이 크게 유행했다. 당시에는 철학적 야심을 품은 시대 진단가들이 마치 플라톤의 동굴 벽 앞에 앉듯 정치적 사건 앞에 자리를 잡았고, 일상적 사건의 그림자놀이 배후에서 진정한 거인족의 싸움을 찾아내고자 했다. 장엄한 두 개의 극이 있어야 했고, 현실 정치도 양극을 중심으로 움직여야 했다. 근원 신화 대 예언(틸리히), 파우스트적 인간 대 농민(슈펭글러), 새로운 중세 대 모던의 마성(베르자예프), 그리고 총력 동원 대 시민적 속물성(에른스트 윙어)이 그런 것이었다.

하이데거도 이런 장대한 취향의 양식을 선호한다. 그는 '본래적' 역사에 가 닿기 위해 서둘러 번잡스러운 일상을 가로질러 버린다. 1931/32년의 플라톤 강의에서 그는 "우리가 그 시작에 서 있는 전체 인간 존재의 변혁"(GA 제34권, 324쪽)을 말한다. 하지만 이 모든 것은 아직 막연한 상태에 있을 뿐이다. 당장 분명한 것은 동굴의 비유와 관련해 고독한 사유의 황홀경에서 어떤 출발과 변혁이 이뤄진다는 언급이 있다는 점뿐이다. 이런 황홀경을 가리키는 공식이 바로 "존재자가 더욱 존재적이 된다"인데, 이 상태는 순전한 내면성의 동굴에서 나와 사회화되어야 한다. 하지만 어떻게 그런 일이 일어날 수 있는가? 어쩌면 철학적 황홀경에 빠진 자가 새로운 공동체의 "건립자"가 된다면 가능해지지 않을까? 한동안 하이데거는 세미나실에서 철학의 정신을 불러 깨우고, 철학 전통의 머나먼 과거로 거대한 여행을 떠나는 것으로 만족했다. 하지만 이제 하이데거는 안다. 이런 모든 것은 아직 철학이 그 "시대를 지배"하게 됨을 뜻하는 게 아니라는 사실을. 하지만 철학은 그 시대를 지배해야만 한다. 하이데거는 좀 더 기다린다. 어쩌면 먼저 역사가 강력하게 등장해야만 철학이 비로소 어떤 권한을 부여받았다고 느낄 수 있게 되리라.

역사와 위대한 정치를 기다리는 사람도 현실 정치에 대해 의견을 가진다. 지금까지 하이데거는 그런 의견을 거의 표명하지 않았다. 설령 표명한다 해도 대개는 부수적 언급이거나 경멸적인 언사에 불과했다. 그에게는 모든 것이 "동굴의 잡담"으로 생각되었다.

1931년에서 32년으로 넘어가는 겨울, 즉 플라톤 강의가 있던 학기의 신년 방학 중 헤르만 뫼르헨이 토트나우베르크의 철학자를 방문한다. 뫼르헨은 당시 자신이 받은 인상을 일기에 기록했다. "그 위에서는 누구라도 실컷 잠잘 수 있다. 저녁 8시 반이면 이미 불을 꺼 버리는 '오두막 시간'이 된다. 그래도 겨울의 어둠은 길기 때문에 얼마간 잡담을 나눌 시간은 있다. 하지만 화제에 오르는 것은 철학이 아니라 무엇보다도 국가사회주의이다. 한때 자유주의 신봉자였던 게르투르트 보이머스는 국가사회주의자가 되었고, 그녀의 남편도 그 뒤를 따랐다! 나로서는 생각하지 못한 일이지만 그리 놀라운 일도 아니다. 그는 정치에 관해 많은 것을 이해하지는 못했다. 하지만 필경 그는 모든 중간치의 범용함에 대한 혐오감 때문에 뭔가 결정적인 것을 수행하겠노라 약속하는 정당, 그리고 공산주의에 효과적으로 대처하겠노라 약속하는 정당에 희망을 품은 것이리라. 민주주의적 이상주의와 브뤼닝Brünning[1]의 양심적 태도는 그것이 가져온 현상태로 보아 더 이상 아무것도 이뤄 내지 못할 것이다. 그렇기에 오늘날에는 복스하이머Boxheimer 문서[2]에 기초한 수단도 꺼리지 않는 독재가 인정을 받을 수밖에 없을 것이다. 오직 그런 독재에 의해서만 더 좋지 못한 공산주의 독재, 개별적 개성에 기초한 모든 문화와 더불어 서양적 의미의 모든 문화를 멸절시켜 버릴 독재를 피할 수 있다는 것이다. 그는 세부적인 정치 문제에 관해서는 전혀 관심을 갖지 않는다. 여기 위의 사람들은 이런 모든 것에 대해 다른 기준을 갖고 있다."[3]

헤르만 뫼르헨은 하이데거가 국가사회주의에 정치적 공감을 표시하자 매우 놀랐다. 그는 "세부적인 정치 문제"에 대한 무지 때문이라고 밖에는 하이데거의 동조를 설명할 수 없다. 하이데거의 또 다른 제자인 막스 뮐러Max Müller도 스승이 국가사회주의의 신봉자임을 드러내자 많은 제자들이 놀랐다는 사실을 보고한다. "당시 그의 제자들 중 누구도 정치에 관해서는 생각을 하지 않고 있었다. 수업 시간에는 정치적인 발언이 전혀 없었다."[4]

뫼르헨이 토트나우베르크를 방문하고 플라톤 강의도 들었던 시기, 즉 1931/32년 겨울에 하이데거가 표명한 국가사회주의에 대한 공감은 정치적 의견 이상의 것이 아니다. 그는 참담한 경제 위기 상황과 붕괴하는 바이마르 공화국의 혼돈 상태에서 질서를 회복할 힘이 이 정당에 있다고 보며, 또 이 정당이야말로 공산주의 혁명의 위험을 막아 낼 보루라고 믿는다. 하이데거는 뫼르헨에게 이렇게 말한다. "거친 통나무에는 거친 쐐기를 박아야 한다네." 물론 국가사회주의에 대한 그의 공감은 아직 그의 철학으로까지 스며들지는 않는다. 하지만 1년 후에는 근본적인 변화가 나타난다. 이 시기 하이데거에게는 역사의 위대한 순간, 그가 플라톤 강의에서 뭔가 예감하듯 말했던 "전체 인간 존재의 변혁"이 도래한 것이다. 그리고 이제 국가사회주의 혁명은 그에게 현존재를 지배할 만한 생생한 고유화가 된다. 그의 철학을 가장 깊은 핵심에서 관통하고 있으며 이 철학자로 하여금 "철학의 한계" 너머로 밀고 가는 그런 생생한 고유화가 되는 것이다. 플라톤 강의에서 하이데거는 다음과 같이 말하면서 철학적 황홀경의 분석을 중단했다. "그것이 무엇을 말하는지는 이제 더 이상 이야기할 거리가 아니다. 그것은 오로지 행해져야 한다." (GA 제34권, 78쪽) 1933년 2월, 하이데거에게 실행의 순간이 도래했다. 갑작스레 정치에서도 황홀경이 가능할 것처럼 생각된다.

플라톤 강의에서 하이데거는 현재로 도약하고 현재를 넘어설 수 있는 거리를 획득하기 위해 그리스의 시원으로 돌아가고자 한다고 말했다. 그의 도약은 약했고 현재에는 이르지 못했다. 하지만 이제 역사가 그에게 다가와 그를 압도하며 그를 휩쓸고 간다. 그는 더 이상 도약할 필요가 없다. 굳이 이끄는 자가 되려는 야심만 없다면 휩쓸려 가기만 하면 된다. "관여해야만 합니다." 1933년 3월, 야스퍼스에게 쓴 편지에서 하이데거는 그렇게 말한다.

후년의 회고에서 자신을 변호하는 하이데거는 결정적인 정치적 행위를 필요로 했던 시대의 어려움을 강조한다. 실업과 경제 위기, 해결될 기미를 보이지 않는 전쟁 배상 문제, 거리의 난투극, 공산주의 혁명의 위험 등이 그것이다. 바이마르 정치체제는 이 모든 문제를 해결할 능력이 없었고 정당 간 싸움과 부패와 무책임만을 양산했다. 하이데거는 새로운 출발의 참된 의지를 지닌 세력들이 힘을 합치기를 원했다고 말한다. 그는 1960년 9월 19일 대학생 한스-페터 헴펠에게 보낸 편지에서 자신은 "국가사회주의가 모든 건설적이고 생산적인 세력을 인정하고 결집시킬 것이란" 희망을 품었다고 말한다.[5]

헴펠은 하이데거 철학에 대한 존경과 그의 정치적 행동에 대한 혐오 사이에서 갈등을 느끼고 있다는 내용의 편지를 보내 왔다. 하이데거는 정성을 다해 상세한 답장을 썼다. "예컨대 당신이 어느 날 아침 「근거율」을 읽고 저녁에 히틀러 정권의 마지막 몇 년에 관한 보고서를 읽거나 기록영화를 본다면, 또 당신이 국가사회주의를 '단지' 오늘날의 시각에서만 되돌아보고 1934년 이후 분명하게 밝혀진 것에 비춰서만 판단한다면, 당신의 갈등은 해소되지 않을 것입니다. 1930년대 초 우리 민족 내 계급 간 차별은 사회적 책임감을 지니고 살아가는 모든 독일인들에게 참을 수 없는 정도가 되었습니다. 게다가 베르사유조약으로 인해 독일은 심각한 노예 상태에 있었습니다. 1932년에는 실업자가 7백만 명이나 되었고, 이들과 그 가족의 앞날에는 궁핍과 빈곤밖에 올 것이 없었습니다. 오늘날의 세대는 상상조차 하지 못할 이런 혼란의 상태가 대학에도 덮쳤습니다."

하이데거는 합리적 동기들을 거론한다. 하지만 자신이 품었던 혁명적 열광은 언급하지 않는다. 회고담에서 그는 "자신이 품었던 의도의 급진성은 더 이상 인정하려"(막스 뮐러)[6] 들지 않는다.

국가사회주의자들의 권력 장악은 하이데거에게 하나의 혁명이었다. 그것은 정치를 훨씬 넘어서는 일이었다. 그것은 존재역사의 새로운 1막이었고, 새로운 시대의 시작이었다. 그에게 히틀러는 새로운 시대의 출발이었다. 그렇기에 하이데거는 헴펠에게 보낸 편지에서 자신과 유사한 "착오"를 범한 횔덜린과 헤겔을 언급하며 책임을 면하려 한다. "그런 착오는 더 위대한 사람들도 이미 범했습니다. 나폴레옹은 헤겔의 눈에 세계정신이었고, 횔덜린에게는 신들과 그리스도 또한 초대받은 축제에 자리한 왕자였습니다."

히틀러의 권력 장악은 순식간에 혁명적 분위기를 몰고 왔다. 소수의 지지만을 받고 있던 '바이마르 체계'를 분쇄하는 작업에 국가사회주의 당이 실제로 착수했음을 지켜보는 사람들은 경악과 더불어 경탄과 안도의 감정을 느꼈다. 그 단호함과 잔혹함은 인상적이었다. 사회민주주의자와 이미 체포된 공산주의자들을 제외한 모든 정당이 3월 24일, 이른바 전권위임법Ermächtigungsgesetz[7]에 찬성했다. 바이마르 시대 정당들의 해체는 보복에 대한 두려움 때문에만 실현된 것이 아니라 많은 사람이 국가사회주의 혁명에 함께 휩쓸렸기 때문이기도 하다. 당시 독일 민주당 의원이었던 테오도르 호이스Theodor Heuss는 1933년 5월 20일 이런 말로 당시 변화를 받아들였다. "혁명이라는 것은 '공공의 의견'을 동원하기 위해 강력하게 개입한다. 혁명은 늘 그래 왔다…… 더 나아가 혁명은 '민족정신'의 새로운 형성이라는 역사적 요구도 제기한다."[8]

새로운 공동체 감정을 선포하는 대규모 시위들이 있었고, 촛불을 밝힌 대성당에서는 집단 맹세가 있었으며, 산 위에서는 축하의 모닥불을 피웠고, 라디오에서는 총통의 연설이 흘러나왔다. 이 연설을 듣기 위해 사람들은 축제일처럼 정장을 입고 대학 강당이나 음식주점 같은 공공 장소에 모였다. 교회에서는 권력 장악을 축하하는 성가 합창이 있었다. 관구 총감독인 오토 디벨리우스Otto Dibelius는 '포츠담의 날'인 1933년 3월 21일 니콜라이 교회에서 이렇게 말했다. "북과 남, 동과 서를 막론하고 독일인의 국가로 새로운 의지, 새로운 동경이 관통하고 있습니다. 트라이취케Treitschke의 말을 빌리면, 그것은 '한 사람의 삶에서 가장 숭고한 감정의 하나', 즉 자신의 국가를 감격의 마음으로 올려다보는 그런 감정을 잃지 않겠다는 의지와 동경입니다."[9] 그 몇 주 동안의 분위기를 직접 체험한 제바스티안 하프너Sebastian Haffner는 그것을 다시 한번 재현하기란 쉽지 않다고 말한다. 도래할 총통 국가의 권력 기반을 형성하게 되는 것이 바로 그 분위기였다. "이렇게 밖에는 말할 수가 없다. 그렇게 아주 널리 확산된 것은 민주주의로부터 구원되고 해방되었다는 감정이었다."[10] 공화국의 적대자들만이 민주주의의 종말에서 안도의 감정을 느끼는 것은 아니었다. 공화국 지지자 대다수도 더 이상 이 공화국에 위기 제어 능력이 있다고는 생각하지 않았다. 몸을 마비시키는 주문에서 풀려난 것만 같았다. 진정 새로운 무엇의 도래가 예고되는 듯했다. 정당은 없고 한 명의 총통만 존재하는 민중 통치가 그 새로운 무엇이었다. 사람들은 총통에 의해 다시금 독일이 안으로는 통일되고 밖으로는 분명한 자기의식을 표출하게 될 것이라고 희망했다. 거리를 두고 사태의 추이를 관망하던 사람들도 독일이 본래의 위치로 돌아오리라는 희망을 품게 되었다. 마치 독일이 자기 자신으로 다시 돌아오는 것만 같은 생각을 갖게 된 것이다. 1933년 5월 17일, 이른바 '평화 연설'에서 히틀러는 "자기 민족에 대한 무한한 사랑과 충성"은 다른 제 민족의 국가적 권리에 대한 "존중"을 배제하지 않는다고 말했다.[11] 이 연설의 영향력은 작지 않아서, 미국의 시사주간지 「타임」은 이렇게 썼다. 히틀러는 "진정으로 일치단결한 독일을 위해 말했다".[12]

심지어 유대계 주민 중에서도 '국민 혁명'을 열광적으로 환영하는 사람들이 있었다. 같은 해 4월 1일 유대인 상점이 보이콧을 당하고, 5월 7일에는 유대인 공무원들이 해직되었는데 말이다. 게오르크 피히트 Georg Picht의 회고에 따르면, 1933년 3월 오이겐 로젠슈토크-휘시 Eugen Rosenstock-Huessy는 한 강연에서 국가사회주의 혁명은 횔덜린의 꿈을 실현하려는 독일인들의 시도라고 말했다. 1933년 여름, 북부 도시 킬에서는 펠릭스 야코비 Felix Jacoby가 다음과 같은 말로 호라티우스에 관한 강의를 시작했다. "유대인으로서 나는 어려운 상황에 있습니다. 하지만 역사가로서 나는 역사적 사건이 개인의 관점에서만 생각될 수 없는 것임을 배웠습니다. 1927년 이래로 나는 선거에서 아돌프 히틀러를 지지했습니다. 그리고 민족적 고양이 이뤄진 올해 아우구스투스에 관한 강의를 하게 되어 행복합니다. 아우구스투스는 세계사에서 아돌프 히틀러에 비견될 만한 유일한 인물이기 때문입니다."[13]

비정치적 정치에 대한 동경은 갑작스럽게 실현된 것만 같았다. 대다수 사람들에게 정치란 이익 유지와 달성을 위한 수고스런 작업이었고, 다툼과 이기심과 불만족으로 점철된 일이었다. 정치 무대에서는 단체와 동맹, 조종자와 음모자, 도당과 파벌의 못된 짓만 횡행하는 것 같았다. 일찍이 하이데거는 이런 정치에 대한 반감을 표현한 바 있다. 그는 이러한 전체 영역을 "세인"과 "잡담"의 세계라고 불렀다. '정치'는 '참된' 삶의 가치, 즉 가족의 행복과 정신, 충실, 용기에 대한 배신으로 간주되었다. 이미 리하르트 바그너도 "정치적 인간은 역겹다"고 말한 바 있다.

반정치적 정서는 인간의 복수성이라는 사실을 받아들이려 하지 않고 거대한 단수를 추구한다. 독일인, 국민 동포, 주먹의 노동자와 이마의 노동자, 정신이 그런 거대한 단수의 예이다.

정치적 지혜로 간주된 것이 무엇이든 간에 그것들은 하룻밤 만에 신용을 잃어버렸다. 이제 가치를 지닌 것은 열광뿐이었다. 이 몇 주 동안 고트프리트 벤은 망명 문인들에게 이런 편지를 보냈다. "대도시, 산업주의, 주지주의, 시대가 내 사고에 던진 모든 그림자들, 내가 생각 속에서 대결했던 세기의 모든 힘들. 이 모든 고뇌에 찬 삶이 가라앉아 버리는 순간이 있다. 그러고는 평면과 넓은 공간, 계절, '민족'이라는 단순한 말 외에는 아무것도 남지 않는다."[14]

하이데거의 감정 또한 이런 것이었다. 1933년 6월, 야스퍼스는 하이데거의 마지막 방문에 관해 이렇게 묘사한다. "하이데거는 변한 것 같았다. 이미 그가 도착한 순간부터 우리를 갈라놓는 분위기가 형성되었다. 국가사회주의는 대중의 도취제가 되어 있었다. '1914년과 꼭 같군요……' 나는 그렇게 입을 열고는 이어서 다음 말을 하려 했다. '또 다시 기만적인 대중적 도취라니'라고 말이다. 그러나 내 첫 마디만 듣고 하이데거가 화난 표정으로 시류에 동조하는 말을 했기에 다음에 하려던 말은 목에 걸려 넘어오지 않았다…… 하이데거 자신이 그런 도취에 사로잡혀 있었기에 나는 단념했다. 나는 그에게 잘못된 길을 택했다고 말하지 않았다. 나는 달라진 그를 더 이상 신뢰할 수 없었다. 하이데거도 동조한 그 폭력 앞에서 이제 나는 나 자신이 위협에 직면했다고 느꼈다."[15]

하이데거가 볼 때 그것은 구원의 폭력이었다. 사유라는 작업을 즐겁게 수행해 왔던 하이데거는 이제 철학을 단죄할 심판의 날을 요구했다. 야스퍼스와 마지막으로 나눈 대화에서 그는 노여움을 담은 목소리로 이렇게 말했다. "철학교수가 이렇게 많다는 건 어처구니없는 일이지요. 독일에는 두세 명만 있으면 돼요."[16] "두세 명은 누군가요?" 야스퍼스가 그렇게 묻자 하이데거는 장황한 이야기로 즉답을 피했다. 그것은 철학의 목숨을 건 원시성으로의 도약이었다. 어느 신문 보도에 따르면, 1933년 11월 30일 튀빙엔대학의 학생들 앞에서 하이데거는 이 점을 확실히 했다. "원시적이라는 것은 내적 욕구와 충동에서 출발해 어떤 지점에 서는 것을 말합니다. 그 지점이란 사물들이 원시적으로 되기 시작한 곳, 내적 힘들에 의해 끌려가는 곳이지요. 새로운 학생은 원시적이며, 바로 그 때문에 새로운 지적 요구를 실행하는 소명을 받은 것입니다."[17]

이제 누군가 현실의 고르디아스 매듭을 끊으려 한다. 누군가 분노하여 자신의 존재사유가 지닌 난해한 오묘함과 결별한다. 구체성과 간결한 현실에 대한 갈망이 갑작스레 분출하고, 고독한 철학이 대중에 섞여들려 한다. 변별을 추구하기에는 적합하지 않은 시대이다. 하이데거는 심지어 자신의 가장 중요한 구별, 즉 존재와 존재자의 구별조차 팽개쳐 버린다. 그는 존재가 마침내 도래한 것으로 이해하려 한다. "우리는 새로운 현실의 명령하는 힘 아래 있다."[18]

하이데거에게서 발견되는 이런 현상을 후일 한나 아렌트는 위대한 연구서인 『전체주의 지배의 요소와 기원』에서 "폭민과 엘리트의 동맹"[19]이라 칭했다. 제1차 세계대전 중 과거 세계의 전통적 가치가 몰락했다고 여긴 정신적 엘리트는 파시즘 운동이 권력을 얻자 자기들 뒤편에 놓인 다리를 태워 버린다. "전후 엘리트는 대중과 완전히 섞이기를 원했다."[20]

일찍이 하이데거는 "철학적 물음의 소용돌이"에서 우리의 자명한 현실 연관들이 소멸한다고 말했다. 이제는 정반대가 되었다. 하이데거의 철학은 정치적 현실의 소용돌이에 스스로를 맡긴다. 하지만 하이데거가 그렇게 할 수 있는 것은 현실이란 실현된 철학의 한 조각이라는 그 순간의 믿음 때문이다.

"독일인들은 내면에서 허물어지고, 정신은 분열되고, 의지는 일관되지 못하고, 행동은 무기력하여 자기 삶을 주장할 힘을 잃어 가고 있습니다. 독일인들은 별에서 정의를 꿈꾸면서 지상의 터전을 잃고 있습니다…… 결국 독일인들에게는 내면으로 향하는 길만 열려 있게 되었지요. 가인과 시인과 사상가의 민족으로서 독일인은 다른 사람들이 사는 세상을 꿈꾸었습니다. 그러다 곤궁과 비참이 비인간적으로 강타해 올 때에야 비로소 예술로부터 새로운 상승, 새로운 제국, 그리고 또 새로운 삶에 대한 동경이 자라나곤 했습니다."[21]

여기서 예술가와 사상가들이 품은 은밀한 꿈의 실현으로 등장한 사람은 바로 아돌프 히틀러이다. 위의 인용문은 1933년 3월 21일 포츠담의 날에 아돌프 히틀러가 행한 연설의 일부이다.

일찍이 카를 크라우스Karl Kraus[22]는 히틀러 앞에 서면 생각이 멈춰 버린다고 말한 적이 있다. 하이데거는 히틀러를 보면 생각이 멈춰 버렸을 뿐 아니라—1945년 프라이부르크대학 정화위원회에서 진술했듯—히틀러를 "믿었다". 정화위원회 보고서는 이와 관련된 하이데거의 진술을 이렇게 요약한다. "그는 히틀러가 당과 그 강령을 훨씬 넘어 성장할 것이며, 운동이 정신적으로 다른 방향으로 옮겨 갈 수 있을 것이라 믿었고, 그 결과 모든 것이 혁신과 결집을 토대로 하여 서양의 책임으로 통합될 것이라 생각했다."[23]

회고담에서 하이데거는 현실 정치에 대한 냉정한 성찰과 사회적 책임감을 잃지 않고 행동한 사람처럼 자신을 묘사한다. 그러나 사실 하이데거는 첫 해부터 히틀러에게 매혹되었다.

"어떻게 히틀러처럼 교양 없는 사람이 독일을 통치할 수 있단 말입니까?" 1933년 6월, 야스퍼스는 하이데거가 자신을 마지막으로 방문했을 때 이렇게 말한다. 그러자 하이데거가 대꾸한다. "교양 따위는 전혀 중요하지 않아요…… 그저 그 사람의 멋진 두 손을 보세요!"[24]

1933년 11월 3일의 연설 '독일 대학생들에게 고함'은 국제연맹 탈퇴의 찬반을 묻는 국민투표 실시와 관련해서 하이데거가 수행한 것인데, 이 연설은 다음과 같은 말로 끝난다. "교설과 이념을 여러분 존재의 규칙으로 삼지 마십시오. 오직 총통만이 현재와 미래의 독일 현실이며 그 법칙 '입니다'."[25] 이것은 전술상의 책략이나 겉으로의 순응이 아니라 그의 마음에서 우러나온 생각이다.

대학생 한스-페터 헴펠이 자신의 이 말을 거론하자 하이데거는 답장에서 이런 설명을 한다. "단순히 읽어 넘길 때 이해되는 것만을 제가 생각했다면, '총통'이란 말이 강조되어야 했을 것입니다. 그와 달리, '입니다'의 강조는…… '총통 또한 가장 먼저 그리고 언제나 통솔된다'는 뜻을 함축합니다. 역운과 역사법칙에 의해 통솔되는 것이지요."

1960년의 이 편지에서 읽을 수 있는 하이데거의 변명에 따르면, 이 수상쩍은 문장을 쓸 때 그가 생각한 것은 얼핏 읽으면 포착되지 않는 아주 특별한 것이었다. 하지만 이 특별함은 히틀러가 자기 자신을 내세울 때 주장했던 특별함, 다시 말해 자신이 어떤 운명의 구현이라는 특별함과 전혀 다른 것이 아니다. 그리고 실제로 하이데거는 히틀러를 그렇게 체험했다.

하이데거가 여기서 말하지 않은 것, 하지만 그 몇 달 동안 그의 발언과 활동에 고유한 의미와 특별한 열정을 부여한 것은 바로 국가사회주의 혁명이 그에게 철학적으로 충격을 주었다는 사실, 1933년의 혁명에서 그가 형이상학적 근본 사건, 형이상학적 혁명을 발견했다는 사실이다. 그것은 "우리 독일적 현존재의 완전한 변혁"(1933년 11월 30일의 튀빙엔대학 연설)이었다.[26] 더욱이 그것은 독일 민족의 생활에만 연관된 것이 아니라 서양 역사에서 새로운 장을 여는 변혁이기도 했다. 그리스 철학에서 서양 문화의 근원을 이루는 "최초의 시작"이 있었다면, 이제 "위대한 두 번째 전투"가 개시되는 것이었다.[27] 최초 시작의 자극은 어느새 소진되었기 때문에 두 번째 전투는 필연적인 것이 되었다. 그리스 철학은 인간 현존재를 미규정성과 자유와 의문성의 넓게 트인 곳에 세웠다. 하지만 어느새 인간은 다시금 자신의 세계상과 가치, 그리고 기술적·문화적 책략의 건물로 기어들어 버렸다. 고대 그리스에는 본래성의 순간이 있었다. 하지만 어느새 세계사는 비본래성의 흐릿한 빛으로, 플라톤의 동굴로 돌아가 버렸다.

1933년의 혁명은 하이데거에게 동굴로부터의 집단 탈출, 평소에는 고독한 철학적 물음과 사유에만 열려 있는 저 넓게 트인 곳으로의 출발을 뜻했다. 1933년의 혁명과 더불어 그에게 본래성의 역사적 순간이 도래한 것이다.

하이데거가 반응한 사건은 정치적인 것이었으며, 그의 행위는 정치적 지평에서 수행되었다. 하지만 그의 반응과 행위를 조종한 것은 철학적 상상력이었다. 그리고 이 철학적 상상력이 정치적 시나리오를 역사철학적 무대로 바꿔 버렸고, 이 무대에서는 존재역사의 공연 목록에서 고른 한 작품이 상연되었다. 그런 작품에서는 현실 역사가 거의 재인식되지 않았다. 하지만 그런 것은 아무래도 좋았다. 하이데거는 자기만의 역사철학적 작품을 상연하려 했으며 그 공연자를 모집했다. 그 몇 달 동안 하이데거는 모든 연설에서 "새로운 독일 현실의 명령하는 힘"을 끌어들인다. 하지만 이 "명령"의 본래적 의미를 드러내는 것은 바로 그의 철학이다. 이 점에서 그는 한 치의 의혹도 남기지 않는다. 철학은 이 명령의 세력권으로 인간을 이끌어 인간이 내면에서부터 변할 수 있게 해 준다. 그렇기에 그는 학술캠프를 조직하고 실업자들을 대학으로 초대해서 강연을 한다. 그의 무수한 연설과 행사 인사말과 호소는 모두가 현실 정치의 사건을 이런 의미로 "심화"시켜 상상의 형이상학적 무대에 적합한 것으로 변화시키기 위한 것이다. 철학은 상황과 사건들'에 관해' 말하는 대신 상황과 사건들'로부터' 말할 때만 그런 힘을 행사한다. 철학은 자신이 말하는 "혁명적 현실"의 일부가 되어야 한다. "혁명적 현실은 그 경험의 올바른 의미를 아는 자들만이 경험할 수 있으며, 관망하는 자들은 경험할 수 없다…… 혁명적 현실은 눈앞의 것이 아니며 그저 전개될 뿐이라는 그 본질에 놓여 있기 때문이다…… 그러한 현실은 단순한 사실을 대할 때와는 전혀 다른 관계를 요구한다."(1933년 11월 30일의 튀빙엔대학 연설, 신문 기사)

하이데거는 "기분"이 우리의 세계-내-존재를 정의한다는 원칙을 늘 고수해 왔다. 그래서 이번에도 그는 변혁과 출발과 새로운 공동체의 혁명적 기분을 출발점으로 삼는다. 국가의 탄압, 폭도의 난동, 반유대주의 행동을 그는 감내할 수밖에 없는 부수 현상으로 간주한다.

이처럼 우리는 존재역사라는 자신의 꿈에 빠져 버린 하이데거를 보게 된다. 정치 무대에서 그가 벌이는 행동은 철학적 몽상가의 행동이다. 후일 야스퍼스에게 보낸 편지(1950년 4월 8일)에서 그는 자신이 '정치적으로' 꿈을 꾸어 착각에 사로잡혔던 것임을 인정했다. 하지만 자신이 '정치적으로' 착각에 빠진 것은 '철학적으로' 꿈을 꾸었기 때문이라는 점은 결코 인정하지 않을 것이다. 역사적 시대를 구명하려 한 철학자인 그는 정치·역사적 사건에 대한 자신의 철학적 해석 능력을—스스로에 대해서도—변호할 수밖에 없었다.

하이데거가 정치적 모험에 뛰어들면서 거기에 어떤 철학적 착상까지 덧붙이지 않았다면, 사태는 달라졌을지도 모른다. 자신의 철학하기로부터 어떤 가르침이나 지도를 받지 않고 행동했다면, 달리 말해 자신의 철학에 '거슬러서' 행동했거나 그 행동으로 인해 철학적 퓨즈가 타버렸다면, 상황도 달라졌을 것이다. 하지만 하이데거는 그렇게 하지 않았다. 그는 철학적인 눈으로 히틀러를 보았다. 그는 철학적 모티프들을 동원했고, 역사적 사건을 올릴 상상의 철학적 무대를 완공했다. 1930년 그는 철학이란 그 "시대를 지배"해야 한다고 썼다. 철학의 지배 원리를 포기하지 않기 위해 그는 국가사회주의 혁명에 대한 자신의 "오인"을─당대 사건에 대한 자신의 철학적 해석이 아니라─정치적 경험 미숙 탓으로 돌린다. 물론 후일 그는 이러한 "오인"을 다시금 어떤 철학적 역사로 바꾸기도 할 것이며, 이 역사에서 자신에게 장대한 역할을 부여할 것이다. 말하자면 그의 내부에서 그리고 그를 통해서 오류를 범한 것은 존재 자체였다. 그는 "존재의 오류"라는 십자가를 졌을 뿐이다.

하이데거는 야스퍼스에게 "관여해야만" 한다고 말했다. 이러한 "관여"는 1933년 시작된다. 당시 하이데거는 '독일 대학교육인력 문화정치연구회'에 가입하는데, 이는 대학 교육 인력의 공식적 직능대표조합인 '독일 대학 연맹' 내의 국가사회주의 분파라 할 수 있었다. 이 집단의 구성원들은 대학 내 국가사회주의 혁명의 전위라 자처했다. 이들은 '대학 연맹'의 조속한 통일적 대오 형성과 대학 내 '총통원리'[28]의 도입, 그리고 당시로서는 현저한 차이점들이 존재했던 교육 내용의 일사불란함을 추구했다.

이 집단의 구성을 주도하고 그 중심 역할을 했던 인물은 에른스트 크리크였는데, 그는 초등학교 교사에서 프랑크푸르트 교육 아카데미의 철학 및 교육학 명예교수로 출세한 인물이었다. 크리크는 운동의 지도적 철학자가 되려는 야심이 있었고, 이 점에서 알프레트 로젠베르크 Alfred Rosenberg 및 알프레트 보임러 Alfred Baeumler 와 경쟁 관계에 있었다. 크리크는 상기 문화정치연구회를 권력 획득을 위한 기반으로 삼으려 했다. 그는 자신의 출세에 아무 도움이 되지 않는 시절부터 이미 국가사회주의당의 선전에 몸을 담았다. 1931년 그는 국가사회주의를 선동한 혐의로 좌천되고 정직 처분도 받았다. 그리고 다시 국가사회주의당이 정권을 잡자 그는 교직으로 돌아올 수 있었고, 프랑크푸르트에서 근무하다가 하이델베르크로 직장을 옮겼다. 당은 그를 "새로운 시대의 철학자"로 간주했다. 크리크는 영웅적·민족적 현실주의를 표방하여 문화이상주의를 공격했다. "철저한 비판은 이른바 문화라는 것이 전적으로 비본질적인 것이 되었음을 통찰할 수 있게 해 준다." 크리크는 이러한 "하찮은 문화"에 새로운 유형의 영웅적 인간을 맞세운다. "이런 인간은 정신이 아니라 피와 대지로부터 산다. 그는 교양이 아니라 행위로부터 산다." 크리크가 요구하는 '영웅주의'는 '문화'를 경멸받아 마땅한 약자들의 피난처로 간주한다는 점에서 하이데거의 "대담무쌍 Verwegenheit"과 유사하다. 크리크는 우리가 이른바 영원한 가치 없이 사는 법을 배워야 한다고도 말한다. 그에 따르면, "교양과 문화, 휴머니티, 그리고 순수한 정신"의 집은 어느새 무너져 내렸고, 보편주의적 이념은 명백한 자기기만임이 드러났다.[29]

그러나 하이데거와 달리 크리크는 이러한 형이상학적 노숙 상황에 처해 피와 대지의 새로운 가치들을 제시한다. 이제는 위로부터의 형이상학 대신 아래로부터의 형이상학이라는 것이다. 크리크는 말한다. "형식적 지성에 반해 피가, 합리적 목적 지향에 반해 종족이, '자유'라 불리는 방종에 반해 결속이, 개인주의적 혼란에 반해 유기적 전체가…… 개별 인간과 대중에 반해 민족이 궐기한다."[30]

1933년 3월, 크리크는 문화정치연구회에서 자신의 이데올로기 노선에 따른 문화정치 프로그램을 결의하려 했다. 하이데거는 피와 토대의 이데올로기를 수용하지 않았기에 크리크의 시도에 저항했다. 그 결과 독일 대학 연맹과 그 교육 이상주의가 새로운 상황에 피상적으로 적응하고 있다는 비판에서만 합의가 이뤄졌다. 대학 연맹의 의장인 철학자 에두아르트 슈프랑어는 이미 "투쟁하는 국가"에 대한 충성을 선언하기는 했지만 동시에 "정신"의 존중을 호소한 바 있었다. 이런 절충적 태도에 대해 하이데거는 조롱을 퍼부었다. 그런 태도는 "줄타기 곡예사의 시대 편승"이라고 하이데거는 비난했고, 그 내용은 1933년 3월 30일 엘리자베트 블로흐만에게 쓴 편지에서 발견된다. 이 편지는 문화정치연구회가 프랑크푸르트에서 첫 모임을 가진 후에 집필된 것이다. 이 편지에서는 에른스트 크리크에 대한 아주 간단한 인물평도 발견된다. 하이데거에 따르면 크리크는 "하찮은" 정신의 소유자로 "오늘날 유행하는 관용어법"에 매달린 채 "사명의 진정한 위대함과 중대함"을 파악하지 못하고 있다. 하이데거에 의하면 갑작스레 모든 것이 "정치적"으로만 고찰되는 것이 현재 혁명의 특징인 바, 이는 "전면에 놓인 문제만을 응시하는 태도"이다. "많은 사람들"에게는 이런 것이 "최초의 각성"일 수 있겠지만, 사실 이는 준비 단계를 이루는 한 가지에 불과하며, "두 번째의 더 깊은 각성"이 뒤따라야 한다. 하이데거는 이 막연한 "두 번째 각성"에 의해 에른스트 크리크 따위의 이론가와 자기 자신을 구분하려 한다. 유대인의 피를 가졌기에 한 달 전 강사직에서 쫓겨난 엘리자베트 블로흐만에게 보낸 이 편지에서 하이데거는 두 번째 각성이 뜻하는 바를 그저 모호하게 서술한다. "새로운 토대"라는 말이 나오는데, 하이데거에 따르면 이 토대는 "새로운 방식과 태도에서 자신을 존재 자체에 내맡길" 수 있게 해줄 것이다.(BwHB, 60쪽) 어쨌든 이 "토대"는 에른스트 크리크의 경우와 달리 "피와 인종"을 뜻하는 것이 아니다.

하이데거는 알프레트 보임러를 문화정치연구회에 끌어들이려 했다. 이 시기 아직 하이데거와 친교를 유지했던 보임러는 크리크처럼 운동의 지도적 철학자 역할을 맡으려 애썼다. 보임러의 정치적 결단주의는 하이데거의 사유와 가까이 있었다. 1933년 2월, 국가사회주의자 대학생들 앞에서 행한 강연에서 보임러는 "정치적 인간"과 "이론적 인간"을 대치시켰다. 이론적 인간은 "좀 더 높은 정신적 세계"에 거주한다는 상상을 하지만, 정치적 인간은 자신을 "근원적인 행동을 하는 존재"로 실현한다. 보임러에 따르면 이러한 행동의 근원적 차원에서 이념이나 이데올로기는 더 이상 결정적 역할을 하지 못하게 될 것이다. "행동한다는 것은 어떤 쪽을 '선택하기로' 결단한다는 뜻이 아니다……왜냐하면 어떤 쪽을 선택할지는 이미 '알고' 있다는 것이 전제되어 있기 때문이다. 행동한다는 것은 오히려 운명적 과제에, 그리고 자신의 '고유한 권리'에 기초해서 어떤 방향, 어떤 당파를 취한다는 것을 뜻한다…… 내가 앞서 '인식한' 무언가를 '선택하는' 결단은 이미 이차적인 것에 불과하다."[31]

　　이것은 하이데거에게서 유래한 말일 수도 있다. '순수한' 행동으로서의 결단이 일차적이다. 익숙한 궤도에서 뛰쳐나오기 위해 <u>스스로를</u> 밀어내는 힘이 일차적인 것이다. 그에 비해 결단을 내릴 때의 '무엇을 위함인가'란, 현존재 전체의 변혁적 힘을 드러나게 하는 계기에 지나지 않는다. 하이데거의 시각에서는 오로지 "세인"만이 '무엇을 위함인가'라는 근심 어린 물음을 제기하고, 결단에 두려움을 품으며, "가능성들"을 생각하느라 시간을 끌고, "가능성들"을 그저 잡담거리로 만들며, 결단을 내려야 할 때면 "이미 언제나 슬며시 빠져나온다."(SuZ, 127쪽) 하이데거에 따르면 결단에 대한 이런 소극적 태도는 "죄"이며, 하이데거에게서 배움을 얻은 보임러의 생각도 같다. 보임러는 여기서 한 걸음 더 나아간다. 1920년대 말에 등장한 하이데거의 결단주의는 여전히 기묘한 공허함을 지니고 있었던 반면, 보임러는 이 결단주의를 국가사회주의 혁명에 연결시킨다. 보임러는 '순수한' 운동을 선전한다. 순수한 운동은 실존적 실체인 반면, 이데올로기는 우연한 것에 지나지 않는다. 그리고 운동에 거리를 두는 사람은 "중립과 관용에 의해" 죄를 짓는 것이다.

보임러를 문화정치연구회에 끌어들이려는 하이데거의 노력은 크리크의 반대로 인해 실패로 끝난다. 크리크에게 보임러는 너무 위험한 경쟁자이다. 하지만 이로 인해 보임러의 출세가 좌절되는 것은 아니다. 보임러는 로젠베르크 총국^{Amt Rosenberg}[32]의 비호를 받고 있다. 당은 보임러를 베를린 대학생들의 '정치적 교육자'로 임명하고, 대학 내 '정치교육학연구소'를 그에게 맡긴다. 베를린대학에서 철학적 교육학을 담당하던 교수 에두아르트 슈프랑어가 이에 항의한다. 슈프랑어의 생각으로는 자유주의자 및 유대인 학자들에 대한 고발 캠페인이 벌어진 것도 보임러의 책임이다. 4월 22일, 슈프랑어는 "허위, 양심의 억압, 비정신적 태도"에 항의하는 성명을 발표한다.[33] 이 일은 보임러에게 반격의 기회가 된다. 5월 10일, 베를린에서 열린 분서 중앙대회에서 보임러는 연설을 하며, 이때 슈프랑어를 겨냥하여 대학의 "낡은 정신"을 맹비난한다. "이 혁명의 해에조차 정신과 이념의 통솔만을 떠들고, 아돌프 히틀러와 호르스트 베셀^{Horst Wessel}의 통솔을 말하지 않는 대학은 비정치적이다."[34]

하이데거는 히틀러의 권력 장악에서 강한 감동을 받았고, 자신도 행동하려 한다. 하지만 아직은 무엇을 해야 할지 정확히 알지 못한다. 우리가 그의 정확한 생각이 무엇이었는지 알아내려 한다면 아무 소득도 얻지 못할 것이다. 당연히 그가 주목하는 대상은 무엇보다도 대학이다. 후일 하이데거는 자신의 행동을 변호하며 이렇게 주장할 것이다. 프라이부르크대학 총장직을 맡으라는 압박을 받아들인 것은 "부적절한 인물들이 몰려들어 당 기구와 교의를 지배하게 되는 위험에 대처하기 위해서였습

니다."(R, 24쪽)

그러나 후고 오트와 빅토르 파리아스 및 베른트 마르틴^{Bernd Martin}이 수집한 자료에서 드러나는 것은 전혀 다른 상황이다. 이런 자료에 따르면, 1933년 3월 이후 볼프강 샤데발트^{Wolfgang Schadewaldt}와 볼프강 알위^{Wolfgang Aly}가 인솔하는 일군의 국가사회주의자 교수 및 강사들이 하이데거의 동의 아래 총장직을 접수하는 책략을 꾸몄다. 핵심 문건은 총장 선출 3주 전인 4월 9일, 볼프강 알위가 바덴 주 문화부 장관에게 보낸 한 통의 편지인데, 알위는 프라이부르크대학에서 가장 일찍 당에 가입한 인물이었고, 대학 내 당 조직의 대변인이었다. 알위는 편지에서 이렇게 쓰고 있다. "하이데거 교수는 프로이센 문화부와 이미 교섭 중"이며 현재 대학 내 당 집단에서 "가장 신뢰를" 얻고 있는 인물이다. 당국 또한 그를 대학의 "대리인"으로 여겨도 좋을 것이다. 4월 25일 프랑크푸르트에서 개최될 문화정치연구회 대회에서 하이데거가 "우리 대학의 대표자"로 나설 수도 있을 것이다.[35]

이 시점에서 하이데거의 총장 선출은 대학 내 당 집단에서 이미 합의된 사안이었다. 하이데거 자신은 아직 주저하고 있었을 수도 있다. 하지만 그것은 국가사회주의의 비호를 불편하게 여겼기 때문이 아니라 '혁명' 세력의 기대에 충분히 부응할 수 있을지 아직 자신이 없었기 때문이었다. 행동과 관여. 그는 그것을 원했다. 하지만 당장은 "적절한 출격 지점"을 모색하고 있었다.(1933년 4월 3일 야스퍼스에게 보낸 편지)

1933년 3월 30일, 엘리자베트 블로흐만에게 보낸 편지에서 하이데거는 자신의 당혹스러움을 고백하는 동시에 불안을 떨쳐내려 한다. "대학에 어떤 일이 일어날지 그 누구도 모르는 상황입니다…… 몇 주 전만 해도 히틀러의 거사를 두고 '완전히 허튼짓'이라 말하다가 이제는 봉급 따위 때문에 몸을 사리는 관료들과 달리, 분별 있는 사람이라면 잘못될 일은 그리 많지 않다고 밖에 말할 수 없습니다. 어차피 이제는 아무것도 남은 게 없기 때문입니다. 이미 오래 전부터 더 이상 대학은 진정으로 힘을 모아 영향력이나 통솔력을 발휘하는 세계가 아닙니다. 성찰하도록 강제하는 것만이―설령 실수를 범한다 해도―유익할 수 있습니다."(BwHB, 61쪽)

큰일을 이루려면 작은 희생은 감수해야 한다. 혁명의 신천지로 들어서려는 사람은 길을 잃고 실수를 저지르는 위험을 감수해야 한다. 어쨌든 그는 '학문이 위기에 처한다!'라는 경고의 외침 때문에 머뭇거리지는 않을 것이다. 더욱이 이 사명은 너무나 중대한 것이라서 "당 관료들"에게만 맡길 수가 없다. 그렇게 하이데거는 1933년 4월 12일, 엘리자베트 블로흐만에게 쓰고 있다. 그가 공식적으로 당에 입당하기 3주 전의 일이다.

배후에서 하이데거의 총장 선출이 준비되는 동안 총장직에 있던 사람은 가톨릭교회 역사가인 요제프 자우어 교수였다. 1932년 말 차기 총장으로 선출된 빌헬름 폰 묄렌도르프Wilhelm von Möllendorff의 총장 취임일은 4월 15일로 예정되어 있었다. 묄렌도르프는 해부학 교수로 사회민주주의자였다.

마르틴 하이데거와 그의 아내 엘프리데의 진술에 따르면, 히틀러의 권력 장악 이후 묄렌도르프는 선뜻 총장직을 수락할 마음의 준비가 되지 않았다. 묄렌도르프는 가까운 동료인 하이데거를 직접 찾아와 총장직을 수행하는 데 예상되는 어려움에 관해 의논했다. 1932/33년 겨울방학 중인 1월 7일, 하이데거는 토트나우베르크에서 프라이부르크로 돌아왔다. 하이데거 부인의 회상에 따르면, 묄렌도르프는 "어떤 종류의 당 정치에도 연루되지 않은" 하이데거가 총장직을 맡으면 좋겠다는 "절실한 소망"을 표명했다. "그는 아침이고 점심이고 저녁이고 몇 번씩이나 찾아와 이 소망을 표명했습니다."[36]

사회민주주의자인 묄렌도르프가 총장직을 두고 깊이 고심했다는 주장은 충분히 일리가 있다. 독일 어느 곳이나 그렇듯 프라이부르크에서도 곧 사회민주주의자들에 대한 탄압이 시작되었기 때문이다. 바덴주의 관구장인 로베르트 바그너Robert Wagner는 누구보다 악랄하게 탄압 정책을 추진했다. 이미 3월 초에 노동조합 건물과 사회민주당 당사가 공격을 받았고, 체포와 가택수색이 이어졌다. 사회민주당 소속 주의회 의원인 누스바움Nußbaum이 3월 17일 당국과 충돌하며 좋지 못한 상황을 만들었다. 몇 주 전부터 정신과 치료를 받고 있던 누스바움은 두 명의 경찰관에게 저항하다가 이들에게 치명상을 입히고 이 일로 프라이부르크 내 사회민주주의자들에 대한 몰이사냥이 강화된다. 뮌스터 광장에서 마르크스주의에 반대하는 시위가 일어나고, 선동가들은 마르크스주의를 "뿌리 채" 뽑아야 한다고 외친다. 호이베르크 근교에 강제수용소 두 곳이 건설되고 지역 언론은 체포된 자들이 압송되는 사진을 싣는다. 국가사회주의자들의 다음 공격 목표는 중앙당 소속의 시장 벤더Bender 박사이다. 그는 누스바움이 일으킨 사건에 적절히 대처하지 않았다는 비난을 받는다. 벤더가 "불의의 사고"라는 표현을 쓴 것이 빌미가 되어 그를 시장 자리에서 쫓아내야 한다는 목소리가 높아진다. 시민대표단이 그를 옹호하는데 이 시민대표단의 대변인 중 한 사람이 바로 묄렌도르프였다. 4월 11일 벤더가 해임되고 국가사회주의당 관구 지도자인 프란츠 케르버Franz Kerber가 후임으로 결정되는데, 그는 국가사회주의당 기관지 「데어 알레마네Der Allemanne」의 편집장이기도 하다. 장차 하이데거도 이 기관지에 한 편의 글을 발표할 것이다. 누스바움과 벤더 사태 이후 묄렌도르프는 현지 국가사회주의자들에게 용인할 수 없는 인물이 되었다. 묄렌도르프는 총장직 인수 여부를 고민했을 수 있다. 하지만 그는 용기 있는 사람이었고 그 후로도 총장직 인수를 준비하는 모습을 보여 주었다. 신임 총장 취임은 예정대로 4월 15일이었다. 그런데 그 전날 저녁 대학 내 국가사회주의당 집단의 위임을 받은 샤데발트가 퇴임하는 총장 자우어에게 이의서를 제출했다. 대학의 일사불란화라는 필요불가결한 과제를 추진할 인물로서 묄렌도르프는 적임자로 생각되지 않는다는 것이 그 내용이었다. 그리고 신임 총장으로 하이데거가 제안되었다. 가톨릭 교도이기에 하이데거의 반교회주의를 마땅치 않게 생각했던 자우어 교수는 선뜻 이 제안을 받아들이지 않았고 그 결과 묄렌도르프는 닷새 동안 신임 총장직을 수행하게 되었다. 묄렌도르프가 주관하는 최초 평의회가 열린 4월 18일, 「데어 알레마네」는 신임 총장을 공격하는 기사를 실었다. 이 기사는 다음과 같은 문장으로 끝났다. 이 기회를 통해 우리는 "묄렌도르프 교수에게 대학의 신질서 형성을 가로막지 말라고 당부한다."[37] 묄렌도르프는 더 이상 총장직에 머물 수 없다는 사실을 분명히 깨달았다. 4월 20일, 그는 평의회를 소집하고 자신과 전체 평의회원이 사퇴하기로 결의했음을 밝히며 마르틴 하이데거를 후임으로 제안했다. 엘프리데 하이데거에 따르면, 묄렌도르프는 바로 전날 저녁 마르틴 하이데거의 집으로 찾아와 이렇게 말했다. "하이데거 선생, 이제 선생이 총장직을 맡아야 해요!"[38]

교수단 내 강력한 분파가 이미 한 달 전에 하이데거의 동의를 얻었지만, 막상 당사자는 마지막 순간까지 결정을 내리지 못했다. "선거 당일 오전까지도 나는 망설였고 후보를 사퇴하려 했다."(R, 21쪽) 교수총회는 거의 만장일치로 하이데거를 지지했다. 물론 93명의 교수 중에서 13명은 유대인이라 배제되었고, 남은 80명 중 56명만이 투표에 참가했다. 반대표가 하나, 무효표가 둘이었다.

선거 전만 해도 망설임을 떨치지 못했던 하이데거는 선거가 끝나자마자 주목할 만한 의욕을 보여 주었다.

8월 22일, 그는 카를 슈미트에게 편지를 보내 새로운 상황에서 협력해 보자고 제안한다. 하지만 그런 요청은 불필요했다. 슈미트는 이미 동참하고 있었으니 말이다. 물론 두 사람의 목적은 정반대였다. 하이데거는 혁명을 원했고, 슈미트는 질서를 원했다. 교수총회의 결과 하이데거를 보좌할 교수평의회는 온건하며 대개가 구식의 보수적인 성향을 지닌 인물들로 구성되었다. 교수평의회는 하이데거를 견제할 속셈이었던 것이다. 하이데거는 평의회를 소집하지 않는 방식으로 대처했다. 총장 취임식(유명한 연설이 있었던 5월 27일)이 열리기 전부터 그는 대학의 총통 원리와 일사불란화를 천명한다. 5월 1일, '민족 공동체의 국경일'이 지난 직후 하이데거는 보란 듯이 국가사회주의당에 입당한다. 전술적 견지에서 그는 자신의 입당일을 사전에 당 본부와 협의해서 결정했다. 그는 소집 명령이라도 내리는 어투로 학생들과 교수 및 강사들에게 5월 1일 축제에 참여하라고 촉구했다. 공문에는 이런 말이 나온다. "독일 민족을 위한 새로운 정신적 세계의 건설은 독일 대학의 가장 본질적인 사명이 되었습니다. 그것은 가장 높은 의미와 순위에 놓인 '민족적 과제'입니다."[39] 악명 높은 강경파인 바덴 주 관구장 로베르트 바그너는 반대파를 호이베르크 강제수용소로 압송하는 데 앞장섰던 인물인데, 5월 1일 그가 제국지방장관으로 임명되자 하이데거는 이런 축하 전문을 보냈다. "제국지방장관으로 취임하신 것을 진심으로 기뻐하며, 프라이부르크대학 총장인 저는 국경지역 우리 향토의 통솔자이신 귀하께 '승리 만세'라는 전우애의 구호와 함께 인사를 전합니다. 하이데거."[40]

5월 20일, 하이데거는 일부 국가사회주의자 대학 총장들이 히틀러에게 보내기 위해 작성한 전보에 서명한다. 전문의 내용은 '대학 연맹'의 대표단 초대 연회를 연기해 달라는 것이었으며 그 근거는 이러했다. "일사불란의 원리에 기초해 새로이 선출된 수뇌부만이 대학의 신뢰를 누릴 자격이 있습니다. 게다가 독일 대학생들은 기존 수뇌부에 대해 최대의 불신을 표명한 바 있습니다."[41]

총장 취임식 전날인 5월 26일, 하이데거는 레오 슐라게터[Leo Schlageter] 추도식에서 첫 번째 연사로 나선다. 슐라게터는 1923년 루르 지방의 프랑스 점령군에게 폭탄 테러를 행한 인물로 이 때문에 즉결재판에서 총살당한 의용군 전사였다. 독일 민족주의자들 사이에서 그는 순교자로 여겨졌다. 하이데거는 슐라게터가 자신과 마찬가지로 콘라디하우스 생도였기 때문에 그에게 강한 유대감을 느꼈다. 5월 26일은 슐라게터의 사망 10주기였으며, 이날 프라이부르크에서는 독일 어느 지역에서나 그렇듯 성대한 추도식이 열렸다.

추도 연설에서 하이데거는 수많은 대중 앞에서 최초로 자신의 본래성 철학을 정치적으로 활용하려 시도한다. 그가 묘사하는 슐라게터는 존재자의 존재라는 신비와 마주친다는 것이 구체적인 역사나 정치에서 무엇을 뜻하는지를 여실히 보여 주는 인물이다. 하이데거에 따르면 슐라게터는 "가장 어려운 죽음"을 당했다. 그것은 동지들과 함께 싸우면서, 다시 말해 어떤 공동체의 보호와 지원을 받으면서 죽는 죽음이 아니라 오로지 자신에게만 "되던져진" 고독한 죽음, "좌절" 속의 죽음이었다.(S, 48쪽) 『존재와 시간』의 실존 이상을 실현하는 인물인 슐라게터는 죽음을 "가장 고유하고 다른 것과 일체 연관이 없으며 결코 추월될 수 없는 가능성"으로 "받아들인다".(SuZ, 250쪽) 추도식에 참석한 사람들은 이 죽음의 "단호함과 명석함"이 자신에게도 "흘러들게 해야" 한다. 그렇다면 슐라게터는 이런 힘을 어디서 얻은 것인가? 고향의 산과 숲과 하늘에서 얻은 것이다. "산은 원석암, 석회암입니다…… 이것들은 오래 전부터 의지의 단호함을 창조하고 있습니다…… 슈바르츠발트의 가을 태양…… 그것은 오래 전부터 마음의 명석함을 길러 왔습니다."(S, 48쪽) 산과 숲은 편안을 추구하는 자들에게만 안온의 감정을 갖게 하며, 단호히 살고 결단을 내린 자들에게는 "양심의 부름"으로 작용한다. 『존재와 시간』에서 하이데거가 말했듯, 양심은 특정한 행동으로 불러내는 것이 아니라 "본래성"으로 불러내는 것이다. 구체적으로 어떤 일이 수행되어야 할지는 상황이 결정한다. 슐라게터의 경우 상황이 내린 결정은 패배의 순간 그가 독일의 명예를 지켜 내야 한다는 것이었다. 그는 발트 지역으로 가서 공산주의자들과 맞서 "야만 했고", 루르 지방으로 가서 프랑스인들과 싸워 "야만 했다". 그는 자신이 선택하고 자신을 선택한 "역운"에 순종해야 했다. "총구 앞에 무방비로 선 영웅은 마음속 눈으로 고향의 나날과 산을 보았고, 독일 민족과 그 제국을 위한 독일인의 땅을 바라보다 죽었습니다."(S, 49쪽) 그것은 진리의 순간이었다. 하이데거에게 진리의 본질은 "고향의 토대"에서 일어나는 사건이기 때문이다. 이런 규정은 1930년 하이데거가 행한 같은 제목의 강연에서 등장한다(물론 후일의 인쇄본에서 이 구절은 삭제된다).[42] 중요한 것은 현존재의 힘을 여는 것이다. "토착성Bodenständigkeit"은 이를 위한 한 가지 전제이다.

그리고 바로 다음 날 총장 취임 연설이 있었다.

그 며칠 전부터 이미 적지 않은 소란이 일어났다. 5월 23일, 총장 하이데거는 대학 관계자들에게 취임식 순서를 통고했다. 모두가 '호르스트 베셀의 노래'[43]를 불러야 했고, '승리 만세'도 외쳐야 했다. 취임식 전체가 국경일처럼 화려하게 진행되어야 했다. 교수들 사이에서 얼마간 불만이 쏟아져 나왔다. 하이데거는 공문에서 "오른손을 쳐드는 것"은 당에 대한 결속보다는 민족적 고양을 표현하는 것이란 해명을 덧붙였다. 그리고 절충할 용의도 있음을 내비쳤다. "학생단 지도자와 협의를 거쳐 호르스트 베셀의 노래 4절을 부를 때만 오른손을 쳐들기로 했습니다."[44]

하이데거는 전체 철학계가 그 순간 자신을 주목할 것임을 안다. 지난 몇 주 동안 그는 자신의 통솔력을 부각시킬 기회를 놓치지 않았다. 당의 고위 간부와 장관, 대학 총장들 및 신문기자들이 그를 만나러 왔다. 연미복을 입은 사람보다는 갈색[45] 셔츠를 입은 사람이 더 많았다. 하이데거는 앞서 나가려 애썼다. 1933년 4월 3일, 야스퍼스에게 보낸 편지에서 그는 이렇게 말한다. "우리가 철학에 적절한 출격 지점을 마련해 주고 철학이 발언권을 갖게 해 주는 것이 무엇보다 중요합니다." 이제 그는 출격 지점을 찾아낸 것이다. 하지만 그는 적절한 철학적 단어도 발견하게 될 것인가?

취임 연설 주제는 "독일 대학의 자기주장"이었다. 여기서 그는 묻는다. 대학의 '자기'란 무엇이며, 그것의 '본질'은 무엇인가?

대학의 본질은 젊은이들이 직업을 위해 교육을 받고 필요한 지식을 습득하는 장소라는 데 있지 않다. 대학의 본질은 학문이다. 그러나 학문의 본질은 무엇인가? 이 물음을 제기한 하이데거는 자신이 좋아하는 "철학의 그리스적 시원"이라는 화제로 돌아간다. 그 시원은 그가 현재로의 도약을 위한 거리를 확보하기 위해 돌아갔던 지점이다.

하이데거에 따르면 학문의 본질은 그리스인들에게서 드러났다. 당시 그곳에서는 "운명의 우위"에 완강히 반항하는 앎의 의지가 드높아졌다. 이 "지고한 반항"은 자신에게 어떤 일이 일어나는 것인지, 어떤 현존재의 힘이 자신을 규정하는지, 그리고 이 모든 게 있다는 것이 무슨 의미인지 알고자 한다. 이러한 앎이 빽빽한 숲 안으로 빛줄기를 열어 놓는다.

하이데거는 진리의 생생한 고유화를 극적으로 묘사한다. 하지만 정확히 어떤 진리들이 논의되는 것인지는 불분명하다. 그 대신 핵심적 메타포가 하나 등장하여 전체 텍스트를 조직한다. 그것은 투쟁의 메타포, 좀 더 정확히는 돌격대의 메타포이다.

그리스적 시원의 본질은 전체로서의 어두운 존재자 한가운데서 얼마간의 가시성을 쟁취하는 것에 있다. 이는 진리 역사의 영웅적 시작이며, 학문과 대학의 참된 본분 또한 여기에 있다. 그렇게 하이데거는 말한다.

그렇다면 이렇게 이해된 학문을 위협하는 것은 무엇인가? 당연히 그것은 존재자의 어두움이다. 하지만 그것은 학문의 자부심이기도 하다. 그런 어두움에 맞서 싸우는 것이 바로 앎의 본질을 이룬다. 더욱 위협적인 것은 "지식의 단순한 진보를 장려하는 위험 없는 활동"이 가져오는 퇴보이다.(R, 13쪽)

위험은 후방 기지에서 시작된다. 위험은 출세가 지향되고 허영이 충족되며 금전이 획득되는 그 흔한 학문 사업에서 비롯되는 것이다. 후방 기지의 안온한 삶이 특히 가증스러운 것은 지식의 바깥 전선에서 거대하고 위험한 일들이 벌어졌기 때문이다. 다시 말해 존재자의 어두움에 대한 현존재의 입장은 그 사이 달라졌다. 진리의 사건은 위기의 단계로 들어섰다. 그리스인들에게서는 아직 모든 존재자의 의문스러움에 대한 "감탄하는 견뎌 냄"이 있었다. 당시만 해도 안온한 감정과 존재에의 믿음, 세계에 대한 신뢰가 살아 있었다. 하지만 존재에의 이런 믿음은 사라졌다. "신이 죽었기" 때문이다. 그러나 후방 기지의 사람들은 이 사실을 거의 알아차리지 못했다. 만약 혁명이 도래하지 않았다면, 이 "출발의 영광"(R, 19쪽)이 주어지지 않았다면, 사람들은 "광기와 절멸"로 붕괴할 때까지 "빈사 상태의 사이비 문화"에서 편안히 지냈을 것이다.

이 혁명에서 일어나는 것은 무엇인가?

하이데거의 몽상에 의하면 이 혁명과 더불어 니체의 '신은 죽었다'는 진단이 비로소 올바르게 파악되며, 이제 어느 민족 전체가 "존재자 한가운데서 오늘날 인간의 버림받음"을 의식적으로 받아들인다.(R, 13쪽)

이런 민족은 니체가 『차라투스트라는 이렇게 말했다』에서 "최후 인간들"의 퇴행 단계라고 말한 상태를 극복한다. 니체가 말한 최후 인간들은 자기 내면에 더 이상 "혼돈"을 갖지 않으며 따라서 더 이상 "별"도 탄생시킬 수 없다. 그들은 편안한 "행복"을 발명하고 "살기 힘든 지역"을 떠난 것에 만족하며, "낮이나 밤이나 조촐한 쾌락"을 즐기고 "건강"을 중시한다.[46]

하이데거에게 국가사회주의 혁명이란 신이 사라진 세계에서 "별을 탄생시키려는"(니체) 시도이다. 그렇기 때문에 하이데거는 온갖 형이상학적인 암흑 낭만주의[47] 레퍼토리를 동원해서 생생한 고유화에 신비한 깊이를 부여하려 한다.

하이데거 발아래서 경청하는 학생들과 당 고위 간부들, 교수들과 여러 명사들, 문화부 관료 및 각 부처 장들, 그리고 이들이 동반한 부인들은 이 연설을 듣는 동안 마치 자신들이 형이상학적 돌격대의 일원이 된 듯한 느낌을 받는다. "존재자의 우위 한가운데 현존재가 가장 첨예한 위협을 받는" 지대로 진격하는 돌격대 말이다. 돌격대 통솔자는 바로 하이데거이다. 주지하듯 통솔자들은 가장 깊은 어두움 속으로, 더 이상 자기 부하들의 엄호도 받지 못하는 곳으로 나아간다. 그들은 "아무 엄호도 받지 못한 채, 숨겨지고 알려지지 않은 것으로 내맡겨짐"을 두려워하지 않으며, 그렇게 해서 "홀로 갈 수 있음의 힘"을 입증해 낸다.(R, 14쪽)

하이데거가 자신과 청중 모두의 가치를 높이려 한다는 것은 분명하다. 그들은 모두가 대담무쌍한 무리인 돌격대의 일원이다. 아마 연사, 즉 통솔자는 조금 더 대담하리라. 그는 "홀로 갈 수 있음의 힘"을 입증하거나 최소한 요구하기 때문이다.

무엇보다 중요한 것은 위험이다. 하지만 그의 연설에서 슬그머니 감춰지는 것은 그런 특수한 상황에 처하면 혁명 돌격대에 동참하지 않는 것이 신상에 더 위험하다는 단순한 사실이다.

그나저나 하이데거가 주목하는 것은 어떤 위험인가? 칸트가 "그대 자신의 지성을 사용할 용기를 가져라"고 요구했을 때 염두에 두었던 위험인가? 스스로 생각하기는 용기를 필요로 한다. 그런 사유는 합의를 산출하는 선입견의 보호와 편안함을 포기하는 것이기 때문이다.

하이데거가 자신의 연설에서 염두에 둔 것은 이런 위험이 아니다. 물론 식전 후의 연회에서 사람들은 하이데거가 말한 것은 그의 "개인적 국가사회주의"에 불과하다고 수군거릴 것이다. 하지만 그렇다고 해서 하이데거가 여전히 '그들 중의 하나'라는 사실이 변하는 것은 아니다. 이 연설을 행했던 시점만 해도 그는 아직 밀려나지 않았다.

언젠가 쇼펜하우어가 참된 철학자를 오이디푸스와 비교하면서 탁월하게 표현했듯, "자기 자신의 끔찍한 운명에 관해 구명하고자 부단히 탐구하는 것, 답을 얻고 나면 가공할 만한 사실 밖에 주어지지 않을 것임을 예감하면서도 그렇게 하는 것"[48] 이 바로 인식의 위험인가? 쇼펜하우어가 이 "가공할 만한 사실"로 뜻한 것은 형이상학적 심연, 생의 의미를 묻는 사람들 앞에 입을 벌리는 그 심연이었다.

하이데거 또한 그런 심연을 염두에 두는 것이지만, 그는 이 심연을 "존재자 한가운데서 오늘날 인간의 버림받음"이라 부른다. 하지만 이런 버림받음의 경험을 철저하게 체험하고 사유할 수 있는 자는 집단적 의미 관계들로부터 내던져진 개별자로서의 개별자뿐이다. 그런데 민족 전체가 "진군 중"에 있는데, 어떻게 이런 "버림받음"을 말할 수 있는 것인가?

사실 하이데거는 혁명이란 것을 잘못된 위안과 안락한 의미 확실성의 동굴로부터의 집단적 탈출이라 이해한다. 한 민족이 본래적이 된다. 한 민족이 일어나서 불안을 야기하는 존재물음을 제기한다. 왜 무엇인가 있고 오히려 무가 있지 않은가? 민족은 반항적으로 현존재의 힘들에 자신을 내맡긴다. 현존재의 힘들이란 "자연과 역사와 언어, 민족과 풍습과 국가, 시 짓기와 사유와 믿음, 질병과 광기와 죽음, 법과 경제와 기술"(R, 14쪽)이다. 이것들은 궁극적 지주를 제공하기는커녕 오히려 그들을 어두움과 미지와 모험으로 이끈다.

이런 방식으로 활동하는 사람은 정신의 어떤 분리된 세계, 아마 일상의 노동이 주는 부담을 그에게서 경감시켜 줄 그런 분리된 세계를 정복하지 않는다. 하이데거는 그런 도피주의를 경멸할 뿐이다. "존재자에 의심"을 품은 사람은 그것을 회피하는 대신 공격 정신에 고무되어 단호히 전진한다. 어떤 피안의 것을 궁리하는 게 중요한 문제가 아니다. 단순히 "활동 중에 있음am Werk zu sein"이 중요하다. 하이데거는 그리스어인 '에네르기아energia'를 그렇게 번역한다.

하이데거는 철학의 그리스적 시작을 되풀이하려 하지만, 관조적 삶의 이데아—플라톤의 태양—에 미혹되지는 않는다. 하이데거는 그리스인들 스스로보다 자신이 그리스인을 더 잘 이해한다고 주장하면서 그런 이데아를 배제해 버린다. 그리스적 의미의 "이론"은 "존재자 자체에 가까이 있고 그것의 곤궁 아래 함께 머물려는 열정에서만" 일어난다.(R, 12쪽) 이는 플라톤의 동굴의 비유가 지니는 의미와는 전혀 다른 것이다. 그 비유에서 중요한 것은 구원, 즉 동굴의 곤궁으로부터 해방됨이다. 하이데거는 역설적인 것을 지향한다. 그는 플라톤적인 이데아의 천국이 없는 플라톤적 황홀경을 원한다. 그는 동굴에서 탈출하기를 원하지만, 동굴 저 너머의 장소에 대한 믿음은 없다. 현존재는 무한한 열정에 의해 포착되어야 하는 것이지, 무한자에 대한 열정에 의해 포착되는 것은 아니다.

1930년 토마스 만은 '고대 문화의 폭발적 부활'이 지닌 위험을 경고한 바 있다. 이런 위험한 고대 부활이 하이데거의 연설에서도 나타난

다. 그것은 세 가지 봉사, 즉 "노동 봉사, 국방 봉사, 지식 봉사"를 말할 때
이다. 여기서는 중세의 사회적 상상력을 지배했던 유서 깊은 이미지, 즉
농부와 전사와 사제라는 3질서의 이미지가 반복되고 있다. 이 질서에
대한 중세의 정의는 이렇다. "그러므로 우리가 상상해 보는 신의 집은
3중적이다. 이곳 지상에는 기도하는 자들, 싸우는 자들, 그리고 노동하
는 자들이 있으니, 이 세 무리는 함께 엮여 있고, 분열되는 것은 견디
지 못한다. 한 무리의 기능이 다른 두 무리의 활동에 의존하고, 모두가
모두를 돕는 식으로 말이다."(중세의 주교 아달베르트 폰 라온 Adalbert von Laon
의 글)[49]

　　'3질서'의 중세 이미지에서 사회조직과 천국을 연결시키는 무리는
사제이다. 사제들은 영적 에너지가 지상에서 순환하도록 돌본다. 이제
하이데거에게서 사제의 지위를 차지하는 것은 철학자들, 좀 더 정확히
는 그 시대를 지배하는 철학이다. 하지만 한때 천국이 있었던 곳에는
이제 자신을 은폐하는 존재자의 어두움, 즉 "세계 불확실성"이 있다. 또
새로운 사제들은 이제 실제로는 "무의 자리 지킴이"가 되었으며 아마 전
사들보다도 대담무쌍한 자임을 입증해 내리라. 이들에게는 천국에서
지상으로 돌릴 수 있는 복음이 더 이상 없다. 하지만 이들은 오래전 사
제 권력이 지녔던 빛, 보이지 않는 거대하고 풍요한 사물들을 독점함으
로써 획득한 그 권력이 지녔던 빛만은 아직도 희미하게 발산하고 있다.

　　하이데거가 사제 역할을 떠맡고 정치에 뛰어들어 발언하기 시작한
것은 바이마르 공화국에 대한 최후 일격이 중요 문제로 대두했을 시절
이다. 15년 전 이 공화국이 출범했을 때 막스 베버는 '직업으로서의 학
문'에 관한 뮌헨 강연에서 지식인들에게 '세계의 탈주술화'를 견뎌 내
라고 촉구했다. 막스 베버는 이 맥락에서 플라톤의 동굴 비유의 '탁월
한 이미지'를 상기시키기도 했다. 하지만 그것은 멜랑콜리한 추억담에

불과하다. 베버가 보기에도 엄밀한 인식과 풍요한 의미의 플라톤적 통일은 되돌릴 수 없이 지나간 것이기 때문이다. 위대한 구원 내지 동굴 탈출의 전망은 보이지 않았고, 막스 베버는 '강단 예언자'들이 추동하는 의도적 재주술화의 수상쩍은 행태를 경고했다.

하이데거도 '강단 예언자들'에게는 호의를 품지 않았다. 하지만 자기 자신 외의 사람들만이 언제나 '강단 예언자'이다.

1927년 여름학기 강의에서 최초로 플라톤의 동굴 비유를 언급했을 때, 하이데거는 "아주 냉철하고 완전히 탈주술화된 가운데 순수하게 사태적인 물음을 묻는"(GA 제24권, 404쪽) 것이 바로 동굴로부터의 탈출이라고 묘사했다.

하지만 이제 하이데거는, 이 복음 없는 사제는 이런저런 깃발과 군기에 둘러싸인 채 군인처럼 꼿꼿이 서서 우렁찬 목소리로 말한다. 일찍이 플라톤 강의에서 그는 동굴에 포박된 자들을 풀어 주고 바깥으로 인도하는 해방자의 형상을 꿈꾸었다. 이제 그는 동굴 거주자 모두가 이미 진군을 시작했다고 말한다. 그는 그저 선두에 서기만 하면 된다.

제 14 장

—

총장 취임 연설과 그 영향. 대학 개혁. 하이데거는 반
유대주의자인가? 하이데거의 혁명적 행동. 68운동과
의 유사성. 민족에 봉사하기. 학술캠프.

—

프라이부르크대학 총장 시절의 하이데거(1933년)

총장 취임 연설과 그 영향. 대학 개혁. 하이데거는 반유대주의자인가? 하이데거의 혁명적 행동. 68운동과의 유사성. 민족에 봉사하기. 학술 캠프.

HEIDEGGER

"총장 취임 연설은 지나가는 바람에 대고 말한 것이나 다름없었고, 총장 취임식이 끝나자 금세 잊혀졌다······ 사람들은 수십 년 동안 답습해 온 학과 정책의 궤도에서 벗어나지 않았다." 1945년 자신을 변호하기 위해 쓴 글 「사실과 생각Tatsachen und Gedanken」에서 하이데거는 이렇게 말하고 있다.(R, 34쪽)

하지만 사실 이 연설은 그렇게 빨리 사람들의 뇌리에서 사라지지는 않았다. 국가사회주의 시대 이 연설은 두 차례나 인쇄되었고, 당 관보에서 찬양받기도 했다. 예컨대 1938년 「킬 신문Kieler Blätter」의 한 기사는 국가사회주의 학문 정책의 업적을 되돌아보면서 이렇게 적었다. "마르틴 하이데거는 총장 취임 연설에서 보임러와 유사하게 행동주의적, 영웅적 기본 태도로부터 학문의 본질을 규정한다."[1]

반응은 열광적이었다. 지역 언론과 전국 발행 신문은 이 연설을 위대하고 선구적인 사건으로 소개한다. 국가사회주의 학생 단체의 잡지는 새로운 상황에 표면적으로만 순응하는 많은 학자들의 기회주의에 경고를 보내면서 마르틴 하이데거의 연설을 전향적 예외로 부각시킨다. 그에 따르면 이 연설은 새로운 출발과 혁명의 정신을 참되게 표현한다. 1934년이면 에른스트 크리크와 하이데거는 이미 견원지간이었는데, 크리크가 발행인으로 있던 잡지 「생성하는 민족Volk im Werden」조차 그해에 하인리히 보른캄Heinrich Bornkamm의 기사를 싣는다. 그 기사에 따르면 "우리 시대에는 지나치게 많은 대학 개혁 문건이 나와 있지만, 내가 아는 범위에서 가장 중요한 실마리를 제공하는 것은 하이데거의 프라이부르크대학 총장 취임 연설이다."[2]

공식적이지 않은 언론들도 연설에 긍정적인 반응을 보인다. 후일 도교에 입문하는 (『궁술Die Kunst des Bogenschießens』의 저자) 오이겐 헤리겔Eugen Herrigel은 「베를린 주식신문」에 게재한 글에서 하이데거의 연설을 한편의 '고전'이라 부르며 이렇게 말한다. "이토록 매혹적이고 주목을 끌 수밖에 없는 총장 취임 연설은 아마도 없을 것이다."[3]

반면 당혹스러움의 표현도 발견된다. 카를 뢰비트는 총장 취임 연설의 즉각적인 영향에 관해 언급하면서 사람들이 소크라테스 이전 철학자들을 공부해야 할지, 아니면 나치돌격대에 입대해야 할지 헷갈려 한다고 말한다. 그렇기에 당대 주석자들은 국가사회주의 강령에 연결시키기에 아무 무리가 없는 진술에만 언급을 국한시킨다. 하이데거가 말한 '세 가지 봉사', 즉 노동 봉사, 국방 봉사, 지식 봉사의 프로그램이 바로 그런 예이다.

외국의 비판적 주석자들 사이에서는 놀라서 믿기 어려워하는 분위기가 지배적이며 경악하는 사람들도 없지 않다. 「노이에 취르허 차이퉁」에는 이런 사설이 실린다. "하이데거의 연설을 두세 번 읽어 보면 바닥 모를 파괴적인 허무주의, 한 민족의 피와 대지에 대한 신봉마저 제거하지 못할 허무주의의 인상을 받는다."[4] 베네데토 크로체Benedetto Croce는 1933년 9월 9일 카를 포슬러에게 보낸 편지에서 이렇게 말한다. "마침내 하이데거의 연설을 끝까지 읽었습니다. 어리석은 동시에 비굴한 연설이죠. 나는 그의 철학이 한동안 성공을 거둔다 해도 전혀 놀라지 않을 것입니다. 공허함과 진부함은 언제나 성공하는 법이니까요. 하지만 그런 것은 아무것도 낳지 못합니다. 게다가 나는 그가 정치에서 아무런 영향력도 갖지 못할 것이라 생각합니다. 하지만 그는 철학의 명예를 더럽히고 있습니다. 이것은 정치에도 해로운 일입니다. 적어도 장래의 정치에는 말입니다."[5]

카를 야스퍼스는 의외의 반응을 보였다. 1933년 8월 23일 하이데거에게 쓴 편지에서 그는 이렇게 말한다. "총장 취임 연설에 대해 당신에게 감사를 표하고 싶습니다…… 초기 그리스에서 출발점을 잡는 당신의 배포는 새로우면서도 자명한 진리처럼 나를 감동시켰습니다. 그점에서 당신은 니체와 일치합니다. 하지만 당신이라면 언젠가 말한 바를 철학적 해석의 방식으로 실행할 것이라는 희망을 품어도 좋겠죠. 그것이 니체와 다른 점입니다. 그렇기에 당신의 연설은 믿을 만한 실체를 지닙니다. 나는 연설의 문체와 밀도를 말하는 게 아닙니다. 물론─내가 판단하는 한─그 문체와 밀도 덕분에 연설은 오늘날 대학의 의지를 표현하는 유일무이한 기록, 앞으로도 유지될 기록이 되고 있기는 합니다. 당신의 철학하기에 대한 나의 신뢰감은…… 시대에 부합하는 이 연설의 특징들, 내게 뭔가를 강요하는 듯한 그 무엇 혹은 공허한 울림을 지닌 듯한 문장들로 인해 감소되지는 않습니다. 참된 한계와 근원에 가닿는 말을 할 수 있는 누군가 있다는 사실이 그저 기쁠 따름입니다." (BwHJ, 155쪽)

이 편지를 받기 두 달 전 하이데거는 마지막으로 야스퍼스를 방문했다. 하이데거가 '새로운 제국에서의 대학'이라는 강연을 한 뒤였다. 하이델베르크대학 국가사회주의 학생단의 초대에 의한 것이었는데, 이 행사는 보수적인 교수들, 특히 총장 빌리 안드레아스Wily Andreas에 대한 공격을 강화하기 위한 것이었다. 학생들의 전술은 성공을 거둔 것 같았다.

이 행사에 참석했던 역사학자 게르트 텔렌바흐^{Gerd Tellenbach}는 회고록에서 이렇게 쓰고 있다. "누군가 선동 연설에 감동을 받은 듯 옆 사람에게 말했다. 안드레아스는…… 자기 머리에 총알을 박아야 해요."⁶ 실제로 하이데거는 전투적 태도로 연설에 임했다. 그는 전통적 대학이란 이미 죽은 것이라 선언했으며, 단호한 목소리로 "휴머니즘적, 기독교적 관념"을 비난하고 "국가를 위한 노동"을 호소했다. 그는 지적 욕구의 "용감성"을 거론했고 "강한 종족만이 자기 자신을 염두에 두지 않고" 투쟁을 견뎌 낼 수 있을 것이라고도 말했다. 하지만 "투쟁을 견디지 못하는 자는 쓰러질 것입니다".(S, 75쪽)

신문에서 크게 광고한 이 연설장에는 관복 차림의 교수들도 참석했다. 그러나 하이데거는 학생 동맹이나 청소년 운동을 연상시키는 차림이었다. 그는 반바지를 입었고 넥타이는 매지 않았다. 야스퍼스는 그의 회고록에서 이렇게 말한다. "나는 다리를 쭉 뻗고 양손은 주머니에 꽂은 채 아무 감흥 없이 앞줄에 앉아 있었다."⁷

연설 후 사적인 자리에서 만난 하이데거에게서 야스퍼스는 "뭔가에 홀린 듯한" 느낌을 받았고, 그가 발산하는 위협적인 기운도 느꼈다.

그렇지만 두 달 후 야스퍼스는 하이데거의 총장 취임 연설을 칭찬한다. 후일 비망록에서 야스퍼스는 자신의 태도를 이렇게 해명한다. 자신은 하이데거와 대화를 지속하고 싶었기에 "가능한 한 선의로" 연설을 해석하려 했지만, 실은 그 연설과 처신의 "참기 어려울 만큼 저급하고 기이한 수준"에 혐오감만 느꼈다고.⁸

그러나 총장 취임 연설에 대한 야스퍼스의 찬동은 후일 그가 강조한 전술적 의미만을 지닌 것은 아니었다. 두 사람 사이에는 예전과 다름없이 중요한 접점이 있었고, 놀랍게도 국가사회주의적 대학 개혁이라는 문제에서 특히 그랬다. 1933년 8월 23일의 편지에서 야스퍼스는 바덴 주 문화부가 새로이 공포한 대학제정법을 "굉장한 진전"이라 평가하는데, 그 핵심은 총통원리의 도입과 평의회의 무력화였다. 야스퍼스는 "새로운 학칙"이 정당한 것이라 여긴다. 대학의 "위대한 시대"는 이미 오래 전에 지나갔으니 새로운 시작이 있어야 한다는 것이다.

야스퍼스 자신이 1933년 여름, 대학 개혁을 위한 테제를 작성한 바 있다. 그는 이 테제를 하이델베르크대학 교수진에 보이고 조언을 구할 참이었다. 하이데거가 마지막으로 방문했을 때 야스퍼스는 이에 관해 언급했으며, 자신과 정부 관료와의 만남을 하이데거가 주선해 주기를 희망했다. 만남에 대비해 야스퍼스는 테제에 동봉할 편지를 써 놓았다. 여기서 그는 자신의 개혁 이념이 "그동안 정부로부터 들은 원리들"과 "모순되는" 것이 아니라 오히려 "일치하는" 것이라고 장담한다.[9] 하지만 야스퍼스는 자신의 테제를 공개하는 것을 결국 포기하고 말았다. 그는 그 이유를 테제 원고에 첨부한 메모에 적어 놓았다. "내 의견은 묻지 않으니 나로서는 할 수 있는 게 없다. 아내가 유대인이고 당원도 아닌 나는 신뢰는커녕 용인하기도 어려운 인물이란 말만 듣게 될 테니까." (BwHJ, 260쪽)

야스퍼스가 1946년 자신의 대학 개혁 제안서의 토대로 삼을 이 '테제'에서는 몰락하는 대학의 상이 그려지고 있다. 그의 진단은 하이데거의 생각과 일치한다. 대학의 명백한 문제점으로 지적되는 사항은 이런 것이다. 전문 분야로의 미세분화, 중·고등학교 수준으로의 질적 하락, 일면적인 직업교육, 행정기관의 비대화, 교수 내용 전반의 수준 하락, 학습 자율권의 남용("자유가 부여되면 그에 준해 능력 없는 자들을 배제"[10] 하는 장치도 가동되어야 하는데, 이 장치가 더 이상 없다는 점). 야스퍼스에 따르면, 현재—1933년 여름—상황에서는 "무제한의 권한을 가지고 대학을 지배할 수 있는 인물, 상황을 의식하고 있는 청년들의 강력한 충동을 독려하고 평소 미온적이고 무관심할 뿐인 사람들에게서 비상한 협력 자세를 끌어낼 수 있는 인물이 단호한 조처에 의해" 모든 장애와 경직화를 극복할 "두 번 다시없을 기회"가 존재한다. 지금 단호한 조처를 취하지 않는다면 대학은 "최종적 죽음"을 맞게 될 것이다.

야스퍼스 개혁안의 세부 내용은 이렇다. 학업과 연구의 규제 철폐, 정해진 교과 과정과 형식적 수료증의 폐지, 최종 주도 기관의 책임 강화를 통한 행정관리 부서의 단순화. 또한 총장과 학장들은 더 이상 다수결에 속박되어서는 안 된다. 야스퍼스는 총통원리를 지지한다. 하지만 책임감 있는 사람이 결정권자가 되고 자신의 결정에 진정으로 책임을 져야 하며, 경우에 따라서는 투표에 의해 해임될 수도 있어야 한다는 유보 조건을 단다. 총통원리 남용을 예방하는 안전장치의 마련이 중요하다는 것이다. 바덴 주의 새로운 대학제정법이 이런 요건을 충족시킬지 여부는 시간을 두고 지켜봐야 할 문제라고 그는 말한다. 어쨌거나 야스퍼스는 1933년 8월 23일 하이데거에게 보낸 편지에서 새로이 적용되는 "귀족주의 원리"가 반드시 성공하기를 기원한다고 말한다.(BwHJ, 156쪽)

1933년 여름, 이처럼 야스퍼스는 하이데거의 확신, 즉 권력을 쥔 자가 일류 학자들의 의견을 경청할 때만 국가사회주의 혁명은 물론 대학의 이성적 개혁도 완수될 수 있다는 확신을 공유했다. 야스퍼스도 자기나름의 방식으로 '관여'하고자 했다. 심지어 그는 노동 봉사와 군사 체육 도입 구상도 용인했다. 야스퍼스가 볼 때 이런 것은 "현존재의 기반과 민족 전체"와 결부된 "지배적인 것의 현실"의 일부를 이룬다. 하지만 야스퍼스는 정치의 우위에는 분명한 반대 의사를 표명한다. "세상의 그 어떤 다른 권위도" 연구와 교육에 대해 "참된 앎이 발하는 찬란함"인 그 목표마저 정해 줄 수는 없다.[11]

당시까지 하이데거가 입 밖으로 꺼낸 의견도 이와 크게 다르지 않았다. 총장 취임 연설에서 그는 정치로부터 학문의 정신을 끌어내지 않고, 역으로 올바로 이해된 철학적 물음을 정치적 관여의 근거로 내세운다. 하지만 한 사람은 정치 운동에 대한 내면적 관여 방식에 대해 말하고, 다른 한 사람은 주도적 기분에 대해 말한다는 점에서 야스퍼스와 하이데거의 세계는 동일하지 않다. 야스퍼스는 정신의 귀족주의를 옹호하는 반면, 하이데거는 이를 분쇄하고자 한다. 야스퍼스와의 마지막 대화에서 하이데거는 철학교수가 이렇게나 많다는 건 어처구니없는 일이며 두세 명이면 충분하다고 말한다.

1933년 4월, 야스퍼스에게 편지를 쓸 때만 하더라도 하이데거에게 무엇보다 중요한 것은 "새로운 현실"에서 철학의 "적절한 출격 지점"을 찾아내고 "철학이 발언권을" 갖게 해 주는 일이었다. 그리고 그에게 이 "새로운 현실"은 바로 국가사회주의 혁명이었다. 그러나 야스퍼스는 정치에 의해 날조되지 않은 철학의 언어를 지켜 내고자 한다. 야스퍼스는 하이데거가 자신을 사로잡은 권력을 형이상학 유형의 현존재 권력으로 과도하게 해석하는 모습을 바라보며 놀라움과 경악스러움을 느낀다. 하지만 야스퍼스는 하이데거의 정치적 행동에서 여전히 철학적 열정이 살아 있음 또한 느낀다. 그리고 이 점이 야스퍼스를 매료시킨다. 그는 이 "새로운 현실"이 어떻게 하이데거에게서 그런 철학적 추진력과 의미를 획득할 수 있는 것인지 이해해 보려 한다. 그렇기에 하이데거의 총장 취임 연설을 두고서 그런 미심쩍은 언급을 한 것이다. "당신이라면 언젠가 말한 바를 철학적 해석의 방식으로 실행할 것이라는 희망을 품어도 좋겠죠."(BwHJ, 155쪽)

그리고 하이데거는 총장으로 선출되자마자 정말로 프라이부르크대학에 총통원리를 도입했다. 바덴 주의 대학 개혁이 공식적으로 시작되기도 전이었다. 그는 여러 달 동안 대학 평의회를 소집하지 않는 방식으로 평의회를 무력화시켰다. 평의회와 학과들에 보내는 그의 공문이나 회람은 강한 명령조의 문투로 작성되었다. 최전선은 아니었지만 제1차 세계대전에 참전한 경험이 있던 하이데거는 학자의 몸에 군인의 정신을 심는다는 발상에 매료되었다. 그는 소형 전함 지휘관으로 예편한 게오르크 슈틸러Georg Stieler 교수에게 군대 장교단 규정에 상응하는 대학 교육진 징계재판규정의 작성을 의뢰했다. 교수 초빙 협상에서 그 스스로 능란함을 보여 주었던 하이데거는 이제 봉급 인상이나 강좌 설비 증설 등을 둘러싼 흥정을 일체 받아들이지 않기로 한다. 시장과 경제적 경쟁의 정신은 극복되어야 하는 것이었다. 그래서 징계재판규정안에는 이런 말이 나온다. "우리는 동료들을 생존경쟁의 경쟁자로 여기지 않는 참된 동료애와 진정한 사회주의의 정신을 우리 사이에 가꾸고 발양하고자 한다."[12]

하이데거가 승인한 이 기획에는 이런 문장도 있다. "우리는 우리 단체에서 열등한 요소들을 씻어 내야 하며 장차 나타날 수 있는 퇴화를 예방해야 한다."[13]

이 맥락에서 하이데거가 말한 "열등한 요소들"은 아마 전문 분야나 성격 면에서 충분한 자격을 갖추지 못한 사람들을 지칭한 것이리라 생각된다. 하지만 국가사회주의 혁명 과정에서 이 말은 무엇보다 유대인이나 정치적 반대파들을 지칭하는 것이었다. 하이데거는 이 점을 알고 있어야 했다.

3월 초 프라이부르크에서는 나치돌격대가 유대인 상점의 보이콧을 선동했고, 유대인 변호사와 의사들의 명부를 돌렸다. 국가사회주의 학생단은 유대인 교수들의 보이콧을 호소하기 시작했다. 4월 7일 '공무원 제도 재건법'이 공포되어 1918년 이후 채용된 모든 '비非아리아인들'을 공직에서 쫓아냈다. 그런데 프라이부르크에서는 제국지방장관 로베르트 바그너가 그보다 하루 앞서 더욱 엄격한 조처를 취했다. 1918년 이전에 채용된 사람들을 포함한 모든 유대인 공무원에게 임시 휴직 법령을 내린 것이다. 이는 궁극적으로 해직을 목표한 것이었다. 이 법령을 근거로 1933년 4월 14일 후설이 휴직 처분을 받았다. 하이데거는 아직 총장에 취임하지 않은 시점이었다. 4월 말 '공무원제도 재건법'을 앞두고 바그너 법령이 폐지되었을 때, 후설의 휴직도 취소되어야 마땅했다. 그것은 신임 총장의 과제였다. 하이데거는 개인적인 인사치레만 하고 이 과제는 모른 척해 버렸다. 후설에게 휴직 건에 관해서는 한마디도 않고 엘프리데를 시켜 꽃만 전한 것이다. 후설은 휴직 처분을 생애 "최대의 치욕"으로 느꼈다. 무엇보다 국민감정에 상처를 입은 그는 어느 편지에서 이렇게 말했다. "내 생각에 나는 (스타일이나 생활 범위가 구닥다리인) 독일인들 중 최악은 아니었으며, 내 집은 진정한 민족적 정서가 깃든 곳이었습니다. 이 사실은 내 자식들이 입증합니다. 전시에 자식들 '모두가' 자원입대해 전선이나…… 야전병원에서 복무했으니까요."[14]

꽃다발이나 축사는 하이데거에 대한 후설의 실망감을 잠재울 수 없었다. 1933년 5월 4일, 제자 디트리히 만케Dietrich Mahnke에게 보낸 편지에서 후설은 "매우 연극적인" 하이데거의 입당을 가리켜 "그동안 믿어 온 철학적 영혼 사이의 우정에 종지부를 찍은 행위"라고 말한다. 후설에 따르면 이미 지난 몇 년 동안 하이데거는 "점점 더 강하게 반유대주의를 표명했으며, 자신에게 매혹되었던 유대인 학생들이나 학과 동료들에게도 마찬가지로"[15] 그런 태도를 보였다.

하이데거는 반유대주의자인가?

분명 국가사회주의라는 광기에 찬 이데올로기 체제의 의미에서 반유대주의자는 아니었다. 강의와 철학 저작에서든, 아니면 정치적 연설과 팸플릿에서든 반대유대주의나 인종주의적 언사는 아직까지 발견되지 않았기 때문이다. 예컨대 5월 축제 전에 발표한 공문에서 "독일 민족을 위한 새로운 정신적 세계의 건설"이야말로 "시대의 명령"이라고 말할 때 그는 이 사명에 함께 동참하기만 한다면 그 누구도 배제하려 하지 않는다. 하이데거의 국가사회주의는 결단주의였다. 그에게 기준은 혈통이 아니라 결단이다. 그의 용어로 표현하면, 인간은 그의 "던져져 있음"이 아니라 그의 "기투"로부터 판정된다. 그런 한에서 하이데거는 인정할 만한 업적을 보인 동료라면 그가 유대인일지라도 도우려는 태도를 보였다. 고전문헌학 정교수 에두아르트 프랭켈Eduard Fraenkel과 생리화학 교수 게오르크 폰 헤베시Georg von Hevesy가 유대인이라는 이유로 대학에서 쫓겨날 상황에 처했을 때, 하이데거는 문화부에 편지를 써서 이를 막으려 했다. 이 편지에서 그는 다음과 같은 전술적 논증을 펼친다. 학문적 명성이 지극히 높다는 점에서 이론의 여지가 없는 이 두 명의 유대인 교수를 해직시킨다면, 외국의 비판자들이 특히 주목하고 있는 이 "국경 지역의 대학"에 누가 될 것이다. 더욱이 이 두 "고결한 유대인"은 성품조차 모범적이다. 하이데거는 "인간의 판단이 미치는 범위 내에서" 두 사람의 태도에는 나무랄 구석이 없다는 점을 보증할 수 있다고 말했다.[16] 프랭켈은 하이데거의 청원에도 불구하고 해직되었고, 헤베시는 한동안 대학에 남을 수 있었다.

하이데거는 유대인 조교 베르너 브로크Werner Brock를 위해서도 애를 썼다. 그를 대학에 남게 할 수는 없었지만 캠브리지대학의 연구 장학금을 주선해 주었다.

1945년 이후 마르틴 하이데거는 자신이 유대인 학자들을 위해 노력했다는 점을 강조했다. 그는 총장직에 취임할 지 불과 며칠 후에도 "비독일적 정신에 반대한다"는 내용의 반유대주의 현수막 교내 설치를 금하여 국가사회주의 학생단과 갈등을 빚었다는 사실 또한 상기시켰다.

이런 행동은 하이데거가 조야하고 이데올로기적인 반대유대주의와 거리를 두었음을 보여 준다.

한나 아렌트는 망명 직전인 1933년 초 하이데거에게 편지를 썼다. 에팅어는 그녀의 책에서 이 편지의 내용을 요약하고 있는데, 그에 따르면 아렌트는 하이데거에 관한 좋지 못한 소문을 듣고 있었다. 선생님이 "유대인 학생들을 세미나에서 배제하고, 교정에서 유대인 동료들과는 인사를 나누지 않으며, 유대인 박사 과정 학생의 지도를 거부하는 등 반유대주의자처럼 행동한다는 소문"이 사실인가?[17] 하이데거는 격분한 어조로 답장을 보내는데, 이것이 1950년까지 그가 아렌트에게 보낸 마지막 편지이다. 에팅어가 요약하는 편지 내용에 따르면 "그는 자신이 그동안 유대인들에게 베푼 호의를 하나하나 열거했다. 우선 그는 연구에 방해를 받을 만큼 많은 시간을 할애해 유대인 학생들을 편견 없이 응대해 주었다…… 위급한 상황에 처하면 자신을 찾아왔던 사람이 누구인가? 유대인이다. 박사 논문에 관해 자신과 급히 얘기를 나누고자 했던 사람이 누구인가? 유대인이다. 자신에게 조속한 논평을 부탁하며 방대한 분량의 원고를 보냈던 사람은 누구인가? 유대인이다. 보조금을 받게 해 달라고 자신에게 도움을 청했던 사람은 누구인가? 유대인이다."[18]

여기서 하이데거는 직무상 의무에 속하는 일을 "호의"로 포장하고 있다. 이 점은 논외로 치더라도 그는 분명 자신을 변호하는 가운데 "동료든 학생이든 독일인을 유대인과 비유대인으로 가르고 있다."[19] 게다가 그는 대학 내의 유대인을 성가신 존재로 여기고 있다는 뉘앙스 또한 풍긴다. 1929년 10월 20일, 하이데거는 당시 (장학금 수여 기관인) '독일 학문을 위한 긴급공동체'의 임시 수장인 빅토르 슈뵈르터Victor Schwörter에게 편지를 보냈다. 1989년 발견된 이 편지를 보면 하이데거는 대학 사회에 널리 확산된 '경쟁에 초점을 맞춘 반유대주의Konkurrenzantisemitismus'(제바스티안 하프너의 표현)[20]의 이념을 공유하고 있었다. "우리의 '독일적' 정신생활에 다시금 진정으로 토착적인 힘과 교육자를 공급할 것인가, 아니면 넓은 의미든 좁은 의미든 점증하는 유대화에 결국 내맡길 것인가라는 선택의 기로에 서 있음을 지금 당장 숙고하지 않으면 안 됩니다."[21]

이러한 '경쟁에 초점을 맞춘 반유대주의'는 그 핵심에서 유대인의 동화를 수용하지 않는다. 이는 계속해서 유대인을 특수 집단으로 인식하며, 이들이 문화에서 지배적인 지위, 국민 내 구성 비율에 전혀 상응하지 않는 지위를 점하는 것에 반대한다. 막스 뮐러에 따르면, 1933년 하이데거는 어떤 대화에서 바로 그러한 생각을 표명한 적이 있다. "원래 내과에는 유대인 의사가 두 명밖에 없었다. 하지만 시간이 지나자 결국 비유대인이 두 명밖에 없는 상황이 되었고 하이데거는 이런 사실을 못마땅하게 여겼다."[22]

따라서 하이데거가 유대인 동료 헤베시와 프랭켈의 해직을 막기 위해 문화부에 보낸 편지에서도 "공무원제도 재건법의 필요성"[23]만은 인정한 사실은 전혀 놀라운 일이 아니다.

문화 영역에서 '경쟁에 초점을 맞춘 반유대주의'는 대개 특별한 '유대 정신'의 존재를 상정한다. 그러나 하이데거의 관점에서는 반드시 막아 내야 할 '유대 정신' 같은 것은 없다. 이런 유의 '정신적' 반유대주의를 그는 언제나 거부했다. 1930년대 중반의 한 강의에서 그는 스피노자를 옹호하며, 만약 스피노자의 철학이 "유대적"이라면 라이프니츠에서 헤겔에 이르기까지 모든 철학이 유대적이라고 말한다. '정신적' 반유대주의에 대한 그의 거부는 참으로 놀라운 것인데, 그도 그럴 것이 평소 하이데거는 철학에서 "독일적인 것"을 강조해 왔으며, 이를 프랑스의 합리주의와 영국의 공리주의, 미국의 기술만능주의에 대립시키곤 했기 때문이다. 그러나 자신의 동지이자 경쟁자였던 크리크나 보임러와 달리 하이데거는 철학에서 이러한 "독일적인 것"을 결코 '유대적인 것'의 배척을 위한 말로 사용하지 않았다.

1945년, 하이데거의 반유대주의에 대한 감정을 의뢰받은 야스퍼스는 1920년대에 하이데거는 반유대주의자가 아니었다는 결론을 내린다. 그러고 나서 야스퍼스는 이렇게 말한다. "이 문제와 관련해서 그가 항상 삼가는 태도만을 보였던 것은 아니다. 상황에 따라 그가 자신의 양심과 취향에 반해 반유대주의 태도를 취했을 가능성을 배제할 수는 없다."[24]

어쨌거나 하이데거 방식의 반유대주의는 그가 국가사회주의 혁명에 관여하게 되는 동기를 형성하지는 않았다. 하지만 다른 한편 국가사회주의는 잔혹한 반유대주의를 아주 일찍감치 드러냈음에도 하이데거는 이 운동에서 손을 떼려 하지 않았다. 그는 이런 행동에 지지를 보내지는 않았지만, 이를 불용인한 것도 아니었다. 1933년 여름, 일단의 국가사회주의자 학생들이 유대인 학생 동맹의 건물을 습격해 폭행을 저질렀고, 그 결과 검찰 조사를 피할 수 없게 되었다. 검찰은 총장인 하이데거에게 해당 정보를 요청했으나, 그는 난동에 학생들만 관여한 것이 아니라는 구실을 들어 일체 조사를 거부했다.(V. Farías, 172쪽 참조) 하이데거는 폭도를 비호하는 것이 혁명에 대한 자신의 의무라고 믿었다.

부모 중 한쪽이 유대인이었던 엘리자베트 블로흐만은 '공무원제도 재건법'에 의해 해직되자 하이데거에게 도움을 구하는 편지를 썼다. 하이데거는 베를린에 가면 그녀를 위해 애써 보겠다고 약속하지만—이 노력은 수포로 돌아갈 것이다—전술적 측면을 고려할 필요가 없는 이런 사적인 편지에서조차 그는 정부 조처에 분노하는 말은 전혀 뱉어 내지 않는다. 마치 그녀가 불운이라도 만난 양 그녀의 일을 애석해 할 뿐이다. 자신의 행동이 혁명적 집단 행위에 연루되어 있다는 것만으로도 그녀를 배반하는 행위라는 생각은 결코 하지 않는 듯하다. 절망한 그녀는 이런 편지를 써 보냈는데 말이다. "그동안 '너무나' 힘든 나날을 보냈습니다. 그렇게 밀어낼 수 있으리라고는 상상조차 못했던 게지요. 너무도 소박하게 '정신'과 '감정'의 깊은 소속감을 확신하면서 살았나 봅니다. 그래서 처음에는 무력감과 절망감에만 빠져 있었습니다."(1933년 4월 18일 자 편지, BwHB, 64쪽) 하이데거는 이렇게 답한다. "언제라도 나는 당신의 소망과 요구에 응할 태세가 되어 있습니다."(1933년 10월 16일 자 편지, BwHB, 77쪽)

하이데거와 아주 가까웠던 사람들인 한나 아렌트와 엘리자베트 블로흐만, 카를 뢰비트는 독일을 떠나야 했다. 하지만 아직 하이데거와 국가사회주의자들의 "의지의 연대"는 이로 인해 손상되지 않는다. 그의 고향 근처에 최초로 강제수용소가 건립되고, 유대인 학생들이 잔혹하게 공격을 당하고, 최초의 법률 보호 박탈자 명단이 시내에 떠돌고 있음에도 운동에 대한 그의 소속감은 사라지지 않는다. 하이데거가 공식 정책에 대한 비판적 입장을 조심스레 표명하기 시작한다면, 이는 반유대주의 난동 때문이 아니라 낡은 시민 세력에 대한 당의 양보에 그가 분노했기 때문이다.

1933년, 한나 아렌트가 소문으로 듣고 하이데거가 편지에서 단호히 부인했던 일, 즉 유대인 동료와 학생들에 대한 기피 행위가 몇 달 동안 실제로 일어났다. 총장에 선출된 직후부터 하이데거는 유대인 동료들과의 개인적 교류를 중단했고, 유대인 학생의 박사 논문 지도는 맡지 않았다. 그는 이들을 학과의 다른 교수들에게로 보냈다. "하이데거는 유대인 학생들도 박사 학위를 받아야 한다고 생각했지만, 자신이 지도할 생각은 없었다"(막스 뮐러).[25] 친구인 재야 유대인 학자 빌헬름 질라지Wilhelm Szilasi에게 하이데거는 이런 말을 했다. "지금의 상황에서는 우리가 접촉을 끊어야 합니다."[26]

하이데거는 에드문트 후설과의 접촉도 끊었다. 물론 그가 옛 스승이자 친구의 세미나 참석을 막았다는 이야기는 가당찮은 소문에 불과하다. 그러나 하이데거는 점점 고립에 처하는 후설에게 도움의 손길을 내밀 생각은 조금도 하지 않았다. 후설과 연락을 유지하고 또 막스 뮐러를 시켜 정기적으로 "철학과의 인사"를 전하는 한편, 학과의 일들에 관해 알려 주었던 인물은 하이데거의 동료인 가톨릭 신학 교수 마르틴 호네커Martin Honecker였다. 막스 뮐러는 이렇게 회상한다. "후설은 내게 '현자'처럼 보였다. 현실 정치가 유대인인 그 자신과 아내에게 지속적으로 위협을 가했는데도 일상 문제에는 일체 관심을 기울이지 않았기 때문이다. 그런 위협에 관해서는 전혀 아는 바 없거나 알고 싶어 하지 않는 것만 같았다."[27] 후설은 학과에 아무런 관심을 보이지 않았지만 하이데거에 관한 일만은 언제라도 듣고 싶어 했다. 1933년에는 하이데거의 '배신'에 격노했지만 결국은 다시 마음이 풀어졌다. "내 서클에 속했던 모든 이들 중에서 그 친구가 가장 재능이 뛰어날 거야."[28] 후설은 막스 뮐러에게 그렇게 말했다.

1938년 4월 29일, 외로운 죽음을 맞이한 에드문트 후설이 화장되던 날, 철학과에서는 게르하르트 리터Gerhart Ritter 외에 누구도 참석하지 않았다. 마르틴 하이데거도 오지 않았다. 병석에 누워 있었던 것이다. 그날 저녁 국민경제학자 카를 딜Karl Diehl은 소수의 동료들이 모인 자리에서 후설을 추모하는 말을 했다. 딜은 이 소수의 모임을 "예의 바른 사람들의 학과"[29]라 부르곤 했다.

1940년대에 하이데거는 출판사의 압력에 못 이겨 『존재와 시간』 맨 앞 장에 인쇄되어 있던 후설에의 헌사를 삭제한다. 그러나 주석에 숨어 있는 감사의 말은 그대로 둔다.

다시 1933년으로 돌아가자.

그리고 총장 취임 연설에서 하이데거가 새로운 시대의 시작, 인류 역사에서 제2의 시작이라는 시나리오를 제시했음을 기억에 불러오자. 참석한 모든 사람이 존재역사 내 거인족의 싸움이라는 결정적 사건의 목격자이자 참여자가 되라는 요구를 받는다. 하지만 하이데거 자신의 경우는 정교수 주도 대학에 대해 투쟁하는 것 이상의 성과는 전혀 내지 못한다. 후일 하이데거는 야스퍼스에게 보낸 편지에서 이렇게 말한다. "나는 '꿈을 꾸었고' 근본적으로는 내 눈앞의 대학밖에는 아무것도 생각하지 않았습니다."(1950년 4월 8일 자 편지, BwHJ, 200쪽)

'새로운' 대학을 위한 이 투쟁은 1967년의 학생 항거와 몇 가지 유사한 점을 갖는다. 하이데거는 청년운동과의 연대감을 표현하는 데 중점을 둔다. "진군 중"인 혁명적 대학생들의 선봉으로 행동하려 한다. 하이데거는 무릎 아래서 묶는 반바지와 노타이셔츠 차림으로 나타나 가운을 걸친 권위자들에게 반항한다. 하이데거는 정교수들에게 저항하는 학생 조직 중 국가사회주의 학생 대표자들을 독려하며 조교들의 독립도 지원한다. 대학 강사들이 얼마간 희망을 품어도 좋은 시절이 온 것이다. 하이데거는 여타 대학 직원의 의견도 참조하는 데 주의를 기울인다.

후일 야스퍼스가 주장했던 것과 달리, 하이데거는 "총통을 통솔할 수 있다"고 믿을 만큼 주제넘은 생각에 사로잡혀 있지는 않았다. 하지만 대학 정치 영역에서는 실제로 정교수 집단에 대항하는 투쟁을 통솔하는 위치에 서려 했다. 1933년 7월의 '대학 연맹' 대회에서—하이데거가 그 통솔자가 되려고 애쓰던—국가사회주의 대학 교육자 계파는 연맹의 옛 수뇌부를 퇴진시키는 데 성공했다. 그 직후 개최된 총장회의에서 하이데거는 대학 연맹의 해산을 주장했으며, 더 나아가 프라이부르크대학을 국가사회주의 대학 개혁의 "본부"[30]로 내세우려 했다. 이런 요구가 실현되었다면 하이데거는 정말로 독일 대학을 이끄는 통솔자, 일종의 총통이 되었을 것이다. 그는 그 정도의 야심을 품고 있었다. 하지만 이런 요구는 다른 총장들의 반대로 관철될 수 없었다. 국가사회주의 대학 교육자 계파는 이런 저항을 받자 일제히 퇴장했다. 하이데거는 자신의 활동이 전체 민족 차원에서 소망하는 만큼의 성공을 거두지 못하자 최소한 지역 수준에서 모범적인 사례를 제시하고자 했다. 1933년 여름 동안 하이데거가 바덴 주 대학 개혁 사업에 적극적으로 협력했음은 이제 논란의 여지없는 사실로 확인되었다. 이 대학 개혁 사업은 8월 21일 시행되었고, 바덴은 총통원리에 근거한 대학 내 일사불란화를 실시한 최초의 주가 되었다.

정교수 주도성의 무력화는 하이데거에게 시민적 이상주의 및 실증주의적 전문 과학이라는 모던의 정신에 대한 지속적 투쟁을 뜻하는 것이었다. 이런 욕구 또한 1967년의 학생운동에서 다시 나타난다. 하이데거가 대항해 싸웠던 부류의 사람들을 1967년의 학생들은 '전문가 바보'라고 불렀다. 1967년 학생들의 비판에 따르면, 시민사회는 학문에 대한 관심을 사회에 대한 무관심으로 추동시킨다. 하이데거 또한 사회 전반에 대한 학문의 책임에 대해 말한다. 물론 말하는 방식은 다르다. "독일 민족을 위한 새로운 정신적 세계의 건설은 독일 대학의 가장 본질적인 사명이 되었습니다. 그것은 가장 높은 의미와 순위에 놓인 '민족적 과제'입니다."[31]

1967년 학생운동의 이상적 목표 중 하나는 이른바 '육체노동과 두뇌 노동 사이의 차별 철폐'였다. 이는 하이데거의 이상이기도 했다.

1933년 11월 25일 입학식에서 하이데거는 '노동자로서의 독일 대학생 Der Deutsche Student als Arbeiter'이라는 주제의 강령적 연설을 했다. 그는 1932년 에른스트 윙어가 발표한 에세이 『노동자』에 담긴 생각을 연상케 하는 표현을 사용하여 지식계급의 오만함을 규탄했다. 대학생은 개인적 이용과 출세를 위해 정신의 보화를 끌어 모으려 해서는 안 되며, 어떻게 하면 학생 자신의 연구와 지식으로 민족에 최선의 봉사를 수행할 수 있을지 자문해야 한다. "그런 봉사는 참된 동지애의 근원을 이루는 근본 경험을 얻게 해 줍니다." 대학생은 자신의 학업을 아주 겸허히 "노동"으로 파악해야 하며 실제로 육체노동도 해야 한다. 농가의 수확을 거들거나, 프라이부르크 근교로 나가 토지개량사업을 돕거나, 도시 내 급식 사업에 일손을 보태야 한다. "국가사회주의의 나라는 노동자의 국가입니다." 하이데거는 그렇게 말하며, 학생들은 각자의 연구와 지식 획득을 다름 아닌 "봉사"로 느껴야 한다고 역설한다.

그 이전까지 하이데거는 유용성과 직접적 실행을 지향하는 일체 사고방식에서 참된 학문과 철학의 정신을 멀리 떼어 놓고자 했다. 그렇기에 이제 민족적 목적을 위한 학문의 도구화를 말하는 하이데거의 모습은 무척 기이하게 느껴진다. 지금까지 그는 시민적 이상주의가 내세우는 '빈사 상태의 가치들'에서 철학의 방향을 정하는 태도를 조롱해 왔다. 그런데 이제는 민족적 자기주장의 가치들을 끌어들여—그 이름으로, 게다가 거기에 철학적 권위도 부여하면서—"최악의 위험도 각오하는 태세와 최후에 이르기까지의 동지적 연대"를 요구한다. 이 모든 것은 철학의 그 어떤 근본원리와 연관이 있다. 1933년 11월 11일, 라이프치히에서 개최된 '아돌프 히틀러를 지지하는 독일 학자 대집회'에서 하이데거가 행한 연설에 따르면, 그 근본원리는 "자기 자신의 본질을 유지하고 구원하는 것"이 모든 존재의 "근원적 요구"임을 내용으로 한

다.(S, 149쪽)

하이데거는 민족을 위해 봉사한다. 1934년 초 국가사회주의당은 실업자들의 사회 편입을 위한 프로그램을 공포했다. 실업자들은 대학에서 '국가정치적' 재교육을 받으라는 명령을 받는다. "주먹의 노동자들"이 대학에서 "이마의 노동자들"로부터 교육을 받아야 한다. 하이데거는 이러한―1967년에 불릴 명칭으로는―"기반 관련" 프로그램에 관여했다. 그는 600명의 노동자들 앞에서 시업 연설을 한다.

우선 하이데거는 소집된 노동자들에게 자기 앞에 그처럼 모여 있다는 것이 어떤 의미를 갖는지 설명한다. 그렇게 하여 이미 그들은 "우리 민족의 새로운 미래에 있을 건설과 부흥"[32]에 봉사하는 것이다. 물론 유감스럽게도 그들에게는 직업이 없다. 이를 하이데거는 그들에게 최초의 철학적 용어를 불어넣을 절호의 기회로 삼는다. 실업자들의 곤궁한 상황을 "현존재의 능력을 갖지 못한"이라고 칭하는 것이다. 그들은 국가와 민족 전체에 봉사할 수 있을 때에야 비로소 "현존재의 능력을 갖게" 될 것이다. 따라서 직업 창출은 국민국가의 첫 번째 과제이다. 두 번째 과제는 지식 창출이다. "우리 민족 중 노동하는 자는 누구나가 왜 그리고 무엇을 위해 자신의 직분을 맡고 있는지 알아야만 한다." 그럴 때만 개인은 "전체 민족과 그 운명에 뿌리내리게" 될 것이다. 그렇지만 하이데거는 강당의 실업자들을 민족 동지들이 필요로 하는 지식 형태로서의 존재자 전체의 물음성 한가운데로 던져 넣을 수는 없다. 또한 그는 직업으로부터 내던져진 자들에게 그들의 내던져짐을 주목케 하려 하지도 않는다. 따라서 그는 좀 더 구체적인 것을 제공하지 않으면 안 된다. 이 연설은 그가 직면한 어려움이 어떤 것인지를 보여 준다. 그는 적절한 것을 생각해 낼 수가 없다. 그래서 그들이 반드시 알아야 할 것들을 이야기한다. 그들은 "이 민족이 어떻게 구성되어 있는지…… 이 국가사회주의의 나라에서 독일 민족에게 어떤 일이 일어나고 있는지…… 민족이라는 신체가 장차 건강을 회복한다는 것이 무슨 의미인지, 도시화가 독일인들에게 어떤 영향을 끼치고 있는지" 알아야 한다. 그의 앞에 모인 실업자들은 그런 지식만 갖추면 "명석하고 단호한 독일인"이 될 수 있을 것이다. 대학의 학자들이 그런 지식을 습득하도록 그들을 도울 것이다. 기꺼이 도울 것이다. 학자들은 노동하는 이들에게 지식을 전수할 때만 민족 동지의 자격을 갖는 것임을 잘 알기 때문이다. 주먹과 이마의 통일이야말로 참된 현실이다. "노동의 확보를 정당한 지식의 확보에서 완성시키려는 의지, 이 의지는 그런 사람의 가장 내밀한 확신이자 결코 흔들리지 않을 믿음이어야 합니다." 물론 이 믿음을 지탱해 주는 버팀대는 바로 "우리 총통의 걸출한 의지" 안에 있다. 하이데거는 "승리 만세"로 연설을 마친다.

1933년 11월 30일 튀빙엔 대학생들에게 행한 연설에서 하이데거는 이런 과정을 예술 작품의 생성에 비견할 만한 "새로운 현실의 쟁취"라고 표현한다. 이제 전통적 대학이라는 공간을 버릴 최적의 시간이 도래했다. 전통적 대학이란 "텅 빈 국가 속의 텅 빈 섬"에 불과하다. 반면 투쟁하는 사람은 이를테면 생성 중인 작품의 내부에 있는 것이다. 투쟁하는 사람은 현존재의 충만을 받아들이며 "자신의 국가가 품은 민족적 진리의 공동소유자"가 된다.

철학적 황홀경이 민족 공동체의 신비로 대체된다. 홀로 사유하는 물음인 철학은 잠시 동안 치워 놓아도 좋다. 물론 전체 사업은 철학적인 성격을 유지한다. 하이데거는 운동에 철학적으로 매료되기 때문이다. 그리고 다른 사람들도 운동의 주술에 걸리게 만든다. 주술에 걸린 사람 중 하나가 당시 이렇게 말했다. "하이데거가 입을 열면, 내 눈을 가리던 비늘이 떨어져 나간다."[33]

하이데거가 야심차게 추진한 프로젝트 중의 하나는 '학술캠프

Wissenschaftslager'였다. 이미 1933년 6월 10일 베를린에서 개최된 '독일 학생단 학술국'의 강습회에서 하이데거는 이 아이디어를 소개한 바 있었다. 보이스카우트 캠프와 플라톤의 아카데미를 혼합시키는 것이 발상의 주된 내용이었다. 넓은 자연으로 나가 일정 기간 동안 함께 생활하고 함께 노동하며 함께 생각하기. 이렇게 하여 학문은 다시금 "자연과 역사의 생활 현실"을 감당할 수 있게 될 것이며, 기독교적 "불모의 공론"과 "실증주의적 사실들의 잡화점"이 극복될 것이다.[34] 참가자들은 새로운 현존재의 힘에 스스로를 개방하게 될 것이다. 어쨌든 의도는 그런 것이었다. 이 계획은 1933년 10월 4일부터 10일까지 토트나우베르크 산장 아래의 넓은 터에서 실행에 옮겨졌다. 참가자들은 일사분란하게 대오를 지어 대학에서 출발했다. 하이데거는 이 첫 번째 시도를 위해 소수의 강사와 학생들을 선발했고, 연출 대본도 만들어 놓았다. "목적지까지 도보 행진…… 나치돌격대와 친위대 제복 착용. 경우에 따라 철모를 쓰고 완장을 차는 것도 좋음."[35] 일일 계획표: 오전 6시 기상, 22시 귀영 나팔. "캠프의 기본 활동은 독일 정신의 지주가 될 장래 대학을 쟁취할 수단과 방책을 성찰한다는 의미를 표현해야 한다." 하이데거는 작업조 활동과 강습을 위한 주제들을 제시하는데, 대학 문제, 전문 집단 조직, 국가사회주의적 대학 개혁, 총통원리 등이 그것이다. 하지만 결정적 중요성을 갖는 것은 "캠프 공동체"를 통해 현재 진행 중인 혁명의 "근본기분과 근본태도"를 일깨우는 일이다. 하이데거가 하려는 일은 결국 일단의 젊은이를 고요한 토트나우베르크로 이끌고 가서 캠프파이어, 깃발 점호, 식사, 대화, 기타 반주에 노래 부르기 등을 함께하게 하는 것이다. 그런데도 그는 마치 모든 위험을 무릅쓰고 적국으로 진군하는 일인 양 계획을 하나하나 소개했다. "캠프의 성공 여부는 새로운 용기의 획득 정도에…… 충성과 희생과 봉사에 대한 의지의 결단성에 좌우된다." 이런 시도에 유일한 위험이 있다면 그것은 하이데거가 스스로를 웃음거리로 만들 수 있다는 점, 그리고 보이스카우트 단원이 되기에는 너무 나이를 먹은 사람들과 지극히 평범한 캠프 생활을 하는 데 불과한 프로젝트였다는 점이다. 캠프에 참가했던 인물인 하인리히 부어^{Heinrich Buhr}는 하이데거의 캠프파이어 연설이 얼마나 인상적이었는지 이야기한다. 하이데거는 기독교에 의한 "세계의 탈가치화, 세계 멸시, 세계 부정"에 반대했고, "현존재의 불안정성을 알고 있는 위대하고 고결한 앎"을 찬양했다. 후일 목사가 된 하인리히 부어는 그 순간 욍어의 '모험심'을 떠올리지 않을 수 없었다.[36] 그것은 유익한 행사, 어떤 이들에겐 심지어 감동적인 행사였지만, 용기를 가져야 마칠 수 있는 행사는 아니었다. 행사에는 낭만도 위험도 없었다. 그러나 하이데거 추종자들과 하이델베르크에서 온 나치돌격대 학생들 사이에 의견 차이가 생겨 약간의 힘겨루기가 있었다. 돌격대 학생들은 청년운동적 요소보다는 군사적 요소를 강화하려 했고, 호전적인 반유대주의를 표방하려 했다. 1945년 정화위원회에 제출한 변론서에서 하이데거는 이 일을 중대한 정치적 갈등이었던 양 포장했다. "하이델베르크에서 온 무리는 우리 캠프를 와해시키는 임무를 띠고 있었다."

의견 충돌이 일어나는 가운데 하이데거의 수행원 중 하나인 강사 루돌프 슈타델만^{Rudolf Stadelmann}이 하이데거의 지시를 받고 캠프를 떠났다. 후고 오트는 슈타델만과 하이데거가 이 사건과 관련해 나눈 편지들을 찾아냈다. 이 편지들을 읽어 보면, 기사와 그의 시종이 어떤 극적인 사건을 두고서 이야기를 나누는 것만 같다. 변함없는 충성, 희생, 배반, 음모, 후회, 죄책감 같은 말이 등장하는 것이다. 하이데거는 이렇게 쓰고 있다.[37] "캠프의 시험"은 그 누구도 통과하지 못한 듯하다. "하지만 혁명은 아직 끝난 것이 아님을 모두가 분명히 깨닫게 되었다. 그리고 대학 혁명의 목표는 바로 나치돌격대 학생이라는 점도." 하이데거는 다툼이 커지는 것을 막기 위해 슈타델만에게 캠프를 떠나라고 한 것인데, 여기에 마음이 상한 듯한 슈타델만은 편지에 이렇게 쓰고 있다. "제가 혁명의 진영에 속한다는 점을 토트나우베르크에서만큼 분명히 깨달았던 적은 없습니다…… 저는 규율을 엄수할 것입니다. 하지만 저는 그 이상의 것을 원합니다. 저는 충성의 가능성을 믿었습니다." 하이데거는 이렇게 답한다. "자네의 충성은 내게 변함없이 중요하네. 그리고 이제 내가 그 충성을 다시 얻으려면 많은 노력이 있어야 함도 잘 알고 있네."

여기서 어떤 현존재의 힘이 분명 일정한 역할을 하고 있다면, 그것은 남자들의 의리나 보이스카우트류의 것이다. 그렇지만 하이데거는 책략과 술수 혹은 집단 간 알력이 어떤 "위대한 것"—총장 취임 연설의 말을 빌면 "폭풍 한가운데"의 위대한 것—처럼 보이는 무대를 설치하는 데는 성공한 셈이다. 하이데거는 자신이 현실에 쑤셔 넣은 의미들의 포로가 된다.

그는 민족 공동체의 총체 예술 작품 창조에 더 이상 협력하려 하지 않고, 예술과 철학의 작품으로 되돌아갈 때에야 사유의 자유로운 운동성을 되찾는다. 하이데거는 정치적 현실보다는 예술과 철학의 작품을 더 훌륭하게 '읽어 낼' 수 있다. 그가 혁명운동에 현실 정치적으로 "관여"했을 때, 이는 스스로에게 과도한 짐이 되었다. 얼마 지나지 않아 그는 비교적 안전한 철학적 사유의 막사로 돌아갈 것이다.

제 15 장

—

철학과 정치의 합선. 단수의 인간과 복수의 인간. 차이의 소멸. 부재하는 차이의 존재론. 베를린의 두 번째 초빙. 운동의 순수성을 지키려는 하이데거의 투쟁. 배신자로서의 혁명가.

—

하이데거의 『존재와 시간』

철학과 정치의 합선. 단수의 인간과 복수의 인간. 차이의 소멸. 부재하
는 차이의 존재론. 베를린의 두 번째 초빙. 운동의 순수성을 지키려는
하이데거의 투쟁. 배신자로서의 혁명가.

철학은 그 시대를 "지배"해야 한다. 일찍이 하이데거는 그렇게 말
했다.

이 요청을 만족시키려는 의도로 그는 자신의 기초존재론을 그 고정
틀에서 떼어 낸다.

우리가 기억하듯, 『존재와 시간』에서 그는 인간의 현존재를 기초적
층위에서 서술했다. 개인적 생활 기투의 역사적 차이와 대립보다는 아
직 낮은 층위에서 그것을 논한 것이다. 1930년대 초의 강의들에서 그
가 분석한 권태와 불안의 기분 또한 세계-내-존재 일반과 결부되었을
뿐, 특정 상황에 처한 개인적 현존재의 처해 있음과 결부되지는 않았다.

때때로 하이데거는 공동-존재를 주제로 삼기는 했지만, 그의 사유
는 언제나 단수로서의 인간(정관사를 붙인 '인간' 혹은 '현존재')에만 향했
다. 그리고 이런 인간이 대면하는 것이나 인간이 살고 있는 곳 또한 단
수로 표시되었다(정관사를 붙인 '세계', '존재자', '존재').

하지만 인간과 거대한 전체—존재, 정신, 역사—사이에는 또 다른
영역이 존재한다. 이러한 '그 사이'의 영역에는 복수의 인간들이 있어
서 서로 구별되고 각기 다른 관심사에 매달리며 서로 행동하여 만나고
그리하여 정치적 현실이라 불릴 수 있는 것을 산출한다. 이 영역의 존

재론적 의미는 개별자들의 다양성과 이질성에 있는데, 이 영역 전체는 하이데거의 현존재 파노라마 안으로 사라져 버린다. 주어져 있는 것은 오로지 두 종류의 현존재, 즉 본래적 현존재와 비본래적 현존재, "자아"와 "세인" 뿐이다. 물론 하이데거도 개별자의 현존재 기투가 다양하다는 점을 부인하지는 않을 것이다. 하지만 그에게 이 다양성은 긍정적인 도전이 아니며, 그는 이런 다양성을 실존의 근본 조건에 넣지 않는다. 우리가 우리와 다른 사람들에 둘러싸여 산다는 사실, 즉 우리가 이해하지 못하거나 너무나 잘 이해하는 사람들, 우리가 사랑하고 증오하는 사람들, 우리의 관심을 전혀 끌지 못하거나 수수께끼 같은 사람들, 우리와 심연에 의해 분리되거나 전혀 분리되지 않은 사람들에 우리가 둘러싸여 있다는 사실. 연관 가능성으로 가득한 이 전체 우주에 하이데거는 전혀 주의를 기울이지 않으며, 이를 자신의 실존범주로 받아들이지도 않는다. '존재론적 차이'의 고안자인 하이데거는 '차이의 존재론'을 개진할 생각은 전혀 하지 않는다. 존재론적 차이란 존재가 존재자와 구분됨을 뜻한다. 그리고 차이의 존재론이라면 아마 다음을 뜻할 것이다. 인간의 다양성 및 그로부터 공동생활에서 주어지는 난제와 기회들을 철학적 도전으로 받아들이기.

철학 전통에는 이러한 신비화, 다시 말해 '복수의' 인간들만 있는데도 그저 '단수의' 인간만을 말하는 신비화가 이미 오래전부터 존재한다. 철학의 무대에서는 신과 인간, 자아와 세계, '생각하는 나'와 '연장적인 사물', 하이데거의 경우에는 현존재와 존재만이 움직이고 있다. '현존재'에 관한 하이데거의 언급 또한—그가 사용하는 언어에서 이미 짐작할 수 있듯—"현존재"인 모든 것의 동일성을 가정하고 있다. 하이데거는 현존재가 "전체에서의 존재자"로 "나가 지탱된다"고 말한다. 하지만 개별 현존재는 우선 다른 현존재하는 인간들의 세계로 나가 지탱된다.

　이처럼 하이데거는 인간세계의 근본적 복수성을 고려하는 대신 집단적 단수로 도피한다. 그 집단적 단수란 바로 민족이다. 그리고 이 민족적 단수는 '자기 존재'라는 실존 이상 아래 놓이는데, 이 실존 이상은 자기 자신으로 되던져진 개별자에게서 '본래적으로' 전개된다. 1933년 11월 11일, '아돌프 히틀러를 지지하는 독일 학자 대집회'에서 행한 연설에서 하이데거는 "자기 자신의 본질을 유지하고 구원"하라는 "모든 현존재의 근원적 요구"를 민족에 대해 분명히 제기한다. 민족은 "자기 자신의 본질을 유지하고 구원"해야만 한다. 민족은 무엇에서 위협을 받고 있는가? 베르사유조약의 굴욕과 독일 옛 영토의 분할, 전쟁 배상에서 위협을 받는다. 어떤 조직이 이런 불의를 용인하는가? 국제연맹이다. 그러므로 히틀러가 국제연맹 탈퇴를 선언하고, (단일 리스트에 의해 제국의회 선거와 결부시킨) 국민투표에 의해 민족에게 사후승인을 구한 것은 정당한 일이었다. 하이데거는 자신의 본래성 철학을 개인에서 민족으로 이동시킴으로써 이런 정치적 행동에 "현존재의 근원적 요구"라는 더 높은 엄숙성을 부여한다.

　1933년 11월의 이 연설은 민족에 응용된 기초존재론이다. 1934년의 논리학 강의—이는 지금까지 부분적인 학생 필기록의 형태로만 출간되었다—에서 하이데거는 분명 이러한 전환, 즉 "각자성Je-meinigkeit"에서 "우리성Jeunsrigkeit"으로의 전환에 관해 성찰했다. 그는 말한다. "자아는 나의 분명한 규정이 아니다." 오히려 기초적인 것은 "우리–자아"이다. "나–자아"를 추구하는 노력에서는 개별자가 발밑의 토대를 상실한다. 개별자는 "자아로 향하는 상실성 속에 있게" 된다. 왜냐하면 자아를 그릇된 장소, 즉 고립무원의 나 안에서 구하기 때문이다. 자아는 오로지 "우리"에서만 발견된다. 물론 모든 인간 무리—"볼링 클럽, 도둑 떼"—가 다

"우리"인 것은 아니다. "우리"의 층위에서도 본래성과 비본래성의 구분이 있다. 비본래적인 '우리'는 "세인"이고 본래적 '우리'는 민족인 바, 민족은 한 사람처럼 자기 자신을 주장한다. "즉 민족 전체는 큰 규모의 한 인간이다."(L, 26쪽 이하)

『존재와 시간』에서 본래성의 파토스는 고독이었다. 하지만 민족이 현존재의 집단적 단수가 되면, 이런 고독은 민족의 수상쩍은 통일 속에서 사라져 버린다. 그렇지만 하이데거는 실존적 파토스를 포기하고 싶지 않기에 전체 민족이 결연한 고독에서 등장할 수 있는 무대를 골라낸다. 독일 민족은 여타 민족들 사이에서 고독하다. 독일 민족은 그 혁명에 의해 "전체에서의 존재자"라는 불확실성 속으로 계속 나아가고자 했다. 우리는 이미 그의 총장 취임 연설에서 이런 말을 들었다. 독일 민족은 차라투스트라의 텅 빈 하늘 아래로 나아갔다. 독일 민족은 대오와 수행단과 동맹으로 조직되어, 무의미한 것에서 의미를 정립하기 위해 출범한 공동체다. 독일 민족은 형이상학적 민족이다.

현실적인 정치적 사유가 어떤 것인지는 후일 한나 아렌트가 밝혀낼 것이며, 이는 마르틴 하이데거에게 보내는 응답의 성격도 가질 것이다. 현실적인 정치적 사유는 "상이한 것들의 공동-존재와 상호-존재"[1]에서 생성되며, 역사적 사건의 소용돌이를 그노시스적으로 심화하려 들거나 '본래적인' 역사적 사건으로 지나치게 비상시키려는 시도에 저항한다. 그런 시도에서 '본래적' 역사가 소유하기 마련인 논리 내지 자동 구조는 서로 교차하는 무수히 많은 역사들로 구성되는 현실의 역사를 항상 놓쳐 버리고 만다. 하이데거는 한나 아렌트가 말하는 정치적 사유 대신 역사의 그노시즘에 도달했을 뿐이다. 자신에게 정치적 개념이 결여되어 있음을 그가 알아차리기만 했다면, 상황이 이처럼 나빠지지는 않았을 것이다. 그는 비정치적이었던 것이 아니라 그런 개념의 결여를 알아차리지 못하고 자신의 역사 그노시즘을 정치적 사유라 착각했던 것이다. 그리고 바로 그로 인해 그 몇 개월 동안 그토록 위험스런 정치적 행각을 벌인 것이다. 그가 역사적 그노시즘 사상가로서 자신의 '본래적' 역사를 계속 이야기하되 이를 '정치'와 엮지만 않았어도, 일찍부터 그래왔듯 '철학의 예술가'로 머물렀을 것이다. 하지만 혁명에 휩쓸린 그는 '철학의 정치가'가 되고자 했다. 그리고 하지제 모닥불 축제의 연설 때 깊이 감동하여 경청하는 자들에게 그는 이렇게 외쳤다. "하루하루가 지나갑니다. 하루가 다시 짧아지고 있습니다. 그러나 다가오는 어두움을 타개하려는 우리의 용기는 높아만 갑니다. 우리는 투쟁에서 결코 맹목적이어서는 안 됩니다. 불꽃이 우리에게 빛을 밝히고 알려줍니다. 우리에게 길을 보여 줍니다. 더 이상 돌아올 수 없는 길입니다! 여러분, 불을 붙이십시오, 심장을 태우십시오!"

프라이부르크대학의 교수들 다수는 총장이 점점 거칠어지고 과격한 몽상가로 변해 간다고 여겼다. 때때로 그는 우스꽝스런 인물로 간주되기도 했으며, 이런저런 이야기가 떠돌았다. 앞서 언급한 철학과 강사들과 예비역 전함 지휘관 슈틸러 교수의 지휘 아래 일부 학생들이 벽돌공장 점토 채취장에서 나무총으로 군사훈련을 받는다거나, 달리는 차에서 하이데거가 펄쩍 뛰어내렸다는 등의 이야기였다. 2미터 2센티미터의 거구인 슈틸러가 조그마한 하이데거 앞에서 차렷 자세로 군인처럼 보고를 하고, 군대 경험이라곤 우편 검열과 전선 측후병 근무가 고작인 하이데거는 마치 사령관처럼 경례로 답하며 보고를 받았다는 이야기도 있다. 하이데거가 연출하는 전투 장면이란 그런 유의 것이었다.

1933년 9월, 하이데거는 베를린대학으로부터 초빙 의뢰를 받았고, 10월에는 뮌헨대학에서 초빙 의사를 전해 왔다. 빅토르 파리아스가 그 배경을 조사했다. 파리아스에 따르면 두 건의 초빙 모두 해당 대학 철학과의 반대를 무릅쓰고 추진된 일이었다. 베를린에서는 특히 알프레트 보임러가 확실하게 하이데거를 지지했으며 평가서에서 그를 "철학의 천재"[2]라 불렀다. 같은 시기 뮌헨대학 측과 교섭을 벌일 때 하이데거는 베를린대학이 자신에게 "특별한 정치적 임무"를 띤 교수직을 제공할 것이라 말하면서 뮌헨대학도 "대학 제도의 재편"을 담당하려는 자신의 소망을 충족시켜 줄 것인지 물어보았다. 하이데거는 "아돌프 히틀러의 작품"[3]에 최대한 봉사할 수 있는 지점과 방법이 어떤 것인지는 전적으로 자신이 결정해야 한다고도 말했다. 양 대학 모두에서 하이데거에 대한 저항이 있었다. 보수적 교수들은 하이데거의 교설에 '구체적인' 내용이 없다고 보았다. 에른스트 크리크나 에리히 예니쉬Erich Jaenisch 같은 '강경파' 나치 이론가들은 국가사회주의 세계관에 대한 신봉이 그에게서 부재한다고 보았다.

베를린과 뮌헨에서 이런 움직임이 나타난 배후에는 마르부르크대학 시절 하이데거의 동료였던 심리학자 예니쉬의 평가서가 있었다. 예니쉬는 하이데거를 "위험한 정신분열증 환자"라 지칭했고, 그의 저작이란 실상 "정신 병리적 기록들"에 불과하다고 말했다. 그에 따르면 하이데거 사유는 핵심에서 유대적 성격을 지니고 있으며 "탈무드-랍비"적인 바, 그래서 유대인들도 특별한 매력을 느끼는 것이다. 하이데거는 교묘한 술수를 부려 자신의 "실존철학"을 "국가사회주의 경향을 지닌 것으로 변조해 버렸다"[4]. 1년 후 하이데거가 '국가사회주의 대학 교육자 아카데미'의 수장으로 물망에 올랐을 때, 예니쉬는 두 번째로 평가서를 작성한다. 거기서 예니쉬는 "진부함에 의미심장한 껍데기를" 입히려 드는 하이데거의 "정신분열증적 헛소리"를 경고한다. 그에 따르면 하이데거는 "그저 혁명 애호가"에 불과한지라 "언젠가 우리 혁명이 정체 상태"에 이르면 "더 이상 우리 편에 머물지 않고" 다시 "색깔을 바꿀" 위험이 있는 자이다.[5] 운동의 '공식적' 철학자로 자처했던 에른스트 크리크는 하이데거의 입장을 "형이상학적 허무주의"라 규정했다. 예니쉬와 달리 크리크는 1934년 자신이 발행하는 잡지「생성하는 민족」에 이러한 자신의 견해를 공표했다. "하이데거 교설의 세계관적 기본 정조는 염려와 불안의 개념으로 규정되는데, 이 두 가지 모두 무를 지향한다. 이 철학의 의미는 명백한 무신론과 형이상학적 허무주의이다. 이는 주로 우리나라의 유대인 문필가들이 주장했던 것으로, 독일 민족에게는 분해와 해체의 효소로 작용한다.『존재와 시간』에서 하이데거는 의식적·의도적으로 '일상성'을 중심에 둔 철학을 전개한다. 이런 일상성에는 민족과 국가, 인종 및 여타 우리 국가사회주의 세계관의 가치들과 관련된 것이 전혀 들어 있지 않다. 총장 취임 연설이…… 갑작스레 영웅적인 어조를 띤다면, 이는 1933년 상황에 편승한 것일 뿐이다. 그런 어조는 염려와 불안과 무의 교설을 담고 있는『존재와 시간』(1927년) 및『형이상학이란 무엇인가』(1931년)의 근본 태도와는 완전히 모순된다."[6]

국가사회주의 권력 기구의 다중 중심 체제는 학문 정책 및 이데올로기 영역에도 영향을 미쳤다. 바이에른과 베를린의 문화부는 한편으로 국제적 명성을 지닌 하이데거를 끌어들이고자 했다. 그들은 명망 높은 선전 간판을 원했기에 대다수 당원이 하이데거의 '개인적' 국가사회주의를 전혀 이해할 수 없어 하거나 심지어 의혹의 눈길로 바라본다는 점은 일단 덮고 넘어가려 했다. 하지만 크리크는 하이데거가 혁명을 불안의 허무주의와 결부시키고 있으며, 이는 결국 독일 민족을 "교회의 구원하는 품"[7]으로 끌고 갈 것이라는 의심을 표명했다. 어쨌든 하이데거란 인물은 "운동에 정신적·윤리적 핵심을 마련해 주는"[8] 과제에는 적합하지 않다는 것이 크리크의 입장이었다.

국가사회주의당 인종정책국장이었던 발터 그로스Walter Gross의 입장 또한 비슷했다. 1936년, 그가 어느 건의서에서 다음과 같은 견해를 밝혔을 때 염두에 두었던 것은 바로 하이데거식의 국가사회주의였다. "충분한 전문적 소양을 갖추고 인종적·정치적으로 커다란 하자가 없는 전통적 인간 유형은…… 국가사회주의에 쓸모 있는…… 요소들을 전혀" 갖지 못한 것이나 "다름없다". 대학들의 "정치적 통제"라는 것은 현재 로선 의미가 없다. 차라리 제학문의 경제적-기술적 효과를 상승시키는 편이 낫다. 그로스는 대학의 "탈정치화"를 권고하는 바, 이는 "국가사회주의 놀이"를 하는 정교수들의 "당황스런 노력"에 종지부를 찍기 위해서이다. 국가사회주의 세계관의 발전과 보급은 일단 해당 직무를 맡은 당 관료들에게 맡기는 편이 나을 것이다. 이들은 10년 정도만 있으면 "세계관적으로 나무랄 데 없는" 학문 후속 세대를 양성할 것이 틀림없다.[9]

국가사회주의 이데올로기를 담당하는 권력 중심부는 이처럼 하이데거를 "국가사회주의 놀이"를 하는 인물로 간주했다. 1934년 늦여름, 학문 후속 세대의 세계관적 교화를 담당할 '국가사회주의 대학 교육자 아카데미' 창설이 준비되고, 당 내부에서 그 수장으로 하이데거가 물망에 올랐던 일은 앞서 언급한 바 있다. 이때 그로스는 하이데거를 조심하라는 내용의 강력한 경고를 로젠베르크 총국에 보냈는데 예니쉬와 크리크의 평가서는 물론, 프라이부르크대학 내 하이데거의 "활동"[10]에 관한 비우호적 내부 보고서를 근거로 제시했다.

이런 모든 반대에도 불구하고 하이데거는 뮌헨과 베를린대학으로부터 초빙 의뢰를 받았다. 하지만 하이데거는 결국 두 곳의 제안 모두를 거절했다. 공식적으로나 개인적으로 그가 밝힌 거절의 이유는 프라이부르크의 대학 개혁에는 아직 자신이 필요하며, 적절한 총장 계승자가 아직은 없다는 것이었다. 1933년 9월 19일, 하이데거는 엘리자베트 블로흐만에게 이렇게 쓴다. "내가 물러나면 프라이부르크의 모든 것이 와해될 것입니다."(BwHB, 73쪽)

하지만 프라이부르크대학 사람들의 입장은 달랐다. 교수들 다수는 하이데거가 하루라도 빨리 총장직에서 물러나기를 원했다. 그가 돌리는 회람과 호소문과 경고장의 위압적인 어조가 마음에 들지 않았던 것이다. 하지만 무엇보다도 교수들 다수는 새로운 정치 상황에 적응할 용의는 있어도 연구와 교수 활동에는 아무런 영향이 없기를 바랐다. 교수들은 특히 돌격대 대학생회가 조직한 국방 스포츠 연습과 노동 봉사 출동으로 인해 세미나와 강의가 결강되는 것을 못마땅하게 여겼다. 하지만 하이데거는 이러한 활동에 큰 가치를 부여했는데, 이것이 제국 돌격대 대학국에서 지시한 일이기 때문이었다. 하이데거가 법학부 학장으로 임명한 에리크 볼프Erik Wolf는 하이데거의 뜻대로 국방 스포츠와 노동 봉사 시간을 확보하기 위해 법학과 커리큘럼을 고치려고 무진 애를 썼다. 하지만 이로 인해 그는 보수 성향 교수들의 거센 반발에 부딪혔다. 1933년 12월 7일, 완전히 진이 빠진 볼프는 더 이상 시도를 포기하고 하이데거에게 사임 의사를 밝혔다. 존경심을 가득 담아 하이데거에게 보낸 편지에서 그는 자신이 영혼의 고통에 시달리고 있으며, 스스로가 이 직책에 걸맞은 사람인지 의심스럽고, 자기 노력의 좌절이 "인격 부족" 때문인지 아니면 동료들의 훼방 때문인지는 "다른 사람들보다 더 심오한 근거를 알고 계신 총장 각하의 판단"에 맡기겠노라고 말했다.[11] 하이데거는 그의 사임을 받아들이지 않았다. "새로운 대학제정법과 현재의 투쟁 상황을 고려할 때 귀하에게 일차적으로 중요한 것은 나의 신뢰이지 학과의 신뢰가 아닙니다." 하이데거는 충직하지만 불안정한 자신의 추종자에게 도움의 손길을 내밀 의무가 있다고 느끼며, 그래서 성탄절 휴가

때 반항적 교수들에게 이러한 경고문을 발송한다. "나의 총장 취임 첫날부터 규정적 근거 및 점진적으로만 도달할 수 있는 목표는 '국가사회주의 나라의 힘과 요구에 기초한' 학문적 교육의 근본적 개혁이었습니다. '오늘날의 상황'에 순응하여 강의 내용을 선택하고 전수하는 식의 일시적일 뿐인 편승은 충분한 것이 아닐뿐더러 학생들과 교수진에 대해 본래의 사명을 호도하는 것이기도 합니다. 교수진은 결강으로 인해 생긴 여가를 무조건 강의와 연습의 '내적 개혁'을 성찰하는 데 사용할 수 있어야 합니다…… 대학 개혁의 참된 공동 의지에서 비롯되는 투쟁이나 대립은 내가 보기에 동료들의 가능한 한 전면적인 만족보다 더 본질적인 것입니다. 그런 만족에서는 아무런 일도 일어나지 않으며 그저 기존 관행이 은폐될 뿐이기 때문입니다. 나는 대학 전체를 진보케 하는 것이라면 어떤 사소한 도움에라도 감사할 것입니다. 하지만 학과나 개별 교·강사의 성과 역시 미래 실현에 대한 협력을 가시화화고 그 효과를 보여 주는 한에서만 평가할 것입니다. 분명한 점은 오로지 미래의 것을 향한 불굴의 의지만이 현재의 노력에 의미와 기틀을 제공한다는 사실입니다. 자리의 고하를 막론하고 개인은 전혀 중요하지 않습니다. 가장 중요한 것은 국가 안의 우리 민족이 지닌 운명입니다."[12]

하이데거는 동조하지 않는 자들에게는 상응하는 "평가"를 내릴 것이라고 위협한다. 경고에서 상급 기관 고발이나 해직, 심지어 체포에 이르기까지 많은 의미를 함축하는 발언이다. 하지만 노동 봉사와 국방 스포츠가 문제인 한, 하이데거의 입지는 단단하지 않다. 그 사이 당 본부에서는 교육 현장을 정상화하려는 경향이 지배적이었기 때문이다.

하이데거는 후일 스스로를 변호하며, 칼스루에 주 정부가 정치적 이유에서 두 학장 볼프와 묄렌도르프의 해직을 요구했고, 자신은 특히 사회민주주의자 묄렌도르프에 대한 조처를 수용할 수 없어 총장직에서 물러난 것이라 주장한다. 후고 오트와 빅토르 파리아스가 조사한 바에 따르면 이런 주장은 터무니없다. 하이데거가 물러난 것은 사회민주주의자와 연대를 유지하기 위해서가 아니라 당의 정치가 그의 생각만큼 충분히 혁명적이지 않았기 때문이었다. 후일의 주장과 달리 하이데거에게 중요한 것은 서양 대학 정신의 옹호가 아니었다. 그가 옹호한 것은 대학의 경제·기술적 유용성에만 관심을 갖는 학자 보수주의와 시민적 현실 정치를 뒤엎는 혁명이었다. 그렇기에 1933년 11월 30일 튀빙엔대학 연설에서 "독일 대학의 혁명은 끝나지 않았을 뿐 아니라 시작조차 된 적이 없다"고 선언한 것이며, 또 1934년 4월 12일 문화부의 권고를 받고는 4월 23일 총장직에서 물러난 것이다. 에리크 볼프가 해임된 것은 법학부의 "아주 근거가 없지는 않은 이의 제기" 때문이었다. 묄렌도르프에 관해서는 더 설명할 필요도 없었다. 주 정부 문화부는 하이데거에게 대학에서 "전체 독일적 현존재의 변혁"(하이데거)이라는 혁명주의는 과도한 의욕임을 깨닫게 해 주었다.

따라서 하이데거의 총장 사퇴는 혁명운동의 순수성을 위한 그의 투쟁과 연관이 있다. 그가 이해하는 방식의 혁명이란 '신의 죽음' 이후 서양 정신의 혁신을 뜻했다.

하이데거는 특히 프라이부르크에서 강력한 권세를 누렸던 가톨릭 교권주의에 맞서서도 혁명운동의 그러한 순수성을 지켜 내려 했다. 1934년 초 가톨릭 대학생 연맹인 '리푸아리아Ripuaria'가 하이데거의 동의 아래 국가사회주의당 지부에 의해 활동을 금지당했다. 하지만 얼마 후 그 사이 체결된 협약에 따라 활동 금지가 취소되자 하이데거는 화가 나서 '독일학생동맹' 의장인 오스카 슈테벨Oskar Stäbel에게 편지를 썼다. "가톨릭이 바로 이곳에서 거둔 이 명백한 승리는 절대 유지되어서는 안 됩니다. 이는 전체 사업의 장애이며, 현재로서는 '그보다 더 큰 장애는 생각할 수 없을' 정도입니다. 나는 이곳의 정세와 세력들에 관해 속속들이 알고 있습니다…… 사람들은 가톨릭의 전술을 '여전히 알지 못합니다.' 이런 오류는 언젠가 톡톡히 대가를 치르게 될 것입니다."[13]

하이데거는 자신의 가톨릭적 근원에서 간신히 벗어난 사람으로, 프라이부르크에서 거대한 조직적·정신적 영향력을 지닌 가톨릭은 그에게 "전체 독일적 현존재의 변혁"에서 과소평가할 수 없는 장애물이었다. 그렇기 때문에 학술캠프에서도 교회에 의해 대표되는 기독교를 주요 공격 대상으로 삼았다. 하이데거의 주장에 따르면 교회가 대표하는 기독교에서는 실제로 신의 부재라는 현상이 지배적이다. 왜냐하면 거기서는 일종의 생명보험으로 안락함과 비겁함을 위한 신을 주조해 냈기 때문이다. 반면 자신의 형이상학적 혁명은 강한 자, 대담무쌍한 자, 결단을 내린 자를 위한 것이었다.

가톨릭에 대한 하이데거의 이런 과격한 비판은 당 지부에 수용될 수 없었다. 당 지부는 우선 전통적 세력과 연대하기를 원했기 때문이다.

하이데거는 혁명운동의 순수성을 지키려는 투쟁을 벌인 결과, 정치적으로 달갑지 않은 인물로 낙인찍히고 말았다. 이는 두 가지 사례에서 보여진다.

막스 베버의 조카 에두아르트 바움가르텐Eduard Baumgarten은 미국에서 학문적 경력을 시작했으며 그곳의 실용주의와 가까운 철학적 견해를 갖게 된 인물이었다. 1920년대에 그는 프라이부르크에서 하이데거와 교분을 맺었으며, 하이데거는 바움가르텐의 딸 중 하나의 대부가 되기도 했다. 두 사람의 철학적 입장에는 차이가 있었지만, 처음에는 우호적 방식으로 의견의 교류가 있었을 뿐이다. 바움가르텐은 괴팅엔으로 자리를 옮겼고, 거기서 미국학 강의를 담당했다. 그의 강의는 꽤 성공적이었기 때문에 1933년, 그에게 학생지도권을 가진 비상근 강사직을 얻을 기회가 왔다. 그는 정치적 상황에 순응할 용의가 있었고, 돌격대와 국가사회주의 대학 교육자 아카데미에도 가입을 신청했다. 바로 그때 하이데거가 개입했다. 1933년 12월 16일, 그는 국가사회주의 대학 교육자 아카데미에 편지를 보냈다. "가계 상으로나 그 정신적 태도로나 바움가르텐 박사는 막스 베버를 중심으로 한 자유-민주주의적 하이델베르크 지성인 집단 출신입니다. 이곳 프라이부르크에 있을 동안 그는 결코 국가사회주의자가 아니었습니다…… 바움가르텐은 내가 받아들이지 않자 예전에 괴팅엔대학에 봉직했고 지금은 해직된 '유대인' 프랭켈Fränkel과 활발한 교류를 시작했습니다. 나는 바움가르텐이 이런 방식으로 괴팅엔에서 비호를 받은 것이라 짐작합니다…… 그를 돌격대로 받아들이는 것은 강사직을 부여하는 것만큼이나 가당치도 않은 일입니다. 바움가르텐은 언변이 아주 탁월합니다. 철학과 관련해서도 그는 기본 소양은 없이 겉만 그럴듯한 인물이라 생각합니다."[14]

하이데거는 공적인 연설에서도 겉으로만 새로운 상황에 적응한 척하는 사람들에게 매번 경고를 보냈다. 이런 점을 고려할 때 바움가르텐에 대한 그의 경고는 철저히 혁명주의의 소산이었다. 하이데거의 평가서는 괴팅엔대학 교육자 아카데미 지도자에게 "악의로 가득한" 문건이란 인상을 주었기에 "불필요한" 것으로 치부되어 그대로 서류철에 꽂혔다. 바움가르텐은—당의 지원 아래—별 탈 없이 경력을 쌓을 수 있었다. 후일 그는 쾨니히스베르크대학 철학과 학과장이 되었고, 국가사회주의당 지부의 명예 지국장으로 임명되었으며, 로젠베르크 총국이 주최하는 대회에도 초대를 받았다.

야스퍼스는 1935년 막스 베버의 부인인 마리아네 베버Marianne Weber의 귀띔으로 하이데거의 이 평가서에 관해 알게 되었다. 그는 하이데거의 이런 소행을 뇌리에서 떨쳐 낼 수 없었고, 그것은 그의 생애에서 "결정적인 경험들 중 하나"가 되었다.[15] "막스 베버를 중심으로 한 자유-

민주주의적 하이델베르크 지성인 집단"이라는 비방은 그와도 무관한 것일 수가 없었다. 하지만 그보다 더 받아들이기 어려웠던 건 당시까지 반유대주의자로는 평가되지 않았던 하이데거가 반유대주의 풍조에 편승해 자신이 싫어하는 학자들의 험담을 한다는 사실이었다. 야스퍼스는 경악했다. 하지만 하이데거에게 두려움도 느꼈기에 이 일을 그의 면전에서 직접 거론하지는 못했다. 1945년 말, 정화위원회가 (하이데거의 제안으로) 하이데거에 대한 평가서를 요청했을 때에야 비로소 야스퍼스는 바움가르텐의 에피소드를 세상에 알렸다.

다음으로 화학 교수이자 1953년 노벨상 수상자였던 헤르만 슈타우딩어Hermann Staudinger와 관련된 사례를 보자. 이 사례는 후고 오트에 의해 발굴되어 정리된 자료에 근거한다. 1933년 9월 29일, 바덴 주 대학 담당관인 오이겐 페를레Eugen Fehrle가 새로운 대학제정법에 따라 하이데거를 통솔자-총장으로 임명하기 위해 프라이부르크를 방문했다. 이때 하이데거는 페를레에게 슈타우딩어가 정치적으로 신뢰할 수 없는 인물이라 의심된다는 이야기를 했다. 페를레는 즉각 조사에 착수했다. '공무원 제도 재건법'상 1933년 9월 30일까지로 소송 수속의 착수 기한이 정해져 있었기 때문이다. 하이데거는 이미 그해 여름부터 슈타우딩어에 관해 조사를 진행하고 있었다. 슈타우딩어에 대한 혐의는 제1차 세계대전 시기와 관련이 있었다. 슈타우딩어는 1912년 이후로 스위스 취리히 공과대학의 교수였지만 독일 국적을 유지하고 있었다. 당시 그는 건강상의 이유로 병역을 면제받았다. 전쟁 동안 그는 평화주의적인 기사를 게재했다. 인류 전체를 위협하는 전쟁 기술 발전에 직면하여 정치적 사고의 전환을 호소하는 글이었다. 1917년 그는 스위스 국적을 신청했다. 이때 독일 측에서 슈타우딩어에 관한 문건을 작성했는데, 여기서 그는 전쟁 중 화학 분야의 중요 지식을 적국에 누설한 혐의가 있는 것으로 기록되었다. 슈타우딩어는 이 혐의는 벗었지만, 1919년 5월에는 전쟁 중 "외국에서 독일의 명성을 중대히 손상시킬 만한"[16] 행동을 했다는 메모가 문건에 추가되었다. 1925년, 슈타우딩어가 프라이부르크대학으로 초빙되었을 때 이 문제가 다시 한번 불거졌다. 하지만 민족주의적 성향의 보수적 교수들조차 이 문제는 더 이상 건드리지 않았다. 그사이 슈타우딩어가 국제적으로 명성 높은 인사가 되었기 때문이다.

그런데 이제 하이데거는 슈타우딩어를 해직할 목적으로 조사를 지시한다. 게슈타포가 조사 서류를 수집하고, 1934년 2월 6일에는 하이데거의 견해를 묻는다. 하이데거는 비난받아 마땅한 점들을 조목조목 나열한다. 화학적 제조 비법을 적국에 누설했을 가능성, "조국이 크나큰 위기에 처했던 시기"에 스위스 국적을 신청하고 독일의 승인 없이 이를 취득한 점, "무기나 그 밖의 복무 활동으로는 결코 조국을 지원하지 않겠다"[17]고 공언한 점. 혐의를 씌울 만한 점은 충분하다고 하이데거는 쓰고 있다. "조기 퇴직보다는 해직 처분이 더 적절하리라 생각된다." 슈타우딩어가 "오늘날 국민적 각성의 110퍼센트 옹호자로 자처하고" 있는만큼 더욱더 긴급한 "대응 조치"가 요구된다.

바움가르텐의 경우와 마찬가지로 하이데거는 이번에도 이른바 기회주의의 적발이란 점을 부각시키려 한다. 하이데거는 열의를 불태운다. 국가와 전문 지식의 실용주의적 동맹을 불신하기 때문이다. 그의 생각에 따르면, 만약 "뿌리 없는" 전문 과학들이 정치적 이용 가능성에 힘입어 다시 전면에 대두한다면 "전체 독일적 현존재의 변혁"은 좌초할 것이 틀림없다. 그렇기에 하이데거는 슈타우딩어에 대한 공세를 펼친다. 그리고 슈타우딩어는 슈타우딩어대로 자신의 연구가 국민적 고양에 얼마나 중요한 것인지를 입증하느라 혈안이 되어 있었다. 슈타우딩어는 혹독한 심문을 받던 그 주에 논문 한 편을 발표했는데, 여기서 그는 자급 경제를 지향하는 새로운 독일에 화학이 얼마나 중요한 학문인지 역설했으며, "국민적 혁명의 출발"에 자신이 "커다란 기쁨"을 느끼고 있다고 강조했다.[18] 당 간부들이 개입하여 편을 들어 주었기 때문에 슈타우딩어는 해직되지 않는다. 하이데거도 한발 물러나며, 1934년 3월 5일에는 "해당 인물이 외국에서 학문적으로 높은 평가를 받고 있다는 점을 고려하여"[19] 해직 대신 퇴직을 제안한다. 하지만 하이데거의 이러한 제안도 관철되지 못한다. 슈타우딩어는 복잡한 조정 과정을 겪기는 하지만 교수직은 유지한다.

이 사건에는 후일담이 있다. 1938년, 하이데거는 '형이상학에 의한 근대 세계상의 근거 짓기 Die Begründung des neuzeitlichen Weltbildes durch die Metaphysik'라는 강연에서 모던의 학문들이 지닌 기술주의를 비판한다. 그러자 국가사회주의 기관지인 「데어 알레마네」는 한 편의 기사를 실어 하이데거의 사상을 "무용성"의 사례로 꼽고는("그 누구에 의해서도 이해되지 않는 철학자, 그리고 무를…… 가르치는 철학자"[20]) 이를 진정으로 "삶에 중요한" 전문 과학의 작업과 대비시킨다. 이 기사가 의도하는 것이 무엇인지는 기사 바로 하단의 광고가 말해 준다. 거기에는 "4개년 계획과 화학"이라는 주제로 슈타우딩어 교수의 예정된 강연이 광고되고 있다.

1945년 12월 15일, 정화위원회에서 자기변호를 할 때 하이데거는 이 사건을 거론한다. 하지만 자신이 먼저 슈타우딩어를 밀고했다는 사실에 관해서는 입을 다문다.

하이데거가 자신의 밀고에 관해 침묵한 것은 그로 인한 곤욕을 피하고 싶었기 때문만은 아닐 것이다. 아마도 그는 자신의 행동을 결코 밀고라고 생각하지 않았을 것이다. 그는 스스로를 혁명의 일부라고 느꼈으며, 혁명적 궐기에서 기회주의자들을 떼어 놓으려 했을 것이다. 슬그머니 혁명으로 끼어들어 이익을 도모하는 행위는 용납하지 말아야 했다. "위험 없는 활동의 안정된 만족감"만을 추구하고, 개인적 이익만 가져온다면 어떤 목적을 위해서든 일하는 학자들. 하이데거의 눈에 슈타우딩어는 그런 학자였다.

하지만 국가사회주의 정권에 가장 큰 공헌을 한 세력은 실상 하이데거 같은 철학자가 아니라 '비정치적' 전문 과학자들이었다는 점은 역사의 아이러니에 속한다. 하이데거가 한동안 혁명적-공상적 방식으로 봉사하려 했던 체제에 실질적 추진력을 제공한 것은 그들 과학자였다.

제 16 장

———

사유할 때 우리는 어디에 있나? 베를린의 토트나우베
르크: 대학 교육자 아카데미 계획. 정치적 활동과의
결별. '나는 논리학을 읽는다' 하이데거의 영웅 선택:
히틀러에서 횔덜린으로. '세계의 황폐화'와 실존하는
국가사회주의.

———

프리드리히 횔덜린: "궁핍한 시대의 시인"

사유할 때 우리는 어디에 있나? 베를린의 토트나우베르크: 대학 교육자 아카데미 계획. 정치적 활동과의 결별. '나는 논리학을 읽는다' 하이데거의 영웅 선택: 히틀러에서 횔덜린으로. '세계의 황폐화'와 실존하는 국가사회주의.

HEIDEGGER

우리가 사유할 때 우리는 어디에 있나?

크세노폰은 소크라테스에 관한 흥미로운 일화를 전해 준다. 펠로폰네소스 전쟁에 참전한 소크라테스는 용감한 병사였다. 그런데 부대가 행진 중이던 어느 날, 소크라테스는 갑자기 생각에 잠겨 우뚝 서 버렸다. 그는 온종일 자신도, 장소도, 상황도 잊은 채 그렇게 서 있었다. 생각할거리를 주는 무언가에 사로잡혀 혹은 무언가의 타격을 받고 그렇게 현실에서 비켜나 버린 것이다. 그는 사유의 힘 아래 있었고, 사유는 그 어디도 아닌 곳, 하지만 기묘하게도 편안히 느껴지는 곳으로 그를 몰고 갔다. 사유의 그 어디도 아닌 곳은 일상사의 위대한 중단이며 유혹적인 다른 어딘가이다. 소크라테스에 관해 우리가 알고 있는 모든 것에 근거해 보건대, 이렇듯 다른 어딘가를 경험한 정신은 죽음의 두려움에 대한 그의 승리의 한 가지 전제를 이룬다. 사유에 사로잡힌 소크라테스는 건드릴 수 없는 자가 된다. 그의 육신은 죽일 수 있어도, 그의 정신은 죽일 수 없기 때문이다. 그는 현존재의 투쟁에서 벗어나 버렸다. 아리스토텔레스가 철학의 능력을 찬양할 때 뇌리에 떠올렸던 것은 바로 그런 소크라테스, 주변의 모든 것이 제 갈 길로 가는 동안 꼼짝 않고 생각에 잠겼

제16장   465

던 소크라테스였다. 아리스토텔레스는 모든 장소를 위한 것인 동시에 그 어떤 장소를 위한 것도 아닌 철학의 능력을 찬양한다. 철학에는 "장비도 필요 없고 실행을 위한 특정 장소도 필요 없다…… 지상 어디서든 누군가 사유에 몰두한다면 마침 거기서 진리가 현전하는 양 바로 그 장소에서 진리를 획득할 것이다."[1]

그러나 소크라테스는 폴리스의 철학자, 아테네의 광장 철학자이기도 했다. 소크라테스는 자신의 다른 어딘가와 함께, 자신의 철학적 방심과 함께 그 장소에 현전하려 했다. 철학은 장소가 없는 동시에 장소와 결부되어 있는 무엇이다.

하이데거는 특히 장소에 고착되어 있는 철학자였다. 그리고 정치적 활동의 시기에 그는 특히 강렬한 말로 이른바 "권력과 토대가 없는 사유"를 공격했다. 하지만 곧 그는 자신이 발 딛으려 한 새로운 혁명적 현실의 토대가 흔들림을 느낀다. 베를린대학과 초빙 협상을 벌이던 시절, 그는 엘리자베트 블로흐만에게 이렇게 쓴다. "이 모든 것에는 토대가 없을 것입니다. 나는 베를린을 다시 떠났을 때 안도감을 느꼈습니다."(1933년 9월 19일 자 편지, BwHB, 74쪽)

이 편지에서 하이데거는 자신이 이편저편으로 내몰리고 있음을 표현한다. 한편으로 "나는…… 오직 한 가지만 알면 된다고 생각합니다. 우리는 위대한 정신적 변화를 준비하고 그 출발을 함께해야 합니다". 다른 한편으로 "내 가장 본래적인 작업에서…… 지금 나는 멀리 벗어나 있습니다. 일상의 활동이…… 그것으로 향하고 있음은 매일 느끼고 있지만 말입니다".

그가 되돌려 보내지고 있는 곳은 어디인가?

그의 사유가 거하는 장소는 매우 정확히 정해져 있다. 그것은 상상적 장소와 현실의 장소로 나뉜다. 하나는 철학의 그리스이며, 다른 하나는 시골, 좀 더 정확히는 토트나우베르크이다.

우선 하이데거가 국가사회주의적 혁명에 의해 실현하려 했던 그리스-꿈에 관해 언급하자면, 이미 반세기 전에 니체는 필요한 모든 것을 말했다. "전체로서의 독일 철학은…… 지금까지 있었던 가장 철저한 종류의…… 향수이다…… 더 이상 어디서도 고향다운 편안함을 갖지 못하기에 결국은 어떤 점에서든 가장 편안히 느껴질 만한 곳으로 돌아가고자 한다. 그곳에서만이라도 고향다운 편안함을 느끼고 싶기 때문이다. 그리고 그곳은 바로 그리스 세계이다! 하지만 그곳으로 이르는 다리는 모두 무너져 버렸다. 개념의 무지개다리를 제하고는!…… 하지만 이 다리를 건너가려면 아주 섬세하고, 아주 가볍고, 아주 가늘지 않으면 안 된다. 하지만 정신적인 것을 향한, 거의 유령적인 것을 향한 이런 의지에만도 얼마나 큰 행복이 담겨 있는가!…… 사람들은 교부를 지나서 그리스인들로 돌아가려 한다…… 독일 철학은…… 르네상스에의 의지이다…… 고대 철학, 무엇보다도 소크라테스 이전 사상가의 철학—그리스 사원들 중에서 깊이 묻혀 있는 것—을 발굴하려는 의지인 것이다…… 우리는 날마다 더욱 그리스적이 되어 간다. 당연한 일이지만 처음에는 개념이나 가치 평가에서, 말하자면 그리스화하는 유령으로서, 하지만 바라건대 어느 날인가는 우리의 육체로서도!"[2]

우리가 앞서 보았듯, 하이데거는 '사회적' 육체가 그리스적인 것으로 돌아가기를 원했다. 혁명은 "그리스 철학의 시작"이 지녔던 근원적 "힘의 재생"이라는 의미를 갖는다(총장 취임 연설).

또 다른 장소는 시골, 즉 토트나우베르크이다. 슈바르츠발트의 고지에 있을 때면 하이데거는 자신의 그리스적 꿈 가까이에 있다고 느꼈다. 그는 거기에서 정치적 저지대를 내려다보았다. 저지대에서는 뭔가를 얻어 낼 수도 있을 듯했다. 저지대는 대혼란에 휩싸여 있었기 때문이다. "모든 위대한 것은 폭풍 속에 있다!"

정치 활동을 벌인 몇 달 동안 하이데거는 고통스런 경험을 접하지 않을 수 없다. 그것은 자신이 살고 있는 세계와 자신이 사유하고 있는 세계를 원하는 대로 결합시킬 수 없다는 경험이다. 1934년 3월, 하이데거는 라디오 방송 강연에서 베를린의 정책에 대한 거부감을 공개적으로 표명했으며, 이로 인해 무수한 중상과 비방을 당했다. 강연의 제목은 '창조적 풍경: 우리는 왜 시골에 사는가?Schöpferische Landschaft: Warum bleiben wir in der Provinz?'이다. 흔히 사람들은 시골에서 이데올로기적인 고향 낭만주의나 농부 낭만주의만을 보려 했다. 반면 이 강연에서 하이데거는 소박하지만 자신에게는 매우 본질적인 어떤 경험에 관해 참된 정보를 나름의 방식으로 제공한다. "내 모든 작업은…… 이 산과 농부들의 세계에 의해 지탱되며 인도되고 있다. 이제는 저 높은 곳에서 수행되는 작업이 때때로 이곳 아래의 각종 교섭이나 강연 여행, 회의, 교육 활동에 의해 비교적 긴 시간 중단되기도 한다. 그러나 내가 다시 올라가면, 일찍이 제기했던 물음들의 전체 세계가 곧장 오두막 현존재의 최초 시간으로 밀려들며, 더욱이 내가 그 세계를 떠날 때의 형태를 온전히 다시 취한다. 나는 작업의 고유한 진동으로 간단히 다시 잠겨 들지만, 근본적으로는 작업의 숨겨진 법칙을 제어하지 못한다." (D, 11쪽)

하이데거는 자기 삶의 세계와 자기 사유의 세계가 토트나우-베르크의 오두막에서, 실은 오직 거기서만 일치한다는 점을 깨달으며 이를 스스로 인정한다. 오직 "오두막 현존재"에서만 "일찍이 제기했던 물음들의 전체 세계"—달리 말해, 그리스적 시작의 반복—가 생생한 현실로 변한다. 하이데거의 말을 빌면, 그 세계는 거기서만 "현전한다". 그렇기에 그는 총장직 사퇴 후 다시 이 사유의 "장소"로 돌아갈 수 있게 되자 안도를 느끼기도 한다. "시라쿠사에서 돌아온 거요?" 거리에서 우연히 만난 하이데거에게 볼프강 샤데발트는 그렇게 비꼬듯 물었다고 한다. 주지하듯 플라톤은 시라쿠사에서 자신의 이상국가를 실현하려 했으나 노예 신세를 면한 것만으로 만족해야 했다.

하이데거는 1934년 4월 23일 총장직에서 사퇴한 후 정치적으로 주목받는 위치는 포기하지만 새로운 혁명적 현실에서 철학에 대해 "적절한 출격 지점"(1933년 3월 10일 야스퍼스에게 보낸 편지, BwHJ, 150쪽)을 마련하려는 의도는 한동안 더 강하게 밀어붙인다. 하지만 되찾은 사유의 "장소"만은 더 이상 떠나고 싶지 않기에 그에게는 이 "장소"를 이동시키려 해 보는 것, 달리 말해 자기 철학의 달팽이 집을 메고 다니려 해 보는 것 외에는 다른 가능성이 남지 않게 된다. 하이데거는 "토대 없는" 곳이라는 생각 때문에 베를린대학의 초빙을 거절했다. 하지만 1934년 여름, 그는 베를린에 대학 교육자 아카데미를 창설하겠다는 계획을 품게 되며, 자신에게 이 계획을 실현할 기회만 준다면 베를린으로 옮겨 갈 용의도 있다고 넌지시 알린다. 그의 계획이란 베를린 한복판에 일종의 철학자 수도원, 토트나우베르크식 은거지를 세우는 것이었다.

하이데거는 이미 1933년 가을부터 이 일로 베를린과 교섭을 벌였다. 대학 교육자 아카데미 계획은 베를린의 당 본부와 문화부에 의해 추진되기 시작했다. 아카데미는 장차 교수가 될 가능성이 있는 후속 세대 학자들이 거쳐 가는 정치적 연수 기관으로 계획되었다. 그 목표는 당연히 민족적 세계관을 지향하는 이데올로기 교육이었다. 교수 자격 획득은 아카데미 연수를 마쳐야 가능하게 만들고, 대학은 해당 권한을 갖지 못하게 해야 했다. 당에서 진단하고 있는 불합리한 상태, 즉 "전통적" 학자 "인력"이 성실히 적응하는 것은 사실이지만 "국가사회주의적으로 유용한 요소들을…… 전혀" 획득하지 못하고 있는 현 상태가 이런 방식에 의해 척결되어야 했고, 또 10년쯤 후면 "세계관에서 나무랄 것이 없는" 학문 후속 세대가 양성될 수 있는 기틀이 마련되어야 했다.[3]

이 아카데미의 소장으로 하이데거가 논의되었다. 그는 상세한 제안서를 작성해 1934년 8월 28일 베를린으로 보낸다. 제안서에 의하면 그것은 학술원이나 명사클럽이어서는 안 되고, 정치적 재교육기관이어서도 안 되며, "교육적 생활공동체"여야만 한다. 하이데거의 설명에 따르면 이 기관은 일종의 결사가 되어야 한다. "고유한 정신" 아래 설립되고 연수 기간이 끝난 후에도 "소속감을 잃지 않게 하는" "전통"을 창출하는 곳이 되어야 하는 것이다. 결정적으로 중요한 요소는 "말로 표현되지 않는 그 분위기의 영향"이다. 따라서 이 기관의 교사는 "그들이 무엇에 관해 '말하는가'에 의해서가 아니라 그들이 어떤 사람인가에 의해 영향을 주어야" 한다. 교사와 학생은 "학문 작업과 휴식, 묵상, 격투기, 육체노동, 행군, 스포츠, 파티가 자연스레 섞여 있는" 일과에 따라 공동생활을 해야 한다. 또한 "참된 고독과 집중"의 기회도 주어져야 한다. 공동체에 기여하는 요소는 "공동체"로부터만 "생성"될 수 없기 때문이다. 외적 시설도 이러한 고독과 공동체의 공존에 상응해서 마련되어야 한다. 강의실, 연단이 마련된 식당, 파티와 음악 활동을 위한 공간, 공동 침실이 있어야 하겠지만, 개인이 정신노동과 내적 묵상으로 돌아갈 수 있는 "독방"도 있어야 한다. 도서관에는 많은 장서가 있어서는 안 되며 본질적인 것만을 갖춰야 한다. "학교의 도서관이란 농부의 쟁기와 같은 것이다." 도서 선정에는 학생들이 동참해야 하며, 이렇게 해서 "문헌을 올바르고 철저하게 판정하는 것이 무엇인지" 배우게 될 것이다. 마지막으로 하이데거는 이 학자 수도원의 핵심 사상을 이렇게 요약한다. "오늘날 학문 영역에서 이미 너무나 강력해진 '미국주의'를 극복하고 앞으로도 이를 피하려면, 학문을 그 내적 필연성에서 비롯되는 가능성에 따라 새롭게 조직하는 것이 마땅하다. 이런 일은 아직 일어나지 않았고, 개개인의 결연한 참여에 의해서만 일어날 것이다."[4]

하이데거가 계획했던 형태의 대학 교육자 아카데미는 설립되지 않는다. 배후의 음모와 책략 때문이었다. 로젠베르크 총국과 문화부는 여러 당 기관들로부터 경고를 받았다. 1934년 2월 14일, 크리크는 예니쉬에게 이런 편지를 썼다. "하이데거가 프로이센대학 교육자 아카데미를 세워 프로이센대학의 학문 후속 세대 전체를 손아귀에 넣으려 한다는 소문이 있습니다. 그렇게 되면 큰일이라고 생각합니다. 귀하께서 그의 태도, 그의 철학, 그의 독일어에 관한 평가서를 써서 상부에 올리시기를 부탁드립니다."[5] 이미 뮌헨대학과 베를린대학의 초빙 교섭에 관여한 경험이 있던 예니쉬는 이번에도 평가서를 작성했다. 평가서에는 이런 말이 나온다. "귀하께서 제…… 의견을 듣고 싶으시다면, 저는 의견 개진에 앞서 아돌프 히틀러의 말을 거론하고 싶습니다. 히틀러는 언제나 건전한 이성의 법칙을 최고 권위로 인정한다고 말한 바 있습니다. 국가의 삶에서 '결정적 걸음'을 내디딜 때 이성과 모순되면 어쩔 수 없이 그리고 돌이킬 수 없이 파국으로 치닫는 법입니다…… 가까운 장래의 정신생활과 관련해서 아마도 가장 중요한 자리를, 우리 대학에서 가장 어지러운 두뇌의 소유자이자 가장 기이한 독선가에게 맡긴다면, 이는 이성에 모순되는 일이 될 것입니다…… 우리의 학문 후속 세대를 위한 최고 교육자 자리에 그런 기괴하고 모호하고 산만하며 정신 분열적인 기미마저 있는 사람을 임명한다면, 우리가 이곳 마르부르크에서 분명 확인할 수 있듯, 학생들에게 교육적으로 막대한 악영향을 미칠 것입니다."[6]

문화부는 이 평가서를 받아들이지 않았지만, 세계관을 담당하는 관료를 그 자리에 임명하는 게 더 낫겠다는 생각을 하게 되었다. 그에 따라 하이데거는 후보군에서 빠지고 말았다. 하지만 여전히 하이데거는 체제의 이데올로기 기구에 이용될 수 있는 인물이었다. 1934년 5월, 그는 '독일 법 아카데미'에서 개최한 법철학 위원회에 초대되었다. 위원장은 제국법률특별위원이었던 한스 프랑크$^{Hans Frank}$였는데, 그가 개회사에서 이 위원회의 성격과 과제를 정의했다. 새로운 독일 법을 위해서는 "인종, 국가, 총통, 혈통, 권위, 믿음, 대지, 방어, 이상주의" 같은 가치들에 의해 새로운 토대가 닦여야 한다. 그리고 위원회는 "국가사회주의의 투쟁위원회"로서 설립되어야 한다.[7] 바이마르 니체 문헌보관소에 설치된 이 위원회에서 하이데거는 1936년까지 함께 일했다. 그가 어떤 기여를 했는지에 관해서는 별로 알려진 것이 없다. 1935년 율리우스 슈트라이허$^{Julius Streicher}$[8]가 이 위원회에 가담했다. 주목을 끌만한 사건이었기에 1936년 카를 뢰비트는 로마에서 하이데거를 만났을 때 그에 관해 물었다. 잠시 머뭇거리던 하이데거는 "슈트라이허에 관해서는 말이 필요 없다"고 답했다. "그의 「공격수$^{Der Stürmer}$」는 포르노그래피에 다름 아니라는 것이었다. 하이데거는 왜 히틀러가 그런 사람을 떨쳐 내지 못하는지 이해할 수 없다고 했다. 하이데거는 그를 두려워하는 것 같았다."[9]

하이데거는 히틀러와 혁명의 필연성에 대한 믿음을 버리지 않았지만, 그와 정치의 관계는 점점 느슨해진다. 일찍이 그의 철학은 영웅을 하나 찾아냈으며, 그것은 정치적 영웅이었다. 이제 그는 다시금 영역을 나누기 시작한다. 철학은 "더 깊이" 놓인다. 다시금 철학은 "정신"의 근본 사건, 정치를 제약하지만 정치로 사라지지는 않는 근본 사건이 된다. 1936년, 그는 셸링 강의를 시작하면서 이렇게 말할 것이다. "그리고 나폴레옹이 에어푸르트에서 괴테에게 한 말, '정치는 운명이다'라는 말이 심대한 비진리임이 곧 드러나게 될 것이다. 아니다. 정신이 운명이고, 운명이 정신이다. 그런데 정신의 본질은 자유이다."(GA 제42권, 3쪽)

정치로부터 '정신'으로의 귀환은 이미 1934년 여름학기 강의에서 예고된다. 그 귀환은 '국가와 학문'이라는 제목으로 예고되었다. 강의 첫 시간에는 지위와 명성이 높은 사람들, 고위 당 관료와 명사들, 동료

교수들이 모두 모였다. 학생들은 많지 않았다. 총장직에서 물러난 하이데거가 무슨 말을 할 것인지 모두들 잔뜩 긴장해서 귀를 기울였다. 이 강의는 사회적 사건이었던 셈이다. 갈색 제복 차림의 하이데거가 수많은 청중을 헤치며 연단에 이르렀다. 그는 강의 주제를 바꿨다며 양해를 구했다. "나는 논리학을 읽겠습니다. 논리학은 로고스로부터 옵니다. 헤라클레이토스가 말하길……" 이 순간 하이데거는 자신의 의사를 분명히 밝힌 셈이었다. 그는 자신의 "깊이"로 가라앉을 작정이며, 정치에 반대하지는 않지만 예전처럼 그에 대해 거리를 유지하겠다는 의사를 드러낸 것이다. 이미 첫 부분에서 그는 "규율 없는 세계관적 잡담"을 거부하며, 시민적 학문이 '논리학'이라는 명목으로 통상 제시하는 "공식 꾸러미" 또한 거부해 버린다. "우리에게 논리학은 존재의 근거들을 물으면서 걸어가기이다. 즉 논리학은 물음성의 장소이다."(L, 2쪽) 두 번째 강의 시간이 돌아오자 강의실에는 철학에 관심을 가진 사람들만 남아 있었다.

1년 후 야스퍼스에게 보낸 편지에서 하이데거는 총장 사퇴 후의 첫 학기를 회고하면서 시작이 쉽지 않았다고 말한다. "나로서는 마치…… 더 듬거리며 겨우겨우 나아가는 것과 같았지요. 1932/33년 겨울학기에…… 중단된 작업에 다시 익숙해지는 데 몇 달은 걸렸습니다. 하지만 그건 희미한 웅얼거림이었습니다. 게다가 말뚝이 두 개나 박혀 있었습니다. 조상 대대로의 신앙과 논쟁하는 일 및 총장직에서 실패를 겪은 일 말입니다. 이 정도면 정말 극복해야 할 일이 충분한 셈이었죠."(1735년 7월 1일 자 편지, BwHJ, 157쪽)

자신의 종교적 활동과 정치적 활동을 이해하려는 이 작업에서 또 다른 "영웅"이 도움을 준다. 그 영웅은 횔덜린이다.

1934/35년 겨울학기에 하이데거는 최초로 횔덜린 강의를 한다. 그 이후로 횔덜린은 하이데거 사유에서 부동의 준거점으로 머물 것이다. 그는 횔덜린을 통해 우리가 결여한 신적인 것이 진정 어떤 것인지, 그

리고 일상사를 초월한 '정치'라는 것이 어떤 것이지 밝혀내려 한다. 하이데거에 따르면 횔덜린은 "우리 민족 역사 안의 힘"이다. 하지만 그 힘은 아직까지도 참되게 현출한 적이 없다. 독일 민족이 스스로를 되찾고자 한다면, 이런 상황이 변해야 한다. 이를 위해 함께 노력하는 것을 하이데거는 "지고한 본래적 의미의 '정치'"라고 부른다. 이런 정치는 "여기서 무언가를 성취하는 자가 '정치적인 것'을 말할 필요가 없을 만큼"(GA 제39권, 214쪽) 지고하며 본래적이다.

하이데거가 횔덜린에게 주목했던 시기에 마침 횔덜린 르네상스가 일어나고 있었다. 20세기 초와 달리, 이제 횔덜린은 그저 문학사에서 흥미롭게 취급되는 서정 시인이 아니었다. 기묘한 서간 소설 『휘페리온 Hyperion』의 작가이자, 독일 고전주의 시대에 넘쳐 났던 고대 예찬가 중 하나에 불과한 인물로 치부되지 않았던 것이다. 딜타이와 니체도 횔덜린에게 지대한 관심을 기울였지만, 이들은 횔덜린을 독일 공중의 의식에까지 각인시키지는 못했다. 이를 실현한 것은 제1차 세계대전 직전의 게오르크 유파와 그 일원이었던 노르베르트 폰 헬링라트 Norbert von Hellingrath 였다. 헬링라트는 횔덜린의 후기 작품을 발굴하여 주석을 붙이고 방대한 전집본의 편집을 시작했다. 게오르크 유파는 횔덜린을 '상징주의'의 천재적 선구자로 보았다. 하지만 더 이상 기교적·유희적 선구자라기보다 실존적으로 절실히 요구되는 선구자였다. "가장 신성한 것을 가리던 장막이 걷히는 것만 같았고, 말로 표현될 수 없는 무엇이 눈앞에 보이는 것만 같았다."[10] 1920~30년대의 횔덜린 열풍은 이런 어조로 일관했다. 막스 코머렐 Max Kommerell은 횔덜린을 "통솔자로서의 시인"의 반열에 놓았다. 그에 따르면, 우리는 횔덜린으로부터 "독일적 힘의 물결"에 대한 공감을 획득한다.[11] 각종 청년운동에서 횔덜린은 독일 현실에서 상처를 입은 마음의 천재로 간주되었다. 소설 『휘페리온』에 나오는 다음 구절이 기회만 나면 인용되었다. "가혹한 말이긴 하지만 이것이 진실인 이상 나는 얘기하겠다. 나는 독일인만큼 전체성을 상실한 민족을 생각할 수 없다. 수공업자는 보여도 인간은 없고, 사상가는 보여도 인간은 없으며, 주인과 하인, 청년과 분별 있는 중년은 보여도 인간은 없다. 마치 손과 팔, 사지가 모두 잘린 채 뒤엉켜 있고, 흐르는 피가 모래밭에 스미고 있는 전쟁터와 같지 않은가?"[12]

생의 새로운 전체성을 동경했던 횔덜린은 다양한 정치적 입장의 교양 지식인들이 자기 자신과 동일시하려는 인물로 부상했다. 성스러운 것의 새로운 경험 가능성을—시인의 언어로—모색하는 사람들이 특히 그런 동일화의 경향을 보여 주었다. 릴케는 그의 시 「횔덜린에게^{An Hölderlin}」에서 이렇게 말한다. "아아, 최고의 인간들이 열망하는 것, 그대는 아무 욕망 없이 / 벽돌에 벽돌을 쌓아 올린다. 그것은 세워졌다. 하지만 그것이 붕괴한다 해도 / 그대는 당황하지 않는다."[13]

후일 횔덜린을 사로잡은 광기는 그의 문학에 진정성을 더해 주었다. 그가 미쳐 버렸다는 것. 이는 그가 비밀로 가득한 위험의 영역으로 다른 사람들보다 더 깊이 들어섰다는 뜻이 아니겠는가?

독일의 시인, 시의 힘에 압도당한 시인, 새로운 신들의 탄생을 돕는 자, 경계를 넘나든 자, 위대하게 좌절한 자. 사람들은 횔덜린에게서 이런 것을 보았다. 그리고 하이데거의 태도도 이런 테두리 안에 있다.

하이데거의 횔덜린 해석은 세 가지 중점을 포함한다. 먼저, '권력'. 정치에 가담하려 한 시도가 좌절된 후 그가 중요시한 문제는 힘의 본질 및 현존재를 이루는 힘들의 위계이다. 시 짓기와 사유와 정치. 이 세 가지는 서로 어떤 관계에 있는가?

둘째로, 하이데거는 횔덜린에게서 우리가 결여한 언어를 찾아내고자 한다. 하이데거는 우리의 존재 결핍을 강력한 언어로 증언한 자로서

(「신들의 밤Götternacht」) 그리고 이런 결핍의 극복이 가능함을 예고한 자로 서 횔덜린을 인용한다. 그리고 셋째로, 하이데거는 "시 짓기의 시인"인 횔덜린을 매개로 해서 자기 자신의 행위, 즉 사유의 사유를 파악하고자 한다. 그는 횔덜린에, 특히 그의 좌절에 자기 자신을 투영한다. 그는 자 기 자신의 모습을 간접적으로 그려 낸다. 자신이 스스로를 어떻게 보고 있으며, 장차 어떤 모습으로 보이기를 원하는지 그려 내는 것이다.

하이데거는 강의에서 횔덜린의 후기 찬가인 「게르마니엔Germanien」과 「라인 강Der Rhein」을 논한다. 이때 자신의 전체 해석의 근본 사상을 표현 하는 것으로 횔덜린의 잠언 한 편을 인용한다. "시인들은 대개 어떤 세 계 시대의 시작이나 끝에서 스스로를 형성했다. 민족들은 시가와 더불 어 유아기의 하늘에서 벗어나 행동하는 삶으로, 문화의 땅으로 나아간 다. 시가와 더불어 그들은 거기서부터 근원적 삶으로 돌아간다."(GA 제 39권, 20쪽)

하이데거에 의하면, 한 민족과 그 문화의 역사가 포함하는 개개 시 대에서 "우리가 일상 언어로 지껄이고 행하는 모든 것이 비로소 열린 터로 들어서게" 되는 것은 시인의 말을 통해서이다.

시의 언어가 지닌 힘에 대한 이러한 비전은 시인이라면 좋아할 만 한 것이다. 시인은 한 민족에 정체성을 부여한다. 호메로스나 헤시오도 스가 그렇듯, 시인은 민족에게 신들을 데려오며 그렇게 해서 "풍습과 관 습"을 세운다. 시인은 한 민족 문화의 본래적 창시자이다. 횔덜린은 그 의 시에서 시인의 이런 힘 자체를 주제로 삼았으며, 그렇기에 하이데거 는 그를 "시 짓기의 시인"이라 부른다.

하이데거는 시 짓기의 문화 건립 행위를 다른 위대한 건립 행위와 결부시킨다. 다른 건립 행위란 철학적 세계 발현과 국가 건립을 말한다. "근본기분, 즉 한 민족의 현존재의 진리는 근원적으로 시인에 의해 건립된다.

하지만 그렇게 드러난 존재자의 존재^{Seyn}¹⁴는 사상가에 의해 비로소 존재로서 파악된다…… 그리고 그렇게 파악된 존재는…… 민족이 민족으로서의 자기 자신에게 인도됨을 통해 '규−정'된 역사적 진리 안에…… 세워진다. 이런 일이 국가 창조자들에 의한 국가의…… 건립을 통해 일어난다."(GA 제39권, 144쪽)

시 짓기와 사유와 정치는 위대한 힘들의 "작품들"일 수 있다는 공통점을 갖는다. 횔덜린을 염두에 두고서 하이데거는 이렇게 말한다. "우리는 언젠가 우리의 일상성에서 빠져나와 시 짓기의 힘 안으로 들어가야 하고, 또 우리가 일상성을 떠났듯 일상성으로 되돌아가기란 더 이상 불가능하게 되는 일이 생길 수도 있다."(GA 제39권, 22쪽)

시인과 사상가와 정치가는 다른 사람들에게 운명이 된다. 왜냐하면 그들은 "창조적"이기 때문이다. 새로운 현존재의 상황과 가시성들이 주어져 있는 '뜰'을 자기 주변에 창출하는 세계, 그런 세계로 무엇인가 들어설 수 있게 되는 것은 시인과 사상가와 정치가를 통해서이다. 존재자의 풍경 내에서 강력한 마술처럼 둘러서 있는 작품들을 창조하는 행위를 가리켜 하이데거는 "투쟁"이라 표현하기도 한다. 1년 후에 있게 될 강의 '형이상학 입문^{Einführung in die Metaphysik}'에서 그는 이러한 창조적 투쟁을 다음과 같이 설명한다. "이 투쟁은 들어보지도 못한 것, 지금까지 말해진 적도 사유된 적도 없는 것을 기투하고 발전시킨다. 이때 이 투쟁은 창조적인 사람들, 시인과 사상가와 정치가들이 맡게 된다. 이들은 압도하는 다스림에 대해 작품의 덩어리를 던지면서 맞서며, 그렇게 하여 작품 속에 열린 세계를 펼쳐 보인다."(EM, 47쪽)

하이데거가 어떻게 히틀러 같은 인물의 "창조적"인 국가 건립 행위에 "매혹될" 수 있었는지에 관해 우리는 이미 살펴보았다. 이제 문제가 되는 것은 횔덜린 문학이 지닌 "힘의 영역"인 바, 이에 대해서는 국가사회주의 혁명의 경우와 똑같은 말을 할 수 있다. 1933년 11월 30일, 튀빙엔대학의 연설 '국가사회주의 나라의 대학Die Universität im Nationalsozialistischen Staat'에서 하이데거는 "혁명적 현실"을 "눈앞의 것"이나 "단순한 사실"로 간주하지 말라고 촉구했다. 그런 식으로는 혁명적 현실이 무엇인지를 결코 경험하지 못한다는 것이다. 우리는 이 현실의 마술적 원환으로 들어가서 스스로를 변화시켜야 한다. 횔덜린의 경우, 아니, 모든 위대한 문학의 경우도 마찬가지이다. 위대한 문학은 결단을 요구한다. 우리가 그런 문학의 "소용돌이"에 스스로를 맡길 것인가, 아니면 안전한 거리를 유지할 것인가의 선택을 요구하는 것이다. 횔덜린의 문학은 오로지 결단한 자들에게만 스스로를 열어 보인다. 결단한 자들에게 횔덜린의 문학은—정치나 사유와 마찬가지로—혁명적인 생생한 고유화, 다시 말해 "전체 현존재의 변혁"이 될 수 있다. 하지만 이런 모험에 뛰어드는 자는 소수에 불과하다. 하이데거는 안전을 위한 거리 유지의 전술을 분석한다. 이런 전술은 모두가 문학의 명령을 어떻게든 거부하는 것에만 혈안이 되어 있다. 그런 전술로는 문학을 체험과 상상력의 "표현"으로 이해하는 방식이 있다. 이런 경우 문학은 즐거움을 가져올 뿐 아니라 정신적 지평의 확장에도 유용한 것이 된다. 혹은 문학을 이데올로기적 상부구조로 이해하는 방식, 현실 상황의 미화나 은폐로 이해하는 방식도 있다. 더 나아가—이 대목에서 하이데거는 국가사회주의 이데올로기를 끌어들인다—이런 사고방식도 있다. "문학은 한 민족의 생물학적으로 필연적인 기능이다."(GA 제39권, 27쪽) 하이데거는 음식을 소화시키는 것도 민족의 필연적인 기능이라고 조롱한다. 하이데거는 이처럼 어떤 현상이 지닌 힘의 영역에 들어가지 않고 바깥에만 머물려는 태도를 "자유주의적" 근본태도라 부른다. "만약 어떤 것에 자주 오용된 '자유주의적'이란 칭호를 붙일 수 있고 또 그래야 한다면, 그 어떤 것이란 바로 위와 같은 사유 방식이다. 이 사유 방식은 근본적으로 그리고 처음부터 자기가 뜻하고 생각한 것에서 자기 자신을 드러내며, 또 그렇게 생각한 것을 단순히 자기 생각의 대상으로 삼기 때문이다."(GA 제39권, 28쪽)

여기서 하이데거는 '자유주의적'이란 용어를 자기 나름대로 사용한다. 그가 이 용어로 뜻하는 것은 어떤 사태의 고유한 의미에 스스로를 내맡기기를—생각이나 감정 없이 혹은 방법적으로—거부하는 태도이다. 사람들은 사물의 '위'나 '아래' 혹은 '배후'로 가려 할 뿐, 그 안으로 들어가는 것만은 피한다. 이런 비판에 의해 하이데거는 어느덧 횔덜린이 "신들의 밤"의 특징이라고 본 특유의 '처해 있음'에 이르게 된다.

횔덜린에 따르면, "오늘날의 사람들"은—학문적 인식이란 측면에서—"경험 많은 사람들"이기는 하다. 하지만 그 와중에 우리는 사물과 자연과 인간관계를 풍부하고 생생하게 지각하는 능력을 잃어버렸다. 우리는 "신적인 것"을 상실했으며, 이는 "정신"이 세계로부터 떠났음을 뜻한다. 자연은 우리에게 예속되었다. "망원경"은 우주의 지극히 먼 곳까지 다다르며, 그 결과 우리는 현상세계의 "장중한 해돋이"마저 "재촉하게" 된다. 자연과 인간을 잇는 "사랑의 끈"으로 우리는 "뜨개질"을 했으며, 인간적인 것과 자연적인 것 사이의 경계를 "비웃었다". "영리한 족속"이 된 우리는 사물들을 "벌거벗겨" 볼 수 있게 된 것에 자랑스러움마저 느낀다. 우리는 더 이상 대지를 "보지" 못하고, 새소리를 "듣지" 못하며, 인간들 사이의 언어는 "메말라" 버렸다. 횔덜린에게 이 모든 것은 "신들의 밤"을 의미한다. "신들의 밤"이란 세계와 인간 상황에서 내재적 의의와 발산의 힘이 상실되었음을 뜻한다.[15]

횔덜린의 생각에 따르면, 시인은 생동적이지만 어느 틈에 몰락한 전체 세계를 다시 말 안으로 끌어올려야 한다. 시인은 몰락한 것을 기억하는 일 외에는 아무것도 할 수 없다는 점에서 "궁핍한 시대의 시인"이다.

횔덜린에게 신적인 것은 피안의 영역이 아니다. 그것은 인간 안의, 인간들 사이의, 그리고 인간과 자연 사이의 관계가 달라진 현실을 뜻한다. 세계에 대해 개방되고 고양되고 모험적이며 집중적이고 깨어 있는 삶. 개별자와 보편자 모두에서 실현된 그런 삶. 세계-내-존재에 대한 환호. 이런 것이 바로 신적인 것이다.

횔덜린의 이런 신적인 것을 1920년대의 하이데거는 "본래성"이라 불렀다. 그리고 이제 그는 새로운 명칭을 발견한다. 그것은 "존재와의 연관"이다. 『존재와 시간』에서 하이데거가 설명했듯, 현존재는 이미 언제나 존재와 연관되어 있다. 비본래성으로의 이탈도 이러한 연관 안의 일이다. 이러한 "존재와의" 연관이 명확하게 포착되면, 다시 말해 "본래적으로" 살게 되면, 그것은 "존재와의 연관"이 된다. 이제부터 하이데거는 이런 의미로 현존재를 신성화하는 "본래적" 연관을 뜻할 때면 언제나 "존재^Sein" 대신 'y'을 포함한 존재^Seyn라고 표기한다.[16] 이때 신적인 것을 향해 열림이란, 고유의 심연과 세계의 기적에 이르기까지 현존재가 스스로를 열고 스스로 나아가려 애씀을 뜻한다.

이러한 열림은 전적으로 결단을 내린 개인적 현존재의 성과라고 생각될 수도 있을 것이다. 실제로 『존재와 시간』의 본래성 철학에서는 그런 개별적 측면이 지배적으로 나타나며, 어떤 전체 민족을 위해 신들과 신성을 "건립하는" 시인적 영웅과 사상가적 영웅의 이미지에는 그런 개인주의가 계속 남아 있다. 그러나 이제 하이데거는 역사와 집단의 측면을 좀 더 강하게 부각시킨다. 존재와 연관 짓기에 유리한 역사적 시대가 있고, 그것을 어렵게 만드는 시대, 심지어 불가능하게 하는 역사적 시대가 따로 있다. "신들의 밤" 혹은 하이데거의 표현으로 "세계의 황폐화"는 모든 시대에 걸쳐 있다. 하이데거에게 횔덜린이 그처럼 위대한 것은 그가 옛 신들은 사라지고 새로운 신들은 아직 도래하지 않은 단절의 시기에 개별자로서, 너무 늦게 나타난 자이자 너무 일찍 나타난 자로서 상실된 것의 고통을 견디고 미래적인 것의 폭력도 감내해야 했기 때문이다. "그러나 벗이여! 우리의 도착은 너무 늦었다. 신들은 살아 있으나, / 머리 위의 다른 세계에 살고 있다…… 약한 그릇이 신들을 언제나 담을 수 있는 것은 아니기에……" 횔덜린의 후기 시 한 편에 나오는 이 구절을 하이데거는 「마치 축제일처럼」이라는 시의 다음 구절과 관련시킨다. "그럼에도 그대 시인들이여! / 그대들은 신의 뇌우 아래 머리를 드러낸 채, / 아버지의 빛을, 아버지 자신을 그대들의 손으로 잡고, / 노래로 감싸서는 민족에게 / 하늘의 선물로 건네주는 것이니, / 우리에겐 응당 그런 일이 있어야 한다."(GA 제39권, 30쪽에서 재인용)

시인의 머리 위로 "신의 뇌우"가 내리치는 이미지를 하이데거는 "존재의 압도적인 힘 안에 내버려짐"(GA 제39권, 31쪽)이라 해석하며, 이 맥락에서 횔덜린이 보르도로 여행하기 직전인 1801년 12월 4일, 친구 뵐렌도르프Böhlendorff에게 쓴 편지를 인용한다. "평소 나는 우리들 위와 주변의 것에 대한 더 나은 견해, 새로운 진리에 환호를 보낼 수 있었네. 그런데 지금은 신들에게서 자신이 소화할 수 있는 것 이상을 받았던 그 옛날의 탄탈로스처럼 결국 일을 그르치게 될까 봐 두려워하고 있네." 그리고 지치고 정신이 혼미한 상태로 여행에서 돌아온 횔덜린은 이렇게 쓴다. "강력한 원소, 하늘의 불, 그리고 인간의 정적…… 이 나를 줄곧 사로잡았으며, 영웅들의 말을 흉내 내자면, 아폴로가 내게 일격을 가했다고 말할 수 있을 걸세."(뵐렌도르프에게, 1802년 11월)

하이데거의 해석에 의하면, 횔덜린은 아주 멀리, 아마도 지나치게 멀리로 나아가 "정신적–역사적인 현존재에 대한 전체 위협이 작용하는 영역"(GA 제39권, 113쪽)까지 들어선 것이다. 시인을 둘러싼 민족은 "곤경 없는 곤경"에 빠져 있어 그들의 시인을 "필요로 하지 않을 수 있는" 반면, 시인은 모든 것을, 고통과 압도적인 행복을 홀로 견뎌야 한다. 횔덜린의 삶과 시 짓기의 근간인 "근본기분"은 민족의 반향을 얻지 못한다. 우선은 민족의 "기분이 전환"되어야 한다. "그때그때 지배적으로 존속하는 기분들을 다른 기분으로 전환시키는 이런 투쟁을 위해서는 가장 먼저 태어난 맏이들이 희생되어야 한다. 그들이 바로 시인들인 바, 시인들은 그들의 말함에서 민족의 장래 존재를 앞서 말하며, 그렇기에 필연적으로 그의 말을 듣는 이가 없다."(GA 제39권, 146쪽)

"그들이 바로 시인들"이라고 하이데거는 말한다. 하지만 이는 '그들이 바로 사상가들이다'라는 뜻이기도 하다. 이렇게 해서 그는 자화상과 만나게 된다. 그도 그럴 것이 하이데거는 자신도 횔덜린과 같은 일을 당한 것이라 생각하기 때문이다. 그 자신도 "신의 뇌우"에 맨몸으로 노출되었고, 그의 내부로도 존재의 번개가 들이쳤으며, 그 또한 민족의 "곤경 없는 곤경" 때문에 괴로움을 겪었고, 그 또한 아직까지 정당히 받아들여진 적 없는 작품을 "건립"했기 때문이다. "하지만 그들은 나를 필요로 하지 않을 수 있네." 하이데거는 횔덜린의 이 말을 중의적으로 인용하고는 이를 현재의 혁명과 연결시킨다. "이 무시무시한 말을 독일인들은 얼마나 오랫동안 흘려들을 것인가? 그들 현존재의 위대한 전회가 그들의 눈을 밝게 하지 않는다면, 그들의 귀가 들을 수 있는 게 대체 무엇이란 말인가?"(GA 제39권, 136쪽)

다시금 "위대한 전회"가 등장한다. 국가사회주의적 출발의 형이상학적 혁명이. 그리고 그것은 새로운 "존재"의 "설립자" 횔덜린에게 마침내 귀 기울이는 순간이어야 하리라. 횔덜린은 모험에서 민족보다 훨씬 앞서 나갔다. "하나의 역사적 세계를 창조하려면, 다시 한번 신들과 함께 감행해야 한다."(GA 제39권, 221쪽)

이처럼 하이데거는 다시 한번 위대한 "출발^{Aufbruch}"을 찬미한다. 횔덜린이 말한 세계사적 시간이 바로 그런 것이라면, 하이데거의 시간도 그렇지 않으리란 법이 있겠는가! 하지만 총장직 수행에서 실패를 겪은 하이데거는 직접적 정치 활동, 즉 "조직적인 것"과 "행정적인 것"은 자기 분야가 아니라는 점을 알고 있다. 그의 과제는 "또 다른 형이상학, 다시 말해 존재의 새로운 근본 경험을 통해" "출발"에 봉사하는 데 있다.(GA 제39권, 195쪽)

반 년 후 하이데거는 강의 '형이상학 입문'에서 세계사의 어떤 거대한 경향이 이러한 "출발"을 위협하고 굴복시킬 수 있는지 논한다. 이때 그는 자기 시대에 대한 철학적 진단의 영역으로 나아가려 한다. 하이데거는 "정신의 무력화"(EM, 34쪽)라 칭하는 것을 고찰의 중심에 놓는다.

첫째로, 정신은 도구적 이성—하이데거의 용어로는 "지성^{Intelligenz}"—으로 환원된다. 이는 "주어진 사물과 그것의 가능적 변경 및 새로운 산출에 대한 계량과 관찰"에만 관심을 기울인다. 둘째로, 이러한 계산적 "지성"은 어떤 세계관, 이데올로기적 교의에 봉사하게 된다. 이 맥락에서 하이데거는 마르크스주의와 기술만능주의를 거론하지만 민족적 인종주의 또한 언급한다. "지성에 대한 이러한 봉사가 (마르크스주의에서처럼) 오로지 물질적 생산관계의 통제와 관리에 결부되든, 아니면 (실증주의에서처럼) 좀 더 일반적으로 이미 정립된…… 모든 것의 합리적 조직화와 설명에 결부되든, 아니면 어떤 민족의 생활 집단과 종족의 조직적 통제에서 수행되든 간에"(EM, 36쪽) 어떤 경우이든 "정신적 고유화의 힘들"은 그 자유로운 운동성과 자기 목적적인 존엄성을 상실한다. 또한 그 힘들은 이렇게 해서 존재의 요구에 대한 "개방성"을 상실한다. 경제적·기술적·인종주의적인 총체적 동원은 "세계의 황폐화"를 낳는 바, 하이데거는 이러한 황폐화를 다음과 같이 요약해서 표현한다. "신들의 도망, 대지의 파괴, 인간의 집단화,

모든 창조적이고 자유로운 것에 대한 증오에 찬 의심."(EM, 29쪽)

하이데거는 이런 참담한 파노라마에 1935년의 독일 현실 또한 끼워 넣는다. 1933년의 출발 정신이 위협받고 있다. 밖으로부터 위협하는 세력은 미국(기술적 동원)과 러시아(경제적 동원)이다. "불치의 맹목 속을 헤매면서 여전히 자결 직전 상태에 놓인 이 유럽은 오늘날 한쪽은 러시아, 다른 쪽은 미국이라 불리는 거대한 집게 사이에 있다. 형이상학적 관점에서 보면, 러시아와 미국은 같은 것이다. 고삐 풀린 기술과 규격화된 인간의 토대 없는 조직이란 똑같이 절망적인 광란에 불과하다. 지구의 가장 구석진 곳들이 기술 문명에 정복되고 경제적으로 수탈 가능한 곳으로 변했다 해도, 임의의 모든 사건이 임의의 장소와 시간에서 뜻한 만큼 신속히 접근 가능한 것이 되었다 해도…… 시간이 그저 속도와 순간성과 동시성에 불과한 것으로 변하고, 역사로서의 시간이 민족의 모든 현존재에서 사라졌다 해도, 권투 선수가 한 민족의 영웅으로 간주된다 해도, 군중의 수가 수백만인 것이 승리로 간주된다 해도. 그렇다 해도 이 모든 허상 위로 유령처럼 이런 질문이 떠돌 것이다. 무엇을 위한 것인가?―어디로 향하는 것인가?―결국에 가서는 무엇인가?"(EM, 29쪽)

하지만 출발의 정신은 내부에서도 위협 받는다. 다름 아닌 인종주의("어떤 민족의 생활 집단과 종족의 조직적 통제")에 의해서이다.

하이데거는 국가사회주의 혁명에서 모던의 참담한 발전에 저항하는 힘을 보았다. 혁명은 그에게 저항하는 "이 운동의 내적 진리와 위대함"(EM, 152쪽)을 뜻했다. 하지만 1935년 그는 이 운동이 가져온 최량의 자극이 헛되이 낭비되고 있으며 "고삐 풀린 기술과 규격화된 인간의 토대 없는 조직"의 "절망적인 광란"(EM, 28쪽)에 의해 희생되고 있다고 판단한다. 이러한 상황에서 철학자 하이데거는 혁명적 출발의 근원적 진리를 보존하고 옹호하지 않을 수 없다. 하지만 그는 인내로 무장하지 않으면 안 된다. "철학이 본질적으로 비시대적인 까닭은, 철학이 결코 그 동시대에 직접적 반향을 얻을 수 없고, 얻어서도 안 될 운명을 지닌 소수의 것 중 하나이기 때문이다."(EM, 6쪽)

그러나 하이데거는 얼마 전까지만 해도 자신이 "직접적인 반향"을 일으키려 시도했다는 점에 관해서는 한마디도 언급하지 않는다. 어쨌든 철학의 권력 장악이 실패한 후 그는 다시 고독한 철학으로 돌아간다. 이 철학은 횔덜린을 모범으로 삼아 시대적인 "황폐화의 위험"을 단독 전투로 제거하려 한다. 정치 참여의 실패에서 그가 얻은 교훈은 이런 것이다. "참된 것의 준비"는 하룻밤 사이에 완료되지 않는다. 이제는 "존재의 현현"이 때때로 철학—그의 철학—에서 일어나지만, 이런 사건이 전체 사회로 발산되어 사회를 근본부터 변형시키려면 "기나긴 시간"이 필요할 것이다. 따라서 그때까지는 "궁핍한 시대"가 지속될 것이다. "형이상학적 곤궁의 그런 장소에서는"—횔덜린이든 하이데거든—위대한 정신이 나서서 아직 없는 것에 대한 기억을 지속적으로 일깨워야 한다.

이처럼 하이데거는 여전히 자신의 철학적 판타지를 고수하지만, 이를 국가사회주의 정치로부터는 분리하기 시작한다. 하이데거의 눈에 현실의 국가사회주의는 점점 더 혁명을 배반하는 체계가 된다. 그에게 혁명이란 일종의 형이상학적 혁명, 다시 말해 민족 공동체를 토대로 한 "존재의 현현"이었다. 따라서 이 진정한 국가사회주의자는—하이데거는 여전히 그렇게 자부한다—궁핍한 시대의 사상가가 되어야 한다.

하이데거는 총장직 수행의 좌절 경험에서 최선의 것을 만들어 낸다. 그는 존재역사에 자기 자신을 선구자로 등록시킨다. 너무 일찍 도착했기에 자신의 시대로부터 배척받고 거부당하는 선구자 말이다. 그는 횔덜린의 형제이다.

제 17 장

—

세계상의 시대와 총체적 동원. 퇴각하는 하이데거.
진리의 작품-내-자기-정립. 엄숙한 실용주의. 국가
건립자, 예술가, 철학자. 힘의 사유에 대한 비판. 니
체와 하이데거—누가 누구를 극복하는가? 넓은 바다
위의 뗏목.

—

1939년 무렵의 하이데거

세계상의 시대와 총체적 동원. 퇴각하는 하이데거. 진리의 작품-내-자기-정립. 엄숙한 실용주의. 국가 건립자, 예술가, 철학자. 힘의 사유에 대한 비판. 니체와 하이데거─누가 누구를 극복하는가? 넓은 바다 위의 뗏목.

HEIDEGGER

1932년 11월 6일의 마지막 자유선거에서 국가사회주의당은 33.5퍼센트의 지지를 얻었다. 제국의회 방화 사건과 독일 공산당 축출 및 기타 반대파에 대한 대대적 탄압이 있은 후인 1933년 3월 5일 선거에서도 국가사회주의당은 여전히 국민 대다수의 지지를 얻지 못했다. 그러나 1933년 11월 12일, 국제연맹 탈퇴 가부를 묻는 국민투표와 동시에 실시된, 단일 후보 명부[1] 밖에 없었던 제국의회 선거에서 국가사회주의당은 92퍼센트의 지지를 얻었다. 분명 이 선거 결과는 국민의 의향이 적절하게 반영된 것은 아니었다. 이 시점까지만 해도 히틀러에 대한 지지율은 그처럼 높지 않았다. 하지만 30년대 후반에 이르면 국민의 압도적 다수가 히틀러의 정책을 대체로 지지했다고 추정해도 좋다. 더욱이 이는 테러와 어용화 획책 혹은 협박 등이 효과적이었다기보다, 이 시점에서 히틀러의 정책이 대다수 국민의 눈에 성공적인 것으로 비쳤기 때문이었다. 1939년 4월 28일, 히틀러는 대규모 집회에서 자신의 성공을 이렇게 요약한다. "나는 독일에서 혼돈을 극복하고, 질서를 회복했으며, 우리 국민경제의 모든 분야에서 생산성을 막대하게 높였습니다…… 우리 모두의 마음에 걸렸던 700만 명의 실업자 모두를 유용한 생산 현장에 투입하는 데도 성공했습니다…… 나는 독일 민족을 정치적으로 통합시켰을 뿐 아니라 군사적으로도 무장시켰고, 더 나아가 448개 조항에 민족과 인간에 대한 유례없이 비열한 억압을 담은 베르사유 조약문을 한 장 한 장 찢어 내리려고 노력했습니다. 1919년에 빼앗긴 지역들도 다시 찾았으며, 우리에게서 떨어져 나가 깊은 불행에 빠진 수백만의 독일인을 다시 고향으로 데려왔습니다. 또한 나는 1천 년이나 된 독일 생존 공간의 역사적 통일을 회복시켰습니다. 나는…… 피 한 방울 흘리지 않고서, 내 민족이나 다른 민족이 전쟁의 고통을 겪게 하지 않고서 이 모든 것을 이루려 노력했습니다. 21년 전만 해도 이름 없는 노동자이자 민족의 병사일 뿐이었던 내가 이 모든 것을 혼자의 힘으로 이룩한 것입니다."[2]

이러한 성공 결산에는 하이데거도 조목조목 동의할 수 있었다. 그는 독재의 방법으로 성취된 민족 내부의 정치적 통일을 환영했다. 바이마르 민주주의를 경멸했던 그는 정치적 반대 세력을 제거하는 과정에서 아무런 스스럼이 없었다. 하이데거는 총통원리와 추종원리에 아무런 반감이 없었다. 국가사회주의 정권은 많은 사람들에게 다시 일자리를 주어 그들이 다시금 "현존재의 능력을 갖게" 해 주었다.(1934년 2월의 한 연설) 국제연맹 탈퇴와 베르사유조약의 일방적 파기에 대해 하이데거는 민족의 자기주장 의지를 선포한 것으로서, "자기 자신의 본질을 유지하고 구원"하는 "현존재의 근원적 요구"를 충족시킨 것이라고 간주했다. 하이데거는 히틀러의 병합 정책에도 지지를 보냈다. "천팔백 만의 독일인이 같은 민족임에도 불구하고 제국의 경계 바깥에 살기에 제국의 국민이 될 수 없다는 사실"[3]을 항상 터무니없는 일이라 여기고 있었기 때문이다. 정권의 대내·대외 정책은—결코 명확히 표현된 적은 없었어도—하이데거의 생각에 부합했다.

1936년 로마에서 만난 카를 뢰비트에게 하이데거는 국가사회주의란 "독일에 예정된 길"이며, "충분히 오랫동안 '견뎌 내기만' 하면" 된다고 말했다.[4] 하지만 이러한 찬동은 다시금 정치적 의견 표명의 수준으로 가라앉아 버렸다. 형이상학적 파토스는 사라졌다. 실업을 척결하고 사회적 안정을 이루고 베르사유조약을 폐기하는 등 국가사회주의자들이 아주 훌륭한 정치를 수행했다는 정도의 의견이 남았을 뿐이다. 그 사이 하이데거가 분명히 깨달은 점은, 자신을 정치의 장으로 유인한 형이상학적 혁명의 비전은 현실이 아니었다는 사실이다. 1935년 7월 1일 야스퍼스에게 보낸 편지에서 밝힌 대로, 그는 1932/33년 겨울학기에 "중단된 작업"을 "더듬거리며 겨우겨우" 다시 붙들고 진전시킨다. 그 결과 근대로부터 새로운 시대로의 이행이라는 것이 어느새 고독한 사유에만 맡겨져 있다는 사실을 점점 더 분명히 깨닫게 된다. 고독한 사유란 근대의 압도적인 역동성을 탐색하는 동시에 자신의 정치-철학적 야망의 좌절 근거를 알아내려는 사유를 말한다. 일찍이 국가사회주의 혁명을 시대의 심층적 단절로 체험했을 때 그는 분명 이러한 근대의 역동성을 과소평가한 것이었다. 1935년부터 1938년까지 그는 재해석의 작업에 몰두했다. 1935년 '형이상학 입문'에 관한 강의를 할 때만 해도 하이데거는 국가사회주의에 대해 "내적 진리와 위대함"을 인정해 주었고, 그렇게 해서 국가사회주의가 근대에 저항하는 무엇임을 드러내려 했다. 그 이후 몇 해 동안 그는 모던의 프로젝트에 종결 불가능한 차원이 있음을 알게 되었다. 하이데거의 관점은 달라졌고, 국가사회주의는 그에게 더 이상 모던으로부터의 '탈출'이 아니라 모던의 그 무엇보다 철저한 '표현'으로 간주된다. 한때 그는 국가사회주의를 모던이라는 문제의 해결책이라 생각했지만, 이제는 국가사회주의 자체가 바로 그 문제임을 깨닫는다. 그는 국가사회주의 안에서 근대의 광기가 날뛰고 있음을 본다.

거기서는 기술의 광란과 지배와 조직화, 다시 말해 총체적 동원의 비본래성이 날뛰고 있다.

그런데 하이데거는 운동에 관한 자신의 초기 발언에 이런 후일의 깨달음을 끼워 넣기를 전혀 주저하지 않는다. 1953년 '형이상학 입문'에 관한 강의가 출간되었을 때 바로 그런 일이 일어난다. 거기서 그는 운동의 "내적 진리와 위대함"이라는 구절에 괄호로 묶은 설명을 덧붙이는데, 그에 따르면 이 구절은 경악스러운 것의 위대함, 다시 말해 "행성 규모로 규정된 기술 및 근대적 인간과의 만남"을 뜻한다. 우리가 곧 보게 되겠지만, 이는 하이데거가 '형이상학 입문'이라는 강의를 끝낸 후에야 개진한 해석이다. 즉 '니체' 강의와 그의 철학적 비밀 기록인『철학에의 기여Beiträge zur Philosophie』, 그리고 '형이상학에 의한 근대 세계상의 근거 짓기'라는 강의에서 개진한 관념인 것이다. 마지막 강의는 전후 하이데거의 저작 중 가장 영향력이 큰 한 권이 출간될 때 '세계상의 시대Die Zeit des Weltbildes'라는 제목으로 수록되었다.

이처럼 1935년부터 1938년에 이르는 동안 하이데거는 형이상학적 혁명이 정치적 혁명으로 일어나지 않았다는 사실에 대한 환멸감을 가공 처리해 버리며, 그 대신 근대의 압도적인 힘을 파악하고자 한다. 그 자신을 사로잡았던 것이 무엇인지, 그리고 이러한 사로잡힘에서 어떻게 다시 벗어날 수 있는지를 파악하려 하는 것이다.

도대체 이것은 어떤 종류의 괴물인가? 이 근대라는 괴물, 하이데거의 정치적-철학적 희망을 좌절시키고, 그에게 다시금 고독한 사유의 은신처를 찾도록 만든 이 괴물 말이다.

「세계상의 시대」에서 하이데거는 근대를 총체적 동원의 상으로 설명한다. 이때 그는 비록 명시하지는 않지만 분명 에른스트 윙어를 염두에 두고 있다. 기계 기술과 학문과 연구가 강력한 체계로 통합되는 바,

이는 노동과 욕망의 체계이다. 기술적 사유는 좁은 의미의 연구와 생산만을 통제하는 것이 아니다. 인간 자신과 인간 상호 및 자연에 대한 인간의 태도 역시 기술적으로 처리 가능한 것이 된다. 인간은 스스로를 기술적 처리 가능성에서 해석한다. 이 점에서는 예술도 마찬가지이다. 예술은 '예술 생산'의 방식으로 근대의 생산적 우주에 편입된다. 문화 일반이 경영되고, 계산되고, 동원되고, 계획될 수 있는 재고 가치로 취급된다. 이러한 문화가치에는 종교적 체험들과 전통도 포함되는 바, 이것들 또한 전체 재고를 보증하는 수단으로 강등된다. 초월의 이러한 도구화로 인해 완전한 "탈신성화"(H, 74쪽)의 상태가 실현된다. 이처럼 하이데거에게 근대란 기계 기술과 도구적 학문, 문화 기업, 그리고 탈신성화이다. 하지만 이는 눈에 띄는 급박한 징후에 불과하다. 근본에 놓인 것은 형이상학적 "근본태도", 즉 존재자 전반과 관련해서 모든 생활 영역과 활동을 규정하고 있는 시각이다. 이는 어떤 것이 존재자로서 간주되어야 하는지, 그리고 모든 행함과 하게 함에서 무엇이 중요한 것인지를 결정하는 시각이라고도 할 수 있다. 하이데거에 따르면 이러한 근본태도는 인간이 '주체'로 변화한다는 것에 의해 정의된다. '주체'에 대해서는 세계가 '객체들'의 총체가 된다. 다시 말해 순전히 현실적이거나 가능적인 대상들, 지배되고, 사용되고, 남용되고, 또 거절되거나 제거될 수 있는 대상들이 되는 것이다. 인간은 똑바로 서지 못한다. 인간은 스스로를 더 이상 한 세계에 편입된 생명체로 경험하지 못한다. 그 대신 이 세계는 인간이 '세계상'에 고정시켜 버린 대상이 된다. "인간은 존재자들 자체가 연결을 맺는 중심점이 되어 버린다."(H, 86쪽)

하지만 인간은 늘 그래왔던 것이 아닌가? 그렇지 않다고 하이데거는 말한다. 그와는 달랐던 때가 있다. 그리고—몰락의 벌을 받아 가면서—다시금 달라지지 않으면 안 될 것이다.

그와는 달랐던 때가 있었다. 그때는 고대 그리스였다. 이 강의에서 하이데거는 세계 안에 있는 "시원적" 방식에 관해 자신이 상상하는 것을 압축적으로 서술한다. 고대 그리스에 대해서는(그리고 우리가 원한다면 얻을지 모를 우리 미래에 대해서도) 다음과 같은 말을 할 수 있다. "존재자는 피어나는 것이며, 스스로를 여는 것이다. 이러한 현전하는 것das Anwesende으로서의 존재자가 현전하는 것으로서의 인간에게 다가온다. 다시 말해 현전하는 것으로서의 존재자를 인지함으로써 그것에 자기 자신을 열어놓는 인간에게 그것은 다가온다. 존재자란 인간이…… 표상이라는 의미에서 그것을 바라봄으로써 비로소 존재하게 되는 것이 아니다. 오히려 인간이 존재자에 의해 보아진 것이다. 다시 말해 인간이란 스스로를 여는 무엇에 의해 그것의 현전에로 결집된 것이다. 존재자에 의해 보아지고, 존재자의 열린 장으로 끌려 들어가 유지되고, 존재자에 의해 지탱되고, 존재자의 대립들 속으로 휩쓸리며 존재자의 반목에 의해 표시되는 존재. 바로 이것이 위대한 그리스 시대에서 파악된 인간의 본질이다."(H, 88쪽)

이 압축된 서술은 그다지 명확한 것이 아니기에 설명이 필요하다. 그리스 사유에서 세계란 인간이 자신의 동류 및 사물들 사이에 등장하는 무대, 거기서 행동하고 바라보고 행동을 당하고 보임을 당하기 위해 등장하는 무대이다. 인간의 장소는 이중적 의미에서 가시성의 장소이다. 인간은 스스로를 보여 준다(인간은 스스로를 보일 때만 현실적이며, 그렇지 않으면 사적인 것의 동굴에 갇힌 '바보'가 된다). 다른 한편, 인간이란 그에게 여타 존재자들이 보일 수 있는 피조물이다. 그리스 사유에서 '현상'은 존재의 불충분한 양태가 아니다. 오히려 존재는 현상 외에 다른 것이 아니다. 현상하는 것만이 존재한다. 그렇기 때문에 플라톤에게서도 최고의 존재는 여전히—이데아로서—눈에 제시된다. 인간은 바라봄과 스스로를-보일-수-있음을 자신 외의 세계와 공유하는 피조물이다. 인간뿐 아니라 세계 전체가 스스로를 드러내고자 한다. 세계 전체는 수동적으로 보아진 것이 아니다. 우리의 시선과 개입을 위한 재료에 불과한 것이 아니라는 말이다. 그리스 사유에서 세계는 이를테면 뒤돌아본다. 모든 것이 현상으로 쇄도한다는 우주의 근본 특징을 인간은 특히 순수하게 표현한다. 그렇기에 인간은—능동적이고 수동적인 의미에서—지고한 가시성의 지점이다. 그리스인들이 극장을 발명한 것도 이런 이유에서이다. 극장은 세계라는 무대의 반복이다. 코스모스, 즉 조화로운 우주 전체가 그리스인에게는 무대의 속성을 갖는다. 인간은 존재의 열린 터이다.

이런 상황에서는 좀 더 풍요하고 집중적인 존재, 넓은 열림이 있다는 것이 하이데거의 확신이다. 이와 대조적으로 근대 인간은 자신의 기획들에 예속되어 있으며, 자신에게 닥치는 모든 것을 이탈이나 사고 혹은 우연으로 경험한다. 그 결과 세계에서 비밀이 사라진다. 충만과 심연, 운명, 은총이 사라지는 것이다. "존재자가 표상의 대상이 되는 곳에서 비로소 존재자는 어떤 방식으로인가 존재를 상실하게 된다."(H, 99쪽)

그리하여 하이데거의 존재역사는 다음과 같이 구획된다. 먼저 그리스성이 나타나는 곳은 어떤 열린 무대이다. 이 무대에서는 인간과 세계가 현출하며, 은밀하게 숨겨진 채로 머무는 존재의 우월함과 넘쳐남을 의식하는 가운데 자기들의 비극과 희극을 상연한다. 다음으로 기독교 시대에는 존재가 신 안에서 보호받고 있으며, 사람들은 경외감을 품고 이 신과 만난다. 하지만 이미 사람들은 창조주와 피조물 사이의 유사성과 상응성에 호기심 어린 눈길을 보내며, 결국은 자신이 만든 것 속에서 창조된 것을 반복하려는 야심에 빠지고 만다. 마지막으로 근대는 완전히 "공세"(H, 106쪽)로 전환한다. "기술적으로 조직된 전 세계적 제국주의에서 인간의 주관주의는 그 최고 정점에 도달하며, 이런 정점으로부터 인간은 조직화된 획일성의 수준으로 하락하여 거기 머물게 된다. 이러한 획일성은 지구의 완전한 지배, 즉 기술적인 지배를 실현하기 위한 가장 확실한 도구가 된다."(H, 109쪽)

하이데거는 모던의 탈주술적 세계라는 막스 베버의 사상을 수용하고 변조시켜 우리가 기술 세계의 '주술에 걸려 있는' 상황을 말한다. 근대 역사는 주술에 걸린 채 진행되고 있다. 과연 출구는 있는가?

1933년, 하이데거는 근대적 철갑 밖으로의 집단적 탈출이 역사적 현실이 되었다고 믿었다. 5년 후 그는 이러한 근본적 전환의 기회는 주어진 적이 없고, 앞으로도 정치적 차원에서는 주어지지 않을 것이라고 확언한다. 이제야 하이데거는 그 혁명을 이해한다. 그 혁명에서 시작된 과정은 여전히 근대의 총체적 동원이라는 주술에 사로잡힌 무엇임을 이해한 것이다. 하지만 그는 자신도 거기 참여했다는 사실을 자기 비판적으로 성찰하는 태도는 보이지 않는다.

하이데거의 진단은 이런 것이다. 서로 경쟁하는 세계 통제의 구상들, 즉 근대는 미국주의와 공산주의와 국가사회주의의 지극히 격렬한 대결 단계에 들어선다. 각각의 "근본태도"는 확연히 구분되고 결연히 각자를 방어하지만 사실 모두가 기술적 주술에 걸린 근대라는 공통 토대 위에 있다. "이러한…… 투쟁을 위해 인간은 모든 사물을 계산하고 계획하고 사육하는 무제약적 폭력을 행사한다."(H, 92쪽)

"계산"을 대표하는 것은 미국주의이며, "계획화"를 대표하는 것은 공산주의, "사육"을 대표하는 것은 국가사회주의이다.

하이데거는 '니체' 강의에서 이런 상황을 가리켜 "완성된 무의미성의 시대"(N II, 9쪽)라고도 부른다. 근대 비판자인 하이데거가 전 지구적 관점에서 파악한 이런 상황을 후일 아도르노가 제시하는 용어로 표현하면 유례없는 '비운의 상황'이다.

어두움을 오랫동안 응시하면 무엇인가 나타나기 마련이다. 하이데 거는 전면적인 어두움 안에서 무언가를 구별하려고 애쓴다. 근대를 전 반적으로 평가한다면 "주체의 반란"이다. 하지만 이런 구별은 가능하다. "근대적 피조물로서 이미 언제나 주체이고자 하고, 또 그래야만 하는 인간은 오직 자신의 관심사에 따라 자기 좋을 대로 행동하는 자아로 존재하는가, 아 니면 사회의 우리로 존재하는가? 인간은 개체로 존재하는가, 아니면 공동체 로 존재하는가? 인간은 공동체 내의 인격체로 존재하는가, 아니면 집단의 단 순 구성원으로 존재하는가? 인간은 국가와 국민 그리고 민족으로서 존재하 는가?"(H, 90쪽)

하이데거가 어느 쪽을 선호하는지는 분명하다. 후일 "개인주의의 의 미에서 주관주의의 비본질"에 관해 몇 마디 언급할 때, 그는 이에 관한 입 장을 충분히 분명하게 밝힌다. "우리", "공동체에서의 개인", "민족". 이런 것이 최소한 근대 주관-존재의 가장 길들여지지 않은 형식이다. 이렇 게 해서 하이데거는 자신의 정치 활동을 원래 의도된 형이상학적 혁명 의 의미에서 인정하지는 못하지만, 근대의 보편적인 비본질 내에서는 최소한 더 나은 선택이라 평가한다. 물론 올바른 것, 긴급히 필요한 것 은 여전히 이런 것과는 거리가 있다.

하이데거는 오해를 피해야 한다. 그에게 중요한 것은 "시대의 부정" 이 아니다. "부정의 권력 요구"를 고집하는 사유는 부정되는 무엇에 속박 되며, 그 결과 자신의 개방하는 힘을 잃어버린다. 그에게는 "역사 없는" 신비론이 중요한 것도 아니다. 사유가 그에 대해 열리는 존재자의 존재 는 세계를 갖지 않는 신이 아니다. 오히려 정반대이다. 존재자의 존재로 열리는 사유는—1935년의 '형이상학 입문' 강의에서 그가 밝힌 대로— 세계가 다시금 어떤 공간, 즉 "개개의 사물, 나무 한 그루와 산 하나, 집 한 채, 새 한 마리의 지저귐이 사소함과 진부함에서 완전히 벗어나는" 공간이 되는 전망을 되찾으려 한다.

하이데거는 이런 사유가 예술과 얼마나 가까운 것인지를 1935년에 처음 개설한 강의 '예술 작품의 근원Der Ursprung des Kunstwerkes'에서 설명한다. 여기서 그는 반 고흐Van Gogh가 자신의 낡은 신발을 묘사한(하이데거는 농부의 신발이라고 착각한) 그림을 예로 들며 어떻게 예술이 사물들을 현출케 하여 그 "사소함"과 "진부함"에서 완전히 벗어나게 하는지를 서술한다. 묘사하는 게 아니라 보이게 하는 것이 예술이다. 예술이 작품 안으로 끌어올리는 무엇은 어떤 고유한 세계로 뭉쳐진다. 이 고유한 세계는 세계 전반에 대해 투명한 것으로 머물지만, 여기서는 예술의 세계 형성적 힘 자체가 경험될 수 있다. 따라서 작품은 동시에 스스로를 의미 부여의 힘, 즉 "세계화하는welten" 힘으로 나타내는 것인 바, 이 힘을 통해 존재자가 "더욱 존재적"이 된다. 그렇기에 하이데거는 다음과 같은 것이 바로 예술의 본질이라고 말할 수 있다. "예술은 존재자의 한가운데에서 열린 터를 열어젖히며, 그 터의 개방성 안에서 모든 것이 지금까지와 다르게 존재한다."(H, 58쪽)

예술 작품은 제작된 무엇이기도 하다. 예술의 제작되어-있음을 하이데거는 논문 「세계상의 시대」에서 분석한 기술적 제작과 어떻게 구분 짓는가?

하이데거는 이 구분을 위해 "대지"의 개념을 끌어들인다. "대지"는 뚫고 들어갈 수 없는 자기 충족적 자연이다. "대지는 본질적으로 자기 폐쇄적인 것이다."(H, 33쪽) "기술 과학적 대상화"는 자연으로 뚫고 들어가 자연에서 그 작동의 비밀을 빼앗으려 한다. 하지만 이런 방도에 의해서는 자연이 무엇인지 결코 이해하지 못할 것이다. 자연의 그러한 "그-자체에서-존속함", 달리 말해 우리에게서 벗어나는 자연의 방식이란 것이 있다. 이러한 '벗어남'을 고유하게 경험한다는 것은 자연의 매혹적인 폐쇄성, 그 '대지성^{Erdigkeit}'에 스스로를 개방함을 뜻한다. 예술이 시도하는 것은 오직 이것뿐이다. 우리는 어떤 돌의 무게를 잴 수 있고, 다채로운 빛을 진동수로 분해할 수 있다. 하지만 이런 규정에서는 묵직한 느낌이나 색채의 영롱함이 해명되지 않는다. "대지는 자기 안으로의 모든 침입을 그 자체에서 분쇄해 버린다."(H, 32쪽) 그러나 예술은 대지의 "닫힌 채로 견지되는 것"을 보이게 만든다. 평소 같으면 그 어떤 관념도 다가가지 않을 무엇인가를 예술은 산출한다. 대지의 "자기 폐쇄적인 것"이 스스로를 드러낼 수 있는 그런 공간을 예술이 열어 놓는다. 예술은 비밀에 직접 손을 대지 않고서 비밀을 열어젖힌다. 예술은 하나의 세계를 현시할 뿐 아니라, 세계에 대한 경탄과 경악, 환호와 무관심을 형상화한다. 예술은 그 자신에 속하는 것을 어떤 하나의 세계로 통합시킨다. 하이데거는 이렇게 말한다. 예술은 보편적인 "세계 이탈"과 "세계 붕괴"에 잠시나마 저항할 수 있는 하나의 세계를 "건립한다". 하이데거에게는 예술의 이러한 세계 형성적 측면과 특수한 역량이 무엇보다도 중요하다. 그리스 신전을 예로 들어 보자. 오늘날의 우리에게 신전은 예술사의 기념물에 불과하지만, 한때는 그 주위로 어떤 공동체의 삶이 조직되었던 관계 중심점, 그 삶을 의미와 의의로 채웠던 관계 중심점이었다. "신전 작품은 탄생과 죽음, 저주와 축복, 승리와 굴욕, 존립과 몰락이 인간 존재에게 역운의 형태로 획득되는 수많은 행로와 연관들의 통일을 자기 주변에 처음으로 결합시켜 모은다."(H, 27쪽) 이렇게 해서 신전은 인간에게 "그들 자신에 대한 전망"을 제시한다.(H, 28쪽) 이러한 강력한 현현에서 예술 작품은 공동체의 "신", 즉 공동체의 최고 권위이자 의미 부여의 심급을 건립한다. 그렇기 때문에 하이데거는 예술을 "진리의 작품-내-자기-정립"(H, 48쪽), 즉 '진리가 스스로를 작품 안에 정립함'이라고도 부른다. 이미 '횔덜린' 강의에서도 그랬듯, 그는 이런 맥락에서 예술과 사유와 "국가 건립"의 행위를 동렬에 놓는다.

이는 일종의 엄숙한 실용주의Pragmatismus인 바, 이것은 첫째로, 건립된 '진리들'의 역사성을 근거 짓는다. 즉 진리들은 제한된 지속성을 갖는다. 둘째로, '진리들'은 오로지 작품들에만 있을 뿐 다른 어디에도 없다. "작품 속에 진리를 세워 넣음이란, 지금까지 없었고 앞으로도 더는 없을 그런 존재자를 산출함이다."(H, 48쪽)

이처럼 하이데거는 건립된 진리들의 근원적 힘에 관해 서술한다. 여기서 우리는 국가사회주의 혁명을 국가 건립 행위의 총체 예술 작품으로 체험했던 1933년의 흥분이 그에게서 아직 완전히 사라지지 않았음을 알 수 있다. "진리의 작품—내—자기—정립은 섬뜩한 것을 몰고 오는 동시에 친숙한 것과 친숙하다고 여겨 온 것을 뒤엎어 버린다. 작품에서 스스로를 여는 진리는 종래의 것으로부터는 결코 증명되고 도출될 수 없는 것이다. 배타적 현실성에 안주하는 종래의 것은 작품을 통해 반박된다."(H, 61쪽) 이는 하이데거의 시각에서 보면 혁명의 정치적 총체 예술 작품뿐 아니라 그리스 신전이나 소포클레스의 비극, 헤라클레이토스의 토막글, 또는 횔덜린의 시에도 타당하다. 어떤 경우이든 그것은 인간을 변화된 현실 관계로 밀어 넣는 창조적 행위이다. 다시 말해 인간은 새로운 유희공간, 변화된 존재 연관을 획득한다. 하지만 모든 건립 행위는 노쇠화와 일상화의 법칙에서 벗어나지 못한다. 열린 것은 다시 스스로를 닫는다. 하이데거는 이 점을 특히 정치 혁명에서 체험했다. "시작은 가장 섬뜩하고 강력한 것이다. 그 뒤에 오는 것은 발전이 아니라 한갓 확장이라는 의미의 평범화이며, 시작을 간직할 수 없음이고, 또 무력화이자 과장이다."(EM, 119쪽) 따라서 근대 세계로부터 최초의 탈출은 다시 막다른 길에 이른다. 그리고 존재와 전혀 다르게 관계 맺을 수 있는 "유희공간"(H, 110쪽)을 열고 유지하는 일은 시 짓기와 손을 잡은 사유에만 맡겨진다. 그런데 이러한 완전히 다른 무엇이란 대체 무엇인가? 「세계상의 시대」에서 하이데거는 "주관 존재"의 극복이라는 공식으로 그 물음에 답한다. 여기서 그는 "인류의 주관화란 역사적 인간을 이루는 시원적 본질의 유일무이한 가능성이 아니었고, 앞으로도 아닐 것"이라는 사상이 지닌 변화의 힘을 말한다.(WB, 109쪽)

하지만 여기서 하이데거는 아주 곤란한 문제에 직면한다. 주체 존재의 극복은 작품에의 의지에서 비롯되는 시 짓기와 사유에 의해 개시되어야 한다. 그런데 작품은 지극히 높은 활동성을 지닌 기분의 표현이다. 그게 아니라면 시인과 사상가가 행하는 것이 무엇이겠는가? "이들은 압도하는 다스림에 대해 작품의 덩어리를 던지면서 맞서며, 그렇게 하여 작품 속에 열린 세계를 펼쳐 보인다."(EM, 47쪽) 하이데거가 품은 작품에의 의지는 극단적인 주체적 권한 부여가 아닌가? 이런 작품에의 의지는—그 또한 주체적 권한 부여라 이해될 만한—니체의 힘에의 의지와 동일시될 수 있는 것이 아닌가? 두 가지 모두 근대에 만연한 허무주의를 진단하고 있으며, 또 두 가지 모두 이에 맞서 주체적 저항과 권한 부여를 전개하고 있지 않은가?

이미 총장 취임 연설에서 "신은 죽었다"는 니체의 진단을 분명하게 끌어들인 하이데거는 자신의 입장이 니체와 가까움을 아주 잘 알고 있다. 논문 「세계상의 시대」에서 하이데거는 니체를 근대의 극복에 성공할 '뻔한' 사상가로 묘사한다. 이 글에서 그는 1936년 이후로 몇 차례 개설한 니체 강의의 핵심 사상 하나를 요약하고 있다. 니체는 근대적 가치 사상에서 끝내 벗어나지 못했다는 것이 바로 그 핵심 사상이다. 니체가 극복하고자 했던 시대는 결국 니체를 압도해 버렸고, 그의 가장 훌륭한 사상을 오염시켜 버렸다. 하이데거는 니체 자신보다 더 훌륭히 니체를 이해하고자 한다. 하이데거는 새로운 존재사유로 향한 길을 걸어감으로써 니체를 앞지르려 한다. 이 와중에 그는 알프레트 보임러 같은 국가사회주의 이론가들의 니체 전용과 논쟁하지 않을 수 없다. 물론 그런 유의 니체 전용 또한 국가사회주의 강경파들 사이에서 아무 저항 없이 받아들여진 것은 아니다. 예를 들어 에른스트 크리크는 니체 수용을 비웃으며 그에 대해 경고한다. "요컨대 니체는 사회주의의 반대자, 민족주의의 반대자, 종족 사상의 반대자였다. 이 세 가지 정신적 경향만 도외시한다면, 아마도 니체는 탁월한 나치를 만들어 냈을지도 모를 일이다."[5]

1934년 칼스루에대학의 철학교수 아르투어 드레프스^{Arthur Drews}는 기이한 니체-르네상스 현상에 대해 특히나 반발하는 입장을 보여 주었다. 드레프스에 따르면 니체는 "모든 독일인의 적"이다. 니체는 "좋은 유럽인"의 양성을 지지했고, 심지어 유대인들이 "모든 민족의 융합 과정에서 주요한 역할"을 맡아야 한다고 보았다. 니체는 철저한 개인주의자로, "공동 이익이 개인 이익에 앞선다는 국가사회주의의 원리"만큼 니체와 동떨어진 것도 없다. "이런 모든 점을 고려하건대, 이제 니체를 국가사회주의 철학자로 옹립한다면 믿지 못할 사태가 벌어지고 말 것이다. 그는 모든 점에서 국가사회주의와 정반대되는 것을…… 설교할 것이기 때문이다." 그런데도 니체를 그런 철학자로 옹립하려는 현상이 되풀이해 나타나는 "주된 이유는…… 아마…… 오늘날 니체에 관해 말하는 사람들 대다수가 그의 '철학'이라는 케이크에서 '건포도'만 뽑아 먹는 경향을 보이며, 또 잠언적 글쓰기 방식으로 인해 그의 사상이 놓인 맥락을 정확히 이해하기 어렵다는 점에 있을 것이다."[6]

하지만 알프레드 보임러는 광범한 영향력을 행사한 저작 『니체, 철학자이자 정치가』(1931년)에서 '건포도'를 골라낼 뿐 아니라 특정한 '사상 맥락'도 놓치지 않는 훌륭한 기교를 보여 주었다. 보임러는 당대 생물학주의를 동원해서 힘에의 의지 철학과 니체의 실험을 해석한다. 생의 여러 힘들에 관한 다원주의, 지배 종족의 이념, 인간 집단을 조형 재료로 삼는 형성 충동의 이념, 생동적 결단주의에 의한 도덕의 무력화. 보임러는 바로 이런 요소들로부터 자신의 니체 철학을 기획한다. 물론 이런 철학에서 '같은 것의 영원 회귀'에 관한 교설은 아무 쓰임새를 찾지 못한다. "니체의 체계에 비춰 보면, 사실 이 사상은 전혀 중요하지 않다." 보임러는 그렇게 쓰고 있다. 보임러는 니체에 의해 전통 형이상학을 심판하려 한다. 가치와 이념의 초감성적 세계는 없으며, 물론 신도 없다. 오로지 충동이라는 근거가 있을 뿐이다. 보임러는 니체의 생리학적 해석을 과격화하여 그로부터 "종족"과 "혈통"이 나오기만을 노린다.[7]

사실 혈통과 종족의 신비주의는 생리학적으로 파악된 힘에의 의지에서 나올 수 있는 한 가지 결론이다. 이 점은 하이데거도 알고 있었다. 하지만 보임러와 달리, 그는 이 결론을 부정적으로 평가한다. "니체에게 주체성은 육체의 주체성으로서, 충동과 정념, 다시 말해 힘에의 의지의 주체성으로서 무조건적이다…… 따라서 주체성의 무조건적 본질은 필연적으로 야수적 잔인성으로 전개된다. 형이상학이 종말에 이를 때면 '인간은 잔인한 야수이다'라는 명제가 제시된다. '금발의 야수'라는 니체의 말은 우연한 과장이 아니다. 그것은 니체가 그 본질적 관계는 투시하지 못하면서도 의식적으로 서 있었던 연관을 가리키는 표식이자 암호이다."(N Ⅱ, 200쪽)

하이데거에 따르면, "금발의 야수"에 대한 찬미는 "주체의 반란"의 허무주의적 결론이다.

정작 하이데거 자신은 국가사회주의 이론가들로부터 '허무주의자'라는 비난을 받는다. 이미 보았듯, 1934년 크리크는 이렇게 쓴다. "이 철학의 의미는 명백한 무신론과 형이상학적 허무주의이다. 이는 주로 우리나라의 유대인 문필가들이 주장했던 것으로, 독일 민족에게는 분해와 해체의 효소로 작용한다."[8] '니체' 강의에서 하이데거는 창날의 방향을 돌린다. 여기서 그는—비록 니체 연구자들에 의해 인지되지 못하고 있지만—국가사회주의 이론가들이 말하는 힘에의 의지란 허무주의의 극복이 아니라 그 완성이라는 점을 입증하려 한다. 그리하여 '니체' 강의는 종족주의와 생물학주의의 퇴락한 형이상학에 대한 정면공격이 된다. 하이데거는 지배적 이데올로기가 활용할 만한 지점들이 니체에게 있다는 점은 인정하지만, 자신은 이로부터 거리를 취한다. 다른 한편, 그는 니체를 계승하려 한다. 하지만 계승의 방식은 독특하다. 그는 자신의 사상을, 니체의 궤적을 좇으면서 니체를 극복하기라고 소개한다.

니체는 "의지가 근원 존재"라는 셸링의 말에서 표현되는 심오한 형이상학적 명제에서 출발했으며, 이렇게 해서 전통 형이상학을 전복시키려 했다. 하지만 니체는 쇼펜하우어에 이르는 전통과는 다르게 의지를 파악한다. 의지는 욕구라는 둔한 충동이 아니라, "명령할 수 있음"이다. 다시 말해, 존재를 증대하게 하는 힘이다. "의지라는 것은 강하게 되고자 함, 힘을 증대하고자 함과 같은 것이다."

의지란 생의 힘을 증대시키려함이다. 니체에게 자기 보존이란 증대의 논리에서만 가능하다. 자기 보존의 힘만 지닌 것은 몰락한다. 스스로를 증대시키고 집중시키고 연장시키는 것만이 유지된다. 살아 있는 것에게는 초월적 의미는 없지만 내재적 방향감각은 있다. 살아 있는 것은 집중성의 증대와 성취를 목표한다. 그것은 타자를 자기 힘의 영역과 자신의 형상으로 통합하고자 한다. 살아 있는 것은 압도함으로써 유지된다. 이는 에너지의 과정이며 그 자체로만 보면 '무의미'하다. 결부되는 상위의 목적이 없기 때문이다. 그렇다고 해서 이 과정이 허무주의적인

가? 니체는 자신의 교설을 가리켜 허무주의의 완성을 통한 허무주의의 극복이라고 말한다.

니체는 형이상학적 의미 부여의 오랜 역사에서 은폐된 허무주의를 드러냄으로써 허무주의를 완성하려 한다. 니체에 따르면, 사람들은 언제나 힘에의 의지 혹은 우세한 것에 대한 거부에의 의지를 유지하고 상승시킬 수 있는 것이면 무엇이든 '가치'로 간주해 왔다. 다시 말해, 모든 가치 정립과 가치 평가의 배후에는 힘에의 의지가 있다. 이 점은 신이나 이념, 초감성적인 것과 같은 '최고의 가치들'과 관련해서도 마찬가지이다. 하지만 이런 힘에의 의지는 오랜 세월이 흐르는 동안 보이지 않는 것이 되었다. 힘에의 의지는 자신이 만들어 낸 것에 허구의 초인간적인 근원을 부여했다. 사람들은 독립적 실체들을 발견한 것이라 믿었지만, 사실 그 실체들이란 그들의—힘에의 의지에서 비롯된—발명품이었다. 사람들이 자신의 가치 창조적 에너지를 다른 것으로 착각한 것이다. 사람들은 행동하고 베푸는 자가 되기보다는 희생되고 베풂을 당하는 자가 되기를 선호했던 것이다. 아마도 자신의 자유가 두려웠기 때문이리라. 자신의 가치 창조적 에너지를 이처럼 탈가치화하는 과정은 구축된 초감성적 가치들에 의해 더욱 강화되었다. 이제 초감성적인 것의 관점에서 현세와 신체와 유한성은 탈가치화되었다. 유한성을 향한 용기는 결핍되고 말았다. 그 결과로, 예의 초감성적인 가치들, 다시 말해 가치 없음과 유한함의 위협을 막아 내기 위해 고안된 그 가치들 자체가 생의 허무주의적 탈가치화의 힘이 되고 말았다. 이런 이념의 하늘 아래서 인간은 결코 제대로 세상에 이를 수 없었다. 이제 니체는 이런 이념의 하늘을 궁극적으로 붕괴시키려 한다. 그리고 바로 이것이 허무주의의 완성이다. 하지만 이는 "대지에 충실히 머무는 것"이 무슨 뜻인지를 마침내 배울 수 있기 위함이다. 바로 이것이 허무주의의 극복이다.

신은 죽었다. 하지만 굴종의 경직 상태는 유지되고 있다. 이것이 니체의 진단이다. 그가 말하는 '괴물적' 작업이란 바로 이런 굴종의 경직 상태를 제거하는 일이다. 이 작업은 도취적 삶으로 돌진하고, 기쁜 마음으로 디오니소스적 삶을 긍정하는 태도에 의해 실현된다. 니체에게 중요한 것은 현세의 적극적 긍정이다. 이 점에서 그는 스스로를 취기 없는 허무주의와는 구분하려 한다. 모던의 허무주의는 피안을 잃었지만 현세도 얻지 못했다. 하지만 니체는 잃었을 때 얻어 내는 기예를 가르치고자 한다. 일찍이 피안에 달라붙어 있던 모든 황홀과 지복, 감정의 승천, 모든 집중성은 이제 현세의 삶으로 모여야 한다. 초월의 힘을 견지하되 그 방향을 내재성으로 틀기. 넘어서기는 하되 '대지에 충실히 머물기.' 니체가 자신의 극복인Übermensch, 즉 미래의 인간에게 요구하는 것이 바로 이것이다. 니체가 구상하는 극복인은 종교에서 자유롭지만, 그렇다고 종교를 상실한 것은 아니다. 극복인은 자신 안에 종교를 다시 받아들인 사람이다. 같은 것의 영원회귀에 관한 니체의 교설 또한 체념적인 세계 권태감의 색조를 지닌 것은 아니다. 시간의 원환 운동은 사건을 무의미와 무상성으로 비워 버리는 것이 아니다. 오히려 그의 회귀 사상은 사건의 밀도를 높이는 것이다. 니체의 명령은 이렇다. 너는 순간이 아무리 반복된다 해도 두려움 없이 그것을 소망할 수 있을 만큼 순간을 살아야 한다. '다시 한번 처음부터!'

이제 하이데거로 돌아가자. 관념론의 비판에서 그는 니체에 동의하며, '대지에 충실하라'는 호소에서도 니체를 따른다. 하지만 바로 이 지점에서 하이데거는 니체를 비판한다. 그는 니체가 힘에의 의지 철학 때문에 대지에 충실히 머물지 못했다고 비난한다. 하이데거에게 '대지에 충실히 머문다'는 것은 존재자로 엮여 들어 존재를 망각하지 않기를 뜻한다. 하이데거에 따르면, 힘에의 의지 원리로부터 출발한 니체는 가치 평가하는 인간 영역으로 모든 것을 쓸어 넣는다. 인간이 관계 맺는, 그리고 인간 자신이기도 한 존재가 송두리째 '가치'로 간주되고 만다는 것이다. 존재가 그때그때 인간을 위한 '가치'를 갖게 되기에 유감스럽게도 존재는 상실되어 버린다. 니체는 인간이 스스로가 될 수 있는 용기를 지니기를, 똑바로 일어설 수 있기를 바랐다. 하이데거에 따르면 그로부터 생겨난 것은 '일어섬'이 아니라 '반란'이었다. 그것은 기술과 군중의 반란인 바, 이 군중은 기술적 통제에 힘입어 이제 완전히 니체가 말하는 '최후의 인간'이 된다. 최후의 인간은 '눈을 끔뻑거리면서' 그들 거주지와 그 안의 작은 행복을 가꾸며, 자기들의 안전과 소유물을 침해하는 것은 무엇이든 극도로 잔혹하게 막아 낸다. 하이데거는 독일의 현상태 또한 염두에 두면서 이런 말을 한다. "인간이 반란을 일으킨다. 세계는 대상이 된다…… 대지 자체는 공격의 대상으로서만 자신을 드러낼 수 있다…… 자연은 어디서나…… 기술의 대상으로…… 현출한다." 하이데거에 따르면 이 모든 것의 조짐은 이미 니체에게서도 나타났다. 니체는 존재를 그저 심미적·이론적·윤리적·실천적 가치 정립의 관점에서만 보았고, 그 결과 존재는 결락되었기 때문이다. 힘에의 의지에 대해서 세계란 그저 '자기 보존과 자기 증대'의 총체일 뿐이다.

하이데거는 이렇게 묻는다. "존재는 고유하게 어떤 가치로 고양되는 것보다 더 높게 평가될 수 있는가?" 그의 답변은 이렇다. "하지만 존재가 어떤 가치로 평가되면, 이미 존재는 힘에의 의지에 의해 정립된 어떤 조건으로 강등되고 만다." 그리고 그 결과 "존재의 경험을 향한 길은 사라지고 만다".

우리가 그 사이 알게 되었듯, "존재의 경험"은 어떤 더 높은 세계의 경험을 뜻하는 게 아니다. 그것은 현실의 소진 불가능성을 경험함을 뜻하며, 또 현실 한가운데서 인간과 더불어 어떤 "열린 터"가 개방된다는 사실에 경탄함을 뜻한다. 이 "열린 터"에서는 자연이 눈을 크게 뜨고 자신이 거기 있음을 인지한다. 존재의 경험에서 인간은 자기 자신을 유희 공간으로서 발견한다. 이때 인간은 존재자 안에 사로잡혀 일정 궤도로만 움직이지 않게 된다. 바퀴가 구르려면 바퀴통을 중심으로 '유동'할 수 있어야 하듯, 사물들 한가운데의 인간도 '유희'를 갖는다. 하이데거에 따르면, 존재의 문제는 결국 "자유의 문제"이다.

개인이나 전체 문화가—이론적·실천적·도덕적으로—그때그때 틀에 박힌 방식에 의해 현실을 다루는 곳에서는 어디서든 존재의 경험이 사라지고 만다. 이럴 때 존재는 그런 틀에 박힌 구상에 의해 "인지"되고, 그런 존재 관계가 상대적이라는 의식은 사라지며, 더불어 그것을 넘어설 수 있는 힘도 상실된다. 우리의 다양한 진리와 문화가 마치 부서지기 쉬운 뗏목처럼 떠다니고 있는 "숨겨진 거대한 흐름"에 비춰 본다면, 그런 존재 관계는 상대적일 수밖에 없다.

따라서 존재는 우리를 구원하는 어떤 것이 아니다. 냉정히 말해서 존재란 모든 실천된 존재 관계, 생각할 수 있고 생각할 수 없는 모든 존재 관계의 한계 개념이자 총괄 개념이다. 그러므로 하이데거에게 존재역사는 근본적 존재 관계들의 역사적인 연속 과정이다. 「세계상의 시대」에서 하이데거는 존재 관계들의 이 역사적 연속 과정—'문화적 패러다임들'이라 표현해도 좋을 것이다—을 간략히 그려 보였다. 연속 과정 자체는 그것을 넘어선 어떤 '더 높은 의미'를 실현하는 게 아니다. 하이데거에게 그 연속 과정이란 차라리 가능성들과의 유희이다. 후기의 한 저술에서 하이데거는 이와 관련해 다음과 같이 말한다. "존재는…… 근거를 갖지 않는다. 그것은 심연으로서 유희한다…… 사유는 도약을 통해 그러한 유희, 우리의 인간 본질이 정립되어 있는 유희의 넓이에 도달한다."

하이데거에게 존재의 사유란 가능적 존재 관계의 무한한 지평에 대한 개방성을 유지하는 '유희적' 운동이다. 우리가 하이데거에게 '존재란 무엇인가?'라는 질문을 제기해선 안 되는 것도 바로 이런 이유에서이다. 그런 질문을 제기한다면, 모든 가능한 정의의 지평 자체인 어떤 것을 정의하라고 요구하는 꼴이 되기 때문이다. 그리고 존재물음은 이러한 지평의 열림이기 때문에 그 물음의 의미는 대답됨 안에 놓여 있을 수 없다. 존재에 대한 물음에서 답을 요구하는 태도를 막아 내기 위한 공식 중의 하나가 '니체' 강의에 나온다. "존재와 관련해서는 아무것도 없다." 이 공식의 의미는 이렇다. 존재란 우리가 의지할 수 있는 그무엇도 아니다. 고정시키고 확실함을 보장하는 세계관들과 달리, 존재란 단적으로 해체하는 무엇이다. 존재에 대한 물음은 세계가 세계상으로 변하는 것을 막아야 한다. '존재' 자체가 하나의 세계상이 될 수도 있음을 알아차렸을 때, 하이데거는 그것을 'y'로 표시했고('Seyn'), 때로는 그냥 'i'로 쓰고는 x표시로 지워 버리기도 했다('S̶e̶i̶n̶').

하이데거의 시각에서는 니체도 여전히 세계상의 철학자였다.

사실 니체의 사유는—무엇보다 같은 것의 영원회귀라는 가르침에서—구상적인 양태를 띠고 있다. 같은 것의 영원회귀라는 사유는 원환의 모습을 그림으로써 시간의 차원을 제거해 버린다. 비록 니체는 헤라클레이토스의 '생성'을 받아들여 나름대로 시간의 문제를 사유하려 했지만 말이다. 아마 이것이 니체와 하이데거가 대립하는 핵심 지점일 것이다. 니체는 힘에의 의지의 활력 속에서 시간을 사유하며, 영원회귀의 교설에서 시간을 다시금 존재로 돌려보낸다. 반면 하이데거가 견지하려는 생각에 따르면 존재의 의미는 시간이다. 니체는 시간을 어떤 존재로 만들고, 하이데거는 존재를 시간으로 만든다.

일본 철학자 니시다 기타로西田幾多郎에 따르면, 여러 종교나 의미 부여 행위, 다양한 문화 등은 인간이 넓은 바다 위에서 만든 허약한 뗏목들이다. 인간은 이런 뗏목을 타고서 한동안 시간을 통해 떠다닌다. 하이데거의 생각에 의하면, 니체는 착상으로 가득한 작업에 도취된 나머지, 그리고 뗏목을 만든다는 승리감에 사로잡힌 나머지 조수 간만과 넓은 바다를 시야에서 놓치고 말았다. 그것은 다름 아닌 존재망각이었다. 그렇기에 하이데거는 존재물음에 의해 사물들이 흔들리며 떠다니고 있음을 상기시키려 한다.

그렇지만 카를 뢰비트가 하이데거의 '니체' 강의를 비판하며 지적했듯, 하이데거와 니체 중 누가 더 철저하게 열린 터로 사유를 전개시켰고, 누가 다시금 어떤 포괄자에서 지탱할 것을 찾았는가의 문제는 논란의 여지가 남는 것일 수밖에 없다. 어쨌든 니체의 사유에서 모든 것을 포괄하는 '디오니소스적' 삶이란 든든한 근거가 아니라 심연이었다. 자신을 확정하려는 우리의 '아폴론적' 시도를 위협하는 심연이었던 것이다. 어쩌면 니체는 하이데거의 말처럼 안전 욕구의 극복에서 철저성을 결여한 인물일지도 모른다. 하지만 어쩌면 니체는 하이데거의 '존재' 또한 우리에게 보호와 안락을 제공하는 플라톤적 지하 세계로 간주했을지 모른다.

영원회귀의 교설을 논하는 자리에서 하이데거가 언급한 바에 따르면, 니체는 가장 탁월한 자신의 통찰들을 보류했으며, 이는 그의 사상 중 많은 것이 아직 "전개될 만한 장소"(N I, 264쪽)를 갖지 못했기 때문이다. 하이데거는 니체의 다음과 같은 말을 인용한다. "사람들은 자신의 인식을 타인에게 알리자마자 그것을 더 이상 충분히 사랑하지 않게 된다."(N I, 265쪽)

하이데거는 니체의 침묵을 충분히 공감하는 태도로 해석하고 있다. 그렇기에 우리는 그가 자신의 일 또한 염두에 두고서 발언하는 것임을 즉시 간파하게 된다. "만약 우리의 지식이 니체 자신이 출판한 것에만 한정된다면, 우리는 니체가 이미 알았고 준비했으며 거듭 사유했으면서도 혼자만 간직했던 것을 결코 경험하지 못할 것이다. 자필 유고를 들여다볼 때에야 비로소 좀 더 명료한 상이 주어진다."(N I, 266쪽)

이런 말을 했을 무렵 하이데거 자신도 "혼자만 간직"한 원고 한 편을 다듬고 있었다. 그가 그 원고에 담긴 사상을 공표할 시대는 아직 오지 않았던 것이다. 이 원고가 바로 『철학에의 기여』이며, 그 부제는 '생생한 고유화에 관하여'이다.

제 18 장

—

하이데거의 철학적 일기 『철학에의 기여』. 하이데거
의 철학적 묵주기도. 거대한 손풍금. 작은 승천. 말이
넘치는 침묵.

—

1887년 무렵의 프리드리히 니체

하이데거의 철학적 일기 『철학에의 기여』. 하이데거의 철학적 묵주기도. 거대한 손풍금. 작은 승천. 말이 넘치는 침묵.

1938년경 하이데거 존재사유의 '공식적' 견해는 이렇다. "존재와 관련해서는 아무것도 없다." 우리가 존재를 직접 파악하려 들면 존재는 달아난다. 우리가 파악하는 모든 것은 바로 그런 파악으로 인해 어떤 존재자가 되어 버리기 때문이다. 달리 말해 우리의 지식이나 가치의 질서로 옮겨 분류하고, 분해하고, 기준으로 내세우며, 보통명사로 서술할 수 있는 그런 대상들로 바뀌는 것이다. 이런 모든 것은 존재가 아니다. 하지만 이런 모든 것이 있는 것은, 우리가 존재와 어떤 연관 속에 있기 때문이다. 그 연관이란 열린 지평이며, 우리는 이 지평 속에서 존재자와 만난다. 존재에 대한 물음은―한때 신이라 불렸던―최고 존재자에 대한 물음이 아니다. 존재에 대한 물음은, 그런 연관들의 고유한 경험을 가능하게 하는 거리를 창출하는 것이다. 이 경험이 우리를 변화시킨다. 인간은 세계와 관련해서 자신이 '자유롭다'는 것을 깨닫는다. 인간 안에서 어떤 "유희공간"이 열리는 것이다.

'니체' 강의 중 하나에서는 하이데거 존재물음의 또 다른 설명으로 우리를 이끄는 한 가지 모호한 암시가 발견된다. "인간이 존재를 바라보면서 그것에 묶일 수 있게 되자마자 인간은 자기 자신을 넘어서 옮겨지며, 그 결과 이를테면 자기 자신과 존재 사이에서 스스로를 전개하여 자기 바깥에 있게 된다. 이렇게 자기 자신을 초월하여 고양되고 존재 자체에 이끌리게 되

는 것이 바로 '에로스'이다."(N I, 226쪽)

1936~1938년에 집필되었으나 원래 출판을 의도했던 것은 아닌 『철학에의 기여』는 이 철학적 에로스에 관한 유일한 기록이다. 하이데거는 자기 자신을 넘어서 "옮겨"지고자 한다. 어떻게? 자기 자신의 사유를 연습함으로써. 어디로? 기독교적 서양의 신에 관한 관념을 배제한다면, 이 물음에 답하기란 어렵다. 그런데 『철학에의 기여』는 여전히 신에 관해 말한다. 물론 그것은 지금까지의 전통에서는 알려지지 않은 신이다. 이 신은 존재사유에서 연원한다. 하이데거에 따르면, 무로부터 존재를 창조했다고 믿어지는 신 자체가 바로 무로부터 창조된 것이다. 황홀경의 사유가 신을 산출한다.

『철학에의 기여』에서는 어지러운 개념들과 장황스런 문장들에 의해 '다른 상태'로 옮겨 가는 하이데거의 모습을 발견하게 된다. 『철학에의 기여』는 신에 관한 새로운 말을 발명해 내는 실험실이다. 하이데거가 직접 실험에 착수하여, 구체적 교의 없는 종교를 창조하는 것이 가능한지 알아보려 한다.

우선 하이데거는 종교 창설의 고전적인 모범을 따른다. 우상의 황혼이라는 장면이 연출되면서 새로운 신의 발명이 시작되는 것이다. 가짜 신들이 치워지고 자리가 깨끗이 비워져야 한다. 이를 위해 하이데거는 ─이제 우리가 익히 알고 있는─근대적 사유에 대한 비판을 되풀이한다. 이 비판이 도달하는 결론에 따르면, 신 또한 지성 내지 상상이 멋대로 처리할 수 있는 대상이 되어 버렸다. 근대에는 이러한 신의 표상이 퇴색함에 따라 지고한 선이나 '최초 원인' 혹은 역사의 의미 같은 대안적 관념이 등장한다. 그런 모든 것은 사라져야만 한다. 그런 모든 것은 존재자의 목록에 포함되기 때문이다. "존재"가 나타날 수 있으려면, 먼저 존재자가 "붕괴하고 전복"되어야 한다.

그리하여 존재사유의 연습은 모든 것을 비우기에서 시작된다. 마이스터 에크하르트나 야콥 뵈메Jakob Böhme도 그런 식으로 신을 경험하려 했다. 신이 공허한 마음을 그의 현실성으로 채우리라.

하이데거의 텅 빈 사유에는 어떤 신이 도래하는가? 하이데거는 조심스레 자신의 비밀을 밝힌다. "과감하게 직접적인 말을 사용하기로 하자." 그러고는 이렇게 말한다. "존재는 신들의 전율이다."(GA 제65권, 239쪽)

말. 새로이 고안된 말. 이렇게 해서 하이데거가 사유할 수 있는 것은 무엇인가? 그는 수백 쪽에 걸쳐서 그것을 밝히려 시도한다. 하나의 신 혹은 하나의―y로 표시될 때도 있고 아닐 때도 있는―존재는 어떤 '무엇'으로 드러나서는 안 되는 한 스스로를 드러내기 어렵다. 주지하듯, '어떤 무엇임'과 더불어 표상적 사유가 시작된다. 하지만 이런 사유야말로 존재사유에 금지된 것이다. 우상을 금지하는 유대교에서 신이란 스스로에게 '나'라고 말하는 무엇일 뿐이다. "나는 나인 무엇이다." 그렇지만 하이데거의 존재는 초월적인 '자아성Ichartigkeit'이 아니다. 존재는 현존재와 마주한 것이 아니라 바로 현존재에서 수행되는 무엇이다. 실체적 신의 표상을 피하기 위해 하이데거는 어떤 사건이라는 의미의 "신이 되기Göttern", 즉 우리를 "전율케" 하는 사건이라는 의미의 "신이 되기"를 말한다. 신이나 신들이 아니라 '신이 되기'이다. 우리에게 '신이 되기'가 일어나면, 우리는 전율할 뿐 아니라 "경악, 자제, 관대, 환희, 경외"에 이르기까지 모든 종류의 기분을 경험하게 된다. "본질적 사유"는 이러한 "근본기분"의 "광석"으로부터 자신의 사상과 명제들을 채굴한다. "만약 근본기분이 결여되면, 모든 것은 개념과 말 껍데기의 억지스런 잡소리에 불과하다."(GA 제65권, 21쪽)

하이데거는 자신의 존재사유를 담은 문장들로 종이를 채워 나간다. 하지만 하이데거 스스로 강조하듯, 이 근본기분들은 흔치 않고 순간적인 것이기에 그의 문장은 너무도 빈번히 기분에서 벗어나며 오히려 기분을 불러일으키려 애쓰는 꼴이 되곤 한다. 이것은 가톨릭의 연송 호칭기도Litanei[1]의 특징인 바, 배교한 가톨릭교도인 하이데거는 이 형식을 익히 알고 있다.『철학에의 기여』는 그의 묵주기도이다. 그렇기에 상투적 반복이 있다. 어떤 감동이나 "변화"도 낳지 않는 단조로운 손풍금 소리를 듣는 듯하다. 사실은 변화의 힘이 중요한 것이며, 이때 문장들의 손풍금은 중요한 역할을 할 수 있다. 그런데 단조로운 손풍금 소리처럼 반복되는 이 문장들은 아무 내용도 없기에 침묵만을 확산시키는 문장들과 무엇이 다른가? 하이데거는 "침묵하게 함Erschweigung"을 "철학의 '논리학'"이라 부른다.(GA 제65권, 78쪽) 물론 이는 그 논리학이 존재에 다가가려는 것인 한에서이다. 따라서 하이데거가 '니체' 강의 중 하나에서 —차라투스트라를 예로 하여—감동받지 않는 자들에게는 "교설이 손풍금이"(N I, 310쪽) 되어야 함을 보여 주었다면, 이는 전혀 놀라운 일이 될 수 없다. 그의 이 말은 자신이 겪은 일을 염두에 둔 것이 분명하다. "손풍금"은 말이 넘치는 "침묵하게 함"의 방법인 셈이다.

『철학에의 기여』의 도입부에서 하이데거는 이렇게 쓴다. "여기서는 아무것도 서술되거나 설명되지 않는다. 여기서 말함은 말해지는 것에 대립해 있지 않다. 오히려 말함은 존재의 현성Wesung으로서의 말해지는 것 자체이다."(GA 제65권, 4쪽) 하이데거 사유에서 "존재"는 일찍이 헤겔 사상의 세계정신처럼 말한다. 이는 이 비밀 일기에서만 언명된 꽤나 대담한 요구이다.

그렇다면 "존재"는 어떻게 말하는가? 말함의 경건한 연송 호칭기도에 의해 말한다. 즉 "존재의 진리"와 "그 본질의 생생한 떨림"과 "신들 중의 신의 '신이 되기'라는 친밀성의 온화함"의 "이음새Fuge"에 관해 중얼거리면서 말하는 것이다.(GA 제65권, 4쪽) 그 의미론적 내용을 고려한다면, 이 모든 형이상학적 다다이즘에 의해 말해지는 것은 아무것도 없다. 하지만 이 모든 것은 신에 관한 그릇된 진술은 아니다. 물론 그 신은 그런 진술에서 벗어나는 신이며, 사유가 바로 이러한 "벗어남"에서 성찰하고자 하는 신이다. 존재에 직접 말을 건다는 점에서 하이데거의 『철학에의 기여』는 벗어남의 현상에서 고뇌하고 있는 사유의 표현이다. 말이 나왔으니 말이지만, 하이데거 학파는 더 이상 이 문제로 씨름하지 않는다. 이 학파는 어느새 대체로 무미건조해졌다.

철학의 전통을 파괴한다는 점에서 하이데거의 사상은 『철학에의 기여』에서도 정밀하고 정확하다. 물론 그처럼 정밀하고 정확할 수 있는 것은 포착하려는 대상이 있기 때문이다. 하지만 그런 파괴 후에 생성되기 마련인 공백은 계속 공백으로 머문다. 새로운 충만의 생생한 고유화는 없다.

만약 하이데거가 신앙으로 돌아갈 수 있다면 그 이상 위태로워지지는 않을 것이다. 하지만 그는 충만의 생생한 고유화를 사유로부터 산출하려 한다. 더 이상 그는 1927년 마르부르크대학에서 강의했던 '현상학과 신학'의 입장을 취하지 않는다. 당시 그는 상당히 루터적인 태도로 사유와 신앙을 엄밀히 구분했다. 신앙이란 우리 뜻대로 되지 않는 생생한 고유화, 신이 삶으로 침투하는 그런 고유화이다. 사유가 규정할 수 있는 것은 침투의 지점뿐이다. 신의 고유화 자체는 사유가 다룰 일이 아니다.

그런데 하이데거는 『철학에의 기여』에서 바로 이런 야심만만한 기획, 신적인 것의 참된 현전을 사유에서 경험하려는 기획을 다루고 있다. 물론 신적인 것은 사유에서 명확한 형상을 취하려 하지는 않는 것이기에 하이데거는 우선 간략한 진술로 만족할 수밖에 없다. "마지막 신에의 가까움은 철저한 침묵이다."(GA 제65권, 12쪽) 그리고 마치 세례 요한처럼 그는 도래할 신을 말하면서 자기 자신을 "잠정적인 자 Vorläufigen"라 칭한다. 『고도를 기다리며』는 이미 하이데거의 『철학에의 기여』에서 시작되었다.

그가 이 저작에 붙인 부제는 '생생한 고유화에 관하여'이다. 정확히 말하면, 두 가지 생생한 고유화가 논의된다. 하나는 근대의 생생한 고유화이다. 근대는 세계상과 기술과 조직화와 "제작성Machenschaft"의 시대, 간단히 말해 "완성된 무의미의 시대"이다. 이는 존재망각의 이러한 숙명적 연관으로, 그 전제는 심지어 플라톤까지 거슬러 올라간다. 또 다른 생생한 고유화인 근대의 종말, 즉 전회는 바로 하이데거의 존재사유에서 준비된다. 첫 번째 생생한 고유화의 경우, 하이데거는 그에 '관해서' 말한다. 최소한 부분적으로는 이미 거기서 헤쳐 나왔다는 것이 하이데거의 믿음이기 때문이다. 두 번째 생생한 고유화의 경우, 하이데거는 그것'으로부터' 말한다. 그것은 새로운 시대를 준비하지만, 당분간은 고독한 자 ein Einsamer의 생생한 고유화이다. 그렇기에 하이데거는 '생생한 고유화'에서 시작되고 '고독'에서 종결되는 두운 맞춘 낱말들을 나열하기도 한다. "생생한 고유화란 항상, 생생하게-고유해짐Ereignung, 결-단함Ent-scbeidung, 마중-나감Ent-gegnung, 떼어-옮겨 놓음Ent-setzung, 벗어남Entzug, 단순함Einfachheit, 유일함Einzigkeit, 고독Einsamkeit으로서의 생생한 고유화를 의미한다."(GA 제65권, 471쪽) 고독한 존재사유에 의해 하이데거는 하나의 신을 포착하는 데 착수한 것이다. "생생한-고유화. 그리고 시간-공간의 탈근거성에로 생생한-고유화의 이어 넣어짐. 이것이 바로 마지막 신이 자기 자신을 매다는 hängt/포획하는fängt (육필 원고를 보면 이중 어느 것인지 확실치 않다) 그물이다. 마지막 신은 이 그물을 잡아 찢고 유일무이한 그것, 신적이고 드물며 모든 존재자 중에서 가장 낯선 그것을 종말에 이르게 한다."(GA 제65권, 263쪽)

하이데거도 물론 난센스에 가까운 자기 언어의 기이함을 알고 있었다. 경우에 따라서는 자신의 언어를 재치 있게 비꼬는 면모조차 보여 주었다. 카를 프리드리히 폰 바이츠제커Carl Friedrich von Weizsäcker가 언젠가 하이데거에게 동유럽 유대인들 사이에 전해지는 재미있는 이야기를 들려준 적이 있다. 허구한 날 술집에만 죽치고 있는 남자가 있었다. 누군가 이유를 묻자 그가 대답했다. "아, 제 아내 때문입니다!" 상대방이 다시 물었다. "아내 분이 어떻게 됐는데요?" 그러자 남자가 답했다. "아내가 말하고 또 말하고 또 말하고 또 말하고……" "대체 뭐에 관한 말씀을 하시는데요?" "아, 뭐에 관한 것인지는 말하지 않더군요!" 그 이야기를 듣고 난 하이데거가 말했다. "바로 그거에요."[2]

『철학에의 기여』가 바로 그렇다. 이 저작은 세부적으로는 잠언이나 토막글을 많이 포함하지만 전반적으로는 엄격하게 구성되어 있다. 하이데거는 '구성' 대신 "이음fügen"이라는 말을 사용한다. 전체는 하나의 "이음새Fuge", 두 가지 주된 목소리로 구성된 이음새여야 한다. 두 가지 주된 목소리란 두 가지 '생생한 고유화'를 말하며, 이 두 가지 소리가 서로 조화를 이루거나 충돌하고 결국은 밝혀진 존재의 동음 속에 어우러져야 한다. 각 장의 순서는 전반적으로 접근의 경로를 표시한다. "앞서봄"은 무성한 덤불을 지나 빛남에 이르기까지 전체 경로를 일단 조망해본다. "울려옴"은 존재망각의 단계, 즉 현재 단계의 존재를 주제로 삼는다. "건네줌"은 서양 형이상학에서 존재의 암시와 예감이 되풀이해 주어져 온 역사를 이야기한다. "도약"은 결정적 일보—사실은 위험을 무릅쓴 도약—를 내딛기 전에 폐기되어야 할 자명성이나 사고 습관들에 관해 고찰한다. "근거 지음"에서 하이데거가 주로 다루는 것은 『존재와 시간』에 나오는 현존재 분석이다. 즉 이 저작 중 우리가 도약을 이루어 다시 발 디딜 곳을 찾고 있는 순간을 다룬 자기 해석 부분이 논의에 오르는 것이다. "도래할 자들"이라는 장과 "마지막 신"이라는 장에서는 일종의 승천이 일어난다. 마지막 장 "존재"에서는 다시 한번 전체가 조망되어, 얼마나 멀리까지 이르렀고 얼마나 높이 올라섰는지가 확인된다. "그 본질적 곤경 속의 인간을 자유로이 내려다보려면 어떤 정상으로 올라서야 하는가?"(GA 제65권, 491쪽)

그 사이 하이데거에게 분명해진 점은 이런 것이다. 국가사회주의는 이러한 "본질적 곤경"을 전혀 변화시킬 수 없었다. 오히려 국가사회주의는 "제작성"과 근대의 총체적 동원에 속한다. 국가사회주의가 이를 넘어서서 제공하는 것이 있다면, 그것은 "가장 무미건조한 '감상성'"과 "체험에 흠뻑 취해 있음"(GA 제65권, 67쪽) 뿐이다. 하지만 이런 비판은 시대 전체를 향한 것이다. 국가사회주의에 저항하는 여러 정신적·실천적 경향 또한 존재사유의 전망에서 보면 배척할 만한 것들이다. 전체는 비진리이다. 다양한 세계관이 자아나 우리, 프롤레타리아나 민족 중 어떤 것을 지지하건, 다양한 세계관이 계몽주의적 휴머니즘이나 전통적 기독교 중 어떤 것을 가치로 견지하건, 혹은 다양한 세계관이 민족주의와 국제주의, 혁명과 보수 중 어떤 것을 표방하건, 그 모든 것에는 아무런 차이도 없다. 그 모든 것에서는 결국 "주관(인간)'이 존재자 한가운데로"(GA 제65권, 443쪽) 자리를 차지해 나가는 것이 중요한 문제이기 때문이다. 하이데거는 이러한 "인간의 자기 입법"을 "자유주의"라 부르며, 그렇기에 민족적 생물학주의와 종족주의는 "생물학적 자유주의"라고 부를 수 있다. 정치적으로 보면, 존재사유의 이러한 밤에는 모든 고양이가 잿빛이다. 어둠 속에 트이는 빛남은 오로지 하이데거 주변에만 있다. 하이데거 대 여타 모든 세계. 『철학에의 기여』의 고독한 대화에서 그는 자신의 상황을 그렇게 본다.

이 저작에서 눈에 띄는 흥미로운 점은 이런 것이다. 여기서 하이데거는 존재사유의 생생한 고유화'로부터'만 철학하는 게 아니라—훨씬 더 빈번히—자기 자신 및 어떤 존재사적 사실'에 관해서'도 철학하고 있다. 상상의 무대에서 그는 자신에게 "탐색자, 보존자, 파수꾼"(GA 제65권, 17쪽)의 역할을 맡기고 있다. 그는 "존재의 고귀함을 사유하려고 고독으로 향하는 최고의 용기를 지닌" 무리에 자신을 포함시킨다.(GA 제65권, 11쪽)

하이데거는 존재사유가 어떤 단체 설립에 의해 점차 사회로 침투하는 상상에 잠긴다. 이 단체는 "존재자의 영역을 위해 장소들과 순간들을 앞질러 근거 짓는" "저 소수 개별자들"의 지극히 친밀한 무리로 구성될 것이다. 그리고 위대한 "개인"의 카리스마에 사로잡혀 "존재자의 재창조"에 봉사하는 "저 수많은 작은 동맹들"이 어우러져 더 큰 무리를 형성할 것이다. 마지막으로 "서로에게 지시된 저 수많은 자들"이 있는 바, 공통의 역사적 유래에 의해 하나로 뭉친 이들은 사물들의 새로운 질서에 자발적으로 스스로를 이어 넣는다. 이러한 "변화"는 지극히 고요하게 일어나야 한다. 하이데거의 눈에는 전혀 변혁이 아닌 "'세계사적' 변혁"의 "떠들썩함"으로부터 멀리 떨어져서 말이다.(GA 제65권, 96쪽) 하이데거는 은폐되어 일어나는 '본래적' 역사를 상상한다. 그는 이 역사의 증인인 동시에 저자이다.

『철학에의 기여』에서 새로운 질서의 구체적 비전을 찾는다면 헛된 일이 될 것이다. 하이데거는 메타포로 피해 버린다. 민족에게 정신적 체류지를 제공하는 "위대한 철학"은 "우뚝 솟은 산들"과 같다. 이 산들은 "자신의 최고의 것을 국토에 허여하며 자신의 원생 암석을 가리켜 보인다. 이 산들은 표준점으로 서 있으며 그때그때 가시권역을 형성한다."(GA 제65권, 187쪽)

하이데거는 자신의 철학에 의해 "산들 사이의 산"으로 "서는" 꿈을 꾼다. 그는 저지의 민족이 철학의 "우뚝 솟음"에서 방향을 잡도록 "본질적인 것을 세우려" 한다. 정치권력의 도취에서 깨어난 후에도 하이데거의 철학이 여전히 권력 이념에 감염되어 있었다는 사실이 이를 증명한다. 그런 맥락에서 단단한 암석의 이미지가 제시되는 것이다. 1920년대의 하이데거는 전혀 다른 메타포를 선호했다. 당시만 해도 그는 돌처럼 굳은 사유의 건축물을 "유동화"시키려 했다. 하지만 이제 그는 건축물을 높이 세우고 자신의 철학도 "존재의 산"으로 보내 버린다.

사실 이는 하이데거가 1933년 이전에 개진했던 철학의 이념과 모순된다. 당시 그에게 중요한 것은 자유롭지만 그 자체로서는 유한한 사유의 운동성이었다. 그리고 그 사유는 세계-내-존재라는 현사실성에서 솟아 나와 잠시 현존재를 비추고는 현존재와 더불어 다시 사라져 버리는 것이었다. 현존재만큼이나 우연적일 뿐인 생생한 고유화로서의 사유였던 것이다. 하지만 산의 메타포는, 어느새 하이데거가 자신의 철학과 함께 스스로를 어떤 지속적 세계에 기입하고자 한다는 점을 간과할 수 없게 만든다. 그는 자신의 우연적 실존과 역사적 상황을 뛰어넘는 무엇인가에 참여하고자 한다. 우뚝 솟은 것에 대한 이런 애착은 그가 전개한 유한성의 철학에 모순된다. 어두운 숲으로 빛이 스며드는 것과 같은 빛남의 과정은 신의 현현 같은 사건이 되는 바, 이는 일찍이 '영원한 것'이나 '초월적인 것'이라 불렸던 영역을 함축하고 있다. 날마다 원고를 쓰면서 고독하게 성찰하는 철학자는 이제 자신의 사상만 품은 채 홀로 있고자 하지 않는다. 그는 무언가에 연결되고자 한다. 물론 모색되는 것은 더 이상 정치운동이 아니라 어떤 존재사 혹은 존재역운의 음침한 정신이다. 존재의 상상적 투기장에서는 위대하고 지속적인 일들이 일어난다. 그리고 하이데거도 그것들 사이에 있다.

이처럼 하이데거는 위대하고 전체적인 것을 내다보며 거기에 자신을 투영한다. 그러는 동안 지난 몇 년간 자신의 개인적 생활상황과 실제 행동에는 철학적으로 주목하지 않는다. 일찍이 높은 평가를 받았던 철학적 훈련인 자기 검증 따위에는 신경 쓰지 않는 것이다. 어쨌거나 『철학에의 기여』에서는 그런 측면이 발견되지 않는다. 그는 "존재망각"이라는 거대한 비본질에 관해 성찰하지만, 자기 자신의 우연성은 도외시할 수 있으며, 자신의 그런 모순조차 의식하지 못한다. 그는 자신의 맹점 안에 머문다. 그는 존재에 대한 물음을 제기하여 세계 상황에 빛을 가져오려 하지만, 자기 상황에 대한 이해는 어둠 속에 내버려 둔다.

하이데거는 존재에 대한 물음을 자신의 현존재에 적용하는 것은 지속적으로 회피해 왔다. 1935년 7월 1일, 야스퍼스에게 보낸 편지에서 그는 자기 몸에 "말뚝이 두 개나" 박혀 있다고, "조상 대대로의 신앙과 논쟁하는 일 및 총장직에서 실패를 겪은 일"을 극복하기가 무척 어렵다고 고백한다. 하지만 『철학에의 기여』는 하이데거가 존재사적 연극의 주인공을 떠맡음으로써 자기 자신의 문제를 회피하는 법을 얼마나 잘 이해하고 있었는지 보여 준다. 하버마스^{Habermas}는 이런 회피의 방법을 "본질화에 의한 추상"이라 불렀으며, 이는 아주 적확한 표현이었다. 조상 대대로의 신앙을 잃어버린 일은 시대의 운명으로 과도하게 해석되며, 총장직에서 실패를 겪은 일은 근대적 광란과의 투쟁에서 명예로이 패배한 것이라 과도하게 해석된다.

도덕적 자기 검증. 존재사적 무대 위의 사상가는 이런 따위는 자기 수준 아래의 사안이라 간주하는가? 어쩌면 하이데거가 개신교적 양심의 가책에 무지한 것도 그가 가톨릭으로부터 물려받은 유산일지 모른다. 아무튼 전체의 개념과 자신의 사유라는 문제에 전념하기 위해 그는 순전히 개인적인 것들을 분리해 낸다. 그렇기 때문에 자신이 그토록 열광하는 운동이 가장 가까운 사람들마저 불행에 몰아넣어도, 그가 정녕코 용납해선 안 되는 상황을 낳아도, 특유의 무관심으로 방관할 수 있다. 한나 아렌트나 엘리자베트 블로흐만, 에드문트 후설의 운명만 생각해 봐도 이 점은 분명하다.

한나 아렌트와 카를 야스퍼스가 1945년 이후 나눈 편지에서 의견의 일치를 본 점은 이렇다. 분명 하이데거는 도덕적 감수성이 사유의 열정을 감당하지 못하는 유의 인간이다. 야스퍼스는 이렇게 쓴다. "영혼이 순수하지 못한 사람이, 다시 말해 자신의 불순함을 감지하지 못하며 그로부터 벗어나려 계속 애쓰지도 않고 아무 생각 없이 더러움 속에서 살아가는 영혼의 소유자가, 솔직하지 못한 상태에서는 가장 순수한 것을 볼 수 있는 것일까?…… 오늘날 사람들은 거의 알지 못하는 것을 그가 잘 안다는 사실이 참으로 기묘해."(1949년 9월 1일 자 편지)[3] 한나 아렌트는 이렇게 답한다. "선생님이 순수하지 못함이라 부른 것을 저는 성격의 결여라 부르겠어요. 하지만 문자 그대로 아무 성격도 없다는 의미, 특별히 사악한 성격조차 없다는 의미예요. 그런데 그는 우리가 쉽게 잊을 수 없는 심오함과 열정 속에 살고 있지요."(1949년 9월 29일 자 편지)[4]

그러나 도덕적 성찰의 결핍은 성격의 측면이기도 하지만 철학적 문제이기도 하다. 철학적 사유에는 하이데거가 흔히 언급한 인간의 "유한성"을 정말로 진지하게 다루는 신중함 또한 포함되기 때문이다. 그리고 유한성에는 우리가 죄를 범할 수 있다는 사실, 그리고 이 우연한 죄를 사유에 대한 도전으로 받아들일 수 있다는 사실도 포함된다. 『철학에의 기여』에는 자기 성찰과 자기 검증이라는, 예로부터 존중되어 온 철학적 훈육을 위한 자리가 없다. 그리고 이렇게 해서 '본래적 실존'의 한 이상이 결락되고 만다. 그것은 자기 자신에 대한 현존재의 투시성이라는 이상이다. 하이데거의 저 유명한 침묵은 내적인 침묵이기도 하다. 자신의 내면으로 향하는 길을 거의 틀어막은 셈이다. 혹은 자기 망각에의 한 기여라 부를 수도 있겠다.

하이데거의 사유가 지닌 폭력성은 이중적 방식으로 그 자신도 넘어선다. 이 사유는 한편으로 사상가의 평범한 인격을 완전히 도외시하며, 다른 한편으로 사상가를 압도해 버린다.

게오르크 피히트의 회고에 따르면, 하이데거는 "이를테면 사유의 사명이 자신을 내리친" 것이라는 "의식"으로 가득 차 있다. 때때로 하이데거는 "자신이 생각해야만 하는 무엇"으로부터 "위협"을 받고 있다고 느꼈다.[5] 또 다른 당대 증인은 전쟁이 끝난 후 하이데거와 교분을 쌓은 한스 A. 피셔-바르니콜Hans A. Fischer-Barnicol이다. "내 눈에는 사유가 이 늙은 남자를 영매로 삼아 지배하고 있는 것만 같았다. 사유가 그를 통해서 말했다."[6] 아들인 헤르만 하이데거Hermann Heidegger도 이런 인상을 재확인해 준다. 그는 아버지에게서 이따금 이런 말을 듣곤 했다. "그것이 내 안에서 생각해. 나로서는 그것에 저항할 수가 없단다."

하이데거는 엘리자베트 블로흐만에게 보낸 편지들에서도 이와 비슷한 말을 하곤 했다. 1938년 4월 12일, 그는 그녀에게 자신의 "고독"에 관해 이야기한다. 그는 "고독"에 관해 불평을 늘어놓지는 않는다. 오히려 그는 자신이 "사유의 역운"에 인도되고 있으며, 바로 그 때문에 탁월하기도 하다는 정황의 한 가지 결과가 "고독"이라고 여긴다. "고독은 주변 사람들로부터 떨어져 나와 있음에서 생겨나고 지속되는 게 아닙니다. 고독은 어떤 다른 진리의 도래에서, 기이할 뿐인 유일무이한 것으로 가득 참의 기습에서 생겨나고 지속되는 것입니다."(BwHB, 91쪽)

그가 이런 편지를 쓴 시점은 『철학에의 기여』의 원고에 다음과 같은 말을 적어 넣은 시점이기도 하다. "존재는 신의 위기-성이고, 여기서 신은 비로소 '자신을' 발견한다. 하지만 신은 왜 그러한가? 위기-성은 어디서 비롯되는가? 심연적 탈-근거가 은폐되어 있기 때문인가? 뛰어넘어-마주침이 있기 때문에, 뛰어넘어-지는 자들은 그럼에도 불구하고 더 고귀한 자들이다. 뛰어넘어-마주침, 심연적 탈-근거, 근거, 존재는 어디서 비롯되는가? 신들의 신성은 어디서 성립하는가? 왜 존재인가? 신들 때문인가? 왜 신들인가? 존재 때문인가?"(GA 제65권, 508쪽)

하이데거는—예컨대 니체 같은—위대한 사상가의 눈에 띄지 않았던 기이함에 다가감으로써 자기 문장의 "기이함"을 뛰어넘으려 해 본다. "이제 나는 모든 위대한 사상가의 가장 기이한 것들에서 그들과의 참된 가까움을 경험하는 방법을 터득하고 있습니다. 이것은 자기 자신 안에서도 기이한 것을 발견하고 그것을 유효하게 만들도록 도와줍니다. 분명 이것이야말로 본질적인 것에서 이뤄지는—이뤄진다면 말이지만—모든 것의 근원이기 때문입니다."(1937년 4월 14일 엘리자베트 블로흐만에게 쓴 편지, BwHB, 90쪽)

엘리자베트 블로흐만에게 보낸 또 다른 편지에서 하이데거는 두 방향을 오가야 하는 자신의 처지를 묘사한다. 한편으로 그는 공식적 교수 생활을 수행하면서 이해하는 마음으로 양보해야 할 때도 많으며 그렇기에 낯선 "궤도"에 빠지곤 한다. 하지만 다른 한편으로 그는 "자신의 고유하고 본래적인 것으로 되돌아가야" 한다.(1935년 12월 20일 자 편지, BwHB, 87쪽) 그에게 『철학에의 기여』는 분명 이 "고유한 것"의 가장 내밀한 영역에 속한다. 하지만 지금까지의 서술에서 분명해졌듯, 이 저작에서 문제가 되는 것은 사유에 의한 자기 자신과의 만남과는 전혀 다른 무엇이다. 여기서 전개되는 것은 주어적 소유격의 의미에서 존재의 사유이다. 즉 존재가 사유되는 것이 아니라 존재가 하이데거를 지배하고 하이데거를 통해 사유하는 것이다. 그의 실존은 영매적 실존이다.

하이데거는 고투를 벌이지만, 거기에는 행복도 없지 않다. 흥미로운 점은 『철학에의 기여』에서는 "환희"라는 말이 하이데거의 다른 저작들에서보다 빈번히 나온다는 사실이다. 우리는 "환희"에서도 존재와 마주친다. 불안과 권태와 환희. 이처럼 『철학에의 기여』에서는 존재 경험의 삼위일체가 완성된다. "환희"에서는 현존재가 하늘이 된다. 세계와 사물들이 그 경탄할 만한 '현사실'에서 현상할 때 들어서는 하늘이 되는 것이다.

현존재의 이 "열린 터"를 보존하려면 사유가 스스로를 가다듬고, 이 개방성이 일체 종류의 표상에 의해 훼방을 받지 않는지 주의해야 한다. 사유는 진정하고 "고요함"을 유지해야 한다. 하지만 하이데거는 말이 넘치는 침묵의 역설에서 벗어나지 못한다. 게다가 위대한 사상가들의 전통이 있다. 거대한 산 하나가 빛트임 속으로 우뚝 선다. 우선 이것부터 허물어뜨려야 하지 않겠는가? 이 허물기의 작업을 하던 그는 아직 발굴되지 않은 대량의 보물이 거기서 자신을 기다리고 있음을 알아차린다. 모든 '위대한 자들'이 그렇듯 그에게도 그런 일이 일어난다. 플라톤을 집중적으로 연구한 지 20년이나 지난 1930년대 말에 하이데거는 게오르크 피히트에게 이렇게 말한다. "당신에게 한 가지는 고백해야겠습니다. 플라톤 사유의 구조는 내게 완전히 수수께끼 같습니다."[7]

1936년 7월 27일, 엘리자베트 블로흐만에게 쓴 편지에서 하이데거는 자신이 처한 딜레마를 이렇게 설명한다. "전통의 보존을 위한 투쟁이 우리를 녹초로 만드는 것 같습니다. 자신의 것을 창조하고, 위대한 것을 보존하기. 이 두 가지를 동시에 이루는 것은 인간의 능력을 넘어서는 일입니다. 하지만 새로운 획득에서 비롯되는 것이 아니라면, 저 보존은 충분한 힘을 갖지 못합니다. 이런 원환에서 벗어날 길은 없으며, 자신의 고유한 작업이 중요하게 보이다가 다시 아무런 중요성도 없이 서툴게만 여겨지는 기복이 되풀이될 뿐입니다."(BwHB, 89쪽)

야스퍼스에게 보낸 많은 편지에서 그는 자신이 서툴기만 하다는 감정을 토로하곤 한다. 10년간의 우정이 단절되기 전, 그가 마지막으로 보낸 1936년 5월 16일 자 편지에서도 그렇다. 그는 위대한 철학을 마주하면 "자신의 발버둥은 전혀 중요치 않은 것이고 그저 임시변통일 뿐"(BwHJ, 161쪽)이라는 생각을 하게 된다고 말한다.

하지만 엘리자베트 블로흐만에게 보낸 몇 통의 편지에서, 그리고 무엇보다도 『철학에의 기여』에서 하이데거는 전혀 다른 기분을 드러낸다. 지금까지 많은 것을 이루었고, 자신의 작품이 높은 중요성을 갖는다는 도취감마저 드러내는 것이다. 그런 순간이면 그는 자신 안에 "어떤 다른 진리"가 "도래"했다고 믿는다.

제 19 장

———

감시받는 하이데거. 1937년 파리의 철학대회. 하이데
거의 불평. 독일과 프랑스의 상호 이해에 관한 생각.
하이데거와 전쟁. '행성은 화염 속에 있다'. 사유와 독
일적인 것.

———

하이데거의 『들길』

감시받는 하이데거. 1937년 파리의 철학대회. 하이데거의 불평. 독일과 프랑스의 상호 이해에 관한 생각. 하이데거와 전쟁. '행성은 화염 속에 있다.' 사유와 독일적인 것.

HEIDEGGER

"외적 상황의 압박이 줄어들고 있습니다." 1937년 4월 14일, 하이데거는 엘리자베트 블로흐만에게 이렇게 쓰고 있다.(BwHB, 90쪽)

그가 말한 외적 상황이란 어떤 것이었나? 딜타이의 사위 게오르크 미쉬가 강제 퇴직을 당한 후 괴팅엔대학의 교수직이 공석으로 남아 있었다. 1935년 7월, 철학과는 하이데거를 후임 추천인 명부의 맨 윗자리에 올려놓았다. 학과장이 서명한 평가서에는 이런 말이 나온다. 하이데거를 임용한다면 "현재 독일 철학의 지도적 인물 중 하나를 얻는 동시에…… 국가사회주의 세계관의 방향에서 활동할 준비가 되어 있는 사상가 또한 획득하는 셈이 될 것이다."[1]

반면 문화부는 하이데거가 정치적 중요 사안(외교, 경제, 노동 봉사, 총통원리)에서는 전과 다름없이 국가사회주의를 지지하지만 국가사회주의 세계관을 전적으로 옹호하지는 않는다는 점을 알고 있었다. 그래서 문화부는 쾨니히스베르크대학의 한스 하이제Hans Heyse 교수를 미쉬의 후임으로 임명하려 한다는 사실을 괴팅엔대학 철학과에 알려 주었다. 괴팅엔대학 철학과는 다급히 추천인 명부를 고쳐 하이제를 맨 윗자리에 올려놓았다. 하이데거는 괴팅엔대학으로 자리를 옮기는 데는 관심이 없었지만 자신의 순위를 떨어뜨린 것에 마음이 상했다. 철학적으로 하이제는 하이데거의 아류였다. 하이제의 말을 들어 보자. "그러나 철학과 학문에서 다시금 실존의 근원 물음이 돌연히 제기된다. 이 근원 물음은 인간의 현존재가 존재의 근원적 힘에 사로잡혀 있음에서 연원한다."[2] 동시에 하이제는 굳건한 국가사회주의자이자, 정치적·조직적으로 술수가 뛰어난 인물이었다. 그는 나치 정권에 의해 '칸트 학회'의 회장으로 임명되었다. 국제적으로 명성이 높은 칸트 학회는 세계 최대 규모의 철학자 학회였다. 또한 하이제는 1937년 파리에서 열린 국제 철학대회에 독일 대표단 단장으로 참가했다. 이에 관해서는 나중에 상세히 언급하겠다.

괴팅엔대학의 추천인 명부와 관련된 사건은 주류 정치 집단이 더이상 자신에게 호의를 품고 있지 않다는 하이데거의 인상을 강화시켰다. 하지만 하이데거에게는 여전히 (그리고 최후에 이르기까지) 정치적 권력 기구 내에 지지자가 있었다. 그렇지 않다면, 바로 같은 해 베를린의 문화부가 하이데거를 프라이부르크대학 철학과 학과장으로 임명하려 했다는 사실이 설명되지 않기 때문이다. 물론 학과장 임명은 실현되지 않았다. 당시 프라이부르크대학의 총장이 그의 임명에 반대했던 것이다. "하이데거 교수는 총장 재직 동안 프라이부르크대학 동료들로부터 크게 신뢰를 잃었습니다. 바덴 주 교육 부서도 그와 여러 모로 갈등을 겪었습니다."[3]

하이데거의 철학에 대해서는 의구심이 커지고 있었지만, 국가의 권력 기구는 그의 국제적 명성을 이용하려 들었다. 1935년 10월, 그는 새로운 니체 전집을 간행할 편집위원회에 위촉되었다. 하이데거는 외국으로부터 많은 강연 초청을 받았고, 아무 어려움 없이 이를 수락할 수 있었다. 1936년 초에는 취리히에서 강연을 했고, 같은 해 로마에서도 강연을 했다. 1940년대 초에는 스페인과 포르투갈, 이탈리아에서 강연이 예정되어 있었다. 하이데거는 용의가 있음을 밝혔고, 주제도 이미 통보했지만 일정이 자꾸만 연기되었다. 결국 전쟁이 끝날 무렵에 이르면 강연은 더 이상 실현될 수 없는 일이 되었다.

1936년 4월, 하이데거는 '이탈리아 독일학 연구소Istituto italiano di studi germanici'의 초대를 받아 로마로 갔다. 원래는 로마와 파도바 및 밀라노에서 몇 차례 강연을 할 예정이었다. 그러나 하이데거는 로마에만 머물기로 했고, 그곳에 열흘간 머물면서 수많은 청중 앞에서 '횔덜린과 시문학의 본질Hölderlin und das Wesen der Dichtung'에 관한 강연을 했다. 이 기회에 그는 카를 뢰비트와 만났다. 뢰비트는 망명 중이었지만, 이탈리아 측이 그에게도 강연을 의뢰했던 것이다. 뢰비트는 회고록에서 옛 스승과의 만남을 묘사한다.

강연을 마친 하이데거는 뢰비트 가족의 좁은 아파트로 갔고 "우리 살림살이의 옹색함에 당황하는 모습을 감추지 못했다".⁴ 다음 날 아침 하이데거 부부와 뢰비트 가족은 함께 프라스카티와 투스쿨룸으로 소풍을 갔다. 날은 화창했지만 분위기는 무척 어색했다. 특히 엘프리데는 뢰비트 가족과 함께 다니는 것을 "창피하게" 느끼는 것 같았다. 하이데거는 당 배지를 달고 있었다. 그는 "나와 보내는 하루만이라도 갈고리 십자가 배지를 달지 않는 게 좋겠다는 생각은 전혀 하지 못하는 것 같았다". 하이데거는 다정한 태도를 보였지만 독일 상황과 관련된 언급은 일체 피했다. 하지만 그 상황으로 인해 망명 생활 중인 뢰비트는 조심스레 이를 화제에 올렸다. 바로 몇 주 전 하이데거는 취리히에서 강연을 했고 스위스의 신문들에서 이에 관한 논쟁이 붙었는데, 뢰비트는 바로 그것을 화제로 꺼냈다.

1936년 1월 20일, 위대한 신학자의 동생 하인리히 바르트Heinrich Barth는 '예술 작품의 근원'에 관한 강의를 듣고 난 소감을 「노이에 취르허 차이퉁」에 실었다. 그의 글은 이렇게 시작되었다. "하이데거가 민주주의 국가에서 발언한다는 사실을 우리는 분명 영예로운 일로 여겨야 한다. 하지만 그는—최소한 일정 기간 동안은—새로운 독일의 철학적 대변자 중 한 사람으로 간주되었다. 그렇지만 하이데거의『존재와 시간』이 유대인 에드문트 후설에게 '존경과 우정'의 마음으로 헌정되었다는 사실, 그리고 그가 자신의 칸트 해석을 유대계 막스 셸러에 대한 기억과 영원히 연결시켰다는 사실 또한 많은 사람들이 기억하고 있다. 전자는 1927년의 일이고, 후자는 1929년의 일이다. 예외야 있겠지만, 사람들은 대체로 영웅이 아니며 철학자도 아니다. 따라서 물결을 거슬러 헤엄치라는 요구를 하기란 거의 불가능하다. 그렇지만 자신의 과거에 그어떤 책임을 지는 태도는 철학의 신망을 높이는 일이다. 단순히 지식이 아니라 한때는 지혜이기도 했던 그런 철학의 신망 말이다."[5]

당시 아직 강사였던 에밀 슈타이거Emil Staiger는 이 기사를 읽고 격분했다. 하이데거를 이해하지도 못하는 바르트가 그의 철학을 비방하려는 목적으로 "정치적 수배 전단"을 작성했다는 것이었다. 슈타이거에 따르면, 하이데거는 "헤겔과 나란히, 칸트와 아리스토텔레스와 헤라클레이토스와 나란히 서 있는" 인물이었다. "물론 이 점을 알고 있는 사람이라도 하이데거가 공적 사건에 개입한 일을 여전히 유감스럽게 여길 것이다. 영역이 섞이면 언제나 비극적 결과를 낳기 마련이다. 하지만 그런 사람이라면 하이데거에 대한 경탄의 마음을 잃지 않을 것이다. 마치 프로이센 반동주의자들의 생각으로 인해『정신현상학』에 대한 경탄의 마음을 잃지 않듯 말이다."[6] 이 반론을 읽은 하인리히 바르트는 "철학적인 것과 인간적인 것, 사유와 존재를 심연에 의해 가르는 것"은 가당치 않은 관점이라고 재반론을 펼쳤다.[7]

하이데거와 대화하던 뢰비트는 자신이 바르트의 정치적 공격과 슈타이거의 변론 중 어느 것에도 찬동하지 않는다고 말했다. 그는 "국가 사회주의에 대한 동조가 하이데거 철학의 본질" 속에 있다는 의견이었다. 하이데거는 뢰비트의 말에 "전적으로" 동의했고 "'역사성'에 관한 자신의 개념이 바로 자신의 정치적 '관여'의 토대라고" 말했다.[8]

하이데거의 의미에서 "역사성"은 행위 가능성들의 그때그때 제한된 지평을 열어 놓으며, 철학 또한—"그 시대를 지배"하려는 한에서—그러한 지평 안에서 움직인다. 앞서 보았듯, 하이데거는 1933년의 혁명을 근대적 "제작성"의 불운한 연관에서 빠져나올 기회로 여겼다. 그리고 어느새 그는 상황을 다르게 보기 시작했지만 뢰비트에게는 새로운 시작의 기회가 궁극적으로 사라진 것은 아니라고 주장한다. "충분히 오랫동안 견뎌 내기만 하면" 된다는 것이다. 물론 그는 정치적 상황의 발전에 대한 그 어떤 실망감을 감추지 못한다. 하지만 곧이어 그는 변혁과 새로운 출발이 약속대로 수행되지 않은 것을 "지식인들"의 우유부단한 태도 탓으로 돌린다. "이 사람들이 그처럼 세심하게 굴지 않고 적극적으로 관여했다면, 상황은 달라졌을 걸세. 하지만 나는 완전히 혼자였다네."[9]

하이데거는 변함없이 히틀러에게 매혹되어 있었다. 당시 많은 사람들이 그랬듯, 그는 좋지 못한 일이 일어날 때마다 "총통께서 알았더라면 이런 일은 없었을 텐데!"라는 말을 뱉어 내기 일쑤였다. 카를 뢰비트는 하이데거의 그런 반응에 실망을 느꼈다. 하지만 뢰비트가 보기에 그런 반응은 지극히 전형적인 것이었다. "이념에서는 급진적이 되고 일체 사실에는 관심을 끊는 것만큼 독일인들에게 쉬운 일은 없다. 독일인들은 '전체'라는 그들의 개념을 더욱 단호히 고수하고 '사태'와 '개인'을 분리시키기 위해 얼마든지 '모든 개별적 요소'를 무시해 버릴 수 있다."[10]

하이데거의 '전체라는 개념'은 현실 정치에 점점 더 거리를 취하며 구체적 역사로부터 계속해서 벗어났다. 이 점은 횔덜린 같은 인물을 소개하는 그의 강연에서 드러난다. 횔덜린은 "신들의 손짓"과 "민족의 소리" 사이에서 "내던져진 자이다. 그 '사이', 신들과 인간들 사이로."(EH, 47쪽) 때는 바야흐로 "신들의 밤"이다. 시들은 도주했고 여전히 돌아오지 않았다. "궁핍한 시대"인 것이다. 하이데거의 강연은 다음과 같은 말로 끝난다. 그러므로 "이러한 밤의 무" 안에서 횔덜린과 견뎌야 하리라. "왜냐하면 약한 그릇에 신들을 담기가 언제나 가능한 것은 아니며, / 인간이 신적 충만을 견뎌 내는 시기는 지극히 드물기 때문이다. / 그 후로는 신들에 관한 꿈이 바로 인생이다."(횔덜린의 「빵과 포도주」, 제7절)

로마 체류 후 카를 야스퍼스에게 보낸 편지에서는 그 시절 하이데거가 느꼈던 기분이 다소나마 표현되고 있다. 여기서는 특히 철학자로서의 그가 횔덜린과 가까움을 느끼며 스스로를 "궁핍한 시대의 시인"으로 여기고 있음이 표현되고 있다. "사실 우리는 '철학'이 위신을 잃어버린 상태를 훌륭한 상황이라 여겨도 좋을 것입니다. 이제는 이목을 끌지 않고 철학을 위해 싸울 수 있으니까 말입니다."(1936년 5월 16일 자 편지, BwHJ, 162쪽)

로마의 청중은 하이데거의 횔덜린 강의를 주의 깊게 경청했지만, 독일에서의 반응은 달랐다. 이 반응에서 하이데거는 권력자들이 더 이상 자신에게 우호적이지 않다는 사실을 깨달았다. 쾨니처Könitzer 박사라는 인물은 히틀러 청년단 기관지 「의지와 힘」에 실린 글에서 횔덜린의 "고유한 면모라면…… 하이데거 박사보다" 청년들이 더 잘 안다고 말한다.[11] 또 어떤 사람은 횔덜린의 "신들의 밤"을 거론하면서 하이데거의 반응은 가당치도 않다고 언급한다. 기분이 상한 하이데거는 어느 국가사회주의 출판 기관 근무자에게 이런 편지를 쓴다. "「의지와 힘」에 투고한 저명한 신사분의 확언에 따르면 나의 휠덜린 해석은 히틀러 청년단에 본질적으로 낯선 것입니다. 이런 종류의 '독일인'에게서는 더 이상 아무것도 기대해서는 안 됩니다. 더욱이 친위대 부대장을 역임했고 마르부르크 상황을 꿰뚫고 계신 어느 지인의 언질에 따르면, 이 K박사라는 사람은 1933년 여름까지만 해도 마르부르크에서 사회민주당원으로 활동했습니다. 그런데 지금은 「민족의 파수꾼」에서 거물 행세를 하고 있군요."[12]

하이데거가 로마에서 돌아온 후 시작된 또 다른 사건 역시 히틀러 청년단 기관지의 비판만큼이나 악의적이었다. 1936년 5월 14일, 로젠베크르 총국은 뮌헨의 국가사회주의 대학 교육자 아카데미를 대상으로 "마르틴 하이데거 교수의 인격을 어떻게 평가하는가?"라는 내용의 조회서를 보냈다.[13]

후고 오트가 이 사건의 배경을 조사했다. 오트에 따르면 로젠베르크 총국에서는 하이데거에 대한 불신이 자라나고 있었다. 예니쉬와 크리크의 평가서가 효과를 발휘했던 것이다. 하이데거가 보이론 수도원에서 정기적으로 강연을 한다는 소문 또한 이런 의심을 부추겼다. 예수회의 선동 공작에 하이데거도 개입한 것이 아닌지 의심을 품었던 것이다. 그래서 로젠베르크 총국이 대학 교육자 아카데미에 보낸 조회서에는 이런 말이 나온다. "그의 (하이데거의) 철학은 스콜라철학의 경향이 너무 강하다. 그렇기에 하이데거가 국가사회주의자들에게도 일시적이나마 적지 않은 영향을 미칠 수 있었다는 사실이 기이하게 여겨진다."[14]

이렇듯 은밀한 가톨릭 교권주의자라는 의심이 생겨난 시점에 공교롭게도 하이데거는 몇 차례의 박사 논문과 (예컨대 막스 뮐러의) 교수 자격 논문 심사에서 연달아 자신의 확신을 표명했다. '기독교적' 철학이란 결국 "목재 강철이며 그릇된 이해"에 불과하다고.

어쨌거나 조회서에 대한 대학 교육자 아카데미의 답변이 긍정적인 것이 아니었음은 분명하다. 1936년 5월 29일, 제국 공안본부 학술분과에 모종의 서류가 전달되었으니 말이다. 곧이어 비밀정보기관이 하이데거에 대한 감시에 착수했다. 「사실과 견해Tatsachen und Gedanken」에서 하이데거가 진술하는 바에 따르면, 1937년 여름학기에 베를린 출신의 항케Hanke 박사라는 인물이 세미나에 들어와 "뛰어난 재능과 관심을 보이며" 연구 활동에 참여했으며 얼마 후에는 개인 면담을 요청했다. 이때 "그는 자신이 비밀정보기관 남서부 지부장인 쿠르트 셸Kurt Scheel 박사의 명령을 받고 있다는 사실을 내게 더 이상 숨길 수 없다고 토로했다".(R, 41쪽)

하이데거는 몇 차례의 니체 강연에서 생물학주의와 인종주의를 공공연히 비판했기에 감시를 받을 줄 알았다고 말한다. 이런 경우를 생각한다면 그에게 개인적 용기가 있었음을 인정할 수밖에 없을 것이다. 이런 점은 당시 수강생들도 느끼고 있었다. 하지만 바로 그런 만큼 하이데거가 다른 교수들보다 더욱 강고히 히틀러 인사를 고집하는 것에는 놀랄 수밖에 없었다.

당의 주요 권위 집단은 1930년대 중반부터 하이데거의 철학 작업을 방해했고 "제거"하려고 시도했다. 「사실과 견해」에서 하이데거가 진술하는 바에 따르면 그렇다. 예컨대 정부 기관은 1937년 그가 파리에서 열린 국제 데카르트 대회에 참석하는 것을 막으려 했다. 그러나 프랑스의 대회 주관자가 개입한 덕분에 마지막 순간 독일 대표단 명부에 오를 수 있었다고 하이데거는 말한다. "내가 독일 대표단의 일원으로 파리에 가는 것을 막기 위해 모든 일이 꾸며졌다."(R, 43쪽)

그러나 빅토르 파리아스가 베를린 기록물 센터와 포츠담 문헌보관소에서 찾아낸 문건에 따르면, 하이데거는 독일 측의 학술대회 참가를 준비하기 위해 1935년 여름 이미 파리에 다녀왔다. 하이데거는 그 행사에 특별한 의미를 부여하고 있었다. 그에게 데카르트는 자신의 철학이 반대하는 철학적 모던의 시조였다. 그렇기에 파리의 철학대회는 그에게 힘겨루기의 거대한 경기장이었고, 매혹적인 사건이었다. 그는 이런 도전이라면 기꺼이 응할 준비가 되어 있었다. 얼마 후인 1938년 7월 9일, 프라이부르크에서 '형이상학에 의한 근대 세계상의 근거 짓기'라는 제목으로 강연하게 될 자신의 사상(출간된 논저의 제목은 '세계상의 시대')을 널리 알리기 위한 의도도 있었다.

요컨대 하이데거는 파리에 갈 의사가 있었으며 독일 정부의 공식적 요청만을 기다리고 있었다. 그런데 정부 측은 한동안 묵묵부답이다가 너무 늦게서야 요청서를 보냈다. 파리아스가 찾아낸 편지들 중에는 하이데거가 1937년 7월 14일 프라이부르크대학 총장에게 쓴 것이 있다. 여기서 하이데거는 이처럼 다급히 독일 대표단에 합류할 용의가 없는 이유를 밝혀 놓았다. "1년 반 전 대회의 의장이 내게 개인적으로 초대장을 보내 왔습니다. 당시 나는 이 초대 건을 제국 문화부에 보고하면서 제안을 덧붙였습니다. 데카르트 기념 학술대회를 병행한 이 철학대회는 지배적인 자유·민주주의적 지식관의 의식적인 공세로 추진되는 것이며, 따라서 이에 대응할 만한 강력한 독일 대표단이 조속히 결성되어야 한다고 말입니다⋯⋯ 이 제안에 아무런 답변이 없었기에 나는 그 이후 몇 번이나 더 파리로부터 초대장을 받았지만 상부에 보고하지 않았습니다. 이 사안 전체에서 내게 중요한 것은 프랑스 주최 측의 소망이 아니기 때문입니다. 나를 독일 대표단에 포함시킬지 여부에 관한 '독일' 결정 기관의 '근원적' 의지만이 중요한 것입니다."[15] 하이데거는 기분이 상한 것이 분명했다. 독일의 관계 기관이 이 대회의 전략적 준비와 대표단 구성과 관련해 그와 즉각 연락을 취하지 않았기 때문이었다. 그는 자신이 대표 단장으로 임명되기를 내심 기대하고 있었을 가능성이 크다. 하지만 정부와 당의 관계 부서는 1936년 하이제를 대표 단장으로 임명했다. 1936년 8월의 한 기록에서 하이제는 대회의 의도를 이렇게 규정 지었다. 분명 데카르트의 합리론이 철학의 개념 일반과 동일시될 것이다. 그 결과 "오늘날 독일 철학의 의지"가 제한을 받게 될 것이며, 이 의지가 "위대한 유럽 전통의 부정으로, 자연주의적 지방분파주의의 표현으로, 정신의 포기로" 평가될 것이다. 독일의 "정신적 고립화"와 프랑스의 "정신적 통솔". 바로 이것이 대회의 전략적 목표라는 것이었다. 하이제는 이러한 행사에는 강력한 효과를 지닌 것으로 맞서야 한다고 보았다. 대표단은 "국가사회주의 독일의 정신적 의지를 대변하고 명확히 관철"시키는 역량만을 지녀서는 안 되었다. 강력한 방어책을 강구할 뿐 아니라 공격도 감행할 수 있어야 했다. 하이제에 따르면 "유럽 공간에서 정신적 독일의 진격이 시도되어야" 마땅했다. 하지만 유감스럽게도 새로운 독일에는 독일 철학 전반의 "국제적 지위"를 획득하기 위한 투쟁을 감당할 만한 철학자가 극히 소수였다. 하이제가 제안한 명부에는 하이데거와 카를 슈미트, 알프레트 보임러 등이 포함되어 있었다.[16]

이 제안은 수용되었고, 1937년 봄, 하이제는 하이데거에게 연락을 취한다. 그러나 이제 하이데거는 참가를 거부한다. 이렇게 해서 그는 불미스런 문제에 연루되는 것을 얼마간 피할 수 있다. 대표단은 이데올로기의 측면뿐 아니라 인종의 측면 또한 기준으로 삼아 결성되었기 때문이다. 프랑스의 대회 주최 측으로부터 기조발표를 의뢰받은 후설은 "아리아인이 아니기에" 파견될 수 없었다.[17] 독일 측 관계 기관은 후설이 대회에 참가하면 "공식 대표단은 완전히 배경으로" 밀려날 것이라고 판단했다. 후설이 "엄청난 대환영"을 받을까 봐 두려웠던 것이다. 이런 대환영은 독일 대표단에 대한 시위나 다름없었다.

파리에 도착한 독일 대표단은 군인들처럼 행동했으며, 교수들 중 일부는 당 제복을 입었다. 프랑스의 한 신문은 종전 국제 철학대회와 비교할 때 이번 독일 대표단은 '개인들'의 무리가 아니라 어떤 집단정신의 재현자들인 것 같다는 기사를 내보내며 놀라움을 표현했다. 시인과 사상가의 나라가 이제는 철학조차 군사적 밀집대형으로 꾸린다는 사실에 사람들은 얼마간 불안감을 느꼈다.

고국에 남은 하이데거는 독일과 프랑스 상호 이해를 위한 글을 집필했다. 여러 사람의 논문을 모은 『알레마넨란트. 민족성과 사명의 책Alemannenland. Ein Buch von Volkstum und Sendung』(1937년)에 실린 이 글의 제목은 「의사 표현에의 길Wege zur Aussprache」로 독일 정신과 프랑스 정신의 논쟁을 다룬 것이었다.

이 논집은 당시 프라이부르크 시장으로 국가사회주의 당 기관지 「데어 알레마네」의 주필을 역임한 프란츠 케르버가 편찬한 것으로, 이 책이 나온 시점은 히틀러가 비무장지대인 라인란트로 진주한 후 프랑스와의 화해를 선전하던 때였다. 그러나 하이데거의 논문은 그런 선전 목적에 부응해서 집필된 것이 아니었다. 페체트에 따르면, 하이데거는 "그에게 지극히 중요하게 생각된"[18] 이 글을 가까운 사람들에게 즐겨 읽어 주었고, 나중에는 『사유의 경험Denkerfahrungen』에도 수록했다.

하이데거 글의 주제는 프랑스 민족과 독일 민족의 상호 이해이다. 그는 지정학적, 경제적, 혹은 군사적 갈등과 논쟁에는 관심을 기울이지 않는다. "지금의 세계시간"은 "역사를 형성하는 서양 여러 민족"에게 "서양의 구원"이라는 더욱 큰 과제를 부여하고 있다. 여러 민족이 상이한 사유 양식과 문화 양식을 절충적으로 수용하고 혼융시키는 방식에 의해서는 그런 구원이 실현되지 않는다. 구원은 개개 민족이 각기 독자적인 것을 자각하고 이런 토대 위에서 서양 정체성의 구원에 기여하는 방식으로만 실현될 수 있다. 프랑스에서는 '연장적 사물res extensa'에 대한 합리적 처리의 비전인 데카르트주의가 우세하다. 그에 비해 독일에서는 역사적 사유가 좀 더 강하게 전개되고 있다. 이런 대조는 그 자체로 보면 그다지 독창적이랄 것도 없다. 하이데거의 대조에서 주목할 만한 점이 있다면, 그것은 이 대조적 상태를 서양의 그리스적 근원 상태에서 아직 미분리·미결단되었던 경향들의 분화 결과로 본다는 점에 있다. 플라톤의 존재와 헤라클레이토스의 생성, 즉 합리주의와 역사주의는 당시 폴리스라는 공동 공간에서 격론을 벌이며 함께 작용하여 마침내 어떤 정신적 정체성을 산출했다. 그것은 섬 주위의 대양처럼 그리스를 둘러싼 "아시아적인 것"에 대해 스스로를 주장할 수 있는 정체성이었다. "지금의 세계시간"에서 "아시아적인 것"은 무엇인가? 하이데거는 이 점을 분명히 말하지 않지만, 그의 서술 논리에서는 그가 염두에 두는 것이 드러난다. 우리 시대의 아시아적인 것은 '야만적인 것'이 아니라 북미와 러시아에서 확인되는 고삐 풀린 형상의 모던이다. 그런데 프랑스의 데카르트주의는 이런 모던의 근대적 근원이므로 서양의 구원을 위한 프랑스와 독일의 협력은 독특한 비대칭의 형태를 띠어야 한다. 프랑스의 합리론이 독일적 역사성의 학파로, 좀 더 정확히는 하이데거의 존재사유 학파로 들어와야 한다. 오로지 이러한 사유의 전망에서만 합리론이 그 객관성의 광기를 극복하고 존재사의 풍요성으로 스스로를 개방할 것이기 때문이다. 결론은 이렇다. 독일 정신은 프랑스 정신을 프랑스와 동일한 만큼 필요로 하지는 않으며, 그 역도 마찬가지이다. 하이데거는 우호적인 태도를 잃지 않으며 그 사이 프랑스 정신도 자기에게 부족한 것이 무엇인지 깨달았다고 말한다. 프랑스 정신에 부족한 것은 헤겔이나 셸링, 횔덜린 같은 인물이다. 그러니 프랑스 정신은 아직 도움을 받을 기회가 있다.

하이데거가 프랑스 칸트주의자 줄리앙 방다Julien Benda의 철학적 소책자 『지성인들의 배반La trahison des clercs』을 알고 있었는지 확인할 길은 없다.

방다의 저작은 1927년 프랑스에서 출간된 후 즉각 엄청난 주목을 받았다. 이 저작은 하이데거의 글보다 먼저 나온 것이지만, 그의 소통 제안에 대한 프랑스 쪽의 답변으로 읽어 볼 수도 있다. 방다의 시각에서 지성인의 배반은, 그들이 역사의 휘날리는 모래에 투항하는 순간, 진리와 정의와 자유의 보편적 정신 가치를 본능과 민족정신과 직관 등의 비합리적 힘에 양도하는 순간 시작된다. 이 "성직자들", 즉 세속적 성직자로 정의되는 이 철학적·문학적 지성인들에게는 그 어떤 정치적 시대정신의 간섭에 대항해 인류의 보편 가치들을 지켜 내야 할 과제가 있다. 지성인들이 아니면 누가 그 일을 하겠는가? "보통 사람들"은 세속적 다툼과 열정에 얽혀 있을 수밖에 없기 때문이다. 여기서는 엄격한 휴머니즘적 합리론이 낭만주의적 민족정신의 사이렌에 맞서고 있다. 방다는 칸트의 사망 후로 독일 정신에서는 아무것도 배울 게 없다고 말한다. 오히려 독일 정신을 경계하라고 말할 수 있을 뿐이다. 방다는 에르네스트 르낭Ernest Renan의 말을 인용하는데, 이는 마치 하이데거에 대한 답변처럼 들린다. "인간은 자신의 언어에도, 자신의 민족에도 속하지 않는다. 인간은 오직 자기 자신에만 속한다. 인간은 자유로운 존재, 다시 말해 도덕적 존재이기 때문이다."[19] 줄리앙 방다의 확신에 따르면, "문화들의 전쟁"[20]을 촉구하는 이들은 인간 정신을 보편적 고향에서 추방하여 민족들의 투쟁 대상으로 만드는 사람들에 불과하다. 그러나 하이데거가 원한 것은 결코 그런 것이 아니다. 그는 나름의 방식으로 생산적인 이웃 관계의 가능성을 찾아내려 한다. 여기에는 "상대방에게 귀를 기울이려는 지속적 의지와 각자의 사명에 대한 절제된 용기"가 포함될 수 있다.(D, 21쪽) 하지만 그에게 무엇보다 중요한 것은 "의사 표현에 이르는 길"이 특정 지점까지 나아가야 한다는 사실이다. 그 지점이란 데카르트-합리론적 존재 관계와 역사적 존재 관계 중 어떤 것이 존재의 개방성에 좀 더 부합하는 것인지 결단할 수 있는 지점을 말한다. "결단 가능성의 영역을 마련한다는 가장 어려운 과제에서 회피하는" 태도는 용납될 수 없다.(D, 20쪽) 이때 분명해지는 사실은 하이데거가 자신의 사유를 이 과제에 가장 적절한 것이라고 생각한다는 점이다. 철학이라는 사안에서 독일과 프랑스의 상호 이해는 양국 사이 어느 중간 지점이 아니라 토트나우베르크의 고원에서 모색되어야 하리라.

3년 후에는 히틀러가 시작한 전쟁이 한창이었다. 1940년 여름, 하이데거는 '유럽 허무주의'를 다룬 니체 강의에서 프랑스의 항복을 거론하며 거기서 놀랄 만한 결론에 이른다. "오늘날 우리 자신은 역사의 비밀스런 법칙을 목격하고 있다. 그 법칙이란 어느 민족이 자신의 고유한 역사에서 비롯된 형이상학을 어느 날 더는 감당할 수 없게 되었고, 더욱이 이 형이상학이 무조건적인 것으로 변화한 순간에 그런 일이 일어났다는 것을 말한다…… 전차와 비행기와 통신 장비를 갖고 있는 것만으로는 충분하지 않다. 그런 기기를 사용할 줄 아는 인간들을 부리고 있다는 것으로도 충분하지 않다…… 지금 필요한 것은 근대 기술의 독특한 근본 본질과 그것의 형이상학적인 진리에 근본적으로 적합한 인간 유형, 다시 말해 기술의 본질에 의해 완전히 지배당할 수 있기에 개개 기술적 과정과 가능성을 스스로 통제할 수도 있는 인간 유형이다. 니체 형이상학의 의미에서는 오직 극복인만이 무조건적인 '기계적 경제'를 감당할 수 있다. 역으로 이런 극복인은 지상에 대한 무조건적 지배를 수립하기 위해 무조건적인 '기계적 경제'를 필요로 한다."(N Ⅱ, 165, 166쪽)

그가 말하려는 것은 이런 것이다. 독일은 데카르트의 나라 프랑스보다 더 데카르트적이라는 점이 입증되었다. 독일은 '연장적 사물'의 지배라는 데카르트의 꿈, 자연의 기술적 제어라는 꿈을 실현하는 데서 프랑스보다 성공적이었다. "총체적 동원"(N Ⅱ, 21쪽), 다시 말해 전체 사회와 개인의 기술적이고 조직적인 이용은 독일에서야 성공을 거두었다. 여기서 모든 결론은 근대 형이상학으로부터 도출되는 바, 근대 형이상학에 따르면 "존재"는 그저 "표상된(앞에 세워진) 상태Vorgestelltheit"일 뿐이고 결국은 "제작된(이쪽으로 세워진) 상태Hergestelltheit"일 뿐이다. 독일이 승리한 것은 근대의 비본질을 완전하게—"초인적으로(극복인적으로)"—실현했기 때문이다. 프랑스인들은 마술사의 제자이다. 프랑스인들은 자신들이 시작한 과정을 더 이상 "감당"할 수 없었다. 오직 히틀러의 전체주의적 독일에서만 근대적 기술에 "적합한" "인간 유형"이 형성되었다. 거기서는 인간 자신이 포탄이 되었다. 여담이지만, 후일 하이데거는 자신의 일본인 제자가 가미카제 특공대에 자원했다는 이야기를 듣고 경악과 동시에 매혹을 느꼈다.

1935년의 형이상학 강의 때만 해도 하이데거에게 "고삐 풀린 기술의…… 절망적 광란"에서 가장 앞선 세력은 러시아와 미국이었다.(EM, 28쪽) 이제 그는 이런 점에서 독일도 앞서 있다고 본다. 그의 어조에서는 이런 사실에 만족하고 있음이 분명히 드러난다. 이런 어조는 하인리히 만Heinrich Mann의 소설에 등장하는 충복 디더리히 헤슬링Diederich Heßling을 연상시킨다. 헤슬링은 엄격한 중위에게서 아주 혹독한 괴롭힘을 당하고서는 흡족한 마음으로 이렇게 말한다. "이런 점에서는 우리를 따라잡을 자가 없어!" 하이데거도 비슷하다. 그는 말한다. 독일이 승리할 것이다. 독일은 다른 누구보다도 효과적으로 기술의 "비본질"에 몰두하기 때문이다. 존재망각의 이 흔들림 없는 철저함에서는 그 누구도 우리를 따라잡지 못한다!

하이데거의 두 아들 외르크Jörg와 헤르만은 군대에 징집되어 1940년부터 전선에 있다. 젊은 전상자와 요양 휴가 중인 병사들, 나이 많은 학생들이 강의실과 세미나실을 채운다. 여학생의 비율이 늘어난다. 전장에서 알려 오는 전사자와 행방불명자의 수가 점점 늘어난다.

1941년 9월 26일, 하이데거는 제자였던 한 전몰 병사의 어머니에게 편지를 쓴다. "오늘날 여전히 참된 정신과 경외감에 찬 마음으로 자기 삶을 희생한 독일 청년 누구나가 가장 아름다운 역운을 경험해도 좋으리라는 앎. 그런 앎으로 향해 가는 우리 남은 자들의 발걸음이 참으로 무겁습니다."[21]

전사자에게 부여되는 "가장 아름다운 역운"은 어떤 것인가? 하이데거가 전몰자를 기억한다는 사실이 그런 역운인가? 하이데거에 따르면 대다수 전사자는 소수의 가까운 사람들만 아는 사람이겠지만 철학자의 기억에는 보존될 것이며, 후세대에게 그들은 "정신과 마음의 충실을 위한 독일적인 것의 내적 소명을 다시 일깨울" 것이다. 그러면 이 전쟁이 의미를 갖는 것인가? 이미 니체 강의에서 하이데거는 답하지 않았던가? 이 전쟁은 자기 망각적 "힘에의 의지"의 표현이라고.

실제로 하이데거는 자신의 강의에서 되풀이해 그런 말을 한다. 더 나아가 "힘에의 의지에 무조건 힘을 부여하기 위해 '인적 자원'이 냉엄하게 사용되는"(N Ⅱ, 333쪽) 현재의 역사적 순간에는 철학이 전혀 불필요하게 될 위험에 처해 있다는 말도 한다. "문화의 형성물"인 철학은 공적 활동에서 사라지는 바, 철학은 "존재 자체로부터 말을 건네받음"(GA 제54권, 179쪽)에 불과한 것이기 때문이다. 하지만 그런 '말 건네받음'의 시간은 이제 지나갔다. 전쟁의 한 가지 결과로, 이제 독일인들은 "시인과 사상가의 민족에 속해 있다는 관념을 극복해 냈다"(GA 제54권, 179쪽)고 믿는다. 하지만 그러한 전쟁을 위한 희생에는 대체 어떤 의미가 부여될 수 있는가?

하이데거의 시각에서는 두 가지 답변이 가능하다. 한 가지 답변은 예로부터 잘 알려진 것이다. 그에 따르면, 한 생명 과정의 본래성은 전체 상황의 도덕적 성격과 관계가 없다. 중요한 것은 오직 사람들이 취하는 "태도"뿐이다. 이런 맥락에서 하이데거는 전사자의 어머니에게 보낸 편지에서 죽은 병사의 "내적 불꽃"과 "본질적인 것에 대한 외경"을 찬양한다. 어떤 구체적인 상황이라면 의미를 가질 수도 있는 말이다. 하지만 바로 그런 의미를 하이데거는 알지 못한다. 그는 젊은이가 죽음을 맞은 구체적 상황을 모르기 때문이다.

두 번째로 가능한 답변은 이런 것이다. 전쟁 자체가 의미 있기 때문에 그리고 그런 한에서만 희생은 의미를 갖는다. 하지만 이 사안에서 하이데거의 판단은 동요를 보인다. 한편으로 그는 전쟁을 획기적인 힘에의 의지의 표현으로 이해하며(그는 어디서도 히틀러 독일의 유일한 책임을 인정하지 않는다), 전체적으로는 의미를 방기한 근대적인 총체적 동원의 사건으로 이해한다. 이런 관점에서 보면 일체 희생이 의미를 잃을 수밖에 없을 것이다. 그러나 미국이 개입하자 그는 상황을 다르게 이해하게 된다. 1942년 여름학기의 '횔덜린' 강의에서 하이데거는 말한다. "우리가 오늘날 알고 있듯, 미국주의의 앵글로색슨 세계는 유럽을, 다시 말해 고향을, 다시 말해 서양적인 것의 시원을 파괴하기로 결심했다."(GA 제53권, 68쪽)

하지만 이러한 "서양적인 것"이 여전히 살아 있는 곳은 어디인가? 공식적 독일은 더 이상 그런 장소일 수 없다. 하이데거가 지치지도 않고 강조하듯, 공식적 독일에서는 "기계적 경제"와 한갓 물질적 재료로의 인간 강등이 승리를 거두었기 때문이다.

그렇지만 아직 '비공식적인' 독일, 횔덜린 같은 인물이 믿었던 상상의 독일이 있다. 독일은 고대 그리스를 제외한다면 철학적 정신을 언어에 보존하고 있는 유일한 장소이다. 1943년의 '헤라클레이토스' 강의에서 하이데거는 이렇게 말한다. "행성은 화염 속에 있다. 인간의 본질은 이음새Fugen에서 풀려나와 있다. 오로지 독일인들로부터만 세계사적 의식이 도래할 것이다. 독일인들이 '독일적인 것'을 발견하여 지켜 낸다면 말이다."(GA 제55권, 123쪽) 이런 본래적이고 서양적인 독일은 도처에서 배반당하고 있다. 그렇다면 그것이 유독 하이데거의 철학에만 살고 있는 것인가?

바로 그렇다. 비록 하이데거는 "사방팔방 이를 전하는 사명감"(GA 제54권, 114쪽)은 더 이상 품으려 하지 않지만 말이다. 전쟁이 끝나기 전 마지막 몇 달 동안 그의 철학은 위대한 건립자들인 횔덜린과 파르메니데스, 헤라클레이토스에 대한 "회상"에만 매달린다. 하이데거에게서 사유와 외적 사건 사이의 간극은 점점 더 크게 벌어진다. 사건들이 파국적 종말로 향하고 히틀러 정권의 잔혹한 범죄가 유대인 학살에서 정점에 이르는 동안, 하이데거는 "시원적인 것"으로 점점 더 깊이 파고든다. "서양 내 시원적인 것의 은폐된 정신은 시원 없는 것의 자기 파괴 과정에 결코 경멸의 시선을 던지지 않을 것이며, 그 대신 시원적인 것의 고요한 내맡김에 머물면서 자신의 운명의 시간이 도래하길 기다릴 것이다."(GA 제53권, 68쪽)

그렇지만 하이데거는 1933년과는 다르게 이러한 "시원적인 것"을 사회-정치적 대사건으로부터 기대하는 태도에 격렬히 반대한다. "운명의 시간"은 고독한 시 짓기와 사유의 시간이다. 시 짓기와 사유는 그 어떤 정치 운동이나 사회 운동에서도 "발판"을 갖지 못하며 또 거기서 구하지도 않는다. "본질적인 사유는 계산할 수 없는 것의 느린 징후에 주목한다."(WM, 51쪽) 『형이상학이란 무엇인가?』를 위해 1943년 새로이 집필된 후기에 나오는 말이다. 이 사유는 그 어떤 "성공"을 낳지 않는다. 이 사유는 희망으로 머물 뿐이다. 어쩌면 여기저기서 비슷한 사유가 "점화"되고, 그 결과 현재의 "세계 놀이"에서 벗어난 사람들의 은밀한 형제애가 형성되리라는 희망 말이다. 하이데거는 "세계 놀이"라는 표현을 1941년의 한 강의에서 거대한 참상을 특징짓기 위해 처음으로 사용한다. 현재의 "세계 놀이"에서는 "노동자와 군인"만 있다. 이러한 '정상성'에서 벗어나는 데는 두 가지 길이 있다. 그중 한 가지를 하이데거는—에른스트 윙어의 말을 빌려—모험이라 부른다. "지금까지의 세계가 와해되는 그런 시대를 맞아 이제는 위험에서 갖는 쾌감, 즉 '모험'만이 인간이 현실적인 것을 확인하는 방식일 수 있다는 생각에 그 누가 놀라워하겠는가?"(GA 제51권, 36쪽) 모험가는 존재망각에 현란한 색채와 생의 도약을 부여한다. 모험가는 모던의 기계장치 속으로 곤두박질친다. 기계 장치에 짓이겨질지라도, 그는 놀이에서 더 많은 자극을 얻기 위해 자기 자신을 건다.

숙명적 연관으로서 세계 놀이에 저항하는 또 다른 길은 숙고하는 사유의 "내성Inständigkeit"이다. 예전에 이는 명상Meditation, '관조적 생활vita contemplativa'이라 불렸다. 그러나 하이데거는 이런 표현을 자신의 사유에 받아들이려 하지 않는다. 하이데거는 이러한 "내성"을 단순한 삶과 연관시킨다. 그가 1943년의 '헤라클레이토스' 강의에서 말하듯, 모던의 인간에게서 그를 즐겁게 유지시키는 모든 것, 예컨대 "영화, 라디오, 신문, 연극, 콘서트, 권투경기, 여행"(GA 제55권, 84쪽)을 빼앗는다면, 그는 공허감으로 인해 죽고 말 것이다. 모던의 인간은 더 이상 "단순한 사물들"의 말을 듣지 못하기 때문이다. 그러나 숙고하는 사유에서는 공허감이 "존재를 기억해 내는"(GA 제55권, 84쪽) 기회로 작용한다. 아직 전쟁이 한창인데도—"행성은 화염 속에 있다"—하이데거는 전후 그의 철학에서 거대한 주제가 될 '내맡김'에 몰두한다.

전쟁이 한창인데도 이런 내맡김에 몰두할 수 있는 것은 절박한 현실을 외면하는 그의 기예 덕분이다. 앞서 『형이상학이란 무엇인가?』 제4쇄(1943년)의 후기를 언급했는데, 여기서 하이데거는 이런 야릇한 말을 한다. "존재는 존재자 없이도 본원적으로 있으리라(현성하리라wesen)."(WM, 46쪽) 지옥 같은 상황이 시작되던 해에 하이데거의 사유는 존재자 너머로 아주 멀리까지 나아간다. 이제는—전에는 결코 어떤 무엇이 아니었던—존재가 어떤 무엇이 되는 정도까지 멀리 나아가는 것이다. 이제 그것은 존재자와 무관한 연관 항이다. 하지만 『형이상학이란 무엇인가?』의 1949년 판본에서 그는 이런 극단적 언명을 취소한다. 이제는 "~이리라wohl" 대신 "결코~아니다nie"가 등장하여 문장이 현기증 나는 높은 곳에서 내려오게 된다. "존재는 존재자 없이는 결코 본원적으로 있지 않다."

그렇지만 전쟁 말기의 하이데거는 그 흉흉한 시대에 존재가 현전하는 방식을 표현할 수 있는 함축적인 문장을 고안해 낸다. 그 문장은 당시 발표된 횔덜린에 관한 논저에 등장한다. "카오스가 입을 벌린다."(GA 제4권, 62쪽) 심연이 열렸고, 대지가 흔들린다.

같은 시기 하이데거는 이와 대조적으로 슈바벤 지방의 고향을 찬미하는 글을 발표한다. 횔덜린과 관련이 없지 않은 이 글에는 이런 말이 나온다. "어머니인 주에비엔[22]은 집 안의 화덕 근처에 있다. 화덕은 불씨를 보존하고, 그 안의 불꽃이 거세게 타오르면 공기와 빛을 명랑함 속에 풀어 놓는다…… 그렇기에 우리는 가까움의 장소를 떠나야 할 때 이를 무척 힘겨워한다."(GA 제4권, 23쪽)

제 20 장

―

국민돌격대의 하이데거. 파괴된 프라이부르크. 놀랄
만한 전원생활: 빌덴슈타인 성. 정화위원회에 출두한
하이데거. 야스퍼스의 평가서: '자유롭지 못하고 독재
적이며 소통 능력을 결여한'. 교직 추방. 프랑스가 하
이데거를 재발견하다. 코제브와 사르트르와 무. 사르
트르를 읽는 하이데거. 무산된 만남. 대주교 방문. 졸
도와 겨울 숲에서의 회복.

―

빌덴슈타인 성

국민돌격대의 하이데거. 파괴된 프라이부르크. 놀랄 만한 전원생활: 빌 덴슈타인 성. 정화위원회에 출두한 하이데거. 야스퍼스의 평가서: '자유 롭지 못하고 독재적이며 소통 능력을 결여한'. 교직 추방. 프랑스가 하이 데거를 재발견하다. 코제브와 사르트르와 무. 사르트르를 읽는 하이데 거. 무산된 만남. 대주교 방문. 졸도와 겨울 숲에서의 회복.

HEIDEGGER

1944년 11월 27일 밤에 영국과 미국 폭격기들이 도시 프라이부르 크를 폐허로 만든다. 그 얼마 전 마르틴 하이데거는 국민돌격대의 한 부대에 소속되어 엘자스 지방으로 이동했다. 부대는 라인 강 우안에서 프랑스군의 도하를 막으려 했다. 하지만 그러기에는 너무 늦었다. 하이 데거를 포함한 돌격대원들은 후퇴했다. 하이데거는 1944년 10월 18 일 총통 명령에 따라 징집되었다. 총통은 16세부터 60세 사이의 남자 를 총동원하라는 최후의 명령을 내렸다. 그 어떤 예외도 허용되지 않았 고, 노동 능력 여부만이 유일한 기준이었다. 하이데거도 노동 능력이 있 었기에 징집에 적합한 인물이었다. 하지만 그의 모든 동료가 징집된 것 은 아니었다. 징집 판정은 해당 지구 당 본부에 맡겨졌다. 징집 판정은 완전히 엉망으로 이루어졌다. 철학과 동료들은 하이데거의 징집을 취 소시키려 애썼다. 청원서를 쓴 이들 중에는 오이겐 피셔^{Eugen Fischer}도 있 었다. 그는 베를린의 카이저 빌헬름 우생학 연구소 소장으로 악명을 날 리다가 프라이부르크로 돌아와 명예교수가 된 인물이었다. 피셔는 제 국 대학 교육자 아카데미의 지도자인 쿠르트 셸에게 청원을 했다. "적들이 우리 도시에서 불과 5킬로미터 떨어진 엘자스에 진군한 이 가장 어려운 시기에 우리가 이런 청을 드리는 것은 우리 학문의 미래에 대해 확신을 품고 있기 때문입니다." 3주가 지난 후 셸로부터 이런 답장이 왔다. "상황이 너무 혼란스러워 나는 하이데거를 위해 아무것도 할 수 없었습니다." 하지만 그 사이에 문제는 이미 해결되어 있었다. 돌격대 방어에 동원되었다가 돌아온 하이데거는 대학으로부터 휴가를 얻었다. 자신의 원고를 정리해 메스키르히 근처 어딘가에 안전히 보관하기 위해서였다. 폭격으로 파괴되고 연합군 진주를 눈앞에 둔 프라이부르크를 떠나기 전 하이데거는 철학자 게오르크 피히트의 집을 방문했다. 그의 아내는 후일 피아니스트로 유명해진 에디트 피히트-악셀펠트[Edith Picht-Axenfeld]였다. 하이데거는 그녀에게 어떤 곡이든 연주해 주기를 청했다. 피히트 부인은 슈베르트의 유작인 소나타 B 장조를 연주해 주었다. 하이데거는 게오르크 피히트를 바라보며 이렇게 말했다. "우리는 철학으로 저런 것을 할 수 없지요." 1944년 12월 바로 이날 저녁, 하이데거는 피히트의 방명록에 이렇게 썼다. "몰락은 종말과는 다르다. 모든 몰락은 시작 안에 보존되어 있다."[1]

이제 도처에서 일어나는 일, 하이데거가 그 멀리로 도망치는 일은 "종말"이었을까, 아니면 "몰락"이었을까? 방명록의 글은 이 물음에 명확하게 답하지 않는다. 하지만 반 년 후인 1945년 7월 20일 하이데거가 쓴 편지에서 이 물음은 답을 발견한다. 이 편지는 학술캠프 당시 하이데거의 '시종'이었고 이제는 튀빙엔대학 철학과 학과장이 된 루돌프 슈타델만에게 보낸 것이었다. "모두가 이제는 몰락을 생각하는군. 우리 독일인은 몰락할 수 없어. 왜냐하면 우리는 아직 일어선 적조차 없고 우선은 밤을 통과해야 하기 때문이야."[2]

프라이부르크에서 피난을 떠나고 프랑스군이 점령한 도시로 돌아오기까지 약 반 년 동안 하이데거는 놀랄 만한 전원생활을 만끽한다. 그는 동생 프리츠와 함께 메스키르히에서 겨울을 지내면서 원고를 정리한다. 그리고 봄이 되자 프라이부르크대학 철학과의 모든 것—혹은 그나마 남은 것—이 그의 뒤를 따른다. 프라이부르크대학 측이 일부 조직과 학과를 안전 지역으로 옮길 것을 결정하고는 메스키르히 근처 보이론 상부의 빌덴슈타인 성을 선택했던 것이다. 1945년 3월, 열 명의 철학과 교수와 서른 명의 대학생—대부분은 여학생—들이 책이 든 무거운 짐을 진 채 도보나 자전거로 이동을 시작했다. 그들은 슈바르츠발트와 도나우 강 상류를 건넜으며 퓌르스텐베르크Fürstenberg 가문의 영지인 빌덴슈타인 성과 근처 라이버팅엔Leibertingen에 짐을 풀었다. 메스키르히에서 빌덴슈타인 성으로 오는 도보 길은 하이데거가 어린 시절에 자주 다녔던 길이었다. 이제 그는 성 근처 목로주점에서 소규모 세미나를 열기 위해 그 길을 걷는다. 그러는 사이 계곡 아래서는 프랑스군이 지그마링엔Sigmaringen 방향으로 진격한다. 지그마링엔은 프랑스 비시 정권의 부역자들이 도주한 곳이다. 5월 말이 되자 건초 수확이 시작된다. 교수와 학생들도 일손을 돕고 식료품을 대가로 얻는다. 프라이부르크에 관한 소식은 거의 들을 수 없다. 확실한 건 그 도시가 점령당했다는 것뿐이다. 다행히도 프라이부르크를 둘러싼 전투는 벌어지지 않았다. 계곡 아래 보이론 수도원에는 야전병원이 들어섰다. 날마다 부상자들이 들어온다. 그리고 예전에 도둑 떼가 살았다는 계곡 위에서는 건초 수확 작업 틈틈이 칸트의 『순수이성비판』과 중세 역사와 횔덜린이 연구된다. 특히 횔덜린이 애호된다. 횔덜린은 그의 찬가 「이스터」에서 도나우 강 상류에 관해 노래했다. "그런데 사람들은 이것을 이스터라 부른다. / 이 강은 아름답게 거주한다. / 나무의 잎들이 불타고 / 흔들린다." 하이데거는 이미 몇 차례 해석한 이 시를 다시 논한다. 어느새 횔덜린은 그의 개인적 계보의 한 요소가 되었다. 앞서 언급한 바 있는 1942년의 '이스터' 강의에 이제 이런 언급이 첨가된다(이 언급은 출간된 전집본에서는 생략되었다). "아마도 시인 횔덜린은 어느 사유하는 자에게 논쟁의 규정적 역운이 될 수밖에 없는 바, 증서에 따르면 이 사유하는 자의 선조 중 한 사람이 바로 「이스터 강」이 집필되던 무렵…… 상부 도나우 계곡의 강가 절벽 아래 있는 어느 농장의 양 우리에서 태어났다. 전설의 숨겨진 이야기는 우연을 알지 못한다. 모든 것이 숙명이다."[3]

빌덴슈타인 성에서는 도나우 강변의 낡은 농가가 한 채 내려다보이는데, 양 우리가 있는 이 집에서 하이데거의 조부가 태어났다.

이 기묘한 여름학기는 6월 24일 빌덴슈타인 성에서 열린 종강 파티로 끝을 맺는다. 부근의 초대받은 사람들이 먹을 것을 들고 온다. 성에서 연극이 공연되고 무도회도 열린다. 사흘 후 근처에 있는 베른하르트 폰 작센-마이닝엔 공Prinz Bernhard von Sachsen-Meiningen의 사냥 별장에서 다시 한 번 하이데거가 위풍당당하게 등장한다. 앞으로 몇 년 동안 그런 등장은 불가능할 것이다. 소규모 피아노 연주회가 열리기 전에 강연이 있다. 하이데거는 횔덜린의 어떤 문장에 관해 이야기한다. "우리의 모든 생각은 정신적인 것에 집중된다. 우리는 가난하게 태어났기에 부유해질 수 있다."

프라이부르크에서는 프랑스 군정 당국에 의해 숙영지 확보를 위한 첫 번째 조치가 시작된다. "하이데거는 도시에서 나치로 간주된다(총장직 수행)."[4] 시장 대리의 서류에 적힌 이 한마디는 그의 집을 '블랙리스트'에 올릴 충분한 근거가 된다. 이미 5월 중순 뢰테부크 47번지의 하이데거 주택은 리스트에 오른다. 하이데거가 일부 공간만 양보하면 되는 것인지, 아니면 그의 가족 모두가 집에서 쫓겨나게 되는 것인지는 아직 결정되지 않는다. 그의 장서조차 압수될 위기에 처한다. 엘프리데는 몇 주 동안 홀로 군정 당국과 어려운 협상을 벌이며, 남편이 돌아올 때까지만 기다려 달라고 부탁한다.

하이데거가 돌아오기도 전에 시장 대리가 보낸 통지문이 엘프리데에게 전달된다. 군정 당국 지침에 따라 최악의 거주지 부족 상황을 해결하기 위해 "일차적으로 나치 당원들의 주택을 징발할 것"이며 하이데거가 당원이었다는 것은 명약관화한 사실이라는 통지문이었다.[5]

7월 초 빌덴슈타인 성에서 돌아온 하이데거는 극적으로 달라진 상황에 직면했다. 이미 성과 사냥 별장에서 염탐을 당하고 있던 그는 프라이부르크로 돌아온 후 며칠 만에 피고의 위치에 있게 된다. 군정 당국은 그에게 장서를 포기해야 하며 장차 교직에도 남지 못할 것임을 알린다. 7월 16일, 하이데거는 시장 대리에게 보내는 편지를 작성하는데, 이는 향후 그가 전개할 자기 변호의 최초 스케치라 할 수 있다. "내 인격과 내 작업에 대한 이러한 차별 행위에 가장 강력한 이의를 제기하는 바입니다. 하필이면 내가 주택 징발뿐 아니라 직업의 완전한 박탈이라는 방식으로 처벌받고 도시민들 앞에서—'전 세계인의 눈앞'이라 말해도 좋을 것입니다—비방을 들어야 하는 이유가 무엇입니까? 나는 당에서 어떤 직위에 있어본 적이 없고, 당이나 그 하위 조직에서 일한 적도 없습니다. 하지만 만약 내가 총장직을 수행했다 해서 모종의 정치적 책임을 져야 한다면, 나는 이렇게 요구하지 않을 수 없습니다. 누군가에 의한 그 어떤 고발과 관련해 나를 변호할 기회를 달라고, 다시 말해 제일 먼저 나와 내 총장직 수행에 관해 어떤 고발이 있었는지 알게 해 달라고 말입니다."[6]

우선은 집과 장서만 징발 대상이 된다. 교수직은 당분간 유지된다. 하지만 프랑스 군정 당국은 이미 정치적 정화 작업에 착수했다. 독립적 기관의 위상을 회복하려는 대학은 자기 정화 능력이 있음을 증명하고자 했다. 1945년 5월 8일, 평의회는 학내 설문 조사를 실시해 대학 구성원의 정치적 과거사에 관한 판정 기준을 마련하기로 결의했다. 그 결과 두드러진 활동만을 문제 삼기로 했으며, 세 가지 기준이 마련되었다. 비밀경찰에 대한 협력 및 밀고 행위, 당 간부로서의 활동, 그리고 고위직 내지 대표자 직책 수행(총장, 학장 등)이 그것이었다. 따라서 대학 측은 하이데거에게도 책임을 물을 수밖에 없었다.

프랑스 군정 당국은 아직 대학을 자립적 단체로 인정하지 않으며, 따라서 대학 내 심의기관에 정화 조치를 맡길 용의가 없다. 프랑스군 연락 장교가 대학 내 위원회를 구성하는 바, 이 위원회가 군정 당국과의 협의에서 대학 측을 대표하고 조사를 위임받게 된다. '정화위원회'로 불리는 이 기구에는 콘스탄틴 폰 디체Constantin von Dietze 교수와 게르하르트 리터 교수 및 아돌프 람페Adolf Lampe 교수도 포함되었다. 세 사람은 7월 20일의 모반[7]에 연루되었으나 체포되고 얼마 지나지 않아 석방되었다. 신학자 아르투어 알가이어Arthur Allgeier와 식물학자 프리드리히 윌커스Friedrich Oelkers도 정화위원회에 소속되었는데, 야스퍼스의 친구였던 윌커스는 야스퍼스처럼 유대인 여자와 결혼했기에 몇 년 동안 불안에 떨며 살아야 했다. 하이데거는 1945년 7월 23일 바로 이 정화위원회에 출두하여 심의를 받아야 했다. 정화위원회는 하이데거에게 비교적 우호적인 태도를 보여 주었다. 속기록에 따르면, 예컨대 게르하르트 리터는 하이데거가 룀 폭동 이래로 내심 국가사회주의를 반대했으며 자신은 하이데거와 평소 가까운 사이였기에 이 사실을 잘 알고 있다고 진술했다. 하지만 정화위원회에 속한 아돌프 람페는 하이데거의 명예 회복에 반대한다는 입장을 분명하게 드러냈다. 국민경제학자 람페는 하이데거의 총장 시절 고난을 겪은 경험이 있었다. 당시 하이데거는 정치적 신뢰성이 부족하다는 이유로 람페의 교수직 기한 연장에 반대했다.

이미 7월 23일 위원회의 첫 심의에서부터 하이데거는 그 누구보다 람페를 대상으로 자신을 변호해야 한다는 점을 분명하게 깨닫는다. 그래서 이틀 후 그는 람페에게 개인적 면담을 청한다. 람페는 이 면담의 상세한 속기록을 작성하여 위원회에 제출했다. 속기록에 따르면 람페는 "껄끄러운 상황"을 피하고 앙심을 품었다는 의심을 피하기 위해 제일 먼저 1934년 자신이 겪은 사건이 판단에 아무런 영향을 주지 않을 것임을 다짐한다. 그런 후 람페는 위원회가 하이데거에게 제기한 비난을 다시 언급한다. 그 내용은 이렇다. 첫째, 총장으로서 완전히 나치 선전술의 방식으로 학생들을 선동한 점. 둘째, 총통원리를 매우 철저하게 관철시킨 점. 셋째, 총장으로서 교수들에게 보낸 회람과 공문이 그 내용 상―람페의 말에 따르면―"대학 교육자로부터 요구되고 또 준수되어야 할 자주성을 심각히 침해했다"고 평가될 수밖에 없다는 점. 람페에 따르면 하이데거는 국제적으로 명성 높은 인물이기에 오류는 그만큼 더 중대한 의미를 가지며, 그렇기에 "당시 특히나 위험했던 국가사회주의 발전 경향의 본질적 지원"을 한 셈이었다.[8] 하이데거는 자신을 변호하는데, 그 기본 줄기는 후일「데어 슈피겔」지와의 인터뷰에 이를 때까지 동일하게 유지된다. 하이데거의 변론에 따르면, 그가 국가사회주의를 지지한 것은 변화된 민족 공동체 감정을 토대로 해서 사회적 대립들의 화해를 실현할 수 있으리라 희망했기 때문이다. 더욱이 공산주의의 세력 확장이 저지되어야만 했다. 총장직 또한 "정말이지 마지못해" 맡은 것이었고 "더 좋지 못한 상황"(예컨대 당의 핵심 인물인 볼프강 알리의 선출)을 막겠다는 목적으로 한 해만 직책을 유지했다. 하지만 동료 교수들이 이 사실을 인지하지 못했기에 람페를 제대로 지지해 주지 못한 것이다. 1930년대 중반 이후로 자신은 공개적으로, 특히 니체 강의에서 국가사회주의자들의 권력 사유를 비판했다. 당은 이에 상응하는 반응을 보여 자신의 강의에 밀정을 보내는가 하면 저술 출판을 방해하기도 했다.

람페는 하이데거에게 전혀 죄의식이 없다는 점에 분노했고 "개인적 책임감"을 가지라고 요구했다. 하이데거처럼 총통원리를 철저히 지켰던 사람이 "방해"나 적극적 지원의 부족을 들먹이며 자신을 변호해서는 안 된다는 것이었다. 람페는 하이데거가 후일 체제를 비판했다 해서 이전의 소행이 "상쇄"될 수는 없을 것이란 말도 덧붙였다. 상쇄라는 것은 "설령 개인적 위험을 겪더라도 총장직 수행 결정에 상응하는 공개적 비판을 거쳐야만" 실현될 수 있는 것이다.[9]

하이데거의 자기방어는 두려움에서 비롯된 것이다. 그의 동료들, 예컨대 프라이부르크대학의 불문학자 후고 프리드리히Hugo Friedrich도 마찬가지로 수모를 겪었고 이미 프랑스군에 의해 구금되었다. 하이데거는 자기도 그런 일을 당할까 봐 두렵다. 그는 눈앞의 심연을 들여다본다. 물론 자기가 범한 정치적 과오의 심연이 아니라 사회적 영락과 일자리 상실의 심연이다. 람페에게 그는 위원회가 부정적 평가를 내리면 자신은 "사회에서 추방된 사람"이 될 것이라고 말한다. 그렇기에 그는 자기방어와 변호에 전력을 쏟는다.

그렇기에 하이데거는 죄책감을 드러내지 않는다. 사실 그는 죄책감을 느끼지도 않는다. 그가 보기에 상황은 그저 다음과 같은 것이기 때문이다. 그는 국가사회주의 혁명에 잠시 관여했을 뿐이다. 그것도 이 혁명을 형이상학적 혁명으로 생각한 때문이었다. 혁명이 그에게 약속한 바를 지키지 않았을 때—하지만 그는 혁명이 자신에게 약속한 바가 무엇인지 정확히 말하지 못한다—그는 뒤로 물러났으며, 당의 찬동이나 거부에 마음 쓰지 않고 철학적 작업에만 매진했다. 그는 자신이 체제에 비판적 거리를 두고 있음을 숨기지 않았고, 강의에서도 이를 표현했다. 이런 점에서 본다면, 체제에 순응했으면서도 책임 추궁을 당하지 않는 대다수 학자들보다 그의 체제에 대한 책임은 적다. 체제가 저지르는 범죄를 그가 어찌 막을 수 있었겠는가? 하이데거는 자신에게 책임이 있다는 말에 진심으로 놀랐다. 후일 야스퍼스에게 고백했듯(1950년 4월 8일 자 편지), 잠시 동안 협력했다는 사실은 인정했으며, 그에 대해 "수치심"을 느꼈다. 하지만 그것은 착오를 범했다는, "착각"을 했다는 수치심이었다. 그가 보기에 자신이 원했던 새로운 시작과 개혁은 그 후 현실 정치에서 나타난 일들과는 별로 관계가 없었다. 철학적 동기에서 시작된 정치적 관여를 포기한 후 그는 정치와 철학을 다시 분리시켰다. 이를 그는 자신의 철학적 관점에 순수성을 되찾아 준 일이라 여겼다. 그가 공공연히 천명한 자기만의 사유의 길이 저절로 그의 명예를 회복시켜 주리라는 믿음이었다. 따라서 그에게는—법적인 의미에서뿐 아니라 도덕적인 의미에서도—죄책감이 없었다.

1945년 8월 정화위원회는—람페의 의사에 반해—하이데거의 정치적 행동에 상당히 관대한 판정을 내렸다. 판정에 따르면, 하이데거는 처음에 국가사회주의 혁명에 봉사하여 "교양 있는 독일인들의 시각에서 보면" 이 혁명을 정당화했으며, 그 결과 "정치적 변혁의 와중에서 독일 학문의 자주성"을 위태롭게 했지만, 1934년 이후로는 더 이상 "나치"가 아니었다.[10]

정화위원회는 이런 권고안을 제시했다. 하이데거는 조기 퇴직해야 할 뿐 해직될 필요는 없다. 하이데거는 명예교수로서의 자격은 유지하되, 대학 내 일체 조직에 참여할 수 없다.

하지만 대학평의회는(프랑스 군정 당국은 당장 의견 표명을 하지 않았다) 이런 관대한 권고안에 반대한다. 하이데거가 거의 아무런 제재도 받지 않으면, 고발을 당한 다른 교수들에 대해서도 조처를 취하기가 어렵게 된다는 것이 반대의 논거였다. 그리하여 정화위원회는 하이데거 건을 재심의하라는 명령을 받는다.

당시까지 하이데거는 완전한 명예 회복을 노리고 변론을 개진했다. 그는 권리와 의무에서 아무런 제한도 받지 않고 대학에 남기를 원했다. 하지만 이제 그는 대학 측이 군정 당국의 신뢰를 얻기 위해 자신을 본보기로 삼을 의도임을 알아차린다. 그의 입장에서는 상황이 악화되었다. 그래서 그는 조기 퇴직을 받아들일 용의가 있음을 넌지시 밝힌다. 하지만 명예교수로서의 강의 권한은 지키고자 한다. 연금은 말할 필요도 없다. 그래서 카를 야스퍼스에게서 평가서를 받아 보라는 제안을 한다. 야스퍼스의 평가서가 있으면 이 모든 상황을 모면할 수 있으리라 기대한 것이다. 그러나 1945년 크리스마스 주간에 카를 야스퍼스가 작성한 (그리고 후고 오트가 다시 찾아낸) 평가서는 정반대의 결과를 가져왔다.

야스퍼스는 처음에 이를 거절하려 했다. 하지만 곧 그는 이를 자신의 의무로 받아들였다. 게다가 마침 그해 겨울학기에 야스퍼스는 죄의 문제를 재검토할 필요성에 관해 강의를 한 참이었다. 만약 하이데거가 이 강의에 관해 알았더라면, 야스퍼스에게 평가서를 요청할 생각은 하지도 않았을 것이다. 야스퍼스의 다음과 같은 서술은 하이데거 또한 염두에 둔 것이었기 때문이다. "많은 지식인들이 1933년 국가사회주의에 동참하여 지도적 영향력을 얻으려 했고 세계관의 측면에서 새로운 권력을 공개적으로 지지했으나 후일 개인적으로 배제당하자 이를 못마땅하게 여겼다…… 이들은 나치 정권 아래서 고난을 겪었다고 느끼며, 그래서 다음 정권은 자기들 몫이라 여긴다. 이들은 나치의 반대자로 자처한다. 그 시절 내내 이들 나치 지식인들의 이데올로기는 이런 것이었다. '우리는 정신적 문제에서 편견 없이 진리를 말한다', '우리는 독일 정신의 전통을 보존한다', '우리는 파괴를 방지하고 있다', '우리는 개별적인 점에서 발전을 낳고 있다'…… 1933년, 어엿한 성인으로서 내면의 확신을 품었던 사람들, 정치적 착각에 기인했을 뿐 아니라 국가사회주의가 고양시킨 존재 감정에서 비롯된 내적 확신을 품었던 사람들. 이들은 다른 사람들보다 더 깊이 작용하는 제련 없이는 결코 정화되지 못할 것이다."[11]

1936년 여름, 야스퍼스와 하이데거의 관계에는 금이 갔다. 야스퍼스는 1936년 5월 16일, 마지막으로 하이데거에게 편지를 썼다(이 편지는 아마 부치지 않았을 것이다). 하이데거가 횔덜린에 관한 논문 한 편을 보내 온 것에 대한 답신이었던 이 편지에는 이런 말이 나온다. "당신은…… 나의 침묵을 이해하고 인정할 것입니다. 내 영혼은 침묵에 빠졌습니다. 이 세계에서 나는 당신이 스스로에 관해 쓴 것처럼 '바깥세상의 신망을 잃은 채' 철학과 함께 있는 것이 아닙니다…… 나는 그저 말문이 막힌 것입니다."(BwHJ, 162쪽)

1937년, 야스퍼스는 교직에서 쫓겨났고 강의와 출판 금지 조치를 당했다. 하이데거는 이 일와 관련해 단 한마디의 위로도 하지 않았다. 이후 몇 년 동안 유대인 게르투르트 야스퍼스는 언제든 압송될 수 있는 처지에 놓였다. 야스퍼스 부부는 그런 상황에 대비해 독약 캡슐을 지니고 다녔다.

나치 지배하의 처음 몇 년 동안 야스퍼스는 자신이 하이데거에게 충분히 솔직하지 못했고 하이데거와 더불어 그의 정치적 발전에 관해 얘기를 나누지 않은 점을 자책했다. 야스퍼스는 1948년 3월 1일에 쓴—하지만 부치지 않은—편지에서 자신이 그렇게 하지 않은 이유를 토로했다. "나는 테러 국가에서 나의 진정한 친구임을 적극적으로 입증하지 않은 모든 사람에게 불신을 품었기에 그렇게 하지 않았습니다. 나는 스피노자의 경고를 생각했고, '그런 시대에는 폭풍우 칠 때처럼 몸을 숨기라'는 플라톤의 충고를 따랐습니다…… 1933년 이래로 나는…… 당신을 생각하면 고통스러웠습니다. 하지만 시대의 사건이 진행되다 보면 흔히 그렇듯, 이미 1930년대에 이 고통은 훨씬 더 끔찍한 일들의 무게에 눌려 사라져 버렸습니다. 그저 희미한 기억만이 남았고, 때때로 상처가 생생히 되살아날 뿐이지요."(BwHJ, 167쪽)

하이데거는 1945년 말 자신이 절박한 상황에 처하자 간접적으로 야스퍼스에게 소식을 전해 온다. 이 사실에 야스퍼스는 실망한다. 그는 독일이 해방되자마자 하이데거의 해명이 있으리라 기대했던 것이다. 하지만 그런 일은 일어나지 않았다. 1945년 가을, 하이데거는 잡지 「디 반틀룽 Die Wandlung(변화)」—하이데거는 이 잡지의 편집위원이었다—의 한 호를 야스퍼스에게 보냈는데, 이때도 해명 같은 것은 없었다.

1948년, 야스퍼스는 하이데거에게 쓴—그러나 부치지 않은—한 편지에서 1945년 자신이 작성한 평가서에 관해 몇 마디 설명을 한다. "그 냉정한 표현에서 당신은 내 마음에 담긴 것을 인지할 수 없습니다. 내 편지는 불가피한 것은 실현되도록 놓아두고 위태로운 상황에 처한 당신에게는 가능한 한 좋은 일이 일어나게 하려는 의도로 집필되었습니다. 당신이 당신의 일을 계속할 수 있도록 돕는 게 내 의도였던 것입니다."(BwHJ, 167쪽)

야스퍼스에게 '불가피한 것'은 이런 진술을 하는 것이었다. 그는 하이데거가 에두아르트 바움가르텐은 밀고했지만, 다른 한편으로 유대인 조교 브로크 박사는 호의적인 추천서와 개인적 지원을 통해 영국에서 학업을 계속할 수 있게 해 주었다고 보고한다. 정화위원회는 하이데거가 반유대주의자인지를 분명하게 물었고, 이 문제에 관해 야스퍼스는 자신의 생각을 이렇게 요약한다. 1920년대에 하이데거는 반유대주의자가 아니었지만, 바움가르텐의 경우가 증명하듯 "어떤 맥락에서는" 거기에 휩쓸렸던 것도 사실이다.

야스퍼스의 평가서에서 평의회의 결의에 결정적 영향을 끼친 대목은 이런 것이었다. "우리의 상황에서 젊은 세대의 교육은 최대한 책임감 있게 추진되어야 합니다. 완전한 교육의 자유가 궁극적 목표이기는 하지만, 이 목표가 당장 달성될 수는 없습니다. 내게 하이데거의 사유 방식은 본질적으로 자유롭지 못하고 독재적이며 소통 능력을 결여한 것이라 생각됩니다. 오늘날 이런 사유 방식은 교육 활동에 치명적 결과를 가져올 것입니다. 나는 그 공격성에서 쉽게 방향을 틀 수 있는 정치적 판단들의 내용보다 사유 방식이 더 중요한 것이라 생각합니다. 그 사람 내부에서 진정한 재탄생이 일어나고 이것이 저작에서도 표현되지 않는 한, 오늘날 그런 교육자가 젊은 세대, 내면에서 아직 거의 저항력을 갖지 못한 세대의 교육을 맡아서는 안 됩니다. 젊은이들은 우선 독립적으로 사유할 수 있어야 합니다."[12]

이처럼 야스퍼스의 평가서는 하이데거의 국가사회주의 참여라는 외적 사건에 치중하지 않고 하이데거의 철학적 사유 양식 자체가 독일의 필수적인 정치적-도덕적 신생에 유해한 것이라고 판정한다.

평의회는 이 평가서에 근거해 1946년 1월 19일 프랑스 군정 당국에 보내는 제안서를 작성한다. 이 제안서에 따르면 하이데거는 교육 권한과 교수직을 박탈당하고 연금도 축소되어야 한다. 1946년 말 군정 당국은 이 제안서를 수용할 뿐 아니라 처벌 수위를 더욱 강화하여 1947년부터 하이데거가 연금을 받지 못하도록 만든다. 물론 이 결정은 1947년 5월 다시 취소된다.

앞서 말했듯 이런 가혹한 조처의 배후에는 대학과 프랑스 군정 당국 내의 갑작스런 분위기 변화가 있었다. 초가을까지만 해도 하이데거는 자신에 대한 조사가 별 탈 없이 끝날 것이라고 기대할 수 있었다. 당시에는 프랑스 군정 당국도—비록 주택은 이미 징발됐지만—하이데거에게 어느 정도 우호적인 태도를 취했다. 그는 "재량껏 처리 가능한" 인물로 분류되어 있었다. 죄가 경미하여 언제든 직책에 복귀할 수 있는 인물로 평가되었던 것이다.

하지만 프랑스 지식인들이 프라이부르크와 토트나우베르크로 일종의 순례 여행을 오려 한다는 소식 내지 소문이 들려오자 하이데거의 명예 회복에 반대했던 사람들은 경악을 금할 수가 없었다. 소문에 따르면 1945년 10월, 하이데거는 사르트르와도 만날 예정이었다. 게다가 하이데거가 프랑스의 신문사로부터 독일 상황에 관한 기사를 써 달라는 공식 요청을 받았다는 소문도 있었다. 그 진위와 상관없이 소문은 소문만으로도 곧 효과를 발휘했다. 하이데거의 적대자들, 특히 아돌프 람페는 그해 11월 하이데거에 대한 지속적인 조사와 더욱 엄중한 판정을 요구했고 결국 자신의 주장을 관철시켰다. 람페는 이러한 논거를 제시했다. 만약 하이데거가 자신이야말로 "해명과 방향 제시에 관해 말할 수 있는" 적임자라고 생각한다면, 이는 그가 "우리 대학을 잔혹한 권력 행사에 의해 국가사회주의의 길로 몰고 갔던" 자신의 크나큰 죄를 부정하고 무책임하게 행동하는 것이거나 "경악스러울 만큼 현실을 보는 눈이 없는" 것이다.[13] 람페에 따르면 어떤 쪽이든 이 철학자의 행태를 궁극적으로 중단시키는 것이 바람직할 것이다.

이처럼 하이데거가 마침 프랑스 문화권에서 두 번째로 위대한 경력을 쌓으려는 순간에 대학과 군정 당국은 그에게 엄중한 조처를 취했다.

프랑스에서 하이데거의 영향은 1930년대에 나타나기 시작했는데, 이는 1920년대 말 장 발Jean Wahl과 가브리엘 마르셀Gabriel Marcel이 '실존주의'라 이름 붙인 정신적 조류와 관계가 있다. 1929년 프랑스에서 키르케고르의 새로운 번역본이 출간되었는데, 이 맥락에서 장 발은 실존의 개념을 다음과 같이 정의했다. "실존, 그것이 뜻하는 것은 이렇다. 선택하기, 열정적이기, 생성되기, 개별적이고 주체적이 되기, 자기 자신을 무한히 염려하기, 스스로를 죄인으로 알기, 신 앞에 서기."[14]

1930년대 프랑스에서 시작된 '새로운 사유'의 중심을 이루는 것은 두 가지 이념인데, 두 가지 모두 데카르트주의와 첨예하게 대립한다. 하나는 신체적이고 유한하며 파편화된 존재, 일체 지탱하는 근거에서 분리된 존재로 이해되는 실존의 이념이다. 데카르트의 합리성도 베르그손의 직관도 거대한 비호에 이르는 길을 열어 놓지는 못한다. 현실은 간결하게 보장된 의미를 상실했으며, 인간은 자신이 선택해야 하는 가능성들 사이에 내던져져 있다. 그렇기 때문에 인간은 죄를 지을 수도 있다. 실존의 이념은 세계의 범논리주의^{Panlogismus}에 관한 환상에 종지부를 찍는다.

다음으로 실존의 이념은 우연성의 이념과 결부되었다. 개개 인간은—단어 그대로의 의미에서—우연의 구현으로 자기 자신을 경험한다. 인간에게는 특정한 신체가, 따라서 특정한 공간적·시간적 위치가 주어져 있다. 인간은 이를 자기 뜻대로 정할 수 없으며, 따라서 대부분의 것은 인간의 선택과 의사에 좌우되지 않는다. 그런 것들은 인간의 의사와 무관하게 이미 언제나 주어져 있으며, 인간은 무언가를 스스로 시작할 수 있기 전에 이미 그런 것들과 함께 시작된다. 우연이란 주어져 있는 것이 주어지지 않을 수도 있음을 뜻한다. 인간은 더 이상 좀 더 높은 의도를 확신할 수 없으며, 그런데도 그런 것을 믿을 수밖에 없다면 키르케고르적 심연을 뛰어넘어야만 한다.

우연한 실존의 이념은 처음부터—철저하게 이해된—자유의 이념도 함축한다. 실존을 기독교적으로 이해할 때, 자유란 신과 절대자에 반하여 결정을 내릴 수 있는 인간 내면의 가능성, 달리 말해 자신을 신과 절대자로부터 분리시킬 수 있는 가능성을 뜻한다. 그리고 실존을 비기독교적으로 이해할 때, 자유는 공허 한가운데로 나아갈 수 있음을 뜻한다.

앞서 소개한 바 있는 줄리앙 방다는 이러한 프랑스 실존주의에 반발했는데, 이 사조의 형성 과정에서는 존재 신비주의와 은총의 결단주의, 존재-신학, 은총-결정론, 부조리주의, 그리고 허무주의가 반데카르트주의를 근거로 해서 함께 뭉쳤다. 더 나아가 프랑스 실존주의의 형성에는 현상학이 또 다른 정신적 요소로 영향을 주었다. 프랑스인들은 1920년대부터 후설과 셸러에 관심을 기울여 왔다.

실존주의는 인간의 삶과 문화에 선험적으로 보장된 유의미한 일관성이 있다는 점을 의심한다. 그럴 때 현상학적 방법은 이를 보완하여 세계의 상이한 사물들에 대한 일종의 복된 주의력을 전개하는 데 동원될 수 있다. 프랑스에서 현상학은 하나의 기예, 즉 유의미한 전체의 붕괴를 보상할 만한 즐거움을 주의력 자체로부터 끌어내는 기예로 활용된다. 현상학은 부조리한 세계에서도 인식의 행복을 허용한다. 『시시포스의 신화』에서 알베르 카뮈Albert Camus는 현상학에 대한 열정과 부조리한 삶이 가하는 고통 사이의 이러한 관계를 논했다. 그는 해명의 통일적 원리를 단념하고 무규칙적 다양성 속의 세계를 서술한다는 점이야말로 후설 사유의 매력이라고 느꼈다. "생각한다는 것은 바라보고 주의하기를 다시 배우는 일이며, 자신의 의식을 조종하고, 프루스트의 방식대로 하나하나의 관념, 하나하나의 이미지에 특권적 기회를 주는 일이다."[15]

독일에 유학하면서 현상학을 배운 레이몽 아롱Raymond Aron은 1930년대 초에 친구인 사르트르에게 자신의 현상학적 "경험들"에 관해 알려 주었고, 이때 사르트르는 감전이라도 된 듯한 충격을 경험했다. 아롱에 의하면, 눈앞의 찻잔과 내가 차를 젓는 스푼, 내 주문을 기다리는 종업원에 이르기까지 모든 것에 관해 철학할 수 있게 해 주는 그런 철학이 있다. 현상학에 관한 소문을 들은 사르트르는—당장은 소문 이상의 아무런 정보도 없지만—1933년 겨울 베를린으로 건너가 후설을 연구한다. 후일 그는 현상학에 관해 이렇게 말한다. "수세기 이래로 철학에서 그처럼 현실적인 조류가 감지된 적은 없었다. 현상학은 인간을 다시금 세계 안에 잠기게 해 주었다. 그것은 인간의 두려움과 고통, 그리고 또한 인간의 반항에 그 모든 무게를 되돌려 주었다."[16]

이러한 실존주의적·현상학적 풍경 안에서 하이데거의 철학 또한 1930년대 초부터 영향력을 발하기 시작했다.

1931년, 하이데거의 강연 '근거의 본질에 관하여'와 '형이상학이란 무엇인가?'가 프랑스의 철학 잡지들에 실렸다. 하이데거 저작이 번역된 것은 이때가 처음이었다. 1938년에는 한 권의 선집이 출간되었는데, 여기에는 『존재와 시간』의 2개 장(염려에 관한 장과 죽음에 관한 장), 『칸트와 형이상학의 문제』의 1개 장, 그리고 논문 「횔덜린과 시문학의 본질」이 수록되었다.

그러나 파리 지성인들 사이에서 하이데거가 은밀한 명성을 누리게 된 것은 이런 빈약한 번역물 덕분이 아니라, 러시아 망명객 알렉상드르 코제브Alexandre Kojève가 1934~1938년 개설한—이제는 전설이 된—헤겔 강의 덕분이었다.

후일 로제 카이유아Roger Caillois는 "한 세대 전체가" 코제브의 "절대적으로 비범한 지적 지배"를 받았다고 술회했다. 조르주 바타유Georges Bataille는 코제브와 만날 때마다 자신은 "깨지고 뭉개지고 열 번은 연이어 죽었으며, 질식당해 바닥에 내던져졌다"고 말한다. 레이몽 아롱에게 코제브는 살면서 만난 세 명의 참으로 우월한 정신의 소유자 중 하나였다(다른 두 사람은 사르트르와 에리크 베이유Eric Weil였다).

코제브의 본명은 알렉상드르 블라디미로비치 코제브니코브Alexandre

Wladmirowitsch Kojewnikow로 유서 깊은 귀족 가문 출신이었던 그는 1920년 10월 혁명이 일어나자 독일로 피신했다. 그는 몰래 지니고 온 가문의 귀금속류를 팔아 생계를 꾸렸고, 삼촌인 화가 바실리 칸딘스키Wassily Kandinski의 그림 몇 점도 저당 잡혔다. 그는 하이델베르크대학에 입학해 야스퍼스의 지도 아래 박사 학위를 받았으며, 망명 시절 내내 "비존재자의 철학"이라는 주제로 철학적 일기를 썼다. 코제브처럼 러시아 망명객이었던 친구 알렉상드르 코이레Alexandre Koyré가 1930년대 초 그를 파리로 데려갔다. 두 사람의 만남은 상당히 흥미롭게 시작되었다. 그 전에 코제브가 코이레의 제수와 사랑에 빠졌고, 유혹을 당한 여인은 코제브와 함께 도망쳤다. 가족의 부탁을 받은 코이레는 유혹자로부터 여인을 되찾으러 나섰다가 코제브를 만났다. 처음 만난 순간부터 코제브에게 깊은 인상을 받은 코이레는 나중에 가족들에게 이런 말을 했다. "처제의 선택이 옳았어. 코제브가 내 동생보다 낫더군."[17]

코제브는 경제적 곤궁에 처해 있었다. 가진 돈 전부로 '라 바슈 키리La vache qui rit(웃는 암소)'라는 상표의 치즈 회사 주식을 구입했는데, 주식 시장이 붕괴하는 바람에 전 재산을 날려 버렸던 것이다. 그러던 중 '고등연구원Ecole pratique des Hautes Etudes'으로부터 헤겔 강독을 맡아 달라는 요청을 받았다.

유럽 철학의 나보코프Nabokov였던 코제브는 이제까지 사람들이 알던 것과는 전혀 다른 헤겔을 소개했다. 그것은 하이데거와 혼동될 만큼 비슷한 헤겔이었다.

헤겔의 '현실적인 것이 이성적이다'라는 말을 모르는 사람은 없다. 헤겔은 통상 이성주의자로 간주되었다. 그런데 이제 코제브가 보여 준 바에 따르면, 헤겔이 한 일이란—인정을 둘러싼 투쟁 속에서—이성의 비이성적 근원을 드러내는 것 외에 다른 것이 아니었다. 자아는 자신의 '그렇게 존재함'이 다른 자아로부터 인정되기를 요구한다. 코제브는 하이데거의 "염려"를 받아들이고, 이를 헤겔과 연결시켜 "인정을 둘러 싼 염려"로 만든다. 인정을 둘러싼 이런 염려에서 생겨나는 역사적 현실은, 때때로 터무니없는 몫을 둘러싼 인간들의 생사 투쟁이다. 인간들은 경계선의 수정이나 깃발의 수호 혹은 실추된 명예의 회복 등을 위해 목숨을 건다. 헤겔의 위와 아래를 바꿔 놓을 필요는 전혀 없다. 그는 이미 두 발을 땅에 딛고 역사의 진창 속을 걷는 중이다. 이성의 핵심에는 우연이 숨어 있고, 종종 피비린내 나는 충돌을 일으키는 것도 우연이다. 그것이 바로 역사이다.

헤겔로부터 출발해서 그리고 분명히 하이데거를 염두에 두고서 코제브는 묻는다. '모든 존재의 의미는 무엇인가?' 하이데거에 기대어 그는 이렇게 답한다. '시간이다.' 그러나 시간은 나타나는 사물, 즉 노화를 겪고 생성에서 종말까지의 시간을 갖는 사물과 같은 방식으로 현실적인 것이 아니다. 존재하는 것이 얼마 후면 더 이상 존재하지 않게 되고, 아직 존재하지 않는 것이 이제 존재에 들어서는 것의 체험은 인간에게만 가능하다. 인간은 존재 안의 열린 터인 바, 이 터는 존재가 무로, 무가 존재로 전도되는 무대이다.

코제브의 강의에서 가장 흥미진진한 것은 죽음과 무를 다루는 대목이다. 코제브는 이렇게 말한다. 현실의 총체성은 "인간적 현실 내지 언어화된 현실"을 포함하는데, 이는 다음을 뜻한다. "인간이 없다면 존재는 침묵할 것이다. 존재는 있겠지만, 그것이 곧 '참된 것'은 아닐 것이다."[18] "현실적인 것을 현현하는" 이러한 "말"의 전제가 되는 것은, 인간이 존재의 긴밀한 연관 속에 포함되어 있지만 동시에 그 연관에서 분리되고 단절되어 있기도 하다는 사실이다. 바로 그렇기 때문에 인간은 오류를 범할 수 있다. 코제브가 헤겔에 기대어 말하듯, 인간이란 "현존재

속에서 유지되고 현실 속에서 지속되는 오류"[19]이다. 그는 이 문장을 하이데거의 의미에서 해석한다. "따라서 오류를 범하는 인간이란 존재 안의 무화하는 무라고 표현될 수도 있다." 즉 인간적 현실의 토대와 원천은 바로 "무"이다. 무는 "부정하는 행위나 창조하는 행위로서, 자기 자신을 의식하는 자유로운 행위로서" 표명되거나 드러난다.[20]

마지막 부분에서 코제브는 다시 한번 헤겔을 인용한다. "인간이란 이러한 밤이며, 모든 것을 그 단순성의 상태에서 포함하는 공허한 무이고, 무한히 많은 표상들의 풍요함이다…… 이것이 곧 밤이며, 여기에 실존하는 자연의 내면인 '순수 자아'이다…… 누군가 인간의 두 눈을 응시한다면, 그것은 이런 밤을 바라보는 것이다. '무시무시한 것'으로 변하는 밤을 응시하는 것이다. 그 누군가에 마주해서 세계의 밤이 드리워져 있다."[21]

이 문장은 『존재와 시간』으로부터 『존재와 무』로의 이행을 나타낸다.

사르트르는 코제브의 강의를 듣지 않았으나 수강생 필기록은 구할 수 있었다. 1933/34년 겨울에 그는 베를린으로 가서 후설과 하이데거를 연구했고, 거기에 열중한 나머지 국가사회주의 정권에 관해서는 거의 아무런 기록도 남기지 않았다.

현상학에서 그가 매료되었던 점은 우선 사물들의 옹골차고 유혹적이며 경악스럽기도 한 현재에 대한 그 주의력이었다. 현상학은 사물들의 '즉−자An-Sich' 존재라는 끈질긴 수수께끼 앞으로 우리를 다시 이끌었다. 다음으로—첫 번째 것과 대조적으로—현상학은 의식의 내적 풍요함에 대한 민감성을 보여 주었다. 현상학은 '대−자Für-Sich'의 세계 전체를 다시금 현출시켰다. 그리고 세 번째로 현상학은 '즉−자'와 '대−자'의 이러한 이중적 존재론이 지닌 내적 긴장을 어떤 식으로든 해소할 수 있으리란 약속을—분명하진 않지만—포함하고 있는 듯했다.

현상학적 태도 앞에 일체 의미를 거부하는 압도적 모습으로 나타나는 자연 사물들의 '즉-자'를 사르트르는 1930년대 말 집필한 소설 『구토』에서 매우 인상적으로 묘사한 바 있다. 이 묘사는 우연성의 경험을 표현하는 고전적 모델일 것이다. "나는 조금 전 공원에 있었다. 밤나무 뿌리는 내가 앉은 벤치 바로 아래의 땅 밑을 뚫고 들어가 있었다. 나는 그것이 뿌리였는지를 더 이상 기억하지 못했다. 말은 사라졌고, 그와 더불어 사물들의 의미와 그 사용법들, 사람들이 사물들의 표면에 그려놓은 희미한 표시들도 사라져 버렸다. 나는 약간 몸을 구부리고 고개를 숙인 채 앉아 있었다. 검고 마디가 많으며 전혀 가공되지 않은 그 덩어리, 내게 두려움을 주는 그 덩어리와 마주해서 홀로 앉아 있었던 것이다. 그러다가 문득 그 깨달음을 얻었다."[22] 소설의 화자 로캉탱은 의식이 사물들에 부여하는 맥락이나 의미와 무관하게 사물들을 바라본다. 사물들은 벌거벗은 채 거기 있다. 사물들이 그의 눈앞에서 정말이지 외설스럽게 스스로를 펼쳐 보이면서 그에게 "자기들의 실존의 고백"을 행한다. 여기서 실존은 순수한 '눈앞에 있음'과 우연성을 뜻한다. "본질적인 것, 그것은 우연성이다…… 어떠한 필연적 존재도 실존을 설명할 수 없다. 우연성이란 기만이나 몰아낼 수 있는 가상이 아니다. 실존은 절대적인 것이며, 따라서 완전한 무근거성이다. 이 공원과 이 도시, 그리고 나 자신에 이르기까지 모든 것에는 근거가 없다. 누군가 이 사실을 이해하게 된다면, 뱃속이 뒤집힐 것이다."[23] 공원의 경험은 이성적인 말을 부수어 버리는 존재와 대면하는 경험이다. 이 장면은 코제브의 문장 "인간이 없다면 존재는 침묵할 것이다. 존재는 있겠지만, 그것이 곧 '참된 것'은 아닐 것이다"를 직관적으로 검토하려는 문학적 표현이다. 화자는 스스로를 사물들 중의 사물로 경험한다. 식물적인 '즉-자'와 다름없는 무엇으로 경험하는 것이다. "나는 밤나무의 뿌리였다." 그는 온몸으로 존재를, 육중하고 불투시적인 무엇을 느낀다. 여기에 두려움을 느낀 그는 의식의 세계, '대-자'의 세계로 돌아오지만 거기서 존재의 특유한 결핍을 경험한다. "인간이라는 존재를 통해 무가 세계에 도래한다."[24] 이는 『존재와 무』에 나오는 문장으로 코제브와 하이데거의 표현에 의거한 것이다.

사르트르는 1943년 발표한 위대한 철학적 저작 『존재와 무』를 하이데거가 시작한 기초존재론의 계승이라 이해했다. 하이데거가 '현존재'라 부른 것에 사르트르는—헤겔 강의에서 코제브가 사용한 용어인—'대-자'라는 이름을 붙인다. 인간이란 아무런 물음 없이 존재에 안거하는 존재가 아니라, 위태로운 상황에 처하면 언제나 산출하고 기투하고 선택할 수밖에 없는 존재이다. 인간은 현실적이지만, 우선 자신을 실현해야만 한다. 이 세상에 나온 인간은 끊임없이 스스로를 새로운 세계로 데려가야 한다. 사르트르에 따르면 의식된 존재로서의 의식은 언제나 존재의 결핍이기도 하다. 인간은 어떠한 신이나 돌과 달리 결코 자신 안에 안거할 수 없다. 인간의 징표는 다름 아닌 초월이다. 물론 사르트르는 초월을 '초감성적인 이데아의 나라'라는 의미에서 이해하지 않는다. 그에게 중요한 것은 자기 초월인 바, 이는 자아가 계속 미끄러지고 부단히 자기 자신을 앞서 나가면서 배려하고 반성하고 타자의 시선을 자기 내부로 받아들이는 운동을 말한다. 이러한 설명에서는 "내던져짐"이나 "기투", "배려" 같은 하이데거의 실존범주가 어렵지 않게 재발견된다. 다만 사르트르는 이런 현상들을 훨씬 더 절실하게 묘사하는 기예를 구사한다. 사르트르는 현존재의 시간성에 관한 하이데거의 테제도 받아들인다. 인간의 존재가 즉자적으로 머물 수 없는 것은 인간이 시간에 대해 특권적으로 접근할 수 있기 때문이다. 특권적인 접근이란 다음을 뜻한다. 인간은 물속에 물고기처럼 시간 안에 있는 게 아니라 시간을 실현한다. 다시 말해, 시간을 시간화한다. 사르트르에 따르면 이러한 의식의 시간은 "전체성 안에 탈전체화하는 효소로 스며드는 무"이다.[25]

이런 사상은 『존재와 시간』에서 개진된 현존재의 현상학적 분석의 독창적인 속편이라 할 수 있다. 여기서는 하이데거가 그다지 주목하지 않은 공동-존재의 영역이 집중적인 관심을 받는다. 물론 사르트르는 용어의 변경을 시도한다. 이런 용어 변경은 심각한 오해를 가져왔고, 무의미한 격론을 낳기도 했으며, 하이데거가 사르트르에 대한 당초의 찬동을 다시 취소해 버리는 동기로 작용한다. 일례로 사르트르는 '실존'이란 용어를 전통적-데카르트주의적 의미로 사용한다. 실존은 어떤 것의 경험적인 '눈앞의 있음'을 뜻하며, 이는 사유되었을 뿐인 어떤 것의 규정과 대립한다. 즉 사르트르는 실존이란 개념을 하이데거의 "눈앞에 있음"이라는 의미로 사용한다. 사르트르에 따르면, 인간이 '실존한다'는 것은 다음과 같은 사실의 인지를 뜻한다. 인간은 우선 단순히 '눈앞에 있으며', 자신의 그러한 '눈앞에 있음'에 대해 어떤 태도를 취해야 하는 것이 그의 운명이다. 이로부터 인간은 무엇인가를 해내야 한다. 스스로를 기투하는 등의 행동을 취해야 하는 것이다. 1946년의 강연 '실존주의는 휴머니즘인가?Ist der Existentialismus ein Humanismus?'에서 사르트르는 바로 이런 맥락에서 이렇게 말할 것이다. '실존은 본질에 앞선다.' 그렇지만 『존재와 시간』에서 하이데거의 실존 개념은 그런 순수한 '눈앞에 있음', 즉 현사실성을 뜻하는 게 전혀 아니다. 하이데거의 실존 개념이 뜻하는 것은 실존하기의 타동사적 의미, 달리 말해 인간은 단순히 사는 것이 아니라 자기 삶을 '영위'해야 한다는 자기관계이다. 물론 사르트르도 하이데거가 "실존"이라 부른 이러한 자기관계를 의도하지만, 그는 이 자기관계라는 현상을 '대-자'라 부른다. 하이데거와 마찬가지로 사르트르는 인간과 관련하여 '눈앞의 존재'의 형이상학을 극복하려 한다. 하지만 이때 그는 이 형이상학을 가리키는 다른 용어를 사용한다. 하이데거도 그렇듯, 사르트르는 인간에 관한 언술은 언제나 자기 사물화의 위험을 내포한다는 점을 강조한다. 인간은 존재의 밀봉된 영역 안에 있지 않다. 인간은 열정이 넘치는 존재이다. 그렇기에 사르트르는 자신의 철학을 자유의 현상학이라 이해하기도 한다. 하이데거처럼 그는 인간이 지닌 진리 능력의 근거는 인간의 자유라고 생각한다. 1935년의 '형이상학' 강의에서 하이데거는 진리란 자유일 뿐 다른 무엇도 아니라고 말한 바 있다.

사르트르의 『존재와 무』는 나치 점령하의 프랑스에서 집필되고 출간되었다. 한 편의 반전체주의 철학이 섬세한 직물처럼 짜여 나간다. 전체주의적 사유에서 인간은 사물일 뿐이다. 사르트르가 『유대인 문제에 관한 성찰Betrachtungen zur Judenfrage』에서 말했듯, 파시스트는 "인정사정없는 절벽, 몰아치는 급류, 무시무시한 번개"가 되려 하지만 "오직 인간만은 되려 하지 않는" 사람이다. 사르트르의 철학은 모든 견고한 존재를 용해하는 요소로서 인간의 자유를 발견하며, 이런 발견에 의해 인간에게 위엄을 되돌려 주려 한다. 이런 의미에서 『존재와 무』는 무의 변론이지만, 이때의 무는 무화하기의 창조적 힘으로 이해된 무이다. 중요한 것은 누군가를 부정하는 무엇에 대해서 아니라고 말하는 일이다.

1945년 가을, 사르트르의 명성은 프랑스를 넘어간 지 오래였고, 하이데거의 명성은 마침 프랑스로 넘어오는 중이었다. 하이데거가 프랑스에서 온 방문객들을 맞이한다. 프레데리크 드 토와르니키Frédéric de Towarnicki[26]와 후일 영화감독으로 출세한 젊은 알랭 레네Alain Resnais이다.

토와르니키는 프랑스군 라인 사단의 젊은 병사로 문화담당관의 직무를 맡고 있었는데, 하이데거의 『형이상학이란 무엇인가?』를 읽고는 프라이부르크의 하이데거를 직접 찾아가 보기로 결심했다. 그는 하이데거와 사르트르의 만남을 주선하려는 대담한 계획을 품는다. 토와르니키는 하이데거의 주변 사람들을 탐문하여 하이데거가 유대인 대학 교육자들을 보호해 준 적이 있다는 사실을 확인한다. 그는 이 사실을 사르트르에게 알려 주고, 사르트르는 하이데거와의 만남에 대한 저항감을 어느 정도 덜어 낸다. 하이데거는 토와르니키의 접근을 기회로 삼아 프랑스와 자신의 관계가 회복되는 데 도움을 달라고 청한다(그는 소르본대학의 철학교수 에밀 브레예^{Emile Brehier}에게 편지를 한 통 보냈으나 답장을 받지 못했다). 하지만 하이데거는 짧막한 에세이 몇 편을 제외하면 사르트르의 저작을 읽은 적이 없다는 점도 솔직히 고백한다. 토와르니키는 『존재와 무』의 프랑스판 원본을 하이데거에게 빌려준다. 토와르니키에 따르면, 하이데거는 그와 대화를 나누면서 사르트르의 서술 기법에 깊은 인상을 받았음을 표현했다. 하이데거는 특히 사르트르가 스키 타기에 관해 철학하는 대목에 매혹되었다. 사르트르는 '기술'이 세계에 대한 지각을 근본적으로 규정한다는 사실의 예로 스키 타기를 선택했다. 예를 들어 프랑스식으로 스키를 타는 사부아인은 노르웨이인과는 다르게 산비탈을 체험한다. "왜냐하면 스키를 완만한 산비탈에 유리한 노르웨이식으로 타는지, 가파른 산비탈에 유리한 프랑스식으로 타는지에 따라서 동일한 산비탈이 더 가파르게 느껴지거나 더 완만하게 느껴지기 때문이다."²⁷ 스키 타기에 관해 철학하기는 하이데거도 언젠가 생각해 본 적이 있었다. 마르부르크 시절 하이데거의 제자였던 헤르만 뫼르헨의 진술에 따르면 그렇다. 하지만 하이데거는―어쨌거나 출간된 저작에서는―이런 생각을 실행에 옮기지 않았다.

하이데거는 사르트르와의 만남에 관심을 보였다. 물론 그는 당시 정화위원회가 진행 중인 심사에도 이 만남이 유리한 영향을 주기를 기대했다.

토와르니키는 하이데거와 사르트르 양측에서 동의를 얻어 냈다. 더 나아가 그는 카뮈도 이 만남에 동참하도록 만들려 했다. 하지만 카뮈는 하이데거가 총장직을 수행했다는 이유로 이를 거절했다.

이 만남은 끝내 실현되지 않았다. 우선 여행증서가 나오지 않았고, 가까운 시일 내에 기차표를 구할 수도 없었다. 어쨌거나 토와르니키의 이야기에 따르면 그렇다. 만남이 무산된 후인 1945년 10월 28일, 하이데거는 사르트르에게 편지를 썼는데, 1993년 토와르니키가 이 편지를 불어로 번역해서 공개했다. 하지만 토와르니키가 편지를 공개하기 전에 이미 후고 오트가 이 편지의 사본을 찾아냈다.

하이데거는 사르트르의 저작을 읽고 있다고 쓴다. "내가 사유를 시작한 영역을 근본으로부터 경험한 사상가와 여기서 나는 처음으로 만나고 있습니다. 당신의 저작은 지금껏 내가 어디서도 마주한 적이 없을 만큼 직접적으로 내 철학을 이해하고 있음을 보여 줍니다."[28] 하이데거는 "대-상호존재 Für-einandersein"에 대한 사르트르의 "강조"를 분명하게 받아들이며, 또 『존재와 시간』의 "죽음의 설명"에 대한 사르트르의 비판에도 동의하는 태도를 보여 준다(사르트르는 하이데거의 죽음으로 "앞서 달려감"이 죽음의 스캔들, 죽음의 부조리함과 절대적 우연을 은폐한다고 비판했다. 사르트르에 따르면 죽음은 "생에서 일체의 의미를 앗아가는 것"[29] 외에는 아무런 작용도 하지 않는다). 그렇지만 하이데거는 차이점도 놓치지 않으며, 사르트르에게 "당신과 함께 사유 자체가 하나의 역사적 근본사건으로 경험될 수 있는 지점으로 다시 사유를 옮겨 놓고, 오늘날의 인간을 존재와의 근원적 연관속에 데려가고" 싶다는 소망을 표현한다. 그리고 바덴바덴에서 예정되었던 만남을 몹시 기대했으며 그 일이 무산되어 애석하다고 말하고는,

아마도 이 문제를 좀 더 철저하고 집중적으로 다뤄야 할 것이라는 말도 덧붙인다. "겨울 중에 당신이 이곳으로 올 수 있다면 좋을 텐데요. 조그만 스키 움막에서 함께 철학적인 대화를 나누고 또 거기서 출발해 스키 투어를 할 수도 있습니다." 하이데거는 거창한 제안으로 편지를 마친다. 존재 사유의 디오스쿠로이[30]가 있어 한 명은 무의 측면에서 사안을 논하고, 다른 한 명은 존재의 측면에서 사안을 다루는 영상을 그려 보이는 것이다. "지극히 진지한 마음으로 세계 순간을 포착하여 이를 언어화해야 마땅합니다. 일체의 파벌과 유행하는 조류와 학파를 뛰어넘어, 존재의 풍요함이 본질적인 무 안에 심연처럼 숨어 있음을 결정적으로 경험하는 깨어남이 있어야 하는 것입니다."

하이데거는 진심으로 사르트르를 인정하고 경탄의 마음조차 느꼈으며, 또 그렇기에 그와의 협업에 얼마간 기대를 품었던 것이다. 이 점은 1945년 10월 5일 자 그의 개인적 메모가 증명하는 바, 이 메모는 『칸트와 형이상학의 문제』에 부록으로 실렸다. 지금까지 거의 간과되어 온 이 메모의 내용은 이렇다. "사르트르에게 끼친 영향은 결정적이다. (그의 철학은─옮긴이) 『존재와 시간』에 입각해야 비로소 이해된다."(K, 251쪽)

사르트르가 하이데거의 스키 움막을 방문하는 일은 실현되지 않는다. 두 사람은 1952년에야 프라이부르크에서 개인적으로 만난다. 하지만 그 사이에 하이데거는 「휴머니즘에 관하여Über den Humanismus」라는 글을 발표하여 사르트르의 실존주의를 공개적으로 비판했다. 이에 관해서는 나중에 다시 언급하겠다.

독일과 프랑스 사이의 철학적 교류는 우선은 하이데거의 자기방어에 아무런 도움이 되지 않았다. 앞서 말했듯, 오히려 이 일은 하이데거의 조급한 명예 회복에 반대했던 사람들을 더욱 자극하고 말았다.

1945년 말, 하이데거는 상황이 자신에게 불리하게 돌아가고 있음을 인지한다. 야스퍼스의 평가서가 유리한 결과를 낳기를 희망했던 그 시점에 하이데거는 신뢰할 만한 또 다른 인물에게 도움을 청한다. 그 인물은 젊은 시절 하이데거의 종교적 멘토였고, 이제는 프라이부르크의 대주교가 된 콘라트 그뢰버였다. 그뢰버는 나치 정권 초기에 '민족의 새로운 출발'을 열렬히 옹호했으며 나치 정권과 가톨릭교회 사이의 협약에 긴밀히 관여했다. 하지만 얼마 후 그뢰버는 보수교회주의의 입장으로 돌아섰고, 나치 체제에 대한 정치적·이데올로기적 순응에 반대했다. 그렇기 때문에 1945년 이후 그뢰버는 프랑스 군정 당국에 권위를 행사할 수 있었다. 하이데거는 그뢰버의 도움에 희망을 걸었기에 1945년 12월 그의 집무실을 찾아갔다. 막스 뮐러에 따르면 그날 접견 대기실에서는 이런 장면이 연출되었다. 대주교의 누이동생이 들어와서 말을 걸었다. "아, 마르틴이 우리를 다시 찾아 왔군요! 12년 동안 얼굴 한번 내비친 적이 없잖아요." 하이데거는 이렇게 대답했다. "마리, 그건 충분히 속죄했어요. 지금 저는 끝장난 상황이에요."[31] 성탄절 주간에 그뢰버는 프랑스 군정 당국에 편지를 썼다. 이 편지는 아직까지 발견되지 않았다. 하지만 그뢰버가 하이데거의 교직 박탈을 막기 위해 애썼음은 분명하다. 이 점은 군정 당국의 한 직원이 쓴 편지에서 분명하게 드러난다. "총장이 반대하면 하이데거를 다시 대학에 들이기가 어려울 것입니다. 어쨌거나 당신(그뢰버)이 그 사람을 옹호하는 편지를 썼기에 나는 최선을 다했습니다."[32] 그뢰버의 노력은 대학 측의 반대에 아무런 영향을 끼칠 수 없었다. 하지만 그뢰버는 하이데거가 찾아왔다는 사실을 매우 흡족하게 여겼다. 1946년 3월 8일 그는 당대 정치 상황과 관련해서 교황 피우스 12세에게 보낼 보고서를 작성했는데, 여기에서 그는 이렇게 쓰고 있다. "제 동향인이자 옛 제자인 철학자 마르틴 하이데거가 조기 퇴임을 했고, 강의 금지를 당했습니다. 현재 그는 바덴바일러^{Badenweiler} 근교 하우스바덴 요양소에 있으며, 어제 게프자텔 교수에게 들은 바로는 혼자 생각에 잠겨 있다고 합니다. 그가 불운이 시작되자마자 나를 찾아와 진정 교화된 태도를 보였다는 사실이 제게 커다란 위안을 줍니다. 나는 그에게 진실을 말했고 그는 눈물을 흘리며 제 말에 귀를 기울였습니다. 나는 그와 관계를 끊지 않을 것입니다. 그에게서 신앙상의 급격한 변화가 일어나기를 희망하기 때문입니다."[33]

실제로 1946년 봄, 하이데거는 육체적·정신적 붕괴를 겪었기에 의학자이자 심리학자인 빅토르 폰 게프자텔^{Victor von Gebsattel}로부터 정신―신체 의학적 치료를 받았다. 게프자텔은 현존재 분석의 빈스방어^{Binswanger} 학파에 속한 사람이었다. 이 학파는 하이데거 철학에서 영감을 받은 심리 분석 유파로 후일 하이데거와 가까워진 메다르트 보스^{Medard Boss}도 이 학파의 일원이었다.

졸도, 그리고 요양소 체류에 관한 하이데거 자신의 진술은 모호하다. 그는 페체트에게 자신이 1945년 12월 "심문"을 받다가 쓰러졌다고 말했다(사실 그가 쓰러진 것은 1946년 2월의 어느 날일 것이다). 그러자 의학과 학과장인 쿠르트 베링어^{Kurt Beringer}가 달려와 하이데거를 바덴바일러의 게프자텔에게 데려다 주었다. "그리고 그(게프자텔―옮긴이)가 한 일은 무엇이었나? 우선 그와 나는 함께 눈 덮인 겨울 숲을 지나 블라우엔^{Blauen} 산으로 올라갔다. 그 외에 그가 한 일은 없었다. 하지만 그는 인간으로서 내게 도움을 주었다. 삼 주가 지나자 나는 건강을 되찾아 돌아왔다."[34]

하이데거는 건강을 되찾았지만, 한동안 그를 찾는 사람은 더욱 줄었다. 정치적 비난을 면하려면 하이데거와의 교류를 끊는 게 낫겠다고 판단하는 사람이 적지 않았다. 하이데거에게 우호적이었던 학과 동료 로베르트 하이스^{Robert Heiß}는 1946년 7월 야스퍼스에게 보낸 편지에서 이렇게 말했다. 그 사이에 명백해졌듯 "하이데거 선생은 일종의 망명 생활 중이지요. 어쩌면 이렇게 말할 수도 있겠군요. 그분은 자신이 뿌린 씨앗을 수확하는 중이라고요."[35]

그는 어떤 씨앗을 뿌렸기에 그것을 거두고 있는가? 그는 1933년의 정치적 관여에 책임을 져야만 한다. 하지만 그의 철학적 씨앗은 얼마 후면 다시 한번 힘차게 싹틀 것이다.

제 21 장

—

우리가 사유할 때 진정 행하는 것은 무엇인가? 사르
트르를 향한 답변. 「휴머니즘에 관하여」. 휴머니즘의
르네상스. 드높은 어조. 전후 독일의 상황. 무의 자리
지킴이에서 존재의 목자로. 하이데거의 존재해석: 전
회. 인간의 우상도 신의 우상도 만들지 마라.

—

장 보프레와 하이데거

**우리가 사유할 때 진정 행하는 것은 무엇인가? 사르트르를 향한 답변.
「휴머니즘에 관하여」. 휴머니즘의 르네상스. 드높은 어조. 전후 독일의
상황. 무의 자리 지킴이에서 존재의 목자로. 하이데거의 존재해석: 전
회. 인간의 우상도 신의 우상도 만들지 마라.**

H E I D E G G E R

우리가 사유할 때 진정 행하는 것은 무엇인가?

우리가 사유하는 것은 우리의 행동을 준비하고 또 나중에 그것을
검토하기 위해서이다. 이런 이중적 의미에서 우리는 우리의 행동을 숙
고한다. 두 가지 경우 모두에서 사유는 행동과 결부되지만, 사유는 그
자체로는 행동과 다른 무엇이다. 그러나 행동과 결부되었기에 사유는
행동에서 의미를 가지며 또 행동에서 자신을 실현한다. 이런 경우가 아
니라면 무엇하러 사유를 하겠는가?

그렇다면 자신의 목적을 자신 안에 갖고 있는 사유는 사유될 수 없
는가? 자신의 외부에 놓인 어떤 효과를 목표하지 않는 사유, 자기 자신
을 통해 자신을 실현하는 사유는 사유될 수 없는가? 이런 사유는 우리
를 다소 기이한 방식으로 사로잡을 것이며, 그런 사유가 끝나면 우리
는 의아한 마음으로 두 눈을 비비고는—다소 마지못해 혹은 오히려 안
도하면서—이른바 사실들의 기반으로 돌아갈 것이다. E. T. A. 호프만
Hoffmann은 현실적 능력이 뛰어나고, 꼬치꼬치 사실관계나 논리만 따지는
사람에 관해 이야기한다. 그는 어떤 교향곡을 듣고 나서 깊은 감동에 사
로잡힌 옆 사람에게 물었다. "그런데 말입니다, 저게 우리에게 뭘 증명하

는 거죠?" 이런 물음을 어리석어 보이게 만드는 그런 사유가 있는가?

하이데거는 자신의 사유야말로 그런 종류의 사유라고 확신한다. 그의 사유는 "과학들처럼 어떤 지식에" 이르지 못하고, "유용한 삶의 지혜를" 가져다주지도 못하며, "세계의 수수께끼를" 풀지 못하고, "행동할 수 있는 힘을 직접적으로" 제공하지도 않는다.(WHD, 161쪽)

우리의 사유 능력을, 한갓 인식이나 행동을 의도할 때보다 더 많이 끌어내는 이런 경향은 어떤 것인가?

「휴머니즘에 관하여」에서 하이데거는 아리스토텔레스가 전해 주는 헤라클레이토스의 일화 한 편을 소개한다. 이방인들이 헤라클레이토스가 어떻게 살고, 사유할 때면 어떤 모습인지 보기 위해 찾아온다. 하지만 그들이 헤라클레이토스의 거처에 도착했을 때 그는 빵 굽는 화덕 가에서 몸을 덥히고 있었다. "그들은 놀라서 멈춰 섰는데, 그 까닭은 무엇보다 헤라클레이토스가 머뭇거리는 그들에게 들어오라 권하면서 '여기에도 신들이 현전한다'고 말했기 때문이다."(ÜH, 45쪽)

하이데거는 이 일화를 사유라는 사안에 관한 가르침으로 해석한다. 추위를 타는 누군가가 화덕 가에서 몸을 덥히고 있다는 "너무나 사소한 상황"이 있다. "여기에도" 신들이 현전한다는 것은, 신들이란 특별한 구역과 특별한 행위뿐 아니라 일상적인 것에서도 현전함을 뜻한다. 물론 일상적인 것을 고유하게 사유할 때만 그렇게 현전한다. 어떤 것을 고유하게 사유한다는 것은 그것에 그 존엄을 되돌려 줌을 뜻한다. 신들은 헤라클레이토스가 그들을 언어로 데려가기 때문에, 그리고 그러한 한에서만 화덕이 있는 방에 현전한다. 하이데거의 관점에서는 그처럼 '언어로-데려가기Zur-Sprache-Bringen'가 바로 사유를 뜻한다. 존재가 그 폐쇄 상태에서 빼내어져 언어의 열린 공간에서 '주어져 있음Es gibt'이 된다. 이것이 사유의 첫 번째 측면이다. 빵 굽는 화덕 가에서 몸을 덥히고 있는 헤라클레이토스는 자기 자신과 이방인들을 또 다른 방식으로 한 번 더—언어를 통해—덮혀 준다. 문이 열리고 이방인들이 안으로 초대된다. 사유의 두 번째 측면이란 언어에 의해 열린 상황을 다른 사람들과 나누기를 의도하는 전언이다.

1946년의 글 「휴머니즘에 관하여」에서 하이데거가 사유에 관해 성찰할 때 개인적으로 그는 추방당한 자의 상황에 있다. 그가 헤라클레이토스의 일화를 떠올린 것은 그것이 자신의 생활 상황을 상기시켰기 때문인지도 모른다. 이제는 하이데거 또한 빈한한 삶을 영위하기 때문이다. 그 또한 빵 굽는 화덕만 있어도 기꺼워할 만한 상황에 있었다. 프라이부르크에는 땔감이 없었다. 땔감이라면 주변에서 얼마든지 구할 수 있는 토트나우베르크의 오두막은 수리가 필요하다. 오두막은 이제 겨울을 견뎌 낼 만한 장소가 아니고, 수리에 필요한 재료도 구할 수 없다. 그래도 그는 봄부터 늦가을까지 오두막에서 지낸다. 프라이부르크의 집은 대부분의 공간이 징발을 당해 생활공간이 매우 협소해졌다. 먹을 것을 구하기도 슈바르츠발트가 더 용이하다. 이웃의 농부들이 도움을 주기 때문이다.

그를 우울하게 만드는 일이 한두 가지가 아니다. 대학에서 수치스럽게 쫓겨났으며, 두 아들은 아직 러시아 포로수용소에 있다. 하지만 이런 우울한 상황에서도 하이데거의 철학하기는 전쟁 말기부터 나타난 기묘한 태연함의 정조를 유지한다.

자신을 깎아내리는 조치들에 대한 하이데거의 반응은 카를 슈미트의 반응과 사뭇 다르다. 제3제국의 '법학 제왕Kronjurist'은 범죄적 체제에 너무나 깊이 연루되었기에 그가 처한 상황은 더욱 혹독한 것이었다. 슈미트 또한 교수직을 잃었고 장서를 압수당했다. 게다가 1년 동안(1945년 9월~1946년 10월) 투옥되었고, 뉘른베르크 전범재판소에서 다시 한

번 조사를 받았다(1947년 4월과 5월). 하지만 그는 공식적 기소를 간신히 면하고 고향인 플레텐베르크Plettenberg로 돌아갈 수 있었다. 그가 미결구류 상태에서 벗어났을 때 그와 검찰 측 대표인 로베르트 켐프너Robert Kempner 사이에는 주목할 만한 대화가 있었다. 켐프너가 물었다. "이제 무엇을 하실 겁니까?" 카를 슈미트가 답했다. "침묵의 안전함으로 들어갈 겁니다." 하지만 이는 초연한 내맡김의 침묵은 아니었다. 1947~1951년의 일기인 『주석집Glossarium』에서 확인할 수 있듯 슈미트는 부단히 자기변호에 몰두하고, 낯 뜨거운 감상에 젖어 자기 처지를 "사냥당한 야수"의 운명이라 한탄한다. 그는 자신을 괴물 리바이어던이 뱃속에서 토해낸 예언자 요나라 여긴다. 그리고 "범죄자 만들기를 좋아하는 뉘른베르크의 인간들"에게 적개심을 드러내며 이런 조롱의 말을 내뱉는다. "인간성에 반하는 범죄가 독일인들에 의해 저질러졌다. 인간성을 위한 범죄가 독일인들에게 저질러졌다. 이 두 가지는 정말 다른 것이겠지." 그는 특히 "회개를 설교하는 자들 사이의 소동이라는 연극"에 참여하는 사람들에게 경멸감을 드러낸다.[1] 그는 사회의 탈나치화 과정에 거부감을 표현하면서 이런 말을 한다. "참회하고 싶은 사람이 있거든 사제에게 보내라." 그는 세간에 영웅적 침묵의 태도를 고수했으며, 일기에서는 자신의 목소리가 공명 공간을 빼앗겼기에 이제 자신은 "후두 없이" 소리를 지를 수밖에 없다고 불평한다. 그리고 "자학하는 인간"이 되기보다는 주변으로부터 학대받는 인간이 되는 편을 택하겠다고 말한다.[2]

물론 이런 "자학하는 인간들"에는 하이데거도 속하지 않는다. 오히려 그는 '산속의 현자' 역할을 택한다. 이 현자는 넓은 시야에서 다채로운 광경을 내려다보며 근대의 행패에 관해 서술한다. 국가사회주의의 범죄도 이런 행패의 맥락에서 사유될 뿐 특별한 비판의 대상은 되지 않는다. 이런 점에서 하이데거는 예컨대 알프레트 보임러와도 다른 태도를 취한다. 보임러는 (자신의 수기에서) 이렇게 쓰고 있다. "나 자신이 '유죄'라고 공공연히 밝히는 것은 품위 없고 무의미한 짓이라고 생각된다." 하지만 내면의 무대에서 그는 그만큼 더 자기 비판적으로 스스로를 법정에 세운다. 보임러는 착종되고 모순적인 역사의 난제들에서 도피해 민족과 총통, 인종, 역사적 사명 등의 "절대적" 이념들로 향하려는 경향이 자신에게 있음을 진단한다. 자신에게서는 "사물들과의" 현실적 "가까움"이 추구되는 대신 "장래의 전망"이 승리를 거두고 현실은 유린당한다는 것이다.[3] 보임러는 이런 것이 "서구와 비교할 때" 독일의 "후진성(세계에 대해 낯선 상태)"을 표현하는 것이라 말한다.[4] 그는 이 후진성을 "미규정적인 것을 향한 추상"[5]이라 부르기도 한다. 정치적 문제에서는 장엄한 것das Erhabene을 향한 동경에 저항해야 마땅하다. 그는 냉정함이라는 요법을 자신에게 처방하며, 그 결과로 민주주의를 인정하게 된다. 민주주의는 "반–장엄함"이다. 민주주의란 장엄한 미래의 전망 같은 것은 없고 "전적인 현재"만 있는 것이다. 민주주의에는 역사적 사명에 관한 확신 따위는 없고 오로지 "개연성"을 지닌 삶이 있을 뿐이다.[6] 보임러는—자기 자신 또한 겪고 있는—독일의 파국이라는 인상 아래서 그에게는 쉽지 않은 과제, 즉 형이상학 없이 정치적 사안을 사유한다는 과제를 시작한다.

하이데거는 카를 슈미트처럼 자기 연민과 공격성에 사로잡혀 독선적으로 사유하지 않으며, 알프레트 보임러처럼 정치적이고 자기 비판적으로 사유하지도 않는다.

종전 후 그가 처음 발표한 글은 「휴머니즘에 관하여」(1946년)인데, 이 글은 장 보프레Jean Beaufret에게 보내는 공개서한의 형태로 집필되었다. 장 보프레는 전후 프랑스 철학계에서 하이데거의 복음을 전하는 가장 중요한 사도였다. 보프레 자신의 말에 따르면, 그는 공교롭게도 연

합군이 노르망디에 상륙한 날인 1944년 6월 4일, 처음으로 하이데거 –
체험을 했다! 보프레에게 그것은 너무나 행복한 순간이어서 프랑스 해
방에 대한 기대감조차 빛을 잃을 정도였다. 프랑스군이 프라이부르크
로 진주하자 보프레는 한 장교를 통해 하이데거에게 열렬한 찬양의 편
지를 보냈다. "그렇습니다. 단호히 일체의 상투성에서 벗어나고 그 존
엄의 본질성을 지닌 철학은 당신과 함께 존재합니다."[7] 그러자 하이데
거는 보프레를 초대했다. 보프레는 1946년 9월 하이데거를 방문했고,
이로부터 평생 친밀하게 유지될 두 사람의 우정이 시작되었다. 이 새로
운 관계에서 나온 첫 결실이 바로 「휴머니즘에 관하여」이다. 그에 앞서
보프레는 하이데거에게 이런 물음을 제기한 적이 있다. "어떤 방식으로
휴머니즘이란 낱말이 의미를 되찾을 수 있습니까?"

하이데거는 이 물음을 기꺼이 받아들였다. 그는 이 물음에 답하는
일을, 몇 달 전 사르트르가 발간하고 독일에서도 화제가 된 저작 『실존
주의는 휴머니즘인가?』에도 답하는 기회로 삼았다. 사르트르와의 개인
적 만남이 무산된 후에도 하이데거는 이 프랑스 철학자와 논의를 지속
시키려 애썼다. 그런데 1945년 10월 29일, 사르트르가 이 저작의 근간
이 된 강연을 한 이후 그는 하룻밤 새 유럽 문화를 대표하는 인물 중 하
나가 되었다. '살 데 상트로Salle des Centraux'에서 개최된 이 강연에는 실존
주의의 회칙이 선포될 것이란 기대감을 품은 수많은 인파가 쇄도했다.
너무 많은 사람이 모여들어 드잡이도 심심치 않게 일어났으며, 매표소
는 장사진을 이뤘고, 의자들이 남아나지 않았다. 사르트르가 청중을 헤
치고 연단에 오르기까지 15분이 걸렸다. 열기와 흥분과 청중으로 가득
한 강당에서 사르트르는 주머니에 손을 꽂은 채 입을 열어 한 문장 한
문장을 이어 갔으며, 청중은 그의 표현이 타당하고 궁극적이란 인상을

금할 수 없었다. 서로 포개어져 옴짝달싹 못하고 숨조차 제대로 쉬지 못하는 청중은 지금 듣는 문장들이 장차 부단히 인용되리라는 것을 충분히 예감할 수 있었다. 사르트르와 실존주의를 언급하거나 인용하지 않고 지나는 날은 하루도 없었다. 이는 비단 프랑스에만 국한된 현상이 아니었다. 불과 몇 달 전만 해도 사르트르는 이런 말을 했다. "실존주의라고요? 그게 뭔지 나는 모릅니다. 내 철학은 실존의 철학입니다." 하지만 1945년 12월이 되자 이미 실존주의에 관한 최초의 입문서가 출간되어 널리 읽혔다. 실존주의, 그것은 무엇인가? 답변은 이렇다. "참여적이 되라, 인류를 함께 끌어들여라, 너 자신의 힘만으로 늘 새로이 스스로를 창조하라."[8]

'실존은 본질에 앞선다'는 사르트르의 인상적인 표현은 파괴된 독일에서도 반향을 얻을 수밖에 없었다. 그것은 다시 한번 간신히 목숨을 건졌다 생각하고 폐허 속에서 서로를 재발견한 사람들의 생활감정에 충분히 와 닿는 표현이었던 것이다. 자신의 실존을 구해 낸 사람은 어쨌든 다시 시작할 수 있었다. 이런 맥락에서 사르트르의 지극히 치밀한 문장은 전후 독일에서 큰 인기를 누렸다. 에리히 캐스트너Erich Kästner의 한 르포에 따르면, 1946년 포로수용소에서 풀려나 폐허 상태의 독일로 돌아온 그는 대다수의 것이 하찮다는 깨달음에 도달했다. "이 암울한 독일에서 우리는 본질이란 실존임을 감지한다."[9]

1945년 10월 29일의 전설적 강연에서 사르트르는 이제 막 야만의 횡포를 체험한 시대에서 휴머니즘의 운명은 어떤 것인가라는 물음에 답했다. 사르트르에 따르면, 우리 문명에 확고히 장착되어 있어 우리가 의지할 수 있는 휴머니즘적 가치란 존재하지 않는다. 그런 가치는 우리가 그때그때 결단의 상황에서 매번 새롭게 고안하고 실현시킬 때만 존재한다. 실존주의는 이런 자유와 그에 결부된 책임 앞에 우리를 세운다.

따라서 실존주의는 현실도피나 비관주의, 정적주의, 에고이즘, 혹은 절망의 철학이 아니다. 실존주의는 참여의 철학이다. 사르트르는 곧 전체 유럽을 사로잡을 간명한 표현들을 동원한다. "실존주의가 인간에게 말하는 것은 오직 행동에만 희망이 있다는 사실 그리고 인간에게 삶을 허용하는 유일한 것은 행위라는 사실이다.—인간은 자신의 삶에 참여하고, 그렇게 해서 자신의 얼굴을 그리며, 이 얼굴 외에는 아무것도 없다—우리는 한마디 변명도 듣지 못한 채 버려졌다. 인간은 자유라는 형을 선고받았다고 내가 말할 때 뜻하는 것이 바로 이것이다."

1945년 이후에는 프랑스와 독일 모두에서 휴머니즘의 문제, 그리고 야만과 배신의 시절 이후 그 부활과 갱신의 문제가 다시금 주요한 논제가 되었다. 그렇기 때문에 사르트르와—얼마 후—하이데거도 이를 다룰 수밖에 없다는 생각에 이른 것이다.

사르트르는 연대와 진리, 자유 같은 문명의 가치가 얼마나 불안정한 것인지 드러난 역사적 순간, 그 곤란하기 그지없는 상황에서 윤리적 규범의 타당성에 관한 결정을 개인에게 일임하며, 그 결과 윤리적 규범을 약화시키고 있다는 비난을 들었다. 사르트르의 반론에 따르면, 우리는 신을 배제해 버렸으므로 그런 가치를 창안하는 누군가가 있어야 한다. 우리는 사물들을 있는 그대로 취해야 한다. 계몽은 이미 오래전 일체의 소박함을 제거해 버렸다. 우리는 꿈에서 깨어났다. 우리는 텅 빈 하늘 아래 있으며, 더 이상 공동체에도 의존할 수 없다. 따라서 우리에게는 개별자로서 우리의 행동에 의해 세계 안에 가치들을 정립하고—하늘의 축복 없이, 또 신이나 민족정신이나 인간성의 보편이념에 의한 열정적인 보장 없이—그 가치들의 타당성을 옹호하는 것 외에는 다른 길이 남아 있지 않다. 각자가 직접 '인간성'을 고안해 내야 한다는 말은 "생에 아무런 선험적 의미가 없음"[10]을 뜻한다. 행동을 통해 특정한 가치들을 선택하고 그렇게 해서 생에 어떤 의미를 부여하는 일은 개개인의 몫이다. "인간 공동체"의 가능성은 개인의 이러한 실존적 선택에 근거한다. 그러한 모든 선택 행위는 "기투", 다시 말해 넘어서기의 행위이며, 사르트르의 말로는 "초월Transzendieren"[11]이다. 인간은 어떤 완성된 세계 안에 머물 듯 자신 안에 은거하지 않는다. 인간은 자기 밖으로 떠밀려 나며, 매번 새로이 자신을 실현해야 한다. 그리고 인간이 실현한 것이 바로 그의 초월이다. 하지만 이 초월은 피안으로 넘어감의 의미를 지닌 것이 아니라, 인간이 획득할 수 있는 가능성의 총괄 개념이다. 초월이란 인간에게 안식을 줄 수 있는 그 무엇이 아니다. 오히려 초월은 그 자체로 인간을 몰아대는 불안의 핵심이다. 실존주의는 하나의 휴머니즘이다. 왜냐하면 "우리는 인간 자신 외에는 입법자가 없고, 인간은 버려진 상태에서 스스로 결정을 내려야 함을 인간에게 상기시키기 때문이다. 또 우리는 인간이 참으로 인간다운 존재가 되려면 자기 자신으로 향해서는 안 되며, 이런저런 해방이나 이런저런 실현인 자기 밖의 어떤 목표를 추구해야 함을 보여 주기 때문이다."[12]

가브리엘 마르셀은 사르트르의 이러한 견해에 반대한다. 마르셀은 실존주의의 모티프를 수용한 사상가로 독일에서 사르트르와 더불어 유명세를 떨쳤는데, 그는 사르트르가 초월을 공허하게 만들었다고 비판한다. 더욱이 이는 단순히 철학적인 문제가 아니라 인간을 사회-정치적 재앙에 내맡김을 뜻한다. 잡지 「데어 모나트」에 기고한 글 「자유로운 인간이란 무엇인가?Was ist ein freier Mensch?」(1950년 9월)에서 마르셀은 이런 물음을 제기한다. '파시즘과 스탈린주의의 전체주의 체제에서 어떻게 비자유가 정립될 수 있었나?' 그의 답변은 이렇다. 비자유가 승리할 수밖에 없었던 것은 세속화로 인해 현세적 목적들의 실현 외에는 더 이상 아무것도 남지 않았기 때문이다. 그 결과 인간은 완전히 그리고 무조건적으로 현세에 맡겨졌다. 그리고 세계 전체를 초월하려는 과한 의도를 품게 된 인간은 현세적 목적들을 무조건적인 것이라 천명하고 이를 우상으로 만드는 것보다 더 나은 것을 할 수 없다. 현실적인 것 앞의 우리에게 자유로운 유희공간을 열어 주는 신은 이제 우리 스스로가 만들어 내고 우리를 노예로 삼는 우상이 된다. 마르셀은 "인종의 우상숭배와 계급의 우상숭배"를 말한다.[13] "인간이란 초월에 연관되어 있는 범위 안에서만 자유를 얻고 이를 유지한다"[14]는 것이 마르셀의 근본명제이며, 이 근본명제는 세계에 대한 망아적 소원함의 순간에 체험될 수 있는 초월을 작동시킨다. 마르셀이 사르트르만큼이나 열정적으로 설파하는 "창조적 상상력"은 인간의 문명만을 산출하는 게 아니다. 창조적 상상력의 도약은 그것을 넘어선다. 그것은 더 많은 삶을 원할 뿐 아니라 삶보다 더 많은 것을 원한다. 우리는 두 세계의 시민으로 머물 때만 인간세계를 인간다움 속에서 유지할 수 있다.

사실 가브리엘 마르셀은 종교의 근본적 의미 중 하나를 상기시키고 있다. 초월이란 서로에 대해 모든 것이어야 한다는 부담을 인간에게서 덜어 주는 관계이다. 그 결과 인간은 존재 결핍의 책임을 서로에게 전가하는 행동이나 세계에서 스스로를 이방인으로 느낄 때 서로에게 책임을 지우는 행동을 중단할 수 있다. 더 이상 인간은 불안감에 사로잡혀 정체성을 얻기 위한 투쟁을 벌일 필요가 없다. 그들을 참으로 아는 것은 오직 신뿐이라고 믿을 수 있기 때문이다. 이와 같이 초월은 인간에게 자신이 이방인이라는 의식을 일깨워 주고 심지어 신성화하며, 그로 인해 인간이 세계에 들어설 수 있게 해 준다. 초월은 완전한 시민권의 획득을 저지하며 인간이란 제한적 체류 허가를 받은 손님일 뿐임을 상기시킨다. 그리하여 초월은 인간에게 자신의 무력함과 유한성, 실수를 범하고 죄를 저지를 가능성을 인정하도록 요구한다. 더 나아가 초월은 이러한 인정을 삶으로 받아들이게 만들며, 그러한 한에서 초월은 실행성의 한계에 대한 영적 답변이다.

마르셀의 시각에서는 "인간적 자아의 우주 외에 다른 우주란 없다"[15]는 사르트르의 주장은 옳지 않다. 만약 그렇다면, 세계는 지옥이리라. 인간이 자기 자신을 넘어선다는 것만으로는 충분하지 않다. 인간은 자기 자신이 아니고 결코 자기 자신이 될 수도 없는 무언가를 지향하는 가운데 스스로를 넘어서야 하며 또 그럴 능력을 갖고 있다. 인간은 단순히 스스로를 실현하기만을 원해서는 안 된다. 인간은 스스로를 '탈실현entwirklichen' 할 수 있는 차원 또한 재발견하도록 도움을 받아야 한다.

종전 직후 독일에서는 라인홀트 슈나이더Reinhold Schneider 나 로마노 구아르디니 같은 인물이 가브리엘 마르셀과 유사한 논증의 기독교적 휴머니즘을 전개했다.

라인홀트 슈나이더는 1938년 이래로 프라이부르크에 살았던 인물이며 국가사회주의 정권 말기에 모반죄로 고발된 전력이 있다. 그는 자신의 종교적 성찰이나 소네트 혹은 단편소설을 개인적으로 수천 부씩 복사해서 여러 사람에게 돌렸고, 전선의 병사들에게도 보냈다. 저작들에서 슈나이더는 야만에 저항하는 종교적 양심을 호소했다. 그의 사유가 지닌 이러한 기본 특징은 1945년 이후에도 유지된다. 1945년 간행된 저작『파괴될 수 없는 것Das Unzerstörbare』에서 그는 이렇게 묻는다. '집단의 범죄에 대한 책임은 그 누구에게도 물을 수 없는 것인가?' 그의 답변은 이렇다. 정치적 권력자들이 책임을 면하도록 용납해서는 안 되며, 그렇다고 해서 모든 책임을 그들에게 돌려 개인은 일체 자기 검증을 면하도록 해서도 안 된다. 또한 이러한 자기 검증은 우리 모두 죄인이라는 편안한 깨달음만 낳는 것이어서도 안 된다. 만약 자기 검증이 진지하다면, 우리가 죄의 경험을 어느 만큼 필요로 하는지도 드러날 것이다. 인간 공동체가 범죄의 길로 걸어간다면, 인간에 대한 죄는 어떻게 될 것인가? 그런 경우 인간에 대한 죄는 더 이상 존재하지 않는다. 죄가 범죄의 사회화 속으로 사라져 버리면 남는 것은 신 앞의 죄뿐이다. 인간은 오직 신과 연관될 때만 자기 자신에게서 구원될 수 있다. 라인홀트 슈나이더는 국가사회주의의 재앙으로부터 이런 교훈을 끌어낸다. 하지만 신과의 연관은 우리에 의해 '산출'될 수 없다. 신은 우리의 '기투'가 아니다. 라인홀트 슈나이더는 어떤 치료법을 제시할 수 없다. 그에게는 구체적인 정치적 복안이 없다. 그에게 남아 있는 것은 그저 역사에 대한 믿음, 아마도 우리를 자비롭게 대할 그런 역사에 대한 믿음뿐이다. "역사는 미증유의 심연 위에 놓인 신의 다리이다. 우리는 이 다리로 건너가야 한다…… 우리는 어떤 다른 세계, 아주 낯선 세계로 향한다…… 역사는 중단되지 않지만, 그 변화는 몰락의 모습으로 나타난다."[16]

로마노 구아르디니도 라인홀트 슈나이더처럼 몰락에서 빛을 보려 한다.

로마노 구아르디니는 1946년 하이데거가 남긴 공석의 후계자로 잠시 물망에 올랐던 인물이다. 1950년 그는 『근대의 종말』을 출간했는데, 이는 당시 애독되었던 서적이다. 이 책은 그가 1947/48년 겨울학기에 튀빙엔대학에서 개설한 강의에 기초한 것이다.

구아르디니에 따르면, 근대란 자연을 보호하는 힘으로 파악하고 인간의 주관성을 자율적 개인성으로 파악하며 문화를 고유한 법칙성의 중간 영역으로 파악하는 이해 방식으로부터 전개된다. 모든 것이 자연과 문화와 주관성으로부터 그 의미를 얻는다. 근대의 종말과 더불어 이런 이념은 몰락하며, 그 몰락의 증인은 바로 우리들이다. 자연은 보호하는 힘을 상실한 채 낯설고 위험한 것이 된다. 대중적 인간은 개인을 몰아내며, 문화에 대한 오랜 신뢰는 문화에서 느끼는 불편함 속에서 말라

죽고 있다. 전체주의 체제는 이러한 위기의 표현이자 그에 대한 답변이다. 하지만 이러한 위기는 새로운 출발의 기회 또한 열어 준다. 분명 인간은 자연적이고 문화적인 풍요로움을 먼저 상실해야만 한다. 그러한 '빈곤' 속에서야 다시금 신 앞에 '벌거벗고' 서 있는 개체로서의 자신을 발견할 수 있기 때문이다. 아마도 "세속화의 안개"가 걷히고 역사의 새로운 날이 시작될 것이다.

파국이 지난 후 처음 몇 년 동안 설파된 휴머니즘은 목소리가 작은 것이었다고는 말할 수 없다. 세부로 들어가면 많은 혼란과 다툼이 있었으며, 특히 정치적 새 출발의 문제를 둘러싸고 잡음이 끊이지 않았다. 그럼에도 위대하고 총체적인 서양을 지향하는 경향성은 널리 팽배해 있었고, 이에 근거한 새로운 시작의 파토스가 들끓었다. 1945년 11월에 출간된 잡지 「디 반틀룽」의 권두언에서 카를 야스퍼스는 이렇게 쓴다. "그래도 우리가 살아 있는 사실에는 의미가 있어야 할 것이다. 우리는 무에 직면하여 정신을 가다듬는다…… 우리가 절망 속에서 분노한 나머지 우리에게 상실될 수 없는 것을 허비하지 않는다면, 우리는 결코 모든 것을 잃은 것이 아니다. 우리에게 상실될 수 없는 것이란 바로 역사의 근거를 말한다. 물론 우리에게 그것은 우선 수천 년에 걸친 독일 역사의 근거이고, 다음은 서양 역사의 근거이며, 마지막으로 전체 인류사의 근거이다. 인간으로서의 인간을 향해 눈을 크게 뜬 채 우리는 이 근거로, 가장 가깝고도 가장 먼 기억들로 침잠해도 좋으리라."[17]

이미 당시의 동시대인들에게 이런 주장은 지나치게 장대한 말이었다. 일찍이 헬무트 플레스너는 네덜란드 그로닝겐에 망명 중이던 1935년 「시민 시대의 출발점에서 독일 정신의 운명Das Schicksal deutschen Geistes im Ausgang seiner bürgerlichen Epoche」(이 글은 1959년 '지각한 민족Die verspätete Nation'이라는 제목의 단행본으로 출간되었다)이라는 에세이를 발표하여 과장된 참상의 독일적 특수 양태를 지적한 적이 있다. 전후의 여러 주장은 그런 행태를 되풀이한 것일 수도 있었다. 그렇긴 하지만 종말에 이르기까지 총통을 따랐으며 정치를 충직한 굴종으로 대체했던 독일, 이제는 점령지로 분할되어 연합군의 통치를 받고 정치적 자기 책임에는 어떻게든 거리를 두려 하는 독일. 이런 독일에서 이성적인 정치적 판단 능력, 기회만 나면 아주 거대한 물음으로 도망쳐 버리려 들지 않는 그런 판단 능력이 어떻게 형성될 수 있을 것인가? 달리 말해—무이든 신이든 몰락이든 상승이든—너무 높거나 너무 낮게 설정된 정신에 대해 균형을 유지할 만한 정신이 어디서 출현할 것인가?

카를 야스퍼스 등과 함께 잡지 「디 반틀룽」을 발행했던 돌프 슈테른베르거Dolf Sternberger는 아주 일찍부터 정신적 정치의 이런 '드높은' 어조에 불편함을 표명했다. 그는 정치에 비해 자신이 고상하다 여기는 독일 정신의 낡은 악습이 생명을 연장할 위험이 있다고 보았다. 슈테른베르거에 따르면 문화와 정신을 정치, 경제, 기술, 일상에서 분리된 별개 영역으로 이해하는 것은 오류이다. 생의 모든 사안이 정신 및 문화와 연관되어 다뤄지도록 주의해야 한다. 인간과 관련된 모든 것을 그처럼 세심하게 돌보는 것이 바로 휴머니티이다. 1950년의 '문화적 자유를 위한 대회'에서 그는 이렇게 말했다. "우리가 약간의 문명을 회복할 수만 있다면, 나는 독일에서 이른바 문화라는 것의 일부를 선뜻 포기할 용의가 있다."[18] "막연히 많은 이상과 높은 가치들의 뿌연 연기"보다 긴요한 것은 가까이 있는 것에 대한 감수성, 시민적 감수성이다. "문화의 미로 속으로 들어서지 말자. 우리가 자유를 옹호하길 원한다면, 정치적, 개인적, 정신적 자유로서 그것의 일의성과 완전성과 불가분성을 지켜내야 한다. 자유를 가꾸자! 그러면 다른 모든 것도 도래하리라."[19]

당연히 독일적 토양에서는 자유의 문화라는 이 문제를 둘러싸고 여러 의견과 강령이 갑론을박을 벌일 수밖에 없었으며, 이 점은 돌프 슈테른베르거도 알고 있었다. 자유민주주의와 사회주의, 자본주의, 혹은 어떤 제3의 길, 기독교적 가치나 급진적 다원주의 등의 여러 입장이 개진되었다. 슈테른베르거는 독일에서는 여전히 자명한 것으로 간주되지 않는 사실을 거듭 강조할 수밖에 없었다. 그것은 그런 논쟁과 다툼이야 말로 문화의 일부이며 결코 당파 싸움이나 서양의 몰락을 뜻하는 게 아니라는 사실이었다. 문젯거리는 그런 다툼이 아니다. 오히려 문젯거리는 다시금 '정신'이 그런 다툼보다 자신을 더 고귀한 것이라 여기고, 그 노시즘적 절망이나 묵시론적 강박 혹은 상승이나 몰락의 의미에서 인류의 황혼이라는 판타지에 빠져드는 태도이다.

사실 독일의 상황은 지구적 성찰의 산정에서 내려와 복잡한 구체적 상황의 요구에 직면하게 된 사유로서는 지극히 난해한 문제였다. 예컨대 승전국이 뉘른베르크 재판과 탈나치화 절차에 의해 독일에 가한 법률적 조처는 받아들일 수 있는 것이었나? 이는 자기 역사에 대한 책임을 다른 데로 전가하게 하는 결과를 가져오지 않았나? 하지만 어느 독일인이 여기서 판결을 내릴 수 있겠는가? 독일 못지않은 범죄적 전체주의 정권인 소련이 참여한 순간, 도덕적 정치의 실험은 실패할 수밖에 없지 않았나? 파시즘이 몰락한 지금, 공산주의의 새로운 위협에 어떻게 대처해야 할 것인가? 전쟁은 끝났지만 이미 새로운 전쟁의 위험이 무르익었다. 해방은 어디서 시작되었고, 파국은 어디서 끝났나? 압도적 다수가 총통에게 환호했던 민족과 더불어 어떻게 민주주의를 건설할 것인가? 자본주의적 경제 엘리트와 학문 엘리트가 나치 체제를 지원했다. 민주주의적 시민 감수성의 전통이라는 게 과연 있었나? 독일의 교양 이상주의가 부활한다면 혹시 도움이 될 수 있을까? 마이네케Meinecke의 말처럼 괴테로 돌아가는 것이 해결책일 수 있는가? 시장경제의 문명적 영향에 의존하는 편이 더 낫지 않을까? 상품이 다시 풍부해진다면, 상품이 도덕적 정화와 생활의 문제를 진정으로 해결해 주지 않을까? 노동을 감해 준다는데, 왜 이를 애도하는가? 한 민족이 애도의 작업을 수행한다는 관념은 비정치적인 공상, 다시 말해 개인의 입장에서 집단적 주체로의 부당한 전이에 불과한 것이 아닌가?

그 수년 동안 독일의 현실 정치는 이런 의혹에 의해 방해를 받기는커녕 서방 점령지에서 실제로 효과를 거둔 길을 따라갔다. 그 길에 늘어선 이정표는 통화 개혁과 서방 점령지 통합, 독일연방공화국 건설, 냉전의 발발과 서독의 서방 통합 등이다. 그리고 서독에서는 가부장적 권위가 지배하는 열린사회가 건설되었다. 보편적인 정신적 무력감의 상황에서 아데나워Adenauer 정권의 성공사가 시작된 것이다.

1950년, 종전 후 처음으로 독일을 방문한 한나 아렌트의 관찰은 이런 맥락에서 시사하는 바가 크다. 그녀는 폐허 사이로 다니는 사람들이, 더 이상 남아 있지 않은 교회와 장터와 공공건물과 다리 사진이 있는 그림엽서를 서로에게 보내는 모습을 묘사한다. 사람들의 분위기는 무감각함과 별생각 없이 성실한 노동 사이를 오간다. 사람들은 작은 일들에서는 부지런하고, 공동체의 정치적 운명에는 관심을 보이지 않는다. "모든 독일인을 에워싼 파괴의 현실은 골똘하지만 심오하지는 못한 자기 연민으로 녹아든다. 하지만 이런 자기 연민은 미국의 메인 스트리트를 연상케 하는 넓은 도로 위의 추악하고 단조로운 건물들이 세워지자마자 얼른 사라져 버린다."[20] 한나 아렌트는 묻는다. 독일인들의 나라 사랑에서 생겨난 것은 무엇이었나? 폐허에서 기어 나온 그들은 세상의 사악함을 한탄하며, 굶주리거나 추위에 떨 때면, 우리에게 가져다주려는 너희의 민주주의가 바로 이런 것이냐고 묻는다! '정신적 영역'에서도 상황은 더 나을 게 없다. 여기서도 현실에 대한 거부의 태도가 똑같이 발견된다. "지성적 분위기에는 모호한 상투어들이 스며들어 있다. 적응해야 할 지금의 사건보다 훨씬 더 오래 전에 형성된 견해들이 스며들어 있는 것이다. 지성인들은 만연한 정치적 우매함에 염증을 느낀다."[21] 하지만 한나 아렌트는 일정한 유형의 독일적 심오함도 "우매함"이라 여긴다. 전쟁과 독일 파멸과 유대인 학살의 원인을 나치 정권의 만행에서 찾지 않고 "아담과 이브의 낙원 추방으로 귀결된 사건"에서 찾는 그런 심오함 말이다.[22]

전쟁 직후의 상황에 비춰 볼 때, 하이데거의 글 「휴머니즘에 관하여」는 무력함과 곤혹스러움의 증서처럼 보인다. 거기에는 분명 한나 아렌트가 말하는 본질화로 인한 '우매함'도 스며들어 있다. 물론 하이데거는 좋지 못한 결말의 시작을 아담과 이브에서 찾지는 않으며, 동시대에 출간된 아도르노와 호르크하이머의 『계몽의 변증법』처럼 오디세우스에서 찾지도 않는다. 하지만 하이데거도 그것을 까마득한 옛날에서 찾고 있기는 마찬가지이다. 바로 플라톤과 그 후계자들의 시대이다.

정치적으로 보면, 이 텍스트에는 예리한 면이 없다. 그렇지만 하이데거는 구체적인 정치적 방향을 제시하겠다는 의욕을 더 이상 품지 않는다. 총장직 수행에 실패를 맛본 후로 그는 그런 시도를 금한다.

하이데거는 예컨대 토마스 만처럼 정치적으로 무력감을 느꼈다. 토마스 만은 1949년 괴테 탄생 200주년 기념 연설에서 현명한 조언자의 역할을 분명하게 사양하고는 이런 고백을 한다. "공상이라는 도피처가 없다면, 녹초가 됐을 때마다 다시 새로운 모험과 흥미진진한 시도를 해 보도록 유혹하고 고조된 마음으로 작업을 계속할 수 있게 이끄는 놀이와 여흥, 다시 말해 창작과 조형과 예술의 놀이와 여흥이 없다면, 나는 다른 사람들에게 조언이나 교훈을 전하기는커녕 어떻게 살아야 하는지조차 알지 못할 것입니다."[23]

토마스 만이 '나는 일개 시인일 뿐'이라고 말하듯, 하이데거도 '나는 일개 철학자일 뿐'이라고 말한다. 정확히 말하면, 그는 '그저' 한 명의 '사유하는 사람Denkender'이기를 원한다. 그를 매혹하고 "고조된 마음으로 작업을 계속할 수 있게 이끄는" 것은 사유의 모험과 흥미진진한 시도이다. 이런 사유의 작업에 몰두할 수 없다면, 하이데거 역시 토마스 만처럼 말할 수밖에 없을 것이다. "다른 사람들에게 조언이나 교훈을 전하기는커녕 어떻게 살아야 할지조차 알지 못할 것입니다."

「휴머니즘에 관하여」는 그처럼 '고조된 마음으로 계속된 작업'에서 나온 저작인 동시에 자신이 처한 상황에 관한 결산서이다. 이 저작은 당대에 정치적 방향을 제시하기 위한 시도들에 포함시키기에는 너무 무력한 것으로 생각될 수밖에 없다. 하지만 자신의 사상을 개괄하고 그 현재 위치를 규정하려는 시도로서, 달리 말해 우리 문명에서 생의 특정한 문제들이 가시화되는 지평을 열어 보이려는 시도로서 본다면, 이 텍스트는 하이데거 사유의 길 위에 놓인 위대하고, 영향력도 적지 않은 저작물에 속한다. 게다가 하이데거 후기 철학의 모든 것이 이미 거기서 드러나고 있다.

이 저작에서 하이데거는 사르트르와 당시 유행의 첨단에 있던 실존주의, 그리고 마찬가지로 초미의 관심사이던 휴머니즘의 르네상스에 대해 간접적으로 답하고 있다. 이 지점에서 보프레의 질문을 기억에 되살려 보자. "어떤 방식으로 휴머니즘이란 낱말이 의미를 되찾을 수 있습니까?"

사르트르는 자신의 실존주의를 가리켜 형이상학적 노숙 상태라는 현실에 등장한 자기 책임성과 참여의 새로운 휴머니즘이라고 선언했다. 그런데 이제 하이데거는 왜 휴머니즘 자체가 문제인지를 설명하려

한다. 그리고 이 문제를 해결하려면, 왜 사유가 휴머니즘을 넘어서야 하는지, 그리고 왜 사유가 자기 자신, 즉 사유라는 사태에 참여하는 일이야말로 사유 자체와 긴밀히 관련된 일인지를 밝혀내야 한다고 말한다.

하이데거는 그의 고찰을 방금 언급된 지점, 즉 사유의 사태에 대한 참여에서 시작하며 이로부터 휴머니즘의 문제로 나아간다.

도대체 사유란 무엇인가? 우선 떠오르는 것은 이론과 실천의 차이와 연속성이라는 표상이다. 먼저 숙고하고 모델을 만들며 가설을 세우고 이론적 구상을 한 다음 실천으로 '전환'시킨다는 표상 말이다. 이렇게 이해된 실천은 본래적 행동이며, 반면 이론은 기껏해야 일종의 시행試行이다. 이런 도식에서 보면 행동과 전적으로 무관한 사유는 존엄과 가치를 잃고 아무것도 아닌 것이 된다. 사유와 행동을 이런 식으로 관계 짓는 방식은 유용성의 지배와 동일한 의미를 지닌다. 사유도 참여적이어야 한다는 통상적 요구는 사유가 정치, 경제, 사회의 특정한 실천적 문제에서 유용성을 보여 주어야 함을 뜻한다. 사유가 실천적 유용성과 상찬할 만한 참여성을 보여 준다면, 이는 사유의 공적 현존 자격을 증명하는 데 기여하는 일이기도 하다.

하이데거는 이런 유의 표상을 물리친다. 이런 표상을 그는 "사유의 기술적 해석"(ÜH 6쪽)이라 부른다. 이런 표상은 아주 오래된 것이고 이미 플라톤의 시대 이후로 사유에게는 늘 커다란 유혹이었다. 이는 생의 실천적 요구에 위압당한 소심한 표상으로, 자기 자신을 "행동과 제작에 봉사하는 숙고의 절차"(ÜH, 6쪽)로 이해함으로써 자신에 대한 믿음을 상실하는 종류의 것이다. 이러한 위압은 실천의 명령이라는 형태로 철학에 파국적 영향을 끼쳤다. 실천에서 성공을 거둔 과학들과 경쟁하는 가운데 철학은 자신의 유용성을 입증하지 않으면 안 되는 당혹스런 상황에 처했다. 철학은 오래전 철학에서 해방된 과학들을 모방하려 했다. 철학은 스스로를 "과학의 지위로 끌어 올리려"(ÜH, 6쪽) 했으며, 그렇게 하면 과학들 가운데서 스스로를 잃거나 그 속으로 곤두박질할 수 있다는 점은 깨닫지 못했다. 그리고 이런 결과를 맞을 수 있는 까닭은, 철학이 '더 높은' 것, 숭고한 무엇이기 때문이 아니라 철학이란 원래 가까이 있는 것에서, 다시 말해 일체 학문적 태도에 선행하는 경험에서 시작되어야 하는 것이란 점에 있다. 사유는 이러한 경험에서 멀어지면 마른 땅 위에 물고기 꼴이 되고 만다. 하이데거는 말한다. "이미 오랫동안, 너무나 오랫동안 사유는 메마른 땅 위에 앉아 있다."(ÜH, 7쪽) 하지만 사유의 이 본래적 장소는 어디인가? 사유의 이 '가까이 놓인 것'이란 무엇인가?

아마 하이데거는 우선 『존재와 시간』을 다시 한번 되돌아보면서 가까움에 관한 이 물음에 답할 수밖에 없을 것이다. 이 저작에서 그는 세계에 있는 현존재에게 가장 가까운 것, 시원적인 것이 무엇인지 밝혀내려 했다. 이 탐구의 핵심은 이런 것이었다. 우리는 우리 자신과 우리의 세계를 우선은 유사과학적 태도에서 경험하지 않는다. 이런 점에서 세계란 우리의 '표상'이 아니다. 우리는 우선 우리의 세계-내-존재를 경험한다. 이러한 '내-존재'가 결정적이고 일차적이다. 불안이든 권태든 배려든 분망이든 몽롱이든 전념이든 열광이든 간에 어떤 기분에 사로잡혀 있는 내-존재가 결정적이고 일차적이라는 얘기다. 이처럼 시원적인 내-존재를 배경으로 해서만, 우리가 우리 자신을 바깥으로 반사하여 특정한 표상을 만들어 내고 우리의 배려하기와 관계 짓기의 연속성으로부터 '대상들'을 도려내는 일이 일어날 수 있다. '객체'에 마주한 '주체'가 있다는 사실은 근본적인 경험이 아니라 이차적이고 추상적인 성과에 기초한 것이다. 근원적인 내-존재가 가장 가까운 것이라면, 이 가까움에서는 생의 사물들이 아직 그 온전한 풍요에서 발현할 수 있는 것이라면, 그리고 사유에는 이 가까움을 숙고하는 과제가 있는 것이라면, 역설적인 상황이 벌어진다. 우리는 사유로 인해 직접성을 상실하므로 어떤 사유가 가까움에 다가가고자 한다면 그것은 간격을 만들고 거리를 취하는 자신의 경향에 반하여 사유해야 하는 과제에 직면한다. 매개에 익숙해 있는 사유가 직접적인 것에 가까이 다가서야 하는 것이다. 하지만 이렇게 하면 사유는 다름 아닌 '육지 위의 물고기' 신세가 되는 것이 아닌가? 이렇게 하면 사유에서 사유의 효과를 감퇴시키는 결과에 이르지 않는가? 이것은 헤겔의 '매개된 직접성'의 부활이 아닌가? 가까움으로 사유를 되돌리는 것 자체가 가능하기는 한가? 이런 물음에 대해 하이데거는 간결히 답한다. 사유는 자신의 사태에 부딪혀 "산산이 부서질" 때에야 비로소 자신의 사태에 있게 된다. 하이데거에 따르면, 오늘날 유행하는 "좌초에 관해 철학하기"는 우리에게 진정 필요한 것인 "좌초를 겪는 사유"(ÜH 34쪽)와 엄연히 다른 것이다. 좌초를 겪는 사유는 불행이 아니다. 오히려 그런 사유는 올바른 길을 가고 있음을 알려 준다. 하지만 그 길은 어디로 향하는가? 가까움으로 향한다. 그렇다면 사유는 가까움에서, 기초적이고 일차적인 내–존재를 뜻한다고 하는 이 가까움에서 무엇을 구하는가? 이 가까움이라는 장소가 그토록 매력적인 것은 과학이 그곳을 "걸러뛰기" 때문은 아닌가? 과학은 그다지 중요한 것도 아니라서 과학이 무시한 것이야말로 존중받아야 한다는 말인가? 대학의 학자로서 삶을 영위하는 하이데거는 과학과 이념상의 경쟁을 벌여야 하는 데 화가 난 것이 아닌가? 어쩌면 그가 그토록 야단스럽게 떠든 존재론적 차이는 과학화된 철학 경영을 향한 자기도취적 차이의 부르짖음에 불과한 것이 아닐까?

하지만 이제는 우리도 익히 알듯, 이 '가까움'은 커다란 약속, 성스러운 약속을 품고 있다. 그리고 실제로 이 약속은 학문의 영역에서 획득될 수 있는 것을 훨씬 넘어서 버린다. 그것은 바로 존재의 경험이다.

『존재와 시간』에서 그는 이 경험과 그 표현을 향하는 길 위에 있었지만, 그 길을 "통과하지는" 못했다. "과학과 탐구를 향한 의도"(ÜH, 47쪽)가 그를 방해하고 오도했던 것이다. 물론 당시에도 과학적 인간학에 기여하는 것은 그의 의도가 아니었다. 그에게 중요한 것은 가장 의문스러운 것을 묻는 일이었고, 그것은 바로 존재자 내에 트여 있는 개방적 장소로서 인간의 현존재였다. 인간의 현존재는 존재가가 언어로 표현되고 그리하여 존재가 되는 장소로 이해되었다. 다시 말해 거기서는 존재자가 그 불투시성과 "기피성Entzug"에서조차 밝고, 만나기 쉬우며, 개방적인 것으로 변한다.

실제로 하이데거는 존재를 염두에 두고서 현존재 분석을 시도했다. 그에게 현존재란 그 자신의 존재(할 수 있음)를 문제 삼는 존재자였다. 하지만 그는 자신의 원래 의도에 반하여 현존재로 너무 깊숙이 들어가 버렸다. 현존재에 몰두하다가 결국 존재를 시야에서 놓쳐 버린 것이다. 이 점은 '실존'이라는 개념에서 드러난다. 『존재와 시간』에서 하이데거는 "현존재가 그에 대해 이런저런 태도를 취할 수 있고 또 항상 어떻게든 태도를 취하는 그런 존재 자체를 우리는 '실존'이라 부른다"(SuZ, 12쪽)라고 쓰는데, 여기서 '존재'라는 개념은 '실현되어야 할 고유한 존재'라는 특정한 의미를 지닌 것이었다. 그렇기에 하이데거는 의도와 기투의 의미에서 "으로의–존재Zu-Sein"를 말하기도 한다. "'본질'보다 '실존'이 앞섬"(SuZ, 42쪽)이라는 문장 또한 이런 의미로 언명된 것이었다. 그리고 후일 사르트르가 현존재의 기투성격을 강조하기 위해 이 문장을 끌어들인 것도 어느 정도 정당한 일이었다. "실존은 본질에 앞선다."

그러나 이제 하이데거는 과학적 철학에의 예속 상태에서 자신의 본래 의도를 끌어내려 하기에 실존의 개념에 또 다른 의미를 부여한다. 이 개념은 더 이상 어떤 생명체Wesen, 자신의 고유한 존재(할 수 있음)를 문제 삼는 어떤 생명체의 존재양태를 지칭하는 것에 불과하지 않다. 이제 실존Existenz—이제 그는 이를 '탈-존Ek-sistenz'이라고 쓴다—은 다음을 뜻한다. "존재의 빛트임Lichtung 안에 서 있음을 나는 인간의 탈-존이라 명명한다. 이러한 존재양태는 인간에게만 고유하다." 탈-존은 '바깥으로 나가섬Ausstehen'을 뜻하지만, 망아의 황홀경Ekstase을 의미하는 것은 아니다. 우리가 이미 알고 있듯, 1930년대 이래로 하이데거는 횔덜린이 친구 뵐렌도르프에게 보낸 편지, 아폴론에게서 일격을 당했다고 말한 그 편지를 즐겨 인용한다.

'실존'은 기껏해야 결단성으로 이끄는 것이었던 반면, 탈-존은 전혀 다른 종류의 성령강림제 체험Pfingsterlebnisse에 대해서 열려 있음을 뜻한다. 유명한 하이데거의 '전회'—주지하듯 해석의 눈사태를 야기한 개념—는 하이데거의 말대로 "단순하게" 생각되어야 할 것이다. (『존재와 시간』에 이르기까지) 최초의 도움닫기에서 그는 현존재에, 즉 실존을 실현하려는 존재에 머물러 있었다. 두 번째 도움닫기 혹은 "전회된" 접근 방식에서 그는 현존재에게 말을 건네고 요구를 하는 존재를 향해서 (말 그대로의 의미로) '나가려hinaus' 한다. 그에 뒤따라 일련의 재해석들이 이뤄지며, 이때 말하자면 양극의 반전이 일어난다. 첫 단계에서는 개별적 현존재로부터 기투된 능동적인 연관 가능성들이 강조되었다면, 이제는 방임하고 감내하는 수동적 행동 양식의 목록이 제시되는 것이다. 현존재의 "내던져짐" 대신 현존재의 "역운"이 부각되며, 자신의 사안들에 대한 현존재의 "배려" 대신 그에게 부과되고 맡겨지는 것을 "지켜냄Hüten"이 부각된다. 세계로 "빠져 있음" 대신 세계의 "쇄도함Andrang"이 등장한다. 그리고 "기투"에서는 그 기투를 통해 스스로를 "던지는" 것이 바로 존재 자체이다.

가까움을 추구하는 존재사유가 거기서 발견하는 것은, 니체만 해도 아직은 스스럼없고 소박하게 "참된 감각의 순간"이라 불렀던 그 무엇이다.

사유가 그저 행동에 봉사하는 것이 아니라고 한다면, 대체 사유의 사태란 무엇인가라는 물음, 이 물음에는 이제 답변이 제시된 것인가? 답변은 제시되었다. 사유는 내적 행위이다. 사유란—사유를 통해 그리고 사유 동안에—현존재에서 열리는 어떤 다른 상태이다. 사유란 세계 안에 존재하는 변화된 방식이다. 하이데거 자신의 말로는 이렇다. "이러한 사유는 이론적이지도 실천적이지도 않다. 이러한 사유는 그런 구별에 앞서 일어난다. 이러한 사유가 있다면 그것은 존재에 대한 회상일 뿐 다른 무엇도 아니다…… 그러한 사유에는 아무런 성과도 없다. 그것은 아무런 영향력도 갖지 못한다. 그것은 그저 존재함으로써 자신의 본질을 충족시킨다."(ÜH 48쪽) 그다음 이어지는 문장에 우리는 주목해야 한다. 이 문장은 하이데거의 후기 철학 전체를 함축하고 있기 때문이다. 이러한 유의 사유가 행하는 것은 무엇인가? "그것(그런 사유)이 존재를 존재하게 한다."(ÜH, 48쪽)

그렇다면 이는 휴머니즘과 무슨 관계가 있는가?

국가사회주의가 최근 파국적 방식으로 휴머니즘을 '가치 하락'시켰다는 사실은 슬그머니 외면한 채 하이데거는 이제 휴머니즘을 '지나치게 가치 절상'된 것으로 평가하려 든다. 신학적 휴머니즘이건 자율적 휴머니즘이건, 인간의 휴머니즘적 규정에서는 "인간의 본래적 존엄성이 아직 경험되지 못한다".(ÜH, 21쪽) 그의 사유가 휴머니즘에 '반발하는' 것은, "야수성"을 옹호하기 때문이 아니라 휴머니즘이 "인간의 인간다움 Humanitas을 충분히 높게 평가하지 못하기 때문이다".(ÜH, 22쪽) 인간의 인간다움은 얼마나 높이 평가되어야 하는 것인가? 한때 신에 관해 말했던 것처럼 높이 평가되어야 한다. 우리는 "존재의 목자"인 인간을 우상으로 만들어선 안 된다. "완성되지 않은 동물"(니체)인 인간, 즉 대상적으로 확정될 수 없고, 풍요한 특징을 가진 생명체인 인간은 "그저 임시변통으로 그리고 그저 오늘날을 위해 끌어 모은 것일지언정"(ÜH, 43쪽) 윤리적인 구속을 필요로 한다. 하지만 사실 이러한 구속은 응급수단일 뿐이다. 그것은 최종의 것이 아니기에 우리는 거기서 우리 사유가 종결된다고 믿어서는 안 된다. 사유는 영혼을 가진 도약에서 본래적인 "견고한 발판의 경험"을 할 때까지 더 나아가야 한다. "모든 태도를 위한 견고한 발판을 선사하는 것은 존재의 진리이다."(ÜH, 51쪽)

이 지점에서 하이데거는 사르트르로부터 진정 하늘만큼이나 멀어진다. 사르트르는 말한다. "인간은 스스로를 다시 발견해야 한다. 그리고 설령 신의 실존에 대한 타당한 증명이 있더라도, 인간을 그 자신으로부터 구할 수 있는 것은 전혀 없다고 확신해야 한다."[24]

하이데거 또한 "'존재', 그것은 신이 아니고 세계의 근거도 아니다"(ÜH, 22쪽)라고 말하기는 한다. 하지만 이런 말이 다음과 같은 하이데거의 생각을 바꿔 놓는 것은 아니다. 존재의 경험은 우리로 하여금 경건한 존재 관계, 즉 독실하고 명상적이며 감사하고 경외하며 평정한 존재 관계의 기분을 갖게 한다. 어떤 신이 자기 주변에 작용을 가하고 있는 범역이 있다. 다만 하이데거는 이 신과 관련해 그 어떤 기성 종교보다도 엄격한 우상 금지를 명한다. 하이데거의 신에는 어두운 숲 한가운데로 뚫고 들어와 사물을 밝히는 것 같은 "빛트임"도 포함된다. "빛트임"에서 만나게 되는 이 신은 존재자에서 아직 경험되지 않는다. 이 "빛트임"을 가시성의 가능화로서 고유하게 경험하고 감사히 받아들일 때에야 비로소 우리는 그것과 만난다.

이러한 견해는 어떤 식으로든 해석될 수 있으며 일의적 해석을 허용하는 것이 아니다. 결국 여기서는 셸링의 저 멋진 생각, '인간 안의 자연이 눈을 뜨고서 자신이 있음을 알아차린다'는 생각이 되풀이되고 있을 뿐이다. 인간이란 존재가 자기 가시화를 실행하는 장소라는 생각 말이다. "인간이 없다면 존재는 침묵할 것이다. 존재는 있겠지만, 그것이 곧 '참된 것'은 아닐 것이다."(코제브)

이로부터 주어지는 것은 무엇인가? 우리는 이미 그 답을 들었다. 아무것도 주어지지 않는다. "이 모든 것에서는 마치 사유하는 말함을 통해 아무 일도 일어나지 않는 것처럼 보인다."(ÜH 52쪽) 그렇기는 하지만 세계와의 관계가 전체적으로 달라졌다. '처해 있음'이 달라졌고, 세계로 기투되는 시선이 달라졌다. 이제 하이데거는 이 시선을 음미하는 일로 남아 있는 세월을 보낼 것이다. 이 시선을 그는 기술, 건축과 거주, 언어, 그리고—매우 미묘하긴 하겠지만—신과 관련해서 검토할 것이다. 그의 사유—그가 더 이상 '철학'이라 칭하지 않는 그것—는 누군가를 존재케 하는 그 무엇을 존재케 하는 일에 매진할 것이다.

"이 사유에서는 단순한 무엇이 사유되어야 한다. 그렇기에 철학이라는 이름으로 전승된 표상활동은 이 사유를 수행하기가 어렵다. 하지만 어려움은 특별히 심오한 의미에 몰두해서 복잡한 개념을 만들어 내는 데 있는 것이 아니다. 어려움은…… '뒷-걸음질' 속에 은닉되어 있다."(ÜH, 33쪽)

제 22 장

———

종전 후의 하이데거와 아렌트와 야스퍼스. 개인적이
고 철학적인 관계의 역사.

———

하이데거의 친필 서명

종전 후의 하이데거와 아렌트와 야스퍼스. 개인적이고 철학적인 관계의 역사.

"왜곡은 참을 수 없을 정도입니다. 마치 『존재와 시간』을 어떻게 해석하느냐에 따라 모든 것의 왜곡이 정당화되기라도 하듯, 이제 그가 모든 것에 그럴듯한 덧칠을 하고 있다는 사실만 봐도 그렇습니다. 내가 읽은 것은 휴머니즘에 거스르는 글이었습니다. 게다가 아주 미심쩍고 여러모로 모호하지요. 하지만 다시금 옛 수준을 회복한 첫 번째 글이기도 합니다."[1] 1949년 9월 29일, 한나 아렌트는 카를 야스퍼스에게 보낸 편지에서 하이데거가 전후 처음으로 발표한 글을 그렇게 평한다. 야스퍼스와 아렌트는 멜빈 라스키^{Melvin Lasky}가 수소문한 덕분에 1945년 늦가을부터 다시 소식을 주고받을 수 있게 되었다. 1938년 이후로 두 사람은 서로의 소식을 듣지 못했다. 야스퍼스는 아렌트가 살아 있으리란 희망을 거의 버리고 있었다. 종전 후의 첫 번째 편지에서 야스퍼스는 그렇게 말했다. 그리고 한나는 이런 답장을 보냈다. "선생님과 사모님이 그 모든 지옥의 세월을 무사히 견뎌 내셨다는 소식을 들은 후부터 이 세계에 살아 있는 게 다소 편안해졌습니다."[2] 다시 한번 살아남았다는 감정은 거의 모두가 느끼는 것이었다. 그녀는 자신이 여전히 무국적자이고 "그 어떤 존중도 받지 못했지만" "인간의 존엄에 걸맞은 실존은 오늘날 사회 저변에서만 가능하다"는 생각에는 아직도 변함이 없다고 썼다.[3] 사실 이런 표현은 다소 조심스럽고 겸손한 것이었다. 미국에서 그녀는 이미 정치 저술가로서 이름을 얻었기 때문이다. 물론 뉴욕에서 그녀는 물질적으로 넉넉지 못한 생활을 하고 있었다. 그럼에도 야스퍼스 부부에게 매달 카레 세 상자는 꼬박꼬박 부쳤다.

종전 후 카를 야스퍼스는 아주 갑작스레 "존경을 얻었다". 나치 시대에 배척당한 사실로 인해 그는 하룻밤 새 민족의 양심이 되었다. 처음에 그는 이를 부당한 기대감이자 위선적인 태도라고 여겼다. 그는 이런 갑작스런 명성을 불신했고 이를 "허구적 삶"[4]이라 생각했다. 그렇기에 1948년 스위스 바젤대학에서 초빙 제의가 오자 이를 받아들였다.

한나는 야스퍼스와 즉시 소식을 주고받았지만 하이데거와는 그렇게 하지 않았다. 독일을 탈출하기 직전 그녀는 총장 하이데거가 체제의 한 사람이 되었음을 목도했다. 그리고 미국에서 들은 소문에 따르면 하이데거는 여전히 그런 사람이었다. 망명 시절의 한나는 자신과 하이데거를 연결 짓는 "깨뜨릴 수 없는 무엇"을 더는 고수할 수 없게 되었다. 자기 내면의 조화를 깨뜨리지 않는 한, 어떻게 정치적으로 자신의 핍박자 중 하나인 하이데거에게 신의를 지킬 수 있겠는가? 그녀는 하이데거와의 관계를 청산함으로써 그에게서 벗어나려 한다. 물론 후일 첫 번째 재회가 있고 난 후 다소 마음이 누그러진 그녀는 이렇게 쓴다. "그날 저녁과 그다음 날 아침, 저는 삶 전체를 다시 확인할 수 있었어요."[5]

하지만 이런 재회가 있기 전까지는 절교가 유지되었다.

1946년 초 한나 아렌트는 「파르티잔 리뷰」에 「실존철학이란 무엇인가?」라는 제목의 에세이를 실었다. 그 겨울 실존주의의 유행이 미국으로도 번져 왔다. 마침 사르트르가 미국에 와 있었고, 한나는 그를 만났다. 그녀는 지금까지 유행하는 표어로만 알려진 정신적 태도의 참된 철학적 배경을 대중에게 소개하려 했다. 사르트르는 미국 강연에서 실존주의의 사회적 참여를 부단히 강조했다. 그에 비해 한나 아렌트가 제시하는 테제는 이런 것이었다. 실존주의의 독일적 형태, 즉 셸링에서 니체를 거쳐 하이데거에 이르기까지의 형태에서는 참되지 못한 사회 전반과 진리의 장소인 개별 인간을 대립시키는 경향이 점점 더 강해졌다. 그녀에 따르면 이런 경향은 야스퍼스의 사상에서 비로소 극복된다. 반면 하이데거는 그녀에 의해 실존주의적 유아론의 정점이라 서술된다. 하이데거에게서는 고유한 자아가 신의 유산을 넘겨받는다. 하이데거에게 일상적인 세계-내-존재는 근원적 순수함의 상실을 뜻한다. "인간이란 신이 아니며 자기 동류와 함께 한 세계에 살고 있다는 사실, 이 사실에 근거하는 인간존재의 모든 양태는 그렇기에 하이데거의 눈에는 '몰락Abfall'으로 비춰진다."[6] 그 결과 하이데거는 인간의 조건을 시야에서 놓친다. 인간은 가능한 모든 것일 수 있지만 '본래적 자아'는 결코 아니리라는 것이다. 아렌트에 따르면, '세인'의 일상 세계를 거부하는 사람은 인간적인 것의 토대를 포기하기 마련이다. 그에게 남는 것은 고유한 "허무함Nichtigkeit"[7]과의 희롱뿐이다. 그리고 바로 이런 태도가 하이데거에게 야만을 감염시킨 것이라고 그녀는 암시적으로 말한다. '인간성'이라는 개념의 철학적 부정은 결국 인간성의 실제적 부정을 낳을 수밖에 없지 않겠는가?

한나 아렌트는 이 에세이를 카를 야스퍼스에게 보낸다. 그녀는 예전의 철학 스승이 내려 줄 엄격한 판단을 기다리며 여전히 "어린아이 같은 두려움"[8]을 느낀다. 하지만 야스퍼스는 옥수수 쇠고기 통조림과 분유와 초콜릿 사이에서 찾아낸 이 원고를 읽고는 "감격했다". 다만 한나 아렌트가 어느 각주에서 언급한 소문, 하이데거가 후설의 학과 출입을 막았다는 소문에 대해서는 이의를 제기한다. "물론 자네가 쓴 내용은 실질적으로 맞네. 다만 외적 사건에 대한 묘사가 아주 정확하다고는 말할 수 없군."[9] 야스퍼스의 추측에 따르면, 하이데거는 다른 대학 총장들이 그랬듯 관련 복무규정에 서명을 한 것뿐이었다. (앞서 보았듯, 야스퍼스의 이런 추측 또한 정확하지 않다. '공무원제도 재건법'이 아직 공표되지 않았을 때 하이데거는 후설에게 휴직 취소에 관한 정보를 줄 수도 있었다.) 한나는 하이데거의 태도로 인해 후설이 마음의 상처를 받았으므로 자신은 하이데거를 "잠재적 살인자"[10]로 여긴다는 생각을 굽히지 않았다. 카를 야스퍼스는 이렇게 답했다. "나도 하이데거에 대한 자네의 판정에 전적으로 동의하네."[11]

이런 말들에도 불구하고 한나 아렌트와 카를 야스퍼스는 하이데거와의 관계를 완전히 '청산'하지는 않는다. 2년 후 한나는 친구인 돌프 슈테른베르거가 하이데거의 「휴머니즘에 관하여」를 「노이에 룬트샤우」지에 게재하려 하자 이에 반대한다. 하지만 1949년 9월 1일 야스퍼스가 다시 하이데거와 이따금 편지를 나누게 되었다는 소식을 전해 오자 이렇게 답한다. "다 아는 얘기지만, 처음부터 끝까지 변하지 않는 사람은 없죠. 저도 마찬가지예요. 저는 기쁩니다."[12]

카를 야스퍼스는 하이데거의 강의 금지 처분을 취소시키려고 노력했으며, 이것이 기연이 되어 다시 하이데거와 소식을 주고받게 되었다. 1949년 초, 야스퍼스는 프라이부르크대학 총장 게르트 텔렌바흐에게 다음과 같은 편지를 썼다. "마르틴 하이데거는 그 철학적 업적으로 인해 오늘날 전 세계에서 가장 중요한 철학자 중 한 사람으로 인정받고 있습니다. 독일에서 그보다 뛰어난 사람은 없습니다. 그의 거의 은닉된 철학하기, 지극히 심오한 물음에 닿아 있지만 그의 저작에서는 직접 인식되지 않는 그의 철학하기가 아마도 오늘날 철학적으로 빈곤한 세계에서 그를 유일무이한 인물로 만들고 있는 듯합니다."[13] 하이데거가 연구에 매진하기를 원한다면, 그리고 또한 강의를 맡기 원한다면 이를 허용할 때가 되었다는 얘기였다.

1949년 3월, 하이데거의 탈나치화 심의는 "부역자. 재판은 면함"이라는 판정으로 종결되었다. 그 후 프라이부르크대학에서는 그의 강의 금지 취소 처분을 둘러싼 협의가 시작되었다. 1949년 5월, 평의회는 투표 결과 찬성표가 간신히 과반을 넘기자 하이데거를 명예교수직에 복권시키고 강의 금지 처분도 취소해 줄 것을 주 정부에 제안했다. 정부가 결론을 내리기까지는 다소 긴 시간이 걸렸다. 1951/52년 겨울이 되어서야 하이데거는 종전 후 처음으로 강의를 시작할 수 있었다.

1949년 2월 6일, 야스퍼스는 하이데거에게 처음으로 편지를 쓰며, "우리가 서로에게 침묵하는" 상태를 종결시킬 수 있을지 조심스레 물어 본다. 분명 쉽지 않은 일이 될 것이라는 말도 덧붙인다. "1933년 이후로 끝날 줄 모르는 슬픔과 독일인으로서 내 영혼에 점점 더 고통을 줄 뿐인 현 상태, 이런 것이 우리 두 사람을 묶기는커녕 은연중에 갈라 놓았습니다." 두 사람 사이에 "어두움"이 있을지라도 개인적 친분이나 철학 안에서 "우리 두 사람 중 한 사람의 말이 다른 사람에게 전해질 수 있을지" 시험해 볼 수는 있을 것이다. 야스퍼스는 다음과 같은 말로 편지를 맺는다. "시대의 심연을 뛰어넘어, 한때 있었고, 아무것도 아닌 것일 수 없는 그 무언가를 붙든 채, 먼 과거로부터 인사를 보냅니다." (BwHJ, 170쪽)

야스퍼스의 이 편지는 한동안 하이데거에게 전해지지 않는다. 하지만 그해 7월 하이데거는 로베르트 하이스로부터 야스퍼스가 자신에게 편지를 썼다는 말을 듣는다. 그 편지는 받아보지도 않은 상태에서 하이데거는 짤막한 편지를 써서 보낸다. 이 편지의 부자연스런 어조에서 그의 불안정한 마음이 여실히 드러나고 있다. "그 모든 방황과 혼란 그리고 일시적 불화에도 불구하고 당신과의 관계는 내게 불가침의 것으로 남아 있습니다." 그 "관계"가 어느 수준에서 지속될 수 있을 것인지, 혹은 어떻게 다시 시작되어야 할 것인지? 하이데거는 그렇게 묻고는 우선 숭고함이라는 공통점을 택한다. "세계의 궁핍이 고조되는 상황에서 사유를 감독하는 사람은 너무 소수입니다. 그렇지만 이 감독자들은 결과를 고려하지 않고 모든 종류의 독단주의에 저항해야 합니다. 세계의 공공성과 그 조직은 인간 존재의 역운이 결정되는 장소가 아닙니다. 고독에 관해 말해서는 안 될 것입니다. 하지만 사유하는 자와 시 짓는 자가 인간에게 가능한 범위 내에서 존재 가까이에 서 있는 유일한 장소가 바로 고독입니다. 나는 바로 이러한 장소로부터 당신에게 진심 어린 인사를 전합니다."(BwHJ, 171쪽)

야스퍼스는 불신의 마음을 거의 숨기지 않고 간단한 답장을 보낸다. "당신이 존재의 개시가능성이라 부른 것을 나는 지금까지도 이해할 수가 없습니다. 아마도 당신이 내게 인사를 전해 온 그 '장소'에 나는 아직 발을 들여놓은 적이 없는 듯합니다. 그렇기에 의아함과 흥미로움을 품은 채 그 인사를 기꺼이 받아들입니다."(1949년 7월 10일 자 편지, BwHJ, 176쪽)

야스퍼스는 하이데거가 자신에게 편지를 보냈다는 소식을 한나 아렌트에게 전하면서 경멸의 마음을 드러낸다. "그는 존재에 관한 사변에 빠져 있네. 그는 '존재^Seyn'라고 쓰지. 25년 전에는 '실존'이라고 타자를 쳐서 사태를 근본적으로 뒤집더니 이제는 훨씬 더 본질적으로 타자를 친다네…… 그가 또 다시 뒤집지는 않기를 바랄 뿐이네. 하지만 분명 내 바람대로 되지는 않겠지. 영혼이 순수하지 못한데도…… 정직하지 못한데도, 가장 순수한 것을 볼 수 있는 것일까?" 하지만 야스퍼스는 이런 가혹한 판정에서 얼른 물러나 다음과 같은 말을 덧붙인다. "오늘날의 인간은 거의 간파하지 못하는 무언가를 그가 잘 안다는 사실, 그리고 아주 인상 깊은 예감의 능력을 보여 준다는 사실이 참으로 기이하게 여겨진다네."[14]

한나 아렌트도 판정에서 동요를 보이기는 마찬가지이다. 그녀는 야스퍼스가 다시 하이데거와 편지를 나눈다는 사실에 기쁨을 표현하지만, 동시에 야스퍼스의 부정적인 판단에도 동의를 표한다. "토트나우베르크에서의 그 삶, 문명을 비방하고 y자로 '존재'를 쓰는 그 삶은 실상 그가 숨어든 생쥐 굴에 지나지 않아요. 그렇게 숨어든 건 순례를 하듯 자신을 찾아와 경탄을 표하는 사람들만 보면 된다고 생각하기 때문이지요. 그럴듯한 자기 모습을 연출하기 위해 1200미터를 올라간다는 건 쉬운 일이 아닐 거예요."[15]

1949년, 한나 아렌트는 4개월 예정으로 유럽을 방문한다. '유럽의 유대인 문화 재건을 위한 위원회'의 위탁을 받아 나치에 약탈된 유대인 문화재 중 회수하지 못한 것을 확인하고 그 목록을 만들기 위해서였다. 여행 중이던 1949년 12월, 그녀는 바젤로 가서 야스퍼스 부부를 방문한다. 에팅어에 따르면 한나에게 부성애 같은 것을 느꼈던 야스퍼스는 처음으로 그녀와 하이데거 사이의 연애담을 듣는다. "오, 정말 흥미진진한 일이군!"[16] 한나는 야스퍼스의 반응에 마음을 놓는다. 야스퍼스가 도덕적 비판을 하거나 질투 어린 반응을 보일까 봐 걱정했기 때문이다. 두 사람은 하이데거에 관해 많은 얘기를 나누었고, 야스퍼스는 섬세한 감정의 소유자인지라 금세 편치 않은 마음이 되었다. "불쌍한 하이데거, 그와 가장 절친했던 두 사람이 이제 여기 앉아 그를 철저히 꿰뚫고 있으니."[17]

한나는 여행을 떠나기 직전 친구인 힐데 프랭켈Hilde Fränkel이 바젤이나 프라이부르크로 가게 되어 기쁘냐고 묻자 이렇게 답했다. "글쎄, 프라이부르크로 가는 것을 '기뻐하려면' 동물적인 대담성이 필요해. 하지만 나한텐 그런 대담성이 없는 걸."[18]

프라이부르크로 출발하기 며칠 전인 1950년 1월 3일, 하인리히 블뤼허에게 쓴 편지에서도 그녀는 이렇게 말한다. "하이데거를 만나야 할지 아직 잘 모르겠어…… 모든 것을 우연에 맡기려 해."[19]

야스퍼스가 가장 최근 보여 준 하이데거의 편지에서 그녀는 거부감을 느꼈다. "진실과 거짓 혹은 비겁의 늘 똑같은 혼합물."[20] 한나는 그렇게 평했다. 그리고 2월 7일, 한나가 프라이부르크에 도착했을 때 일어난 일을 에팅어는 그녀와 하이데거가 주고받은 편지를 토대로 다음과 같이 재구성한다. 호텔에 도착한 한나는 하이데거에게 메시지를 보내며, 그는 당장 호텔로 달려온다. 그는 접수대에 편지 한 통을 맡긴다. 편지에서 하이데거는 그날 저녁 한나를 집으로 초대하고 싶다고 말한다. 그리고 엘프리데가 이제는 자신과 한나 사이의 일을 알고 있다는 말도 슬쩍 덧붙인다. 당장은 한나와의 개인적인 만남을 피하는 것으로 보아 하이데거도 분명 마음이 편치 않은 듯하다. 하지만 편지를 맡기고 난 후 그는 객실 급사를 통해 한나 아렌트에게 자신이 찾아왔음을 알린다. 그로부터 이틀 후 한나는 하이데거에게 편지를 쓴다. "급사가 당신 이름을 말했을 때…… 갑자기 시간이 멈춰 버린 것만 같았어요. 그리고 한 순간 깨달았지요. 전에는 나 자신이나 당신에게 한번도 인정한 적이 없는 사실이지만…… 내 충동의 힘 덕분에 다행히 충절을 저버리는 결코 용서받지 못할 일을 저지르고 내 삶을 그르치는 일은 피할 수 있었다는 것을요. 하지만 한 가지는 아셔야 해요. (우리는 아주 많이 그리고 아주 자주 이야기를 나누지는 못했으니까요.) 만약 내가 그렇게 했다면, 그건 오직 자존심 때문이었을 거예요. 순진무구하고 정신 나간 어리석음 때문에 그랬을 뿐, 그 이유에서 그러지는 않았을 거라는 얘기죠."[21] 에팅어에 따르면 여기서 "그 이유"는 하이데거의 나치 전력을 가리키며, 한나의 말은 그 일로 해서 하이데거와의 만남을 기피하지는 않았을 것이라는 뜻이다. 그녀가 "자존심"이라 말한 것은 아마 하이데거에게 다시 빠져드는 것에 대한 두려움을 뜻할 것이다. 하지만 1950년 2월 9일, 한나가 하이데거에게 쓴 편지에서 알 수 있듯 사랑의 마법은 이미 새로이 시작되었다. 이 편지에서 그녀는 "삶 전체를 다시 확인할 수" 있었다고 말한다. 물론 얼마 후 친구 힐데 프랭켈에게 보낸 편지에서 그녀는 어느새 거리감을 되찾고 그 사건을 희비극으로 묘사한다. "그는 모든 것이 25년 전의 일이라는 사실, 자신이 17년 이상 나를 만나지 못했다는 사실은 전혀 생각도 하지 않는 것 같았어."[22] 한나에 따르면 그녀의 방에 들어온 하이데거는 "물에 젖은 푸들"처럼 처량히 서 있었다.

하이데거는 집으로 돌아가며 그날 저녁에도 한나의 방문을 기다린다. 두 사람이 단둘이서 보내게 될 저녁을. 이 일에 관해 한나는 블뤼허에게 보낸 편지에서 이렇게 쓴다. "내게는 우리가 생전 처음으로 서로 이야기를 나눈 것 같았어."[23] 한나는 더 이상 여제자의 위치에 있다고 느끼지 않는다. 그녀는 넓은 세계에서 왔다. 그녀는 '많은 것을 경험한 여자'이고 재앙에서 살아남은 사람이며, 얼마 전 『전체주의 지배의 요소와 기원』이라는 책을 완성한 정치철학자이다. 이 책은 얼마 후면 세계적인 주목을 받게 될 것이다. 하지만 이 책은 두 사람의 화제에 오르지 않는다. 에팅어에 따르면 하이데거는 자신이 연루된 정치 문제에 관해 이야기한다. 그는 당시 자신이 '악마'에 홀렸던 것 같다고 말하고는 지금의 처지를 한탄한다. 그녀의 눈앞에는 자기 정당화에 급급하고 분노를 떨쳐 내지 못하지만 회한의 감정도 없지 않은 한 사람이 있다. 그는 그녀의 도움을 필요로 하는 듯하고, 그녀는 기꺼이 도울 용의가 있다. 그녀는 하이데거를 위해 미국의 출판사들과 교섭하고 계약을 맺을 것이며 번역을 감독하는 한편 식료품과 책과 음반도 보내 줄 것이다. 그리고 그는 다정한 편지들을 쓰고 가끔은 방울새풀도 넣어 보낼 것이다. 그는 자신의 연구에 관해 쓰고, 창문으로 바라본 풍경을 묘사할 것이며, 그녀가 마르부르크에서 입고 다녔던 녹색 원피스도 상기시킬 것이다. 그리고 매번 엘프리데의 인사도 전할 것이다.

이 첫 번째 만남에서부터 하이데거는 삼각동맹을 맺기 위해 애썼다. 에팅어에 따르면 하이데거는 자신에게 우정을 되찾을 용기를 준 이는 바로 엘프리데라고 한나에게 말했다. 한나가 두 번째로 방문한 날 하이데거는 3인의 만남을 준비해 놓았다. 이틀 후 하이데거에게 보낸 편지에서 한나는 그날의 상황에 관해 이렇게 말했다. "나는 (엘프리데가) 솔직하고 집요하게 다가서는 태도에 무척 당황했고, 그 감정은 지금까지도 사라지지 않고 있어요."[24] 그녀는 "갑작스런 연대의 감정"에 사로잡혔다고 말한다. 하지만 블뤼허에게 보낸 편지에서는 이 상황을 다르게 표현하고 있다. "오늘 아침 엘프리데와 논쟁을 벌였어. 그녀는 지난 25년 동안, 혹은 어떤 식으로든 나에 관한 일을 하이데거에게서 알아낸 후부터 그의 삶을 지옥으로 만든 것 같아. 그리고 하이데거는 원래 기회만 나면 거짓말을 늘어놓기로 악명 높은 사람이지만, 우리 세 사람의 기이한 대화에서 느낀 바에 따르면, 내가 한때 자기 삶의 열정이었음을 지난 25년 동안 단 한 번도 부정하지 않은 것 같아. 그 여자는 내가 이 세상에 살아 있는 한 모든 유대인을 익사시키고 싶어 할 거야. 유감스럽게도 그녀는 정말이지 놀랄 만큼 어리석어."[25] 에팅어의 해석에 의하면 하이데거는 그 상황을 전혀 다르게 체험했다. 그의 눈에는 화해만 있을 뿐 다툼은 없었다. 두 여자가 헤어질 때 포옹하는 모습을 보고 그는 감동을 느꼈다. 그는 하인리히 블뤼허도 당장 우정의 동맹에 넣자고 제안했으며, 그에게 안부 인사를 전해 달라고 한나에게 부탁했다. 한나는 하이데거의 지나친 흥분을 다소 가라앉히려 애쓰며, 자신이 엘프리데를 만난 것은 하이데거의 입장을 고려해서일 뿐이라는 점을 상기시켰다. 그녀는 예전에 자신이 세웠던 원칙, "이미 어려운 상황을 더 어렵게 만들지 않기"라는 원칙에 따른 것뿐이다. "내가 마르부르크를 떠난 것은 결국 당신을 위해서였어요."[26]

이 삼각동맹의 모임이 있고 이틀이 지난 후 한나는 엘프리데에게 처음이자 마지막으로 편지를 썼다. 그녀는 새롭게 형성된 친밀성을 받아들이는 동시에 자신에게 필요한 거리를 재창출하는 기교를 보여 준다. "당신은 서먹함을 없애 주었고 그 점에 대해 진심으로 감사드립니다."[27] 그녀는 이렇게 인정하지만, 다른 한편으로 지난날의 비밀 때문에 죄책감을 느끼지는 않는다는 말도 덧붙인다. 그녀는 그때의 사랑으로 인해 이미 충분히 어려움을 겪었다고 쓴다. "마르부르크를 떠날 때 나는 두 번 다시 남자를 사랑하지 않겠다고 단단히 결심했어요. 그다음에는 사랑도 없이 그저 아무 남자와 결혼했지요(귄터 안더스를 말함)." 그녀는 이미 충분히 벌을 받았기에 과거의 일로 인한 질책은 사양하겠다고 말한다. 그리고 현재와 관련해서는 마치 이틀 전의 포옹 같은 것은 없었던 일인 양 이렇게 쓴다. "당신은 자신의 마음을 전혀 숨기지 않고 털어놓았어요. 그런 태도는 오늘도 마찬가지였고, 또 나와 관련된 일도 예외는 아니었지요. 당신의 마음가짐은 대화를 거의 불가능하게 만들어요. 상대방이 어떤 말을 하든 (미안한 얘기지만) 모든 게 미리부터 규정되어 있고 범주화되어 있으니까요. 유대적, 독일적, 중국적이라고 정해져 있는 게지요."[28]

그로부터 2년이 지난 1952년 5월 19일, 한나 아렌트가 다시 하이데거 부부를 방문했을 때 이 삼각동맹의 강요된 화목함은 흔적조차 남아 있지 않았다. 한나는 하인리히 블뤼허에게 이렇게 쓴다. "그 여자는 질투심 때문에 반쯤 미쳐 있어. 그가 나를 말끔히 잊어 주기만을 바라면서 보낸 세월 동안 그녀의 질투심은 점점 더 강렬해졌겠지. 그가 없는 자리에서 그 여자는 내게 반유대주의에 가까운 말을 뱉어 냈어. 아무튼 이 여자 분의 정치적 신념은…… 지금까지의 모든 경험에서도 수 그러들지 않은 채, 둔하고 악의적이며 원한에 사무친 어리석음과 결합되었어. 그러니 그가 어떤 일을 당하며 살지는 충분히 짐작할 수 있겠더라…… 요컨대 그렇게 해서 하이데거와는 본격적으로 언쟁을 벌일 수도 없게 되었고, 그런 다음부터는 상황이 한결 나아지더군."[29] 한나 아렌트는 엘프리데에게 모든 잘못이 있다고 확신한다. 한나와 야스퍼스가 편지를 나누며 하이데거의 '순수하지 못함'이라 부른 것, 한나에게 그것은 엘프리데와의 접촉으로 인한 불순화 외에 다른 것이 아니다.

그렇지만 한나가 엘프리데를 하이데거 삶에 들어온 사악한 악마로만 여긴다면, 이는 착각이다. 하이데거에게 엘프리데는 실제로 좋은 아내이자 충실한 반려자였다. 그녀는 장차 유명해질 기미라곤 전혀 보이지 않던 시절의 하이데거와 결혼했다. 하이데거가 강사이던 시절 그녀는 교사로 일하면서 가족의 생계를 꾸렸다. 그녀는 자의식이 강한 해방된 여성이었으며, 당시 여자로서는 드물게 국민경제학을 전공했다. 하이데거가 가톨릭교회에서 멀어졌을 때나 그의 명성이 추락했을 때, 그리고 종전 후 사회에서 추방되었을 때 그를 지탱해 준 버팀목은 바로 그녀였다. 그녀는 하이데거가 연구에 전념할 수 있는 생활환경을 만들려 애썼다. 토트나우베르크의 오두막도 그녀가 주도해서 지은 것이다. 그녀가 하이데거보다 일찍 국가사회주의자가 된 것은 사실이다. 그러나 하이데거의 '권력 도취'에는 그 나름의 이유가 있었던 반면, 그녀에게서는 여권신장의 이념이 중요한 역할을 했다. 그녀는 국가사회주의 혁명에서 여권신장을 기대했다. 그러나 하이데거와 달리, 그녀는 나치 운동의 인종주의·반유대주의적 이데올로기를 받아들였다(하이데거는 이 점에서 그녀의 생각을 따르지 않았다). 그녀는 남편보다 더 오랫동안 국가사회주의를 신봉했다. 이웃 사람들은 그녀를 두려워했고, 그녀 앞에서는

'체제'에 대한 비판적 언급을 삼갔다. 1944년 가을에 그녀는 구역의 당 활동가로서 프라이부르크 시 "채링엔 구역의 여자들을 지극히 잔혹하게" 대하고 "병자와 임신부까지 중노동에 파견하여" 주변의 미움을 샀다.[30] 정화위원회 위원이었던 프리드리히 윌커스가 카를 야스퍼스에게 보낸 보고서에 따르면 그랬다. 정화위원회의 조사와 탈나치 조처가 진행되는 동안 엘프리데는 하이데거에게 해악을 끼친 요소로 평가되었던 듯하다. 하이데거는 아내를—그의 생각으로는—적개심에 가득한 주변 환경에 대한 방패로 삼았다. 엘프리데는 이 역할을 기꺼이 받아들였다. 그녀는 남편을 이상화하지는 않았지만 '사유의 사태'에 대한 그의 열정을 이해했다. 그리고 남편이 이 열정을 잃지 않도록 자신의 힘이 닿는 모든 일을 했다. 하이데거는 이 점을 인정했으며 평생 동안 감사의 마음을 잃지 않았다. 그가 특히 감동한 것은 아내가 고독에 대한 그의 욕구를 너그러이 인정하는 동시에 가정의 편안함도 마련해 주었다는 점이다. 일상 잡사와 자식 양육은 대부분 그녀의 몫이었다. 그의 입장에서는 편안한 분업이었다. 젊은 시절 그는 아내가 질투심을 느낄 만한 일을 몇 번인가 저질렀다. 하이데거는 여자들에게 인기가 많은 남자였던 것이다. 자잘한 연애는 일상사였다. 하지만 그는 단 한번도—한나 아렌트와 관계를 유지할 동안에도—엘프리데와 헤어지겠다는 생각은 품지 않았다. 에팅어에 따르면, 어쨌든 여러 편지들을 검토해 볼 때 다른 결론은 나올 수가 없다. 그리고 이제 한나가 다시 자기 삶에 들어오자 하이데거는 삼각동맹을 꿈꾸었다. 엘프리데를 잃지 않으면서 한나도—물론 이제는 연인이 아니라 절친한 친구로서—다시 얻을 수 있는 관계를 꿈꾼 것이다. 하지만 그런 삼각동맹은 가능한 일이 아니었다. 한나도 엘프리데도 그런 것은 원하지 않았다. 질투심에 사로잡힌 엘프리데는 온갖 반유대주의적 편견도 마다하지 않았다. 그리고 한나의 시각에서 이 결혼은 간단히 '폭민과 엘리트의 동맹'이라 부를 수 있는 것이었다.

에팅어에 따르면 1952년 한나는 하이데거와 단둘이 있게 된 몇 시간 동안 그의 강의록 『사유란 무엇인가?』의 몇 구절을 둘러싸고 토론을 벌였다. 그리고 이 순간 그 철학자에게 다시금 매료되었다. 블뤼허에게 보낸 편지에 따르면 그녀가 느낀 감정은 이런 것이었다. "근본적인 선함, 매번 나를 감동시키는 신뢰성(다른 표현은 떠오르지 않아), 나와 단둘이 있게 되자마자—평소에는 사소한 일에도 성가셔하면서—다른 모든 일은 잊어버리는 그 완전한 몰두, 그 진정한 무력감과 무방비함을 나는 확인할 수 있었어. 생산성이 유지되는 한 위험은 없어. 다만 그가 주기적으로 겪는 우울증이 걱정스러워. 그가 우울증을 막아 낼 수 있는 방법을 시험해 보려 해. 내가 더 이상 이곳에 없게 되어도 그는 이 방법을 기억해 낼 거야."[31]

한나는 자신이 '더 나은 하이데거'를 위한 수호천사의 역할을 해야겠다고 생각한다. 그녀는 하이데거가 생산성을 유지하도록 도우려 하며, 하인리히 블뤼허도 그녀의 생각에 동의한다. "'사유란 무엇인가?'는 신에 관한 장대한 물음이더군. 그가 질문을 계속할 수 있도록 당신이 도와줘."[32]

그러나 한나는 물음에서만 하이데거를 도운 것이 아니라 철학적으로 그에게 답변도 제시했다.

에팅어에 따르면 한나는 1960년 자신의 주저 『인간의 조건』이 '활동적 삶'이란 제목으로 독역되었을 때 그 한 부를 하이데거에게 보내면서 이런 편지를 동봉한다. "젊은 시절 당신에게서 배운 것이 없었다면" 이 책은 탄생할 수 없었을 것이라고. "이 책은 마르부르크 초창기부터 가졌던 생각에서 비롯된 것이고 모든 점에서 전적으로 당신에게 빚진 것이에요."[33]

에팅어는 한나가 누군가에게 보내지 않고 따로 보관하던 메모 한 장을 찾아냈는데, 거기에는 이런 시가 적혀 있다. "활동적 삶 / 이 책은 아무에게도 헌정되지 않았네. / 내가 어떻게 당신에게 그것을 헌정할 수 있을까. / 내 신뢰하는 친구여, / 내가 충실할 때든 / 충실하지 않을 때든 / 언제나 사랑하던 친구여."[34]

어떤 점에서 한나 아렌트는 스승에게 철학적으로 '충절'을 지킨 것인가?

한나 아렌트는 하이데거가 추구한 철학적 사유 전통과의 혁명적 단절을 함께 수행했다. 다시 말해 그녀는 인간의 세계연관이란 일차적으로 인식론적인 것이 아니라 배려적이고 행위적인 것이라는 통찰, 그리고 이런 행위는 동시에 개방하는 사건, 진리의 사건이기도 하다는 통찰을 견지한다. 하이데거와 한나 아렌트 모두에게 열린 터—하이데거가 "빛트임"이라 부른 것—는 현존재의 내적 텔로스이다. 그러나 한나 아렌트와 달리 하이데거는 그런 개방성Offenheit을 "공공성Öffentlichkeit"과 구분한다. 『존재와 시간』에서 하이데거가 설명한 바에 따르면, "공공성은 모든 것을 어둡게 가려 버리고 그렇게 가려진 것을 잘 알려진 것, 누구나 접근할 수 있는 것인 양 내세운다."(SuZ, 127쪽) 공공성에서는 현존재가 대개 '세인'에 의해 지배된다. "모두가 타인이며, 그 자신인 사람은 아무도 없다."(SuZ, 128쪽) 주지하듯 하이데거는 이런 공공성에 "본래성"을 맞세운다.

하이데거처럼 한나 아렌트도 개방성의 그러한 이념을 중시한다. 하지만 그녀는 이 이념이 잠재적으로는 공공성에서도 실현되는 것으로 보려 한다. 그녀는 자기 자신에 대한 개별자의 변화된 관계, 즉 하이데거의 "본래성"으로부터 개방성을 기대하지 않는다. 그 대신 그녀는 다원성의 의식으로부터, 다시 말해 우리의 "세계-내-존재"인 "다수의 사람들"과 함께 하나의 세계를 공유하고 형성할 수 있다는 통찰로부터 개방성을 기대한다. 개방성은 인간 다원성의 경험이 진지하게 다뤄지는 곳에서만 존재한다. 그러나 "다수의 사람"을 폄하하는 이른바 진정한 사유라는 것은 인간 조건의 불가결한 요소인 다원성의 도전을 받아들이지 않는다. 그런 사유는 복수가 아닌 단수의 인간을 말하는데, 한나 아렌트가 볼 때 이는 정치에 대한 철학의 배반일 뿐이다. 하이데거와 마찬가지로 한나 아렌트는 자신이 생각하는 것의 근원적 장면을 고대 그리스에서 찾는다. 하지만 그런 근원 장면이 하이데거에게는 플라톤적 동굴의 비유라면, 한나 아렌트에게는 투키디데스가 전해 준 그리스 민주주의의 모습이다. "그리스인들이 늘 새롭게 시작되는 대화에서 발견한 것은 우리 모두에게 공통적인 세계란 보통 무한히 다양한 입장에서 고찰되며, 이 입장들에는 지극히 다양한 관점이 상응한다는 사실이다…… 그리스인들은 이해하는 법을 배웠다. 고립된 개인으로서 서로를 이해하는 법이 아니라 동일한 세계를 타자의 관점에서 고찰하고, 동일한 것을 매우 상이하며 종종 대립되기도 하는 측면에서 보는 법을 배웠던 것이다. 투키디데스는 많은 연설을 예로 삼아 서로 투쟁하는 당파들의 관점과 이해관계를 설명하는데, 이 연설들은 지금까지도 그런 논쟁의 높은 객관성 정도를 보여 주는 생생한 증거이다."[35] 한나 아렌트는 플라톤의 동굴에 사는 포박된 자들의 "동굴의 잡담"(하이데거)을 복권시키고 있다고 말할 수도 있을 것이다. 그녀의 생각으로는 완전한 진리의 플라톤적 빛, 혹은 존재하는 것에서 더욱 존재하는 것으로의 하이데거적 상승 같은 것은 없다. 하나의 공통된 세계에 대한 다양한 관점들과 이 다양성과 만나는 다양한 능력이 있을 뿐이다. 1959년의 레싱 강연에서 한나 아렌트는 공공성의 "잡담"에 대한 하이데거의 추방 선언을 넌지시 암시하면서 이렇게 말했다. "이 세계에 관해 인간이 지속적으로 말을 하지 않으면"[36] 이 세계는 비인간적인 상태에 있게 될 것이다.

이 세계에—하이데거가 지향하는—개방성을 부여하는 것은 본래성이 아니라 "타자와 함께하는 행동의 능력"이다.

진리의 문제에서도 한나 아렌트는 하이데거로부터 배우는 동시에 한걸음 더 나아갔다. 그녀는 비은폐성으로서의 진리라는 하이데거의 구상을 받아들인다. 하지만 하이데거와 달리, 진리의 사건을 무엇보다 인간과 사물의 관계에서 일어나게 하는 대신 인간들 '사이에서' 발견한다. 그녀의 견해로는 인간들 사이, 다시 말해 인간 공동생활의 비극과 희극에서야 은폐성으로서 진리의 구상이 타당성을 얻는다. 진리의 근원 장면은 사회적인 것의 경기장에서 나타난다. 한나 아렌트는 말한다. "행위와 말에 의해 사람들은 자신이 누구인지를 드러내고, 자신의 고유한 인격적 정체성을 보여 주며, 이를테면 세계의 무대 위에 오른다."[37]

인간의 상호 교류는 무대의 성격을 가지므로 인간에게는 현출하는 세계 전체가 무대로 변할 수 있다. 인간이 등장하여 자신을 보여 줄 수 있다는 그 사실 때문에 인간은 자연 또한 전혀 다른 상황에 있지 않고 스스로를 '보여 주려' 한다는 인상을 품게 된다. 순수한 이데아를 향한 플라톤적 상승조차도 현출과 등장이라는 이러한 사회적 놀이에 결부되어 있다. 그런 이데아 또한—철학자 내면의 무대 위에서—눈에 보여야 하기 때문이다.

한나 아렌트가 말하는 '세계'는 이처럼 무대와 같은 사회적-개방적 공간이다. 세계는 인간들 사이에서 자신을 열어 보인다. 따라서 세계는 모든 사물과 인간과 사건의 총합으로 이해되어선 안 된다. 세계는 인간이 서로 만나는 장소이자 인간에게 사물이 현출할 수 있는 장소, 그리고 인간이 개별자에 의한 활동의 총합 이상의 것을 산출하는 장소로 이해되어야 한다. 한나 아렌트는 하이데거에게 『활동적 삶』의 한 부를 보내면서 동봉한 편지에서도 바로 그러한 '사이'에 관해 말한다. "만약 우리 사이가 제대로 진행되었다면—나는 당신도 아니고 나도 아닌 '사이'를 말하는 거예요—그 책을 당신에게 헌정해도 좋을지 물었을 거예요."[38] 어쨌든 한나는 이 관계에서 자신이 선택할 수 있는 길은 오직 하이데거에게 헌신하거나 그에게 자기주장을 펴는 것 두 가지밖에 없다고 느꼈다. 그런 관계에서는 사이에 놓인 세계가 어느 정도 불타 없어질 수밖에 없었다. 자유로운 만남의 공간은 없었고, 너무 많은 것이 행해지지 않고 말해지지 않고 지각되지 않은 채로 머물렀다.

『활동적 삶』에서 한나 아렌트가 다루는 문제는 이런 것이다. 어떻게 이 '세계'가 '그 사이'를 유지하는가? 그리고 어떻게 개인의 삶과 역사적 층위에서 이 세계가 파괴될 수 있는가? 그녀는 "노동Arbeit"과 "제작Herstellen"과 "행위Handeln"를 구별한다. 여기서도 그녀는 하이데거의 생각을 나름대로 발전시키고 있다. 그녀는 "세계-내-존재"로부터 상이한 활동들의 단계를 만들어 낸다. 인간이 어느 정도 자유를 향해 나아가려 애쓰고 그렇게 해서 개방성의 전제를 창출할 때의 여러 가지 활동을 단계적으로 구별 짓는 것이다.

한나 아렌트가 이해하는 "노동"은 오직 생물학적 생명 유지만을 위한 것이다. 노동에서 인간은 자연과의 신진대사를 조직한다. 노동과 휴식, 노동과 소비가 리드미컬하게 순환된다. 엄격히 말해 이런 과정은 시작과 끝이 없고 탄생과 죽음처럼 유적 생명의 순환 과정에 편입되어 있다. 노동에서 인간은 자연을 소비한다. 그리고 노동에서 인간은 자신의 생명을 소진한다. 지속적 성과는 나타나지 않는 바, 노동이란 본래가 "세계를 형성하지" 않는다.

"제작"은 이와 다르다. 여기서는—수공이나 예술에 의해—단순히 생명 유지만을 위한 것이 아닌 산물이 생겨난다. 직접적으로 소비될 수 없는 대상들이 생겨나는 것이다. 여러 세대에 걸쳐 유지되는 도구나 건물, 가구, 예술 작품 등이 그것이다. 어떤 대상이 지속성을 갖도록 구상될수록, 그 완성을 위한 활동은 그만큼 "더 세계적"이다. 제작의 과정은 선형적이다. 즉 외적 목표를 추구한다. 이때 설치되고 세워지고 산출되는 무엇은 세계 안에서 자신의 자리를 주장하며 확고한 틀의 하나가 된다. 여기서 확고한 틀이란, 도달이나 완성은 없이 평생 길 위에 있어야 하는 존재인 인간이 지지대와 거주지 그리고 준거점을 발견하기 위해 스스로 만들어 내는 틀을 말한다. 제작을 추동하는 힘으로 작용하는 것은 한갓 생명의 욕구가 아니다. 거기서 작용하는 것은 탄생과 죽음 사이에 놓인 시간적 현존재에 대해 지속의 요소, 시간-초월의 요소를 마련해 주려는 그런 욕구이다.

이런 "제작"보다 더 지속적으로 인간을 생의 자연적 순환에서 끌어올리는 것이 바로 "행위"이다. 이미 아리스토텔레스가 정의했듯, 행위(그리스어로 '프락시스Praxis')는 인간 자유의 자기현시이자 표현 형식이라는 점에서 제작(그리스어로 '포이에시스Poiesis')과 구별된다. 인간은 행위에서 스스로를 현시한다. 자신이 누구이며 스스로 및 다른 사람들에게서 원하는 게 무엇인지 드러내는 것이다. 행위란 인간들 사이에 일어나는 일로서 노동과 제작에 직접 기여하지 않는 모든 것을 뜻한다. 행위는 세계를 극장으로 만들며, 그렇기에 무대—이는 세계를 뜻한다—위에서 이뤄진다. 사랑과 질투와 정치와 전쟁의 드라마, 대화와 교육, 우정 등이 바로 그런 행위이다. 인간이 행위할 수 있는 것은 그가 자유롭기 때문이다. 서로 교차하고 엮이는 행위의 다양성에서 인간 현실의 카오스가 비롯되는 것이며, 그렇기에 계측 가능한 논리에서 벗어난 인간의 역사도 존재하는 것이다. 역사는 "제작"되지 않으며 "노동 과정" 또한 아니다. 역사란 결코 연속적 과정이 아니라 불연속적인 사건이며, 이 사건은 행위하면서 무수한 갈등을 낳는 인간들의 다원성에서 생겨난다. 인간들은 기계를 제작하고 이것으로 노동하지만, 개인적 역사도 집단적 역사도 기계가 아니다. 비록 역사를 기계로 변화시키려는 시도들이 없지는 않지만 말이다. 하이데거 또한 그의 "존재역사"가 보여 주듯 이런 유혹, 즉 시간의 혼돈 배후에서 본래적 논리학을 찾아내려는 유혹에 굴복한 바 있다. 한나 아렌트는 유작으로 남은『정신의 삶^{Vom Leben des} _{Geistes}』제2권에서 그렇게 주장한다. 이 책에서 그녀는 하이데거를 "직업적 사상가들" 가까이에 위치시킨다. 그녀가 말하는 '직업적 사상가'란 자유와 그것의 "불가결한 우연성"을 감수하려 들지 않는 사상가, "자발성^{Spontaneität}이라는 모호한 재산을 지키려고 우연성이라는 대가는 지불"하려 들지 않는 사상가를 뜻한다.[39]

"자연적 과정의 관점"과 "세계의 운행을 일의적으로 규정하는 듯한 자동적 과정"의 관점에서 보면, 행위는 마치 "어떤 진기함이나 기적처럼" 보인다.[40] 행위한다는 것은 창도할 수 있음을 뜻한다. 그리고 창도란 시작을 뜻한다.

홀로코스트에서 살아남은 한나 아렌트는『활동적 삶』에서 '시작할 수 있음'의 철학을 그 윤곽에서나마 장대하게 그려 내고 있다. 그리고 이 철학에는 하이데거에 대한 그녀의 사랑이 흔적을 남기고 있다. 마르부르크의 하이데거가 한나의 다락방으로 올라갔을 때, 그는 "죽음으로 앞서 달려감"에 의한 본래성의 획득이라는 자신의 철학을 집필하던 중이었다. 죽음에서 벗어난 그녀는—사랑에 빠진 사람들이 흔히 그러듯—보완의 답변을 한다. 그 답변은 '시작으로, 시작할 수 있음으로 앞서 달려감'의 철학이다. "세계의 운행과 인간적 사물의 진행을 되풀이해 중단시키고 파멸로부터 구원하는 기적은…… 결국 출생률이라는 사실, 탄생 존재라는 사실이다…… 인간이 탄생한다는 것, 더불어 그들의 탄생 존재에 힘입어 인간이 행위로써 실현할 수 있는 새로운 시작이 탄생한다는 것, 바로 거기에 '기적'이 있다."[41]

이는 인간이란 언젠가 죽을 존재임을 강조하는 하이데거적 필멸성의 철학에 대한 인상적인 답변이다. 이 탄생성의 철학은 불안의 기분도 알지만 세계에 도래함에 대한 환호 또한 알고 있다. 한나 아렌트는 시작할 수 있음의 철학으로부터 자신의 민주주의 개념도 발전시킨다. 민주주의는 개개인에게 상호공동존재Miteinandersein에서 자신만의 시작을 감행할 기회를 보장해 준다. 민주주의란 불일치와 더불어 사는 것을 배우는 거대한 과제라는 의미를 갖는다. 우리가 어떤 공동의 세계에 함께 모여 살며 합의를 이루고자 한다면, 그때그때 전혀 다르게 시작하여 전혀 다른 결말에 이르는 것을 경험할 수밖에 없기 때문이다. 민주주의는 이를 인정하며, 공동생활의 문제를 둘러싼 논의를 되풀이해서 새롭게 개시한다. 그러나 개인적으로든 집단적으로든 그런 새로운 시작은 두 가지가 전제될 때만 가능하다. 그 두 가지란 약속과 사과이다. 우리의 행위는 우리가 결코 책임질 수 없는 과정을 유발시키기 마련이다. 우리가 세계 안에 정립하는 것은 언제나 취소도 조망도 불가능한 무엇이다. "취소 불가능성에 대한 구제책, 즉 우리가 무엇을 할지 몰랐고 알 수도 없었지만 이미 행했기에 돌이킬 수도 없다는 사실에 대한 구제책은 사과를 하는 인간의 능력에서 발견된다. 그리고 조망 불가능성에 대한 구제책, 즉 모든 미래적인 것의 카오스적 불확실성에 대한 구제책은 약속을 하고 이를 지키는 능력에서 발견된다."[42]

한나 아렌트는 자기 자신에게 마르틴 하이데거에 대한 신의를 지키겠다는 약속을 했다. 하지만 그녀는 그를 용서할 힘이 있을 때만 그 약속을 지킬 수 있었다.

그러나 하이데거는 몇 번이나 그런 용서의 힘을 갖기 어렵게 만들었다.

1955년, 다시 독일을 방문한 한나는 그를 찾아가지 않았다. "내가 찾아가지 않는 것이 하이데거와 나 사이의 암묵적 동의인 것처럼 생각되었어."[43] 그녀는 하인리히 블뤼허에게 그렇게 쓴다. 당시 한나 아렌트는 얼마 전 독일에 번역된 전체주의에 관한 저작 건으로 초대를 받았다. 그즈음 그녀는 대단한 명성을 누리고 있었다. 그리고 자신이 떠들썩한 주목을 받느라 하이데거에게 관심을 쏟지 못할 것이며, 그가 이 점을 금세 알아차릴 것임을 알고 있었다. 한나 아렌트의 독일 여행은 정말로 일종의 개선 행진 같았다. 자부심 강한 어느 유대인 여자가 돌아와 금세기 전체주의 실험에 관한 자신의 결산서를 내밀었고, 동시에 동시대 독일 고위 관료들을 엄중히 탄핵했다. "파괴의 초인적 힘의 과정에 자발적으로 빠져드는 행위는 어쨌거나 사회 내 기존 기능들과 연결을 끊고 무의미한 진부성과도 연관을 끊어 버리는 것처럼 보였다. 이 사람들은 모든 사념에서 '정화된' 잔혹하고 순수한 행동과 모든 인간 이해를 넘어선 잔혹하고 순수한 필연성의 압도적 힘에 대한 믿음의 융합에서, 겉으로만 모순적인 그 행동과 믿음의 융합에서 전체주의 운동의 매력을 느꼈고 지금도 그렇게 느낀다."[44]

이런 문장은 하이데거도 다치게 할 수밖에 없었다. 아마 그는 이 책을 훑어보기만 했겠지만 방금 인용한 "폭민과 엘리트의 일시적 동맹"[45]에 관한 구절은 놓쳤을 리 없었다. 이 구절은 독자들 사이에서 대단한 화제가 되었기 때문이다. 이 책의 근본 사상, 즉 전체주의 체제들의 유사성과 비교 가능성이라는 테제는 '니체' 강의 이래로 하이데거 또한 충분히 동의할 수 있는 것이었다. 그렇지만 종전 직후 자신을 변호할 때 국가사회주의에 대한 참여를 공산주의 위협에 직면한 서양의 구원 시도라고 변명했던 사실을 다시 기억에 불러일으키는 것은 불편한 감정을 유발할 수밖에 없었다. 따라서 한나 아렌트가 당시 하이데거를 방문하지 않은 것은 이 책에 대한 그의 신경질적 반응을 예상했기 때문일 수도 있다.

1961년 여름, 특파원 자격으로 아이히만의 재판에 참관한 뒤 작성된 한나 아렌트의 보고문이 미국에서 엄청난 스캔들을 일으켰다. 유대인의 강제수용소 수송에 유대인 조직이 협력했다는 사실이 서술되었기 때문이다. 그해에 한나 아렌트는 다시 독일을 찾았고, 그사이 철학적 주저 『활동적 삶』이 독일에서도 번역되었다. 그녀는 프라이부르크에도 잠시 들렀다. 그녀는 야스퍼스에게 그때의 일에 관해 썼다. "저는 하이데거에게 편지를 보냈어요. 제가 어디 어디에 가 있을 테니 언제든 연락을 취하라고요. 그에게선 아무 연락도 없었습니다. 저는 그다지 의아하게 생각하지 않았어요. 그가 도시에 있는지 없는지조차 알지 못했으니까요."[46] 에팅어에 따르면 한나는 프라이부르크대학 법학과 교수인 요제프 카이저Joseph Kaiser의 파티에 초대되었다. 이때 그녀는 대학생 시절에 알았던 오이겐 핑크Eugen Fink도 한번 만나고 싶다는 소망을 표현했다. 그러나 핑크는 초대를 "퉁명스럽게" 거절했다. 이 일을 겪고 난 후 한나는 모든 게 하이데거의 수작이라는, 그가 핑크에게 초대를 거절하라고 부추긴 것이라는 결론을 내렸다.

석 달 후 그녀는 야스퍼스에게 이런 편지를 쓴다. "하이데거. 예, 이건 정말이지 짜증나는 화제이죠…… 제 생각은…… 이렇습니다. 지난 겨울 처음으로 제가 지은 책 한 권을 그에게 보냈어요…… 저도 압니다. 제 이름이 공공연히 언급되고, 제가 책을 쓰는 일 따위가 그에겐 참을 수 없는 일이라는 것을요. 평생 동안 저는, 이를테면 그를 속였습니다. 늘 이런 모든 일이 전혀 일어나지 않은 것처럼, 말하자면 제가 셋까지도 셀 수 없는 바보인 것처럼 행동했어요. 물론 그 자신의 그 일에 대한 해석에서는 예외였지요. 그 문제에서는 제가 셋까지 셀 수 있고, 가끔은 넷까지도 셀 수 있다는 게 드러나면 그로서는 환영할 만한 일이었어요. 그런데 갑자기 그런 속임수가 지긋지긋하게 여겨지고 한 방 얻어맞은 기분마저 들었어요. 잠시 동안 정말 분통이 터졌지만, 곧 그런 기분도 사라졌습니다. 지금에 와서는 모든 게 그저 당연한 일이었다는 생각마저 듭니다. 속임수를 쓴 것이나 돌연 놀이를 중단해 버린 것이나 모두."[47]

5년이 지난 후에야 하이데거는 한나 아렌트에게 다시 편지를 써서 그녀의 예순 살 생일을 축하했다. 에팅어에 따르면 그는 편지에 토트나우베르크의 그림엽서도 동봉했고, '가을'이라는 제목의 시도 한 편 적어 보냈다.

1966년인 그해 초 알렉산더 슈반Alexander Schwan의 박사 논문 『하이데거 사유 속의 정치철학Politische Philosophe im Denken Heideggers』(1959년)을 기연으로 시사주간지 「데어 슈피겔Der Spiegel」에 하이데거의 국가사회주의 참여를 다룬 기사가 실렸다. 한나 아렌트는 이에 관해 카를 야스퍼스와 편지를 나눴다. 한나 아렌트는 "비젠그룬트-아도르노-일파"를 이 기사의 "배후 조종자"로 짐작하며,[48] 카를 야스퍼스는 「데어 슈피겔」의 기사가 표명한 의심과 관련해 하이데거를 변호한다. 기사에는 하이데거가 야스퍼스의 유대인 아내 때문에 더 이상 야스퍼스를 찾아가지 않았으리라는 내용이 있었다. "게르투르트와 나는 사실 그에게 점점 더 무관심해졌네."[49] 1966년 3월 9일, 야스퍼스는 한나 아렌트에게 이렇게 썼다. "하이데거가 우리와 왕래를 끊겠다고 마음먹은 건 아니야. 어쩌다 보니 그렇게 된 게지. 나도 1945년 이후 그를 다시는 만나지 않겠다고 결심하지는 않았어. 그냥 그렇게 된 것뿐이야. 의도 같은 것은 없었어.

하긴 둘 사이에 의도하지 않았다는 유사성은 있는 것 같군."[50]

그렇지만 카를 야스퍼스도 하이데거에 대한 감정의 앙금을 완전히 털어 낸 것은 아니었다. 3년 후 카를 야스퍼스가 죽었을 때 그의 책상에는 언제든 손이 가는 위치에 비망록이 놓여 있었다. 하지만 잦은 편지 왕래와 개인적 만남은 1949년과 1950년에 잠시 부활되었을 뿐 이후 오랫동안 두 사람의 관계는 다시 소원해졌다.

먼저 소극적 태도로 돌아선 쪽은 야스퍼스였다. 무엇보다 1950년 3월 7일 자 하이데거의 편지를 받은 이후였다. 그것은 하이데거가 종전 후 처음으로 한나와 만난 직후에 쓴 편지였다. 하이데거를 만난 한나는 야스퍼스에게 솔직한 얘기를 털어 놓으라고 권했고, 그러자 하이데거는 이런 편지를 야스퍼스에게 보내왔다. "1933년 이후 내가 당신 집을 더 이상 찾지 않은 것은 거기에 유대인 여자가 살고 있었기 때문이 아닙니다. 그보다는 저 자신이 부끄러웠기 때문입니다."(BwHJ, 196쪽) 야스퍼스는 짤막한 답장을 보내어 "솔직한 해명"에 감사했지만 그 후로도 2년 동안 전혀 편지를 쓰지 않았다. 1952년 7월 24일, 마침내 야스퍼스가 편지를 보내왔다. 이 편지에서 분명해진 점은 그가 하이데거의 신탁 같은 어투를 못마땅하게 여겼다는 사실이었다. 1950년 4월 8일에 보낸 편지에서 하이데거는 이런 말을 했다. "악의 문제"는 아직 종결되지 않았으며, 이러한 "고향 상실"에서는 어떤 "강림"이 준비되고 있는 바, "저 아득한 곳에서 보내오는 그 강림의 손짓을 아직은 희미한 바람결에서나 경험할 수 있을 것이며, 그 손짓을 붙잡아야만 미래를 위해 그것을 보존할 수 있습니다."(BwHJ, 202, 203쪽) 2년 후의 답장에서 야스퍼스는 이렇게 말했다. "당신 편지의 그런 문장에서 예감되고 시처럼 표현되는 철학, 어떤 장대한 것의 비전을 낳는 그런 철학은 현실과 괴리된다는 점에서 다시금 전체주의의 승리를 준비하는 게 아닐까요?" 하이데거의 "강림"에 관해 그는 이렇게 말했다. "내 사고력의 범위에서 보면 그런 것은 순전한 몽상입니다. 이 반세기 동안 우리를 바보로 만들었던…… 수많은 몽상들 중의 하나지요."(1952년 7월 24일 자 편지, BwHJ, 210쪽)

이 편지 이후로 야스퍼스와 하이데거는 그다지 길지 않은 생일 축하 서신만을 교환했다. 1956년, 야스퍼스는 에른스트 윙어의 회갑 기념 논문집에 실린 하이데거의 글 「존재물음에로Zur Seinsfrage」에서 이런 대목을 읽었다. "오늘날 형이상학적 물음을 그 양식과 역사의 전체 맥락에서 좀 더 분명히 살펴보고 추구하려는 사람은, 그가 숙고하면서 기꺼이 밝은 공간에서 움직이고 있다면, 언젠가 다음을 숙고해야 할 것입니다. 자신이 과연 어디서부터 좀 더 분명한 통찰의 빛을 얻은 것인지를 말입니다."(W, 410쪽) 이에 관해 야스퍼스는 다음과 같은 기록을 남겼다. "선택된 언어적 표현에 비춰 볼 때 유감스럽게도 나를 염두에 두고 한 말임은 의심의 여지가 없다…… 여기서는 내가 더 이상 관계하고 싶지 않은 추악함이 시작되고 있다."[51] 그해 독일에 온 한나 아렌트가 야스퍼스를 방문했을 때, 두 사람은 하이데거에 관해 "일종의 총괄 토론"을 벌였다. 블뤼허에게 보낸 한나의 편지에 따르면, 야스퍼스는 "하이데거와 관련해서" 그녀에게 "거의 최후통첩과 같은 말"을 했다. 하이데거와 절연하라고 요구했던 것이다. "그 말에 나는 화를 냈고 어떤 최후통첩도 받아들일 용의가 없다고 분명히 말했어."[52]

하이데거는 '야스퍼스에 관한 비망록' 같은 것은 남기지 않았다. 두 사람의 관계에서 하이데거는 구애를 받는 쪽이었다. 야스퍼스는 하이데거에게서 철학적 카리스마를 느꼈고, 되풀이해서 거기에 매혹되었다. 하이데거는 야스퍼스에게 그런 것을 느낀 적이 없었다. 하지만 1920년대에 실존의 이름으로 이른바 교수 철학에 항거하는 "투쟁공동체"를 꾸리자고 먼저 제안한 쪽은 하이데거였다. 그리고 우정이라는 말, 심지어 사랑이라는 말을 처음 들먹인 쪽도 하이데거였다. "1923년 9월 이후로 나는 당신이 내 친구라는 전제에서 당신과 함께 숨 쉬고 있습니다. 그것은 사랑에 대한 믿음이며, 이 믿음은 모든 것을 감수합니다."(1924년 4월 17일 자 편지, BwHJ, 46쪽) 두 사람은 우정을 돌보았지만 상대방의 저작은 거의 읽지 않았다. 하이데거가 정독한 유일한 책은 서평을 쓰기로 한 『세계관의 심리학』이었다. 하지만 야스퍼스는 그 서평에 거의 반응을 보이지 않았다. 야스퍼스는 하이데거의 저작보다는 그와의 대화에 더 흥미를 느꼈다. 야스퍼스는 하이데거의 저작을 읽다가 이런 메모를 적어 놓곤 했다. "그의 생각을 이해하지 못하겠다." 1950년대에 야스퍼스는 뢰비트의 다음과 같은 문장을 옮겨 적으면서 찬동을 표했다. "하이데거가 말하는 존재, 이 비밀이 대체 무엇인지 학문적으로 이해했다고 주장할 수 있는 사람은 사실 전혀 없다."[53]

학문적 주저인 『철학』(1932년)에서 야스퍼스는 하이데거와 유사하게 "존재의 탐색"을 철학의 가장 중요한 과제로 제시했다. 하지만 그가 탐색한 것은 다른 종류의 존재였다. 좀 더 정확히 말하면, 그는 다른 방식으로 존재를 탐색했다. 야스퍼스에게 존재란 자유의 운동, 즉 초월하기에서만 경험할 수 있는 "포괄자das Umgreifende"이다. "포괄자"는 철학적 사유의 직접적 거머쥠에 의해 포착되지 않는다.

1956년의 한 메모에서 야스퍼스는 자신과 하이데거의 입장을 대비시켰다. 그것은 생애에 걸친 대결의 간략한 결산이었던 셈이다. "하이데거: 사상 자체가 존재이다. 그에 관해 이러쿵저러쿵 말하고 지시할 뿐 그것에 다가가지 않는다. 야스퍼스: 사상이 실존적 주요 속성을 논한다. 성찰하는 자의 내적 행위에서 이러한 실존적 주요 속성을 증명한다(준비하여 표현한다). 그러나 이런 일이 철학적 저작에서 일어날 수는 없다."[54] 이런 차이는 하이데거도 인지하고 있었다. 1936/37년 겨울학기의 '니체' 강의에서 그는 이 차이를 다음과 같이 서술했다(물론 야스퍼스 생전에 출간된 강의록에는 이 구절이 삭제되었다). 야스퍼스에게 철학이란 근본적으로 "인간 인격의 도덕적 해명을 목적으로 삼는 환각"에 불과하다. 야스퍼스는 철학적 앎을 "더 이상 진지하게 다루지 않는다". 그에게서 철학은 그저 "인간 실존과 관련해 도덕적 설교를 늘어놓는 심리학"이 되어 버린다.(GA 제43권, 26쪽)

야스퍼스의 추정에 따르면 사유에 대한 하이데거의 과대평가는 그가 과학을 논박했음에도 불구하고 실상은 '과학적' 철학의 이념에서 벗어나지 못했다는 사실과 관련이 있다. 하이데거는 개념의 엄밀성과 머릿속의 생각에 불과한 작위적인 사상 구조의 건축에 지나친 중요성을 부여한다. 야스퍼스는 『존재와 시간』을 바로 그런 저작으로 여겼다. 그는 하이데거의 후기 저작에서 과학 성과의 철저한 단절을 인지했지만, 여기서는 또 다른 극단인 언어의 자립화를 목도했다. 언어가 언어 자신에 관심을 기울이다가는 급기야 곡예가 되어 버리거나, 언어가 존재의 현현인 것으로 나서다가 종내는 마법이 되어 버린다. 야스퍼스는 하이데거의 언어철학에 대해 회의적 입장을 견지했다. 야스퍼스에게 언어는 존재의 집이 아니다. '존재'는 '포괄자'이기에 그 어떤 껍데기에도—따라서 언어의 공간적인 껍데기에도—담겨지지 않기 때문이다. 하이데거에게 보낸 한 편지에서 야스퍼스는 이렇게 쓴다. "의사 전달로서의 언어는—행동과 현재성과 사랑을 통해—현실에서의 지양으로 이르게 됩니다."(1949년 7월 10일 자 편지, BwHJ, 179쪽)

야스퍼스의 관점에서 철학은 실존의 내적 행위가 될 때 그 목표에 도달한다. 이런 그의 눈으로 보면 하이데거는 작품으로서 철학에의 의지를 아주 분명하게 드러내고 있다. '작품'이란 모두가 여타 삶과의 경계를 강조하기 마련이다. 야스퍼스의 철학은 이런 의미의 '작품'으로 완결되지 않는다. 야스퍼스는 이 점을 아주 분명히 인지했으며, 이를 철학에 유익한 것이라 여겼다. 이런 맥락에서 그는 하이데거에 관해 다음과 같이 쓰고 있다. "그의 언어 행위와 주제를 유지해 주는 것은 처음부터 하나의 특별한 철학적 작품, 여타 삶과 구획되고 거기서 벗어난 특수한 것으로서의 작품이다…… 나의 방식은 경계가 없는 무엇이다…… 사유 방식상 일상적 사유와 철학하기, 연단의 강연과 생생한 대화가 분리되지 않는다."[55]

그러나 이런 비판과 선 긋기에도 불구하고 카를 야스퍼스의 다음과 같은 생각은 변하지 않는다. "철학적으로 빈곤한 세계"에서 하이데거는 "유일무이한 인물"이다.

노년의 야스퍼스는 하이데거에 관한 마지막 메모에서 이렇게 쓰고 있다. "예로부터 당대의 철학자들은 높은 산 위의 드넓은 바위투성이 고원에서 서로 만났다. 그런 곳에서는 눈 덮인 산과 저 아래 사람들이 거주하는 계곡 그리고 사방 하늘 아래 지평선이 내려다보인다. 거기서 보는 해와 별은 그 어디보다도 밝다. 공기는 모든 흐린 것을 삼켜 버릴 만큼 순수하고, 안개도 끼지 않을 만큼 차가우며, 사유의 비약이 무한한 공간으로 들어설 만큼 밝다. 접근은 어렵지 않다. 여러 길로 오르는 사람은 몇 번이고 자기 집을 잠시 떠나 본래적인 것이 무엇인지 그 고원에서 경험해 보겠다는 결심만 하면 된다. 그곳에서 철학자들은 경이롭고 가차 없는 투쟁을 벌인다. 철학자들을 사로잡은 것은 그들의 사상, 인간의 사상을 통해서 싸우는 힘들이다…… 오늘날에는 그곳에서 더 이상 그 누구도 만날 수 없는 듯하다. 그래도 나는 영원한 사변 속을 헤매면서 그런 사변을 중요히 여길 만한 누군가를 찾아본 것 같고, 단 한 사람이나마 만난 것 같다. 하지만 이 사람은 나의 공손한 적이었다. 우리가 각기 봉사한 힘들은 서로 화합될 수 없는 것이었기 때문이다. 머지않아 우리는 서로 대화조차 할 수 없게 된 듯하다. 즐거움이 고통으로 변했다. 위안할 길 없는 고통으로. 마치 손에 잡힐 듯 가까웠던 기회를 놓치기라도 한 듯. 그런 것이 나와 하이데거의 관계였다."[56]

제 23 장

—

대학 밖의 청중. 하이데거의 기술 비판: 몰아세움과
내맡김. 꿈의 장소에서: 그리스의 하이데거. 어느 장
소의 꿈: 르 토르의 세미나. 메다르트 보스. 촐리콘의
세미나: 치료 요법으로서의 현존재 분석. 대학 입시
생의 방.

—

메스키르히로 향하는 들길을 걷고 있는 마르틴 하이데거와 동생 프리츠 하이데거

대학 밖의 청중. 하이데거의 기술 비판: 몰아세움과 내맡김. 꿈의 장소 에서: 그리스의 하이데거. 어느 장소의 꿈: 르 토르의 세미나. 메다르 트 보스. 촐리콘의 세미나: 치료 요법으로서의 현존재 분석. 대학 입시 생의 방.

HEIDEGGER

1950년대 초 프라이부르크대학에서 하이데거를 (강의 자격을 가진) 정규 명예교수로 복직시킬 것인지를 두고 협의가 시작되었을 때 여러 가지 말이 나왔다. 하이데거의 정치적 경력뿐만 아니라 하이데거가 시류에 편승하는 철학자는 아닌지, 심지어 사기꾼은 아닌지 등의 물음 또한 제기되었다. 그는 학문적으로 존경할 만한 사람이었나? 대학이 요구하는 분위기를 여전히 지니고 있는가? 하이데거가 최고급의 뷜러회에 ^{Bühlerhöhe} 요양소¹에서 상류계급의 신사, 숙녀를 대상으로 강연을 했다거나 '브레멘 클럽^{Club zu Bremen}'에서 선박 중개인과 상인, 자본가를 대상으로 강연을 했다는 이야기가 들려왔다. 실제로 하이데거는 대학 강단에 설 수 없었기에 다른 청중을 찾았다. 브레멘과는 이미 1930년대 초부터 접촉이 있었다. 이 관계는 브레멘 명문가의 아들로 후일 역사학자가 된 하인리히 비간트 페체트에 의해 형성된 것이었다. 페체트는 한때 하이데거의 제자였고 평생 동안 그의 숭배자였다. 어느 정도 사적인 모임이었던 '브레멘 클럽'에서 하이데거는 '진리의 본질에 관하여'라는 강의를 했고, 이후로 페체트와의 친분이 돈독해졌다. 하인리히 비간트 페체트의 아버지는 돈이 많은 선박 중개인이었고, 하이데거는 바이에른 주이킹^{Icking}에 있는 이 가문의 여름 별장에 몇 차례 초대되었다. 전쟁 말기에 그는 자신의 원고 일부를 이 별장에 옮겨 놓기도 했다. 1949년 늦여름, 하이데거는 브레멘으로부터 강연 의뢰를 받았다. 그리하여 1949년 12월 1일, 그는 '존재하는 것에 대한 통찰^{Einblick in das was ist}'이라는 큰 제목으로 최초의 연쇄 강연을 시작했다(강연의 소제목은 '사물', '몰아세움^{Gestell}', '위험', '전회'였다). 강연장인 신 시청 건물 벽난로 홀에 청중이 모였고, 시장이 개회사를 낭독했다. 하이데거는 이런 말로 강연을 시작했다. "저는 15년 전에도 여기서 강연을 한 적이 있습니다. 당시 제가 말한 것들은 지금에야 서서히 이해되고 효력을 발하기 시작했습니다. 당시에 저는 뭔가를 감행했습니다. 그리고 오늘도 다시 뭔가를 감행하려 합니다!"[2]

하이데거를 초대한 브레멘 부호 시민들의 클럽도 뭔가를 '감행'했노라는 자부심을 느꼈다. 공식적으로 하이데거는 아직 강의 금지 처분 상태였기 때문이다. 말하자면 브레멘 사람들은—자기들 생각으로는—불의와 적대에 맞서 하이데거에게 자유도시에서 발언할 기회를 준 셈이었다. 당시 강연은 하이데거가 향후 5년간 브레멘에서 행할 여덟 차례의 연쇄 강연 중 최초의 것이었다. 고트프리트 벤은 1953년 친구인 상인 F. W. 욀체^{Oelze}에게 하이데거와 브레멘을 결속시키는 게 대체 뭐냐고 물었다. 브레멘 '상류' 사회의 일원이었던 욀체는 당연히 그 답을 알고 있었다. "나라면 브레멘에 대한 그의 애착을 이렇게 설명하겠습니다. 이곳에서 그리고 아마도 이곳에서만 그는 대학 도시나 관료 도시 그리고 빌러회에의 소수 난사람들에서는 찾아볼 수 없는 사회계층과 만나게 됩니다. 대상인과 무역상, 해운회사나 선박회사의 중역, 요컨대 유명한 사상가라면 동화 속 존재나 반신^{半神} 정도로 여기는 그런 사람들 말입니다."[3]

하이데거는 자유주의와 보수성이 혼합된 이 부호 시민 계층의 환경을 편안하게 느꼈다. 견실한 시민적 교양, 대개는 휴머니즘적 교양을 갖춘 실업가들은 대학 강단의 사고방식에 물들어 있지 않았다. 그들에게 철학은 일종의 현세적 종교성이었다. 그들은 이런 종교성을 세세한 면까지 제대로 이해하지는 못했지만 전후 시대의 격변 상황에서는 그런 종교성이 필요하다고 여겼다. 어쩌면 종교성은 이해하기 어렵기에 필요한 것인지도 몰랐다. 이해할 수 없기에 경외감을 품게 하는 것, 그런 것은 언제나 더 높은 무엇의 징표가 아니었던가? 하이데거를 초대한 사람들은 이국적인 철학의 세계로 잠시 소풍을 떠나 자신들의 풍부한 세상 경험을 확인해 보려는 사람들이었다. 이곳 사람들이 하이데거 사상을 특별히 잘 이해한 것은 아니라는 점은 페체트도 인정했다. 그는 자신이 속한 계층과 존경할 만한 철학자 사이에 다리를 놓는 일에 공을 들였다. 하이데거가 이 포럼을 선택한 것은 거기서 "자유로운 공기"를 느꼈기 때문이다. 그 공기는 자신의 후기 철학 프로젝트를 시도하기에 적절한 것이었다. 브레멘에서 그는 "몰아세움", "안으로 봄Einblick과 안으로 번뜩임Einblitz", "땅과 하늘, 신적인 것과 죽을 자"가 벌이는 "사방의 거울 놀이"에 관한 낯설고 어려운 생각을 최초로 설파했다. 이 첫 강연이 있고 며칠 후 에곤 비에타Egon Vietta[4]가 쓴 기사에 따르면, "자신의 사상에 관한" 하이데거의 "언명은 지금까지 것 중 가장 대범"[5]했으며, 그가 이를 위해 브레멘을 찾은 것을 이 도시는 충분히 자랑스러워할 수 있었다.

하이데거가 발견한 또 다른 포럼은 북부 슈바르츠발트 산악의 바덴바덴 상부에 위치한 '뷜러회에' 요양소였다. 이 요양소는 1920년대 초 의사인 게르하르트 슈트로만Gerhard Stroomann이 세운 것으로 원래는 카지노였던 건물을 유겐트스틸 양식으로 개축한 것이었다. 슈트로만은 토마스 만의 소설 『마의 산』에 나오는 궁정 고문관 베렌스와 비슷한 유형의 의사였다. 힘차고 권위적이며 요양소 의사다운 카리스마를 갖춘 인물이었던 그가 유럽 전역에서 찾아온 부자 고객들에게 제공한 요양 과정은 "창조적 정신"과의 만남을 통한 치료에 역점을 두고 있었다. 정신적 창조성은 초대받은 연사들뿐 아니라 환자에서도 발견될 수 있는 것이었기에 호응이 컸다. 에른스트 톨러와 하인리히 만, 카를 케레니Karl Kerényi[6]가 이곳에서 요양을 했고, 1920년대와 30년대에는 지적 세계에서 이름이 있는 모든 사람이 초대를 받았다. 슈트로만은 전쟁이 끝난 후에도 이 전통을 중단시키지 않았다. 1949년, 그는 이른바 "수요일 저녁"이라는 강연회를 시작했고, 1957년까지 이를 지속시켰다. 이른바 시대의 영적 문제가 논의되는 이 강연회에 언론 매체들도 관심을 보였고, 청중도 점점 늘어났다. 학자, 예술가, 정치가가 강연을 했고, 엘리트라 자처할 만한 사람들이 토론에 참여했다. 1950년대에 '본래성의 은어'를 위한 가장 적절한 장소가 있었다면, 그곳은 바로 '뷜러회에'였다. 이 점은 무엇보다 하이데거의 강연에 관한 슈트로만의 개인 기록에서 확인된다. "하이데거는…… 뷜러회에에서 네 차례 강연을 했다. 매번 전혀 유례없는 흥분 상태가 되었고, 그의 강연이 있는 날이면, 그가 강단에 서기만 하면 다른 때와 비교할 수 없을 만큼 많은 청중이 들끓었다…… 지금껏 발견되지 않은 샘이 있음을 단어 하나하나에서 새롭게 창조적으로 현시하는 그의 사유와 앎, 그 사유와 앎의 넘쳐나는 힘에 그 누가 자신을 닫아 버릴 수 있겠는가?" 하이데거가 초대받은 행사는 "감격으로 가득한 축제와도" 같다. "말소리가 사라진다. 하지만 토론이 시작되면 말 한마디에 지극한 책임을 져야 하기에 극도의 위험도 감수해야 한다."[7] 자신을 지극한 책임과 극도의 위험에 내맡긴 '뷜러회에'의 청중은 은퇴하여 연금을 받는 바덴바덴의 명사, 산업계 거물, 은행가, 이들의 부인, 고위 공직자, 정치가, 외국의 고위 고관이었고, 검소한 옷차림 때문에 눈에 띄는 대학생들도 소수 있었다. 마르틴 하이데거는 그들 앞에서 강연을 했고, 추상예술과 '인정하다(공간을 마련하다) einräumen'라는 단어의 뜻에 관해 아프가니스탄 문화부장관과 토론을 했다. 문학과 운율이 논제에 오를 때도 있다. 하이데거는 삶과 시 짓기에서 리듬이란 "'어디로부터Woher'와 '어디로 향해Wozu'의 상호작용"이라고 설명한다. 당혹감을 느낀 청중은 설명을 요구한다. 누군가 큰소리로 끼어든다. "왜 항상 모든 것을 설명하려 들지!" 그러자 하이데거가 말한다. "그것은 틀린 말입니다. 우리는 여기서 설명하려는erklären 게 아니라 밝히려klären 하는 것입니다!" 잠시 두서없는 얘기들이 오가다가 토론이 시들해진다. 다시 누군가 큰소리로 말한다. "분위기를 다시 띄울 겸 누구든 숙녀 한 분이 말씀하시면 어떨까요?" 아무도 입을 열지 않는다. 그러자 슈트로만의 주임 비서가 슬며시 일어난다. 그녀는 "진동의 비밀을 아는 사람이 모든 것을 안다"는 인도의 격언을 화제에 올린다. 다른 숙녀가 동의를 표하면서 시인이란 신성한 형상을 똑같이 만들어 낼 수는 없지만 이를 예감케 하는 베일은 짤 수 있다고 말한다. 그러자 강연장에 다시금 활기가 돈다. 그 말을 한 숙녀가 무척 매력적이었기 때문이다. 누군가 큰소리로 묻는다. "우리가 예술 작품 없이도 실존할 수 있을까요?" 누군가 대꾸한다. "예술 작품이 없이도 나는 얼마든지 잘 살 수 있어요." 다른 누군가가 나서서 말한다. 방금 논의된 "리듬을 타고 리듬과 하나가 된다는 것"은 순전히 다다이즘의 문제이니, 흥얼거려 보기만 하면 모든 문제가 풀린다고. 잠시 유쾌한 떠들썩함과 짜증 섞인 반응이 뒤얽힌다. 그러고는 다음 순서로 넘어간다. 구스타프 그륀트겐스Gustaf Gründgens[8]와 엘리자베트 플리켄쉴트Elisabeth Flickenschildt[9]가 연단에 올라 다음 포럼의 주제를 간략히 소개한다. 다음 주제는 '모던 연극의 정신'이다. 하이데거는 행사가 미처 끝나기도 전에 행사장을 떠난다.[10]

1950년대 후반에는 '수요일 저녁'이 다음 날 오전의 연주회가 끝나야 공식적으로 종결되었다. 한번은 하이데거가 이미 '뷜레회에'를 떠나고 동생 프리츠가 아직 그곳에 남아 있었는데, 프리츠를 마르틴으로 착각한 어느 숙녀가 다가와 그에게 마오쩌둥毛澤東을 어떻게 생각하는지 물었다. 그러자 프리츠가 재치 있게 대답했다. "마오는 노자의 몰아세움입니다."

언제부터인가 하이데거의 "몰아세움"이란 표현이 기술 시대를 지칭하는 말로 독일에서 유행하기 시작했다. 하이데거는 이 말을 브레멘에서 처음 사용했다. 그러나 이 표현이 유명해진 것은 1953년 '바이에른 예술 아카데미'에서 '기술에 대한 물음Die Frage nach der Technik'이라는 제목의 강연을 했을 때였다.

1950년대 초 이후로 하이데거는 바이에른 예술 아카데미로부터 여러 차례 강연 초대를 받았다. 처음에 뮌헨에서는 이 초대를 둘러싸고 말이 많았다. 당시 주 의회에서 논쟁이 벌어졌는데, 주 정부 장관인 훈트하머Hundhammer는 "한때 나치 정권을 지지했던 사람"[11]에게 강연을 맡긴 것을 비난했다. 빈과 프랑크푸르트, 함부르크의 대학생들은 하이데거의 강연을 듣기 위해 뮌헨으로 몰려왔던 반면, 칸트 학회는 회원들의 마음이 평안을 유지하도록 하이데거의 강연이 있는 날 다른 강연회를 열기로 했다. 1950년 여름, 뮌헨에서 처음 개최된 이 강연회는 하이데거에 의해 취소될 위기에 처하기도 했다. 전보로 강연 제목을 알려달라는 요청을 받은 하이데거는 전보 발송자의 실수로 '강연 제목'이 '강연 양식'으로 잘못 적힌 것을 보고는 주최 측이 함부로 간섭하여 자신에게 강연에 적절한 '양식'을 요구하는 것이라 믿고 말았다. 몹시 화가 난 그는 페체트에게 이런 내용의 편지를 썼다. "점점 참기 어려운 상태가 되고 있네…… 이런 태도에서 드러난 다른 모든 것은 차치하더라도, 내가 그 아카데미를 위해 아주 본질적인 것을 강연하리라는 것을 전혀 믿지 않

다니. 전체 히틀러 시대에도 내게 이런 일은 일어나지 않았네."[12] 모든 오해
가 풀린 뒤 하이데거는 뮌헨에 가겠다고 통보했지만 페체트에게는 이
렇게 말했다. "모호한 점과 몰아세움을 향한 피할 수 없는 경향은 여전히 남
아 있네."[13] 강연회가 열리는 저녁이 되자 아카데미의 회당으로 사람들
이 몰려들었다. 초대장이 없는 사람들이 초대장을 가진 사람들 사이로
끼어들었고, 이들을 위해 보조 의자들을 내왔으며, 계단과 창턱, 벽감,
통로 모두 인파로 채워졌다. 하이데거는 '사물das Ding'에 관해 말했다. 다
시금 세계의 "사방"이라는 말이 등장했다. 그런데 하이데거가 "대지와 하
늘, 죽을 자와 신적인 것"의 "거울 놀이"에 관해 말하기 시작하자, 그 자리
에 참석했던 사무차관으로서는 감당하기가 어려웠던 모양이다. 그는
화난 표정으로 벌떡 일어났지만, 엄청난 인파를 지나서야 겨우겨우 밖
으로 나갈 수 있었다. 그때가 1950년 여름이었다. 3년 후 뮌헨에서 '기
술에 대한 물음'이라는 제목의 강연이 다시 열렸다. 그날 저녁에는 1950
년대에 독일 정신계를 지배한 뮌헨 사람이 모두 모였다. 한스 카로사
Hans Carossa와 프리드리히 게오르크 윙어Friedrich Georg Jünger, 베르너 하이젠베
르크, 에른스트 윙어, 호세 오르테가 이 가세트José Ortega y Gasset가 그런 예
였다. 종전 후 하이데거가 공식 석상에서 거둔 가장 거대한 성공이었
을 것이다. 하이데거가—그 후 유명해진—"그도 그럴 것이 물음은 사유
의 경건함이므로"라는 말로 강연을 끝내자 사람들은 숙연한 침묵에 빠
지기는커녕 기립 박수를 쳤다. 사람들은 하이데거의 강연을 벨칸토[14]
아리아라 여겼던 것이고, 강연 내내 하이데거가 아주 높은 어조로 말
했기에 갈채를 보낸 것이다(1950년대의 사람들은 이런 고성을 그다지 싫어
하지 않았다).

하이데거는 기술에 관한 그의 사상으로 당시 더 이상 비밀이 아니

었던 시대의 불안을 흔들어 놓았다. 물론 하이데거는 이처럼 시대의 불안을 흔든 유일한 사람은 아니었다. 냉전의 시대에는 정치가 곧 운명이라는 생각이 만연했다. 하지만 다른 한편으로, 정치적인 것에 대한 의존을 자기기만이라 비판하고 실제로는 기술이 어느새 우리 운명이 되었다는 목소리가 점점 높아졌으며 더 이상 흘려들을 수 없는 것이 되었다. 그것은 우리가 더 이상 정치적으로 제어할 수 없는 운명, 특히—'계획'이건 '시장'이건—전통적 정치 개념으로 파악하려 들면 더욱더 제어할 수 없는 운명이었다. 1950년대에는 독일인 전체가 국가사회주의 범죄에 연루되었다는 의식이 없었으며, 따라서 이를 '애도할 수 있는 능력'—후일 미철리히^{Mitscherlich} 부부[15]가 아쉬워했던 것—따위는 생각할 수 없는 것이었다. 그렇기에 독일인들은 섬뜩한 과거는 의식에서 몰아내고 경제 기적과 건설 러시를 만끽할 수도 있었다. 하지만 이즈음부터 기술 시대의 미래에 대한 불편한 감정이 표출되기 시작했다. 이런 주제는 개신교 아카데미 대회들에서 무수히 논의되었고, 정치가들의 일요 연설에도 빠지지 않았으며, 잡지에서도 흔히 다뤄졌다. '원폭 사망에 대항하는 투쟁'이라는 이름의 운동에서는 그런 불안이 직접적인 정치적 의사로 표현되었다. 이 주제에 관한 주요 저작들도 출간되었는데 종전 후 카프카 작품의 수용에서는 관리된 세계와 기술에 대한 형이상학적 비판이 주된 관점을 형성했다. 귄터 안더스는 1951년에 발표한 에세이 「카프카의 찬반^{Kafka, pro und contra}」으로 이름을 얻었는데, 이 글에서 카프카는 "사물화된 세계의 우세"에 경악하고 자신의 경악을 '성스러운' 공포로 만든 작가로, 달리 말해 기술 시대의 신비주의자로 묘사된다. 1953년에는 올더스 헉슬리^{Aldous Huxley}의 『멋진 신세계^{Brave New World}』가 독일어로 번역되었고, 이 책은 1950년대의 베스트셀러가 되었다. 이 소설은 시험관의 인간에게 미리 행불행과 직업을 프로그래밍하는 가공스러운 미래상을 보여 준다. 그 미래는 더 이상 운명을 갖지 못함이 운명인 세계, 정치는 없고 기술만이 지배하는 전체주의 체제로 변한 세계이다. 같은 해 알프레트 베버Alfred Weber의 『제3 혹은 제4의 인간』이 출간되었다. 이 책은 견실한 사회학과 문화철학의 용어로 로봇과 인간이 사는 기술 문명을 묘사하여 많은 주목을 받았다. 더욱이 독자들은 그들이 시대적 단절기, 즉 인류사의 세 번째 단절기의 동시대인이라는 주장에 공감했다. 최초는 네안데르탈인, 그 후에는 무리와 부족의 역사를 가진 원시인, 그리고 마지막으로 서양에서부터 기술을 산출해 온 고도 문명을 가진 인간들이 있다. 그러나 알프레트 베버에 따르면 이 고도 기술 문명 가운데서 인류는 영혼과 정신을 역발전시키는 중이다. 이 과정에서 우리가 겪는 것은 사회 요인에 의한 돌연변이 발생 외에 다른 것이 아니다. 종국에는 두 유형의 인간만이 남을 것이다. 그것은 로봇처럼 기능하는 두뇌 동물과 새로운 원시인이다. 정글이나 다름없는 인공 세계 안의 이 새로운 원시인은 자제력과 예측력을 갖지 못한 채 두려움에 떨 뿐이다. 독자에게 전율의 감정을 불러일으킨 이 미래상은 오락문학의 가치도 충분히 가지고 있었다.

1953년에는 프리드리히 게오르크 윙어의 저작 『기술의 완전성Die Perfektion der Technik』도 출간되었다. 그의 형 에른스트 윙어가 쓴 에세이 『노동자』가 출간된 해는 1932년인데, 동생인 그는 이미 1930년대부터 형의 저작에 대한 답변으로 자신의 이론을 개진한 바 있다. 『노동자』에서 에른스트 윙어는 "기술의 완전성"이 인간 내면의 기술화를 통해 완성되기 전까지는 기술 세계가 낯설고 외적인 힘으로 나타날 수밖에 없다는 테제를 내세웠다. 에른스트 윙어는 "새로운 인류"를 꿈꾸었고 이것이 "노동자의 형상"에 실현되리라고 전망했다. 이 새로운 유형의 인간은 "빛의 냉정한 기하학"과 "과열된 금속의 하얀 불꽃" 같은 풍경 속에서 자연스럽게 살아간다.[16] 이 인간은 민첩하고 냉정하고 정밀하고 기동적으로 반응하기에 기술의 리듬에 얼마든지 적응할 수 있다. 하지만 이 인간은 기계의 주인이라는 위치를 유지하는 바, 그의 내면 또한 기술적이기 때문이다. 이 인간은 마치 놀이라도 하듯 자기 자신을 기술적으로 다룰 수 있다. 일찍이 니체가 '자유로운 인간'을 상상하며 묘사했던 것처럼 말이다. 니체의 '자유로운 인간'은 자신의 목적에 따라 완전히 자기 뜻대로 "덕성"을 "도구"처럼 다뤄 이리저리 사용하고 "떼어 내거나 부착할" 수 있다.[17] 에른스트 윙어에 따르면 이런 인간은, "마지막 남아 있는 편안함의 찌꺼기"마저 사라지고 그의 생활공간이 "화산 지대나 황량한 달 표면처럼" 변한다 해도 이를 더 이상 상실이라 느끼지 않는다. 이런 인간에게는 차가움을 추구하는 모험심이 있다.[18]

우리는 그 차가움 속에서 죽고 말 것이다. 프리드리히 게오르크 윙어는 그렇게 자기 형에게 답한다. (물론 그의 형도 언젠가부터 더 이상 기술의 옹호자가 아니며, 이제는 기술 반대자, 이를테면 '숲속 생활자'의 하나가 되었다.) 프리드리히 게오르크 윙어의 주요 테제는 이런 것이다. 기술은 모던의 인간이 자기 목적에 따라 사용하는 하나의 '수단', 하나의 도구에 불과한 것이 더 이상 아니다. 기술이 인간의 내면을 바꿔 놓았기 때문에 인간이 세울 수 있는 목적들도 이미 기술적으로 규정되어 있다. 기술적 생산에는 욕구의 생산도 포함된다. 보기와 듣기, 말하기, 태도와 반응양식, 시간과 공간의 경험은—자동차와 영화와 라디오 등에 의해—근본적으로 달라졌다. 이런 과정의 자기운동성은 기술 이외의 것을 더 이상 남겨 놓지 않는다. 기술 문명의 근본 특징은 인간에 의한 인간의 착취가 아니라 지구에 대한 막대한 착취이다. 공업중심주의는 자연의 역사에 의해 축적된 에너지 자원을 찾아내어 남용하고, 그 결과 산업주의는 자연사에 의해 축적된 에너지 원료를 찾아내고 남용하여 결국 엔트

로피의 운명을 겪고 있다. "기술 전반과 기술이 발전시켜 온—완전한 기술성을 추구하는—보편적 노동 계획은 다른 모든 기계들과 마찬가지로 열역학 법칙과 그에 의해 서술되는 손실의 법칙에 따른다."[19] 기술은 모든 것을 자유로이 사용할 수 있게 만들고, 불가침하거나 신성한 그 무엇도 알지 못하기에 자신이 딛고 있는 행성이라는 기반을 파괴해 버린다. 아직은 기반이 견뎌 내고 있으며, 아직은 지구 주민의 일부가 문명의 쾌적함을 만끽하고 있기에 "기술의 완전성"을 위해 치르는 대가가 적당하다고 생각한다. 그러나 이런 생각은 착각이다. 프리드리히 게오르크 윙어는 말한다. "책임은 시작이 아니라 결말에서 지게 된다."[20]

기술 비판자들의 이러한 카산드라적[21] 절규는 조금 다른 시각을 가진 사람들의 비웃음을 샀다. 당시 「데어 모나트Der Monat」지에는 '기술의 오싹한 방에서Im Gruselkabinett der Technik'라는 제목의 기고문이 실렸는데, 이 글의 테제에 따르면 '악'은 기술에 있는 것이 아니라 인간에게 있다. '악할' 수 있는 것은 기술이 아니라 기술이 투입되는 목적이다. 우리는 기술을 악마화하지 않도록 주의해야 하며, 그 대신 "악마의 기술화"[22]를 좀 더 정확히 고찰해야 한다. "오늘날 기술에 대한 공포는 마녀에 대한 중세의 망상을 좀 더 높은 정신적 층위에서 고상한 형식으로 되풀이하는 것뿐이다."[23] 이러한 반비판에 따르면, 기술 비판은 시대의 도전을 제대로 수용하지 못하는 것이며, 기술에 적합한 에토스의 계발을 거부하는 태도에 불과하다. 만약 이러한 에토스가 주어진다면, 우리는 전혀 두려워할 필요가 없을 것이다. 막스 벤제Max Bense는 이러한 반비판의 대변자였다. "우리는 한 세계를 산출했다. 그리고 지극히 멀리로 거슬러 올라가는 전통이 입증하듯, 이 세계는 우리 지성의 가장 오래된 노력으로부터 유래한 것이다. 그러나 오늘날 우리는 이 세계를 이론적·정신적·지성적·합리적으로 지배할 수 없다. 그것의 이론은 없으며, 더불어 기술적 에토스의 명확성도 없다. 다시 말해 이 세계에서 적절한 윤리적 판단을 내릴 가능성은 없는 것이다…… 아마도 우리는 여전히 이 세계를 완전하게 만들고 있는 중이지만, 우리는 이 세계를 위해 이 세계의 인간을 완전하게 만들 수는 없다. 바로 이것이 우리의 기술적 실존이 처한 암울한 상황이다."[24] 벤제가 드러낸 인간과 그에 의해 창조된 기술적 세계 사이의 "불화"를 귄터 안더스는 『인간의 골동품성Die Antiquiertheit des Menschen』(1956년)에서 "프로메테우스적 수치"라고 부른다. 인간은 자기보다 더 완전하며 효과도 큰 자신의 산물들 앞에서 "수치심"을 느낀다. 핵폭탄을 예로 들면 인간은 자신이 산출한 것의 영향력을 더 이상 가늠할 수조차 없다. 따라서 기술에 관한 성찰의 중심에 있는 것은 이런 물음이다. 벤제의 주장처럼 인간이 기술에 적응해야 하는가? 아니면 프리드리히 게오르크 윙어나 귄터 안더스가 주장하듯 기술이 인간의 척도에 맞게 다시 축소되어야 하는가?

이제 분명해졌듯, 1953년 하이데거의 강연 '기술에 대한 물음'은 이 영역에서 유일하게 시도된 철학적 발언이 아니다. 그는 이미 진행되고 있던 논의에 끼어든 것뿐이다. 그는 기술이란 '도구'에 불과하다는 사고방식에 선을 긋고 기술을 근대적인 세계-내-존재의 근본 징표로 이해한다. 이때 그의 주장에는 프리드리히 게오르크 윙어(및 후일의 귄터 안더스)와 비교할 때 전혀 새로운 것이 없다. 그런데 윙어는—그리고 안더스도—인간 세계를 기술적 우주로 변화시킨 이 과정의 원천에 관해서 분명히 말하는 바가 없다. 하이데거는 바로 이 문제를 밝히려 한다. 우리는 그의 테제가 어떤 것인지를 이미 1930년대에 그가 전개한 철학, 특히 「세계상의 시대」라는 논문을 통해 알고 있다. 기술의 근원은 우리가 자연과 대면하는 방식에 놓여 있다. 우리가 자연을—고대 그리스의 알레테이아 표상에서 그렇듯―스스로 나타나게 하는가, 아니면 우리가 자연에 도발적으로 요구하는가^{herausfordern}의 선택에서 비롯되는 문제라는 것이다. 기술은 "탈은폐의 한 방식"(TK, 13쪽)이라고 하이데거는 말한다. 모던의 기술을 완전히 지배하는 탈은폐는 "도발적 요청^{Herausforderung}이라는 의미에서 닦아세움^{Stellen}의 성격을 갖고 있다."(TK, 16쪽) 하이데거는 "도발적 요청"이라는 핵심 개념 주위로 온갖 방식의 기술적 장악을 모아들인다. 이것의 반대 개념은 '밖으로 나타나게 함^{Hervorkommenlassen}'이라는 의미에서 "끌어내 앞으로 가져옴(산출)^{Hervorbringung}"(TK, 27쪽)이다. 일찍이 미켈란젤로는 조형 작품은 이미 돌 안에 있으며 우리는 그것을 밖으로 해방시키기만 하면 된다고 말했다. 하이데거가 '끌어내 앞으로 가져옴'과 '밖으로 나타나게 함'이란 말로 뜻하는 것은 대략 그렇게 이해되어야 할 것이다.

자연에 대한 이 두 가지 태도 방식, 즉 도발적 요청과 끌어내 앞으로 가져옴을 하이데거는 '세계상의 시대'보다 약간 앞서 행한 강연인 '사유란 무엇인가?'에서 인상적으로 설명한 바 있다. 우리는 꽃이 만발한 나무 앞에 있다. 과학의 눈으로 관찰되지 않고 실천적 효과에 무관심한 순간에만 우리는 그 만발함을 제대로 체험한다. 과학의 시각에서 우리는 그 만발함의 체험을 소박한 무엇인가로 치부해 제거해 버리고 만다. 그러나 하이데거에 따르면, 중요한 것은 "무엇보다도 먼저, 그리고 마침내, 꽃이 만발한 나무를 놓아 버리지 않고 그것이 서 있는 자리에 우선 서 있게 해 주는 일이다. 어째서 우리는 '마침내'라고 말하는가? 사유가 지금까지 나무가 서 있는 자리에 그것을 서 있게 하지 않았기 때문이다."(WHD, 18쪽) 즉 우리는 자연을 끌어내 앞으로 가져오지 않고 자연에 도발적 요청을 하며, "계산에 의해 확정될 수 있는 방식으로 스스로를 나타내고 하나의 정보 체계로 주문될 수 있는 것"(TK, 22쪽)인 양 자연을 다룬다.

"도발적 요청" 다음으로 등장하는 핵심 용어는 "주문^Bestellen"이다. "주문되는 것"은 뜻대로 처분할 수 있는 "재고^Bestand"가 된다. 양쪽 강변을 연결시키는 다리는 아치 모양을 이루고 있기에 강물의 흐름에 아무런 해를 끼치지 않는다. 강물에 대한 존경심을 잃지 않는 것이다. 하지만 수력발전소는 강물의 흐름을 직선으로 바꿔 버려 강물을 '재고'로 만들고 만다. 발전소가 강물의 흐름에 맞추어 건설되는 것이 아니라 거꾸로 "강물이 발전소에 맞추어 변조"(TK, 15쪽)되는 것이다. 여기서 일어나는 "터무니없는 일"이 어떤 것인지를 보여 주기 위해 하이데거는 발전소에 맞춰 변조된 라인 강과 휠덜린의 찬가 「라인 강」에서 묘사된 강물을 대비시킨다. 물론 라인 강이 주변 풍경과 어우러진 강물임은 변함이 없다고 반박하는 사람들도 있을 것이다. 그럴 수도 있다. 하지만 라인 강은 어떤 것으로 머무는가? "어느 레저 사업체에 의해 그곳으로 보내진 일군의 여행객들이 관람하는 대상, 주문 가능한 대상이 아니고 다른 무엇이겠는가?" (TK, 16쪽)

기술의 개입은 자연을 현실적이거나 잠재적인 "재고"로 바꿔 놓는다. 그리고 이런 재고는 우리 머리 위로 무너지지 않도록 계산과 계획에 의해 안전히 보관되어야 한다. 기술은 더 많은 기술을 요구한다. 기술의 결과는 기술적 수단에 의해서만 제어될 수 있다. 우리는 자연에 도발적인 요청을 했으며 계속 그렇게 진행될 것을 자연에 요구한다. 그리고 몰락을 대가로 치른다. 그리하여 원환은 존재망각의 악순환이라는 형태를 띤다. 도발적인 요청과 재고와 재고의 안정화, 이 모든 것을 하이데거는 "몰아세움"이라 부른다. 이는 기술 문명의 시대를 지칭하는 말로, 이런 시대에는 피드백 효과를 가진 인공두뇌 제어계 속에서 모든 것이 다른 모든 것과 연결된다. "산업사회는 그 고유한 피조물로 흡수됨을 근거로 해서 실존한다."(TK, 19쪽)

몰아세움은 인간이 만든 무엇이지만, 우리는 그 앞에서 자유를 상실했다. 몰아세움은 우리의 "역운"이 되었다. 이 상태는 위험하다. 왜냐하면 이런 몰아세움 속의 삶이 선택의 여지를 남기지 않는 일차원적인 것이 되려 하며, 다른 방식으로 세계와 만나고, 세계에 머무는 방식이 기억에서 지워지고 있기 때문이다. "인간에 대한 위협은, 어쩌면 치명적으로 작용할 수도 있는 (기술의) 기계와 장비에서 비롯되는 것이 아니다. 본래적 위협은 이미 인간에게서 본질적으로 시작되었다. 몰아세움의 지배는 다음과 같은 가능성으로 위협을 가해 온다. 근원적인 탈은폐로 돌아가서 좀 더 시원적인 진리의 부름을 경험하는 일이 인간에게 거부될 수도 있다는 가능성 말이다."(TK, 28쪽)

이미 우리는 하이데거의 "시원적 진리"라는 것에 익숙하다. 그것은 사물들에 대한 자유로운 시선의 진리, 사물들을 있는 그대로 있게 하는 시선의 진리이다. 그것은 나무가 꽃피게 놓아두기, 혹은 플라톤의 동굴에서 벗어나는 길 찾기를 뜻한다. 그 길을 찾으려는 것은 태양 아래서, 즉 존재의 개방된 빛트임 속에서 존재자가 더욱 존재적이 될 수 있게 하기 위함이다. 진리의 돌연한 정오 시간이 바로 "시원적 진리"이다. 우리가 자연에게 다르게 질문하면 자연도 다르게 대답할 것이라는 기대감이 그것이다. 「휴머니즘이란 무엇인가?」에서 하이데거는 이렇게 말한다. "자연은 인간에 의해 기술적으로 장악되었다는 바로 그 사실 속에서 자신의 본질을 감출 수도 있을 것이다."(ÜH, 16쪽)

그렇지만 "숙고하는" 사유가 여기저기 꽃이 만발한 나무들을 존재케할 수도 있다는 전망, 사유에서 여기저기 또 다른 세계-내-존재가 생생히 고유화된다는 전망에 하이데거는 만족하지 못한다. 그는 사유에서 나타나는 태도 변화를 역사에 투영한다. 철학의 머릿속 전회가 역사에서의 전회에 관한 추측으로 변하는 것이다. 그리고 하이데거는 자신의 기념 강연에 어울릴 만한 멋진 결말을 찾아낸다. 청중이 뭔가 진지하고 교훈적인 얘기를 들었다는 뿌듯한 감정을 느낄 만한 결말 말이다. 즉 하이데거는 횔덜린의 말을 인용한다. "그러나 위험이 있는 곳에서는 구원하는 무엇도 자라나니……."

분명히 사유는 몰아세움의 숙명연관을 숙고하며 그렇게 해서 이미 한걸음 내딛는다. 사유는 어떤 유희공간, 즉 유희되는 것이 비로소 보이는 그런 유희공간을 열어 놓는다. 그런 점에서 실제로 사유에는 이미 어떤 '전회'가 있다. 이것이 바로 "내맡김"의 태도이다. 하이데거는 1955년 메스키르히의 한 강연에서 이에 관해 말한 바 있다. "우리는 기술적 대상들을 우리의 일상 세계로 들여보내는 동시에 바깥에 머물게 한다. 다시 말해, 절대적인 무엇이 아니라 더 높은 것에 준거한 채로 있는 사물로서 그것들 자신에 머물게 한다. 나는 기술적 세계에 대한 동시적 긍정과 부정의 이 태도를 이런 오래된 말로 부르고 싶다. '사물들로의 내맡김'."(G, 23쪽) 그렇지만 사유의 전회로서 이해된 이런 "사물들로의 내맡김"은 현실 역사에서의 전회라는 추측에 타당성Plausibilität을 부여하지는 못한다.

타당성을 결여했다는 이런 비난에 하이데거라면 다음과 같이 응수할 것이다. '타당성'은 기술적-계량적 사유의 범주이다. 고로 '타당성'에서 사유하는 사람은 몰아세움 안에―설령 거기서 벗어나려 한다 해도―머무는 것이다. 하이데거의 시각에서는 기술의 문제에 대한 '실행 가능한' 단적인 해결책이란 없다. "인간의 계산과 제작은 그 자신으로부터 그리고 그 자신만을 통해 현재의 세계 상태에 어떤 전환을 가져올 수 없다. 인간의 책략이 이러한 세계 상태에 의해 각인되어 있고 그 상태에 빠져 있다는 이유만으로도 이미 그렇다. 인간의 책략이 어떻게 자신의 주인이 될 수 있겠는가?"(1963년 12월 24일 자 편지, BwHK, 59쪽) 전회는 "역운"의 생생한 고유화로 일어날 것이며, 그게 아니라면 전혀 일어나지 않을 것이다. 그러나 이 고유화는 숙고하는 사유 안에 자신의 그림자를 드리운다. 본래적인 "전회"에 대해서는 사도 바울이 그리스도의 재림에 관해 말한 것이 그대로 적용된다. 그것은 밤에 도둑처럼 다가오는 것이다. "위험의 전회는 갑작스럽게, 고유하게 일어난다. 전회에서는 갑작스레 존재의 본질이 밝게 빛난다. 갑작스럽게, 스스로를 밝힘이 번뜩임Blitzen이다."(TK, 43쪽)

이것은 미래의 역운에 관한 꿈일 뿐이다. 그런데 만약 하이데거가 그의 생애 중 이런 꿈에 의해 실제로 행동을 하고, 이런 꿈이 한때 "있었으며" 지금도 여전히 "현전하는" 장소를 향해 떠난다면, 이는 조금 색다른 문제가 될 것이다.

하이데거는 이미 여러 해 전부터 데다르트 보스와 에르하르트 캐스트너Erhart Kästner[25], 장 보프레로부터 그리스에 가 보라는 권유를 받았지만 계속 주저하는 모습만 보였다. 그러다가 1962년 마침내 그리스 여행을 시도한다. 여행은 아내의 선물이었고, 그녀도 함께 가기로 한다. 그는 자신이 거기서 구하는 것이 무엇인지 이미 여러 차례 밝혔고, 강연 '기술에 대한 물음'에서도 이렇게 말한 바 있다. "서양 역운이 시작될 때 그리스에서는 예술이 그것에 보존된 탈은폐의 최고 높이에 이르렀다. 예술은 신들의 현전을 가져왔고, 신의 역운과 인간의 역운 사이의 대화를 밝은 빛트임 속으로 가져왔다."(TK, 34쪽)

그가 처음 그리스 여행을 계획한 때는 1955년이었다. 당시 그는 뮌헨에서 '기술에 대한 물음'이라는 주제로 강연을 했으며, 여기서 에르하르트 캐스트너와 만나 친교를 맺게 되었다. 그리고 그와 함께 그리스 여행을 떠나기로 했다. 그런데 출발을 앞두고 배표와 기차표도 이미 마련되었던 시점에 하이데거가 여행을 단념했다. 5년 후에도 똑같은 일이 반복되었다. 함께 지도를 들여다보고 여행 루트까지 다 짜 놓은 상태에서 다시 하이데거가 발을 뺀 것이다. 그는 캐스트너에게 이런 편지를 썼다. "'그리스'를 직접 '보지' 않은 채로 그것에 관해 몇 가지 것을 '사유'해도 괜찮겠다는 생각입니다. 지금 저는 내면의 눈앞에 있는 것을 적절한 말함으로 붙드는 일에 생각을 집중해야 합니다. 이러한 정신의 집중이 가장 훌륭하게 고향의 장소를 제공합니다."(1960년 2월 12일 자 편지, BwHK, 43쪽) 2년 후인 1962년 봄에야 마르틴 하이데거는 마침내 "꿈의 문턱"(에르하르트 캐스트너)을 넘어갈 마음의 태세를 갖추게 된다. 그는 '체류^{Aufenthalte}'라는 제목의 여행기를 집필했고, 70세 생일을 맞은 아내에게 이를 헌정한다.

비가 내리고 추운 어느 날, 베니스로 입항하기 전에 그는 다시금 의혹에 사로잡힌다. "신들이 도망쳐 버린 땅에 부여하려 한 것이 한갓 머릿속의 생각일 수도 있으리라는, 그러면 사유의 길이 오류의 길로 입증될 수밖에 없으리라는"(A, 3쪽) 의혹이 든 것이다. 몇 가지 것이 위험에 처해 있음을 하이데거도 알고 있다. 그리스 또한 이 베니스처럼 그를 맞이하게 되는 것은 아닌가? "역사"의 죽어 버린 "대상"일 뿐이고 "관광산업의 노획물"에 지나지 않는 이 베니스처럼? 두 번째 야간 항해가 끝난 이른 아침, 코루프 섬의 모습이 보인다. 예전에는 케팔레니아라고 불렸던 섬이다. 이곳이 파이아케스인들의 땅이라 했던가? 하이데거는 상갑판에 앉아 『오디세우스』 4권을 다시 읽어 보지만 일치하는 점을 찾지 못한다. 예상했던 것과는 전혀 다르다. 모든 것이 오히려 이탈리아의 풍광과 유사하다. 오디세우스의 고향인 이타카조차 그를 감동시키지 못한다. 하이데거는 "원래의 그리스적인 것"에 대한 탐구가 과연 그리스를 발견하는 올바른 방식인지 회의한다. 그 탐구는 오히려 "직접적 경험"을 망치지 않는가?(A, 5쪽) 배가 해안에 정박하고, 화창한 봄날 아침 올림피아행 버스 여행이 시작된다. 특별한 매력이라곤 없는 마을이 하나 나타난다. 아직 완공되지 않은 미국식의 관광호텔들이 거리에 늘어서 있다. 하이데거는 실망을 각오하는 마음이 된다. 그의 그리스에서 남아 있는 것은 그 자신이 품은 "표상의 임의성"뿐인가?(A, 8쪽) 올림피아의 폐허에서 나이팅게일의 아침 노래가 들려오고, "동강난 기둥들"은 그 "지탱하는 솟아오름"을 보존하고 있다. 마침내 그 세계가 그의 내부로 서서히 밀고 들어온다. 정오에 그들은 나무 아래 풀밭에서 휴식을 취한다. 깊은 정적이 감돈다. 이제 그는 이 방문이 성공적일 수도 있음을 감지한다. "미약하나마 목신들의 시대를 짐작할 수 있다." 다음 목적지는 미케네 지역이다. 그곳이 "축제극을 볼 수 있는 단 하나뿐인 경기장처럼" 모습을 보인다. 어느 고원에 오르자 일찍이 제우스 신전의 일부였던 기둥 세 개가 남아 있다. "광대한 풍경 속에서는 마치 눈에 보이지 않는 칠현금의 세 현처럼—언젠가 죽을 자들에게는 들리지 않는—바람의 조곡이 들려오는 듯하다. 신들의 도주가 남긴 여운이리라."(A, 12쪽) 하이데거는 자신의 환경에 침잠하기 시작한다. 배는 소아시아 해안의 그리스 섬들로 접근한다. 로도스, 즉 장미의 섬이 나타난다. 하이데거는 배에서 내리지 않는다. "새로운 숙고로의 집중이 자신의 권리를 요구했다."(A, 16쪽) 일찍이 그리스적인 것은 "아시아적인 것"과 다투지 않을 수 없었다. 이 다툼은 그 현재의 대립들에서 완전하게 가동되었다. 그리고 오늘날 우리는 기술로부터 도발적으로 요구받고 있다. 그리스인으로부터 배우기, 그것은 현재의 도발적 요구를 견뎌 내고 극복함을 뜻할 수밖에 없지 않은가? 그리스인들에 대한 "추념"이란 "세계에 이질적인 용무"이며, 이야말로 현재에 열려 있는 그리스적 정신을 배반하는 것이 아니겠는가? "적어도 그렇게 보이기는 한다."(A, 16쪽) 이 말로 하이데거는 이런 고찰을 잠정적으로 종결짓는다. 어느새 배는 델로스 섬에 다다랐다. 섬의 이름이 모든 것을 말한다. 그 말은 "현현하는 것, 나타나는 것"(A, 19쪽)이라는 의미이다. 날은 화창하며, 해안에서는 여인들이 털실로 짜거나 수를 놓은 다채로운 물건을 펼쳐 놓고 판매한다. "즐거운 광경"이다. 그 외에 인적은 드물지만, 신전과 고대 건축물의 폐허는 섬 여기저기 널려 있다. "일찍이 있었던 위대한 시작의 감추어진 것이 모든 것으로부터 말했다." 닳고 닳은 태고의 암석과 폐허의 조각들을 넘고 불어오는 바람을 맞으면서 갈라진 틈새 투성이의 킨토스 산으로 오른다. 이제 위대한 순간이 찾아온다. 주변의 산들과 하늘, 바다, 그리고 섬들이 "열린다". 그것들이 빛 속에서 드러난다. "무엇이 있는가, 그것들 안에서 무엇이 현출하는가? 그것들이 어디로 손짓하는가?" 그것들은 현출하는 것을 "이러저러하게 현전하는 것으로 나타내며"(A, 21쪽), 그렇게 해서 가시성의 축제를 손짓으로 가리킨다. 델로스의 언덕, 탁 트인 바다와 흩어진 섬들이 내려다보이는 그 언덕 위에서 하이데거는 찬미의 땅에 도착했음을 축하한다. 왜 하필이면 델로스를 그렇게 여기는가? 이 장소가 다른 장소보다 탁월한 점이 무엇인지는 그의 여행기에서 분명하게 밝혀지지 않는다. 어쩌면 그저 이름의 마법 때문인가? 혹은 하이데거도 좀 더 분명한 무엇을 말할 수 없는 것인가? 그는 조심스레 신적인 것의 현전을 말하지만, 그와 동시에 이를 자제하여 "희미한 범신론"은 피하려 한다. 그러고는 우리가 익히 알고 있는 진리의 사건이라는 자신의 공식을 붙든다. 하지만 이 맥락에서 그 공식은 이미 언젠가 사유된 것을 되풀이하지 않고 그 사유가 태동한 장소를 지시한다. 그는 "눈으로 본 것을 단순한 서술의 이야기로 확정 짓는 것"을 거부한다.(A, 5쪽) 그리고 자신의 황홀한 행복감을 표현하기 위해 이런 말을 선택한다. "눈으로 보여 표상되었을 뿐인 것이 스스로를 채웠다. 현전성으로, 다시 말해 한때 밝아져 그리스인들에게 비로소 현전을 허여했던 무엇으로 채워진 것이다."(A, 21쪽)

여행은 아테네로 이어진다. 여행객들을 피해서 이른 아침 시간 아크로폴리스로 오르며, 다음은 델피로 향한다. 델피의 성역은 사람들로 북적거리는데, 그들은 "사유의 축제"(A, 22쪽)를 벌이는 대신 끝도 없이 사진을 찍는다. 그들은 자신들의 기억을, "추념"의 능력을 상실한 것이다.

델로스의 체험은 잊지 못할 정점으로 남는다. 반년 후 프라이부르크의 하이데거가 캐스트너에게 편지를 보낸다. "저는 자주 그 섬에 가 '있습니다'." 하지만 "그에 관한 적절한 말은 존재하기 어렵습니다." 할 수 있는 일이란 "순수한 현전의 놀라운 순간"(1962년 8월 23일 자 편지, BwHK, 51쪽)을 추념 속에 보존하는 것뿐이다.

그가 꿈의 장소를 여행한 것은 그때가 처음이었다. 여행은 몇 차례 더 이어졌다. 1964년과 1966년, 그리고 1967년에.

이 몇 년 동안 하이데거는 그의 또 다른 그리스인 프로방스를 발견했다. 1955년, 그는 노르망디의 스리지-라-살Cerisy-la-Salle 국제문화센터에서 개최된 학술대회에 참가했다가 장 보프레의 소개로 프랑스 시인 르네 샤르René Char를 알게 되었다. 이때부터 그는 시인일 뿐 아니라 레지스탕스 빨치산 지도자이기도 했던 인물과 우정을 맺게 되었다. 샤르 자신의 말에 따르면, 그의 시는 "말할 수 없는 것을 향한 강행군"이다. 그의 시는 되풀이하여 자신의 사랑하는 고향 프로방스를 무대로 삼고 있다. 바로 그곳, 프로방스 보클뤼즈 지역의 르 토르 근교에 있는 자기 집으로 르네 샤르는 하이데거를 초대한다. 보프레는 르 토르의 르네 샤르를 방문할 때 소수의 친구들 및 보프레의 학생들 중 일부를 선발해 작은 세미나를 열기로 하이데거와 합의했다. 세미나에 초대받은 보프레의 학생 중에는 프랑수아 페디에François Fédier와 후일 『존재와 시간』을 프랑스어로 번역할 프랑수아 베쟁François Vezin도 있었다. 1966년과 1968년, 그리고 1969년에 열린 이 세미나는 일정한 절차에 따라 진행되었다. 오전에는 집 앞의 플라타너스 나무 아래 앉아 매미 소리를 들으면서 헤라클레이토스를 논하거나 헤겔의 다음과 같은 문장에 관해 토론을 했다. "찢어진 양말이 기운 양말보다 낫다. 자기의식은 그렇지가 않다." 그리스의 운명 개념이 논의될 때도 있었고—1969년처럼—마르크스의 포이어바흐 테제 11번이 논제가 될 때도 있었다. "철학자들은 세계를 그저 다양하게 해석해 왔을 뿐이다. 중요한 것은 세계를 변화시키는 것이다." 바람에 흔들리는 잎새 소리를 들으며 그늘 아래 앉아 있는 이런 오전이면 모두가 같은 생각을 했다. '우리는 마침내 다시금 세계를 보살필 수 있도록 세계를 해석하지 않으면 안 된다.' 종종 거센 바람이 종잇장을 날렸지만, 토론 내용이 충실하게 기록되었다. 이런 기록 중의 하나는 다음과 같은 문장으로 시작된다. "올리브 나무들은 우리 앞의 경사지에서 저 멀리 론 강이 흐르고 있을 평지까지 이어져 있다. 그런 올리브 나무 아래서 우리는 (헤라클레이토스의) 토막글 2에 관해 다시 논의하기 시작했다. 우리 뒤편에는 델피와도 같은 산악이 있다. 그것은 레방크의 풍경이다. 그곳으로 가는 길을 찾는 사람은 신들의 손님이 되리라."(VS, 13쪽)

오후가 되면 사람들은 주변 지역을 돌아봤다. 아비뇽이나 보클뤼즈의 포도밭, 그리고 무엇보다도 세잔Cézanne이 즐겨 그렸던 생트 빅투아르 산이 행선지였다. 하이데거는 비메무스 채석장으로 가는 길을 좋아했다. 이 길을 따라 걷다 굽은 길을 돌면 갑자기 거대한 생트 빅투아르 산이 모습을 보였다. 하이데거는 말했다. 그것은 세잔의 길이며, 그 길은 "시작에서 끝에 이르기까지 나 자신의 사유의 길과 그 나름의 방식으로"[26] 상응하고 있다고. 하이데거는 길가 돌덩어리에 앉아 잠시 눈앞의 산을 구경할 수 있었다. 언젠가 세잔이 "세계가 균형을 이루는 순간"이라는 말을 한 곳도 이 장소였다. 당연히 하이데거의 벗들은, 여러 시간 동안 미동도 않고 생각에 잠길 수 있었다는 소크라테스의 일화를 떠올렸다. 해가 지면 사람들은 다시 르네 샤르의 집으로 돌아왔다. 하이데거는 르네 샤르의 말투와 거동 그리고 그가 사는 곳에서는 과거의 그리스가 다시 살아 난다고 말했다. 그리고 르네 샤르는 시 짓기의 본질에 관해 다시금 자유로운 시선을 갖게 해 주었다며 하이데거에게 감사를 표했다. 르네 샤르는 시 짓기란 "그 최선의 장소에 있는 세계"[27] 외에 다른 것이 아니라고 말했다. 헤어질 때마다 그는 철학자에게 한 아름의 식물을 선사했다. 그의 정원에서 따온 라벤더와 샐비어, 초원의 백리향과 여러 약초, 올리브유와 벌꿀이었다.

"이 찬란한 며칠간의 분위기를 재현한다는 것은 사실상 불가능합니다." 당시 모였던 사람들 중 하나가 그런 말을 썼다. "참가자들이 하이데거에게 보여 준 절제된 주목과 존경. 그들은 모두가 이 획기적 사유의 역사적 의의에 깊은 감동을 받았습니다. 이 스승과의 편안하고 친밀한 우호의 관계 또한 마찬가지였습니다. 한마디로 남방의 빛, 그 잊을 수 없는 날들의 침착한 쾌활함."(VS, 147쪽)

1960년대 후반에는 또 다른 세미나가 하이데거에게 지극히 생산적이고 집중적인 국면을 마련해 준다. 그것은 촐리콘[28]에 있는 메다르트 보스의 집에서 열린 세미나였다. 세미나에 참여한 사람들은 모두 의사와 심리치료의였는데, 이들은 취리히대학 정신과 교수로 있던 메다르트 보스의 제자나 동료들이었다(예전에 융C.G.Jung이 근무했던 취리히대학 정신과는 흔히 '부르크횔츨리Burghölzli'라 불린다). 전쟁 중에 메다르트 보스는 스위스군 산악 부대의 군의관으로 복무하며 지루함을 견디기 위해『존재와 시간』을 읽었다. 점차로 그는 이 저작이 "인간 실존과 그의 세계에 대한 근본적으로 새로운 미증유의 통찰을 표현하고"(ZS, VIII쪽) 있으며, 이 통찰이 심리학에도 생산적인 영향을 줄 수 있으리란 생각을 품게 되었다. 1947년 그는 하이데거에게 편지를 썼다. 하이데거는 정중한 답장을 보내왔고 "조그마한 초콜릿 한 상자"를 보내 달라고 청했다. 1949

년 메다르트 보스가 처음으로 토트나우베르크를 방문했다. 두 사람은 편지를 교환하는 사이에 참된 우정을 쌓게 되었다. 마르틴 하이데거는 자신의 사유를 잘 이해하는 듯한 의사와의 교류에서 많은 것을 기대했다. 메다르트 보스에 따르면, "하이데거는 자신의 철학적 통찰이 철학자의 방에만 갇히지 않고 더 많은 사람, 무엇보다 도움을 필요로 하는 사람에게 뭔가 기여할 수도 있으리란 가능성을 발견했다".(ZS, X쪽) 세미나는 1959년부터 1969년까지 계속되었다. 세미나 참가자들의 말로는 "처음에는 화성인 하나가 일군의 지구 주민들과 만나 의사소통을 하려는 것"(ZS, XII쪽)만 같은 느낌이었다. 하이데거는 인내심을 갖고서 자신의 '근본명제', 현존재란 세계에 열려 있음을 뜻한다는 명제를 몇 번이고 새롭게 설명했다. 첫 세미나에서 그는 칠판에 반원을 그려 세계에 대한 이 일차적 열려 있음을 표현했다. 이러한 일련의 세미나에서 하이데거는 『존재와 시간』에서 개진된 현존재 분석의 근본개념들을 사용해 정신적 장애를 설명하는 작업을 처음 시도해 보았다. 질병의 역사가 자세히 논의되었다. 이때 주도적인 물음을 이룬 것은, 열린 세계연관이 지장을 받고 있는가, 만약 그렇다면 어느 정도나 지장을 받고 있는가였다. 여기서 열린 세계연관이란 미래나 과거로 회피하지 않고 현재를 "견뎌 내기|ausstehen"를 뜻한다. 하이데거는 고통의 전사를 이론적으로 구성하여 이러한 현재연관을 더욱 어렵게 한다는 이유로 프로이트의 심리분석을 비판했다. 더 나아가 열린 세계연관이란 인간과 사물이 나타날 수 있는 어떤 중간 지대를 유지하는 것을 뜻한다. 예컨대 조울증 환자는 자유롭게 열려 있는 이런 마주함을 알지 못하며, 사물과 동료 인간을 그것들이 원래 속한 시간과 공간에 있게 할 수 없다. 그에게는 사물이나 인간이 너무 멀리 있거나 너무 가까이 있다. 그는 그것들을 집어삼키는 동시에 그것들에 의해 집어삼켜진다. 달리 말해 사물과 인간이

그의 내부와 외부의 거대한 공허로 사라지고 만다. 그는 세계가 그에게 건네는 말을 더 이상 들을 수도 붙잡을 수도 없다. 사물과 인간에 대한 일정 거리를 유지한 가까움이 그에게는 불가능하다. 자기 자신과 동료 인간들을 존재케 하는 내맡김이 결여된 것이다. 하이데거가 되풀이해서 말하는 견해는 이런 것이다. 대부분의 정신 질환은 단어 그대로의 의미에서 '실존하기'의 장애라고 이해될 수 있다. 열린 세계연관의 '견뎌-내기'가 성공하지 못하는 것이다. 하이데거에 따르면, 질병과 정상은 칼로 자르듯 분리되지 않는다. 그는 조울증 환자나 울증 환자에 관한 이야기를 하다가도 얼마 지나지 않아 데카르트에 관한 이야기나 모던의 일반적인 "세계의 황폐화"라는 이야기로 넘어가 버린다. 광인에게는 세계란 것이 자신에게 덤벼들어 압도하고 삼켜 버리려는 무엇인가로 나타난다. 하이데거에 의하면 이런 광인의 태도는 근대에 일반적인 '힘에의 의지'가 병리적인 극단에까지 다다른 모습이다. 촐리콘의 세미나에서 부단히 논의된 것은 두 가지 문제인 바, 하나는 개인의 정신적 질환이고 다른 하나는 모던 문명의 병리학이다. 하이데거는 개인의 광기 상태에서 근대의 광기 상태를 인식한다.

하이데거는 메다르트 보스를 친구로 여겼지만 그를 치료의로서 필요로 하지는 않았다. 그래도 하이데거는 몇 번이나 되풀이되는 똑같은 꿈에 관해 그에게 털어놓은 적이 있다. 그가 어린 시절과 똑같은 교사들의 지도를 받으면서 다시 한번 대학 입시를 준비하는 꿈이었다. 메다르트 보스에 따르면, "그(하이데거)가 자각된 사유에서 '존재'를 '생생한 고유화'의 빛 아래서 경험할 수 있게 되자 이 정형화된 꿈은 궁극적으로 지나가 버렸다."(ZS, 308쪽)

제 24 장

—

카산드라의 외침. 아도르노와 하이데거. 아모르바흐
와 틀길. 본래성의 은어에서 60년대의 본래적 은어
로. 말함과 아우슈비츠에 관한 침묵. 「데어 슈피겔」과
의 인터뷰. 프라이부르크와 토트나우베르크의 파울
첼란.

—

70세 생일을 맞은 하이데거

카산드라의 외침. 아도르노와 하이데거. 아모르바흐와 들길. 본래성의 은어에서 60년대의 본래적 은어로. 말함과 아우슈비츠에 관한 침묵. 「데어 슈피겔」과의 인터뷰. 프라이부르크와 토트나우베르크의 파울 첼란.

HEIDEGGER

1965년, 두 논객의 라디오 토론이 있었다. 이제는 전설처럼 회자되는 이 토론에서 한 사람은 종교재판장의 역할을 했고, 다른 한 사람은 인류의 벗 역할을 맡았다. 종교재판장은 겔렌이었고 상대방은 아도르노였다. 겔렌: "아도르노 씨, 물론 당신은 여기서 다시 한번 성숙의 문제를 보고 있습니다. 정말로 당신은 믿는 겁니까? 원칙적 문제나 집중적인 성찰 혹은 삶에 심대하고 지속적 영향을 남긴 오류라는 짐들, 우리가 헤어나고자 했기에 거쳐야 했던 그 모든 부담들 말입니다. 당신은 이런 모든 부담을 인간에게 요구하는 게 마땅하다고 믿는 겁니까? 진심으로 당신의 생각을 듣고 싶습니다." 아도르노: "그 물음이라면 아주 간단히 답하겠습니다. 예, 그렇습니다! 나에게는 객관적 행복과 객관적 절망의 표상이 있습니다. 그리고 나는 이렇게 말하고 싶습니다. 인간에게서 부담을 덜어 주는 한, 인간에게서 완전한 책임과 자기규정을 요구하지 않는 한, 이 세상에서 인간의 안락함과 행복이란 한갓 가상에 불과하다고 말입니다. 게다가 그것은 어느 날엔가 터져 버릴 가상이지요. 그리고 그 가상이 터져 버리면 경악할 만한 결과가 발생할 것입니다." 겔렌은 그런 생각은 멋져 보이지만 안타깝게도 유토피아적 인간학에나 들어맞을 생각이라고 응수한다. 그러자 아도르노는 이렇게 말한다. 겔렌의 주장과 달리, 인간의 부담 경감 욕구는 인간학적 자연 상수 Naturkonstante가 아니라 인간이 자신의 사회제도를 통해 스스로 부과한 부담에 대한 반응일 뿐이다. 인간이 부담을 피해 찾아낸 도피처는 바로 권력이며, 이 권력이 그들에게 고통을 가한 "재앙"을 몰고 왔다. "공격자와의" 이런 "동일화"는 중단되어야 마땅하다. 겔렌은 논쟁을 끝내면서 이렇게 답변한다. "아도르노 씨…… 내 느낌에 따르면 우리는 깊은 전제에서는 의견이 같습니다. 하지만 내가 받은 인상으로, 당신은 그 모든 파국적 상황에서 인간이 간신히 건져 낸 것들, 그 약간의 것들에 인간이 만족하지 못하게 하려는 경향을 보이고 있습니다. 그리고 그것은 위험합니다."[1]

전체는 비진리이다. 두 사람은 이 입장을 공유한다. 그것은 하이데거의 입장이기도 하다. 겔렌에 따르면, 최선의 길은 인간이 "비판과 이의에 면역된 채" 자신의 일에 몰두할 수 있게 해 주고, 또 인간에게서 성찰의 지출을 감해 주는 일이다. 그런 성찰의 지출로 인간은 전체라는 파국적 상태와 마주칠 뿐이다. 그러나 아도르노는 그렇지 않다고 말한다. 우리는 해방의 이름으로 인간에게 그런 반성을 촉구해야 한다. 그 목적은 인간이 처한 상황이 얼마나 열악한가를 깨닫게 하는 데 있다. 한쪽은 깊은 성찰에서 비롯된 이유에서—기성의 것에 대한 실행 가능한 대안은 없다고 생각하기에—인간을 성찰로부터 지켜 주고자 한다. 다른 쪽은 인간에게 성찰을 요구하려 든다. 비록 그가 인간에게 상기시킬 수 있는 것은 그저 미묘한 구원의 약속, 유년의 경험과 시와 음악과 "전락의 순간의 형이상학"에 보존되어 있는 그 약속뿐이지만.

주목할 만한 사실은, 겔렌과 아도르노 같은 철학자 그리고 또 하이데거가 공히 상황을—전체를 조망해 볼 때—파국적이라 생각한다는 점이다. 그런데 이런 파국을 알리는 경보는 들리지 않는다. 인간은 이런 파국과 더불어 아주 편안히 살 수 있다. 아도르노에 따르면 그 결과 인간은 이중적으로 소외되어 있다. 인간은 소외되어 있으며, 자신들의 소외에 대한 의식도 상실했다. 겔렌에 따르면 문명이란 원래부터 생활 가능한 상태 속의 재앙과 다른 것이 아니다. 그리고 하이데거에 따르면 "몰아세움"이란 인간이 지배할 수 없는 "역운"이다. 기술적 세계의 근본 문제는 기술적으로 해결될 수 없다. "오직 신만이 우리를 구원할 수 있다." 하이데거는 그렇게 말한다.

전망이 아름답지 못한 산정의 카산드라들은 효율성과 '지금 그대로'가 지배하는 저지대 위편에서 서로를 소리쳐 부르며 암울한 통찰을 교환한다.

1950년대와 1960년대 초에는 파국의 담론이 형성되었고, 이는 건설 열풍과 복지 생활의 안락, 사소한 일들에 관한 단기적 낙관주의와 평화로이 공존했다. 음울한 어조의 문화 비판이 번영하는 독일연방공화국의 분주함과 짝을 이루었다. 그런 음울한 합창에서는 아도르노와 겔렌, 그리고 하이데거도 목소리를 냈다.

세 사람은 혼란한 상태를 동시적으로 비판하지만, 그 방식은 각기 다르다. 겔렌은 지성적인 수단에 의해 사회를 지성적인 것으로부터 지켜 내고자 한다. 아도르노는 자본주의적 소외의 경악스런 이미지를 그려 내며―'사회연구소'의 명성을 되찾기 위해―만네스만 콘체른[2]의 위탁을 받아 이 대기업의 직업 환경을 조사한다. 기술에 대한 교화적 언설을―교화적 언설로―비판한다.

시대비판가 하이데거는 아도르노와 유사한 일을 겪었다. 사람들은 예술적 신탁에 귀 기울이듯 그의 말에 귀 기울였다. 각종 학문 아카데미뿐 아니라 예술 아카데미들도 하이데거를―그리고 나중에는 아도르노 또한―끌어들이고자 애썼다. 정치적이 되려 하지 않고, 종교적인 것에 대해서도 미묘한 태도를 취하지 않는 근본 비판은 반드시 심미적으로 수용될 수밖에 없다. 1957년 베를린의 예술 아카데미가 하이데거의 가입에 관해 협의했을 때, 게르투르트 본 르 포어Gerturd von le Fort[3]는 하이데거의 저작이 "위대한 문학"[4]으로 읽혀야 한다고 말했고 대다수가 그녀의 말에 찬동을 표했다. 이러한 종류의 반향은 하이데거로서도 받아들이기 어려운 것이 아니었다. 그에게서도 사유와 시 짓기는 점점 가까워졌고, 이 두 가지 덕분에 그는 시대의 다툼질에서 멀어질 수 있었기 때문이다. "목자들은 황폐한 지상의 황무지 바깥에서 눈에 띄지 않게 사는 바, 이 지상은 인간 지배의 보전에만 유용할 뿐이다."

1920년대만 해도 하이데거의 영향력은 대학 울타리 안에만 국한된 것이 아니었으나 1950년대가 되면 그 영향력은 훨씬 줄어든다. 그렇지만 1950년대에도 여전히 많은 수의 대학교수와 교수 지망생들이 하이데거를 다룬다. 독일 대학의 학과들은 상당히 '하이데거화'되어서, 이 거장의 저작들이 세밀히 분석되고, 던짐과 던져짐이 빈약하게 고찰되며, 하이데거의 장대한 권태의 철학을 지루하기 그지없는 철학으로 만드는가 하면, 실존범주들의 질서를 둘러싼 스콜라적 논쟁을 불태우기도 한다. 그러나 이런 모든 것이 동인이 되어 1950년대와 1960년대 초 하이데거가 사유의 거장으로 칭송받게 된 것은 아니다. 젊은 하버마스는 하이데거의 70세 생일을 맞아 일간지 「프랑크푸르터 알게마이네 차이퉁Frankfurter Allgemeine Zeitung」에 그의 철학이 지닌 영향력에 관한 글을 투고한다. 여기서 하버마스는 특히 고요한 시골에서 형성되고 있는 "평신도 수도사들의 서클"[5], 하이데거의 말을 숭배하는 서클을 부각시킨다. 몇 년 후 아도르노는 소책자 『본래성의 은어』에서 하이데거의 영향을 다음과 같은 공식으로 압축해서 표현한다. "합리성 한가운데의 비합리성은 본래성의 작업환경이다."[6] 작업환경 연구자인 아도르노는 다음과 같은 사실을 잘 알 수밖에 없었다. "독일에서 본래성의 은어가 말해지고 있으며, 그에 관한 글은 더 많다. 이것은 사회화된 엘리트의 표식으로 고상함과 편안함을 하나로 만든다. 고상한 언어인 동시에 일상적 언어인 것이다. 본래성의 은어는 철학과—개신교 아카데미의 것만이 아닌—신학으로부터 교육학과 시민대학과 청소년 조직을 거쳐, 경제·정치 대표자들의 고상한 어법에까지 널리 확산되고 있다. 본래성의 은어는 깊은 인간적 감동의 가식으로부터 넘쳐 나지만 어느새 자신이 공식적으로 부정하는 세계와 마찬가지로 표준화되어 버렸다."[7] 아닌 게 아니라 하이데거 철학의 예비 부품과 용어적 구성 성분들은 학술적 평판에 손상을 주지 않으면서도 감동적 언술을 가동시키기에 아주 적합하다. 예컨대 죽음에 관해 말할 때면 실존주의적 진지함과 철학적 학식 사이의 중도를 선택할 수 있다. 학문적 철학 종사자들은 이렇게 해서 자기들이 그 어떤 인간적인 것도 소홀히 하지 않음을 보여 주려 한다. 신에 관해 말하기를 창피해 하지만 익명의 영성은 포기하고 싶지 않은 사람은 '존재'—y로 표시하건 아니건—로 기꺼이 손을 뻗는다. 다소 젊은 세대에게 카뮈와 사르트르가 뜻했던 것이 좀 더 나이든 세대—즉 난해한 것을 진지한 것과 동일시하곤 하는 세대—에게는 하이데거였다.

이런 시대의 '독일적 이데올로기'에 비판적 시각을 가졌던 아도르노의 관점에서 보면, 본래성의 은어와 그 용어 제공자인 하이데거는 훨씬 더 위험스러운 무엇이었다. 그것은 언제든 파시즘으로 돌아설 수 있는 교양인 심성Mentalität의 표현이었던 것이다. 아도르노는 우선 "사명, 부름, 만남, 참된 대화, 언명, 관심사, 결속"처럼 무해하게 들리는 표현에서 논의를 시작한다. 아도르노에 따르면, 이는 잘만 조합하면 "말의 천국행"[8]을 연출할 때 써먹을 수 있는 단어들이다. 부름을 듣고 만남을 선택하고 자신의 관심사를 알리며 결속을 마다하지 않는 사람은 더 높은 무엇의 소명을 가진 사람처럼 보이기 마련이다. 그에게는 더 높은 것에 대한 감각이 있으니 말이다. 그런 사람은 관리되는 세계의 경영을 초월해 있는 극복인Übermensch—물론 아직은 유연한 극복인—이다. 본래성의 은어는 실무적 유능함을 탁월성으로 고양시킨다. 본래적인 자란 따뜻한 마음을 잃지 않으면서도 목적 달성의 능력이 있음을 입증하는 사람이다. 본래적인 자는 "정신의 월리처 오르간"[9]을 연주한다.

『본래성의 은어』는 이 책이 출간된 1960년대에는 이미 지나가 버린 한 시대의 시대정신을 결산한다. 그것은 루트비히 에르하르트Ludwig Erhard[10] 수상의 시대였다. 이 엄숙한 은어는 가부장적인 아데나워 시대에 번성하지만, 아도르노의 소책자가 출간되었을 때는 이미 신즉물주의가 시작되고 있었다. '만남의 집' 대신 '다목적 홀'이 등장하고, 보행자 전용 구역이 도시를 점령하며, 건축에서는 벙커 건축과 감옥 건축이 승리를 거둔다. 철학에서든 섹스 숍에서든 벌거벗은 사실들, 날것 그대로의 사실들이 매력을 가지며, 폭로와 비판적 비판, 배후의 배후를 파고드는 물음이 담론의 세계를 지배하기까지는 그다지 긴 세월이 걸리지 않는다.

은어의 기술 중 한 가지는 말이 "실제 의미하는 것보다 더 고상한 뜻을 가진 것처럼" 들리게 하는 것이다.[11] 하지만 아도르노도 가끔은 그런 울림을 갖는다. 다만 아도르노는 천국행 대신 지옥행을 연출한다. 아도르노는 파시즘에 대한 의심에서 과도한 열의를 보내는데, 그러다 보니 위험하기보다 우스꽝스러운 사실에 지나친 의미를 부여하곤 한다. 예를 들어 아도르노는 『존재와 시간』의 '죽음의 장'에서 볼 수 있는 하이데거의 세심한 장 구분을 두고서 이렇게 말한다. "이 책자에서는 죽음조차 다뤄진다. 독일 친위대 지침서와 실존철학의 방식으로. 관료주의가 천마 페가수스가 되고, 이 묵시록의 말이 극한으로 내달린다."[12]

다른 부분에서 아도르노는 하이데거를 부차적인 덕목의 철학자로 만든다. "그렇지만 시대에 부합하는 본래성의 이름에서는 고문 형리 또한 온갖 존재론적 배상을 청구할 수 있을 것이다. 그가 성실한 고문 형리기만 하다면 말이다."[13] 그러나 이런 것들은 아도르노 비판의 예비 단계일 뿐이다. 아도르노는 하이데거의 기초존재론 내부에서 파시즘을 감지하려 한다. 존재론, 특히 하이데거의 존재론은 체제에 포섭된 "준비 태세, 의식에 대해 변명하지 않고 질서를 승인하려는 타율적 준비 태세"이다. 그렇게 아도르노는 『부정 변증법』에서 쓰고 있다. 아도르노의 이 유작은 구상적으로 『본래성의 은어』와 연결되어 있다.

1959년 아도르노는 이런 말을 한다. "나는 민주주의 '내에' 국가사회주의가 살아 있는 것이 민주주의에 '반하는' 파시즘적 경향이 살아 있는 것보다 잠재적으로 더 위협적인 것이라 여긴다."[14] 이때 그는 냉전 시대의 반공주의가 파시즘의 망령에 익명성을 보장해 준다는 점을 집중적으로 다룬다. 반공주의는 '적색 홍수'로부터 서구를 지켜 내는 것으로 자처하면 되었고, 이때 국가사회주의적 반볼셰비즘의 전통에 얼마든지 연결될 수 있었다. 아데나워 시대의 이런 반공주의는 실제로—인종주의적 뉘앙스가 없지 않은—'러시아에 대한 불안'을 유포했고, 권위주의적이며 때로는 국수주의적이기도 한 감정에 호소했다. 1950년대에는 동구권에 대한 전선을 강화하기 위해 국가사회주의 전력의 엘리트를 복권시키고 재등용하는 사업이 착실히 추진되었다. 아데나워는 기회가 있을 때마다 "인간을 두 부류"로 구분 짓는 일, 즉 정치적으로 하자 없는 사람과 그렇지 못한 사람으로 구분 짓는 일이 조속히 사라져야 한다고 주장했다. 이미 1951년 5월 '부역자들'의 공직 진출을 허용하는 법이 발효되었다. 1952년에는 이 법을 보완하는 '충성의무법'이 발효되었고, 이에 근거해 '나치 정권 피해자 협회' 회원들을 공산주의자라는 혐의 아래 공직에서 배제시켰다. 반유대주의도 다시 꿈틀거렸다. 1949년 호르크하이머와 함께 망명지에서 프랑크푸르트대학으로 돌아온 아도르노는 무엇보다 이 반유대주의를 분명하게 감지할 수 있었다. 1953년 그는 "철학·사회학 특채교수"로 초빙되었는데, 이 자리는 공식적으로도 "보상 교수직"이라 불렸다. 충분히 명예훼손으로 고발할 만한 명칭이었다. 자신의 학문적 역량만으로 정규 교수직을 얻겠다는 아도르노의 희망은 오랫동안 실현되지 않았다. 1956년 마침내 철학·사회학과의 정규 교수로 아도르노가 임명되었을 때, 동방학과 교수인 헬무트 리히터Hellmut Richter는 즉각 "부정 거래"[15]란 말을 입에 올렸다. 그는 프랑크푸르트에서는 호르크하이머의 비호를 받는 유대인이면 누구든 출세할 수 있다고 말했다. 이런 말을 하는 사람은 리히터만이 아니었다. 사태는 더욱 악화되어, 전임 총장이자 학과장으로 입지가 단단했던 호르크하이머조차 만연한 "유대인 증오"를 이유로 1956년 조기 은퇴를 신청했다. 아도르노와 호르크하이머는 유대인으로 겪었던 과거의 경험을 되풀이할 수밖에 없었다. 이미 특권적 지위에 도달한 그들이었지만 여전히 낙인이 찍혀 있었고, '언제든 상처 입힐 수 있는' 사람들이었다. 사르트르는 「유대인 문제의 고찰」이라는 글에서 '언제든 상처 입힐 수 있음'의 이런 입지를 명쾌히 표현한 바 있다. "재상으로서 그는 유대인 재상이 될 것이다. 각하인 동시에 천민인 사람으로."[16] 1950년대와 1960년대 초에 아도르노는 마르크스주의를 사상적 배경으로 했기에 공격을 받고 '상처를 입었다'. 1955년 주간지 「디 차이트Die Zeit」는 아도르노를 "계급 없는 사회의 선전꾼"[17]이라고 지칭했다.

그렇긴 하지만 아도르노가 하이데거의 철학에서 파시즘적 연속성을 탐색한 것은 그가 하이데거 사상에서 아데나워 시대에 팽배한 중용의 정신을 만나게 되리라 생각했기 때문만은 아니었다. 그의 마음속에는 그 이상의 것이 있었다. 즉 그는 자신이 적대하는 인물에게서 철학적 가까움을 감지했고 이를 위협으로 느꼈다. 또한 아도르노는 마치 사회학과 심리학—철학적 정신의 위대한 적대자들— 같은 것은 전혀 존재하지 않는 양 '영원한 철학philosophia perennis'을 추구하는 철학에도 원한을 품고 있었다. 이러한 무시에 아도르노는 격분하지 않을 수 없었고, 사회학과 심리학이라는 탈주술화의 정신적 힘들이 자신에게 지우는 의무를 착실히 수행했다. 하지만 이로 인해 그 자신의 철학적 에로스는 손상을 감수해야 했다. 하이데거가 그러한 '과학적' 모더니티 표준을 전적으로 무시하고 심지어 경멸감마저 드러내자 아도르노는 이를 '시골 사람 근성'이라고 비난했다. 아도르노는 '더 이상 그 무엇도 가능하지 않음'을 역사철학적으로 잘 알고 있었기에 확고한 철학적 입장을 취할 수가 없었다. 그의 철학적 열정에 남아 있는 것은 그저 거장다운 지속적 성찰뿐이었다. 물론 예술도 있었다. 그런데 이처럼 철학의 은신처로서의 예술로 향하는 태도가 다시금 아도르노와 하이데거 사이의 공통점 중 하나였다. 아도르노는 하이데거의 둔중한 걸음새는 결코 부러워하지 않았다. 그에게는 가벼운 댄스가 더 자연스러웠던 것이다. 하지만 그가 하이데거에게서 부러워한 점이 있었다면, 아마도 그것은 하이데거가 숨김없는 형이상학적 활동을 전혀 부끄러워하지 않는다는 점이었을 것이다. 언젠가 아도르노는 이런 말을 썼다. "형이상학적 의도를 직접적으로 표현하는 것은 부끄러운 짓이다. 만약 그런 것을 감행하면, 제 세상 만난 듯한 오해에 스스로를 내맡기게 될 것이다."[18] 그리하여 아도르노는 베일을 펄럭이며 추는 춤의 대가가 되었다. 1950년대 중반 헤르베르트 마르쿠제가 『에로스와 문명Eros and Civilization』(후일 주어캄프 출판사에서 나온 독일어 번역본은 '충동구조와 사회Triebstruktur und Gesellschaft'라는 '아주 매혹적인' 제목을 달게 될 것이다)을 사회연구소 기관지 「사회연구지Zeitschrift für

Sozialforschung」의 특별호로 출간하려 했을 때, 아도르노는 마르쿠제에게 편지를 써서 "모종의 직접성과 '비매개성' 때문에 마음에 들지 않는다"[19]고 말했다. 아도르노는 호르크하이머와 일하며 쓸데없는 경쟁은 피하는 데 익숙해졌지만 마르쿠제의 이 책이 연구소 총서로 발간되는 것은 기를 쓰고 막아 버렸다. 마르쿠제의 치명적 실수는 비판이론의 영업 비밀 중 하나—에로티시즘으로 해방된 섹슈얼리티와 이에 근거한 성공적 문화라는 이념—를 지나치게 확실히 떠벌렸다는 점에 있었다. 어쨌거나 아도르노는 온갖 종류의 미묘함을 쏟아부은 보호막 아래서만 자신의 "형이상학적 의도"를 용인할 수 있었다.

그럼에도 불구하고 아도르노의 고유한 관심사는—이미 언급했듯—하이데거의 관심사와 지극히 유사했다(이 점은 '은어'라는 표현에서도 표출되었으리라). 그리고 아도르노 자신도 이 점을 알고 있었다. 1949년, 아도르노는 얼마 전 출간된 하이데거의 저작『숲길』의 서평을 「데어 모나트」 지에 실으라고 호르크하이머를 부추겼다. 이때 호르크하이머에게 쓴 편지에서 아도르노는 이렇게 말했다. 하이데거는 "길을 잘못 들긴 했지만, 우리와 그렇게 멀리 떨어져 있지는 않습니다."[20]

아도르노와 하이데거는 모던에 대해 유사한 진단을 내린다. 하이데거는 근대적 "주체의 반란"을 말하는 바, 이런 주체에게 세계란 "제작성"의 객체일 뿐이다. 그러나 이 과정은 주체에게도 타격을 주어 주체가 자기 자신 또한 사물들 중의 사물로 이해하는 결과에 이른다. 아도르노와 호르크하이머의 『계몽의 변증법』에서 드러나는 근본 사상도 동일한 것이다. 근대적 인간이 자연에 가한 폭력은 인간의 내적 자연에로 향한다. "자연을 파괴하여 자연의 강제력을 분쇄하려는 모든 시도는 한층 더 깊이 자연의 강제력 속으로 함몰되고 만다. 이것이 유럽 문명이 달려온 궤도이다."[21] 하이데거라면 세계가 임의로 처분할 수 있는 대상으로, 이미지로, 산출을 위한 표상으로 변한다고 말할 것이다. 아도르노와 호르크하이머는 "힘을 모든 관계의 원리로 인정하는 것"을 대가로 치르는 "주체의 각성"을 말한다. 또한 인간은 "자신의 힘을 증가시키는" 대가로 "자신이 힘을 행사하는 대상으로부터 소외"되고 만다.[22] 아도르노에 따르면 소외된 시민사회의 이러한 힘의 원리가 궁극적으로는 공업적으로 추진되는 유대인 학살이란 잔학성에 이르게 된다. "집단 학살이란 절대적 통합이다. 이런 통합은 사람들이 획일화되는 곳이면 어디서나, 사람들이 문자 그대로 말살될 때까지 마모되는 곳이라면 어디서나 준비되고 있다."[23] 하이데거는 1949년의 브레멘 강연에서 이렇게 말했다. "경작은 이제 기계화된 식량 산업이며, 본질적으로는 시체 및 가스실의 대량 처리와 같은 것이다." 이런 발언은—나중에 그것이 알려졌을 때—아도르노의 유사한 사상에서는 아무 자극도 받지 않았던 사람들에게서 유독 커다란 원성을 불러일으켰다. 사실 하이데거의 그런 발언은 아도르노가 다음과 같은 정언명령으로 표현한 것과 동일한 의미를 갖는다. "아우슈비츠가 되풀이되지 않고 그와 유사한 일이 일어나지 않도록 생각하고 행동하라."[24] 하이데거는 자신의 존재사유를 파국으로 나아가는 모던적 '힘에의 의지'의 극복이라 이해했다. 이런 존재사유는 아도르노가 "비동일성의 사유"라 부르면서 추구한 것과 그다지 멀리 떨어져 있지 않다. 아도르노가 이해하는 "비동일성의 사유"란 사물과 인간을 "동일화에 의해" 유린하고 통제하는 대신 이들을 그 일회성에서 인정하는 사유였다. 소외를 유발하지 않는 인식, 즉 동일화하지 않는 인식은 "'어떤 것이 무엇이다'라고 말하려 하는 반면, 동일성의 사유는 어떤 것이 어디에 포함되고 그것이 무엇을 예시하거나 재현하는지를 말한다. 다시 말해 어떤 것이 그것 자체가 아님을 말한다."[25]

아도르노가 "동일화하지 않는 사유"라 부른 것이 하이데거에게는

"개방하는 사유"인 바, 이 사유에서는 존재자가 유린을 당하는 대신 자신을 드러낼 수 있다. 하지만 아도르노는 바로 이 존재자 사유에 불신을 품는다. 아도르노는 그 사유에 비합리주의라는 해묵은 비난을 가한다. "모든 사상 속에 있는, 사유 자체에 있는 주체와 객체의 구분을 곧장 사라지게 하는 입장. 사유는 그런 입장을 획득할 수 없다. 그렇기에 하이데거의 진리 계기는 세계관적 비합리주의와 같은 수준에 이르고만다."[26] 아도르노는 하이데거에게 "진리 계기"가 있음을 인정한다. 이때 아도르노가 염두에 두는 것은 실증주의적으로 정돈된 '현사실Fakten'에 굴종하여 존재론적-형이상학적 요구를 포기하는 것을 하이데거가 거부한다는 점이다. 아도르노 역시 그런 "동경이 절대자에 대한 앎과 관련해 칸트가 내린 평결로써 종식되지는 않을 것"[27]임을 알고 있으며 그런 동경을 인정한다. 그러나 하이데거가 엄숙한 묵상에 의해 초월하는 곳에서 아도르노는 부정 변증법의 유희를 연출하는 바, 이 변증법은 형이상학의 부정의 부정을 통해 형이상학에 충실하게 머문다. 그렇기에 아도르노는 부정 변증법을 "동경의 초월"[28]의 기관이라고도 부른다. 두 사람의 운동 방식은 다르지만 방향감각마저 그런 것은 아니다. 그러나 하이데거에의 이 가까움이 아도르노 특유의 사소한 차이의 나르시시즘을 자극한다. 아도르노는 이 은밀함과 섬뜩함의 형이상학자와 연대하기를 꺼린다. 방향감각의 유사성은 다음과 같은 점에서도 확인된다. 아도르노 또한 횔덜린을 형이상학적 증인으로 불러내며, 하이데거가 사는 지역인 남부 독일을 마치 약속의 땅인 듯 바라본다. 「서정시와 사회에 관한 연설Rede über Lyrik und Gesellschaft」에서 아도르노는 뫼리케의 작품에 대한 어떤 해석과 관련해서 이런 말을 한다. "오늘날에도 좋은 날이면 남부 독일 소도시를 방문한 사람에게 주어지는 것과 같은 행복 약속의 이미지가 샘솟지만, 의고적 감상시나 소도시 목가의 요소는 조금치도 용인하지 않는다."[29]

(『부정 변증법』중) "형이상학에 관한 성찰들"의 끝부분에서 아도르노는 모던에서도 접근 가능한 형이상학적 경험의 장소가 어디인지를 논한다. 전체적인 것, 즉 거대한 조망에서는 그런 장소를 더 이상 발견할 수 없다. 헤겔은 역사를 통과하는 정신의 역정에서 그런 장소를 발견했지만, 우리는 거기서도 그런 장소를 찾아낼 수 없다. 이제 역사에는 잔혹함만 있을 뿐 신의 현현은 없고, 어두움의 핵심만 있을 뿐 경건함을 불러일으키는 세계정신은 없다. 그렇다면 형이상학은 어디에 살아 있으며, 형이상학이 "몰락 중인 순간"에 어떻게 형이상학과 "연대"를 맺을 수 있을 것인가? 아도르노의 답변은 이렇다. "형이상학적 경험이란 무엇인가? 이 물음을 종교적 원체험으로 끌어내리기를 몹시 꺼리는 사람이라면—프루스트가 그랬듯—그것을 예컨대 행복에서 현현하려 들기가 쉬울 것이다. 오터바흐(수달개울)나 바터바흐(모래톱개울), 로이엔탈(참회계곡), 몬브룬(달빛샘) 같은 마을 이름이 약속하는 그런 행복 말이다. 사람들은 그런 곳에 가면 충족을 경험하리라 믿는다. 마치 충족이라는 것이 있기라도 한 듯."[30] 「아모르바흐Amorbach」[31]라는 짤막한 글에서 아도르노는 상실되고 재발견된 형이상학의 장소에 대한 탐색을 묘사했다. 그는 오뎬발트 지역에 있는 이 소도시에서 유년기를 보냈다. 이곳에 모여 있는 많은 것이 그의 모티프가 되어 후일 화려하게 전개된다. 어느 수도원의 호수 정원은 그에게 미의 원초적 이미지가 되는 바, 그 자신은 "세계 전체를 대상으로 하여 이 미의 근거를 헛되이 묻고 있다."[32] 그의 귓전에는 마인 강을 가로지르던 옛 나룻배 소리가 들린다. 그것은 새로운 물가로의 출발을 알리는 음향적 상징이다. 그렇게 누군가 한 세계에서 다른 세계로 넘어간다. 어느 언덕에 올라선 그는 새벽녘 저 아랫마을에서 최근 도입된 전깃불이 갑작스레 여기저기 켜지는

것을 보았다. 그것은 후일 뉴욕 등지의 모더니티에서 받게 될 충격의 조심스런 연습이었다. "그처럼 나의 작은 도시는 그것과 정반대되는 것에 대비하는 마음을 품도록 나를 훌륭히 돌봐 주었다."[33] 하이데거가 그의 "들길"을 걸어가듯, 아도르노는 아모르바흐의 오솔길을 걷는다. 두 사람 모두에게 그 길은 형이상학을 경험하는 현실과 상상의 장소인 바, 그것은 추억에서 그리고 언어의 주술적 힘에서 생명을 얻는다. 하이데거는 말한다. "이따금씩 사유는…… 오솔길로 걸어간다. 평야를 가르는 들길에서 갈라져 나온 길이다…… 들길 주위에 머물며 자라난 온갖 사물의 광활함이 세계를 선사한다. 독서와 인생의 옛 거장 마이스터 에크하르트가 말하듯, 그 세계의 언어로 말해지지 않은 것 속에서야 신은 비로소 신이다."(D, 39쪽)

오덴발트Odenwald[34]에서 자신의 형이상학적 서정성을 끌어내는 아도르노의 눈에 하이데거의 들길은 유치한 "향토문학"[35]이다. "성장한다는 것은 광활한 하늘에 자기를 열어 놓음과 동시에 어두운 대지로 뿌리내림을 뜻한다"(D, 38쪽)는 하이데거의 문장은 아도르노로부터 곧장 파시즘이라는 비난을 듣는다. 아도르노에 따르면 그것은 혈통과 대지의 이데올로기이다.

하이데거가 국가사회주의에 일시적으로 연루되었다는 사실이 아도르노에게는 무척이나 중요했던 것 같다. 보통은 무척 신중히 처신했던 아도르노이지만 하이데거에게만은 철학적 망치질을 해 댔으며, 철학이라는 사안에서는 더 이상 멀 수 없을 만큼의 거리를 유지했다.

아도르노가 하이데거를 공격한 이후로(두 사람은 1945년 이후 단 한 번도 만난 적이 없으며, 하이데거는 아도르노와 관련해 아무런 발언도 하지 않았다) 변증법의 은어가 승리의 행진을 시작한다. 변증법의 은어는 1970년대까지 숭고한 태도의 본래적 은어로서 훌륭히 관철되었다. 1960년대 중반 루트비히 마르쿠제가 한 신문으로부터 '어떤 책이 쓰여야 한다고 생각하는가?'라는 질문을 받았다. 마르쿠제는 이렇게 답했다. "아주 진지한 책을 제안하고 싶습니다. 제목은 '변증법을 빼면 되는 게 없다—시대정신의 병리학'."[36] 이러한 '변증법'은 현실의 복잡성을 논증적으로 제압하려는 시도에서 생겨난다. 제압에의 의지는 범속함에 대한 두려움에서만 비롯되는 것은 아니다. 그것은—헤겔이나 마르크스의 변증법적 진보 개념의 암시로 투항하지 않으면서—보편적인 "현혹의 연관"(아도르노)에서 전혀 다른 무엇, 즉 성공적인 삶의 흔적을 찾아내려는 노력에서 생겨나는 것이기도 하다. 비판 이론은 "승리자의 판타지를 지어내지 않으면서 변증법의 유산을 넘겨받으려는"[37] 시도의 산물이다(슬로터다이크). 하지만 비록 담론의 세계일뿐이지만, 그런 변증법에 의해 여러 차례 승리가 획득되었다. 거만하고 설교적이며 암묵의 비밀로 치장된 제스처는 프랑크푸르트를 넘어 마인 강 물줄기의 북쪽과 서쪽으로도 퍼진다. 예컨대 울리히 존네만[Ulrich Sonnemann][38]은 범속성의 악에 관해 다음과 같이 힘주어 말한다. 범속성은 "참된 것에 내재하지만 이 내재 존재를 감당할 수 없다. 따라서 범속성은—왜곡된 양심의 긴장으로 인해—그 자체인 것인 동시에 바로 이런 '무가 있다'는 확실성을 견디지 못하는 것이기도 하다. 이런 '자신을 견딜-수-없음', 즉 그 세계 역할에서 진리를 감당하지 못함이자 바로 이 사실에 대한 참을 수 없음으로 현상하는 이런 '자신을 견딜-수-없음'에서 범속성의 존재가 존속한다."[39] 장 아메리[Jean Améry][40]는 자신의 저술에서 이 문장을 인용하고는 바로 이를 "사악한 범속성"이라 규정한다. "상투적 사유를 파괴하는 대신 그것에 만족하는 사람은 태만의 죄로 인해 진리의 적이 되어 버린다."[41]

하지만 아도르노에게 변증법의 언어는 여전히 고도의 섬세성을 지닌 경탄할 만한 무엇이다. "인식의 유토피아는 비개념적인 것으로 개념을 밝히되, 양자를 동일시하지 않는다."[42] 반면 장 아메리에게 변증법의 언어는 "초명료성의 연기를 하는 불명료성"[43]이었다. 그러나 변증법의 은어는 날이 갈수록 더 활달해지고 명료해지며, 특히 부정의 변증법으로서 다시금 긍정을 얻는다. 그리고 1968년경에는 총체적 학문노동자, 비억압적 에로스, 엄밀한 약호, 주변화된 잠재력, 마지막으로 체제 초월적 사회 해방 과정 재구축의 책임 주체인 구노동자계급이라는 것이—은어의 공식들로서—차례로 발견되기 시작한다. 이런 공식들의 맥락에는 아도르노의 어딘가 심미안적인 변증법이 더 이상 끼어들 여지가 없다. '운용의 중요성', '실천의 중요성'으로 패러다임이 교체되며, 그 결과 프랑크푸르트에서 (물론 다른 곳에서도) 충돌이 발생한다. 학생들이 사회연구소를 점거하자 아도르노는 경찰에 도움을 청했다. 아마도 이 사건이 그의 심장을 조각냈을 것이다. 1년 후 그는 세상을 떠난다.

당시는 하이데거가 프로방스에서 철학의 피난처를 모색하던 시기였다. 그 사이 적지 않은 사람들이 그를 슈바벤의 도교 신자 정도로 간주했고 대중에게는 죽은 것이나 다름없는 사람이었다. 1969년 하이데거의 80세 생일을 기념해 한나 아렌트가 집필한 애정 어린 에세이는 거의 추도문처럼 들린다. "하이데거의 사유를 통해 불어오는 폭풍은—수천 년이 지난 후에도 플라톤의 작품에서 불어오는 폭풍과 마찬가지로—이 세기에서 유래하는 것이 아니다. 폭풍은 태고로부터 불어와 어떤 완성된 것을 뒤에 남기며, 이는 모든 완성된 것이 그렇듯 태고로 돌아간다."[44]

그보다 몇 년 전에 다시 한번 큰 주목을 끄는 사건이 있었다. 1966년 2월 7일 알렉산더 슈반의 책 『하이데거 사유 속의 정치철학』의 서평이 「데어 슈피겔」에 실렸는데, '하이데거. 세계의 밤의 한밤중Heidegger.

Mitternacht einer Weltnacht'이라는 제목의 이 서평에는 몇 가지 잘못된 주장이 담겨 있었다. 하이데거가 후설의 대학 출입을 금지했고, 야스퍼스의 아내가 유대인이기에 그 집을 더 이상 방문하지 않았다는 내용이 그런 예였다. 야스퍼스는 이 기사를 읽고 화가 나서 한나 아렌트에게 편지를 썼다. "「데어 슈피겔」은 이런 순간이면 좋지 못한 구습으로 돌아가는군." (1966년 3월 9일 자 편지, BwAJ, 655쪽) 한나 아렌트는 아도르노에게 분노를 터트렸다. 하지만 사실 아도르노는 1966년 「데어 슈피겔」에 실린 서평과 아무런 상관이 없었다. 한나 아렌트는 말한다. "증명할 수는 없지만, 이 기사의 실질적 조종자는 프랑크푸르트의 비젠그룬트 아도르노 일파라고 거의 확신해요. 비젠그룬트(유대인의 피가 섞인 인간이며, 내가 아는 가장 역겨운 인간들 중 하나)가 겉으로만 깨끗한 척 했다는 게 얼마 전 드러났기에(학생들이 알아냈죠) 이번 일은 그만큼 더 그로테스크하군요. 독일로 돌아간 그와 호르크하이머는 수년 동안 자기들을 비판하는 사람은 누구나 반유대주의자로 몰았거나 그러겠다고 협박했어요. 정말이지 추악한 무리예요."(1966년 4월 18일 자 편지, BwAJ, 670쪽)

하이데거의 친구들과 지인들이 「데어 슈피겔」 기사에 항의하라고 하이데거를 종용했다. 3월 4일, 에르하르트 캐스트너는 이런 편지를 썼다. "자기변호를 무시하는 당신의 태도를 바꾸는 것만큼⋯⋯ 내가 절실히 원하는 일은 없을 것입니다. 당신이 자기변호를 고집스레 경멸하기에 친구들이 얼마나 고통스러운 마음인지 당신은 정말 모르십니다. 비방을 당하고도 남들에게 들릴 만한 반론을 펼치지 않으면 그 비방이 진실이 되고 만다는 것은⋯⋯ 너무나 분명하게 증명된 사실의 하나이죠." (BwHK, 80쪽) 하이데거가 「데어 슈피겔」에 짤막한 독자 편지를 투고하겠다고 했지만 캐스트너는 만족하지 않았다. 그는 좀 더 상세하고 강력한 자기변호를 원했다. 그즈음 캐스트너는 베를린 예술 아카데미를 탈퇴했는데, 귄터 그라스와 같은 회원임을 참을 수 없었기 때문이었다. 그에 앞서 귄터 그라스는 소설 『개들의 세월』의 한 에피소드에서 하이데거를 비방했다("잘 들어라, 개야. 그는 메스키르히에서 태어났다. 그곳은 인 강이 흐르는 브라우나우 근처이다. 그와 또 다른 친구는 똑같이 방울 달린 털실 모자를 쓰던 해에 탯줄이 끊어졌다. 그와 또 다른 친구는 서로를 발명했다.").[45] 캐스트너는 「데어 슈피겔」이 하이데거 인터뷰에 관심이 있다는 사실을 알아냈으며 하이데거에게 거기에 응하라고 권했다. 하지만 하이데거는 이를 거절했다. "「슈피겔」 측이 진정 내 사유에 관심을 갖고 있다면, 아우크슈타인Augstein 루돌프[46] 씨도 지난 겨울학기 이곳 대학에서 열린 내 강연을 들을 수 있었을 거예요. 이곳의 내 강연과 관련해서 바젤의 야스퍼스를 방문할 수도 있었을 것이고요."(1966년 3월 11일 자 편지, BwHK, 82쪽) 하지만 캐스트너도 고집을 꺾지 않았다. 3월 21일, 그는 이런 편지를 보냈다. "아무도 「데어 슈피겔」을, 그 논조를 좋아하지 않을 것입니다. 그 수준을 높이 평가하지도 않을 것이고요. 하지만 나는 지금 이 순간 불고 있는 유리한 바람을 과소평가해서는 안 된다고 생각합니다. 아우크슈타인 씨가 그라스에게 분노와 조롱을 표출하고 있는 지금 이 순간 말입니다. 내가 듣기로…… 모던의 과학 숭배에 대한 거부감, 깊은 회의감은 아우크슈타인 씨가 좋아하는 주제입니다. 내가 보기에는 이 방문을 꺼릴 만한 이유가 전혀 없습니다."(BwHK, 85쪽)

인터뷰는 성사되었다. 「데어 슈피겔」 편집부가 생전에는 발표하지 않아야 한다는 하이데거의 조건에 동의했기 때문이다. 「데어 슈피겔」의 인터뷰는 1966년 9월 23일 프라이부르크의 하이데거 자택에서 이뤄졌다. 하이데거와 아우크슈타인, 「데어 슈피겔」의 편집자인 게오르크 볼프Georg Wolf와 사진기자 디그네 멜러–마르코비치Digne Meller-Markovicz가 참석했고, 하인리히 비간트 페체트도 하이데거의 말없는 '보조자'로 동석했다. 페체트에 따르면 인터뷰 직전 아우크슈타인은 "저명한 사상가" 앞에서 자신이 "지독한 불안감"을 느낀다고 고백했다.[47] 그 순간 페체트는 처음에 "심문하는 형리"로만 여겼던 사람에게 좀 더 친밀감을 느끼게 되었다. 하이데거도 흥분을 감추지 못했다. 그는 서재 문 앞에 서서 사람들을 기다리고 있었다. 페체트에 따르면, "그의 모습을 본 순간 나는 약간 놀랐으며, 그가 몹시 긴장하고 있음을 알 수 있었다…… 관자놀이와 이마의 혈관이 부풀어 있었고, 흥분한 나머지 눈이 약간 튀어나와 있었다."[48]

아우크슈타인의 "지독한 불안감"은 인터뷰 시작부터 사람들 눈에 띈다. 태도는 지극히 조심스럽고, 몸을 자꾸만 뒤틀며, 뜨거운 것이라도 쥐었던 양 부자연스럽게 손을 펴고서 말한다. "하이데거 교수님, 우리가 거듭 확인하게 된 사실이지만, 교수님의 철학적 작업은 그다지 오래 지속되지 않은 사건으로 인해 약간 그늘에 덮여 있습니다. 교수님 생의 그 사건은 지금까지 분명하게 밝혀진 적이 없습니다. 교수님이 너무 자존심이 강했거나, 그에 대한 생각을 피력하는 게 별로 적절하지 못하다고 생각하신 때문이겠죠."[49] 하이데거는 자신의 국가사회주의 연루가 인터뷰의 중심 주제가 될 것이라 예측하고 있었다. 그렇기에 아우크슈타인이 이 주제를 후다닥 처리해 버리고 모던에 대한 하이데거의 철학적 해석, 특히 그의 기술-철학으로 넘어가 버리자 놀라움을 금치 못했다. 아우크슈타인과 볼프는 총장 연설 및 슐라게터 추도식 연설의 몇 구절을 읽을 때나 분서 대회 참여 및 후설에 대한 태도와 관련해 몇 가지 소문을 언급할 때면 하이데거에게 몇 번씩이나 사죄를 구했다. 질문자들이 하이데거의 정치적 관여를 너무 조심스럽게 규정하자 오히려 하이데거 자신이 더 강한 규정을 내밀었다. 아우크슈타인과 볼프는 하이데거가 "마지못해 총장직을 수행"한 것이라 해석하면 되겠느냐고 물었다. 그러나 하이데거는 그들에게 이렇게 힘주어 말했다. "'마지못해 총장직을 수행했다'는 표현은 적절치 않습니다. 당시 나는 국가사회주의와 논쟁하는 가운데 변혁에 이르는 새로운 길, 유일하게 가능한 길이 열릴 수 있을 것이라 믿었습니다."[50] 그렇지만 당사자의 이런 해석 또한 아직 충분히 적절한 것이 아니다. 왜냐하면 하이데거에게는 "국가사회주의와의 논쟁"이 아니라—당시 그가 이해한—국가사회주의 혁명 자체가 "변혁"을 뜻했기 때문이다. 또한 이 인터뷰에서 하이데거는 자신이 이 "변혁"을 백 년에 한 번 있을 법한 사건으로, 다시 말해 형이상학적 혁명이자 "전체 독일적 현존재의 변혁", 아니, 전체 서양의 "변혁"으로 이해했다는 점은 언급하지 않는다. 그리고 자신이 권력에 도취되었다는 점, 혁명의 순수성을 지키기 위해 밀고자가 되기도 했다는 점은 말하지 않는다. 또 자신이 국가사회주의 당국 및 동료들과 충돌한 결과 총장직에서 물러났으며, 이는 자신이 계속 혁명을 추동하려 했기 때문이었다는 점 또한 말하지 않는다. 그 대신 하이데거는 일종의 저항을 위해 동참한 것뿐이라는 인상을 주려 한다. 그는 1933년 이전까지 자신이 비정치적이었음을 강조하며, 총장직을 맡은 것은 더 좋지 못한 일, 즉 당 관료의 대학 장악을 막기 위한 희생이었던 것처럼 말한다. 요컨대 이 인터뷰에서 하이데거는 자신이 일정 기간 동안 국가사회주의 혁명가였음을 은폐하며, 그를 그렇게 만든 철학적 충동에 관해서도 침묵한다.

이처럼 하이데거는 나치 시대 자신이 수행한 역할을 실제보다 무해했던 것처럼 묘사한다. 그렇지만 다른 한편으로 그는—전후 독일의 많은 사람들과 달리—'정화된 민주주의자'의 역할을 맡을 용의는 없었다. 인터뷰는 "기술이 인간을 대지에서 점점 더 떼어 내고 뿌리를 뽑아내고 있다"[51]는 주제에 이른다. 그러자 하이데거는 국가사회주의란 원래 이러한 발전에 투쟁하려는 것이었으나 나중엔 오히려 그 발전을 이끄는 힘이 되어 버렸다고 말한다. 하이데거는 이 문제와 관련해서는 자신에게도 뾰족한 수가 없다고 말한다. "오늘날과 같은 기술적 시대에 어떻게 정치체제란 것이 적합할 수 있을지, 그리고 어떤 정치 체제가 적합할 수 있을는지요…… 나는 그것이 민주주의라고는 확신하지 않습니다."[52] 그리고 "오직 신만이 우리를 구원할 수 있습니다"[53]라는 하이데거의 말은 이 대목에서 나온 것이다. 바로 이 문장을 제목으로 뽑은 인터뷰 기사가 하이데거 사망 후인 1976년 「데어 슈피겔」에 실렸다.

인터뷰에서는 하이데거의 정치적 관여에 대한 논쟁이 일단락 나야했다. 하지만 논의는 새롭게 시작되었을 뿐이다. 하이데거가 당시 대다수 '부역자들'과 똑같은 방식으로 자신을 변호했기 때문이다. 카를 슈미트도 그의 『주석집』에서 세상을 신랄히 비웃으며 동참은 저항의 형식이었을 뿐이었다고 말한 바 있다. 본래성의 철학자, "결단을 내린 현존재"에게 책임의 용기를 가지라고 요구했던 철학자가 '세인들'이나 하는 짓을 똑같이 저지른다면 품위에 어긋난다는 인상을 줄 수밖에 없다. 더욱이 우리는 자신의 의도에만 책임을 지면 그만인 것이 아니라 의도하지 않은 행동 결과에도 책임을 져야 한다. 그렇지만 하이데거는 그가 정말로 아무 역할도 하지 않은 국가사회주의의 엄청난 범죄에도 공동의 책임을 져야했던 것일까? 하이데거는 결코 인종주의자는 아니었다.

하이데거의 침묵. 그에 관해서는 많은 이야기가 있었다. 사람들이 그에게서 기대한 것은 무엇이었나? 1947년 8월 28일, 하이데거에게 보낸 편지에서 헤르베르트 마르쿠제가 기대한 것은 한마디의 "말", 하이데거를 국가사회주의와의 "동일화에서 궁극적으로" 해방시켜 줄 그런 말이었다. 마르쿠제는 하이데거가 자신의 "변모와 변화"를 "공개적으로 인정"하기를 바랐다. 답장에서 하이데거는 그 변모란 이미 국가사회주의의 시기 동안 공적으로(강의에서) 이뤄진 것이었기에, 1945년이 되었다고 해서 예전의 확신들을 보란 듯이 취소할 수는 없는 노릇이라고 말했다. 만약 그렇게 한다면 종전 후 경력을 세탁하기 위해 "지극히 역겨운 방식으로 신념의 변화를 선언한" 사악한 "나치 신봉자" 무리와 합류하는 꼴이 될 것이기 때문이었다.[54] 그가 수백만 유대인 학살에 거리를 취하는 발언을 해야 한다는 세상 사람들의 요구는 그에게 당연히 언어도단의 일로 여겨졌다. 만약 그렇게 한다면 자신이 학살에 연루되었다는 세상 사람들의 판단을 암묵적으로 인정하는 셈이 될 것이기 때문이다. 그의 자존심은 이런 무리한 요구의 수용을 허용하지 않았다.

하이데거는 학살에 연루된 자로서 자신을 변호해 보라는 요구를 물리쳤지만, 이런 태도가 '아우슈비츠를 생각하라'는 요구마저 거부한 것으로 이해되어서는 곤란하다. 하이데거가 자연과 인간을 한갓 "제작성"의 재료로 만드는 근대적 힘에의 의지에 관해 말한다면, 이때 그는 언제나―명시적으로든 암묵적으로든―아우슈비츠를 함께 언급하는 것이다. 아도르노와 마찬가지로 그는 아우슈비츠를 모던의 전형적 범죄로 생각한다.

따라서 하이데거의 모더니티 비판을 아우슈비츠에 관한 철학하기로도 이해한다면, 하이데거의 침묵이 지닌 본질적 문제는 그가 아우슈비츠에 관해 침묵했다는 사실에 있지 않다는 점이 분명해진다. 철학적으로 그는 다른 무엇에 관해 침묵했다. 자기 자신에 관해, 철학이 권력에 유혹당할 수 있음에 관해 침묵한 것이다. 더 나아가 그는―사유의 역사에서 흔히 그렇듯―'내가 사유할 때 나는 도대체 누구인가?'라는 그 한 가지 물음을 제기하지 않았다. 사유하는 자는 사상을 갖지만, 가끔은 그 역이기도 하다. 즉 사상이 사유하는 자를 갖는 것이다. 사유를 '하는 자'가 변화한다. 거대한 것을 사유하는 사람은 자기 자신을 어떤 거대한 사건과 동일시하는 유혹에 쉽게 빠질 수 있다. 그는 존재에 발맞추려 하며—'자신이 스스로에게 어떻게 나타나는가' 대신—'자신이 역사에서 어떻게 나타나는가'에 주의를 기울인다. 사유하는 자아와 그 거대한 상황 속에서 고유한 인격의 우연성은 사라져 버린다. 존재론적인 넓은 시야가 존재적으로 가장 가까운 것을 희미하게 만들어 버린다. 자기 자신을, 즉 시대에 제약된 자신의 모순들과 생물학적인 우연적 특징 및 특이체질을 전적으로 외면하게 만든다. 자신의 우연적 자아를 잘 아는 사람은 사유하는 자아라는 영웅과 자신을 혼동하기 쉽지 않으며, 거대한 역사 속에 자신의 작은 역사들을 잠기게 놓아 두지 않는다. 한마디로 말해서 자기 자신과 잘 알고 지내면 권력에 대한 유혹을 막아낼 수 있다.

하이데거의 침묵. 그것은 파울 첼란과의 만남에서도 다시금 일정한 역할을 한다. 파울 첼란은 1920년 체르노비츠^{Czernowitz}[55]에서 태어난 서정 시인으로, 그의 부모는 죽음의 수용소에서 살해되었지만 그 자신은 아주 우연하게 살아남았다. 1948년 이래 파리에서 살았던 그는 특히 하이데거의 후기 철학에서 어떤 출구를 발견했다. 철학자 오토 푀겔러와 나눈 대화에서 첼란은 하이데거의 후기 철학에서 나타나는 지극히 난해한 언어 표현들을 옹호했다. 푀겔러에 따르면 1957년 첼란은 하이데거에게 「줄무늬^{Schlieren}」라는 제목의 시 한 편을 보내려 했다. 후일 시집 『언어의 격자^{Sprachgitter}』에 실린 이 시는 부상 이후 세계를 개방하며 기억을 보존하는 눈에 관해 말한다. "눈 안의 줄무늬: / 어두움에 의해 지탱되는 기호를 / 보존하기." 이 시 자체가 강하게 욕망되는 결속의 기호일 것이며, 그 결속은 첼란과 하이데거를 가르는 '상처'를 기억에 담고 있는 것이리라. 첼란이 이 시를 실제로 보냈는지는 확인할 수 없다. 오토 푀겔러와 첼란은 하이데거에 관해 여러 차례 집중적인 대화를 나누었다. 그런 후에 푀겔러는 하이데거에 관한 자신의 저술을 첼란에게 헌정해도 좋은지 물었다. 첼란은 "어렵사리"[56] 거절을 표했다. 그러고는 "하이데거와 만나기도 전에 자기 이름이 그의 이름과 연결되는 것"은 조심할 수밖에 없다고 해명했다. 그렇지만 첼란은 하이데거의 저작을 철저히 탐독했다. 그가 지녔던 『존재와 시간』에는 수많은 상세한 주석이 기록되어 있으며, 그는 횔덜린과 트라클Trakl, 릴케에 관한 하이데거의 해석들도 잘 알고 있었다. 첼란의 시 「라르고Largo」에는 "황야를 걷는 가까움heidegängerisch Nahen"이라는 말이 나온다.[57] 하이데거는 그 나름대로 1950년대부터 파울 첼란의 작품을 열심히 찾아 읽었다. 1967년 여름, 독문학자 게르하르트 바우만Gerhart Baumann은 프라이부르크에서 파울 첼란 낭독회를 준비하며 이를 마르틴 하이데거에게 편지로 알렸다. 그러자 하이데거는 이런 답장을 보내왔다. "저는 오래 전부터 파울 첼란을 만나고 싶었습니다. 그는 다른 누구보다도 저만치 앞서 있으면서 다른 누구보다도 삼가는 태도를 갖습니다. 나는 그에 관해 모든 것을 알고 있습니다. 그가 심대한 위기에서 빠져나왔다는 것, 사람의 힘이 닿는 최대한까지 빠져나왔다는 것도 잘 알고 있습니다…… 슈바르츠발트를 보여 주는 것도 파울 첼란에게는 도움이 될 것입니다."[58]

1967년 7월 24일, 프라이부르크대학의 대강당에서 낭독회가 열렸다. 파울 첼란은 그의 생애에서 가장 많은 청중을 눈앞에 두고 있었다. 천 명이 넘는 청중이 모였고, 마르틴 하이데거는 맨 앞줄에 앉아 있었다. 그 전에 하이데거는 근처 서점들을 돌면서 첼란의 시집들을 진열장의 가장 좋은 자리에 놓아 달라고 부탁했다. 서점 주인들은 그의 부탁을 들어주었다. 시인이 처음 도시를 돌아보았을 때 어느 서점을 가나 그의 시집들이 놓여 있었다. 낭독회가 시작되기 한 시간 전, 그는 호텔 로비에서 지인들을 만나자 즐거운 표정으로 그 경험에 관해 이야기했다. 하이데거도 그 자리에 있었지만 자신이 미리 서점 주인들과 만난 일에 대해서는 입을 열지 않았다. 하지만 이 흐뭇한 장면 뒤에는 다음과 같은 장면이 뒤따른다. 잠시 활기찬 대화가 오가던 중 누군가 단체 사진을 찍자고 제안했고, 그러자 첼란이 벌떡 일어나 하이데거와는 함께 사진을 찍고 싶지 않다고 말했다. 하이데거는 침착함을 잃지 않고 태연히 옆으로 비켜나면서 게르하르트 바우만에게 이렇게 말했다. "그가 원하지 않아요. 그의 뜻대로 해 줍시다."[59] 첼란은 잠시 모습을 감추었다가 다시 돌아왔다. 그러고는 하이데거와 함께 사진을 찍지 않겠다는 조금 전 요구를 철회하겠다고 말했다. 하지만 그 여파로 인해 그 후로는 아무도 사진을 찍자는 제안을 하지 않았다. 첼란은 자신의 행동이 가져온 결과에 당황했고, 어떻게든 분위기를 수습하려 애썼다. 낭독회가 끝나자 포도주를 한 잔씩 하기 위해 다시 사람들이 모였고, 하이데거가 이런 제안을 했다. 다음 날 아침 슈바르츠발트로 차를 타고 올라가 고원의 소택지를 돌아본 뒤 토트나우베르크에 있는 자기 오두막으로 가자는 것이었다. 모두들 그 제안에 찬성했다. 그러나 하이데거가 자리를 뜨자마자 첼란은 아직 자리에 남아 있던 게르하르트 바우만에게 자신은 마음이 내키지 않는다고 말했다. 하이데거가 제안했을 당시에는 첼란도 좋다고 대답한 터였다. 첼란은 자신으로서는 과거의 소행을 결코 잊을 수 없는 사람과 함께 가기가 어렵다고 설명했다. 바우만에 따르면 그의 "내키지 않아 하는 마음은 급속히 강한 거부감으로 변했다". 바우만은 첼란이 분명히 표명했던 소망, 하이데거와 만나 얘기를 나눠 보고 싶다는 소망을 상기시켰다. 첼란은 자기 마음의 갈등을 풀려 하지 않았다. 망설임은 계속되었다. 하지만 하이데거의 저작과 인품은 그에게 깊은 인상을 남겼다. 그는 하이데거에게 매혹되었지만 동시에 이 때문에 스스로를 질책했다. 그와 가까워지고 싶은 마음이 컸지만 그는 스스로에게 이를 금했다. 다음 날 첼란은 토트나우베르크로 함께 출

제24장   699

발한다. 그는 오전 시간을 하이데거의 오두막에서 보낸다. 두 사람이 어떤 얘기를 나누었는지 우리는 알지 못한다. 오두막 방명록에 첼란은 이런 글을 남긴다. "오두막 방명록에. 샘물에 비친 별을 바라보고, 마음에서 우러나오는 말을 기대하며."[60]

  "우러나오는 말." 이는 여러 가지 의미를 지닐 수 있었다. 첼란은 죄의 고백을 기대했으나 하이데거가 이를 거부해서 실망한 것일까? 하지만 바우만의 말에 따르면, 첼란은 전혀 실망한 것 같지 않았다. 바우만은 몇 시간 후 두 사람을 음식점에서 만났다. "정말 놀랍고 기쁘게도 시인과 사상가는 즐거운 분위기 속에 있었다. 두 사람은 지난 몇 시간 동안 있었던 일을 간략히 얘기해 주었다. '오두막'으로 산책을 갔다 왔다는 얘기도 분명 있었다. 첼란에게서 모든 어려움이 사라졌다."[61] 바우만에 따르면, 다음 날 아침 첼란은 아주 명랑한 상태로 프랑크푸르트를 향해 출발했다. 그곳에서 마리 루이제 카슈니츠Marie Luise Kaschnitz[62]가 만난 파울 첼란은 평소와 완전히 다른 사람이었다. 그녀는 친구들에게 이렇게 말했다. "프라이부르크에서 그에게 무슨 일이 있었는지? 그의 안에서 무슨 일이 일어난 것인지? 그를 다시 알아보기조차 어려웠다."[63] 1967년 8월 1일, 첼란은 이처럼 쾌활한 기분에서 「토트나우베르크」라는 시를 썼다. "아르니카,[64] 아우겐트로스트,[65] / 별 조각들이 떠 있는 / 샘물 한 모금 // 오두막 / 에서 // 오두막 방명록에는 / 내 이름 앞에 어떤 이름들이 있나? / 방명록에 쓴 / 희망에 관한 한 줄, 오늘날 / 사유하는 사람의 / 마음에서 / 우러나오는 (지체 / 없이 우러나오는) 말에 대한 희망……."

  "우러나오는 말." 이 행은 하이데거의 형이상학적 강림주의, 그의 "도래하는 신", 어떤 "전회"를 수행할 수 있는 "언어로의 도상"에 화답하는 것이기도 하다. 어쨌거나 "우러나오는 말"은 하이데거의 정치적 사죄에 불과한 것은 아니다.

"지체 없이 우러나오는 말." 1968년 첼란이 하이데거에게 보낸 시의 원본에는 이 구절이 있다. 하지만 1970년에 나온 시집 『빛의 강박 Lichtzwang』에 이 시를 수록할 때, 첼란은 괄호로 묶인 "지체 없이 우러나오는"을 삭제해 버렸다.

그 사이에 하이데거와 첼란은 몇 차례 더 만났고 편지도 나누었다. 두 사람의 관계는 우호적이 되었다. 하이데거는 1970년 여름이 오면 첼란을 도나우 강 상류로 데려가 휠덜린 시에 등장하는 풍경을 보여 줄 계획을 세웠다. 하지만 이 계획은 실현되지 않았다. 1970년 봄, 파울 첼란이 파리에서 자살했기 때문이다.

하이데거는 주의하고 배려하면서 첼란에게 가까이 다가가려 애썼다. 1970년 성목요일[66] 두 사람이 마지막으로 만났을 때 다시금 작은 소란이 일어났다. 첼란이 시를 낭독했고 사람들이 그에 관해 이야기를 나눴다. 하이데거는 주의 깊게 낭독을 들었기에 나중에 시 한 편을 외워서 인용할 정도였다. 그런데도 대화를 나누던 첼란은 하이데거가 주의 깊게 듣지 않았다고 비난했고 사람들은 서먹한 분위기에서 헤어졌다. 바우만이 하이데거를 집으로 바래다주었다. 집 앞에서 헤어질 때 하이데거가 "불안감을 드러내며" 말했다. "첼란은 아파요. 치유될 수 없을 만큼."[67]

첼란이 하이데거에게 기대한 것은 무엇이었을까? 아마 첼란 자신도 알지 못했을 것이다. 하이데거가 말한 "빛트임"은 그에게 하나의 약속이었고, 그는 자신의 구원을 기대했다. 어쩌면 첼란이 말한 "빛의 강박"에는 그의 조급한 답변이 담겨 있는지도 모른다.

제 25 장

—

생의 황혼기. 한나와의 재회. 하이데거와 프란츠 베켄바우어. 덩굴 잎과 계단을 누르는 무게와 마지막 저작들. 결코 잊을 수 없는 것. 존재물음의 의미와 존재의 의미: 두 가지 선문답. 다리. 문신. 수리부엉이. 죽음. 다시 메스키르히의 하늘 아래로.

—

1959년 9월 27일, 메스키르히 명예시민증 수여식에서 기념사를 낭독하고 있는
베른하르트 벨테 Bernhard Welte

생의 황혼기. 한나와의 재회. 하이데거와 프란츠 베켄바우어. 덩굴 잎과
계단을 누르는 무게와 마지막 저작들. 결코 잊을 수 없는 것. 존재물음
의 의미와 존재의 의미: 두 가지 선문답. 다리. 문신. 수리부엉이. 죽음.
다시 메스키르히의 하늘 아래로.

HEIDEGGER

뢰테부크베크 47번지. 초인종 옆에는 작은 종이가 한 장 붙어 있다.
'방문은 오후 7시 이후에.' 방문객은 많았고, 하이데거는 연구 시간을
확보해야만 했다. 페체트는 어떤 즐거운 사건 한 가지를 기억한다. 어느
여름날 오후, 남미에서 온 대가족이 머뭇머뭇 같은 말을 되풀이하면서
집안에 들여 주기를 청했다. 그들은 "그저 하이데거 선생님을 만나 뵙
고 싶어서요"라고 프랑스어로 말했다.[1] 하이데거가 모습을 드러내자 그
들은 이 동화 속의 괴물에 탄복을 금치 못했고 몇 번이나 말없이 머리
를 조아렸다. 하이데거는 자신의 서재를 구경할 수 있도록 허락했고, 그
들에게 이는 대단히 영예로운 일이었다. 사방이 책으로 둘러싸인 어둑
한 방은 담쟁이덩굴로 덮인 창문 하나로 빛을 받고 있었다. 그 창문 앞
에 책상이 있었다. 거기서는 폐허로 남은 채링어Zähringer 성의 탑이 보였
다. 책상 옆에는 가죽 안락의자가 놓여 있었는데, 그것은 여러 세대의
방문객이 앉았던 자리였다. 예를 들면 불트만과 야스퍼스, 사르트르, 아
우크슈타인 등이 그 자리에 있었다. 책상 위에는 원고 파일들이 차곡차
곡 쌓여 있었는데, 프리츠 하이데거는 그것을 장난스럽게 "마르틴의 조
차장들"[2]이라 부르곤 했다.

한나 아렌트가 이 방을 다시 찾은 해는 1967년이었다. 그녀가 처음 이곳을 방문한 지 15년이 지난 후의 일이었다. 1952년, 그녀가 하이데 거를 찾은 이후로 둘 사이에는 그저 편지만 오갔다. 그녀가 회갑을 맞은 1966년, 하이데거는 '가을'이라는 시를 써서 그녀에게 보냈다. 이 시에서 한나는 비가의 어조, 황혼기의 분위기를 감지했다. 한나는 이제 여든에 가까운 하이데거를 다시 한번 만나고 싶어 한다. 하이데거의 생일 축하 인사가 그녀에게 용기를 준다. 지난 세월 동안의 불화가 지나가고 다시 화해가 찾아온다. 한나와 엘프리데는 편한 호칭을 사용하기로 한다. 서로 이름을 부르기로 한 것이다. 2년 후인 1969년 8월, 한나 아렌트가 남편인 하인리히 블뤼허와 함께 찾아온다. 하이데거가 여든 살 생일을 맞기 직전이었다. 분위기는 화기애애하다. 한나가 담배를 너무 많이 피우지만 않았다면 더 좋았을 텐데! 손님이 가고 난 후 엘프리데는 며칠이나 환기를 시켜야 한다. 에팅어에 따르면 하이데거는 이런 헌사와 함께 책 한 권을 선사한다. "한나와 하인리히에게. 마르틴과 엘프리데 가."[3] 네 사람은 이듬해에도 다시 만나기로 한다. 하지만 1970년 10월, 하인리히 블뤼허가 세상을 떠난다. 말년의 한나 아렌트는 미완성으로 남은 대작『정신의 삶: 사유−의지−판단』의 집필에 몰두한다. 여기서 개진된 그녀의 사상은 그 어느 때보다도 하이데거와 가까이 있다. 그녀의 결론에 따르면, 하이데거는 "자신에게 '벌거벗은 현사실'이 주어졌다는 것에 고마움을 표현하는 사유를" 철학에 "되찾아주었다".[4] 다른 문제에서도 그녀와 하이데거의 관계는 더 이상 깨지지 않는다. 그녀는 해마다 하이데거를 방문하고 그의 저작이 미국에서 번역·출판되도록 애를 써 준다. 하이데거는 그녀의 도움에 진심으로 고마움을 느낀다. 그리고 그녀만큼 자신의 생각을 이해하는 사람은 없음이 분명하다고 말한다.

에팅어는 다음과 같은 일화도 들려준다. 하이데거 부부는 계단을 오르내리는 것이 힘겨워지자 정원에 자그마한 단층 건물을 지어 노년을 보내려 한다. 하이데거는 그 비용을 조달하기 위해 『존재와 시간』의 육필 원고를 팔려 한다. 재단이든 도서관이든 개인 수집가든 상관없다. 1969년 4월, 이에 관해 상의하는 내용의 편지를 한나에게 쓴 사람은 엘프리데이다. 얼마쯤 받고 팔 수 있나? 어디에 팔아야 더 많은 돈을 받을 수 있나? 미국과 독일 중 어디서 파는 것이 좋은가? 한나 아렌트는 즉시 전문가들에게 문의하며, 텍사스대학에서 최고 구입가를 제시했다고 알린다. 10만 마르크는 분명 받을 수 있을 것이다.

하지만 『존재와 시간』의 육필 원고는 신대륙의 텍사스로 건너가지 않았다. 독일 마르바흐의 실러 문헌보관소에서 관심을 보였던 것이다. 결국 하이데거의 육필 원고와 미발표 원고 모두가 그곳으로 보내진다. 정원에는 조그만 건물이 세워졌고, 한나는 축하 인사로 꽃을 보냈다.

하이데거는 익숙한 생활 리듬을 유지할 수 있었다. 오전에 연구를 하고, 점심을 먹은 후 휴식을 취하며, 다시 오후 늦게까지 연구를 한다. 산책을 나가면 종종 '사냥꾼 오두막'이란 곳까지 갔는데, 그곳은 도시가 내려다보이는 언덕 위의 대중음식점이었다. 그곳에서 하이데거는 친구나 지인들과 만나 한 잔씩 걸치곤 했다. 봄과 가을이 되면 메스키르히의 동생 집에 한동안 묵곤 했는데 성 마르틴 축일인 11월 11일만 되면 어린 시절 앉았던 종치기 좌석으로 가서 자리를 잡았다. 성가대석의 앞쪽 자리였다. 메스키르히 주민들은 그의 미사 참석을 사소한 일로 여기지 않았다. 아주 어린 시절부터 알았던 사람들은 베레모를 쓴 이 유명한 교수와 마주쳐도 별로 당황하지 않았지만 말이다. 한번은 초등학교 동창생인 한 부인이 그와 마주쳤다. 평생을 청소부로 살아온 그녀는 하이데거를 익숙한 '너'로 불러야 할지, 아니면 다소 부자연스럽게

'당신'이라고 불러야 할지 알 수가 없었다. 잠시 어쩔 줄 몰라 하던 그녀는 곧 하이데거의 '사람(세인)Man'이라는 말을 떠올렸다. 그리고 이렇게 물었다. "사람도 왔는감?"[5] 그의 60세, 70세, 80세 생일이면 도시 회관에서 축하연이 열렸다. 어느 스위스 음악가가 'h-e-d-e-g-g-e'를 모티프로 해서 하이데거 행진곡을 작곡했고, 메스키르히 도시 악대는 그의 생일 등을 대비해 이를 연주 레퍼토리에 포함시켰다. 예언자는 고향에서 존중받지 못한다는 말이 이처럼 하이데거에게는 적용되지 않는다. 1959년, 하이데거는 메스키르히로부터 명예시민증을 받았다.

하이데거는 이제 공경할 만한 노신사가 되었고, 무뚝뚝하고 엄격하기만 했던 태도는 세월이 흐르면서 훨씬 부드러워졌다. 그는 이웃집으로 놀러 가 유로파 컵 축구 경기를 시청했다. 함부르크 대 바르셀로나의 전설적 경기가 있던 날, 그는 너무 흥분해서 찻잔까지 엎었다. 그즈음 프라이부르크 극장의 감독이 우연히 기차에서 하이데거를 만난 일이 있었다. 그는 하이데거와 함께 문학과 연극에 관해 얘기하고 싶었지만, 그의 소망은 실현되지 않았다. 얼마 전 개최된 국가 대항 축구 경기의 인상에서 아직도 벗어나지 못한 하이데거가 프란츠 베켄바우어Franz Beckenbauer만을 화제에 올렸기 때문이다. 그는 공을 다루는 베켄바우어의 섬세한 솜씨에 경탄을 금치 못했다. 하이데거는 떨떠름한 표정의 극장 감독에게 베켄바우어의 화려한 기교를 생생히 묘사해 주려고 애썼다. 하이데거는 베켄바우어를 "천재적 선수"라 불렀고 일대일 대결에서 그를 "대적할 자는 없다"고 공언했다. 하이데거는 자신의 판단이 전문가적 식견에 근거한 것이라고 자부했다. 오래전 메스키르히에서 그는 교회 종치기였을 뿐 아니라 꽤 훌륭한 레프트윙이었기 때문이다.

생애의 마지막 몇 년 동안 하이데거는 무엇보다 자신의 전집 발간 준비에 전념했다. 그는 이 전집의 이름을 "길들Wege"로 정하길 원했지만, 결국은 "저작집Werke"이라는 제목으로 결정되었다.

생애의 말기에 아르투어 쇼펜하우어는 이런 말을 했다. "인류는 결코 잊지 못할 몇 가지를 내게서 배웠다." 하이데거가 그런 말을 했다는 증언은 없다. 그는 세계상이나 도덕론의 의미에서 구성적 철학을 창안하지는 않았다. 라이프니츠나 칸트나 쇼펜하우어의 철학에는 '결과'가 있지만, 하이데거 사유의 '결과'란 것은 없다. 하이데거가 열정을 바친 것은 물음이었지 대답이 아니었다. 그가 물음을 "사유의 경건함"이라 간주한 것은, 물음에 의해 새로운 지평이 열리기 때문이었다. 아직 생생했던 무렵의 종교가 지평을 넓히고 거기서 현출하는 것들을 신성하게 만들었듯 말이다. 하이데거의 생각으로 개방하는 힘은 특히 그가 철학적 삶에서 줄곧 제기해 온 '하나의' 물음을 소유하고 있다. 그것은 바로 존재에 대한 물음이다. 이 물음의 의미란 열린 채로 유지함, 어떤 빛트임으로 옮겨 놓음 내지 내어 놓음과 다른 것이 아니며, 이때 빛트임은 자명하다고 여겨진 것에 대해 갑작스레 그것의 '현(거기)Da'의 기적이 주어지는 곳이다. 그곳에서 인간은 스스로를 어떤 것이 활짝 열리는 장소, 자연이 두 눈을 크게 뜨고 자신이 거기 있음을 인지하는 장소, 다시 말해 존재자 한가운데서 어떤 열린 터 내지 어떤 빛남이 주어져 있는 장소, 이 모든 것이 있다는 사실에 대한 고마움이 가능한 장소로서 경험한다. 존재물음 속에는 환성을 내지를 용의가 숨겨져 있다. 하이데거의 의미에서 존재물음이란 마치 열린 바다로 자유롭게 나아가기 위해 '닻을 올리듯lichten' 사물들을 '밝혀 주는lichten' 것을 뜻한다. 하이데거의 수용 과정에서 존재물음이 지닌 이런 개방하고 밝혀 주는 특징이 대개 상실된 채 모든 사유가 위축되고 꼬이고 움츠러드는 경향을 지니게 되었다는 사실은 역사의 슬픈 아이러니에 속한다. 존재물음에서는 대개의 사람들에게 참선의 공안을 받은 수도자가 겪는 것과 비슷한 일이 일어난다. 그는 공안에 관해 오랫동안 숙고한다. 커다란 거위 한 마리가 목이 좁은 병 안에 있다. 거위를 죽이거나 병을 깨지 않고서 거위를 꺼내는 방법은 무엇인가. 이러한 물음이 공안에 속한다. 궁리에 궁리를 거듭하던 수도자는 스승을 찾아가 답을 구한다. 잠시 외면하던 스승은 갑자기 손뼉을 치며 제자의 이름을 부른다. 제자가 답한다. '스승님, 저는 여기 있습니다!' 스승이 말한다. '보이느냐? 이제 거위가 바깥에 있다!' 존재물음의 의미에 관해서는 이 정도만 얘기하기로 하자.

그런 존재물음에서 물어지는 존재의 의미와 관련해서도—하이데거의 의미로 충분히 이해될 만한—멋진 선문답이 있다. 참선을 시작하기 전에 누군가는 산을 산으로 보며 물을 물로 본다. 그가 내면의 눈으로 어느 정도 진리를 보게 되면, 그는 더 이상 산을 산으로 보지 않고 물을 물로 보지 않는다. 하지만 그가 마침내 깨달음을 얻으면, 그는 다시금 산을 산으로, 물을 물로 보게 된다.

1920년대의 하이데거는 "형식적 고지^{formale Anzeige}"라는 다소 추상적으로 들리는 표현을 자주 사용했다. 가다머에 따르면, 당시 학생들은 이 표현을 어떤 추상화 단계로 생각해서 이해에 어려움을 겪었다. 그러자 하이데거는 그 표현이 "충분한 음미와 실행"[6]을 뜻한다고 설명했다. 고지라는 것은 지시함^{Zeigen}의 거리 속에서 유지되며, 어떤 것을 지시받는 사람에게 그의 눈으로 직접 볼 것을 요구한다. 그 사람은 '고지되는 것'을 분명한 현상학적 방식으로 스스로 보아야 하고, 이러한 봄에 의해서 그것을 실행해야 한다. 하지만 이미 말했듯 그가 스스로 보아야만 한다.

언젠가 야스퍼스에게 보낸 편지에서 하이데거는 자신의 임무를 박물관 관리인으로 규정한 바 있다. 그는 철학의 작품들이 더 잘 보이도록 블라인드를 조절할 뿐이다. 이 편지에서 하이데거는 자신의 활동을 다소 겸손하게 파악하고 있다. 사실 그의 의도는—철학만이 아니라—삶을 마치 최초인양 들여다볼 수 있도록 돕는 것이기 때문이다. 하이데 거에게 계몽Aufklärung이란 현존재가 급습하면서, 그리하여 압도하면서 세계 내로 도래할 때의 새벽 여명을 복원하는 일이었다. 이런 것이 하이 데거의 시작에 담긴 거대한 파토스였다. 은폐하는 것, 익숙한 것, 추상적으로 변한 것, 경직된 것을 제거하기, 다시 말해 파괴하기. 그런 파괴 후에 나타나야 하는 것은 무엇인가? 그것은 바로 우리를 둘러싸지만 우리를 구속하지 않는 무엇, 다시 말해 우리 현존재의 '현Da'이다. 그것이 충분히 음미되고 실행되어야 마땅하다. 하이데거의 철학은 '보게 하기' 라는 이런 과제를 단 한번도 중단한 적이 없다. 그것은 선문답에서처럼 산이나 물일 수도 있다. 하지만 그것은 다리일 수도 있다. 언젠가 하이 데거는 다리에 관해 감탄할 만한 성찰을 보여 준 적이 있다.(VA, 146쪽)

우리는 다리를 이용할 때 많은 생각을 하지 않는다. 그러나 우리가 다리 아래 심연을 내려다보면 공포감을 느낄 수 있으며, 이럴 때 현존 재의 위기 상태와 관련된 감정이 나타난다. 우리가 그 위에서 균형을 잡고 서 있는 무가 나타나는 것이다. 다리는 심연 위로 걸쳐져 있다. 다리는 양쪽 끝에서 대지에 단단히 근거하고 있다. 다리는—우리가 의존하는—대지에 의한 지탱을 지탱의 몸짓에서 지속시킨다. 그처럼 고유한 기투, 고유한 도약이 건너감을 보장한다. 다리는 심연을 넘어서 하늘의 열린 터로 우뚝 솟는다. 따라서 대지에 근거하고 있는 다리는 물가의 두 지점을 서로 연결시킬 뿐 아니라 우리를 열린 터로 나아가게 하고 거기서 우리를 지탱해 준다. 하이데거가 말하듯, 다리는 "언젠가 죽을 자들"의 건너감에서 대지와 하늘을 묶어 준다. 옛날에 지은 다리들에서는 가교의 모험, 다시 말해 하늘과 대지 사이의 활짝 트인 곳에 서고 걷는 위험스런 즐거움이 고유하게 표현되고 칭송된다. 다리에 새겨진 조각, 다리의 수호성인에서 그 즐거움이 표현되고 칭송되는 것이다. 이런 조각들은 우리를 안심하게 하며, 또 거기에는 그러한 생의 선물에 대한 감사의 마음, 즉 하늘과 대지 사이 열린 터에 머물게 하고 다리를 건널 때 호위도 해 주는 친절에 대한 감사의 마음도 표현되어 있다.

이런 말은 시적 몽상이나 은유에 불과한 것인가? 그렇지 않다. 하이데거의 현존재 분석이 부단히 보여 주려는 것은 이런 사실이다. 우리는—우리 자신의 위와 주변과 내면에서—넓게 트인 터와 간격 그리고 무엇보다 심연을 경험할 수 있는 생명체이기에 다리도 지을 수 있는 것이며, 또 그렇기에 우리는 삶이 뜻하는 것이 무엇인지 알고 있다. 삶이란 심연들 위에 다리를 놓음이며 스스로를 건너감 속에 유지함을 뜻한다. 그처럼 현존재란—다리 한쪽 끝에서 다른 쪽 끝으로—스스로를 건너다보는 존재이며 또 스스로를 건너보내는 존재이다. 이때 중요한 것은 다리는 우리가 그 위로 걸어갈 때에야 비로소 우리 발아래서 성장한다는 사실이다.

이 얘기는 이쯤에서 마치기로 하자.

만년의 하이데거는 장난스럽고 모호하며 아라베스크적인 또 다른 몇 가지 고찰을 보여 주었는데, 이는 생각할거리는 제공하겠지만 이해하기는 거의 불가능하다. "넷의 합일이라는, 하나로 포개져 서로서로를 신뢰하는 것들의 고유화는 거울—놀이로서 현성한다. 넷의 합일은 세계의 세계화로서 현성한다. 세계의 거울—놀이는 생생한 고유화의 윤무이다."(VA, 173쪽) 우리는 이런 말을 비웃어선 안 되겠지만, 그릇된 심오함으로 빠져들 필요도 없다. 이런 문장은 허먼 멜빌Herman Melville의 소설 『모비 딕Moby Dick』에 등장하는 작살꾼 퀴퀘그Quiqueg의 몸에 새겨진 문신과도 같다. 남태평양 출신의 경건하고 거친 남자 퀴퀘그의 몸에는 언젠가 하늘과 땅에 관한 자기 부족의 신비한 가르침, 이를테면 한 편의 비밀스런 논고가 새겨졌다. 그 이후로 퀴퀘그란 사람은 한 권의 책이지만 그 자신도 그것을 해독할 수 없다. "비록 그의 심장은 그것을 볼 때마다 힘차게 뛰지만 말이다."[7] 퀴퀘그를 포함한 누구나가 그의 살갗에 새겨진 메시지는 결국 해독되지 못한 채 사라지고 말 것임을 알았다. 퀴퀘그는 자신의 종말이 다가왔음을 예감하자 배의 목수에게 부탁해 관을 하나 만들고는 자기 몸에 새겨진 것을 거기에 그대로 옮겨 그린다.

하이데거의 방대한 전집에 포함된 많은 수수께끼는 남태평양의 이 야만인이 관에 그린 문자처럼 읽힐 수밖에 없다.

1975년 12월 4일, 한나 아렌트가 세상을 떠난다. 하이데거도 이제 조용히, 침착하고 태연하게 죽음을 준비한다. 코흘리개 시절 친구인 카를 피셔Karl Fischer가 86세 생일을—마지막으로—축하해 주자 하이데거는 이런 답장을 쓴다. "여보게, 카를레…… 요즘은 자주 우리들의 어린 시절이 생각나더군. 자네 양친 집과 테라스에 있던 동물들도 기억나. 특히 그 수리부엉이가."[8]

해질 무렵의 어스름에는 새벽의 어스름이 기억난다. 하이데거의 눈앞에는 이 수리부엉이가 아주 또렷이 보였을지도 모를 일이다. 이 새가 날아오르려고 날개를 펼치는 시간이 도래했다. 나는 카를 피셔와 만나 이야기를 나눈 적이 있는데, 그때 들은 이야기 중 하나를 하이데거도 위의 편지를 쓰며 떠올렸을지 모른다. 어린 마르틴에게는 기병대용 사브르 검이 하나 있었다. 하지만 검이 너무 길어서 옆구리에 차면 발 옆으로 질질 끌렸다. 그래도 그 검은 양철로 만든 어설픈 장난감이 아니라 강철제였다. "그 친구는 대위였어." 카를 피셔가 함께 뛰놀던 어린 시절을 그리워하며 말했다.

1975년 겨울, 페체트가 마지막으로 하이데거를 방문했다. "늘 그렇듯 나는 그에게 많은 얘기를 들려주어야 했다. 그는 사람들과 사물들,

경험과 일에 관심을 보였고, 그에 관해 이것저것 물었다. 언제나 그랬듯 그의 정신은 명료하고 폭넓었다. 저녁이 되자 나는 돌아가려고 일어섰다. 그의 부인은 이미 자리를 뜨고 없었다. 방문 앞에서 나는 다시 뒤를 돌아보았다. 백발의 노인이 나를 바라보며 한 손을 들고 나지막이 말했다. '그래, 페체트. 이제 끝이 가까이에 있어.' 그는 눈빛으로 내게 마지막 인사를 보냈다."[9]

1976년 1월, 하이데거는 자기처럼 메스키르히 출신으로 프라이부르크대학의 신학교수로 재직 중인 베른하르트 벨테[Bernhard Welte]에게 대화를 청했다. 그리고 자신을 찾아온 벨테에게 가능하다면 고향 메스키르히의 공동묘지에 묻히고 싶다고 말했다. 그는 기독교식 장례를 부탁했으며 벨테가 추도사를 맡아 주면 좋겠다고 말했다. 두 사람의 이 마지막 대화에서는 죽음의 가까움은 고향의 가까움을 포함한다는 경험이 화제에 올랐다. 후일 벨테는 이렇게 쓰고 있다. "그 방에서는 신은 무와 같은 것이라는 마이스터 에크하르트의 생각도 떠다녔다."[10] 하이데거는 세상을 뜨기 이틀 전인 5월 24일, 다시 한번 벨테에게 편지를 쓴다. 이 신학자가 메스키르히의 명예시민이 된 것을 축하하는 편지였다. 이 편지는 하이데거가 손으로 쓴 마지막 글이었다. "우리 공통의 고향 메스키르히의 새로운 명예시민이 된 것을 이미 명예시민이 된 사람으로서 진심으로 축하합니다…… 명예시민 수여식이 즐겁고 활기 넘치기를 바랍니다. 아울러 그 자리에 참석하신 모든 분의 숙고하는 정신이 하나로 단결하시기 바랍니다. 획일적으로 기술화된 세계 문명의 시대에 아직 고향이 존재할 수 있는지, 또 어떻게 존재할 수 있는지에 관해 숙고할 필요가 있기 때문입니다."(D, 187쪽)

5월 26일 아침, 하이데거는 상쾌한 기분으로 잠에서 깼다가 다시 잠이 들었다. 그리고 세상을 떠났다.

5월 28일, 메스키르히에서 장례식이 있었다. 하이데거는 교회의 품으로 돌아갔던가? 막스 뮐러가 전하는 이야기에 따르면 하이데거는 가벼운 산행을 하다가 교회나 예배당이 나타나면 매번 성수를 손에 찍고 무릎을 꿇었다. 한번은 막스 뮐러가, 교회에 거리를 두면서 그런 행동을 하는 것은 모순되지 않느냐고 물었다. 그러자 하이데거는 이렇게 대답했다. "우리는 역사적으로 사유해야 하네. 그리고 기도를 많이 드리는 곳에는 신적인 것이 아주 특별한 방식으로 가까이 있지."[11]

이제 어떻게 결말을 지어야 할까?

1928년 막스 셸러가 세상을 떠났을 때, 마르부르크대학의 하이데거가 강의 시작 전에 한 말, 그 말을 인용하는 게 가장 적절할 듯하다.

"또 다시 어느 철학의 길이 어두움으로 되돌아간다."[12]

철학 살해를 위한
사다리

0.

자프란스키의 하이데거 전기는 일주일 만에 후딱 읽어 치울 수 있는 책은 아닌 듯하다. 사상가의 전기에 포함되기 마련인 사상에 대한 설명에서 작가의 친절함을 느끼기가 다소 어렵기 때문이다. 작가는 하이데거 사상에 관해 얼마간 지식은 갖추고서 독서에 임할 것을 독자들에게 기대한다. 물론 이런 기대가 전혀 부담스럽지 않은 독자들도 있을 것이다. 하지만 아직 그렇지 못한 독자들에게 이 전기는 이해하기 어려운 인용으로 가득한 책, 따라서 슬며시 새어 나가는 흥미를 의지와 인내의 댐으로 막아야 하는 책이 되기 쉽다. 이 해제는 그러한 독자의 흥미 유출을 막고 인내의 고통을 조금이나마 경감시키기 위해 마련되었다. 그렇기에 이 해제는 하이데거 사상에 관한 심층적·비판적 내용을 담고 있지는 않으며, 하이데거 사상에 문외한인 독자들을 위해 그 사상의 기본 윤곽과 전개 과정을 아주 간략히 소개하는 것에 목적을 둔다. 물론 이 '간략히'에 문제가 있기는 하다. (그럴 만한 충분한 이유가 있기에) 복잡한 사상을 간략히 정리하는 과정에서 반드시 단순화와 왜곡이 수반되기 때문이다. 하지만 하이데거 사상에 문외한일지라도 성실함과 지혜로 무장한 독자는 언젠가 이 해제에 내재된 단순화와 왜곡을 간파하리라 믿는다. 그때가 되면 독자는 이 해제의 내용쯤 필요 없는 사다리라 여기고 걷어차 버려도 좋다(문외한인 필자도 그런 때가 오면 이런 해제쯤 신나게 걷어차겠다).

1.

하이데거 사상의 근본이자 핵심을 이루는 주제는 '존재Sein/being'다. 그는 일평생 '존재' 한 가지만을 사유의 대상으로 삼았다. 그렇다면 그가 평생의 사유에서 획득한 존재의 정의는 무엇일까? 존재는 어떻게 규정되나? 유감스럽게도 이런 물음은 답을 얻지 못한다. 하이데거는 존재를 어떤 식으로도 규정하지 않으며, 그 어디서도 존재에 관해 정의를 내리지 않기 때문이다. 하이데거에 따르면, 존재란 규정될 수 없는 것, 정의될 수 없는 무엇이다. 그렇기에 방금 전의 물음은—하이데거에 따르면—그 자체로 잘못된 물음이다. 하이데거의 전체 철학적 작업은 이 규정할 수 없는 것을 어떻게든 사유해 보려 한 노력의 과정이었다고 할 수 있다. 하이데거의 말대로, 그의 저작들Werke은 이 '존재'에 접근하려 시도한 여러 갈래의 길들Wege이었던 셈이다.

그러면 우리 문외한은 이제 어찌해야 하나? 우리도 하이데거를 본받아 그의 저작들을 옆구리에 끼고—혹은 그런 것도 필요 없이—존재물음의 답을 찾아 사유를 거듭해야만 할까? 그래야 하는 건지도 모르겠다. 하지만 우리는 문외한이다. 우리는 (아직) 그럴 태세가 되어 있지 않다. 그리고 우리는 무척 궁금하다. 존재—우리말로 '있음' 혹은 '있다'로도 표현할 수 있는 그것이 대체 무엇이기에 평생 동안 궁구했던 것인지? 게다가 왜 규정할 수 없고 규정해서도 안 된다는 것인지? 말하자면 우리 문외한은 어렴풋이나마 하이데거가 말한 존재라는 것의 '규정'부터 얻고 싶다. 그래야만 하이데거 사상을 조금은 쉽고 편하게 '이해'할 수 있을 것만 같다.

그런데 가만 생각해 보면 우리는 이미 존재에 관한 어떤 규정을 확보한 셈이다. '규정될 수 없다'도 하나의 규정이니까 말이다. 즉 '존재란 규정될 수 없는 무엇'이라는 규정이 주어져 있다. 이 대목에서 우리의 생각은 자연스레 기독교의 부정신학이란 것으로 옮겨간다. 부정신학이란 신에 대한 직접적 규정을 부정하는 방식으로 신의 본질을 이해하려는 기독교 신학의 분야를 일컫는다. 신에 대한 직접적 규정이란 예컨대 '신은 무한하다', '신은 절대적이다', '신은 완전하다' 같은 인간의 생각이나 진술을 가리킨다. 이런 진술에는 어불성설의 요소가 있다. 유한하며 결코 절대적이지도 완전하지도 않은 인간이 신에 관해 이러쿵저러쿵 단적인 정의를 내리고 있으니 말이다. 유한한 인간은 결코 신을 완전하게 포착하고 이해하고 진술할 수 없다. 그렇기에 인간에겐 그저 '신이란 ~하지는 않다' 정도의 생각이나 진술만이 허용된다. 일례로 '신은 유한하지 않다' 같은 것 말이다.

그렇다면 하이데거 또한 존재라는 말로 이러한 절대자 신을 가리킨 것일까? 일단 그런 건 아니라고 생각하고 넘어가도록 하자(이에 관해선 아래 4절과 9절에서 다시 언급하겠다). 하지만 존재에겐 어딘가 우리가 흔히 생각하는 신을 연상시키는 면도 없지 않다. 하이데거에 따르면, 존재는 우리 인간을 비롯해 세상 모든 것을 떠받치고 감싸 안는 무엇, 그 모든 것을 있게 하는 무엇이다. 인간의 관점으로 규정될 수 없는 이 존재란 말하자면 있는 것들(존재자들)의 바탕 같은 것이다. 이런 맥락에서 독일 철학자 피갈은 말한다. "존재, 그것은 하이데거에게 항상 개방된 장(열린 터)의 무규정성을 의미한다."[1]

열린 터의 무규정성이란 말은 어떻게 이해되어야 할까? 혹시 존재자들이 뛰노는 널찍한 공터가 있는데, 그 테두리를 정하기가 어렵다는 뜻? 그럼 평생 공터에 관해 사유한 것? 아니, '열린 터의 무규정성'이란 말은 그보다는 좀 더 심원한 뜻을 담고 있을 듯하다. 우리 문외한은 이런저런 입문서를 뒤져 본다. 그러다가 문득 이런 구절을 발견한다. "하이데거는 단순 소박한 자연을 존재라고 부르고 있는 바……."[2] 그렇다. 존재는, 열린 터의 무규정성은 자연을 가리키는 말이었다. 자연은 우리가 꽤나 알고 있는 것이다. 문명에 대비되는 푸르죽죽한 것, 인간에 의해 가공되기 이전의 것, 자연 사랑, 자연법칙, 나는 자연이다 등. 그런데 왜 자연을 존재 혹은 열린 터의 무규정성 같은 말로 부르나?

---

1   귄터 피갈 (김재철 옮김), 『하이데거』, 인간사랑, 2008년, 109쪽. 위 인용문은 필자에 의해 약간 변형되었으며, 이하 모든 국내서의 인용에서도 필자는 경우에 따라 얼마간 변형을 가하겠다. 저자와 역자들에게 미리 사죄를 구한다.
2   박찬국, 『들길의 사상가, 하이데거』, 그린비 2013년, 21쪽.

2.

하이데거에게 자연은 단순히 문명과 대비되는 무엇이 아니다. 자연은 문명과 인간의 삶조차 끌어안는 무엇이다. 무수히 많고 다양한 것을 품는 게 자연이다. 거기엔 인간이 만들어 낸 것이 있는가 하면, 인간의 손끝에서 탄생하지 않은 것들도 있다. 그러면—인간이 만든 것이건 아니건—이처럼 있는 것들(존재자들)이 한데 모여 자연, 다시 말해 존재를 이루는가? 즉 존재자들의 총합=자연=존재?

그런 것은 또 아니란다. 그럼 대체 뭔가? 한데 우리로서는 이런 물음만 계속 이어나갈 수가 없다(비록 하이데거는 물음 자체가 사유의 본성이라 말했지만). 그렇게 하면 문외한인 독자들은 어느새 지칠 것이며, 이 글은 별로 친절한 해제가 되지 못할 것이기 때문이다. 그래서 필자는 문외한 수준에서나마 필자가 이해한 존재의 의미부터 말해 보려 한다. 열린 터의 미규정성으로서의 자연, 즉 존재가 무엇인지부터 단적으로 규정하겠다는 것이다(하이데거로서는 통탄할 일이다). 단도직입적으로 말해 자연이란 우주 전체의 사건을 뜻한다. 우주 전체에서 성하고 발현하는 사건의 소용돌이, 그것이 바로 자연이다.[3] 그런 것이 자연이고 존재, 즉 있음(있다) 혹은 ~임(이다)의 참된 사태이다. "생기生起, 용출湧出, 주재主宰, 융성隆盛, 화육化育, 생육生育", 한마디로 "생생화육生生化育"의 사태.[4] 그런데 우리 인간이 이런 사태에 관해 아는 것은 과연 얼마나 될까? 아무리 과학이 발전하여 이른바 자연법칙이란 것을 다수 간파하고 이를 이용한다 한들 우리가 자연에 관해, 있음 자체의 본원적 사태에 관해 속속들이 안다고 할 수 있을까? 그런 총체적 앎과 이해의 가능성이 우리에게 있을까? 그렇지 않다. 자연은, 즉 있음의 본원적 모습은 우리가 온전히 포착할 수 없기에 규정 불가능한 것으로 머문다. 그렇기에 피갈은 하이데거의 존재 개념을 '열린 터의 무규정성'이라 정의한 것이다.

---

3   이기상, 『하이데거의 존재사건학, 존재진리의 발생사건과 인간의 응답』, 서광사, 2004년, 79-80쪽 참조.
4   앞의 책, 100쪽.

그렇다면 존재자들, 즉 세상에 있는 것들은 사건의 소용돌이라는 터 안에 옹기종기 모여 있는 모습일까? 보글보글 끓는 물속의 달걀 네 알처럼? 그릇이나 상자 속의 사물처럼? 하지만 그릇이나 상자는 규정 가능한 것이니 그런 모습은 아닐 듯하다. 그렇다면 자연=존재와 존재자의 관계 또한 냄비와 달걀의 관계와는 다를 것이다.

발현과 성함의 사건으로서 존재=자연은 존재자들과 칼로 자르듯 구분되는 것이 아니다(냄비와 달걀은 얼마든지 떼어 놓을 수 있겠지만). 있음의 사건적 흐름, 그 생생한 발현, 즉 자연에서는 무수히 많은 것들이 생성과 소멸을 거듭한다. 구체적인 많은 것들이 나타나서 머물다 스러진다. 그런 것들, 그런 존재자로는 돌과 나무, 짐승, 번개, 바람, 밤과 낮, 계절, 사람 등 무수한 것이 있다. 이때 있음의 사건, 자연의 성함과 발현은 이런 존재자들을 통해 구현되고 표출된다. 존재자들의 생성과 머묾과 소멸에서 있음의 본원적 사태, 스스로 성하고 발현하는 사태 자체가 드러나는 것이다. 다른 한편, 각각의 존재자는 존재의 웅대한 사건, 있음의 거대한 소용돌이가 있기에 거기 있는 것이다. 이렇게 보면, 원래 존재와 존재자, 있음과 있는 것은 서로 같지는 않아도 분리되기 어려운 것이다. 하이데거의 표현을 빌리면, 존재는 언제나 '존재자의 존재'이며, 존재자는 언제나 '존재의 존재자'이다. 하지만 두 가지 중 좀 더 근원적인 것이 무엇인가를 따지자면, 그것은 존재이다. 있음의 사건이 있는 것들의 근본을 이룬다.

한 가지 더, 조금 전 필자는 하이데거의 존재란 자연과 같은 뜻이라고 말했다. 그러니까 자연이란 있는 것들과 구분되는 있음의 생생한 발현 사건을 가리킨다. 하지만 하이데거가 꼭 이런 의미로만 자연이란 말을 쓰는 것은 아니다. 그에게서 자연은 때때로 있음의 사건과 있는 것들이 어우러진 상태, 원래 분리되기 어려운 두 가지 것의 공속 상태를 표현하기도 한다. 요컨대 자연은 '존재'만을 가리킬 때도 있지만 '존재하는 존재자'를 의미할 때도 있다. 하긴 애초에 존재는 존재자의 존재이고 존재자는 존재의 존재자이니, 이 두 가지 자연 개념이 꼭 다른 것이라 말하기도 어렵겠다.

3.

　그런데 여기서 자연 내지 존재에 관해 이러쿵저러쿵 떠들고 있는 자는 누구인가? 물론 이 글의 경우에는 필자다. 하지만 그런 말을 하자는 게 아니다. 이 세상에서 자연 내지 존재에 관해 생각하고 말하는 자가 누구냐는 거다. 그건 당연히 인간이다. 필자도—나름으론—인간이기에 이런 해제를 쓴다. 하이데거도 인간이기에 존재에 관해 무척 많은 걸 생각하고 많은 걸 썼다. 그렇다면 인간만이 존재에 관해 사유할 줄 아는 다소 특별한 존재자일까? 하이데거의 생각으로는 그렇다.

　수많은 존재자 중 유독 인간만이 '오래전' 자기 주변 세계와 그 존재자들에, 더 나아가 세상 자체에 경탄을 품게 되었다. 이 모든 게 대체 무어란 말인가? 어찌하여 이 모든 게 있는가? 그 경탄의 순간과 더불어 인간은 모든 있는 것과 그 있음의 신비에 관한 설명을 찾아 나서게 되었다. 그렇게 하여 고대인에게서 신화가 등장하고 철학이 출현한 것이리라. 서양에서 이런 전환은 고대 그리스인들에게서 시작되었다. 그러니 앞서 '오래전'이라 말했지만, 이런 전환이 시작된 것은 불과 수천 년에 지나지 않는다. 성하고 발현하는 우주 전체의 사건에 비하면 이 기간이란 극히 미미한 찰나에 지나지 않을 것이다. 하지만 그 이래로 우주는, 달리 말해 자연은 자신을 신비로 느끼고 경탄하며 그 신비를 이해하고자 하는 존재자를 하나 얻게 된 셈이다.

　신비롭다는 것은 알려지지 않은 것이 많다는 것, 가려진 것이 많다는 뜻이기도 하다. 속속들이 알려진 대상은 결코 신비롭지 않을 것이기 때문이다. 웅대한 사건의 소용돌이인 자연은 부단히 무언가를 보여 주면서도 부단히 많은 것을 은폐하기에 인간에게 신비감과 경탄을 자아낸다. 그리고 인간은 자연의 신비를 이해하기 위해 부단히 궁리하면서 이를 말로 표출한다. 이때 인간의 말함이란 자연의 발현과 성함을 일정한 틀에 넣고 이해할 만한 무엇으로 바꾸는 행위다. 그렇기에 말함이란 본래부터 인간의 생각이나 감정과 결코 분리되지 않는 무엇이다. 그리고 이러한 말함을 통해 자연은 부분적으로나마 인간에게 이해 가능한 무엇으로 바뀐다. 그런데 이러한 원초적 말함이란 인간의 능동적 행위만이 아닌 것일 수 있다. 스스로 성하고 발현하는 자연에 인간이 한 계기로 포함되는 것이라 할 때, 인간의 말 또한 자연이 성하고 발현하는 한 양태로 볼 수 있을 것이기 때문이다. 이를테면 인간의 말함을 통해 자연이 말하는 것이다.

물론 자연 속의 근원적 경험에서 표출된 인간의 원초적 말함에서는 자연이 신비를 벗은 채 온전히 드러나지는 않는다. 거대한 우주의 작은 일부인 인간은 아무리 사유하고 느낄 줄 아는 존재자라 해도 우주적 자연을 송두리째 파악하지는 못한다. 자연은 인간에게 근본적으로 은폐된 것, 그렇기에 규정 불가능한 것이며, 은폐된 것을 부분적으로 드러낼 뿐이다. 따라서 인간의 말함을 통해 드러나는 것은 자연의 온전한 사태가 아니다. 하지만 자연과의 근원적 경험에서 표출된 언어는 드러난 것을 드러낼 뿐 아니라 드러난 것이 전부가 아님을, 드러난 것이 은폐된 것의 일부임을 표현하고 있기도 하다(사실 드러남이라는 사태 자체가 이미 은폐라는 사태를 전제한다). 하이데거의 견해에 따르면 그렇다. 그리고 자연을 은폐인 동시에 비은폐(드러남)로 표출한다는 점에서 원초적 말함은 자연을 제대로 표현한다고도 볼 수 있다.

이 대목에서 우리는 존재와 존재자라는 하이데거의 구별을 다시 끌어와도 좋을 듯하다. 인간에게 드러나는 자연은 대개 땅과 바다, 동식물, 기후와 계절 변화처럼 지각되는 존재자들이다. 그에 비해 우주 전체에서 성하고 발현하는 사건의 소용돌이 자체, 하이데거의 말로 존재는 쉽게 지각되지 않는다. 그렇다면 자연의 은폐와 비은폐란 개념은 존재와 존재자란 개념으로 대체되어도 좋을 듯하다. 존재는 존재자로 언뜻언뜻 드러나며, 존재자는 존재에 의해 드러나게 된다. 따라서 인간의 원초적 말함, 즉 근원어가 자연을 은폐인 동시에 비은폐로 표출한다는 것은 자연을 존재자인 동시에 존재로서 포착함을 뜻하는 것이기도 하다. 근원어는 존재자를 '존재하는 존재자'로 포착한다.

4.

하이데거에게 고대 그리스인들의 말은 그런 근원어이다. 대표적인 예로 그리스어 '피시스φύσις(phýsis)'가 그렇다. '물리학'이나 '자연학'으로 옮겨지는 구미어 physics나 Physik 등의 어원이 되는 말인 피시스는 오늘날에는 '자연', 'Natur', 'nature' 등으로 바꿔 부를 수 있다. 하지만 하이데거에 따르면 오늘날의 이런 해석은 피시스의 뜻을 제대로 담을 수 없다. 오늘날의 말은 이를테면 "황폐화"[5]된 것이기 때문이다. 그렇다면 이 '황폐화'란 어떤 사태를 가리키며, '황폐한' 현대어가 담지 못하는 피시스의 참뜻이란 무엇일까?

하이데거에 따르면, 원래 피시스는—우리가 앞서 언급한 바 있는—자연의 성함과 발현함, 그리고 거기서 발현되는 것들을 모두 지칭했다. 하이데거 자신의 말을 들어 보자.

'피시스'란 낱말은 '자라나고 있는 것', '자람', '그런 자람 가운데서 자라난 것 자체'를 뜻한다. 그러나 우리는 '자람', '자라남'이라는 뜻을 여기에서는 인간의 원초 경험에서 열어젖혀지고 있는 그대로의 아주 기본적이고 넓은 의미로 받아들이기로 한다. 즉 순전히 따로 유리된 진행으로서의 식물들과 동물들만의 자람이라는 의미로서가 아니라, 즉 단지 식물들과 동물들만의 생성과 소멸이라는 의미로가 아니라, 오히려 사계절의 변화 한가운데서 그리고 사계절의 변화에 의해 두루 지배되는 한가운데서, 낮과 밤이 교체되는 한가운데서, 천체가 운행하는 한가운데서, 폭풍과 폭우 그리고 거대한 자연력의 광란의 한가운데서 일어나는 그런 사건으로서의 자람이라는 의미로 받아들이기로 한다. 이러한 사계절의 변화, 낮과 밤의 교체, 천체의 운행, 폭풍과 폭우 그리고 거대한 자연력의 광란 등이 다 함께 어우러져 일어나는 것이 곧 '자라남'이다.[6]

이 글에 따르면 고대 그리스어인 피시스는 처음부터 두 가지 근본 의미를 지니고 있었다. 우선 그것은 성하고 발현하는 것, 즉 자연 존재자를 뜻했지만 동시에 그렇게 성하고 발현하는 사건, 즉 존재라는 사건 자체를 함축하기도 했다. 다시 말해 고대 그리스인들에게 피시스란 '존재의 존재자'와 '존재자의 존재'라는 뜻을 하나로

---

5 마르틴 하이데거, 「휴머니즘 서간」, 실린 곳: 마르틴 하이데거(이선일 옮김), 『이정표 2』, 한길사, 2005년, 123~182쪽, 여기서는 129쪽.

6 마르틴 하이데거 (이기상/강태성 옮김), 『형이상학의 근본개념들: 세계—유한성—고독』, 까치글방, 2001년, 55-56쪽. 이탤릭체 강조는 필자에 의함.

담는 말이었다. 이런 맥락에서 하이데거는 피시스를 단순히 '자람(성장)'이라 번역하기보다는 "전체로서의 존재자가 제 스스로를 형성하면서 전개해 나감"이라고 옮기는 게 적절하다고 말한다.[7] 그리고 소크라테스 이전의 고대 그리스 사상가들, 예컨대 헤라클레이토스나 아낙시만드로스 같은 철학자의 사유에서는 피시스가 이런 의미를 담고 있었다. 이들은 성함과 발현이라는 존재 사건을 근본적으로 경험하는 가운데 경탄과 찬양의 마음을 잃지 않았던 사상가들이다.

그런데 플라톤과 아리스토텔레스에 이르면 존재와 존재자에 대한 이해가 크게 달라진다. 그 까닭은 이들이 경탄과 찬양이라는 '소극적' 태도에서 벗어나 자연을 '적극적'으로 설명하려 든 데 있다. 이들은 우주란 무수한 것을 생성, 소멸시키는—인간의 개념으로—'우연적인' 사건들의 소용돌이라는 생각에 만족하지 못한다. 이들은 우주의 숨겨진 질서, '필연적' 법칙성을 찾아내고자 한다('혹시 카오스의 배후엔 코스모스란 게 있지 않을까?'). 이 질서 내지 법칙성을 간파한다면, 우주의 총체적 이해도 불가능하지는 않으리라. 이들은 일단 지각되는 자연 존재자들을 단서로 삼아 개개 존재자의 본질—혹은 원형—을 밝혀내려 한다. 존재자들로부터 공통된 것을 추상하여 이를 하나의 '개념'으로 고정시키는 것이다(예컨대 아름다운 것들에서 미의 개념, 미의 원형을 추론해 낸다). 그러고는 이렇게 개념화된 본질들 사이의 전반적 관계를 추론하여 우주 질서를 설명하려 한다. 이들에 따르면 우연적 생성, 소멸을 거듭하는 듯한 개개 존재자 배후에는 지속적이고 불변적인 원형들—플라톤에게는 이데아, 아리스토텔레스에게는 에이도스—이 본질 내지 원형 혹은 근거로서 존재한다. 그리고 이 원형들은 잘 짜인 질서 속에 자리 잡고 있다. 그 질서란 최고의 원형을 정점으로 한 위계질서다. 우연인 듯한 존재자들의 생성, 소멸도 실은 이런 깔끔한 질서를 배경으로 일어나는 일이다.

들뢰즈의 말을 빌리면, 이렇게 해서 '고정성의 형이상학'이 탄생한다. 이제 인간은 다음과 같은 생각에 익숙해진다. 우리는 고정된 틀, 안정된 우주 질서,—나무 모델로 표현되곤 하는—위계질서에 속한 존재자이다. 하이데거에 따르면 이런 생각

---

7 앞의 책, 56쪽.

의 뿌리가 플라톤과 아리스토텔레스 철학에 있다. 그런데 플라톤과 아리스토텔레스는 자연 존재자만을 피시스라 칭하는 게 아니라 존재자들의 본질(말하자면 자연 본성) 또한 피시스라 부르곤 한다. 따라서 이들에게서도 피시스란 말은 두 가지 의미를 동시에 함축하고 있다. 이때 본질이란 뜻의 피시스는 어떤 존재자 자체, 본원적 존재자란 의미에서 존재라는 말로 대체될 수도 있다(예컨대 아름다운 것들의 본질, 즉 존재는 원형으로서의 '미'이다). 피시스라는 낱말이 이렇게 사용된 것을 보면, 플라톤과 아리스토텔레스 역시 '존재자의 존재'와 '존재의 존재자'를 함께 사유했다고 말할 수도 있다. 다만 이들에게 존재란 더 이상 자연의 사건적 성함과 발현이 아니다. 그것은 원형적이고 보편적인 무엇이란 점에서 '있는 것'이다. 요컨대 이들에게서 존재란—설령 현상의 개별 존재자와 달리 원형, 근본이라는 성격을 가질지라도—하나의 존재자로 사유된다.

서양 중세의 인간들은 절대자인 신을 중심에 놓고 존재자 전체의 질서를 이해한다. 신이 세상 만물을 창조했고, 그 운행 또한 신에 의한 것이다. 인간은 존재자의 질서나 그 본성에 관해 많은 것을 고민할 필요가 없다. 그에 관한 설명은 이미 신의 이름으로 주어졌고, 이 설명을 대표하는 기관은 교회이며, 설명의 내용은 교리다. 다양한 존재자들로 짜인 위계질서의 첨단에 신이 있다. 신은 근원이고 근거다. 신이라는 존재자는 궁극적 본질이란 의미에서 궁극적 존재이다. 개별 존재자들이 각각의 '그것임', '그것다움'에서 있을 수 있는 것은, 즉 그 본질을 지닐 수 있는 것은 모두 신 덕분이다. 이때의 본질 또한 보편적인 '어떤 것'이라는 점에서—하이데거가 보기에는—존재자의 성격을 갖는다. 플라톤과 아리스토텔레스와 마찬가지로 중세인들의 사유에서도 존재는 본질적·보편적인 무엇이란 의미에서 존재자로 이해된다.

5.

이렇듯 플라톤과 아리스토텔레스로부터 중세에 이르기까지 존재는 지속적이고 불변적인 어떤 것(원형, 본질, 근거, 근원, 실체)으로 파악된다. 이때 인간은 이 지속적·불변적인 것을 고정된 말에 담고자 한다. 말이란 원래 존재를 포착하려는 것인데 그 존재가 확고부동한 것이라면, 말 자체가 불안정해서는 안 되기 때문이다. 이렇게 해서 존재와 존재하는 것을 포착하는 말들은 확고한 '개념'으로 정립된다. 앞서 보았듯이 개념은 존재자들로부터 공통적인 것을 추출하는 작업에 의해 형성된다. 진, 선, 미의 개념, 혹은 나무, 개, 사람, 바람, 죽음 등의 온갖 개념이 산출되는 것이다. 이런 개념은 개별 존재자들의 본질('~임' 내지 '~다움'이란 뜻의 자연 본성, 그 존재)을 뜻하는 것이기도 하다. 그리고 이런 추상 작업에 의해 획득된 온갖 개념이 이제 '하나', '여럿', '모든', 혹은 '원인과 결과', '서로', 혹은 '가능적', '현실적', '필연적' 등의 좀 더 큰 개념들(범주들—아리스토텔레스의 '범주론')에 의해 배치된다. 이런 질서의 궁극에는 절대적 존재자가 최종 본질, 즉 궁극적 존재로 자리 잡고 있다.

그런데 이처럼 개념으로, 또 개념들 사이의 이른바 '논리적' 관계로 세상을 이해할 때 인간이 놓칠 수밖에 없는 것이 있다. 사실 이 세상에 존재했고, 존재하고, 존재할 모든 것은 그 어느 것도 같을 수가 없다. 각각의 '지금 여기' 무언가는 모두 일회적인 것, 유일무이한 것이다. 하지만 개념은 그런 다름을 전혀 중요시하지 않는다. 개념은 공통적인 것에 관심을 기울일 뿐이다. 개념에 의해 포착되지 않는 것, 예를 들어 개별 존재자들 사이의 무수한 차이 같은 것은 '우연적인' 것에 불과하며 개개 존재자의 본질(개념에 의해 포착된 것)과는 무관하다. 개념에서 벗어나는 것, 따라서 본질과 무관한 것이라면 사유할 필요조차 없다. 이제 그런 모든 것은 '가상'이란 이름으로 묶여 사유에서 배제된다. 말하자면 그런 것은 '무無'나 다름없다.

'지금 여기'의 무수한 일회적인 것, 유일무이한 것들을 보편적 개념들로 추상하는 작업은 그 무수한 존재자들이 성하고 발현하는 자연 사건, 존재 사건을 도외시하는 과정이기도 하다. 그리고 이렇게 개념화된 존재자들의 관계를 설정하는 과정에서 그 모든 것의 근본조차 하나의 존재자로 파악된다. 이 존재자에게는 절대, 지존, 신 등의 개념이 부여된다. 이렇게 사유된 우주 속에는 사건이 없다. 물론 변화는 있겠지만 그 변화는 원인과 작용/결과라는 원리에 의해 진행되는 운동의 성격을 가질 뿐이다. 우연적이고 일회적인 모든 것이 가상에 묶여 배제되는 순간, 사건도 사라져버린 것이다. 하이데거식으로 말하면, 존재자가 존재의 존재자임은 망각되고 존재 없는 존재자들만이 남는다.

플라톤과 아리스토텔레스의 사유에서 비롯되어 오늘날까지 지속되는 이런 사유 방식을 가리켜 하이데거는 '존재망각'이라 부른다. 존재자들을 통해 표현되는 역동적 존재 사건이야말로 자연의 본원적 사태임을 망각한 것—이것이 바로 서구 사유의 역사란 것이다. 그에 따르면 이 역사 과정에서 등장한 '자연'이란 낱말들은 더 이상 고대 그리스인들의 피시스와 같은 것일 수 없다. 그렇기에 앞서 자연을 가리키는 말의 '황폐해짐'을 언급한 것이다. 그렇긴 해도 두 고대철학자나 중세인들의 사유에서는 아직 자연에 대한 외경심의 흔적을 읽어 낼 수 있다는 것이 하이데거의 견해다.[8] 플라톤과 아리스토텔레스의 사유에서 자연 존재자들은 절대적인 것에 근거한 각자의 본질을 발현시켜 나가는 무엇으로 이해되며, 인간에게 여타 존재자를 지배하고 장악할 권리가 있다고는 생각되지 않았다. 중세에도 모든 자연 존재자는 신이 부여한 각각의 본성을 지닌 것으로 간주되었으며, 이런 자연 존재자의 주인은 인간이 아닌 신으로 사유되었다.

자연에 대한 외경심의 희미한 흔적마저 사라지고 인간이 자연의 지배자로 군림하게 된 것은 이른바 '모던' 이후이다. 모던이란 개념을 여기서는 15, 16세기 서유럽에서 국지적으로 시작된 특정한 삶의 양식—사고 체계를 비롯해 정치·경제·사회·문화 전반을 포괄하는 양식—이라 이해하도록 하자. 주지하듯 이 모던은 그 후 전 세계로 퍼져 나가 오늘날 인류 대부분의 생활양식으로 자리 잡게 되었다. 오늘날의 생활양식을 특징짓는 개인주의, 자유주의, 합리주의, 과학주의, 대의제, 시장경제, 대중문화 등이 바로 모던의 내용을 이룬다.

사고 체계로서의 모던은 데카르트와 더불어 시작된다. 데카르트하면 떠오르는 것은 '방법적 의심'이다. 이 의심의 초점을 이루는 문제는 지금까지 세계의 궁극적 지주라 믿어졌던—인간 외부의—절대적 존재자(이데아, 에이도스, 기독교의 신 등)의 실존 여부이다. 고대 이후로 이런 절대적 존재자는 세계의 실재성과 그에 대한 인간의 참된 앎을 보장하는 근거였다. 그러나 서양에서 서서히 신이 퇴장하는 시대가 도래한다. 이런 시대의 인물인 데카르트는 의심에 의심을 거듭한 끝에 세계의 실재성과 인간의 참된 인식을 보증하는 '외적' 근거란 전혀 없다는 결론에 도달한다(물론 데카르트

---

8 박찬국, 『들길의 사상가, 하이데거』, 162쪽 참조.

의 사유에서는 아직 신이 등장한다. 그러나 이는 논리 전개상 불가피한 '방법적 장치'에 불과하다. 이런 신은 장차 모던적 사유에서 철저히 지워진다). 그렇기에 세계에 대한 참된 인식은 오직 인간 주체의 지성적 노력으로 획득될 수 있고, 또 획득되어야 한다는 것이 데카르트의 견해이다.

세계의 근거로서 절대적 존재자의 부재가 확인되었음은 세계가 다시금 카오스로 변할 수 있음을 뜻한다. 이런 위기에 직면한 인간은 다시금 세계를 코스모스로 조성하고자 한다. 물론 근본적으로 보면 그 목적은 인간 삶의 안정성 확보에 있다. 인간은 이 세계 전반을 파악하고 조망할 만한 새로운 사유 체계와 이에 근거한 생활 양식을 마련해 나가려 한다.

새로운 사유 체계는 인간의 기존 인식 틀을 형성해 온 추상적 개념이나 범주 등을 버리는 것은 아니다. 다만 이제는 개념과 범주 등이 자연 존재자에 내재한 것이라는 관념, 달리 말해 외적인 최종 근거에서 유래한 것이라는 관념이 사라진다. 그 대신 개념이나 범주 등의 논리적 틀은 인식 주체인 인간이 세상의 질서정연한 파악과 전체적 조망의 획득을 위해 세상에 투사하는 틀이라는 성격을 띠게 된다. 인간은 생각한다. 자연이란 일견 카오스로, 규정 불가능한 덩어리로 보일 수도 있다. 하지만 인간 지성에 의해 획득된 사유의 틀을 세상에 대응시켜 보면 거기서 아주 뚜렷한 질서가 나타난다. 그 질서가 바로 자연의 본질임이 분명하다.

하이데거의 시각에서는 이런 것이 자연의 본모습일 수 없다. 자연이란 부단히 성하고 발현하는 사건의 소용돌이다. 하지만 모던의 인간은 자기들이 정립한 사유 틀에서만 세계를 바라본다. 사유 틀은 세계를 바라보는 관점과 시각의 틀이기도 하다. 이런 틀에서 바라보면 세계는 분명 고정된 질서 속에 있는 듯하다. 그 질서에서는 원인과 결과의 연쇄라는 '법칙성'이 관통하고 있다. 이 법칙성을 심층적으로 궁구해 나갈수록 인간은 커다란 성과를 올린다. 그리고 이 법칙성을 이용해 자연 존재자를 인간에게 유용한 형태로 변형시킬 가능성도 증진시킨다. 이른바 과학기술의 혁혁한 발전이 이뤄지는 것이다.

물론 자연은 사건의 소용돌이지만 거기엔 모종의 질서가 숨어 있을지도 모른다. 그리고 인간이 찾아낸 법칙성도 그 질서의 일부일지 모른다. 하지만 그 법칙성이 곧 자연이 품은 질서 자체라고 단언할 수 있을까? 자연의 본모습이 이런 유의 법칙성만으로 설명될 수 있는 것일까? 하지만 자연과학과 '합리적' 생각으로 무장한 모던의 인간은 자연에서 더 이상 신비를 보지 않는다. 자연에는 우리가 알지 못하는 많은 것이 있지만, 그것은 아직 알려지지 않은 법칙성일 뿐 신비로운 것이 아니다. 우주 전체를 관통하는 정신이나 창조주 신 따위의 관념은 한때 인류를 드리웠던 무지의 소산일 뿐이다. 자연 존재자들이란 근본적으로 물질이며, 생명 현상 또한 —우리가 미처 파악하지 못한— 물질적 법칙성의 산물이다. 그리고 모던의 인간은 자기들의 안락을 위해 이 물질들을 거리낌 없이 사용한다.

플라톤에서 싹터 모던에서 정점에 이르는 인간 사유의 양태를 하이데거는 '표상적 사유'라 명한다. 여기서 표상이란 독일어 'Vorstellung'을 옮긴 말이다. 이 낱말은 '생각함', '떠올림' 정도의 뜻으로 쓰이지만 어원상 '앞에 세움'이란 의미를 품고 있다. 하이데거에 따르면 이런 '앞에 세움'은 존재자를 이해하는 특유의 방식을 표현한다. 이 방식에 의해 인간은 일체 존재자를 '대-상$^{Gegen-stand}$(마주 서 있는 것)' 내지 객체로 자기 앞에 세우고, 자신은 이런 활동을 주관하는 위치에 놓는다. 다양하고 많은 존재자를 한데 그러모아 바라보는 초월적 위치, 이른바 주체라는 위치에 있게 되는 것이다. 그 결과 존재자들로 이뤄진 세계는 인간 앞의 세워진 '영상' 같은 것으로 나타나게 된다. 하이데거의 말로 세계가 이제 '세계상^{Weltbild}'으로만 파악되는 것이다.[9] 오직 대상과 세계상만이 있는 시대는—앞서 논한—존재자와 그 세계가 인간의 관점과 시각에 갇혀 버리고, 모든 것이 사용 가능한 물질로 이해되는 시대와 다른 것이 아니다.

하이데거에 따르면 모던의 인간은 존재망각과 표상적 사유의 극점에 도달해 있다. 전체 자연 존재자를 에너지 공급원으로밖에 취급하지 않는 인간의 태도는 바람직한 것일까? 하이데거는 그렇지 않다고 말한다. 그리고 이런 바람직하지 못한 인간의 생활 양태가 청산되려면 무엇보다 존재망각에서 벗어나야 한다고 말한다. 그러기 위해서는 무엇이 필요한가? 망각이 문제이니 어쩌면 기억이나 회상 등이 답이 될 수도 있겠다. 그러면 기억이나 회상은 어떻게 해야 참으로 수행되는 것인가? 이

---

9 마르틴 하이데거, 「세계상의 시대」, 실린 곳: 마르틴 하이데거 (신상희 옮김), 『숲길』, 나남. 2008년, 129~180쪽 참조.

런 모든 물음에 답하려는 것이 하이데거의 존재사유일 것이다.

지금까지 우리는 하이데거가 평생 사유의 주제로 삼았다는 존재가 무엇인지, 그리고 이 존재를 문제 삼게 된 근거가 무엇인지에 관해 거칠게나마 이해해 보았다. 이제부터는 『존재와 시간』에서 후기 철학에 이르기까지 하이데거 사유의 전개 과정을 간단히 조망해 보고자 한다. 이런 조망을 통해서 지금까지 서술된 내용이 좀 더 분명한 윤곽을 얻고, 아직 드러나지 않은 그 사상의 주요 측면들이 보충되기를 희망해 본다. 하지만 그 전에—앞서 들뢰즈가 한 번 언급되기도 했으니—하이데거 사유와 들뢰즈 사유의 특징을 아주 간략하게 비교해 보겠다.

6.

'존재하는 존재자'에 관한 하이데거의 사상은 생명에 관한 들뢰즈의 생각과 어딘가 비슷해 보인다. 인식 내지 사유의 가능 조건으로 불변하는 무엇, 안정적인 무엇을 상정하는 '사유의 독단적 이미지'에 맞서 들뢰즈는 '차이가 우글대는 장으로서의 다양체'를 삶과 세상의 본래적 모습으로 내세운다. 하이데거가 존재자만을 고정시켜 보지 말고 존재자의 존재를 사유하라고 촉구하는 것과 유사하게 말이다. 세상의 본모습을 고정된 무엇이 아닌 '사건적인 것'이라 이해한다는 점에서 두 사람에게는 공통점이 있다. 하지만 두 사람의 사상에는 본질적으로 다른 점 또한 있는 것이 사실이다. 여기서 이 본질적 차이점을 자세히 논할 수는 없으니 '식물'에 관련된 두 사람의 이야기를 통해 감만 잡아 보도록 하자. 우선 들뢰즈는 가타리와 함께 쓴 『천 개의 고원』에서 리좀이란 것을 언급한다.

> 땅속줄기의 다른 말인 리좀은 뿌리나 수염뿌리와 완전히 다르다. 구근이나 덩이줄기는 리좀이다. 뿌리나 수염뿌리를 갖고 있는 식물들도 아주 다른 각도에서 보면 리좀처럼 보일 수 있다…… 지면을 따라 *모든 방향으로 갈라지는 확장*에서 구근과 덩이줄기로의 응고에 이르기까지, 리좀은 매우 잡다한 모습을 띠고 있다…… *연결접속*connection*의 원리와 다질성*heterogeneity*의 원리: 리좀은 어떤 지*

*점이건 다른 어떤 지점과도 연결접속될 수 있고, 또 연결접속되어야만 한다. 그
것은 하나의 점, 하나의 질서를 고정시키는 나무나 뿌리와는 전혀 다르다.*[10]

근경식물이라고도 번역되는 리좀은 뿌리와 줄기가 분명히 구별되지 않는 식물
을 가리킨다. 이런 식물학의 용어를 동원해서 들뢰즈가 전복시키려는 것은 나무 모
델에서 표현되는 위계적·고정적 질서이다. 즉 들뢰즈가 리좀 개념으로 지시하려는
것은—노마디즘 혹은 매끄러운 평면 위의 활주라는 개념과 유사하게—부단히 새로
운 관계를 창출하는 운동 내지 사건이다. 이 사건에서는 어떤 출발점도 종착점도 없
고, 미리 정해진 의미나 목표도 없다. 모든 것이 모든 것과 언제든 연결될 수 있을 뿐
이다.

리좀은 시작하지도 끝나지도 않는다. 리좀은 언제나 중간에 있다…… 리좀은
'그리고…… 그리고…… 그리고……'라는 접속사를 조직으로 갖는다…… 어디
로 가는가? 어디에서 출발하는가? 어디를 향해 가려 하는가? 이런 물음은 정말
쓸데없는 물음이다. 백지 상태를 상정하는 것, 0에서 출발하거나 다시 시작하는
것, 시작이나 기초를 갖는 것, 이 모든 것들은…… 거짓 개념을 함축한다.[11]

리좀이라는 개념이 말해 주듯 들뢰즈에게 세상과 삶의 본래적 모습, 생명의 참
된 모습은 일종의 카오스, 일종의 "정신착란"[12]이다. 거기에는 무한히 많은 항들의
연결이 있을 뿐 다른 질서는 없다. 그에 비해 하이데거는 존재란 규정할 수 없는 무
엇이라 말하면서도 거기서 모종의 질서를 보려는 듯하다.[13] 하이데거의 숲에는 길이
있다.

---

10 질 들뢰즈/펠릭스 가타리(김재인 옮김), 『천 개의 고원』, 새물결, 2001년, 18-19쪽. 이탤릭체 강조는 필자에 의함.
11 앞의 책, 54쪽.
12 질 들뢰즈 (김현수 옮김), 『비평과 진단』, 인간사랑, 2000년, 14쪽.
13 Byung-Chul Han, *Martin Heidegger. Eine Einführung*, München, 1999, 103~108쪽 참조. 해제 5절
의 내용은 이 책에 상당 부분 의존하고 있다.

수풀Holz은 숲Wald을 지칭하던 옛 이름이다. 숲에는 대개 풀이 무성히 자라나 더 이상 걸어갈 수 없는 곳에서 갑자기 끝나 버리는 길들이 있다.

그런 길들을 숲길Holzwege이라 부른다.

길들은 저마다 뿔뿔이 흩어져 있지만 같은 숲속에 있다. 종종 하나의 길은 다른 길과 같은 것처럼 보인다. 그러나 그렇게 보일 뿐이다.

나무꾼과 산지기는 그 길들을 잘 알고 있다. 그들은 숲길을 걷는다는 것이 무엇을 뜻하는지 알고 있다.[14]

우거진 숲속에는 길이 있게 마련이다. 물론 그것은 인간이 계획적으로 갈고 닦은 길들과는 다르다. 숲길은 종종 우듬지 없는 숲속 빈터Lichtung에 다다르곤 한다. 그리고 거기 스며든 빛 안에서 숲속의 참모습이 언뜻 얼굴을 드러내곤 한다. 길들은 서로 다르고, 모든 길이 숲속의 빈터로 곧장 이어지는 것은 아니다. 그러나 나무꾼과 산지기처럼 그 숲과 하나 되어 살아가는 사람은—숲을 속속들이 알 수는 없어도—길을 안다(그리고 이들이 걸어 다닌 곳은 좀 더 뚜렷한 길의 형태를 얻곤 한다). 이런 의미에서 숲은 오로지 방황만을 허용하는 카오스가 아니다. 하지만 숲의 질서, 존재의 질서는 인간이 제멋대로 설정한 질서와 다르기에 여전히 미규정성의 성격을 갖는다.

말과 관련해서도 하이데거는 비슷한 이야기를 한다. 우리가 사용하는 낱말들은—하나의 확정된 의미를 강요당하지만 않는다면—다의성을 갖게 마련이다(잘 알려져 있듯, 하이데거는—특히 후기로 갈수록—낱말들의 다의성을 활용해 그 '참뜻'을 밝혀내는 작업, 거기 보존된 근원적 의미를 드러내는 작업에 공을 들인다. 근원적 의미는 근원적 경험에서 나온 존재 이해를 담고 있다). 하이데거에 따르면 낱말이 지닌 다의성은 "꽃이 피듯"[15] 자연스레 피어나는 것이다. 그리고 이렇게 피어난 여러 뜻은 "야생의 정원"[16]을 이루듯 서로 어우러진다. 하나의 낱말이 지닌 여러 뜻은 우후죽순으로 자라나 서로 무관한 듯 보이지만

---

14 마르틴 하이데거 (신상희 옮김), 『숲길』, 나남, 2008년, 13쪽.

15 마르틴 하이데거, 「존재물음에로」, 실린 곳: 마르틴 하이데거 (신상희 옮김), 『이정표 1』, 한길사, 2005년, 321~372쪽, 여기서는 369쪽.

16 앞의 글, 같은 곳.

(야생) 이들 사이엔 어떤 연관과 질서가 있다(정원). 더욱이 중요한 것은 야생의 정원을 품은 낱말이란 근원적으로 인간의 소산이기보다 자연스레 피어난 것, 즉 자연의 소산이라는 점이다. 어쩌면 존재 자체가 야생의 정원과 닮았기에 낱말들 또한 그런 모습을 간직하는 것인지도 모른다. 아닌 게 아니라 하이데거에 따르면 존재가 스스로를 탈은폐하는 열린 터, 숲속의 빈터에서는 "혼란과 손짓Wirrnis und Winke"[17]의 놀이가 일어난다. 어떤 지시와 의도를 암시하는 손짓은 혼란과 상반되는 무엇이다. 존재는, 규정될 수 없는 그것은 인간에게 혼란이다. 하지만 존재는 손짓에마저 인색하지는 않다. 손짓은 모종의 질서이다.

혼란과 손짓의 놀이 자체에 참여하려 하는가, 아니면 혼란을 견디지 못해 손짓만을 단서로 안정의 체계를 확립하는가, 여기서 인간의 길은 판연히 달라진다.

7.

하이데거의 최초 주저는 『존재와 시간』(1927년)이다. 앞서 필자가 약술한 하이데거의 문제의식과 생각이 이 저작에 모두 드러나 있지는 않다. 존재망각의 역사와 모던적 사유 체계 및 과학기술시대에 대한 비판은 이 저작에서 명시적으로 드러나지 않는다. 물론 '자연의 성함과 발현' 혹은 '자연적 사건의 소용돌이'라는 식의 존재 규정 같은 것도 없다. 이미 말했듯, 그런 식의 존재 규정은 하이데거 저작 어디서도 발견되지 않는다. 필자는 다만 존재라는 말로 하이데거가 가리켰던 사태가 그런 것이 아닐까 짐작할 뿐이다.[18]

어쨌든 『존재와 시간』은 존재물음에서 시작한다. 좀 더 정확히는 존재의 의미가 무엇이냐는 물음이 이 저작의 출발점이다. "'존재'의 의미에 대한 물음을 구체적으로 정리 작업하는 일이 이 책이 의도하고 있는 것이다."[19] 이런 물음을 새삼스레 제

---

17 마르틴 하이데거 (이선일 옮김), 『철학에의 기여』, 새물결, 2015년, 468쪽

18 이런 짐작은 각주 3)의 문헌에서 획득되었다. 물론 이런 필자의 짐작은 이 문헌 속 저자의 생각을 너무 단순화한 것인지도 모른다.

기해야 하는 까닭은 서양 철학의 역사 전체에서 존재를 사유해 온 방식에 문제가 있기 때문이다. 하이데거에 따르면, 플라톤에서 모던 철학에 이르기까지 서양 사유는 '자기동일성을 지니고 지속적으로 현전現前하는 것'만을 참으로 '있는' 것이라 간주해 왔다. 즉 존재라는 낱말의 의미가 항상 '지속적 현전'이란 관념의 지평에서만 해석되어 왔다는 것이다('현전'에 관해서는 11절도 참고할 것). 그에 따라 서양 사유는 일정한 지속성을 지닌 것들, 즉 있는 것들에만 집중했고, 이런 존재자들이 형성하는 일정 구조를 현실로 이해해 왔다. 이에 관해서는 4절과 5절에서 이미 다루었으니 더 언급하지 않겠다.

하이데거는 이러한 전통적 사유 방식이란 선입견에 불과한 것이 아닐까하는 의문을 품는다. 인간이 존재자들 사이에 부여하는 구조가 곧 세상, 현실, 자연의 참모습은 아닐 수도 있다는 의문을 제기하는 것이다. 이 저작에서 명시적으로 드러나진 않지만, 하이데거는 당시 이미 세상, 현실 내지 자연을 생생한 사건의 사태로 생각했다고 봐야 할 것이다.

어쨌든 하이데거는 이 저작의 서두에서 존재와 존재자는 같은 것이 아님을 강조한다. 존재자란 이 세상에 존재하는 모든 것이다. 그것은 구체적 사물로 존재하는 것뿐 아니라 인간의 대화나 생각에서 등장할 수 있는 모든 것을 지칭한다. 여기에는 당연히 인간도 포함된다. 그러면 존재는 어떻게 규정되는가? 존재란 "존재자를 존재자로서 규정하고 있는 바로 그것, 존재자—이것이 어떻게 논의되건 상관없이—가 각기 이미 그것을 향하며 이해되고 있는 바로 그것woraufhin"[20]을 가리킨다. 여기서 존재란—존재자들의 동일성을 형성하는 항구적 요소, 즉 본성 내지 본질이라기보다—존재자들이 그때그때 이해되는 바탕 내지 근거, 달리 말해 "존재자의 선험적 근거"[21] 같은 것으로 이해되고 있다. 선험적 근거란 '경험에 앞서' 주어져 있으면서 '경험을 가능케' 하는 조건 같은 것을 말한다. 개개 존재자의 경험은 항상 이 조

19 마르틴 하이데거 (이기상 옮김), 『존재와 시간』, 도서출판 까치, 2015년, 13쪽.
20 앞의 책, 20쪽.
21 게르트 해프너 (신상희 옮김), 「존재의 어둠에서 존재의 밝음으로」, 실린 곳: 오트프리트 회페 엮음(이진우 외 옮김), 『철학의 거장들—현대편: 니체에서 사르트르까지』, 한길사, 2003년, 325~380쪽, 여기서는 335쪽.

건 안에서 이뤄진다.

하이데거에 따르면 이 점은 무엇보다 서양말의 '존재(있다/있음/이다/임)'란 낱말이 사용되는 방식에서 간접적으로 드러난다.[22] be, sein, être 등은 모든 존재자와 관련해 지극히 다양한 상황과 맥락에서 쓰인다(항존한다, 일어나고 있다, 속한다, 구성된다, 가리킨다, 정적이나 고요 등이 있다 등등).[23] 상황과 맥락에 따라 이 말이 지칭하는 사태는 판이한데도 거기서 모두 '존재'가 말해진다. 각각의 경우 존재란 무엇인가? 이 모든 다양한 사태를 관통하는 존재의 의미가 있는가? 평소 우리는 이런 의문 따위는 전혀 품지 않고 '있음'을 말한다. 하지만 다양한 사태에 대하여 단일하게 '있음'을 말한다는 것은 어렴풋이 우리가 있는 것들과 있음 자체를 구분한다는 뜻이기도 하다. '있음'이란 말은 모든 있는 것들의 다양한 상황과 관계를 포괄하는 어떤 사태와 관계한다. 이런 것이 바로 하이데거의 생각이다.

그렇다면 존재자를 경험하고 그것들의 다양한 있음에 관해 말하는 자는 누구인가? 당연히 인간이다. 그런데 하이데거는 인간이란 말 대신 '현존재Dasein'라는 표현을 택한다(그 까닭에 관해선 8절에서 다시 얘기하자). 이렇게 하여 『존재와 시간』에서는 '존재'와 '존재자' 및 '현존재(인간)'라는 세 가지 개념이 주어진다. 이 세 가지는 이후로도 하이데거의 사유를 구성하는 근본 바탕이 된다(이미 1~3절에서도 이 세 가지의 관계가 대략적으로 그려졌다). 『존재와 시간』에서 존재의 의미를 밝혀내려는 것이 하이데거의 의도라면, 이제 그 의미는 이 세 가지 항의 관계 속에서 해명되어야 할 것이다.

그런데 만약 현존재가 존재자들에 대한 나름의 이해를 단서로 삼아 존재란 '어떤 무엇'이라고 규정하려 든다면, 이는 서양 철학의 역사가 되풀이해 온 오류를 반복하는 셈이 된다. 그런 규정이 오류인 까닭은 다음에 있다. 존재자들에 대한 모든 이해와 경험이 이뤄지는 근거 내지 조건 자체는 이해와 경험의 대상이 될 수 없다. 그런 식의 이해와 경험이 가능하려면, 우리가 이 근거 내지 조건 바깥으로 나가 그것을 제한된 무엇으로서 조망할 수 있어야만 한다. 하지만 우리는 그럴 수 없다. 그

---

22 마르틴 하이데거, 『존재와 시간』, 13쪽. 이에 관해서는 마르틴 하이데거의 『형이상학 입문』(박휘근 옮김, 문예출판사, 1994년)도 참고할 것.

23 마르틴 하이데거, 『형이상학 입문』, 149-150쪽 참조.

런데도 만약 누군가 그런 일이 가능한 양 여긴다면, 그가 얻어 내는 결론은 공상에 불과할 것이다. 하이데거는 말한다. "존재 문제의 이해에서 철학의 제일보는 '어떠한 우화도 이야기하지 않는다', '지어낸 이야기를 하지 않는다'는 데에, 다시 말해서—마치 존재가 하나의 가능한 존재자의 성격을 가졌기라도 하듯이—존재자로서의 존재자를 그것의 유래가 되는 다른 존재자에게로 소급해 가지 않는 데에 있다."[24]

하이데거는 존재론을 우화로 전락시키지 않기 위한 방법론으로 현상학을 내세운다. 현상학은 대상 내지 사태가 '어떻게 있는가'에 대한 엄정한 서술만을 목표로 하는 철학이다. 그런데 현상학의 창시자인 후설과 그의 제자 하이데거가 현상학을 이해하는 방식에는 약간의 차이가 있다. 후설이 주목한 문제는 '사태가 인간 의식에 어떻게 주어지는가'였고, 이런 점에서 그의 철학은 의식철학을 핵으로 한다. 반면 하이데거는 '세상에 있는 것들과 있음이란 사태가 인간에게 어떻게 나타나는가', 달리 말해 '현존재가 세상과 만나는 근원적 사태는 어떤 모습인가'에 대한 엄정한 서술에 주력한다. 하이데거에게 현상학은 존재론과 연결되는 것이다.

하이데거는 '인간, 즉 현존재에게 존재와 존재자가 어떻게 나타나는가'를 존재 물음의 실마리로 삼는다. 존재의 의미를 찾아가는 여정의 출발점이 현존재가 되는 것이다. 이때 현존재가 존재를 어떻게 '이론적으로' 이해하느냐가 논의의 초점이 되는 것은 아니다. 그런 이해는 현존재의 근원적 세계 이해 방식이 아니기 때문이다. 현존재는 일상적 삶의 영위에 바쁘며 일차적으로 그렇게 세상과 만난다. 그런데 바로 이럴 때 현존재는 존재자들과 현존재 자신의 '존재'에 관해 좀 더 본원적인 이해를 전개하고 있다. 현존재의 이런 이해에는 존재 자체에 대한 이해가 함축되어 있을지 모른다. 그리고 바로 이런 이해에서 존재의 의미가 드러날지도 모른다.

이런 하이데거의 방법은 칸트의 초월론적transzendental 방법과 닮은 점이 없지 않다.[25] 칸트의 이 방법은 대상을 이러저러하게 규정하기보다 대상을 인식(경험)하는 인간 주체의 내면에 시선을 돌린다. 즉 인식을 성립케 하는 주체의 조건, 경험을 가

24 마르틴 하이데거, 『존재와 시간』, 20-21쪽.
25 칼 라너 (이영덕 옮김), 「하이데거의 실존철학 개념에 대한 연구」, 실린 곳: 『신학전망』, 172호, 2011년, 85~113쪽, 여기서는 94-95쪽 참조.

능케 하는 의식 내 선험적 조건을 구명함으로써 인식 내지 경험의 본질을 설명하는 것이다. 이와 유사하게 하이데거는 존재를 이해하고 존재 의미에 관해 물음을 던질 수 있는 인간의 선험적 조건을 탐구하고 이를 통해 존재의 의미를 밝혀내려 한다. 물론—칸트와 달리—하이데거의 경우 이 선험적 조건이란 주체 의식의 조건이 아니다. 그에게 선험적인 것은 인간이 처해 있는 삶의 조건 같은 것으로 이해되어야 한다.

그런데 앞서 우리는 현존재란 일상적 삶에서 다양한 존재자 및 현존재 자신의 존재, 즉 있음에 관해 어떤 근본적 이해를 전개하고 있다고 말했다. 그리고 이런 이해가 존재 자체에 대한 이해를 품고 있을지 모른다는 것이 하이데거의 문제의식이라고 말했다. 이제 그 문제의식은 이렇게도 표현될 수 있을 것이다. 현존재가 존재를 이해하고 존재 의미의 물음을 던질 수 있는 선험적 조건이 있다. 그런데 이 조건은 앞서 일종의 선험적 근거라고 이해된 존재 자체와 모종의 관계가 있을 수 있다. 그렇다면 인간이 처한 삶의 근원적 조건에 대한 탐구는 존재의 의미를 밝히는 매체가 될 수도 있으리라.

이제 현존재에 대한 하이데거의 분석으로 넘어가기 전에 한 가지만 확인하도록 하자. 하이데거는 칸트의 초월론적 방법을 은연중에 수용하지만 모던 사유의 주체-객체 도식도 받아들이는 것은 아니다. 데카르트 이후 칸트에게서도 유지되는 주체-객체 관계는 하이데거에 따르면 세계와 인간 사이의 근원적 관계가 아니다. 아래 내용에서 확인되겠지만, 하이데거는 주체-객체 도식의 세계 이해 방식을 해체해 버린다.

8.

현존재란 일차적으로 인간 자체를 뜻한다기보다 특정한 '존재 방식'을 가리킨다. 현존재란 문자 그대로 '거기-있음Da-Sein'을 말하며, 이것이 바로 인간 특유의 존재 방식이다. 이때 '거기/현'은 몇 가지 의미를 동시에 함축한다. 우선 '거기'란 개별 인간이 처해 있는 각자의 구체적인 '지금 여기'를 가리킨다. 또한 이 '거기'는 개개 인간에게 애초부터 주어져 있는, 즉 그가 선택하지 않은 '삶의 터'라는 의미를 가질 수 있다. 나아가 이 '거기'는 개개 인간에게 자신과 세상에 대한 '이해가 열리는 터'이기도 하다. 이 세 가지 의미는 사실 긴밀하게 연결되어 있다. 이런 중첩적 의미를 지닌 '거기'에 의해 인간의 있음이 규정된다. 인간은—다른 존재자와 구별되어—이러한 '거기-있음'의 방식으로만 살아가는 것이다. 이런 맥락에서 인간 자체를 현존재라 부르는 것도 불가능하지 않다. 하이데거의 이러한 견해를 좀 더 자세히 알아보자.

인간은 누구나 자기만의 삶을 산다. 아무리 크고 작은 공동체에 속하고 가족이나 이웃, 친구와 더불어 살아간다 해도 각자의 삶은 오직 자기에게만 속한다. 자신의 삶을 다른 누군가 대신 살아 줄 수는 없으니 말이다. 그런 의미에서 각자의 삶이 이뤄지는 '지금 여기'는 철저히 개별적이다. 인간은 각자 저마다의 방식으로 거기-있음을 수행해 나간다(현존재의 '각자성Jemeinigkeit').

물론 개개 인간은 고립된 섬처럼, 흩어진 모래알처럼 살아갈 수도 없다. 인간은 언제나 복잡한 관계망 속에서 살아간다. 이 관계망은 개개 인간이 각자의 '거기-있음'으로 존재할 때면 이미 전제가 되는 무엇이다. 이 관계망을 하이데거는 '세계'라 부른다. 이때 관계망으로서의 세계를 인간이 담긴 빈 그릇 같은 것으로 떠올려서는 곤란하다. 오히려 세계란 개개 인간의 거기-있음이 항상 결부될 수밖에 없는 관계들의 총체를 뜻하는 것으로 이해되어야 한다. 인간 현존재는 항상 이런 세계 안에 있고, 그런 의미에서 현존재는 하이데거에 의해 '세계-내-존재'로 규정된다. 따라서 거기-있음이란—'선험적' 관계망이란 의미에서—세계에 '내던져져-있음(피투성)'이라 이해될 수도 있을 것이다. 현존재의 이러한 '내던져져-있음'은 스스로 선택하지 않은 상황에 우연하게 '처해-있음Befindlichkeit'을 뜻한다. 하이데거는 개개 현존재에게 그처럼 우연적으로 주어진 '지금 여기'를 '현사실성Faktizität'이라 부르기도 한다.

개개 인간이 세계 내에서 일차적으로 만나는 것은 다른 인간을 포함한 수많은 존재자다. 이런 존재자 중 우선 사물적인 것에 관해 얘기해 보자. 일상에서 부딪히는 사물로는 집과 책상, 의자, 망치, 못, 가축, 나무, 흙, 야생동물, 번개, 피뢰침 등 여러 가지가 있다. 그런데 개개 인간은 나날의 삶을 영위하면서 이들 존재자와 어떻게 만나고 있나? 의자를 예로 들어 보자. 일상에서 의자는 이를테면 다음과 같이 경험되는 것인가? '저기 뭔가 있다. 갈색의 목공품이며, 앉을 곳과 등받이가 있고, 네 다리로 버티고 있다. 저것은 의자임이 분명하다!' 아니, 우리는 이런 식으로 사물을 경험하지 않는다. 일상에서 우리는 그것이 의자임을 그냥 알며, 이런 앎에 관해 곱씹어 볼 필요도 없고, 의자를 그저 앉을 것으로 사용할 뿐이다. 일상에서 의자는 조심스런 관찰의 대상이 아니라 사용을 위해 취하는 무엇일 뿐이다.[26] 물론 일상의 의자는 우리의 의식적인 관찰 대상이 될 수도 있다. 그건 대개 의자가 도구로서 제대로 기능하지 않을 때다. 예컨대 의자가 어느 날 갑자기 갸우뚱거리면 우리는 그것을 눈앞에 두고서 꼼꼼히 살펴본다. 하이데거의 표현을 빌면 일상에서 사물은 통상 '손안의 것(용재자用在者)'이라는 존재 방식을 취하며, 이따금—앞에 세워진 '대상'이란 의미에서—'눈앞의 것(전재자前在者)'이라는 존재 방식을 취하기도 한다.

일상의 인간은 하루하루 삶을 돌보느라 분주하다. 일상의 인간에게 주변의 일체 사물은 근본적으로 생활 영위에 결부된 관점에서 이해된다. 모든 사물이 '~에 도움이 되는', '~에 적합한', '~에 해가 되는', '~에 위험한', '~에 중요한', '~에 사소한' 등의 성격을 갖게 되는 것이다. 하이데거의 말을 빌리면, 모든 사물이 도구성에서 이해된다. 이때 도구로서의 사물들은 꼬리에 꼬리를 무는 용도의 지시 관계 속에 있다. 예컨대 망치는 책상 제작을 지시하고, 책상 제작은 책을 지시하며, 책은 공부를 지시하는 식이다. 이렇게 해서 이뤄지는 용도의 전체 관계 맥락을 하이데거는 '사용사태'라 부른다. 그런데 이 사용사태는 무엇에 의해 완결되는가? 달리 말해 그 모든 용도가 궁극적으로 지시하는 것은 무엇인가? 그것은 당연히 현존재다. 모든 것이 현존재의 삶을 위한 것이니 말이다.

현존재에 의해 매듭지어지는 이런 사용사태의 맥락이 바로 현존재의 삶이 전개되는 지평 내지 터, 즉 앞서 말한 관계망으로서의 세계다. 물론 이 세계는 단 하나의 모습만을 가진 것은 아니다. 농촌 세계, 회사원의 세계, 스포츠의 세계, 18세기 독일인의 세계, 중부 아프리카 부족들의 세계 같은 말이 쓰이듯, 인간은 그때그때 자신

---

26 본문 제6장의 '교탁 체험'을 참고할 것.

이 속한 세계에 따라서 각기 다양한 사물을 다양한 용도로 사용하며 살아간다. 하지만 어떤 경우이든 개개 사물은 전체적 사용사태의 맥락에서 그 존재 의미를 가지며, 이런 존재 의미의 총체적 맥락이 현존재의 세계를 이룬다는 점에서는 차이가 없다. 그리고 개개 현존재에게 이들 세계는 선험적 전제 같은 무엇이다. 예컨대 우리가 책을 이용한다고 하자. 책의 존재 의미 내지 그 용도는 이미 총체적 지시 맥락에서 정해져 있다. 우리가 책이 뭔지 이해하고 그것을 이용하는 것은, 우리가 던져져 있는 세계에서 책의 존재 의미가 이미 주어져 있기에 가능한 일이다(물론 이 선험적 전제로서의 세계가 고정되고 완결되어 있다는 뜻은 아니다).

총체적 지시 맥락으로서의 세계, 인간 삶의 터 내지 지평은 빛에 비유될 수 있다. 그 빛 안에서 존재자들이 각자의 의미(용도)를 얻는다. 빛이 없다면 사물은 존재 의미를 잃게 될 것이다. 하지만 빛이 그렇듯, 지평으로서의 세계는 일상의 인간에게 거의 의식되지 않는다. 인간은 일정 용도로 망치를 사용할 뿐, 거기 이어진 총체적 사용사태를 깨달으며 살지는 않는다는 뜻이다. 그리하여 의미 연관으로서 세계의 근본적 사태가 인간들에게 망각되곤 한다. 하이데거가 말하듯, 플라톤 이래 서양인들이 존재자 중심의 세계 이해를 전개해 온 것도 세계의 이런 성향 때문이리라. 세계가 망각될 경우에는 현전하는 존재자들이 낱낱의 대상으로서 부각되기 마련이다. 그리고 이런 존재자 중심의 사고방식에서 세계는 모든 대상을 품고 있는 더 큰 차원의 '대상'으로 이해되기 쉽다. 그리고 인간은—세계를 포함한—일체 대상과 구별되어 그것들을 앞에 두고 사유하는 위치에 자신을 세운다. 인간은 주체가 되고, 나머지는 인간 앞에 세워진 객체로 화한다. 하지만 '눈앞의 것'이 사물의 일차적 존재방식이 아니듯, 주체-객체 관계가 세계와 인간의 근원적 존재 방식은 아니다. 근원적인 것은 인간이 세계 안에, 달리 말해 사물을 '곁에서' 살아가는 존재 방식이다. 주체-객체의 도식은 현존재의 근원적 세계 이해에서 파생되는 방식일 뿐이다. 의자의 예에서 보았듯, '눈앞의 것'이라는 존재 방식은 어디까지나 '손안의 것'이라는 존재 방식을 전제하고 있다.

아무튼 '세계-내-존재'로서의 인간은 각자의 '거기-있음'을 수행해 나간다. 이때 인간의 '거기-있음'은 다음과 같은 방식으로 수행된다. 그는 자신의 삶을 분주히 생각하며 돌본다(이렇게 자신을 대상으로 삼아 사유하고 돌보는 현존재의 삶의 방식을 하이데거는 '실존'이라 부른다). 자신의 있음을 유지하기 위해 고민과 생각을 거듭하며 행동해 나가는 것이다. 현존재의 이러한 수행을 하이데거는 '기투(기획투사)entwerfen'라 부른다. 기획은 자신의 존재 유지를 위해 부단히 궁리한다는 뜻이고, 투사는 주어진 가능성들에서 어떤 한 가지를 선택하는 것, 즉 그 한 가지로 자신을 던진다는 뜻이다. 이렇게 여러 가능성을 검토하고 하나를 택하는 과정에서는 매번 일종의 예측 행위가 수반된다. 하이데거의 표현을 빌리면, 현존재는 '스스로를-앞질러-존재하기'를 통해, 즉 미래를 내다보기를 통해 가능성을 타진하고 선택하며 살아가는 것이다. 현존재가 '지금 여기'에서 궁리한 끝에 선택한 지점은 다시금 하나의 '지금 여기'가 되며, 여기서 또 다시 기투가 일어난다. 인간의 삶은 부단한 궁리와 선택, 즉 기투의 연속으로 이뤄진다. 이런 기투에는 종결이 있을 수 없다. 끊임없이 가능성을 고민하고 선택해 나갈 뿐 완성은 없는 것이다. 바로 이런 의미에서 현존재란 '가능존재'다. 가능존재로서 현존재는 자신의 '존재가능'을 고민하며 살아간다.

현존재의 기투에는 자신의 존재가능에 대한 고민이 수반되며, 이 고민 과정은 현존재가 스스로를 이해해 나가는 과정이기도 하다. 그리고 스스로의 존재를 이해한다는 것은 자신과 사물들, 자신과 세계의 관계에 대한 이해를 얻는 과정이기도 하다. 이런 의미에서 현존재의 이해란 세계가 현존재에게 드러나는 것, 그에게 '열어 밝혀지는 것'이라고도 표현될 수 있다. 같은 말이지만, 현존재에게 이해된 세계란 그에게 열어 밝혀진 것, 개시된 터나 지평 같은 것이다. 이때 열어 밝혀짐은 현존재의 기투에 의한 것이긴 하지만, 반드시 능동적 행위의 결실이라고는 할 수 없다. 기투는 무언가가 쇄도하는 상황—달리 말하면, '처해 있음'의 상황—에 접하여 가능성을 찾고 선택하는 식으로 대처하는 것이라 이해될 수도 있기 때문이다. 즉 기투에 의한 세계의 열어 밝혀짐은 쇄도하는 상황에 대한 응답의 소산이라는 성격도 갖는다.[27] 그러나 어쨌든 이 응답이 개개 현존재에 의해 그때그때 다른 방식으로 제시될 수 있음은 물론이다. 달리 말해 세계는 개개 현존재에 의해 그때그때 새롭게 확정된다. 다시금 빛의 비유를 들자면 이렇다. 세계라는 빛은 개개 현존재의 이해 수행(기투

---

27 게르트 해프너, 「존재의 어둠에서 존재의 밝음으로」, 338쪽 참조.

수행)에 준해서 그 밝기와 범위를 달리하며, 거기서 드러나는 사물들의 지시 연관 역시 상이할 수 있다.

　물론 앞서도 말했듯 개개 현존재는 고립된 섬 같은 존재자가 아니다. 하이데거에 따르면, 개개 현존재는 도구로서의 사물들을 매개로 하여 다른 현존재자들과 연결되어 있다. 현존재는 세계 안에 다른 현존재와 함께 있다. 그러므로 현존재의 '거기-있음'의 또 다른 측면은 '함께-있음(공동-존재)'이다. 그런데『존재와 시간』에서 이 '함께-있음'은 대단히 긍정적인 사태로 서술되지는 않는다. 앞서 현존재의 존재 방식은 매 상황에서 기투를 통해 적극적으로 자기 자신과 세계의 이해를 획득해 가는 모습으로 그려졌다. 그렇지만 일상의 현존재는 사실 궁리와 선택, 달리 말해 이해의 수행 과정에서 그다지 자립적이고 자유롭지는 못하다. 현존재는 다른 현존재에 의해 이미 규정된 이해에 준거하는 경향이 있기 때문이다. 대개는 '남들'의 방식대로 삶을 영위하는—편한—쪽을 택하는 것이다. 예컨대 남들이 선호하는 물품이면 나도 가지려 하며, 남들이 유행시킨 생활 방식을 나도 따르고, 남들이 생각하는 방식대로 나도 생각하려 한다. 이처럼 남들에 의해 규정된 사물들의 지시 맥락과 의미 규정에 순순히 따름을 하이데거는 '빠져 있음Verfallenheit'이라 부른다. 그리고 빠져 있음으로 유도하는 남들을 '세인世人(그들)das Man'이라 부른다. 이렇게 보면, 던져진 존재자로서 현존재의 '처해 있음'에는 항상 세인이, '세인의 독재'가 포함되어 있다. 세인은 현존재의 세계를 이루는 본질적 요소 중 하나다.

　하이데거는 지금까지 이 절에서 설명된 인간의 존재 방식, '거기-있음'의 존재 방식을 '염려Sorge'라는 말로 요약한다. 염려란 현존재가 살아가면서 마음 쓰고 행하는 모든 것을 가리킨다. 즉 세계로 '내던져져' '현사실적'으로 특정 상황에 '처해' 있고, 그렇기에 매순간 '기획하고 투사'하면서 '스스로를-앞질러-존재할' 수밖에 없고, 그런 가운데 도구 내지 사물을 '배려Besorge'하고 공동-현존재를 '심려Fürsorge'하는 일상으로 빠져드는 것. 이런 중첩적 사태를 총괄하는 낱말이 바로 염려다. 염려라는 낱말은 현존재의 고유한 존재 방식의 특성 전반을 표현한다.

　염려의 존재 구조에는 '빠져 있음'도 자리를 차지하고 있기에 통상 인간은 실존적 존재자라는 자신의 면모, 즉 스스로를 이해하고 세계를 열어 밝히는 본래적 면모—실존적 면모—를 그다지 의식하지 못한 채로 살아가기 쉽다. 일상적 삶의 잡다한 과제에 짓눌리고 세인들의 독재 아래 살다 보면 '거기-있음'으로서의 본래적 존재 방식을 깨닫지 못한 채 살게 되는 것이다. 하지만 '빠져 있음'의 비본래적 삶만을 살아가다 보면 언젠가는 불안의 기분이 찾아오기 마련이다. 하이데거에 의하면 이 불안의 기분은 친밀하게만 보였던 세계를 낯설게 바꿔 놓아 버린다. 모든 것이 의미를 잃고, 나 자신의 있음도 근거를 상실하는 것이다. 구체적 대상이 없는 이 기분이 지시하는 것은 결국 인간의 유한성, 곧 죽음이라는 불가피한 가능성이다. 불안이 야기한 이 단순하고도 확정적인 가능성의 확인에서 인간은 자신의 삶을 좀 더 본래적으로, 좀 더 실존적으로 변화시키도록 결단하라는 내면('양심')의 소리를 듣게 된다. 비본래적 삶에 '빠져 있음'뿐 아니라 본래적 삶을 향한 '결단성' 또한 우려의 존재 구조에서 선택될 수 있는 존재가능의 하나이다.

이제 『존재와 시간』의 마지막 논의 내용을 이루는 '시간성'에 관해 간단히 알아보자. 시간성이라는 것은 사실 염려의 존재 구조에 내재해 있다. 염려에서는 세 가지 시간적 차원을 구별해 낼 수 있기 때문이다. 염려는 우선 기투다. 기투는 '자신을-앞질러-존재하면서' 존재가능을 돌보는 일이다. 이런 기투에 의해서 어떤 상황이 현존재에게 도래한다. 기투란 '도래'를 수반하는 현존재의 수행이다. 현존재의 존재가능성들은 불확실하기 마련이다. 가능성들은 아직 도래한 것은 아니며 선택에 의해 취해진 가능성만이 도래로 실현되기 때문이다. 하지만 죽음은 확실한 가능성이다. 그것은 아직 미규정적이지만 필연적으로 도래할 것이기 때문이다. 현존재는 이 확실한 가능성으로 '앞서-달려가-봄'으로써 자신의 실존을 좀 더 분명하게 의식할 수 있다. 아무튼 현존재의 존재 구조로서 염려에는 도래의 차원, 흔한 말로 미래의 측면이 있다. 다른 한편, 염려는 내던져져 처해 있는 현사실성과도 연관된다. 현사실성은 현존재의 실존에 앞서 이미 있어 온 것, 즉 '기재'의 것이다. 또한 현존재는 기투에 의해 현재의 '지금 여기'에서 또 다른 '지금 여기'로 나아갈 때마다 '지금 여기'를 기재로 전환시킨다. 이처럼 염려의 존재 구조에는 기재의 차원, 흔한 말로 과거의 측면이 있다. 여기까지의 설명에서 알 수 있듯, 하이데거가 말하는 기재란 지나가 버린 시점들이 아니며, 도래도 아직 오지 않은 동떨어진 시점이 아니다. 도래와 기재는 부단히 접하면서 시간을 형성한다. 도래와 기재의 접점이 매순간의 '지금 여기'인 '현재'다. 현재는 사물 및 공동-현존재와의 관계 안에 있는 '지금 여기'다(물론 기재와 도래에서도 우리는 이런 관계 안에 있다). 하이데거에 의하면, 도래와 기재와 현재는 시간성의 3가지 차원이다.[28] 이런 차원으로 이뤄진 시간성은 염려라는 존재 구조의 근원을 이루고 있다. 그리고 이런 맥락에서 현존재의 존재 방식, 즉 '거기-있음'의 실존적 존재 방식은 시간성을 가장 근원적인 의미로 품고 있다.

『존재와 시간』은 현존재의 의미인 시간성 논의에서 종결된다. 애초 하이데거의 의도는 현존재의 존재 방식과 시간성의 관계를 해명한 후 시간과 존재의 관계를 설명하여 존재의 의미를 밝히는 것에 있었다. 하지만 이 계획은 실현되지 않고, 저작은 미완성으로 머문다. 출간된 저작에서는 현존재만 논의될 뿐 존재의 의미는 전혀 다뤄지지 않는다. 이후에도 하이데거는 이 저작의 완결을 도모하지 않는다. 『존재와 시간』의 기획은 중단된다. 그러면 이 중단의 이유는 무엇일까? 그 이유는 다음 절에서 추측해 보도록 하자. 그리고 이 중단과 무관하지 않은 하이데거 사유의 '전회Kehre'라는 것도 논의해 보자. 하지만 그 전에 짚고 넘어갈 점이 한 가지 있다. 『존재와 시간』에서는 사물들의 의미가 인간을 위한 그 용도에서 결정되고 세계는 사물들의 사용 맥락으로 규정되는 듯하다. 그리고 이런 설명은—자프란스키도 몇 번인가 지적하듯—사물들의 의미를 인간의 사용 방식에서 설명하는 영미권 실용주의와 얼마간 유사성을 갖는다. 하지만 이것이 사물과 세계에 대한 하이데거의 최종 설명이라고 생각해서는 곤란하다. 『존재와 시간』에서는 세계와 사물의 본래적 의미가 아직 적극적으로 해명되지 않았다고 봄이 옳다. 그 본래적 의미는 '전회' 이후에야 명시적으로 주장된다. 일상적 삶에서 세계는 '손안의 것들'의 지시 맥락으로 이해되지만, 존재물음의 관점에서는 사물들의 본래적 의미가 존재와의 관계에서 해명된다.

---

28 하이데거는 '미래'와 '과거'라는 낱말을 피한다. 미래는 '아직 오지 않음'이고 과거는 '지나가 버려 더는 없음'을 뜻하기 때문이다. 하지만 위에서 보았듯 하이데거에게 현존재의 '거기-있음'에서는 있어온 것과 도래할 것 그리고 지금의 것이 통일되어 있다. 이런 이유에서 그는 기재-현재-도래라는 표현을 택한다. '현재'란 단어도 이 맥락에서 새롭게 해석되는데, 이는 독일어 낱말의 뜻풀이와 관련된 이야기이므로 이에 관한 설명은 생략하겠다.

9.

『존재와 시간』의 완성된 부분은 존재를 이해하는 현존재의 근본 구조가 시간성임을 명시하는 것으로 대략 마무리된다. 앞서 말했듯 이 저작에서 하이데거의 의도는 현존재의 실존이 지닌 시간적 구조를 드러내고, 이 시간성을 근거로 해서 '존재의 의미'를 밝히는 데 있었다. 당시 하이데거의 발상에 의하면 시간성은 인간 각자의 실존적 구조를 이루고, 이 구조에 의해 인간의 이해 지평이 형성되며, 이 지평에서 여타 존재자와 세계는 물론 존재의 의미도 드러날 수 있다는 것이었다. 하지만 그의 의도는 『존재와 시간』에서 실현되지 못한다. 필자의 생각에 그 근본적 이유는 하이데거가 사유의 방법론으로 초월론적 관점을 택했다는 데 있다. 칸트의 초월론적 관점에 따르면 인간의 세계란 하나의 구성물이라는 결론에 도달한다. 인간은 사태 자체, 사물 자체, 달리 말해 세계의 즉자성—있는 그대로의 모습—을 결코 파악하지 못한다. 세계의 즉자성은 규정할 수 없는 X의 영역으로 머문다. 인간은 자신의 선험적(초월적) 의식 조건이라는 필터를 통해서만 세상을 이해하기 때문이다.

하이데거에게 선험적 조건인 것은 물론 의식이 아니라 인간의 실존 상황이다. 그에 따르면, 인간 현존재는 그의 실존 상황에서 존재란 무엇인가라는 물음을 제기할 수 있는 자이고, 그렇기에 존재에 대한 이해를 은연중에 지니고 있는 자이기도 하다(조금치도 이해하지 못하는 것에 관해서는 물음조차 제기할 수 없으니까). 그는 일상적 현존재의 이러한 존재 이해로부터 존재자의 존재가 지닌 의미가 해명될 것이란 희망을 품는다. 하지만 여기서 하이데거는 난관에 부딪힌다. 그의 생각대로 현-존재$^{Da\text{-}sein}$는 존재를 물을 수 있는 존재자이므로 존재가 드러나는 터^{Da}가 될지도 모른다. 하지만 이런 터에 드러난 것이 곧 존재 자체의 의미라 단정 지을 수 있을까? 설령 시간성이 인간의 존재 의미라 한들 존재 자체의 의미 또한 시간성과 결부된 것이라 단언할 수 있을까? 설령 존재가 그 터에서 자신을 드러냈다 한들 존재에겐 드러내지 않은 것이 더 있지 않을까? 분명 존재는, 그 성하고 발현하는 자연 사태는 현존재에게 드러난 것 '이상'일 것이다(3절 참조). 따라서 당시 하이데거가 처한 난관은 다음과 같이 요약될 수 있다. 초월론적 관점에서는 존재가 인간의 존재론적 구조에 편입되어 버리기에 존재의 '은폐성'이 논의될 여지가 전혀 남지 않는다.[29]

이후 하이데거의 사유에서 서서히 등장하는 용어가 '전회'다. 그는 자신의 사유 방향을 다소 틀어 존재에 접근하고자 한다. '전회'란 사유에서의 어떤 방향 전환 같은 것을 뜻한다. 하이데거 연구자들은 이 시점부터 그의 후기 사유가 시작되는 것으로 본다. 전회 이후 사유의 특징은 현존재가 아닌 존재 자체를 말한다는 점이다. 이제 하이데거는 현존재에서 출발하여 존재를 말하려는 대신, 존재 자체를 말하면서 그것과 인간의 관계를 논한다. 하지만 이렇게 존재 자체를 말한다는 것은 전통적 형이상학의 독단론으로 돌아가는 것이 아닐까? 칸트가 초월철학을 전개하면서 비판한 독단론, 하이데거 스스로 비난한 '우화나 이야기' 말이다. 하지만 그렇지는 않다. 하이데거는 결코 존재를 일의적으로 규정하지 않기 때문이다.

엄밀히 말해 전회 이후 하이데거도 '존재 자체'를 사유한 것은 아니라고 말할 수 있다. 그보다는 '존재 자체에 대한 사유'를 사유했다고 말하는 편이 옳다. 즉 '존재 자체를 사유하는 길은 어떤 것이어야 할까'라는 물음이 하이데거 사유의 본질적 내용을 이룬다. 이와 관련해 우리가 주목해야 할 것은 전회 이후 하이데거에게서 빈번히 등장하는 '뒷-걸음질' 내지 '뒤로-물러섬Schritt-zurück',[30] 이라는 표현이다. '뒤로 물러선다', '뒷걸음질 친다'에서 우리는 무엇보다 '앞에 나서지 않음', '나서서 주관하려 들지 않음'의 태도를 연상해 볼 수 있다. 즉 사유에서 뒷-걸음질이란 사유 주관자의 위치에서 인간이 물러난다는 뜻을 함축한다. 물론 이것이 사유를 게을리한다는 뜻일 리는 없다. 하이데거가 말하려는 것은, '이성적' 존재자로서 인간을 세계 중심에 놓고 여타 존재자를—심지어 존재조차—대상으로 격하시켜 온 사유, 플라톤과 아리스토텔레스에서 연원한 표상적 주체-객체 사유 틀에서 벗어나야 한다는 것이다. 이는 기존의 형이상학적 사유가 개진한 의견들과 입장들의 배후로 물러남을 뜻하며, 동시에 그런 선입견을 걷어낸 채 존재가 드러난 터로 곧바로 향함을 뜻한다. "뒤로 물러섬은 형이상학으로부터 나와 형이상학의 본질 속으로 들어가는 그런 운동이다."[31] 여기서 '형이상학의 본질'이란 존재 자체를 신비로 느끼고 경탄하

29   설민, 「하이데거 철학에서 자연의 즉자성과 세계개방성의 긴장관계」, 실린 곳: 『철학과 현상학 연구』, 제59집, 2013년, 51~81쪽 참조.
30   무엇보다 다음 문헌 참조: 마르틴 하이데거(문동규/신상희 옮김), 『사유의 사태로』, 도서출판 길, 2008년

며 그 신비를 이해하고자 하는 현존재의 근본태도 같은 것을 가리킨다.

이런 맥락에서 '사태 자체로!'라는 현상학의 표어는 하이데거가 현존재 중심의 사유에서 벗어난 이후에도 여전히 유효하다. 그리고 존재로, 그 열린 터로 향하는 자 또한 여전히 현존재다. 하지만 이제 하이데거에게 중요한 현존재는 일상의 인간 이기보다 '뒤로 물러서는 사유'를 전개하는 자이다. 이런 사유를 개진하는 현존재가 후기 하이데거의 사유에서는 단순히 '사유'라 표현되기도 한다(물론 그런 현존재의 사유 또한 사유로 표현된다). 즉 이제는 존재와 현존재의 관계 대신, 존재와 사유의 관계가 더욱 빈번히 논의된다.

인간이 사유를 주관하는 위치에서 벗어난다는 것은, 그 자리를 다른 것에 내 준다는 뜻이기도 하다. 그렇다면 이제 사유의 주관은 누구 혹은 무엇에 맡겨지나? 하이데거에 따르면 그것은 존재 자체이다. 1954년 출간된 저작 『사유란 무엇인 가?』에서 하이데거는 제목의 물음을 다음과 같이 풀이한다.[32] 이 물음은 독일어로 'Was heißt Denken?'이다. 이 문장을 우리말로 직역하면 '사유란 무엇을 뜻하 는가?' 혹은 '무엇을 사유라 부르는가?' 정도이다. 하지만 하이데거는 독일어 동사 'heißen(하이쎈)'이 고어에서 지녔던 의미를 추적하여, 이 낱말이 원래 '~하도록 불 러 세우다', '지시하다', '권유하다', '위임하다' 등의 뜻을 지닌 것이었다고 설명한다. 그리고 이에 따르면 'Was heißt Denken?'이란 문장은, '무엇이 우리를 불러 세워 사유를 맡기고 권유하고 지시하는가?'라는 '근원적' 뜻을 품게 된다. 하이데거에 따 르면 이 문장의 근원적 의미가 말해 주듯, 우리의 사유는 원래 우리 것이 아니다. 사 유는 우리에게 맡겨지고 지시된 것, 권유되고 위임된 것이다. 그러면 사유를 지시하 려 우리를 불러 세운 것은 무엇인가? 그것은 존재 자체라고 하이데거는 답한다.

이러한 문장 해석이 보여 주듯, 전회 이후 하이데거에게서 인간 사유와 이를 표 현하는 말은 존재 자체에 근거를 지닌 것으로 설명된다. 이때 눈에 띄는 점은—이 미 위의 문장 풀이에서 확인되듯—존재가 어떤 주체인 양 혹은 인격체인 양 서술된 다는 점이다. 또 다른 예에서 이를 확인해 보자. 하이데거에 따르면 "존재자의 존재

---

31 마르틴 하이데거(신상희 옮김), 『동일성과 차이』, 민음사, 2012년, 42쪽.
32 마르틴 하이데거(권순홍 옮김), 『사유란 무엇인가』, 도서출판 길, 2007년, 175~187쪽 참조.

의 말 건네 옴에 응대하는 그런 응답…… 이 곧"[33] 사유다. 존재가 불러 세운다, 존재가 위임한다, 존재가 지시한다, 존재가 말 건넨다, 존재가 보내온다, 존재가 선사한다 등, 하이데거 후기 철학에서는 이런 표현이 수시로 등장한다. 여기서 독자는 이런 추측을 해 볼 수도 있을 것이다. 혹시 하이데거가 말하는 존재란 유대교나 기독교의 인격신 같은 것인가? 앞의 1절에서도 말했듯, 일단 그런 것은 아니라고 생각하자. 그보다는 인간이 존재 이해의 주관자라는 생각을 버리라는 뜻으로, 사유에서 '뒤로 물러남'의 태도를 견지하라는 뜻으로 이런 표현을 이해하도록 하자. "인간이 다시 한번 존재의 가까움에 순응해야 한다면, 인간은 익명으로 실존하는 것을 우선 배워야 한다"[34] 라는 뜻으로 말이다. 하지만 우리는 존재가—인격신을 포함해서—신이 전혀 아니라고 단정 지을 수도 없다. 이미 독자들도 잘 알다시피, 존재란 우리가 이것이냐 저것이냐의 방식으로 규정할 수 있는 '대상'이 아니기 때문이다. 하이데거도 말한다. "인간의 본질에 관한 실존론적 규정을 가지고서, 신의 현존이나 신의 비–존재에 대한, 또한 마찬가지로 신들의 가능성이나 비가능성에 대한 어떤 결정도 아직은 내린 바 없다."[35]

인간이 익명으로 실존함을 배워야 한다는 것은 존재라는 거대한 미규정의 사태를 관장할 자리에 인간이 있지 않음을 깨달아야 한다는 뜻이다. 『존재와 시간』에서 이미 암시됐듯 인간이란 주인이 되기에 너무 부족한 존재다. 인간은 유한한 존재자이며, 무엇보다 죽음이 그 유한성을 확인시켜 준다. 비단 인간뿐 아니라 모든 존재자가 그렇다. 현존재를 비롯한 모든 존재자는 제한된 것이며 변화와 소멸에 굴복한다. 달리 말해 모든 존재자는 '무의 확고한 가능성'을 지니고 있다. 이 무에 관한 이야기에서 전회 이후 하이데거 사유에 관한 설명을 시작해 보자.

---

33 마르틴 하이데거, 『동일성과 차이』, 99쪽.
34 마르틴 하이데거, 「휴머니즘 서간」, 130쪽. 이탤릭체 강조는 필자에 의함.
35 앞의 글, 166쪽.

10.

하이데거 연구자들은 통상 1930년을 전회가 시작된 기점으로 잡는다. 하지만 이런 사상적 변화가 그 해에 돌연 시작된 것은 아닐 것이다. 전회의 징후는 이미 그전에 나타났으리라 짐작해도 좋을 것이다. 1929년 하이데거는 후설의 자리를 계승해 프라이부르크대학에 취임하면서 '형이상학이란 무엇인가?'라는 제목의 강연을 했다. 이 강연은 하이데거가 존재 중심의 사유로 넘어가는 문턱쯤에 있는 것이 아닐까 한다. 이 강연의 핵심어를 하나만 꼽으라면 그것은 '무Nichts/nothing'다.

이 강연에서 하이데거는 『존재와 시간』에도 나왔던 '불안'의 문제를 다시금 논한다. 『존재와 시간』에서도 진술되었듯, 하이데거에게 불안이란 특정 존재자와 결부된 현존재의 기분이 아니다. 그것은 현존재의 확고부동한 가능성인 죽음과 결부되는 기분이다. 현존재는 비본래성에만 빠져 있지 않다면 순간순간 이런 불안에 사로잡힐 수 있다. 불안은 현존재의 삶이 언제든 무로 화할 수 있음에 대한—기분으로서의—의식이다. 불안에서 현존재는 자신이 이미 무에 내맡겨져 있는 존재자임을 의식한다. 불안은 유한성—자신을 비롯해 모든 것이 무로 향하고 있음—이 절절하게 의식되는 기분인 것이다. 하이데거가 말하듯, "불안이 무를 드러낸다".[36]

무에 직면해 본 현존재에게는 그가 속한 세계의 모든 것이 더 이상 (집 내지 고향 Heim에 있는 듯) '익숙하고 편안하며 당연한heimlich' 것으로 다가오지 않을 수 있다. 동일성을 가지고 유지되는 존재자들, 그 존재자들의 안정된 질서가 지금까지와 달리 '섬뜩한 내지 기이한unheimlich' 모습으로 현출하는 것이다. 하이데거의 말로, 불안의 경험에서 현존재는 모든 "존재자가 미끄러져 빠져나가는"[37] 경험을 하게 된다. 이 섬뜩함, 이 기이함의 정체는 대체 무엇일까? 그것은 모든 것이 유한하고 허망하다는 깨달음이 아닐까? 모든 존재자는 무화될 운명을 타고났고, 공고한 듯한 존재자들의 질서 또한 영원할 수 없다는 것 말이다.

---

36 마르틴 하이데거, 「형이상학이란 무엇인가」, 실린 곳: 마르틴 하이데거, 『이정표 1』, 149~174쪽, 여기서는 160쪽.

37 앞의 글, 같은 곳.

그렇다면 종내는 모든 것을 집어삼키는 이 무란 대체 무엇일까? 이 물음에는 기존의 사유 방식으로 답할 수 없다. "무는 대상도 아니고 존재자도 아니"[38] 기 때문이다. 무는 눈앞에 놓인 한정된 대상 같은 게 아니다. 그렇기에 무는 표상적 사유에 의해 포착되지 않는다. 무는 존재자를 객체 내지 대상으로 포착하는 표상적 사유가 닿지 않는 곳에 있으며, 그런 의미에서 표상적 사유 또한 무력화한다. 그러나 표상적 사유에 포착되지 않음에도 무는 분명 '있다'. 죽음으로 앞서 달려가 볼 수 있는 존재자인 인간은 그것을 안다.

앞서 5절에서 언급했듯, 서양의 전통적 사유는 개념에 의해 포착되는 존재자, 달리 말해 일정한 동일성을 갖고 현전하는 것만을 '있음'과 결부시켰다. 그리고 이런 사유에 의해 포착되지 않는 것은 무와 동일시해 버렸다. 이런 맥락에서 '무'라는 말은 전통적 사유에서 포착하지 못하는 것, 그래서 포착하려 하지도 않는 것 전체를 지칭한다고도 말할 수 있다. 그런데 죽음과 소멸이라는 사건은 그 자체가 궁극적 '무'이기도 하지만, 그것은—생성이나 탄생처럼—존재자 중심의 사유에 포착되지 않기에 무라는 개념에 포괄되는 것이기도 하다. 이런 사건적 사태는 전통 형이상학에서 '없음' 혹은 '없는 것'이라는 표지가 붙은 상자 속에 넣어진 채 망각된다.

이제 하이데거는 형이상학이 팽개쳐 둔 무라는 표지의 상자를 열고 무를 사유해야 함을 역설한다. 이 강연을 끝맺는 그의 말은, 존재자 중심의 사유에서 벗어나 무라는 말로 가려졌던 사태를 생각하라는 권고로 해석되어야 할 것이다. "도대체 왜 존재자이며 오히려 무가 아닌가?"[39] 여기서 무라는 말로 가려졌던 사태란, 앞서 우리가 말한 근본적 생명의 사태, 자연적 사건의 성함과 발현, 한마디로 존재를 가리키는 것이리라. 아닌 게 아니라 하이데거는 1943년 이 강연문에 덧붙인 '나중말'에서 이렇게 말한다. "무는 존재자와는 다른 것으로서 존재의 베일이다."[40] 무를 한 꺼풀 걷어내면 거기에는 존재가 있다. 인간이 무를 외면하지 않는다면, 즉 무를 한갓

---

38 앞의 글, 165쪽.

39 앞의 글, 174쪽.

40 마르틴 하이데거, 「〈형이상학이란 무엇인가〉의 나중말」, 실린 곳: 마르틴 하이데거, 『이정표 1』, 175~187쪽, 여기서는 186쪽.

무라 여기지 않는다면, 거기서는 존재가 모습을 드러낼지도 모른다. 이런 의미에서 무는 곧 존재이기도 하다. 다시 '나중말'의 한 구절을 다소 길게 인용해 보겠다.

> 그 어디에서도 결코 존재자일 수 없는 그것이, 모든 존재자와는 구별되는 것으로, 즉 우리가 존재라고 부르는 것으로 드러나고 있는지가 검토될 필요가 있다. 비록 모든 탐구가 아무리 끊임없이 그리고 아주 멀리 존재자를 끝까지 찾아 나선다고 해도, 그 탐구는 어디에서도 존재를 발견하지 못한다. 그 탐구는 언제나 단지 존재자만을 만날 뿐이다. 왜냐하면 그 탐구는 미리부터 자기가 설명하려는 의도에 있어서 이미 존재자에 집착하고 있기 때문이다. 그렇지만 존재는 존재자에 속한 어떤 성질이 아니다. 존재는 존재자와 같이 대상적으로 표상되거나 제작될 수 있는 것이 아니다. 모든 존재자와 단적으로 다른 이것은 비존재자(존재자가 아닌 것)이다. 그렇지만 이러한 무는 존재로서 본원적으로 있다. 그런데 만일 우리가 이 무를 값싼 설명으로 아무것도 아닌 것으로 제시하여 본질이 없는 것과 동일시한다면, 우리는 너무도 성급히 사유를 포기해 버리는 셈이 된다. 속이 텅 빈 예리함의 신속함에 넘어가 수수께끼 같은 무의 다의성을 내던지는 대신에, 우리는 모든 존재자에게 존재하도록 베풀어 주는 그것의 광대함을 무에서 경험하려는 채비를 꼭 갖추어야 한다. 그것은 곧 존재 자체이다.[41]

'무에서 존재를 경험하는 채비를 갖춘 현존재.' 하이데거는 1929년의 강의에서 이런 현존재를 가리켜 "무의 자리 지킴이Platzhalter des Nichts"[42]라 부른다. 무의 자리를 지킨다는 것은 하이데거에 따르면 '무 안으로 들어가 머묾'을 말한다. 그것은 무를 외면하거나 거기서 도피하지 않고 무와 함께하면서 무를 사유하는 현존재의 모습을 가리키는 것이다. 이 강연에서 하이데거는 '무는 무화한다'라는 표현도 즐겨 사

---

41 앞의 글, 178-179쪽.

42 마르틴 하이데거, 「형이상학이란 무엇인가」, 169쪽. 이 국역본에는 '무의 자리를 지키는 자'라고 옮겨져 있으며, 통상은 '무의 자리지기'라 번역된다. '자리지기'란 표현은 우리말에 없고 북한말에서는 야구의 포수를 가리킨다. 필자는 자프란스키의 전기를 우리말로 옮기면서 '무의 자리 지킴이'라는 역어를 선택했다.

용하는데, 명사를 동사화한 이 야릇한 표현은 이렇게 생각하면 된다. '무가 그것 그대로 성하고 발현한다.' (후일의 하이데거에게서는 '세계가 세계화한다' 같은 표현도 등장한다. 이 역시 마찬가지다. '세계가 그것 그대로 성하고 발현한다' 정도의 의미다.) 따라서 무화하는 무의 자리 지킴이란 성하고 발현하는 존재의 사태 내지 사건 자체를—왜곡 없이—사유하려는 현존재의 모습이다. 그는 뒤로 물러서며 사유하는 자다.

전회 이후 하이데거 사유에서는 무라는 말이 차지했던 자리에 존재라는 낱말이 등장한다. 앞서 언급한 대로 존재 중심의 사유가 시작되는 것이다. 그리고 이런 후기 철학에서는 '무의 자리 지킴이' 대신 '존재의 목자Hirt des Seins'라는 말이 나온다. 하지만 독자는 이 두 가지 표현이 결국 같은 사태를 지시하는 것임을 이해할 수 있을 것이다.[43] 무와 존재의 관계라는 맥락에서 한 가지만 더 언급하겠다. 하이데거는 이따금 '심연Abgrund'이 곧 '근거Grund'라는 말을 하곤 한다. 여기서 인간이 맞닥뜨리게 된다는 심연은 결국 무와 같은 것이다. 그리고 근거란 모든 존재자의 근거, 그 순수하고 단순한 근거인 존재를 가리킨다. 그러니까 '심연이 곧 근거'라는 오묘한 말은 '무가 존재'라는 말과 거의 같은 내용을 지닌 것이라 이해해도 좋다. 물론 심연과 근거라는 말은 정반대의 맥락에서 사용되기도 한다. 우리가 삶의 확고한 터전 내지 근거라 생각하는 것, 친숙한 것이 실제로는 위태로운 것, 즉 심연이라고 얘기할 때처럼 말이다. 이를테면 심연은 근거인 반면, 근거는 심연인 셈이다.

11.

전회 이후 하이데거의 사유는 '존재의 의미'를 묻기에서 '존재의 진리'를 묻기로 이행한다. 이는 '존재가 존재 자체로 이해될 수 있는 기반(시간성)'을 찾으려는 물음에서 '존재의 진리 사건 자체란 어떤 것인가'라는 물음으로 이행함을 뜻한다. 여기서 존재의 진리 사건이란 (인간에게) 드러나고 숨겨지는 사건적인 것으로서의 존재

43 마르틴 하이데거, 「아낙시만드로스의 잠언」, 실린 곳: 마르틴 하이데거, 『숲길』, 471~547쪽, 여기서는 511쪽 참조.

를 가리킨다. 우리는 이미 2절과 3절에서 이런 존재에 관해 다룬 바 있다. 성하고 발현하는 사건의 소용돌이로서의 자연, 즉 존재와 이 존재의 존재자들 말이다. 그 대목에서 우리는 존재의 은폐와 탈은폐에 관해서도 말한 바 있다. 바로 이 용어들이 존재의 진리를 묻는 후기 하이데거 사유에서 주요한 개념으로 등장한다.

하이데거에게 진리란 존재가 스스로를 여는 동시에 닫는 사건, 스스로를 드러내는 동시에 감추는 사건이다. 그런데 인간에게 일단 이해되는 것은 열린 것, 드러난 것뿐이다. 그리하여 인간은 그 열린 것이 전부라 여기고 거기에만 집중하기 쉽다(존재자 중심의 사유). 하지만 이는 존재의 참된 사태를 파악하지 못한 것이기에 결코 진리일 수가 없다. 진리는 드러남에서 감춤을 함께 생각하고 열림에서 닫힘을 전제할 때만 성립된다. 인간은 자신에게 이해된 것을 탈은폐로 여기고, 존재자를 존재의 존재자로 파악해야 하며, 그런 이해만이 진리라는 것이다.

하이데거는 인간에게 드러난 존재의 사태, 달리 말해 인간에게 이해된 사태를 흔히 열린 터라고도 표현한다. 이는 『존재와 시간』에 나오는 현존재의 현(거기) 혹은 '열어 밝혀져 있음'과 다른 것이 아니다. 다만 『존재와 시간』에서는 이 열어 밝혀짐이 세계에 자신을 개방하여 이해를 수행하는 현존재의 실존에 일차적으로 근거하는 것처럼 얘기되었다. 반면 전회 이후 하이데거에게 근원적인 것은 더 이상 현존재의 개방적 실존 방식이 아니다. 근원적인 것은 존재 자체다. 존재 자체의 성하고 발현함이 근원적이고, 그로부터 (인간에게) 드러남 또한 가능해진다는 얘기다. 앞서 1절에서 언급한 '열린 터의 무규정성'도 이 맥락에서 다시금 이해해 볼 수 있다. 열림은 근원적으로 인간에 의한 것이 아니라 존재 자체에 의한 것이다. 더욱이 존재는 성하고 발현하는 것이기에 그로부터 열리는 터 또한—인간이 규정할 수 없는—사건의 성격을 갖는다. 이런 의미에서 (인간에게) 열린 터의 무규정성이 존재를 가리키는 말이 될 수 있다.

'존재의 진리'에서 진리는 물론 존재 자체, 자연 자체의 모습을 말한다. 그런데 이 진리가 은폐를 전제한 탈은폐(알레테이아$^{ἀλήθεια/aletheia}$)로 규정된다면, 여기서는 분명 인간이라는 요소가 함께 사유되고 있다. 즉 탈은폐 내지 드러남은 성하고 발현하는 존재 자체와 인간 '사이'에서 일어나는 사건이다. 이 사이에서 탈은폐로서 진리가 일어나고 이해가 성립되며, 언어가 울리고 사유가 전개된다. 이 사이가 바로 열린 터다. 이 사이에서 존재는 (사유할 줄 아는) 인간에게 제 모습을 드러내고, 인간 또한 존재 안의 자신을 이해한다. "인간이 존재에 귀속함으로써 고유해지고vereignen, 또 존재는 인간-본질에게 다가와 고유해지는"[44] 것이다.

후기 하이데거 사유에서 자주 등장하는 '밝힘(빛트임)Lichtung'[45]이라는 낱말도 탈은폐의 사태나 열린 터와 다른 뜻을 갖지 않는다. 원래 'Lichtung'은 '나무를 베어 내 널리 트이고 빛도 스며드는 숲속의 장소'[46], 앞서 6절에서 언급한 '숲속의 빈터'를 가리키는 말이다. 그런데 하이데거는 이 낱말을 '탈은폐된 열린 터'를 가리키는 용어로도 즐겨 사용한다. 이 용어에 관해서는 아래 15절에서 다시 논하기로 하자. 그리고 이제부터는 존재의 진리와 시간성의 관계를 알아보기로 하자. 전회 이후 하이데거 사상에서는 시간성이 예전만큼 커다란 비중을 갖지 않지만, 시간과 존재의 관계가 전혀 논의되지 않는 것은 아니다. 물론 전기 하이데거는 시간성을 존재의 근거로 드러내려 한 반면, 전회 이후 하이데거는 오히려 존재의 진리를 시간성의 근거로 이해한다.

탈은폐로서 존재의 진리란 존재가 존재자로 드러나는 사건이다. 이를 하이데거는 다음과 같이 설명한다.

> 존재는 (있는 것)에게로 나아가며 (있는 것)에게로 밝히면서 건너오고, (있는 것)은 그러한 [존재의] 건너옴을 통하여 비로소 '그 스스로 비은닉된 것'으로서 도래한다. 도래Ankunft는 곧 비은닉성 안에 스스로를 간직함이며, 따라서 이렇게 간직된 채로 존속해-있음anwähren(비은폐성 안에 간직된 채로 지속적으로-머물러-있음)이고, 결국 존재자로 존재함을 뜻한다. 존재는 '탈은폐하는 건너옴'으로서 스스로를 내보인다. 존재자로서의 존재자 자체는 '비은폐성 속으로 [다가와 그 안에서] 스스로를 간직하는 도래의 방식에서 나타난다.[47]

---

44 마르틴 하이데거, 『동일성과 차이』, 26쪽.

45 이 전기의 본문에서는 '빛트임'으로 옮겼다.

46 마르틴 하이데거, 『사유의 사태로』, 159쪽 참조.

47 마르틴 하이데거, 『동일성과 차이』, 56-57쪽. 괄호에 의한 보충은 하이데거 저작의 옮긴이에 의한 것임.

열린 터로 도래하는 것은 존재지만, 열린 터에 드러나는 것은 존재자다. 그것은 존재의 존재자다. 존재자는 열린 터에 존속해-있는 것이다. 이런 존속해-있음이 바로 '현전'이다. 현전은 독일어 'Anwesen'의 번역어이다. 이 단어에 대한 하이데거의 풀이에 따르면 'Anwesen'에서 'wesen'은 어원상 '머물다' 혹은 '체류하다'라는 의미를 가지며, 'an'은 '여기 가까이'를 뜻한다. 따라서 'Anwesen'은 '여기 가까이 다가와, 즉 비은폐성 안에 들어와 머물고 있음'을 뜻한다.[48] 그런데 존재자는 건너와 존속하기만 하는 게 아니라 떠나기도 한다. 은폐된 존재로 돌아가기도 하는 것이다. 따라서 현전은 일정한 지속성을 함축하지만—머묾이나 체류라는 말이 이미 암시하듯—결코 항구적인 것은 아니다. 현전은 "~로 나옴과 ~로 떠나감" 사이에 있음이고, 그런 나옴과 떠나감은 "비은폐성 내에서 은닉된 것과 은닉되지 않은 것 사이에" 있다.[49] 비은폐성 내에서 은닉된 것이 존재라면, 은닉되지 않은 것은 존재자다.

하이데거는 현전하는 개개 존재자의 존재 방식을 '각시성 das Je-weilige'이라는 낱말로도 풀어낸다.[50] 일상어에서 'jeweilig'라는 말은 '그때그때마다' 정도의 의미를 갖는다. 이 낱말은 '때'나 '겨를'의 의미를 갖는 'Weile'와 결부된 것이지만, 하이데거는 이를 '머물다'라는 뜻의 'weilen'과도 결부시킨다. 그럴 경우 'das Je-weilige'란 '그때그때 각기 겨를을 머물다 가는 것'이라는 의미를 가지게 된다. 하이데거에게 현전하는 존재자란 모두 이런 것이다. 동식물에서 기후나 계절 변화에 이르기까지 모든 존재자는 각기 감과 옴 사이에 머문다. 개개 존재자는 각자의 겨를을 머물다 간다.

이처럼 개개 존재자의 시간성은 존재의 진리 사건에 근거한다. 『존재와 시간』에서 시간성의 3개 차원으로 설명되었던 기재, 현재, 도래도 마찬가지다. 이 세 가지 시간 차원 역시 이제 존재의 진리에 근거해서 설명된다.[51] 현전은 성하고 발현하는 존재의 사건 중 비은폐성의 영역으로 드러난 일부이다. 드러남의 경계선상(사이)에

---

48 마르틴 하이데거, 『사유란 무엇인가』, 285-286쪽 참조.
49 마르틴 하이데거, 「아낙시만드로스의 잠언」, 502쪽.
50 앞의 글, 513쪽 참조.
51 마르틴 하이데거, 『사유의 사태로』, 51~53쪽 참조.

옴과 감이 있다. 옴과 감은 흔히 생성과 소멸로만 이해되곤 하며, 그 너머는 부재 혹은 무로 이해되기 쉽다(앞의 10절 참조). 하지만 부재나 무로 간주되는 것은 은폐성에 속하기에 현전하지 않은 것일 뿐 결코 부재나 무가 아니다. 오히려 현전하는 것의 그때그때 현재란 '더 이상 현전하지 않음(은폐성으로 돌아간 겨를)', 즉 기재와 '아직 현전하지 않음(은폐성에서 나오지 않은 겨를)', 즉 도래 사이의 겨를이다. '있어 왔음' 혹은 '더는 현전하지 않음'은 끊임없이 도래를 당겨 온다. 반면 '아직 현전하지 않음'의 다가옴은 부단히 기재를 수반한다. 도래와 기재의 이런 동시적 운동 사이에 존립하는 것이 그때그때 현재라는 겨를인 것이다. 이 현전의 현재는 그때그때 열리는 밝힘의 터이기도 하다. 현전은 겨를이자 터 내지 폭, 달리 말해 시간적이자 공간적인 것이다. 그리고 이런 것이 본래적 시간성인 바, 그것은 탈은폐로서 존재의 진리 사건에서 열리는 차원이다.

이제 존재의 진리에 관한 하이데거의 논의에서 또 다른 주요 개념으로 등장하는 '생생한 고유화 Ereignis'에 관해 간단히 알아보자. 이 개념은 하이데거 연구서나 번역서에서 '발현', '존재사건', '생기生起'[52] 등으로도 옮겨진다. 어떤 말로 옮겨지건 간에 이 개념은 '존재가 그 자체로서, 즉 고유하게 시-공간적으로 현전함'이라는 뜻을 함축한다. 달리 말해 시-공간적인 생생한 사건으로 발현함이 곧 '생생한 고유화'이다. 이렇게 본다면 이 개념은 탈은폐와 터의 열림 혹은 밝힘의 사건과 전혀 다른 것이 아니다. '생생한 고유화'는 (은폐를 전제한) 탈은폐의 진리 사건을 가리키는 다른 이름일 뿐이다. 다만 이 개념은 형이상학적 존재망각과 진리 왜곡에 맞서 탈은폐라는 진리 사건의 '참된' 모습, 현전의 '고유한' 사건성을 부각시키려는 용어라고 생각된다. 즉 존재의 진리란 성하고 발현하는 자연의 고유한—즉 그것 자체로의—사건이고, 현존재를 비롯한 존재자도 이 사건 속에서 고유하게 성하는 것임을 부각시키려는 용어가 '생생한 고유화'[53]이다. 존재의 존재자와 존재자의 존재, 한마디로 존재

---

52 하이데거의 용어 중 '성하여 일어남'을 뜻하는 'Geschehen'도 종종 '생기'라 옮겨지며(아래 12절 참조), 그 때문에 이 번역어만으로는 'Geschehen'를 뜻하는 것인지, 'Ereignis'를 뜻하는 것인지 분명치 않을 때가 있다(물론 이 두 용어는 맥락에 따라 같은 의미를 지닐 수도 있다).

53 게르트 해프너, 『존재의 어둠에서 존재의 밝음으로』, 359쪽 참조.

하는 존재자는 '생생한 고유화'로 이해되어야 한다. 이 점을 부연해서 논한 것이―아래 16절과 17절에서 소개될―사역과 내맡김, 사방과 사물, 들음과 말함에 관한 하이데거의 사유이다.

앞서 존재의 진리와 시간성의 관계를 알아보았으니, 이제는 존재의 진리와 역사성의 관계를 살펴보자. 앞서 언급되지 않았지만, 『존재와 시간』에서는 현존재의 실존 구조인 시간성이 역사성의 근거가 되는 것으로 설명되었다. 반면 후기 하이데거에게서는―시간성의 근거가 그렇듯―역사성의 근거 또한 존재의 진리다. 인간세계에서 역사성이 발견된다면, 이는 근본적으로 존재 자체에 근거한다.

인간은 세계를 형성해 살아간다. 이때 세계는 일정한 역사적 성격을 갖는 듯하다. 즉 거기에는 어떤 과정과 진행이 있고, 발생과 중단, 그리고 새로운 시작 같은 것이 있는 듯하다. 인간과 사물 혹은 어떤 사태의 변화, 민족의 흥망성쇠, 국가의 건립과 몰락, 전쟁과 평화, 새로운 발명이나 발견, 사유 방식이나 예술 양식의 변화 등이 그렇다. 그리고 이러한 인간 역사에서는 전과 후와는 뚜렷한 차이를 드러내는 시대적 단원, 즉 에포케Epoche 같은 것이 구획되기도 한다.

그런데 하이데거가 기회 있을 때마다 강조하듯, 인간이 형성하는 세계는 사실 자연이라는 더욱 근원적인 것에 의해 지탱되고 있다. 성하고 발현하는 자연 사태, 즉 존재 자체가 더욱 근원적인 것이며, 세계의 형성도 이 근원에서 비롯된다는 것이다. 세계란 근본적으로 존재에 의해 (인간에게) 열리는 터이다. 이 시-공간적 열린 터의 전개를 역사라 부른다면, 이 역사 또한 근본적으로는 존재에 근거를 둔 것일 수밖에 없다. 이 맥락에서 하이데거가 끌어들이는 용어가 바로 'Geschick(게쉬크)'이다. 이 독일어는―'역사'를 뜻하는 'Geschichte(게쉬히테)'와 발음상 유사함이 있는데―'운명'이라는 뜻을 지니며, 어원상 '보내다'라는 뜻의 동사 '쉬켄schicken'과 관계가 있다. 이 'Geschick'를 우리나라 하이데거 연구자나 번역자들은 흔히 '역운曆運 (역사적 운명)'이라 옮긴다.

하이데거에 의하면 인간 역사는 근본적으로 은닉과 밝힘이라는 존재의 진리에 근거한다. 존재의 진리, 그 은닉과 밝힘의 운동을 인간 역사와 결부시켜 달리 표현한다면 '역운'이라 부를 수 있겠다. 역운은 이를테면 '존재의 역사'이고, 이것이 인간 역사의 근본을 이룬다. 요컨대 인간 역사는―세계를 형성하는 인간 활동이 제아무리 대담하고 위대해 보여도—존재 자체가 드러낸 것 혹은 '보내온 것'에 의해 '운명적으로' 결정될 뿐이다. 존재가 스스로를 '보내옴'을 우리는 '말 건넴'이나 '손짓'이라 부를 수도 있겠다.

'에포케'라는 것도 그렇다. 이는 인간 역사에서 어떤 시대적 단원을 가리키는 말로 흔히 쓰인다. 하지만 이 서구어는 '감춤'이라는 의미도 함축하고 있다. 후설의 현상학 등에서 이 말이 '판단중지'란 뜻을 갖는 경우가 그런 예다. 하이데거에 따르면 이 단어의 이의성은 '감춤'이라는 존재 사태와 '시대'라는 것의 연관성을 포착했던 근원어가 남긴 흔적이다. 존재는 (인간에게) 은닉과 밝힘의 사건이며, 자신의 전모를 단번에 우리에게 알리지 않는다. 오히려 존재는 일정한 시대 동안 다소 일정한 부분의 드러냄을 유지한다. 그러다 이 드러냄을 거둬들이고 다른 드러냄을 보내온다. 인간 역사의 시대는 바로 이런 존재의 진리에 의해 결정되는 것이다. 몇 차례 강조했지만 여기서 우리는 존재를 반드시 어떤 인격체 같은 것으로 생각해야 하는 것은 아니다. 하이데거가 말하려는 것은 단순하다: 인간 삶과 세계의 근거는 존재다. 그런데 인간의 세계가 역사로도 그리고 일정 시대로도 나타난다면, 이 또한 존재 자체에 근거한 것으로 이해되어야 마땅하다. 즉 존재 자체가 모종의 역사성—우리에 의해 역사적인 것이라 이해되는 그런 성격—을 지닌 것으로 사유되어야 한다.

인간의 세계와 역사는 존재의 진리를 근거로 해서 존립한다. 하지만 대부분의 경우 인간은 그런 사실을 알지 못한 채 살아간다. 그런데 인간 세계와 역사에는 존재의 진리, 그 은폐와 탈은폐, 은닉과 밝힘의 운동이 두드러지게 표출되었던 영역이 존재한다. 하이데거는 이 영역을 '진리 사건의 탁월한 영역'이라고도 부른다. 그가 이런 영역으로 제시하는 것은 대체로 세 가지인데, 그것은 바로 예술과 사유 및 국가 건립이다(나중에 다시 언급하겠지만 전후의 하이데거는 이 영역에서 국가 건립을 제외시킨다). 이제 아래 12절과 14, 15절에서는 이 세 영역에 관해—국가 건립, 사유, 예술의 순으로—알아보겠다. 그리고 마지막 16, 17절에서는 '생생한 고유화'를 드러내려는 구체적 사유 방식에 관해 좀 더 알아보겠다.

12.

『존재와 시간』에서 하이데거는 현존재를 '세계-내-존재'로 규정한다. 세계-
내-존재에게는 '손안의 것'과 '눈앞의 것'으로서 존재자들과의 만남이 실존의 필연
적 계기로 주어진다. 더불어 현존재의 실존에서는 타인들과 '함께-있음' 또한 하나
의 필연적 계기를 이룬다. 현존재는 "타자 없는 고립된 자아"[54]가 아니다. 하지만—
앞서 보았듯—이 타자는 『존재와 시간』에서 주로 '세인'의 모습으로 그려진다. 개개
현존재는 세인의 사고방식과 인습에 적응함으로써 실존적 염려의 부담을 크게 덜
수 있지만, 이로 인해 본래적 실존에서는 점점 더 멀어진다. 탈개별화와 평준화를
낳는 '세인의 독재'는 현존재가 본래적 실존을 위해 벗어나야 하는 무엇이다. 그런
데 『존재와 시간』 74절에서는 함께 있음의 상당히 긍정적인 규정이 발견되어 눈길
을 끈다. 함께 있음의 이 긍정적 형태는 민족 공동체이다. 74절의 한 대목을 인용해
보자.

> 운명적인 현존재가 세계-내-존재로서 본질적으로 타인들과 함께 더불어 있으
> 면서 실존할 때, 그의 생기는 공동생기Mitgeschehn이고 역운으로 규정된다. 이로써
> 우리는 공동체, 민족의 생기Geschehn를 지칭하고 있는 셈이다. 역운은 개별적인
> 운명들이 모여 결합된 것이 아니며, 서로 함께 있음도 여러 주체들이 함께 모여
> 있음으로 개념 파악될 수는 없다. 동일한 세계 안에서 특정의 가능성들로 결단
> 을 내리며 서로 함께 있음에서, 운명들은 애초부터 이미 주도된 것이다…… 그
> 의 세대 안에서 그의 세대와 더불어 현존재의 운명적인 역운은 현존재의 온전
> 한 본래적인 생기를 형성한다.[55]

하이데거는 개개 현존재의 본래성이란 개별적인 '죽음으로 앞서 달려가 봄'만
으로는 획득되지 않고 동일 세계와 동일 세대의 타자들, 즉 민족과 함께할 때만 '온

---

54 마르틴 하이데거, 『존재와 시간』, 163쪽.

55 앞의 책, 503쪽. 이탤릭체 강조는 원문에 근거함.

전'해진다고 말한다. 하이데거 연구자인 오토 푀겔러는 이런 관점 전환을 두고서 너무 급작스럽다는 평가를 내린 바 있다.[56] 이런 급작스러움의 이유로는 『존재와 시간』에서 하이데거가 처했던 한 가지 난제가 제시되곤 한다.[57] 이런 해석에 의하면, 난제는 '현존재라는 세인의 독재에서 벗어날 때 본래성을 획득한다'라는 테제와 '함께-있음은 인간 실존의 본질적 계기다'라는 테제의 반목에서 존립한다. 그리고 하이데거는 세인과 본질적으로 구별되는 민족이라는 '함께 있음'의 형태를 제시함으로써 이 난제를 해결하고 넘어가려 한다는 것이다. 그렇지만 이 대목에서 하이데거는 세인과 민족이 어디서 정확히 갈라지는 것인지, 어떻게 서로 다른 차원에 놓이는 것인지 설명하지 않는다. 그리고 개별적 현존재의 운명과 구별되는 역운이 무엇인지도 자세히 언급하지 않는다. 『존재와 시간』의 주도적 사유 방향에 비춰볼 때 민족 공동체에 관한 74절의 내용은 다분히 주변적인 것으로 머문다(물론 하이데거 초기 사유에서부터 나치즘과의 연관성을 발견하려는 사람들에게는 이 부분이 중요한 논거가 되곤 한다).

그런데 『존재와 시간』의 이 주변적 사유 요소가 하이데거의 전회 이후, 특히 정치적 참여 이후 그의 철학에서 핵심적 비중을 얻게 된다. 앞서 보았듯 전회 이후 하이데거 사유에 의하면 존재는 역운으로 자신을 알려 오며 인간 역사를 관통한다. 역사를 통해 확인되는 여러 민족과 국가의 흥망성쇠는 결코 우연하고 임의적인 사건이 아니다. 그 모든 것은 존재의 역운, 다시 말해 우리에게 말 건네 오고 스스로를 드러내며 시간의 유희공간을 마련하여 거기서 존재자가 나타나게 하는 존재의 힘에 의해 일어난 일들이다. 하이데거에 따르면 이때 존재는 특히 창조적인 개별 현존재, 이른바 영웅에게 손짓이나 부름으로 자신을 알려 온다. 이런 영웅에는 정치적 영웅, 즉 민족 공동체를 이끄는 영도자 같은 인물도 포함된다. 이런 맥락에서 국가의 건립과 정치적 영웅의 등장은 하이데거에게 존재가 자신을 알려 오는 대표적 사건으로 이해된다. 그리고 정치적 활동 시기의 하이데거는 유럽 세계가 비본래성으로 치닫고 있다고 생각했으며, 유럽 세계의 본래성 회복을 위한 혁명이 바로 독일 민족과

---

56 Otto Pöggeler, *Der Denkweg Martin Heideggers*, 4. Auf. Pfulingen, 1994년, 420쪽, 각주 32) 참조.

57 Robert André, *Gespräche von Text zu Text, Celan-Heidegger-Hölderlin*, Hamburg, 2003년, 100쪽 이하 참조.

그 영도자에게 주어진 사명, 역운에 의한 사명이라고 여겼다.

그렇지만 1945년 이후 하이데거 사유에서는 존재의 발현 사건, 진리 사건의 주요한 사례에서 국가 건립과 정치적 영웅의 등장은 빠져 버린다. 이후로 그는 사유와 예술의 영역만을 진리 사건의 주요 무대로 논한다. 그의 사유에서 다시금 변화가 일어난 것이거나 정치 활동의 후유증 때문이었으리라. 이제 아래에서는 진리 사건의 또 다른 영역인 사유와 예술에 관해 하이데거가 어떤 생각을 펼쳤는지 차례로 알아보겠다. 하지만 우선은 하이데거 사상과 나치즘의 연관성에 관해 잠시 언급이 있어야 할 듯하다.

13.

히틀러가 이끄는 국가사회주의당(나치당)이 독일에서 정권을 장악한 것은 1933년 1월의 일이다. 하이데거는 1933년 4월 21일 프라이부르크대학 총장으로 선출되며, 같은 해 5월 1일 국가사회주의당에 가입한다. 그는 1934년 4월 27일 총장직에서 밀려나지만, 1945년 종전에 이를 때까지 당에서 탈퇴하지 않는다. 그리고 총장직에 있을 때는 물론이고 그 후로도 수년간 '나름의' 국가사회주의 이념 실현을 위해 고군분투한다. 종전 후 하이데거는 정화위원회의 조사를 받고 대학에서 쫓겨나지만, 1951년 사실상 모든 권리를 되찾는다. 그가 자신의 나치 참여에 관해 속죄는커녕 굳은 침묵으로 일관했다는 것은 잘 알려진 사실이다.

이런 침묵에서 예외적인 사건이 있다면, 그것은 1966년 독일 시사주간지 「데어 슈피겔」과의 인터뷰이다. 하이데거 사망 후 발표를 조건으로 성사된 이 인터뷰에는 다음과 같은 대목이 실려 있다.

슈피겔: 지금까지의 대화에서 분명해진 점은 이렇습니다. 1933년 당신의 태도는 말하자면 두 개의 극 사이에서 움직인 것이죠. 첫째로, 당신은 많은 것을 '델포이의 사용을 위해ad usum Delphini[58] 말해야 했다는 것. 그것이 첫 번째 극이었습니다. 하지만 다른 극은 좀 더 적극적입니다. 그것을 당신은 이렇게 표현하겠죠.

'나는 여기에 뭔가 새로운 것이 있다고, 여기에 어떤 출발이 있다고 느꼈다.'

하이데거: 그렇습니다. 그저 마지못해 발언한 게 아니라, 거기서 어떤 가능성을 보았습니다.[59]

나치 부역과 관련해 하이데거는 말하자면 확신범이었던 셈이다. 자프란스키의 전기에도 나오듯, 하이데거는 제자 뢰비트에게 자신의 나치 참여가 철학적 신념에서 비롯된 것임을 밝힌다. 그리고 1933년의 한 강연에서는 이런 말도 한다. "우리는 철학을 현실로 만들고자 한다."[60] 하이데거가 국가사회주의 운동에 적극 가담한 것은 자신의 사유에서 지향했던 바가 국가사회주의 운동에서 실현되기를 원한 때문이었다. 하지만 얼마 후 그는 '현실의' 국가사회주의 운동에 커다란 실망을 금치 못하게 된다.

이제 우리는 이런 의문을 품을 수 있다. 『존재와 시간』 이후 하이데거의 사유와 20세기 초의 국가사회주의 이념 사이에는 뭔가 상통하는 점이 있는 것일까? 최소한 1933~1945년에 전개된 그의 사유는 20세기의 이 악명 높은 이데올로기와 어떤 공통점을 지니는 게 아닐까? 어쩌면 하이데거의 사상 전체가 그런 것은 아닐까? 그리고 국가사회주의 운동과 이념이 전 세계에 재앙을 가져왔고 반인륜적 범죄마저 저질렀다면, 하이데거 사상에도 그런 가공할 위험성이 내재한 것은 아닐까?

필자에게는 하이데거 사상과 국가사회주의 이념의 관계라는 문제를 놓고 딱 부러진 답을 내놓을 식견이 없다. 설령 필자 나름의 어설픈 견해가 있다 해도 독자들에게 이를 밝혀 선입견을 강요할 이유는 없을 듯하다. 사실 이 문제의 답은 하이데

---

58 '검열이나 비난, 제재 등을 피해서'라는 뜻으로, 이 전기의 본문에서는 "마지못해"로 옮겼다.

59 "Nur noch ein Gott kann uns retten" Spiegel-Gespräch mit Martin Heidegger am 23. September 1966, 실린 곳: Der Spiegel, Nr. 23, 30. Jahrgang, 31. Mai 1976년, 193~219쪽, 여기서는 198쪽.

60 Martin Heidegger, Gesamtausgabe 2. Abt. Bd. 36/37: Sein und Wahrheit 1, Die Grundfrage der Philosophie (Sommersemester, 1933년); 2, Vom Wesen der Wahrheit (Wintersemester 1933/34년), hrsg. v. Hartmut Tietjen, Frankfurt am Main, 2001년, 4쪽 Dieter Thomä, Heidegger und der Nationalsozialismus. In der Dunkelkammer der Seinsgeschichte, 실린 곳: Dieter Thomä (Hrsg.), Heidegger-Handbuch. Leben-Werk-Wirkung, Stuttgart/Weimar, 2013년, 108~133쪽, 여기서는 113쪽에서 재인용.

거 사상에 대한 깊은 천착과 신중한 검토는 물론 국가사회주의 신드롬에 대한 역사적 이해를 거쳐야만 그 윤곽이 그려질 것이다. 당연히 이 문제에 관해서는 그동안 아주 유명하거나 좀 덜 유명한 많은 사람들이 견해를 표명해 왔다. 그리고 독일의 하이데거 연구자인 디터 토메가 이 견해들을 8가지 유형으로 정리해 놓았다.[61] 이를 참고로 그동안 어떤 유형의 견해들이 개진되어 왔는지 살펴보도록 하자. 물론 독자들이 토메의 유형 분류를 반드시 수용해야 하는 것은 아니다. 그냥 참고자료라 생각하자.

1) 하이데거의 정치 참여는 그의 철학과 관계가 없다. 인간 하이데거와 철학자 하이데거는 구분되어어야 한다. 20세기의 가장 위대한 사상가 중 한 사람이 나치 범죄에 연루된 것은 지극히 우연한 일이었다. (미국 철학자 리처드 로티[62], 한나 아렌트[63] 등)

2) 하이데거가 정치에 관여한 것은 어떤 믿음이나 견해 때문일 수 있다. 하지만 그 믿음이나 견해를 철학적인 것이라 보기는 어렵다. 하이데거는 20세기 초 독일의 많은 지성인들이 그렇듯 독일의 특수한 사회·역사적 상황에서 비롯된 믿음 때문에 정치에 관여하게 되었다. (프랑스의 철학자이자 역사학자 장-미셸 팔미에[64], 미국에서 활동 중인 독일 철학자 한스 슬루가[65] 등.)

3) 하이데거는 자신의 철학적 신념에 근거해서 나치에 관여했다. 하지만 얼마 후 그는 자신이 많은 것을 오해했음을 깨달았다. 나치 이데올로기는 사실상 하이데거 철학과 철저히 대립되는 것이기 때문이다. 하이데거 사상과 나치 이데

61 Dieter Thomä, *Heidegger und der Nationalsozialismus. In der Dunkelkammer der Seinsgeschichte*, 129~131쪽.

62 Richard Rorty, *Contingency, Irony and Solidarity*, Cambridge u. a. 1989년.

63 Hannah Arendt, *Martin Heidegger ist achtzig Jahre alt*, 실린 곳: Hannah Arendt: *Menschen in finsteren Zeiten*, München/Zürich, 1989년.

64 Jean-Michel Palmier, *Heidegger et le national-socialisme*, 실린 곳: Michel Haar (Hrsg.): Heidegger, Paris, 1983년.

65 Hans Sluga, *Heidegger's Crisis. Philosophy and Politics in Nazi Germany*, Cambridge, Mass./ London, 1993년.

올로기 사이에는 자유주의에 대한 반대 등 몇 가지 외적 유사성이 있을 뿐이다. (독일 철학자 오토 푀겔러[66], 미국 철학자 줄리안 영[67] 등.)

4) 하이데거 사상과 나치 이데올로기 사이에는 연관성이 있을 수 있다. 그렇다면 우리에게 중요한 것은 1933년 전후의 하이데거 사상에서 국가사회주의에 근접하는 지점을 식별해 내고 그 이후 사상에서도 그런 지점이 발견되는지를 세심하게 분석하는 일이다. 그런 지점의 식별 작업과 더불어 우리가 주목해야 할 점은 하이데거 사상이 지닌 다층성이다. 즉 우리는 하이데거 사상을 일종의 '채석장'으로 여겨야 한다. 정치철학의 요소들만 덜어 낸다면 그 사상의 돌들을 얼마든지 생산적으로 사용할 수 있다. (미국 철학자 조지 스타이너[68] 등—필자의 생각으로는 지젝의 입장도 여기에 포함시킬 수 있다.[69])

5) 『존재와 시간』 이후 1933년 전후의 사상까지 하이데거 철학은 나치 이데올로기와 많은 공통점을 지니고 있다. 민족에 대한 관심이나 영웅적 결단성의 강조 등이 그 분명한 증거이다. 하이데거는 주체-철학의 잔재를 청산하는 후기 사상에서야 비로소 나치 이데올로기에서 멀어진다. (프랑스 철학자 필립 라쿠-라바르트[70], 자크 데리다[71] 등—필자의 판단으로는 이 주제에 관한 국내 유일한 연구서[72]도 이 관점에 포함시킬 수 있을 듯하다. 물론 박찬국의 이 책은 2)의 관점 또한 부분적으로 수용하고 있다.)

6) 하이데거는 전기 사상보다 오히려 후기 사상에서 더욱 나치 이데올로기에 다가간다. 이른바 전회가 그 기점이다. 주체를 버리고 익명의 사건과 역운, 비합리주의에 몰두하는 것이야말로 전기 사상에서 이미 드러난 나치즘적 요소의 강화이다. (독일 철학자 위르겐 하버마스[73] 및 에른스트 투겐트하트[74] 등.)

7) 하이데거 사상을 편의에 따라 전기와 (중기와) 후기 등으로 구획하는 것은 바

---

66 Otto Pöggeler, *Philosophie und Politik bei Heidegger*, Freiburg/München, 1972년 등.

67 Julian Young, *Heidegger, Philosophy, Nazism*, Cambridge u. a. 1997년.

68 Goerge Steiner, *Martin Heidegger*, New York, 1978년.

69 슬라보예 지젝(김영선 옮김), 『왜 하이데거를 범죄화해서는 안 되는가—자유주의 이데올로기 비판』, 글항아리, 2016년.

70 Philippe Lacoue-Labarthe, *La fiction du politique*, Paris, 1987년.

71 Jacques Derrida, *De l'esprit, Heidegger et la question*, prais, 1987년.

72 박찬국, 『하이데거와 나치즘』, 문예출판사, 2001년.

람직하지 않다. 그의 저작들은 긴밀한 내적 연관성을 유지하며, 예컨대 반모던의 입장은 수미일관 유지된다. 그의 전체 사상에서는—시기와 저작에 따라 강약의 차이는 있지만—분명 반모던적 나치 이데올로기와의 연관성 또한 수미일관 유지되고 있다. 4)의 견해와 달리, 이런 요소와 비정치적·철학적 요소를 구분해 내기란 결코 용이한 일이 아니다. 그의 철학 전반을 나치 이데올로기와 등치시킬 수는 없지만, 거기서 철학의 요소와 이데올로기의 요소를 구별하기 위한 기준의 설정이 쉽지는 않다. (독일 철학자 디터 토메[75]. 미국 철학자 톰 로크모어[76] 및 프랑스 철학자 뤽 페리/알랭 르노[77] 등)

8) 하이데거의 사상은 국가사회주의와 본질적으로 아주 가까우며, 세세한 부분에까지 나치 이데올로기의 요소가 스며 있다. 그가 국가사회주의에 부역한 순간 이런 사상적 본질이 만천하에 드러난 것이며, 그 이후로 하이데거 사상은 철학적으로 유효성을 상실했다. (독일 철학자 테오도르 아도르노[78], 칠레 역사학자 빅토르 파리아스[79], 프랑스 저술가 베르나르-앙리 레비[80] 등)

14.

이제 다시 진리 사건이 일어나는 탁월한 영역의 얘기로 넘어가자. 11절에서 보았듯 하이데거에게 인간의 역사가 근본적으로 역운에 근거한다면, 사유의 역사 또

---

73 Jürgen Habermas, *Heideggers Werk und Weltanschauung,* 실린 곳: Victor Farías: *Heidegger und der Nationalsozialismus,* Frankfurt am Main, 1989년.

74 Ernst Tugendhat, *Der Wahrheitsbegriff bei Husserl und Heidegger,* Berlin, 1967년.

75 Dieter Thomä, *Die Zeit des Selbst und die Zeit danach. Zur Kritik der Textgeschichte Martin Heideggers 1910~1976,* Frankfurt am Main, 1990년.

76 Tom Rockmore, *On Heidegger's Nazism and Philosophy,* Berkeley u. a. 1997년.

77 Luc Ferry/Alain Renaut, *Heidegger et les Modernes,* Paris, 1988년.

78 Theodor W. Adorno, *Gesammelte Schriften,* Bd. 19, Frankfurt am Main, 1976년.

79 Victor Farías, *Heidegger et le nazisme,* Lagrase, 1987년.

80 Bernard-Henri Lévy, *Le siècle de Sartre,* Paris, 2000년.

한 예외가 아니다. 존재가 사유에 대해 자신을 탈은폐하는 대로 사유는 사유한다. 이때 사유의 역사에서 사유란 서양의 형이상학을 가리킨다. 그리고 만약 서양 형이상학이 시대별로 표현 양식과 개념 등을 달리하며 전개되어 왔다면, 이는 존재 자체가 그때그때 상이한 방식으로 자신을 드러내 왔음에 본원적 근거를 두고 있다.

하이데거에 따르면, 존재의 말 건넴 혹은 손짓에 대한 일종의 응답인 서양 형이상학은 시대별로 인간 삶의 근본적 핵심을 이뤄 왔다. 즉 "형이상학은 존재자에 대한 특정한 해석과 진리에 대한 특정한 파악을 통해 (자기가 속해 있는) 어떤 하나의 시대에게 그 시대의 본질 형태의 근거를 부여함으로써 그 시대를 근거 짓는다. 이러한 근거는 그 시대를 특징짓는 모든 현상들을 철저히 지배한다."[81] 다시 말해, 인간과 사물과 사건의 역사, 민족의 흥망성쇠, 전쟁과 평화, 다양한 발명·발견 및 예술 양식의 변화 등 서양의 역사 전개에서는 형이상학적 사유 방식의 변동이 규정 근거로 작용해 왔다. 그리고 이런 사유의 역사 배후에는 존재 자체가 있다.

이런 맥락에서 사유와 그 역사는 존재가 자신을 알려 온 탁월한 영역임이 분명하다. 그렇기에 하이데거는 서양 형이상학의 역사에서 존재의 참모습을 드러내려 하며, 이때 소크라테스 이전 철학자들과 플라톤, 아리스토텔레스, 데카르트, 칸트, 셸링, 헤겔, 니체 등 다양한 '사유의 영웅들'을 논의의 대상으로 삼는다.

그런데 여기서 이런 의문이 생긴다. 하이데거에 따르면 존재는—인간의 개념으로—'시대'마다 다르게 자신을 알려 온다. 서양 형이상학이 시대별로 사유의 사태와 주제 및 이를 표현하는 개념 등을 달리한 것은 그때그때 존재가 일부만을 드러냈고 또 드러낸 일부가 달랐기 때문이다. 그렇다면 인간의 사유란 존재가 시대별로 다른 모습을 비추는 영사막 같은 것인가? 또한 사유의 영웅은 특히 질 좋은 영사막 같은 수동적 존재자인가? 하이데거가 말하려는 것은 그런 것이 아니다. 사유의 역사가 존재의 역운에 의해 좌우된다는 이야기는 인간이 사유의 최종 주관자가 아니라는 맥락에서 이해되어야 한다. 사유가 존재의 손짓에 대한 응답이듯, 사유가 역사를 가진다면 이 또한 존재 자체에 근원을 둔다는 얘기다.

---

81   마르틴 하이데거, 「세계상의 시대」, 실린 곳: 마르틴 하이데거, 『숲길』, 131~180쪽, 여기서는 131쪽.

인간은 그저 영사막 같은 존재자가 아니다. 앞의 3절에서도 논의되었듯, 인간은 성하고 발현하는 자연, 즉 존재를 적극적으로 이해하고자 하며 이해한 바를 언어에 담고자 한다. 하이데거에 따르면 존재의 손짓은 제일 먼저 현존재의 기분에 의해 포착된다(무가 그렇듯). 그런데 시대별로 존재의 손짓은 일정한 동일성을 가지므로 현존재의 기분 또한 시대별로 일정한 동일성을 유지한다. 이를 하이데거는 '근본기분'이라 부른다. 시대마다 형이상학적 사유는 모두 그때그때의 근본기분에서 시작된다. 아낙시만드로스의 사유도 그랬고, 플라톤의 사유도 그랬으며, 데카르트와 니체의 사유도 그랬다.

그런데 서양 형이상학의 문제는 존재자의 현전성에만 초점을 맞춰 존재를 이해해 왔다는 점에 있다. 앞서 이야기한 대로 존재자 중심의 사유, 그리고 표상하는 주체 중심의 사유를 전개한 것이다. 그 대략적 역사를 우리는 4절과 5절에서 이미 다룬 바 있다. 그리고 하이데거가 그 역사를 존재망각의 역사라 규정지었다는 말도 했다. 그것은 근본기분에서 드러난 존재의 손짓에 대한 다소 '그릇된' 대응의 역사라고도 말할 수 있다(물론 하이데거는 이 '그릇됨'조차 순전히 태만이나 수정 가능한 과실로 이해하지 않는다. 인간의 미몽조차 근원적으로는 역운에 의한 것이다). 그렇지만 하이데거는 서양 형이상학의 전체 역사를 폐기 처분해야 한다고 주장하는 것은 아니다. 서양 형이상학은 비록 존재를 망각하긴 했어도 어쨌거나 역운에 근거를 둔 것이었으니 말이다. 따라서 거기엔 일말의 진리, 존재의 본연적 사태가 담겨 있을 수밖에 없다.

물론 그 진리는 서양 형이상학이 말하지 않은 것, 사유하지 않은 것 속에—일종의 침전물처럼—숨어 있다. 그렇기에 하이데거는 서양 형이상학이 말한 것 속에서 말해지지 않은 것을 드러내고, 다시 이를 통해 말해진 것을 이해하는 방식을 취한다(하이데거의 세례를 받은 철학자 데리다가 언급한 '텍스트의 여백과 행간 읽기'도 결국 이런 것이다). 서양 형이상학이 사유하지 않은 것은 존재자와 구별되는 존재, 즉 성하고 발현하는 자연 자체이다. 존재자가 아닌 그것은 서양 형이상학의 역사에서 '무'에 다름 아니었다. 그러나 하이데거에게 존재는 모든 존재자가 나오고 되돌아가는 곳이며, 사유 자체와 사유된 것들의 근원이기도 하다. 하이데거는 형이상학적 영웅들의 사상을 해체하고 재구성하여 존재의 진리를 드러내려 한다.

형이상학의 역사는 현재도 진행 중이다. 플라톤에게서 시작된 서양의 형이상학은—그 자체는 사유가 아닌—모던의 기술에서 정점을 찍는다. 기술은 "완성된 형이상학"[82]이다. 기술이 형이상학의 완성인 것은 철두철미 자연 존재자를 대상화하는 근본태도에 기인하기 때문이다. "인간은 봉기한다. 세계는 대상이 된다. 이와 같이 모든 존재자를 대상화하며 봉기하는 가운데…… 대지는…… 인간에 의해 정립되고 논의되는 주체적 사유의 한가운데로 밀려든다. 대지 자체는 이제, 공격의 대상으로서만 스스로를 나타내 보일 수 있다. 이런 공격은 인간의 (지배) 욕구 속에서 무조건적 대상화의 형태로서 나타난다. (다시 말해) 자연은 어디에서나 기술의 대상으로서 나타"[83]난다. 철두철미 대상화된 자연 존재자는 인간 앞에 놓인 재료 덩어리들에 지나지 않는다. 이 재료들은 계량적으로만 파악된다. 개개 존재자의 고유한 성질이나 차이는 외면당한 채 양적 차원에서만 이해되고 이용되는 것이다. 양적 차원에서 파악된 자연 존재자들은 인간을 위한 에너지 공급원의 가치만을 갖는다. 이때 기술은 단순히 도구가 아니라—형이상학이 그렇듯—인간이 자연 존재자와 관계 맺는 방식이라는 성격을 갖는다. 이 방식을 하이데거는 '몰아세움(닦달)Gestell'이라 성격 짓는다. 그것은 에너지를 내놓도록 자연 존재자들을 몰아세우는 방식이기 때문이다. 존재자를 이렇게 파악하는 시대에는 인간 사유의 존재망각도 극단화될 수밖에 없다.

하지만 하이데거에게는 기술 시대의 도래 또한 역운에 의한 것이다. 인간은 개인적 의지나 결단에 의해 이 시대를 벗어날 수 없다. 단순히 기술을 거부하는 태도에 의해 이런 시대를 뛰어넘을 수 있는 것이 아니다. 존재의 역운은 인간 의지에 의해 선택된 것이 아니기 때문이다. 오히려 인간은 역운으로서의 기술 한복판에서 기술을 앓는 만큼 앓아야 한다. 그리고 이 앓음 속에서 끊임없이 기술의 본질을 숙고해야 한다. 그러다 보면 인간은 자연 존재자에 대한 지배 의지를 서서히 버리고 존재와의 더 근원적인 만남을 위한 태도로 열릴지도 모른다(이런 것이 하이데거가 말하는 '형이상학의 극복'이다). 그런 때가 무르익으면 자연 지배와 안전 확보의 시대적 의지가

---

82 마르틴 하이데거, 「형이상학의 극복」, 실린 곳: 마르틴 하이데거 (이기상/신상희/박찬국 옮김), 『강연과 논문』, 이학사, 2008년, 89~126쪽, 여기서는 102쪽.

83 마르틴 하이데거, 「'신은 죽었다'는 니체의 말」, 실린 곳: 마르틴 하이데거, 『숲길』, 307~391쪽, 여기서는 375쪽.

기술에 대한 경악의 근본기분과 존재에 대한 개방의 태도로 바뀔 수도 있으리라. 그것은 아마 존재의 역운이 다시금 바뀌는 순간일 것이다. 앓음과 숙고라는 현존재의 겸허한 대응 과정, 그리고 그에 따른 자기 개방에 답하여 존재가 또 다른 탈은폐를 수행하는 것이다.

15.

존재가 자신을 드러내는 세 번째 탁월한 영역은 예술 작품이다. 하이데거는 이 논제를 1930년대 중반의 예술 작품 강의에서 본격적으로 다룬다. 이 강의에서 하이데거가 말하는 바에 따르면 예술 작품의 본질은 "진리의-작품-내-자기-정립"[84]이다. 즉 '진리가 스스로를 작품 안으로 정립하는 것'이 바로 예술 작품의 본질을 이룬다. 이런 본질 규정은 어떻게 이해되어야 할까?

여기서 우리는 11절에서 이미 다룬 진리와 탈은폐의 얘기로 돌아갈 필요가 있다. 하이데거에게 진리란 어떤 발언의 올바름을 가리키는 개념이 아니라, 이런 발언이 가능해지는 선험적 조건 내지 전제와 결부되는 말이다. 『존재와 시간』에서 이런 전제가 '열어 밝혀져 있음'이란 말로 지칭되었다면, 1930년대 예술 작품의 강의에서는 '밝힘'이라고 표현된다. 하이데거에 따르면, "존재자는 이 밝힘이 밝혀 준 곳에 들어서고 그곳에서 나갈 때만 존재자 그것으로 있을 수 있다. 오직 이 밝힘만이 인간에게 모든 비인간적 존재자와 인간적 존재자, 요컨대 모든 존재자로의 통로와 입구를 선사하고 보증한다."[85] 즉 밝힘은 존재자들에 대한 이해가 수행되는 터를 말한다. 예술 작품 강의에서 이 터로 예시되는 것은 무엇보다 현존재의 언어다. "언어라는 것이 존재자를 처음으로 그러한 존재자로서 열린 터 가운데 가져온다."[86] 그런데 언어란 한 개체만으로 되는 게 아니다. 언어는 함께-있음과 결부될 수밖에 없다.

---

84 마르틴 하이데거(오병남/민형원 옮김), 『예술작품의 근원』, 예전사, 1997년, 41쪽.

85 앞의 책, 64쪽

86 앞의 책, 93쪽.

그렇기에 열린 터에는 언어에 더하여 '함께-있음'의 구조가 포함된다. 예술 작품 강의에서 하이데거는 이 구조를 세계라 부른다. 이때 세계란―언어가 그렇듯―"우리 앞에 놓고 볼 수 있는 대상이 결코 아니다. 세계는 우리가 탄생과 죽음, 축복과 저주의 궤도 속에서 존재할 수밖에 없는 한 그 속에 들어서 있어야 할 무엇, 언제나 비대상적인 무엇이다."[87] 이 세계가 전회 이전의 하이데거에게는 도구의 사용사태와 더불어 세인 혹은 공동-현존재와의 함께-있음의 사태로 규정되었겠지만, 1930년대 중반의 하이데거에게는 역사적·민족적 성격을 가진 것으로 설명된다. "세계란 역사적 민족의 운명 가운데서, 단순하고 본질적인 결정들이 이루어지는 광활한 궤적들이 스스로 열어 놓는 열려 있음Offenheit을 말한다."[88] 물론 하이데거는 농부의 세계나 그리스의 세계라는 말도 한다. 어쨌거나 세계란―반드시 민족적인 것은 아니라도―이해 수행의 선험적 조건이 되는 의미 연관의 망 같은 것을 일컫는다(이에 관해서는 앞의 8절 참조).

　그런데 무언가 열렸다는 것, 밝혀졌다는 것은 그 이전의 사태를 전제하는 표현이다. 그 사태란 열리고 밝혀지지 않은 채 닫혀 있음일 수밖에 없다. 더욱이 하이데거에게는 무언가 열리고 밝혀짐이 완벽한 노출이나 개방을 뜻하는 게 아니다. 열리고 밝혀지지 않은 사태는 항상 더욱 거대하게 남는다. 그렇기에 하이데거는 "존재자가 들어서는 밝힘은 그 자체가 동시에 숨김(은닉)"[89] 이라고 말한다. 그는 "진리는 그 본질상 비진리"라는 역설적 표현도 사용하는데, 이는 진리가 결코 완전하게 드러나지 않고 은닉되는 방식으로만 드러나는 사태를 표현한다. 같은 맥락에서 하이데거는 '거부'와 '위장'을 빛남의 속성으로 거론하는데,[90] 이때 거부란 인간에 의해 전혀 이해되지 못함의 사태와 결부되고, 위장은 인간의 오해라는 사태와 결부된다. 즉 사태가 전혀 드러나지 않기에 인간은 그 사태에 관해 전혀 아는 바가 없는 것이며, 사태가 온전히 드러나지 않기에 인간은 오해를 범하는 것이다(여기서 주목할 점은, 인간의

87　앞의 책, 53쪽.
88　앞의 책, 58쪽.
89　앞의 책, 65쪽.
90　앞의 책, 같은 곳.

미몽이란 인간의 이해 수행에서 필연적이며 또 이는 인간의 힘으로 타파되는 것이 아니라는 점이다. 거부하고 위장하는 것은 인간이 아니기에 인간 자신은 무엇을 이해하지 못하고 무엇을 오해한 것인지도 판가름하기 어렵다.[91] 이렇듯 진리란 밝힘(탈은폐)만도 아니고 은닉(은폐)만도 아니며, 양자의 투쟁에서 성립한다. 하이데거는 진리의 이러한 본질을 "근원 투쟁"[92] 이라 부른다.

열린 터로서의 언어와 세계는 그 자체가 인간 이해의 수행을 뜻한다. 언어와 세계가 있고 나서 이해가 수행되는 게 아니라 이해의 수행이 곧 언어와 세계라는 뜻이다. 이때 언어와 세계에서 드러나는 것, 즉 이해되는 것은 "어떤 숨김의 구석도 없는"[93] 사태가 결코 아니다. 그렇기에 "우리들이 아는 것은 개략적인 것에 지나지 않으며, 우리들이 지배하는 것은 불확실한 것으로 남아 있을 뿐이다."[94] 요컨대 세상에 대한 인간의 이해는 본질상 제약된 것일 수밖에 없다. 진리의 본질이 '투쟁'이라면, 진리가 있는 한 그 투쟁은 중단될 수 없다. 따라서 인간에 의한 완전한 점령과 그에 따른 투쟁의 종결 같은 것도 없다(하이데거의 말대로, 모든 것이 속속들이 드러난다면 그건 더 이상 진리가 아니다.[95] 그때는 진리와 비진리의 구분조차 존립하지 않을 것이기 때문이다). 여기서 은닉과 밝힘의 근원 투쟁이란 앞서 2절에서 다룬 '열린 터의 미규정성'과 상통하는 개념이다. 이때 미규정성은 어떤 생동적인 것, 사건적인 것을 암시한다. 생동적, 사건적인 것이 무엇을 말하는지 우리는 2절에서 이미 다뤄 보았다.

그러면 이제 진리가 '작품 내로 정립된다'는 것이 무슨 뜻인지 알아보자. 여기서 '정립'이란 말은 '확정된 무엇을 갖다 세워 놓다'는 의미라기보다 어떤 사건적인 뜻을 갖는다. 즉 작품에서는 어떤 "일어남(생기)", "움직임"이 있다.[96] 이 움직임이 곧 진리의 정립이며, 그렇기에 하이데거는 "작품 가운데 진리가 일어난다"[97]는 표현도 사용한다. 요컨대 작품에서는 은닉과 밝힘의 근원 투쟁이 일어나고 있다. 그런데 작

---

91 앞의 책, 66쪽.
92 앞의 책, 67쪽.
93 앞의 책, 66쪽.
94 앞의 책, 64쪽.
95 앞의 책, 66쪽.
96 앞의 책, 57쪽.
97 앞의 책, 68쪽.

품 내의 이 투쟁, 이 진리 사건을 하이데거는 '세계와 대지의 투쟁'이라 부른다. 세계와 대지의 투쟁과 근원 투쟁의 관계는 이렇게 보면 될 듯하다. 온전한 밝힘이 아니라 밝힘과 은닉을 동시에 포함하는 근원 투쟁이 인간의 유한한 이해 일반과 결부되는 말이라면, 세계와 대지의 투쟁은 그때그때 예술 작품에서 수행되는 유한한 이해를 가리킨다.[98] 유한한 이해이기는 하지만 밝힘, 즉 탈은폐를 지니기에 그것은 분명 진리이며, 이런 밝힘을 탁월한 방식으로 수행하기에 예술 작품이 진리 사건의 손꼽히는 사례가 된다. 이때 예술 작품의 탁월함은 그 이해, 그 투쟁, 그 진리를 '가시화'할 수 있다는 점에 있다.

투쟁의 한 축인 세계는 앞서 간단히 설명했으니, 다른 축인 대지에 관해 알아보자. 이 강연에서 하이데거가 말하는 대지는 우리가 4절에서 다룬 피시스와 다른 것이 아니다. 하이데거는 말한다.

나무와 풀들, 독수리와 황소, 뱀과 귀뚜라미가…… 그들의 선명한 모습으로 나타나면서 자신들의 참모습을 드러낸다. 이러한 솟아 나옴과 피어오름 자체 또는 그 전체를 그리스인들은 일찍이 피시스라 불렀다. 그리고 동시에 이 피시스는 인간이 자신의 거주를 그 위에 또 그 가운데 마련하는 터를 밝혀 준다. 우리는 이것을 대지라 부르고자 한다.[99]

이처럼 대지란 바로 피시스라 불렸던 자연, 우리가 '존재'의 뜻으로 이해했던 그 것이다. 하이데거는 이제 존재로서의 대지가 지닌 근본 성격을 두 가지로 규정한다. 한편으로 대지는 "피어오르는 모든 것들의 피어오름이 그 자신의 모습 그대로 되돌아가 간직되는" "고향과도 같은 근거"라고 규정된다.[100] 여기서 피어오르는 모든 것은 현존재를 포함한 일체 존재자를 가리킨다. 다른 한편, 대지는 "끊임없이 자기를

98 Anrdrea Kern, "Der Ursprung des Kunstwerks" Kunst und Wahrheit zwischen Stiftung und Streit, 실린 곳: Dieter Thomä (Hrsg.), *Heidegger-Handbuch. Leben-Werk-Wirkung*, 133~143쪽, 여기서는 137쪽 참조.

99 마르틴 하이데거, 『예술작품의 근원』, 49-50쪽.

100 앞의 책, 50쪽.

폐쇄하면서 그런 가운데 자신을 감추어 간직하는 것"[101]이다. 그런데 대지의 이 두 가지 규정은 이미 세계와의 관계 속에서 나타나는 것이다. 즉 대지란 현존재의 세계가 형성되는 근거인 동시에 그 세계에 온전히 드러나지 않는 무엇이다.

그렇기에 하이데거는 이제 '세계와 대지의 투쟁'을 언급할 수 있다. 현존재는 자연을 이해하려 한다. 이미 현존재의 말과 사유, 그의 세계 자체가 이해 수행의 사건인 동시에 그 터전이다. 반면 피시스로서의 존재 내지 자연은 인간의 이해 노력에 온전히 드러나지 않는 무엇, 달리 말해 자기 폐쇄적인 것이다. 따라서 둘 사이의 충돌 내지 투쟁은 불가피하다. 하지만 이 "본질적 투쟁"을 "불화나 반목", 결과적으로 "방해와 파멸"로 혼동해서는 안 된다.[102] 이 투쟁은 본질상 은닉과 밝힘의 투쟁이며, 이해와 진리의 역동적 사건을 표현하는 것이라 이해되어야 한다. 이 역동적 사건에서는 대지의 대지다움이 더욱 분명히 드러나고, 세계의 세계다움 또한 그러하며, 따라서 이 투쟁은 상호 보완의 운동이라 규정될 수도 있다.

> 대지는 자기 폐쇄적인 것이긴 하지만 그러한 것으로서나마 자유로운 쇄도 가운데서 그 자신 대지로서 나타나야만 한다. 그러려면 그것은 불가피하게 세계의 열린 터를 필요로 한다. 세계 또한 그 자신의 모든 본질적인 운명이 빚어내는 지배적인 너비와 궤적으로서 그 스스로를 굳건한 결단 위에 근거해야 한다. 그러려면 세계도 대지를 떠날 수 없다.[103]

즉 세계는 대지를 드러내려 함으로써 성립되지만 그런 욕구와 노력 역시 대지에 근거한 것이고, 대지는—결국은—닫힌 것이지만 그것이 닫힌 것이라는 사실 자체("그러한 것으로서나마")가 바로 세계에 의해 드러난다. 이러한 둘 사이의 "투쟁이 보다 격렬해질수록 그것은 더욱더 진정한 투쟁이 된다"[104] 라는 말은 밝힘과 은닉의

---

101 앞의 책, 58쪽.
102 마르틴 하이데거, 『예술작품의 근원』, 49-50쪽.
103 앞의 책, 59쪽.
104 앞의 책, 같은 곳.

투쟁이 격화된다는 뜻이다. 그리고 이는 인간의 세상 이해가 더욱 심화된다는 뜻이기도 하다. 이 심화된 이해 속에서 대지(존재)와 세계, 대지와 존재자의 관계가 더욱 분명하게 드러난다.

예술 작품에서는 이처럼 세계와 대지의 투쟁이 격화된다. 예술 작품은 "세계와 대지 사이의 투쟁을 투쟁화"한다. '투쟁을 투쟁화한다'는 말은—우리가 이미 10절에서 알게 되었듯—'투쟁을 그것 그대로 성하게 한다'라는 뜻이다. 즉 예술 작품은 이 세상의 본래적 이해가 은닉과 밝힘의 투쟁임을 망각하거나 덮지 않고, 세계와 대지의 투쟁이라는 형태로 그것을 분명하게 드러낸다. 이 드러냄은 일종의 기이함이나 섬뜩함으로 다가온다. 마치 무를 일깨우는 것이 불안의 감정이듯, 우리에게 망각된 밝힘과 은닉의 근본 투쟁을 회상케 하는 것이 바로 예술 작품이다. 예술 작품은 세계와 대지의 투쟁을 드러내는 방식으로 이 투쟁을 투쟁화하며, 그런 의미에서 작품에서는 진리의 사건이 일어나고 있다. 그래서 예술 작품은 '진리의-작품-내-자기-정립'인 것이다. 예술 작품 강의에서 하이데거가 진리 사건의 구체적 사례로 언급하는 작품은 고흐의 신발 그림과 스위스 작가 콘라트 페르디난트 마이어의 시 「로마의 분수」, 그리고 고대 그리스의 신전이다.

16.

14절에서 보았듯, 사유는 존재가 자신을 알려 오는, 다시 말해 진리 사건이 일어나는 탁월한 영역이다. 그런데 앞서 14절에서는 전승된 형이상학적 사유를 대상으로 한 하이데거의 해체 작업만이 다뤄졌다. 전승된 형이상학에서 사유되지 않은 것을 짚어 보는 방식으로 존재의 윤곽을 포착하려 한 그의 노력만이 간단히 언급된 것이다. 그렇지만 하이데거는 존재의 손짓, 존재의 말 건넴에 진정으로 응대하는 사유의 양태를 좀 더 적극적인 방식으로 제시하기도 했다. 그런 본래적 사유, 달리 말해 존재가 스스로를 알려 오게끔 터를 내주며 물러서는 사유는 어떤 내용의 것일까? 이제 그에 관한 간단한 설명으로 이 해제를 마무리 짓고자 한다. 이제부터 필자가 다루려는 것은 사역과 내맡김, 사방과 사물, 들음과 말함에 관한 후기 하이데거의 사유다.

먼저 사역과 내맡김에 관해 알아보자. '사역(회역)'으로 번역된 '게그네트^{Gegnet}'는 부근, 근처, 지대, 영역 등을 뜻하는 독일어 '게겐트^{Gegend}'의 고어다.[105] 하이데거가 이 고어에 부여하는 의미는—앞서 다룬 은닉과 밝힘의 근원 투쟁이 일어나는—'열린 터'와 다른 것이 아니다.[106] 열려 있다는 점에서 그것은 밝힘, 즉 탈은폐를 뜻하지만 당연히 동시에 은폐를 전제한다. 아무튼 사역은 존재의 탈은폐가 일어나는 시공간, 하이데거의 표현으로 '터전(폭)^{Weite}'이자 '겨를(때)^{Weile}'이다.[107] 사역은 개개 존재자가 참답게 머물도록 모아들이는 터이자 그런 참다운 머묾을 지속시키는 때인 것이다. 달리 표현하면 개개 존재자가 그 참모습으로서, 성하고 발현하는 존재의 존재자로서 드러나는 시공간적 열린 터가 사역이다. 물론 이 터전과 겨를은 전체도 아니고 영원도 아닌 유한한 것이다(은닉과 밝힘의 투쟁에서 드러날 뿐이므로).

그러면 이 사역은 누구에게 열리는 터인가? 당연히 사유하는 인간, 이해하려는 인간에게 열린다. 물론 모든 인간에게 열리는 것은 아니다. 사역은 그에 올바로 대응하는 인간에게 열린다. 이 올바른 대응을 하이데거는 "내맡김^{Gelassenheit}"[108] 이라 부른다. '내맡김'은 앞서 몇 차례 언급한 '뒤로—물러섬' 내지 '뒷걸음질'과 크게 다른 것이 아니다. 그것은 주체의 사유, 즉 존재자를 대상으로 고정시키고 주인의 입장에서 질서를 투사하는 방식의 사유로부터 벗어남을 말한다. 그런 점에서 내맡김은 몰아세움의 시대가 지나가게 할 올바른 사유의 자세이기도 하다. 내맡김이란 우리에게 열리는 사역을 그 자체로 자유롭게 놓아 주는 것이며, 그런 의미에서 사역의 "사역화^{Vergegnis}"[109]를 본질로 한다(독자들은 사역의 사역화가 무엇을 뜻하는지 이미 알고 있다).

한 가지만 짚고 넘어가자. 사역과 그에 대한 상응인 내맡김이란 표현은 마치 사역이 먼저 있고 내맡김이 후속적으로 다가간다는 의미로 해석되기 쉽다. 하지만 사

---

105 마르틴 하이데거: 「초연함의 해명: 사유에 관해 들길에서 나눈 대화로부터」, 실린 곳: 마르틴 하이데거(신상희 옮김), 『사유의 경험으로부터』, 도서출판 길, 2012년, 54~115쪽. 여기서는 70쪽 참조.

106 앞의 글, 같은 곳 참조.

107 앞의 글, 70-71쪽 참조.

108 앞의 글, 87쪽.

109 앞의 글, 같은 곳.

역은 내맡김에 대해 열리는 것이지만 내맡김에 의해 열리는 것이기도 하다. 우리가 내맡김의 사유 태도를 견지할 때 밝게 드러나는 것, 탈은폐되는 것이 바로 사역이기 때문이다. 앞서 15절에서 우리는 은닉과 밝힘의 투쟁이란 바로 인간의—유한한—이해 과정을 뜻하기도 한다고 말한 바 있다. 그 점을 상기해 보면 된다. 사역이란 우리가 내맡김의 사유를 전개할 때 열리는 터, 우리에게 드러나는 존재의 모습, 즉 진리를 가리킨다. 물론 이때 내맡김의 전개란 근대적 주체의 인식 수행과는 다르다. 인간이 성하고 발현하는 존재에 자신을 초연히 맡기려는 태도, 그리하여 열어 밝혀지는 것 안에 스스로를 있게 하려는 태도가 바로 내맡김이기 때문이다. 사역의 장을 여는 근원은 어디까지나 성하고 발현하는 존재 자체, (인간에게) 은닉이면서 드러냄이기도 한 자연 자체다. "사역의 모아들임이 인간을 사역화한다"[110] 나 "인간은 진리의 본질 속으로 필요하게 된 자"[111] 같은 하이데거의 말은 이런 맥락에서 이해하도록 하자.

다음으로 사방과 사물에 관한 하이데거의 사유를 알아볼 차례다. 하이데거가 '사방Geviert'이라는 말로 표현하는 것은 우리가 살아가는 세계다. 요컨대 그것은 인간에게 열린 터, 밝힘의 터(혹은 은닉과 밝힘의 투쟁 시공간), 사역 등과 그다지 다른 뜻을 갖지 않는다. 물론 이런 말들이 모두 그렇듯, 사방은 사유가 존재망각에서 벗어날 때, 뒤로 물러날 때, 존재자를 몰아세우지 않을 때야 드러나는 터전이라는 의미, 즉 본래적 세계라는 의미를 갖는다. 사방은 네 가지 요소로 이뤄지며, 그래서 '사vier—방'이다(Geviert의 'ge-'는 '모음' 내지 '모아들임'의 뜻을 함축한다). 네 가지 요소란 땅과 하늘, 죽을 자들과 신적인 것들이다.[112] 세계가 이런 네 가지로 이뤄진다는 하이데거의 주장은 당혹스럽게 여겨질 수도 있다. 이런 주장은 고대 신화에서나 등장할 만한 것이기 때문이다. 실제로 하이데거는 횔덜린의 신화적 사유에서 이 모티프를 얻었다. 그

---

110 앞의 글, 88쪽.

111 앞의 글, 104쪽.

112 예술 작품 강의에서 하이데거는 세계와 대지의 투쟁으로 열린 터의 구조를 설명한 반면, 좀 더 후기의 사방 사유에서는 세계라는 열린 터가 대지와 하늘과 신적인 것과 죽을 자들로 이뤄진 것이라고 논한다. 이를 '논리적 비일관성' 같은 것으로 여길 이유는 없다. 하이데거는 여러 가지 길로 존재에 다가가는 것, 즉 여러 가지 방식으로 존재의 진리를 논하는 것뿐이다.

리고 하이데거는 고대인들의 근원어가 그렇듯 고대인들의 세계관에는 존재에 대한 참다운 이해가 담겨 있을지 모른다고 생각한다. 그래서 신화적 세계 경험을 다시 불러내—즉 회상하여—거기서 존재와 세계의 의미를 밝혀 보려는 것이다.[113]

대지는 "하천, 암석, 식물, 그리고 동물을 돌보고 보호하면서 건립하며 떠받치는 것, 즉 자양분을 공급하며 열매를 맺게 해 주는 것이다."[114] 즉 대지는 세계 내의 존재자가 나오는 근원이다. 예술 작품 강의에 나오듯, 대지는 폐쇄적인 것이지만 그 닫힌 어두움으로부터 세상 모든 것이 생겨나 위로, 하늘로 향할 수 있게 해 준다. 하늘은 "태양의 운행, 달의 진행, 별들의 광채, 한 해의 계절들, 낮의 빛과 여명이며, 밤의 어둠과 밝음이며, 날씨의 은혜와 험함이며, 구름의 노닐음, 에테르의 파란 천공이다."[115] 즉 하늘은 대지 위에 열려 있는 넓은 터다. 이 두 가지 근원적 차원은 다름 아닌 자연이다. 이 두 가지 차원이 한데 어울려 자연을 이룬다. 그리고 세계는 이 근원적 차원인 자연에 의해 비로소 열린다.

죽을 자들은 서양 신화나 문학에 흔히 나오는 말로 인간 일반을 가리킨다. 하지만 여기서 하이데거가 죽을 자들로 지칭하는 것은 인간 '일반'이 아니다. 하이데거는 말한다. "죽을 자들은 인간들이다. 인간들은 죽을 수 있기 때문에 죽을 자들이라 불린다. 죽는다는 것은 죽음을 죽음으로서 받아들일 수 있음을 말한다. 오직 인간만이 죽는다."[116] 즉 여기서 하이데거는 죽음으로 앞서 달려가 볼 수 있는 현존재, 불안에의 용기를 통해 무를 직시할 수 있는 존재자로서의 인간, 한마디로 본래성을 되찾은 인간을 염두에 두고 있다. 그런 인간, 죽음을 받아들일 수 있는 인간에게만 대지와 하늘에 의한 터가 진정으로 열린다.

죽음으로 앞서 달려가 볼 수 있는 현존재, 죽음을 진지하게 받아들이는 인간은 이 세계에서 자신의 머묾이 허락되었음에 외경의 마음, 나아가 감사의 마음을 품게 마련이다. 그들은 대지와 하늘에 의해 열린 터에 잠시 머물 수 있음을 하나의 선물

113 이기상, 『하이데거의 존재사건학. 존재진리의 발생사건과 인간의 응답』, 177쪽 참조.
114 마르틴 하이데거, 「사물」, 실린 곳: 마르틴 하이데거, 『강연과 논문』, 211~236쪽, 여기서는 230쪽.
115 앞의 글, 같은 곳.
116 앞의 글, 같은 곳.

로 받아들인다. 그런데 선물을 받은 측이 인간이라면, 선사한 측은 누구 혹은 무엇인가? 그것이 누구인지는 끝내 알기 어렵다. 그것은 하늘이나 땅 어딘가에 있을지 모르지만 인간에게는 현전하지 않는다. 인간은 이 선사한 측, 보이지 않는 그들을 신적인 것이라 여긴다. "신적인 것들은 신성을 눈짓하는 사자使者들이다. 이 신성의 은닉된 전개에서부터 신이 자신의 본질 속에 나타난다. 이 본질은 신을 현전하는 것과의 어떠한 비교에서도 빼낸다."[117]

하이데거에 따르면 열리는 세계는 이 네 가지 중 어느 하나라도 없으면 존립하지 않는다. 이때 세계는 물론 인간에게 열리는 것이다. 열림은 인간의 사유, 인간의 이해 수행과 다른 뜻이 아니다. 하지만 인간에게 열림이 곧 인간을 위한, 인간에 의한 열림을 뜻하지는 않는다. 대지와 하늘 그리고 신적인 것들은 인간이 있기에 열리지만 인간의 이해보다 더욱 근원적인 것이기 때문이다. 그렇기에 하이데거는 네 가지의 관계를 어느 하나가 주도하지 않는 '놀이'라 표현한다. 네 가지 요소로 이뤄지는 세계란 그에게 "거울-놀이"[118]이다. 서로가 서로를 되비추는 놀이라는 뜻이다. 각각의 것은 거울이기에 맑을수록, 잡티가 없을수록 다른 세 가지를 또렷하게 비춘다. 인간을 예로 들면 그가 오만으로 거울을 더럽히지 않을수록 거울은 제 기능을 할 것이며, 그럴 때야 인간은 진정 놀이에 참여하는 것이리라. 또 한 가지, 이 놀이는 승패가 갈리는 게임이어서는 안 된다. 승패가 갈린다면 놀이도 중단될 것이기 때문이다. 어쩌면 몰아세움의 시대, 세계상의 시대는 어느 하나가 사방의 거울 놀이를 승패 게임으로 바꾸었기에 도래한 것일지도 모른다.

그런데 사방으로 이해된 세계에서는 사물(후기 하이데거는 존재자보다 사물Ding이란 용어를 더 선호한다)이 어떻게 자신을 드러낼까? 하이데거에게 사방으로서의 세계는 존재자들이 존재의 존재자로 드러나고 존재가 존재자들로 자신을 알려 오는 사태, 우리에게 그렇게 열리는 터의 사태를 말한다. 그렇다면 이 사방의 사물은 사방을 드러내는 것일 수밖에 없다. 하이데거의 말로 "사물은 사방을 머물게 한다…… 개개의 사물은 사방을, 세계의 하나로 포개짐이 각기 그때그때마다 머무는 것 속으로 머물게

---

117 앞의 글, 같은 곳.
118 앞의 글, 232쪽.

한다."[119] '세계의 하나로 포개짐, 사방의 합일이 그때그때 깃드는 무엇'이 바로 사물이다. 사물의 이런 성격을 하이데거는 단지(항아리)[120]와 다리(교량)[121]를 예로 들어 설명한 바 있다. 여기서는 다리의 예만 살펴보도록 하자. 다리는 어떻게 사방을 머물게 하나?

일상에서 다리는 그저 인간에게 유용한 물건에 불과하다. 하지만 다리는 거기 올라선 누군가를 전혀 다른 경험으로 이끌 수도 있다. 다리 난간에 올라서면 깊은 심연이 내려다보인다. 그 심연은 무를 기분에서 일깨울 수 있고, 이 무는 인간 삶에 내재된 무, 즉 확정된 죽음을 지시한다. 그리하여 심연은 인간이 죽을 수 있는 존재여야 함을, 본래적이어야 함을 기분에서 알려 올 수 있다. 그런데 다리는 심연만을 가리키는 게 아니다. 심연 위에 가로놓인 다리는 대지를 딛고 서 있다. 양안의 대지가 다리를 지탱한다. 대지는 우리를 심연에서 지켜 주는 무엇이다. 그런데 대지를 딛고 선 다리는 동시에 하늘의 열린 폭으로 솟아 있기도 하다. 그처럼 대지와 하늘이 펼쳐 놓은 공간에 우리 죽을 자들이 머물고 있다. 죽을 자로서 우리에게 이 머묾은 설명할 수 없는 기적, 받을 자격의 여부조차 불분명한 선물로 다가온다. 그 선물은 우리에게 외경심을 자아내는 무엇, 바로 신적인 것들에게서 온 것이리라.

하이데거는 이렇게 다리에 깃든 사방을 설명한다. 비단 다리나 단지뿐 아니라, 식물과 동물, 산과 암석, 계절의 바뀜이나 낮밤의 교체, 수많은 인공물에 이르기까지 모든 사물이 사방을 품고 있다. 예컨대 한 그루 나무는 하늘의 축복과 대지의 수액과 신적인 것과 그 곁에 머무는 죽을 자를 모으는 것이라고 하이데거는 말한다.[122] 이런 관점은 자연의 모든 존재자를 에너지원으로 여기는 몰아세움과는 전혀 다른 것이다. 일체 사물이 사방을 품고 있다는 말은 일체 존재자가 존재의 존재자, 성하고 발현하는 소용돌이의 일부라는 말과 다른 뜻이 아니다. 바로 이런 의미에서 개개

---

119 앞의 글, 같은 곳.

120 앞의 글, 213~223쪽 참조.

121 마르틴 하이데거, 「건축함 거주함 사유함」, 실린 곳: 마르틴 하이데거, 『강연과 논문』, 183~209쪽, 여기서는 194~198쪽 참조.

122 마르틴 하이데거, 「언어」, 실린 곳: 마르틴 하이데거(신상희 옮김), 『언어로의 도상에서』, 나남, 2012년, 15~53쪽, 여기서는 35쪽 참조.

사물은 일회적인 무엇, 다른 것과 교체될 수 없는 무엇이다. 각각의 사물 모두가 나름으로 존재를, 따라서 사방을 품고 있는 고유한 사건이다. 그렇기에 사물이란 원래 닦달의 시대에서처럼 계량화되고 남용되어선 안 되는 것이다.

세계를 사방으로 이해하는 사유 태도에서는 사물이 그것 그대로 성하고 발현한다. 이를 우리는 '사물의 사물화Bedingnis'라 부를 수도 있겠다. 앞서 11절에 나온 용어를 사용하자면, 그것은 사물의 '생생한 고유화'이다. 인간이 그처럼 사물의 생생한 고유화를 돌본다면, 그는 더 이상 자연의 존재자를 몰아세우는 자가 아닌 돌보는 자다. 그는 자연 사물을 돌보면서 자연과 만나는 자다. 그런 인간이라면 '존재의 목자'라는 호칭이 어울릴 수도 있겠다.

17.

이 존재의 목자가 반드시 갖춰야 할 것이 있으니, 그것은 언어다. 그러니까 존재의 목자는 말을 할 줄 알아야 한다. 물론 이 말은 우리가 허구한 날 뱉어 내는 말과 꼭 같은 것은 아닐 듯하다. 앞의 4절과 5절에서 보았듯 오늘날 우리의 말은 너무 황폐해졌다니 말이다. 존재의 목자에게 필요한 말은 아마 근원적 언어, 본래성을 잃지 않은 언어일 것이다. 그러면 하이데거가 생각하는 근원적·본래적 언어는 어떤 것일까?

필자는 3절에서 이렇게 쓴 적이 있다. "인간은 자연의 신비를 이해하기 위해 부단히 궁리하면서 이를 말로 표출한다. 이때 인간의 말함이란 자연의 발현과 성함을 일정한 틀에 넣고 이해할 만한 무엇으로 바꾸는 행위다…… 그런데 이런 원초적 말함이란 인간의 능동적 행위만이 아닌 것일 수 있다. 스스로 성하고 발현하는 자연에 인간이 한 계기로 포함되는 것이라 할 때, 인간의 말 또한 자연이 성하고 발현하는 한 양태로 볼 수 있을 것이기 때문이다. 이를테면 인간의 말함을 통해 자연이 말하는 것이다." 이제 이런 맥락에서 하이데거가 사유하는 언어라는 것을 이해해 보도록 하자.

앞서 9절에서 우리는 "존재자의 존재의 말 건네 옴에 응대하는 그런 응답……

이 곧" 사유라는 하이데거의 말을 인용한 바 있다. 존재가 말 건네 오고, 인간이 사유로 거기에 응한다. 여기서 일어나는 사건을 우리는 무엇이라 불렀나? 바로 탈은폐, 즉 밝힘이다. 그것은 존재의 드러남이라는 사건, 진리 사건, 달리 말해 인간의 이해가 수행되는 사건을 말한다. 이런 이해의 수행이 바로 사유이며, 그것은 언어로 표현된다. 그렇기에 언어는—사유가 그렇듯—존재가 탈은폐되는 터, 열린 터다. 그 열린 터는 존재의 드러남을 말하며, 하이데거식으로 표현하면 그 열린 터로, 즉 언어로 존재가 도래하는 것이다. 이렇게 본다면 인간의 언어에서 표현되는 것은 바로 존재가 건넨 말이라 생각될 수도 있다. 언어의 근본은 인간에게 있기보다 존재에게 있으며, 그런 의미에서 언어의 본질은 바로 존재 자체에 있는 것이다. "언어는 존재 자체가 자신을 밝히면서-은닉하는 도래다."[123]

언어란 것이 존재의 탈은폐가 일어나는 터, 밝힘의 터라는 점을 하이데거는 아주 유명한 공식으로 표현한 바 있다. "언어는 존재의 집이다."[124] 언어는 존재가 도래하여 머무는 거처다. 물론 이 집은 존재를 포획하여 가두는 곳이어선 안 된다. 존재는 성하고 발현하는 사건이기에 언어 또한 존재의 그런 존재다움을 담을 수 있어야만 한다. 만약 언어가 존재를 가두어 버린다면, 그 언어에 거하는 것은 더 이상 존재가 아니게 될 것이다. 서양 형이상학의 언어는 이런 의미에서 존재의 감옥이었을지도 모른다.

본래적 언어가 이처럼 존재의 집이라면, 그 집은 인간을 위한 거처이기도 하다. 거기서는 존재의 참된 이해가 수행되고 있기 때문이다. 그런 집에 머물며 존재를 돌보는 목자가 될 수 있으려면, 무엇보다 존재가 건네는 말을 제대로 들을 수 있어야 한다. 말하기 위해서는 우선 들을 수 있어야 하는 것이다. 물론 존재의 말을 듣기란 쉽지 않다. 존재는, 자연 자체는 인간의 언어로 말 건네 오지 않기 때문이다. 이런 의미에서 존재의 언어는 침묵의 언어이고, 그 낱말은 "무언의 낱말"[125] 이다. 존재의 말 없는 말을 듣기 위해 필요한 것은 다시금 뒤로 물러남의 태도, 초연한 내맡

---

123 마르틴 하이데거, 「휴머니즘 서간」, 138쪽.
124 앞의 글, 147쪽.
125 앞의 글, 179쪽.

김의 태도다. 인간이 자연 사물을 표상적 사유의 대상으로 삼아 개념으로 규정하고 전달하려는 의지, 한마디로 "존재자의 주인"[126] 이 되려는 의지를 버릴 때야 자연은 그 온전한 모습을 언뜻 드러낸다. 그 열림이 바로 존재의 언어다. 인간이 자신을 비우고 뒤로 물러나면, 그렇게 열린 터로 존재가 도래하여 울린다. 그 울림을 듣고 표현함이 본래적 언어다. 이런 본래적 언어와 비교할 때 오늘날 우리가 사용하는 언어는 더 이상 존재의 집이라는 성격을 가지고 있지 않다. 오늘날의 언어란 존재는 망각한 채 존재자를 존재자로 고립시켜 파악하는 언어이기 때문이다. 이 언어는 세계와 사물을 과학기술적으로 조직되고 처리되는 대상으로만 파악하고 드러내고 있다. 요컨대 정보언어는 세계상 시대의 언어이며, 자연을 에너지원으로 간주하는 몰아세움 시대의 언어다. 그것은 황폐해진 언어다.

하이데거에 따르면 역사적으로 모든 인간이 존재의 집인 언어를 잘 가꾸어 온 것은 아니다. 존재의 집을 잘 가꾸어 온 부류에는 둘이 있으니, 그들은 사유가(사상가)와 시인이다.

> 언어는 존재의 집이다. 언어라는 가옥 안에 인간은 거주한다. 사유가와 시인은 이러한 가옥의 파수꾼이다. 그들의 파수 행위는 그들이 존재의 개방 가능성을 그들의 말 행위를 통해 언어로 가져오고 언어 안에 보존하는 한, 존재의 개방 가능성을 완성하는 것이다.[127]

존재자의 존재를 "언어로 가져오기".[128] 사유가와 시인은 이를 자신들의 사명이라 여긴다. 그들은 도래하는 존재의 언어를 듣고자 하는 것이다. 물론 사유가의 언어와 시인의 언어는 같은 존재의 언어일지라도 동일하지는 않다. "사유와 시 짓기Dichtung는 각기 저마다의 대체 불가능하고 고유한 방식에서 본질적인 말함이 된다."[129] 시인

---

126 앞의 글, 157쪽.
127 마르틴 하이데거, 「휴머니즘 서간」, 124쪽.
128 앞의 글, 179쪽.
129 마르틴 하이데거, 『사유란 무엇인가』, 189쪽.

의 언어와 사유가의 언어 중 어느 것이 더 근원적인가를 따지자면, 하이데거가 가리키는 것은 시인의 언어다. "시 자체가 언어를 비로소 가능하도록 만든다. 시는……근원적 언어"[130]인 것이다. 그렇기에 하이데거가 말하듯 언어의 본질을 알고자 한다면 시의 본질에서 그것을 이해해야 한다. 그에게서 시의 본질은 "모든 사물을 그것들의 존재하는 그 본질에서 명명"[131] 하는 것이라 규정되며, 이는 '존재의 집'이라는 언어의 본질 규정과 다른 것이 아니다. 시야말로 존재의 집이다. 그렇기에 사유의 언어는—시의 언어와 비록 같지는 않지만—시에 접근할 때야 좀 더 집다운 집이 될지 모른다. 하이데거에 따르면 원래 "사유함"에는 "시 짓는 성격"이 있으나 지금껏 "감추어져" 온 것뿐이다.[132] 그렇기에 그는 사유에서 '시 짓는 성격'을 드러내고, "사유하는 시 지음"[133]으로 나아가려 한다. 원래부터 "친한 이웃"[134]인 시 지음과 사유함을 더욱 가깝게 만들려는 것이다. 하이데거의 언어가 후기로 갈수록 점점 더 시어처럼 바뀌는 것도 이런 이유에서일 것이다.

하이데거에게 시인 중의 시인은 횔덜린이다. 물론 하이데거는 횔덜린 외에도 라이너 마리아 릴케나 게오르크 트라클, 슈테판 게오르게 같은 독일 시인들을 높이 평가한다. 더불어 생각할 점이 한 가지 있다. 하이데거가 생각하는 시 짓기에는 말로 쓰인 시만 포함되는 것이 아니다. 예술 작품 강의에서 볼 수 있듯, 그는 모든 예술 작품의 창조를 본질상 시 짓기와 같은 것으로 여긴다. "존재자의 밝힘과 은닉으로서의 진리가 일어나는 것은 시 짓기라는 방식을 통해서이다. 모든 예술이 존재자 자체의 진리의 다가옴을 일어나게 해 준다면, 그것은 그 본질에 있어서 시 짓기다……그런 의미에서 예술의 본질은 진리의-작품-속으로의 자기-정립이다."[135] 진리 사건이 '작품'에서 일어난다는 점에서 시를 비롯한 모든 예술의 본질은 같다는 얘기

---

130 마르틴 하이데거, 「횔덜린과 시의 본질」, 실린 곳: 마르틴 하이데거(신상희 옮김), 『횔덜린 시의 해명』, 아카넷, 2009년, 61~92쪽, 여기서는 81쪽.

131 앞의 글, 76쪽.

132 마르틴 하이데거, 『사유의 경험으로부터』, 125쪽.

133 앞의 책, 같은 곳.

134 마르틴 하이데거, 『사유의 경험으로부터』, 126쪽.

135 마르틴 하이데거, 『예술작품의 근원』, 91쪽.

다. 물론 조각이나 회화, 건축 등의 예술 작품은 직접 언어를 사용하지 않는다. 하지만 하이데거에 따르면 이런 작품들은 "언어 속에서 이미 일어나는 존재자의 밝힘 가운데서 진행된다"[136]는 점에서 언어와 무관할 수 없다.

사유와 시 짓기(예술)는 서로 다른 것이지만 언어에 의한 밝힘의 사건, 진리의 사건이라는 점에서는 동일하다. 사유가와 시인은 존재의 집인 언어의 파수꾼들이다. 이런 하이데거의 생각은 존재의 밝힘, 즉 진리 사건의 탁월한 두 영역이 사유와 예술이라는 주장과 맞닿아 있다. 언어에 관한 성찰은 하이데거의 후기 사유에서 집중적으로 등장한다. 따라서 한때 진리 사건의 탁월한 영역 중 하나였던 국가 건립과 정치적 행위는 언어와 결부되어 '직접적으로는' 논의되지 않는다. 이미 말했듯, 1945년 이후 하이데거는 이를 진리 사건의 탁월한 영역에서 제외하기 때문이다.

하이데거의 '사유하는 시 지음'은 전통적인 철학의 방법, 형이상학의 방법과 다르다. 형이상학은 엄밀한 개념들과 논증에 의해 사유를 전개하기 때문이다. 그렇기에 전통적 방법의 철학은 이렇게 물을 수 있다. 도대체 시어와 같은 낱말들로 사유를 전개할 수 있을까? 하이데거에 따르면 형이상학의 개념은 사건적 사태를 일의적 개념에 고정시켜 버린다. 그 결과 사건이—성하고 발현하는 존재, 즉 자연의 사태가—전혀 포착되지 않는다. 참된 낱말은 성하고 발현하는 존재의 사건을 고정된 일의적 의미로 확정 짓지 않아야 한다. 참된 낱말은 존재의 사태를, 더불어 그에 대한 사유를 정지시키지 않는 것이어야 한다. 하이데거에 따르면 이런 낱말이야말로 전통적 사유의 개념보다 더 '엄밀한' 개념이다. 이런 낱말, 시어 같은 개념이 사유의 사태에 더 부합하기 때문이다. 하이데거가 평생 존재를 사유하면서도 일의적 규정을 제시하지 않은 것도 결국 이런 엄밀함을 위해서였다. 그는 존재 사태에 부합하지 않는 일의적 정의를 찾기보다는 존재에 다가가는 올바른 길을 찾고자 했다. 그리고 자신이 찾아낸 길들, 걸어간 길들을—특히 말년에 들어—'사유하는 시 지음'의 언어로 표현했다. 하긴 하이데거는 시적인 사유 개념만을 사용한 게 아니라 진짜 시도 여러 편 지었다. 다음의 시 한 편은 지금까지 장황하게 서술된 해제 내용의 요약으

---

136 앞의 책, 94쪽.

로 소개되어도 좋겠다.

존재는—사유의 산물인가?
사유는 언제나 존재의 생기.

비로소 감사함을 알게 되리라—
하여 그대들은 사유할 수 있으리.
무는 이유 없이 존재하고
모든 것은 유일무이하다.[137]

_「존재와 사유」

0.

이제 독자 여러분은 이 사다리를 떠날 시점에 도달했다. 필자는 이 사다리를 타고 오름이 독자들에게 비교적 쉬운 일이었기를 희망한다. 그리고 사다리를 딛고 올라선 그곳에서 하이데거 사상이 좀 더 이해할 만한 모습으로 드러났기를 희망한다. 물론 많은 독자들에게 이 사다리는 또 하나의 불량품으로 여겨질지도 모르겠다. 반면 사다리가 얼마간 유용했다 생각하는 독자가 있다면 필자로서는 기쁜 일이다. 하지만 그런 독자가 있다 해도 필자의 마음은 온전히 기쁨만은 아니다. 하이데거 사상을 이해 가능한 형태로 재구성해 보는 것이 꼭 바람직한 일은 아닐 것이기 때문이다. 하이데거도 말한다. "자신을 이해 가능하게 만든다는 것은 철학의 자기살해다."[138] 사실 어떤 사상을 이해 가능한 형태로 '소유'해 버린다면, 사유의 노력은 중

---

137 마르틴 하이데거, 『사유의 경험으로부터』, 45쪽.

단되기 마련이다. 그러니 이 해제를 딛고 올라선 곳에 흡족해 하는 독자가 있다면, 그런 독자는 사다리 제작자인 필자와 함께 철학을 한 번 살해한 셈이다. 그런 독자가 있다면 또 어딘가에 가서 철학을 살해하는 일 따위는 하지 않도록 주의하셔야겠다. 한데 철학을 죽이는 일 따위를 삼가려면 어째야 하는 걸까? 아마 쉬운 것에 만족하는 문외한보다는—하이데거의 말대로—늘 새로운 물음을 품는 '초심자'가 돼 보려는 것이 하나의 길일 듯하다.[139] 물음이야말로 사유의 경건함이니 말이다.[140] 그렇기에 이제 사다리를 떠날 초심자 독자들을 위해 이 절의 번호는 다시금 0이다.

역자 박민수

---

138 마르틴 하이데거, 『철학에의 기여』, 609쪽.

139 본서의 제1장 참조

140 마르틴 하이데거, 「기술에 대한 물음」, 실린 곳: 마르틴 하이데거, 『강연과 논문』, 9~49쪽, 여기서는 49쪽 참조.

연표

1889   9월 26일, 성당 관리인이자 술통 제조자인 프리드리히 하이데
                거(1851. 8. 7~1924. 5. 2)와 요한나 하이데거(결혼 전 성은 켐프. 1858. 3.
                21~1927. 5. 3)의 아들로 메스키르히에서 출생.

1903~1906   장학생으로 콘스탄츠의 김나지움을 다님. 가톨릭 기숙학교인 콘라
                디하우스에 거주. 장차 성직자가 될 준비를 함.

1906~1909   프라이부르크의 주교 직할 학교인 성 게오르크 신학생 기숙학교로
                전학.

1909   9월 30일, 펠트키르히(포라를베르크 지방) 인근 티지스에 위치한 예수
                회에 수련 수사로 입회. 심장병 발병으로 10월 13일 귀가 조치를
                받음.

1909~1911   프라이부르크에서 신학과 철학 수학. 가톨릭계 잡지에 반모더니즘
                적인 글을 게재.

1911~1913   성직자 되기를 포기함. 방황의 시간. 프라이부르크대학에서 철학과
                정신과학 및 자연과학 수학. 가톨릭철학 전공자에게 지급하는 장학
                금을 받음. 에른스트 라슬로브스키와 우정을 맺음. 후설을 연구함.
                생의 피안 가치로서의 논리학.

1913   『삼단논법에서 판단에 관한 교설』로 박사 학위 취득.

1915   교수 자격 논문『둔스 스코투스의 범주론과 의미론』.

1915~1918   군 복무(제한적 적합 판정, 기상관측병 근무).

1917   엘프리데 페트리와 결혼.

1919   아들 외르크 출생.

1919   1월, '가톨릭의 체제'와 관계를 끊음.

1920   아들 헤르만 출생.

1918~1923	프라이부르크대학의 강사이자 후설의 조교가 됨. 엘리자베트 블로흐만과의 우정이 시작됨.
1920	카를 야스퍼스와 우정을 맺음.
1922	하이데거의 아리스토텔레스 해석이 마르부르크대학에서 커다란 주목을 받음. 토트나우베르크에 오두막을 지음.
1923	'존재론' 강의로 '철학의 비밀스런 왕'이라는 명성을 얻음.
1923	마르부르크대학에 초빙됨. 토트나우베르크의 오두막으로 이사. 불트만과 친교를 맺음.
1924	한나 아렌트와 연인 관계가 됨.
1925	한나 아렌트가 마르부르크를 떠남
1927	『존재와 시간』.
1928	후설의 후임으로 프라이부르크대학에 초빙됨.
1929	취임 강연 '형이상학이란 무엇인가?'. 3월, 다보스의 연구 주간에 몇 차례 강연을 함. 에른스트 카시러와 논쟁.
1929/30	강의 '형이상학의 근본개념들'.
1930	베를린대학의 첫 번째 초빙을 거절함.
1931/32	오두막에서 새해를 맞이함. 국가사회주의를 지지함.
1933	총장으로 선출됨. 5월 1일, 국가사회주의 당 가입. 5월 27일, 총장 취임 연설. 학술캠프. 라이프치히와 하이델베르크, 그리고 튀빙엔에서 선전 활동. 바덴 주 대학 개혁에 관여(총통원리 도입). 10월, 베를린대학의 두 번째 초빙을 거절함. 그해 여름, 카를 야스퍼스와 마지막으로 만남.
1934	학과 내 불화와 정부 및 당과의 이견으로 4월 총장직에서 사퇴. 그해 여름, 베를린에 대학 교육자 아카데미를 창설하는 계획을 세움.
1936	야스퍼스와 서신 왕래가 중단됨. 취리히에서의 강연 '예술 작품의 근원'. 로마에서의 강연 '횔덜린과 시문학의 본질'. 카를 뢰비트와 만남.

1936~1940	몇 차례의 니체 강의에서 국가사회주의의 힘의 사유와 비판적으로 논쟁. 게슈타포에 의해 감시를 받음.
1936~1938	후일 출판할 의도로 『철학에의 기여』 집필.
1937	파리에서 개최되는 국제 철학대회 참가 거부.
1944	11월, 국민돌격대로 징집됨.
1945	1~2월, 원고를 안전하게 보관하기 위해 메스키르히에서 생활.
1945	4~6월, 철학과가 (보이론 근처 도나우탈에 있는) 빌덴슈타인 성으로 이주. 7월, 정화위원회의 조사를 받음. 철학에 관심이 있는 프랑스군 장교가 하이데거와 접촉. 사르트르와 만나는 계획이 성사되지 않음. 사르트르와 서신 교환. 장 보프레와의 우정이 시작됨.
1946	야스퍼스의 평가서. 강의 금지를 당함(1949년까지). 메다르트 보스와의 우정이 시작됨. 보프레에게 보내는 편지 「휴머니즘에 관하여」 집필.
1949	12월, 브레멘 클럽에서 4차례 강연('사물', '몰아세움', '위험', '전회').
1950	뷜러회에와 바이에른 예술 아카데미에서 여러 차례 강연.
1950	2월, 한나 아렌트가 하이데거 방문. 우정의 서신 왕래가 다시 시작됨. 카를 야스퍼스와의 서신 왕래도 다시 시작됨.
1951/52	대학에서 강의를 다시 시작함.
1952	한나 아렌트의 두 번째 방문.
1953	뮌헨에서 '기술에 대한 물음' 강연. 종전 후의 경력이 시작됨. 에르하르트 캐스트너와 우정을 맺음.
1955	메스키르히의 콘라딘 크로이처 기념식에서 '내맡김'에 관해 강연. 스리지-라-살 국제문화센터에서 강연.
1957	프로방스에서 강연. 르네 샤르와 우정을 맺음.
1959	메다르트 보스와 함께 촐리콘 세미나 시작.
1959	9월 27일, 메스키르히의 명예시민이 됨.
1962	그리스로 첫 여행.

1964	하이데거를 공격하는 아도르노의 소책자 『본래성의 은어』 출간.
1966	르 토르에서 첫 번째 세미나. 채링엔에서 1968, 1969, 1973년에 계속됨.
1966	「데어 슈피겔」과 인터뷰(하이데거 사후 발표됨).
1967	한나 아렌트의 방문. 그 후로 매년 그를 방문함.
1975	전집의 제1권 출간.
1976	5월 26일 사망하고, 5월 28일 메스키르히에 묻힘.

미주

서문

1) 밀레토스의 철학자 탈레스가 밤하늘의 별을 보며 걷다 우물에 빠지자 그를 비웃었다던 트라키아 지방 출신의 하녀를 말한다. -옮긴이

2) 13~14세기 독일의 도미니크파 수도사이며 신비주의 사상가. 에크하르트라는 이름 앞에 붙는 '마이스터Meister'는 '거장'이나 '대가' 혹은 '스승'이란 의미를 갖는다. -옮긴이

3) 토마스 만의 장편소설 『파우스트 박사』의 주인공. -옮긴이

4) 파울 첼란Paul Celan은 1920년 루마니아 북부 체르노비츠에서 출생한 시인이다. 유대인이 었던 그는 제2차 세계대전이 발발하자 강제수용소로 끌려갔으나 가스실 처형 직전 구사 일생으로 목숨을 건졌다. 종전 후인 1948년 파리에 정착했으며, 1970년 센 강에서 투신 자살하기 전까지 7권의 독일어 시집을 남겼다. -옮긴이

1장

1) 요한 페터 헤벨(1760~1826)은 독일의 작가이자 신학자, 교육자로서 『알레만의 시들』과 『달력 이야기』라는 작품으로 유명하다. -옮긴이

2) 프리드리히 횔덜린(1770~1843)은 독일의 작가로 소설 『휘페리온』과 수많은 서정시 및 찬가를 지었지만, 생애 절반에 해당하는 37년을 정신착란에 시달리다 죽었다. -옮긴이

3) O. Pöggeler, 『하이데거의 정치적 자기 이해Heideggers politisches Selbstverständnis』, 41쪽에서 재 인용.

4) 교회의 최고 목자이자 스승 자격으로 교황이 선언한 신앙과 도덕상의 가르침에는 오류가 없다는 가톨릭의 교리. -옮긴이

5) 로마 가톨릭의 사제 복장은 검은색이며, 과거에는 신자들의 복장에서도 검은색이 선호되 었다. -옮긴이

6) C. Gröber, 『메스키르히의 구가톨릭교Der Altkatholizismus in Meßkirch』, 158쪽.

7) A. Müller, 『탐조등^{Der Scheinwerfer}』, 11쪽에서 재인용.

8) L. Braun, 『혀-혀-현존재^{Da-da-dasein}』에서 재인용.

9) A. Müller, 『탐조등』, 32쪽에서 재인용.

10) A. Müller, 『탐조등』, 9쪽에서 재인용. '재의 수요일'은 기독교 축일 중 하나인데, 위의 글은 그날 사람들이 술을 많이 마신다는 것을 염두에 두고 한 말이다. -옮긴이

11) 원문은 "Dem einzigen Bruder"이다. 여기서 'einzig'는 '하나뿐인'이란 뜻이지만 '독특한'이나 '유별난'이라는 의미로도 읽힐 수 있다. -옮긴이

12) A. Müller, 『탐조등』, 11쪽에서 재인용.

13) 제국도시 혹은 자유제국도시는 중세 신성로마제국에서 제국 칙령에 의해 자치를 누렸던 도시이다. 중세 유럽의 대다수 지방과 소도시는 성직 제후나 지방 영주의 지배를 받았던 반면, 제국도시는 황제의 명에만 복종했다. 자율성을 누린 제국도시에서는 일찍부터 시민 계급이 상공업을 발전시켰고, 종교나 문화적으로도 다원성을 인정하는 경향이 서서히 나타났다. -옮긴이

14) G. Dehn, 『옛 시대, 지난 시절. 회상록^{Die alte Zeit, die vorigen Jahre. Lebenserinnerungen}』, 37쪽.

15) 기독교와 유대교, 이슬람교의 화해를 주제로 한 독일 계몽주의 작가 고트홀트 에프라임 레싱^{Gotthold Ephraim Lessing}(1729~1781)의 작품. -옮긴이

16) G. Dehn, 『옛 시대, 지난 시절. 회상록』, 38쪽.

17) H. Ott, 『마르틴 하이데거. 그의 전기에 이르는 도상에서^{Martin Heidegger. Unterwegs zu seiner Biographie}』, 55쪽에서 재인용.

18) G. Dehn, 『옛 시대, 지난 시절. 회상록』, 39쪽.

19) 독일의 미술품 수집가이자 예술사가(1783~1854). -옮긴이

20) W. Kiefer, 『슈바벤과 알레만 지역^{Schwäbisches und alemannisches Land}』, 324쪽에서 재인용.

21) H. Ott, 『마르틴 하이데거. 그의 전기에 이르는 도상에서』, 59쪽에서 재인용.

22) 앞의 책, 86쪽에서 재인용.

2장

1) H. Ott, 『마르틴 하이데거. 그의 전기에 이르는 도상에서』, 86쪽.

2) 성모 마리아는 잉태를 한 순간 원죄가 사해졌다는 기독교의 교리. -옮긴이

3) 칸트가 말한 '독단의 잠'에 빗댄 말. —옮긴이

4) C. Braig, 『교양인은 모더니즘에 관해 무엇을 알아야 하나?Was soll die Gebildete von dem Modernismus wissen?』, 37쪽.

5) 앞의 책, 같은 곳.

6) 본명이 프리드리히 폰 하르덴베르크Friedrich von Hardenberg인 노발리스Novalis(1772~1801)는 독일의 낭만주의 시인이다. 그는 자아와 우주, 자아와 영원한 존재 사이의 신비적 합일을 추구하는 기독교적 신비주의 사상을 문학 작품에 담았으며, 대표작으로는 『하인리히 폰 오프터딩엔Heinrich von Ofterdingen』과 『밤의 찬가Hymnen an die Nacht』가 있다. —옮긴이

7) 아달베르트 슈티프터Adalbert Stifter(1805~1868)는 보헤미아 산림 지대 출신의 오스트리아 작가로 독일 관념론의 휴머니즘과 전통적인 가톨릭 신앙을 조화시키고 귀족주의와 농민적·향토적 특성을 결합시킨 문학 세계를 펼쳤다. 대표작으로는 『교목림Hochwald』과 『늦여름Nachsommer』 등이 있다. —옮긴이

8) 율리우스 랑벤Julius Langbehn(1851~1907)은 독일의 철학자이자 문화비평가로 반모더니즘과 반유대주의 경향을 보였다. —옮긴이

9) 본명이 파울 안톤 뵈티허Paul Anton Bötticher였던 파울 안톤 드 라가르드Paul Anton de Lagarde(1827~1891)는 독일의 문화철학자이자 오리엔트연구가로 반모더니즘과 반유대주의의 경향을 보였고, 독일의 제국주의적 팽창정책을 지지했다. —옮긴이

10) V. Farías, 『하이데거와 국가사회주의Heidegger und der Nationalsozialismus』, 88쪽에서 재인용.

11) 앞의 책, 89쪽에서 재인용.

12) 체사레 보르자Cesare Borgia(1475/6~1507)는 르네상스 이탈리아에서 막강한 영향력을 행사한 보르지아 집안 출신의 인물로 젊은 나이에 정치적으로 입신출세했으나 말년에는 교황과 갈등을 겪었고 내전 중에 전사했다. 체사레 보르자는 목적을 위해서는 수단과 방법을 가리지 않는 인물이었으며, 인상적이고 효과적인 자기 연출법은 그가 특히 중요시한 수단 중 하나였다. —옮긴이

13) V. Farías, 『하이데거와 국가사회주의』, 88쪽에서 재인용.

14) 앞의 책, 같은 곳에서 재인용.

15) 앞의 책, 86쪽에서 재인용.

16) 앞의 책, 같은 곳에서 재인용.

17) 영어의 'there is'에 해당하는 말로 직역하면 '그것이 준다'라는 의미가 된다. 한국의 하이데거 번역자나 연구자들은 흔히 이를 맥락에 따라 '주어져 있다' 혹은 간단히 '있다'로 옮

긴다. – 옮긴이

18) 그리스 신화에 등장하는 고르디아스는 프리기아의 왕이며, 황금을 만드는 손으로 유명한 미다스의 아버지이다. 신탁에 의해 왕이 된 고르디아스는 수레를 기둥에 밧줄로 묶고는 그것을 푸는 사람이 아시아의 정복자가 된다고 예언했다. 고르디아스의 매듭은 너무나 복잡해서 아무도 그것을 풀 수 없었다. 후일 마케도니아의 알렉산드로스 왕은 그 예언을 듣고 매듭을 푸는 대신 칼로 밧줄을 잘라 버렸으며 마침내 아시아의 정복자가 되었다. '고르디아스의 매듭을 끊다'는 서양식 표현은 이 신화에 근거한 것으로 '어려운 문제를 해결한다'는 의미를 갖는다. – 옮긴이

19) F. Nietzsche, 『전집Sämtliche Werke』, 제1권, 245쪽 이하.

20) F. A. Lange, 『유물론의 역사Geschichte des Materialismus』, 제2권, 557쪽에서 재인용.

21) 로마 가톨릭교회의 미사와 로마 정교회의 주일 아침기도, 성공회의 감사 성찬례 때 하느님의 영광을 찬미하는 기독교 성가. – 옮긴이

22) F. A. Lange, 『유물론의 역사』, 897쪽 이하.

23) 튜턴은 게르만 민족의 일파로 엘베 강 북쪽에 살던 부족이며, 지금은 독일인, 네덜란드인, 스칸디나비아인 등 북유럽에 사는 민족을 일컫는다. 튜턴은 독일인을 뜻하는 '도이취Deutsch'의 어원이 되는 말이기도 하다. – 옮긴이

24) W. James. 『신앙에의 의지Der Wille zum Glauben』, 146쪽.

25) 베르너 폰 지멘스(1816~1892)는 독일의 발명가로 1847년 동생과 함께 지멘스 AG를 창립하여 전신·전동 기계 등을 발명, 제작하였다. – 옮긴이

26) A. Hermann, 「현존재의 더 높은 단계로 올리기Auf eine höhere Stufe des Daseins erheben」, 812쪽에서 재인용.

27) P. Natrop, 『철학과 교육학Philosophie und Pädagogik』, 235쪽.

28) 앞의 책, 237쪽.

29) H. Rickert, 『문화과학과 자연과학Kulturwissenschaft und Naturwissenschaft』, 18쪽.

30) G. Simmel, 『돈의 철학Philosophie des Geldes』, 385쪽.

31) 앞의 책, 305쪽.

32) 에밀 라스크(1875~1915)는 신칸트주의자로 리케르트의 제자이자 하이델베르크대학 교수였다. – 옮긴이

3장

1) 겟세마네^{Gethesemane}는 예루살렘 동쪽에 있는 언덕의 이름이며, 예수가 체포되기 전날 땅에 엎드려 기도했다는 곳이다(마태복음 26장 36절 참조). 이런 이유에서 겟세마네는 커다란 정신적 고통을 겪는 장소나 사건을 비유하는 말로도 쓰인다. ─옮긴이

2) H. Ott, 『마르틴 하이데거. 그의 전기에 이르는 도상에서』, 71쪽에서 재인용.

3) 앞의 책, 70쪽에서 재인용.

4) 앞의 책, 73쪽에서 재인용.

5) 앞의 책, 75쪽에서 재인용.

6) 앞의 책, 76쪽에서 재인용.

7) 앞의 책, 같은 곳에서 재인용.

8) 로마에 있는 유적지로 독일계 민족이 묻혀 있는 무덤과 그 부속 건물. ─옮긴이

9) 영어의 'It lightens'처럼 '번개가 친다'는 뜻으로, 비인칭주어 'es'와 '번쩍이다'란 뜻의 동사 'blitzen'이 결합하여 '번개 친다'는 뜻을 나타낸다. 몇 줄 아래 'es kracht'도 마찬가지로 비인칭 표현이며, '쾅쾅 요란한 소리가 나다'라는 뜻이다. ─옮긴이

10) 독일의 박사 학위 성적 중 최고 점수. ─옮긴이

11) H. Ott, 『마르틴 하이데거. 그의 전기에 이르는 도상에서』, 81쪽에서 재인용.

12) 앞의 책, 같은 곳에서 재인용.

13) 앞의 책, 같은 곳에서 재인용.

14) 앞의 책, 같은 곳에서 재인용.

15) 앞의 책, 80쪽에서 재인용.

16) 앞의 책, 같은 곳에서 재인용.

17) 앞의 책, 같은 곳에서 재인용.

18) V. Farías, 『하이데거와 국가사회주의』, 90쪽.

19) H. Rickert, 『생의 철학^{Die Philosophie des Lebens}』, 155쪽.

20) 20세기 전반 독일에서 일어난 운동으로 주로 산업사회의 도시 생활에 염증을 느낀 젊은 이들에 의해 주도되었다. 이 운동은 자연과 조화를 이루는 삶을 강조하고 전통적 공동체의 부활을 추구했으며 교육개혁운동과도 이어졌다. 그러나 히틀러 시대에는 이 운동이 나치 이데올로기에 침윤되어 히틀러유겐트 등의 여러 청년 조직 건설에 이용되었다. ─옮긴이

21) 1890년 출생하여 1945년 사망한 유대계 독일 소설가이자 시인, 극작가로 독일 표현주

의 대표작가로 꼽힌다. -옮긴이

22) W. Dilthey, 『정신과학에서 역사적 세계의 구축Der Aufbau der geschichtlichen Welt in den Geisteswissenschaften』.

23) 1871년 독일제국의 건립 이후 수년 동안 우후죽순으로 주식회사들이 창립되었던 시대를 일컫는다. -옮긴이

24) M. Scheler, 『가치의 전복에 관하여Vom Umsturz der Werte』, 323쪽.

25) 앞의 책, 같은 곳에서 재인용.

26) 앞의 책, 같은 곳에서 재인용.

27) 앞의 책, 399쪽.

4장

1) L. Marcuse, 『나의 20세기Mein zwanzigstes Jahrhundert』, 30쪽.

2) 앞의 책, 같은 곳.

3) V. Farías, 『하이데거와 국가사회주의』, 97쪽에서 재인용.

4) W. Falk, 『제1차 세계대전 이전의 문학Literatur vor dem Ersten Weltkrieg』, 247쪽에서 재인용.

5) C. v. Krockow, 『독일인들과 그들의 세기Die Deutschen in ihrem Jahrhundert』, 101쪽에서 재인용.

6) F. Ringer, 『학자들Die Gelehrten』, 171쪽에서 재인용.

7) T. Mann, 『어느 비정치적 인간의 고찰Betrachtungen eines Unpolitischen』, 1421쪽.

8) M. Scheler, 『전쟁의 천재Der Genius des Krieges』, 136쪽.

9) 에른스트 트뢸치(1865~1923)는 베를린대학 철학교수와 하이델베르크대학 신학교수를 역임한 독일의 철학자이다. -옮긴이

10) E. Troeltsch, 『독일적 정신과 서유럽Deutscher Geist und Westeuropa』, 39쪽.

11) 오토 폰 기어케(1841~1921)는 독일의 법사학자이자 정치가이다. -옮긴이

12) H. Glaser, 『지그문트 프로이트의 20세기Sigmund Freuds zwanzigstes Jahrhundert』, 187쪽에서 재인용.

13) M. Scheler, 『전쟁의 천재』, 144쪽.

14) M. Weber, 『정치를 위한 직업Der Beruf zur Politik』 참조.

15) C. Schmitt, 『정치적 낭만주의Politische Romantik』 참조.

16) H. Ott, 『마르틴 하이데거. 그의 전기에 이르는 도상에서』, 82쪽에서 재인용.

17) 앞의 책, 87쪽에서 재인용.

18) 앞의 책, 91쪽에서 재인용.

19) 앞의 책, 106쪽에서 재인용.

20) 앞의 책, 92쪽에서 재인용.

21) 앞의 책, 94쪽에서 재인용.

22) 앞의 책, 93쪽에서 재인용.

23) 앞의 책, 90쪽에서 재인용.

24) 앞의 책, 99쪽에서 재인용.

25) 앞의 책, 101쪽에서 재인용.

26) 앞의 책, 116쪽에서 재인용.

5장

1) H. R. Sepp (편), 『에드문트 후설과 현상학적 운동Edmund Husserl und die Phänomenologische Bewegung』, 13쪽에서 재인용.

2) Søren Kierkegaard의 덴마크어 발음은 '쇠안 키아게고어'에 가깝지만, 현행 외래어 표기법에 준해 '쇠얀 키르케고르'로 옮겼다. - 옮긴이

3) 후설이 괴팅겐대학에 재직 중이었을 때 형성되었던 현상학 연구 집단. - 옮긴이

4) E. Endres, 『에디트 슈타인Edith Stein』, 87쪽에서 재인용.

5) 슈테판 게오르게(1889~1933)는 예술을 위한 예술을 추구했던 독일 시인으로, 문학사조 면에서는 프랑스 상징주의자들, 철학 면에서는 니체의 영향을 많이 받았다. 베를린과 뮌헨, 하이델베르크 등을 오가며 문학 단체인 '게오르게 유파'를 만들기도 했다. - 옮긴이

6) 후고 폰 호프만스탈(1874~1929)은 유미주의를 추구한 오스트리아의 시인이자 극작가로, 문예사조상 세기말Fin de Siècle과 반모더니즘의 대표자이다. - 옮긴이

7) H. v. Hoffmannstahl, 『전집Gesammelte Werke』, 제7권, 465쪽.

8) H. R. Sepp (편), 『에드문트 후설과 현상학적 운동』, 42쪽에서 재인용.

9) 생전의 덕행과 신앙으로 보아 공경의 대상이 될 만하다고 교황청에서 공식적으로 지정한 사람. - 옮긴이

10) H. R. Sepp (편), 『에드문트 후설과 현상학적 운동』, 61쪽에서 재인용.

11) 앞의 책, 42쪽에서 재인용.

12) S. Zweig, 『어제의 세계Die Welt von Gestern』, 14쪽.

13) 슈테판 츠바이크(1891~1942)는 오스트리아의 소설가이자 시인, 극작가, 평전 작가이며 대표작으로는 『감정의 혼란』, 『체스』, 『낯선 여인의 편지』 등이 있다. 유대인이었던 그는 나치스가 정권을 잡자 망명 길에 올랐으며, 1942년 아내와 함께 브라질에서 자살했다. ─옮긴이

14) H. R. Sepp (편), 『에드문트 후설과 현상학적 운동』, 66쪽에서 재인용.

15) R. Musil, 『특성 없는 남자Der Mann ohne Eigenschaften』, 9쪽.

16) E. Husserl, 『데카르트적 성찰Cartesianische Meditationen』, 183쪽.

17) H. Rombach, 『현재적 의식의 현상학Phänomenologie des gegenwärtigen Bewußtseins』, 48쪽에서 재인용.

18) J. P. Sartre, 『자아의 초월Die Transzendenz des Ego』, 33쪽 이하 참조.

19) H. R. Sepp (편), 『에드문트 후설과 현상학적 운동』, 63쪽에서 재인용.

20) 앞의 책, 15쪽에서 재인용.

21) E. Husserl, 『순수현상학의 이념들Ideen zu einer reinen Phänomenologie』, 118쪽.

22) 여기서 '단락Kurzschluss; short cut'은 원래 심리학의 용어로 갈등 상황에 빠졌을 때 합리적 추론이 아닌 충동이나 직관에 의거해 거기서 벗어나려는 행동을 말한다. ─옮긴이

23) H. Rombach, 『현재적 의식의 현상학』, 52쪽에서 재인용.

24) 앞의 책, 71쪽에서 재인용.

25) H. R. Sepp (편), 『에드문트 후설과 현상학적 운동』, 18쪽에서 재인용(일본인 화가 마유미와의 대화).

26) M. Proust, 『잃어버린 시간을 찾아서Auf der Suche nach der verlorenen Zeit』, 제1권, 12쪽.

27) H. Ott, 『마르틴 하이데거. 그의 전기에 이르는 도상에서』, 102쪽에서 재인용.

28) 앞의 책, 104쪽에서 재인용.

29) 앞의 책, 같은 곳에서 재인용.

30) 로만 인가르덴(1893~1970)은 후설의 제자였던 폴란드의 철학자이다. ─옮긴이

31) E. Stein, 『로만 인가르덴에게 보낸 편지들Briefe an Roman Ingarden』, 108쪽.

1) 이 강연은 곧 '직업으로서의 학문Wissenschaft als Beruf'이라는 제목으로 인쇄되었다. - 옮긴이

2) 에른스트 톨러Ernst Toller(1893~1939)는 독일의 표현주의 작가로 제1차 세계대전을 계기로 사회주의자가 되었다. 그는 뮌헨에서 일어난 바이에른 혁명운동을 지도했으나 혁명 실패 후 투옥되었다. 출옥 후 미국에 망명했으나 궁핍한 생활을 하다 자살했다. - 옮긴이

3) 에리히 뮈잠Erich Mühsam(1878~1934)은 독일의 시인이자 언론인으로 톨러와 함께 바이에른 혁명을 주도하다 투옥되었다. 바이마르 공화국에서 반군국주의 운동가로 활동했으나, 나치가 정권을 장악한 후 유대인이었던 뮈잠은 체포되었고, 오라니엔부르크 강제수용소에서 살해되었다. - 옮긴이

4) K. Löwith, 『독일에서의 내 인생Mein Leben in Deutschland』, 17쪽.

5) M. Weber, 『사회학—세계사적 분석—정치Soziologie-Weltgeschichtliche Analysen-Politik』, 322쪽.

6) 앞의 책, 338쪽.

7) F. K. Ringer, 『학자들Die Gelehrten』, 320쪽에서 재인용.

8) 이하 서술은 U. Linse, 『맨발의 예언자들Barfüßige Propeten』, 27쪽 참조.

9) 독일 서부와 벨기에 동부 및 룩셈부르크 동부에 걸쳐 있는 고지로, 해발고도 600m 정도이다. - 옮긴이

10) 여기서 '인도자'는 독일어 'Führer'의 번역어이다. '이끄는 자'라는 뜻의 이 단어는 히틀러도 사용했는데, 이런 경우에는 통상 '총통'이라 번역된다. - 옮긴이

11) U. Linse, 『맨발의 예언자들』, 27쪽.

12) F. K. Ringer, 『학자들』, 328쪽에서 재인용.

13) 후고 발(1886~1927)은 독일 작가로 다다이즘 운동의 창시자 중 하나이다. 볼테르 클럽 혹은 카바레 볼테르는 스위스 취리히에 있는 문화 공간으로 다다이즘이 태동한 장소이다. - 옮긴이

14) H. Ball, 『시간으로부터의 도주Die Flucht aus der Zeit』, 100쪽.

15) 독일 전후 문학의 한 시기, 패전 직후부터 1950년대를 지칭하는 개념이다. 벌채란 말은 나무들이 사라진 민둥산의 모습을 연상시킨다는 점에서 황폐화된 전후 독일의 상황을 뜻할 수 있지만, 다른 한편으로 과거의 모든 것을 벌채하고(극복하고) 영점에서 새롭게 시작한다는 뜻을 가질 수도 있다. 벌채 문학은 독일 문학사에서 영점의 문학 혹은 폐허의 문학과 거의 동의어로 사용된다. - 옮긴이

16) 볼프디트리히 쉬누레(1920~1989)는 독일의 시인이자 소설가로 제2차 세계대전 직후에 왕성한 활동을 했다. -옮긴이

17) 귄터 아이히(1907~1972)는 독일의 시인이자 방송극 작가로 전후 문학을 주도한 작가 중의 하나이다. -옮긴이

18) 그리스어에서 유래한 이 말은 인식, 앎, 지식, 깨달음 등을 뜻한다. 그러나 기독교 교리사에서 이 말은 인식론적 의미의 인식보다는 명상이나 관조에 의한 해탈적 깨달음을 뜻했다. 초기 기독교에서 그노시스는 믿음과 대등한 개념, 심지어 믿음보다 중요하고 앞설 뿐아니라 믿음을 능가하는 높은 차원의 단계로 주장되었고, 이로 인해 많은 논쟁을 낳았다. -옮긴이

19) E. Bloch, 『유토피아의 정신Geist der Utopie』, 245쪽.

20) 양 손잡이가 달리고 목이 좁은 커다란 유럽식 항아리. -옮긴이

21) E. Bloch, 『유토피아의 정신』, 19쪽.

22) W. Heisenberg, 『현대 물리학의 자연상Das Naturbild der heutigen Physik』, 10쪽.

23) W. Wundt, 『감성적 세계와 초감성적 세계Sinnliche und übersinnliche Welt』, 147쪽.

24) 크누트 함순(1859~1952)은 노르웨이의 소설가로 모던 사회를 통렬히 비판하는 소설을 썼고, 1920년 노벨문학상을 수상했다. -옮긴이

25) E. Bloch, 『흔적』, 284쪽.

7장

1) H. Ott, 『마르틴 하이데거. 그의 전기에 이르는 도상에서』, 106쪽 이하에서 재인용.

2) 데살로니가 전서 5장 1~3절. 이하 성서 인용은 『공동번역성서』(가톨릭 용)에 근거함. -옮긴이

3) 고린도 후서 12장 9절.

4) O. Pöggeler, 『마르틴 하이데거 사유의 길Der Denkweg Martin Heideggers』, 36쪽 이하 참조.

5) E. Husserl, 『데카르트적 성찰』.

6) K. Barth, 『로마서Römerbrief』, 315쪽.

7) 앞의 책, 279쪽.

8) 제1차 세계대전 이후 독일에서 일어난 미술운동으로, 추상이나 관념을 배제하고 사물 자체에 접근하여 객관적 실재를 철저히 파악하는 것을 목표로 삼았다. -옮긴이

9) 독일어 'Fall'은 경우, 상황, 일어난 일, 사건이라는 뜻과 더불어 낙하, 추락, 영락 등의 의미도 갖는다. ─옮긴이

10) K. Jaspers, 『철학적 자서전Philosphische Autobiographie』, 92쪽.

11) 앞의 책, 34쪽.

12) K. Löwith, 『독일에서의 내 인생』, 30쪽.

8장

1) H. Ott, 『마르틴 하이데거. 그의 전기에 이르는 도상에서』, 121쪽에서 재인용.

2) 앞의 책, 122쪽에서 재인용.

3) V. Farías, 『하이데거와 국가사회주의』, 104쪽에서 재인용.

4) 돌격대Stoßtrupp는 제1차 세계대전 때 독일이 양성한 엘리트 부대로, 여기서 하이데거는 끝까지 항거하겠다는 전의를 표현하기 위해 이런 말을 하고 있다. ─옮긴이

5) 그리스 신화에 나오는 인물 아우게이아스의 외양간에는 3000마리의 소가 있다. 이 외양간은 30년간 청소를 하지 않아 역병이 돌고 농사를 짓는 데 방해가 되었다. 헤라클레스가 가축의 1/10을 갖는 조건으로 외양간을 청소하겠다고 나섰고, 아우게이아스는 해가 지기 전까지 청소를 마치는 조건을 내걸었다. 헤라클레스는 외양간의 양쪽 벽을 부순 다음 알페이오스 강물을 끌어와 페네이오스 강으로 흘러들게 했으며, 이렇게 해서 단번에 외양간을 청소했다. ─옮긴이

6) H. Mörchen, 『수기Aufzeichnungen』(미출간 원고).

7) 니콜라이 하르트만은 발트 해 연안 국가인 라트비아에서 출생한 독일인으로 실제 귀족 집안 출신은 아니다. '남작'은 그의 귀족주의적 풍모 때문에 생겨난 별명이다. ─옮긴이

8) H. G. Gadamer, 『철학적 수업시대Philosophische Lehrjahre』, 22쪽.

9) G. Neske (편), 『마르틴 하이데거에 관한 회고Erinnerung an Martin Heidegger』, 112쪽에서 재인용.

10) 19세기 말 독일에서 일어난 청년운동으로 반더포겔이란 독일어로 '철새'를 뜻한다. 명칭에서 알 수 있듯 이 운동은 철새처럼 산과 들을 돌아다니며 심신을 다지는 일을 목적으로 했다. 도보로 낯선 지방을 순회하면서 견문과 체험을 쌓아 인간적인 성장을 꾀하려 했던 것이다. ─옮긴이

11) 앞의 책, 같은 곳.

12) T. Mann, 『파우스트 박사^{Doktor Faustus}』, 162쪽.

13) 니콜라우스는 3~4세기의 기독교 성직자로 평생 가난한 이들을 도운 인물이다. 이후 유럽
에서는 니콜라우스를 기리기 위해 12월 6일이 되면 남모르게 이웃에게 선물하는 풍습이
생겼다. 이 니콜라우스 축일의 풍습은 후일 미국에 전해져 산타클로스가 등장하는 크리스
마스가 되었다. 오늘날에는 이 미국식 풍습이 전 세계로 퍼졌지만, 독일 등 일부 유럽 국
가에서는 아직도 크리스마스 외에 니콜라우스 축일의 풍습을 지키고 있다. ―옮긴이

14) A. v. Buggenhagen, 『철학적 자서전^{Philosophische Autobiographie}』, 134쪽.

15) 앞의 책, 11쪽.

16) 앞의 책, 같은 곳.

17) H. Mörchen, 『수기』, 4쪽.

18) H. G. Gadamer, 『마르틴 하이데거와 마르부르크 신학^{Martin Heidegger und die Marburger Theologie}』,
169쪽.

19) H. Zahnt, 『신의 일^{Die Sache mit Gott}』, 245쪽에서 재인용.

20) 로마노 구아르디니(1885~1968)는 이탈리아 출신의 가톨릭 신학자이자 종교철학자로 브
레슬라우대학과 베를린대학, 튀빙엔대학, 그리고 뮌헨대학 교수를 역임했다. ―옮긴이

21) H. Arendt, 「마르틴 하이데거가 80세 생일을 맞다^{Martin Heidegger ist achtzig Jahre alt}」, 235~237쪽.

22) B. v. Wiese, 『내가 이야기하는 내 인생^{Ich erzähle mein Leben}』, 88쪽.

23) E. Young-Bruehl, 『한나 아렌트^{Hannah Arendt}』, 108쪽에서 재인용.

24) E. Ettinger, 『한나 아렌트―마르틴 하이데거^{Hannah Arendt-Martin Heidegger}』, 20쪽.

25) 앞의 책, 20쪽.

26) 앞의 책, 24쪽.

27) 앞의 책, 25쪽.

28) E. Young-Bruehl, 『한나 아렌트』, 97쪽에서 재인용.

29) 이 책의 영어본 원제는 '인간의 조건^{The Human Condition}'(1958년)이며, '활동적 삶'은 1960년
에 출간된 독일어 번역본의 제목이다. ―옮긴이

30) H. Arendt, 『활동적 삶^{Vita activa}』, 237쪽.

31) E. Young-Bruehl, 『한나 아렌트』, 95쪽에서 재인용.

32) 앞의 책, 97쪽에서 재인용,

33) 하인리히 블뤼허^{Heinrich Blücher}(1899~1970)는 독일에서 출생한 미국 철학자이다. 빈한한 가
정에서 출생한 그는 고등교육을 제대로 받지 못했으나 독학으로 많은 학식과 교양을 쌓았

고, 대학에서 정치학을 청강했다. 1919년 독일 공산당에 가입했으나 반스탈린주의 분파에 속했고, 1936년에는 트로츠키주의자로 몰려 공산당에서 축출되었다. 1933년 나치가 정권을 장악하자 프라하로 망명했다가 다시 파리로 이주했다. 파리에서 그는 벤야민 등과 친교를 맺었고 한나 아렌트와도 만났다. 1940년 블뤼허는 귄터 슈테른과 이혼한(1937년) 아렌트와 결혼했고, 두 사람은 1941년 미국으로 망명했다. 1950년부터 블뤼허는 철학을 독학했으며, 1952년부터 뉴욕의 바드 칼리지대학에서 철학교수로 교편을 잡았다. 1968년 같은 대학에서 명예박사 학위를 받고 퇴임했으며, 1970년 사망했다. - 옮긴이

34) E. Ettinger, 『한나 아렌트―마르틴 하이데거』, 111쪽에서 재인용.

35) 앞의 책, 31쪽에서 재인용.

36) 앞의 책, 33쪽.

37) 라헬 바른하겐(1771~1833)은 유대인 출신의 독일 낭만주의 시인으로 문학 살롱을 운영하여 당대 시인과 자연과학자, 정치가, 저명인사들의 교류에 기여했다. 그녀는 유대인과 여성의 지위 향상에도 힘썼다. - 옮긴이

38) 융커Junker는 근대 독일, 특히 동 프로이센 지방의 보수적인 지주 귀족층을 말한다. - 옮긴이

39) H. Arendt, 『라헬 파른하겐Rahel Varnhagen』, 54쪽.

40) E. Young-Bruehl, 『한나 아렌트』, 348쪽에서 재인용.

41) BwHJ, 232쪽에서 재인용.

9장

1) H. Mörchen, 『수기』.

2) 크리스티안 그라베Christian Grabbe(1801~1836)는 독일의 극작가이며, 대표작으로는 『돈 후안과 파우스트Don Juan und Faust』, 『한니발Hannibal』, 『헤르만의 전투Hermansschlacht』 등이 있다. - 옮긴이

3) 데트몰트Detmold는 독일 베스트팔렌 주에 있는 도시이다. - 옮긴이

4) C. Bry, 『위장된 종교들Verkappte Religionen』, 33쪽.

5) S. Freud, 『저작집Werke』, 제9권, 270쪽.

6) 동물 뿔 모양에 과일과 꽃을 가득 얹은 장식물. - 옮긴이

7) H. Plessner, 『유기체의 단계와 인간Die Stufen des Organischen und der Mensch』, 288쪽.

8) 앞의 책, 292쪽.

9) A. Gehlen, 『인간학과 사회학을 위한 연구들^{Studien zur Anthropologie und Soziologie}』, 245쪽.

10) R. Musil, 『특성 없는 남자』, 217쪽.

11) F. Tönnies, 『공동체와 사회^{Gemeinschaft und Gesellschaft}』, 3쪽 이하 참조.

10장

1) H. Ball, 『시간으로부터의 도주』, 156쪽.

2) O. Spengler, 『인간과 기술^{Der Mensch und die Technik}』, 27쪽.

3) F. Nietzsche.

4) C. Schmitt, 『정치 신학^{Politische Theologie}』, 14쪽.

5) P. Tillich, 『사회주의적 결단^{Die Sozialistische Entscheidung}』, 252쪽.

6) C. Schmitt, 『정치 신학』, 11쪽.

7) 앞의 책, 같은 곳.

8) H. W. Petzet, 『별을 향해 나아가다^{Auf einen Stern zugehen}』, 18쪽.

9) E. Ettinger, 『한나 아렌트―마르틴 하이데거』, 41쪽에서 재인용.

10) E. Jünger, 『노동자^{Der Arbeiter}』, 42쪽.

11) O. F. Bollnow, 『다보스에서의 대화^{Gespräche in Davos}』, 28쪽.

12) G. Schneeberger, 『하이데거 보유^{Nachlese zu Heidegger}』, 4쪽에서 재인용.

13) 앞의 책, 7쪽에서 재인용.

11장

1) V. Farías, 『하이데거와 국가사회주의』, 118쪽에서 재인용.

2) 독일어로 '누군가 권태를 느끼다'는 'Es langweilt einen'이며, 이는 영어의 'it bores one'과 형태가 같다. 이때 비인칭 주어 'es'에 '그것'이라는 대명사적 의미를 부여하면, 이 문장은 '그것이 누군가를 권태롭게 하다'란 뜻이 된다. ―옮긴이

12장

1) K. Sontheimer, 『바이마르 공화국의 반민주주의적 사유Antidemokratisches Denken in der Weimarer Republik』, 53쪽에서 재인용.

2) W. Rathenau, 『시대 비판을 위하여Zur Kritik der Zeit』, 17쪽.

3) 발터 라테나우(1867~1922)는 독일의 문필가이자 기업가이며 정치가이다. −옮긴이

4) R. Musil, 『책과 문학. 에세이들Bücher und Literatur. Essays』.

5) K. Sontheimer, 『바이마르 공화국의 반민주주의적 사유』, 181쪽에서 재인용.

6) 앞의 책, 같은 곳에서 재인용.

7) N. Berdjajew, 『새로운 중세Das neue Mittelalter』, 107쪽.

8) K. Sontheimer, 『바이마르 공화국의 반민주주의적 사유』, 41쪽에서 재인용.

9) S. Reinhardt (편), 『바이마르 공화국에 관한 독본Lesebuch. Weimarer Republik』, 173쪽.

10) M. Scheler, 『우주에서 인간의 지위Die Stellung des Menschen im Kosmos』, 92쪽.

11) 앞의 책, 같은 곳.

12) H. Plessner, 『힘과 인간의 본성Macht und menschliche Natur』, 286쪽.

13) 앞의 책, 284쪽.

14) 나치스 돌격대(SA)는 1921년 나치스 대중 집회의 경호를 위해 조직된 단체로 반나치스 세력에 실력 행사를 하고 나치즘을 선전하는 역할을 했다. −옮긴이

15) V. Farías, 『하이데거와 국가사회주의』, 123쪽에서 재인용.

16) 앞의 책, 같은 곳에서 재인용.

17) 앞의 책, 124쪽에서 재인용.

18) BwHB의 부록 144쪽에서 재인용.

19) V. Farías, 『하이데거와 국가사회주의』, 125쪽에서 재인용.

20) V. Meja / N. Stehr (편), 『지식사회학 논쟁Der Streit um die Wissensoziologie』, 제1권, 388쪽.

21) 앞의 책, 335쪽.

22) Platon, 『국가Politeia』, 467쪽.

13장

1) 하인리히 브뤼닝^{Heinrich Brünnig}(1885~1970)은 독일 바이마르 공화국의 마지막 수상이다. ─옮긴이

2) 1931년 나치당 관료인 베르너 베스트^{Werner Best}에 의해 작성된 폭력적인 나치 집권 계획 문건. ─옮긴이

3) H. Mörchen, 『수기』.

4) M. Müller, 『마르틴 하이데거─한 철학자와 정치^{Martin Heidegger-Ein Philosoph und die Politik}』, 193쪽.

5) 한스–페터 헴펠^{Hans-Peter Hempel}에게 보낸 편지(미출판 원고).

6) M. Müller, 『마르틴 하이데거─한 철학자와 정치』, 198쪽.

7) 1933년 3월 21일 독일 포츠담에서 의회가 열렸으며, 이때 제1당인 국가사회주의당은 히틀러 내각이 의회 승인 없이 입법권을 행사할 수 있게 한 '전권위임법'을 심의에 올려 통과시켰다. 국가사회주의당은 이 법률에 근거해 다른 모든 정당을 해산하고 같은 해 7월 14일에는 합법적으로 일당독재 체제를 확립했다. ─옮긴이

8) J. u. R. Becker (편), 『히틀러의 권력 장악^{Hilters Machtergreifung}』, 311쪽에서 재인용.

9) 앞의 책, 같은 곳에서 재인용.

10) S. Haffner, 『비스마르크에서 히틀러까지^{Von Bismark zu Hitler}』, 219쪽.

11) J. u. R. Becker (편), 『히틀러의 권력 장악』, 307쪽에서 재인용.

12) 앞의 책, 308쪽에서 재인용.

13) G. Picht, 『사유의 힘^{Die Macht des Denkens}』, 199쪽에서 재인용.

14) G. Benn, 『전집』, 제4권, 246쪽.

15) K. Jaspers, 『철학적 자서전』, 101쪽.

16) 앞의 책, 같은 곳.

17) B. Martin (편), 『마르틴 하이데거와 '제3제국'^{Martin Heidedgger und das 'Dritte Reich'}』, 180쪽.

18) 앞의 책, 181쪽.

19) H. Arendt, 『전체주의 지배의 요소와 기원』, 528쪽.

20) 앞의 책, 532쪽.

21) J. C. Fest, 『히틀러^{Hitler}』, 525쪽에서 재인용.

22) 카를 크라우스(1874~1936)는 오스트리아 출신의 유대계 작가이다. ─옮긴이

23) B. Martin (편), 『마르틴 하이데거와 '제3제국'』, 202쪽.

24) K. Jaspers, 『철학적 자서전』, 101쪽.

25) B. Martin (편), 『마르틴 하이데거와 '제3제국'』, 177쪽.

26) 앞의 책, 178쪽.

27) 앞의 책, 같은 곳.

28) 총통원리Führerprinzip는 독일 국가사회주의당에 의해 구상된 정치 프로그램이자 선전 공식으로 총통이 군사적으로는 물론 정치·법률적으로 최고의 명령권을 갖는다는 것을 내용으로 한다. 이 원리는 아돌프 히틀러에게만 적용된 것이 아니라 위계와 규모를 달리하는 모든 집단의 통솔자에게 적용되었다. 즉 개별 단위 집단마다 최고 통솔자가 결정권을 가지며 다수 의견은 아무런 의미도 갖지 못한다. 총통원리에 따르면 개별 집단의 통솔자는 아래로 최고 권위를 행사하며 위로는 무한 책임을 지게 된다. ―옮긴이

29) E. Krieck, 『민족과 생성Volk und Werden』, 328쪽 이하.

30) 앞의 책, 같은 곳.

31) T. Laugstien, 『독일 파시즘에서 철학의 상황Philosophieverhältnisse im deutschen Faschismus』, 45쪽에서 재인용.

32) 로젠베르크 총국은 나치 이론가였던 알프레트 로젠베르크(1892~1946)가 우두머리로 있던 문화 정책 및 감시 총국을 일컫는다. ―옮긴이

33) 앞의 책, 41쪽에서 재인용.

34) 앞의 책, 47쪽에서 재인용.

35) B. Martin (편), 『마르틴 하이데거와 '제3제국'』, 165쪽.

36) H. Tietjen, 『연루와 저항Verstrickung und Widerstand』.

37) H. Ott, 『마르틴 하이데거. 그의 전기에 이르는 도상에서』, 142쪽.

38) H. Tietjen, 『연루와 저항』.

39) H. Ott, 『마르틴 하이데거. 그의 전기에 이르는 도상에서』, 165쪽.

40) 앞의 책, 166쪽.

41) B. Martin (편), 『마르틴 하이데거와 '제3제국'』, 166쪽에서 재인용.

42) V. Farías, 『하이데거와 국가사회주의』, 121쪽에서 재인용.

43) 나치돌격대 대원이었던 호르스트 베셀Horst Wessel이란 인물이 19세기에서 유래한 곡에 가사를 붙인 노래로 1929년경부터 나치돌격대의 투쟁가로 사용되었고, 나중에는 국가사회주의당 찬가로 불렸다. ―옮긴이

44) H. Ott, 『마르틴 하이데거. 그의 전기에 이르는 도상에서』, 149쪽에서 재인용.

45) 국가사회주의 당원의 제복 색깔. —옮긴이

46) F. Nietzsche, 『차라투스트라는 이렇게 말했다Also sprach Zarathustra』, 전집, 제4권, 20쪽.

47) 암흑 낭만주의는 18세기 유럽 낭만주의의 한 경향으로 공포 낭만주의나 부정 낭만주의라
고도 불린다. 암흑 낭만주의는 인간의 악이나 광기, 비합리적 요소에 지대한 관심을 기울
였으며, 후일에는 흥미 위주의 공포 괴기소설류도 파생시켰다. —옮긴이

48) A. Schopenhauer, 『괴테와의 왕래 서신Der Briefwechsel mit Goethe』, 15쪽.

49) U. Haß, 『전투적 전원곡Militante Pastorale』, 31쪽에서 재인용.

14장

1) V. Farías, 『하이데거와 국가사회주의』, 167쪽에서 재인용.

2) 앞의 책, 165쪽에서 재인용.

3) 앞의 책, 같은 곳에서 재인용.

4) 앞의 책, 167쪽에서 재인용.

5) 앞의 책, 같은 곳에서 재인용.

6) 앞의 책, 201쪽에서 재인용.

7) K. Jaspers, 『철학적 자서전』101쪽.

8) K. Jaspers, 『마르틴 하이데거에 대한 비망록Notizen zu Martin Heidegger』, 182쪽.

9) BwHJ, 「주석Anmerkungen」, 260쪽.

10) 앞의 책, 같은 곳에 근거.

11) 앞의 책, 260쪽.

12) H. Otto, 『마르틴 하이데거. 그의 전기에 이르는 도상에서』, 152쪽에서 재인용.

13) 앞의 책, 같은 곳에서 재인용.

14) 앞의 책, 171쪽에서 재인용.

15) 앞의 책, 같은 곳에서 재인용.

16) 앞의 책, 178쪽에서 재인용.

17) Ettinger, 『한나 아렌트—마르틴 하이데거』, 42쪽.

18) 앞의 책, 같은 곳.

19) 앞의 책, 43쪽.

20) S. Haffner, 『히틀러에 붙이는 주석^{Anmerkungen zu Hitler}』, 91쪽.

21) 「디 차이트^{Die Zeit}」, 제52호(1989년 12월 22일), 울리히 지크^{Ulrich Sieg}의 기사.

22) M. Müller, 『마르틴 하이데거―한 철학자와 정치』, 204쪽.

23) H. Ott, 『마르틴 하이데거. 그의 전기에 이르는 도상에서』, 199쪽에서 재인용.

24) BwHJ, 271쪽.

25) M. Müller, 『마르틴 하이데거―한 철학자와 정치』, 205쪽.

26) 앞의 책, 같은 곳에서 재인용.

27) M. Müller, 『후설에 대한 회상^{Erinnerungen an Husserl}』, 37쪽.

28) 앞의 책, 38쪽.

29) H. Ott, 『에드문트 후설과 프라이부르크대학^{Edmund Husserl und die Universität Freiburg}』, 102쪽.

30) V. Farías, 『하이데거와 국가사회주의』, 212쪽.

31) H. Ott, 『에드문트 후설과 프라이부르크대학』, 165쪽에서 재인용.

32) V. Farías, 『하이데거와 국가사회주의』, 185쪽 이하에서 재인용.

33) 앞의 책, 203쪽에서 재인용.

34) H. Ott, 『에드문트 후설과 프라이부르크대학』, 216쪽에서 재인용.

35) 앞의 책, 218쪽에서 재인용.

36) H. Buhr, 『세속신학^{Der weltliche Theologie}』, 53쪽.

37) H. Ott, 『에드문트 후설과 프라이부르크대학』, 221쪽 이하에서 재인용.

15장

1) H. Arendt, 『정치란 무엇인가?^{Was ist Politik?}』, 9쪽.

2) V. Farías, 『하이데거와 국가사회주의』, 227쪽.

3) 앞의 책, 228쪽에서 재인용.

4) 앞의 책, 232쪽에서 재인용.

5) 앞의 책, 275쪽에서 재인용.

6) G. Schneeberger, 『하이데거 보유』, 225쪽에서 재인용.

7) V. Farías, 『하이데거와 국가사회주의』, 234쪽.

8) T. Laugstien, 『독일 파시즘의 철학적 상황』, 49쪽에서 재인용.

9) 앞의 책, 88쪽에서 재인용.

10) L. Poliakov / J. Wulf (편), 『제3제국과 그 사상가^{Das Dritte Reich und seine Denker}』, 228쪽에서 재인용.

11) H. Ott, 『마르틴 하이데거. 그의 전기에 이르는 도상에서』, 228쪽에서 재인용.

12) A. Schwan, 『하이데거 사유 속의 정치철학^{Politische Philosophie im Denken Heideggers}』, 219쪽에서 재인용.

13) V. Farías, 『하이데거와 국가사회주의』, 247쪽에서 재인용.

14) 앞의 책, 283쪽에서 재인용.

15) K. Jaspers, 『마르틴 하이데거에 대한 비망록』, 15쪽.

16) H. Ott, 『마르틴 하이데거. 그의 전기에 이르는 도상에서』, 203쪽에서 재인용.

17) 앞의 책, 205쪽에서 재인용.

18) 앞의 책, 207쪽에서 재인용.

19) 앞의 책, 208쪽에서 재인용.

20) 앞의 책, 212쪽에서 재인용.

16장

1) H. Arendt, 『정신의 삶—사유^{Vom Leben des Geistes. Das Denken}』, 196쪽에서 재인용.

2) F. Nietzsche, 『힘에의 의지^{Der Wille zur Macht}』, 297쪽 이하.

3) T. Laugstien, 『독일 파시즘의 철학적 상황』, 88쪽에서 재인용.

4) V. Farías, 『하이데거와 국가사회주의』, 273쪽에서 재인용.

5) 앞의 책, 274쪽에서 재인용.

6) 앞의 책, 276쪽에서 재인용.

7) 앞의 책, 278쪽에서 재인용.

8) 율리우스 슈트라이허(1885~1946)는 국가사회주의 언론인이자 정치가로 반유대주의 선동지인 「공격수」를 발행했으며, 전후 뉘른베르크 전범 재판에서 유죄 선고를 받고 처형되었다. ─옮긴이

9) K. Löwith, 『독일에서의 내 인생』, 58쪽.

10) E. Salin, 『게오르게 유파의 횔덜린^{Hölderlin im Georgekreis}』, 13쪽에서 재인용.

11) M. Kommerell, 『독일 고전주의에서 통솔자로서의 시인Der Dichter als Führer in der deutschen Klassik』, 5쪽.

12) F. Hölderlin, 『작품과 서한 전집Sämtliche Werke und Briefe』, 제1권, 178쪽.

13) R. M. Rilke, 『작품집Werke』, 제2권, 94쪽.

14) 여기서 하이데거는 '존재'를 'Sein' 대신 'Seyn'으로 쓰고 있다. 이 책에서는 이런 경우에 밑줄을 그어 '<u>존재</u>'라고 표기하기로 한다. ─옮긴이

15) F. Hölderlin, 『휘페리온Hyperion』, 전집, 제1권 참조.

16) 미주 14) 참조.

17장

1) 반대파 제압과 국민에 대한 선전·선동에 성공한 국가사회주의당은 11월 선거 전에 내각과 함께 단일 후보 명부를 작성했는데, 표면적으로는 여러 정당의 후보가 섞인 명부였지만 실제로는 국가사회주의 당원이나 그 지지자들로 구성되어 있었다. ─옮긴이

2) S. Haffner, 『히틀러에 붙이는 주석』, 36쪽에서 재인용.

3) V. Farías, 『하이데거와 국가사회주의』, 186쪽에서 재인용.

4) K. Löwith, 『독일에서의 내 인생』, 57쪽.

5) W. Müller-Lauter, 『니체 사용법Über den Umgang mit Nietzsche』, 80쪽에서 재인용.

6) 앞의 책, 같은 곳에서 재인용.

7) A. Baeumler, 『니체, 철학자이자 정치가Nietzsche, der Philosoph und Politiker』, 80쪽.

8) G. Schneeberger, 『하이데거 보유』, 225쪽에서 재인용.

9) 니시다 기타로(1870~1945)는 20세기 초 서양철학을 일본에 들여온 학자로 교토대 철학과 교수를 역임했으며, 일본 철학사에서 이른바 '교토학파'의 거두로 평가받는다. ─옮긴이

18장

1) 일련의 탄원 기도나 기원으로 구성된 기도 형식으로, 사제나 찬양대 등이 짧은 내용을 선창하면 신자들이 응답하는 형태를 가리킨다. ─옮긴이

2) C. F. v. Weizsäcker, 『40년 동안의 만남들Begegnungen in vier Jahrzehnten』, 244쪽.

3) BwAJ. 177쪽.

4) 앞의 책, 178쪽.

5) G. Picht, 『사유의 힘』, 181쪽.

6) H. A. Fischer-Barnicol, 『반영—매개Spiegelungen-Vermittlungen』, 88쪽.

7) G. Picht, 『사유의 힘』, 181쪽.

19장

1) V. Farías, 『하이데거와 국가사회주의』, 289쪽에서 재인용.

2) 앞의 책, 290쪽에서 재인용.

3) 앞의 책, 311쪽에서 재인용.

4) K. Löwith, 『독일에서의 내 인생』, 57쪽.

5) H. Barth, 『예술 작품의 근원에 관하여Vom Ursprung des Kunstwerks』, 265쪽.

6) E. Staiger, 『다시 한번 하이데거Noch einmal Heidegger』, 269쪽.

7) 앞의 책, 같은 곳.

8) K. Löwith, 『독일에서의 내 인생』, 57쪽.

9) 앞의 책, 58쪽.

10) 앞의 책, 같은 곳.

11) V. Farías, 『하이데거와 국가사회주의』, 315쪽에서 재인용.

12) 앞의 책, 같은 곳에서 재인용.

13) H. Ott, 『마르틴 하이데거. 그의 전기에 이르는 도상에서』, 253쪽에서 재인용.

14) 앞의 책, 같은 곳에서 재인용.

15) V. Farías, 『하이데거와 국가사회주의』, 330쪽에서 재인용.

16) 앞의 책, 335쪽에서 재인용.

17) 앞의 책, 같은 곳에서 재인용.

18) H. W. Petzet, 『별을 향해 나아가다』, 47쪽.

19) J. Benda, 『지성인들의 배반Der Verrat der Intellektuellen』, 125쪽.

20) 앞의 책, 98쪽.

21) R. Mehring, 『하이데거의 전승적 역운Heideggers Überlieferungsgeschick』, 91쪽에서 재인용.

22) 슈바벤의 옛날 이름. -옮긴이

20장

1) G. Picht, 『사유의 힘』, 205쪽.

2) H. Ott, 『마르틴 하이데거. 그의 전기에 이르는 도상에서』, 22쪽에서 재인용.

3) O. Pöggeler, 『하이데거의 정치적 자기 이해』, 41쪽에서 재인용.

4) H. Ott, 『마르틴 하이데거. 그의 전기에 이르는 도상에서』, 295쪽에서 재인용.

5) 앞의 책, 같은 곳에서 재인용.

6) 앞의 책, 296쪽에서 재인용.

7) '7월 20일의 모반'은 1944년 이날 일어난 히틀러 암살 미수 사건을 가리킨다. 우리나라에도 '작전명 발키리'라는 제목의 영화를 통해 알려진 이 사건이 실패로 돌아간 후, 모의에 직접 연루된 사람뿐 아니라 평소 히틀러에 반대하는 것으로 의심된 사람들까지 포함해 5천여 명이 체포되었고, 그중 2백여 명이 처형당했다. -옮긴이

8) B. Martin (편), 『마르틴 하이데거와 '제3제국'』, 187쪽.

9) 앞의 책, 188쪽.

10) H. Ott, 『마르틴 하이데거. 그의 전기에 이르는 도상에서』, 305쪽에서 재인용.

11) K. Jaspers, 『죄의 문제Die Schuldfrage』, 46쪽.

12) H. Ott, 『마르틴 하이데거. 그의 전기에 이르는 도상에서』, 315쪽에서 재인용.

13) 앞의 책, 310쪽에서 재인용.

14) B. Waldenfels, 『프랑스에서의 현상학Phänomenologie in Frankreich』, 24쪽에서 재인용.

15) A. Camus, 『시시포스의 신화Der Mythos von Sisyphos』, 41쪽.

16) J. P. Sartre, 『자아의 초월Die Transzendenz des Ego』, 91쪽.

17) M. Lilla, 『철학의 종말Das Ende der Philosophie』, 19쪽에서 재인용.

18) A. Kojève, 『헤겔Hegel』, 152쪽.

19) 앞의 책, 151쪽.

20) 앞의 책, 267쪽.

21) 앞의 책, 268쪽.

22) J. P. Sartre, 『구토^{Das Ekel}』, 144쪽.

23) 앞의 책, 149쪽.

24) J. P. Sartre, 『존재와 무^{Das Sein und das Nichts}』, 65쪽.

25) 앞의 책, 287쪽.

26) 프레데리크 드 토와르니키(1920~2008년)는 폴란드계 프랑스인으로 저널리스트이자 전
    문번역가이고 문학비평가였다. ─옮긴이

27) 앞의 책, 885쪽.

28) 「프랑크푸르터 알게마이네 차이퉁」, 1994년 1월 19일, 27호(1993년 11월 30일 자도 참고할
    것).

29) J. P. Sartre, 『존재와 무』, 926쪽.

30) '제우스의 아들들'이란 뜻으로 그리스 신화에 등장하는 쌍둥이 카스토르와 폴리데우케스
    를 일컫는다. ─옮긴이

31) M. Müller, 『마르틴 하이데거─한 철학자와 정치』, 212쪽.

32) H. Ott, 『마르틴 하이데거. 그의 전기에 이르는 도상에서』, 320쪽에서 재인용.

33) 앞의 책, 323쪽에서 재인용.

34) H. W. Petzet, 『별을 향해 나아가다』, 52쪽.

35) H. Ott, 『마르틴 하이데거. 그의 전기에 이르는 도상에서』, 319쪽에서 재인용.

21장

1) P. Noack, 『카를 슈미트. 한 편의 전기^{Carl Schmitt. Eine Biographie}』, 246쪽에서 재인용.

2) 앞의 책, 77쪽.

3) A. Baeumler, 『히틀러와 국가사회주의^{Hitler und der Nationalsozialismsus}』, 172쪽.

4) 앞의 책, 160쪽.

5) 앞의 책, 같은 곳.

6) 앞의 책, 174쪽.

7) J. Altwegg (편), 『프랑스의 하이에거─그리고 다시 독일로?^{Heidegger in Frankreich-und zurück?}』, 33
   쪽에서 재인용.

8) A. Cohen-Solal, 『사르트르^{Sartre}』, 413쪽에서 재인용.

9) H. Glaser (편),『독일연방공화국의 작은 문화사Kleine Kulturgeschichte der Bundesrepublik』, 19쪽에서 재인용.

10) J. P. Sartre,『실존주의는 휴머니즘인가?Ist der Existentialismus ein Humanismus?』, 34쪽.

11) 앞의 책, 35쪽.

12) 앞의 책, 같은 곳.

13) 「데어 모나트Der Monat」, 제24호(1950년), 502쪽.

14) 앞의 글, 같은 곳.

15) J. P. Sartre,『실존주의는 휴머니즘인가?』, 35쪽.

16) R. Schneider,『파괴될 수 없는 것Das Unzerstörbare』, 12쪽.

17) H. Glaser (편),『독일연방공화국에 관한 독본Bundesrepublikanisches Lesebuch』, 166쪽 이하.

18) 「데어 모나트」, 제22/23호(1950년), 379쪽.

19) 앞의 글, 같은 곳.

20) H. Arendt, 「독일 방문Besuch in Deutschland」, 실린 곳: H. Arendt,『시대에 관하여. 정치적 에세이들Zur Zeit. Politische Essays』, 46쪽.

21) 앞의 글, 50쪽.

22) 앞의 글, 45쪽.

23) T. Mann, 「괴테 탄생 기념 강연Ansprache im Goethejahr」, 실린 곳: T. Mann,『에세이 저작집Das essayistische Werk』, 제3권, 313쪽.

24) J. P. Sartre,『세 편의 에세이Drei Essays』, 36쪽.

22장

1) BwAJ, 178쪽.

2) 앞의 책, 58쪽.

3) 앞의 책, 65쪽.

4) 앞의 책, 70쪽.

5) E. Ettinger,『한나 아렌트—마르틴 하이데거』, 86쪽에서 재인용.

6) H. Arendt,『실존철학이란 무엇인가?Was ist Existenzphilosophie?』, 35쪽.

7) 앞의 글, 37쪽.

8) BwAJ, 73쪽.

9) 앞의 책, 79쪽.

10) 앞의 책, 84쪽.

11) 앞의 책, 99쪽.

12) 앞의 책, 178쪽.

13) BwAJ, 275쪽에서 재인용.

14) 앞의 책, 177쪽.

15) 앞의 책, 178쪽.

16) E. Ettinger, 『한나 아렌트—마르틴 하이데거』, 85쪽에서 재인용.

17) E. Young-Bruehl, 『한나 아렌트』, 346쪽에서 재인용.

18) 앞의 책, 같은 곳에서 재인용.

19) E. Ettinger, 『한나 아렌트—마르틴 하이데거』, 86쪽에서 재인용.

20) 앞의 책, 같은 곳에서 재인용.

21) 앞의 책, 87쪽에서 재인용.

22) E. Young-Bruehl, 『한나 아렌트』, 347쪽에서 재인용.

23) 앞의 책, 같은 쪽에서 재인용.

24) E. Ettinger, 『한나 아렌트—마르틴 하이데거』, 90쪽에서 재인용.

25) 앞의 책, 88쪽에서 재인용.

26) 앞의 책, 90쪽에서 재인용.

27) 앞의 책, 92쪽에서 재인용.

28) 앞의 책, 같은 쪽에서 재인용.

29) 앞의 책, 97쪽에서 재인용.

30) H. Ott, 『마르틴 하이데거. 그의 전기에 이르는 도상에서』, 135쪽에서 재인용.

31) E. Ettinger, 『한나 아렌트—마르틴 하이데거』, 98쪽에서 재인용.

32) 앞의 책, 같은 쪽에서 재인용.

33) 앞의 책, 122쪽에서 재인용.

34) 앞의 책, 같은 쪽에서 재인용.

35) J. A. Barash, 『'공적 세계'의 해석Die Auslegung der 'Öffentlichen Welt'』, 126쪽에서 재인용.

36) H. Arendt, 『어두운 시대의 사람들Menschen in finsteren Zeiten』, 41쪽.

37) H. Arendt, 『활동적 삶』, 169쪽.

38) E. Ettinger, 『한나 아렌트—마르틴 하이데거』, 122쪽에서 재인용.

39) H. Arendt, 『정신의 삶 – 의지Vom Leben des Geistes. Das Wollen』, 189쪽.

40) H. Arendt, 『활동적 삶』, 242쪽.

41) 앞의 책, 167쪽.

42) 앞의 책, 231쪽.

43) E. Ettinger, 『한나 아렌트—마르틴 하이데거』, 113쪽에서 재인용.

44) H. Arendt, 『전체주의 지배의 요소와 기원』, 534쪽.

45) 앞의 책, 528쪽.

46) BwAJ, 484쪽.

47) 앞의 책, 494쪽.

48) 앞의 책, 670쪽.

49) 앞의 책, 665쪽.

50) 앞의 책, 666쪽.

51) K. Jaspers, 『마르틴 하이데거에 대한 비망록』, 189쪽.

52) E. Ettinger, 『한나 아렌트—마르틴 하이데거』, 118쪽에서 재인용.

53) K. Jaspers, 『마르틴 하이데거에 대한 비망록』, 82쪽에서 재인용.

54) 앞의 책, 194쪽.

55) 앞의 책, 140쪽.

56) 앞의 책, 264쪽.

23장

1) 1912년 독일 슈바르츠발트 북부의 도시 뷜Bühl 근처 산악에 세워진 고급 요양소. – 옮긴이

2) H. W. Petzet, 『별을 향해 나아가다』, 62쪽에서 재인용.

3) G. Benn, 『F. W. 욀체에게 보낸 편지Briefe an F. W. Oelze』, 제2권, 342쪽.

4) 에곤 비에타(1903~1959)는 독일의 여행기 작가로 에세이와 희곡도 발표했으며 비평 활동도 했다. – 옮긴이

5) H. W. Petzet, 『별을 향해 나아가다』, 62쪽에서 재인용.

6) 카를 케레니(1897~1973)는 헝가리 태생의 문헌학자이자 종교학자이다. – 옮긴이

7) H. W. Petzet, 『별을 향해 나아가다』, 71쪽에서 재인용.

8) 구스타프 그륀트겐스(1899~1963)은 독일의 연극배우이자 무대연출가이다. ─옮긴이

9) 엘리자베트 플리켄쉴트(1905~1977)는 독일의 연극배우이자 영화배우이다. ─옮긴이

10) H. W. Petzet, 『별을 향해 나아가다』, 72쪽 이하에서 재인용.

11) 앞의 책, 78쪽에서 재인용.

12) 앞의 책, 77쪽에서 재인용.

13) 앞의 책, 75쪽에서 재인용.

14) 매끄럽고 부드러운 창법을 중시하던 19세기의 오페라 스타일. ─옮긴이

15) 저술가이자 심리학자, 의사였던 알렉산더 미철리히Alexander Mitscherlich(1908~1982)와 마르가 레테 미철리히Margarete Mitscherlich(1917~2012) 부부는 수많은 저술을 남겼는데 이중 공저인 『애도하는 능력의 결여Die Unfähigkeit zu trauern』는 국가사회주의 범죄에 대한 독일인들의 망각 에 경종을 울린 것으로 독일 사회에 커다란 논란을 불러일으켰다. ─옮긴이

16) E. Jünger, 『노동자』, 173쪽.

17) F. Nietzsche, 『전집』, 제2권, 20쪽.

18) E. Jünger, 『노동자』, 173쪽.

19) F. G. Jünger, 『기술의 완전성Die Perfektion der Technik』, 354쪽.

20) 앞의 책, 157쪽.

21) 그리스 신화에 나오는 트로야의 공주로 트로야의 멸망을 예언했다. ─옮긴이

22) J. G. Leithäuser, 『기술의 오싹한 방에서Im Gruselkabinett der Technik』, 475쪽.

23) 앞의 책, 478쪽.

24) M. Bense, 『기술적 실존Technische Existenz』, 202쪽.

25) 에르하르트 캐스트너(1904~1974)는 독일의 산문작가로 히틀러 집권 시절 국가사회주의 당에 가입했고 자원입대하여 아프리카 전선에서 싸웠다. 하지만 그리스에 관한 그의 섬세 한 산문 작품은 문학적으로 높은 인정을 받으며, 이런 작품들에서 독일군의 만행을 생생 히 묘사하기도 했다. ─옮긴이

26) H. W. Petzet, 『별을 향해 나아가다』, 151쪽에서 재인용.

27) R. Char, 『예전의 인상Eindrücke von früher』, 75쪽.

28) 스위스 취리히 근교 북부에 있는 지역 이름 ─옮긴이

24장

1) R. Wiggershaus, 『프랑크푸르트 학파Die Frankfurter Schule』, 653쪽에서 재인용.

2) 만네스만Mannesmann은 19세기 말에 설립되어 오늘날까지 이르고 있는 독일의 대기업이다. — 옮긴이

3) 게르투르트 폰 르 포어(1876~1971)는 독일의 시인이자 소설가이다. — 옮긴이

4) BwHK, 32쪽에서 재인용.

5) J. Habermas, 『철학적―정치적 프로필Philosophisch-politische Profile』, 73쪽.

6) Th. W. Adorno, 『본래성의 은어Jargon der Eigentlichkeit』, 43쪽.

7) 앞의 책, 9쪽

8) 앞의 책, 13쪽.

9) 앞의 책, 18쪽. 월리처Wurlitzer는 독일에서 미국으로 이주한 프란츠 루돌프 부를리처Franz Rudolf Wurlitzer가 1853년 시카고에 설립한 회사로 악기와 주크박스, 전자악기 등을 생산했다. 20세기 전반에 월리처의 악기들은 대중적으로 큰 인기를 끄는 상품이었다. — 옮긴이

10) 루트비히 에르하르트(1897~1977)는 독일 기민당 소속 정치가로 전후 아데나워 정권에서 경제장관과 2대 총리를 역임했다. 그의 총리 재임 기간은 1963~1966년이다. — 옮긴이

11) Th. W. Adorno, 『본래성의 은어』, 11쪽.

12) 앞의 책, 74쪽.

13) 앞의 책, 105쪽.

14) Th. W. Adorno, 『개입. 9개의 비판적 모델Eingriffe. Neun kritische Modelle』, 126쪽.

15) R. Wiggershaus, 『프랑크푸르트 학파』, 521쪽에서 재인용.

16) J. P. Sartre, 『세 편의 에세이』, 149쪽.

17) R. Wiggershaus, 『프랑크푸르트 학파』, 568쪽에서 재인용.

18) Th. W. Adorno, 『문학 노트 II Noten zur Literatur II』, 7쪽.

19) Wiggershaus, 『프랑크푸르트 학파』, 555쪽에서 재인용.

20) 앞의 책, 658쪽에서 재인용. 여기서 아도르노는 '숲길Holzwege'이라는 서명을 가지고 말장난을 한다. 즉 여기서 그는 '길을 잘못 들다'는 뜻의 'für (혹은 auf) Holzwege sein'이라는 관용구를 사용하고 있다. — 옮긴이

21) Th. W. Adorno / M. Horkheimer, 『계몽의 변증법Dialektik der Aufklärung』, 15쪽.

22) 앞의 책, 같은 곳.

23) Th. W. Adorno, 『부정 변증법Negative Dialektik』, 355쪽.

24) 앞의 책, 358쪽.

25) 앞의 책, 152쪽.

26) 앞의 책, 92쪽.

27) 앞의 책, 69쪽.

28) Th. W. Adorno, 『키르케고르. 심미적인 것의 구성Kierkegaard. Konstruktion des Ästhetischen』, 251쪽.

29) Th. W. Adorno, 『문학 노트 I』, 93쪽.

30) Th. W. Adorno, 『부정 변증법』, 366쪽.

31) 아모르바흐는 독일 바이에른 주 오덴발트 지역에 있는 소도시로 주민은 약 4천 명이다. '아모르바흐'라는 말은 '사랑의 개천'이란 뜻으로, 이 도시에는 같은 이름의 개천이 흐른다. −옮긴이

32) Th. W. Adorno, 『연민 없이. 작은 미학Ohne Mitleid. Parva Ästhetica』, 20쪽.

33) 앞의 책, 22쪽.

34) 독일 남서부인 헤센 남부와 바이에른 및 바덴 뷔르템베르크에 걸쳐 형성되어 있는 낮은 산악 지대로 근처에 마인 강이 흐른다. −옮긴이

35) Th. W. Adorno, 『본래성의 은어』, 47쪽.

36) J. Améry, 『변증법의 은어Jargon der Dialektik』, 598쪽에서 재인용.

37) P. Sloterdijk, 『냉소적 이성 비판Kritik der Zynischen Vernunft』, 687쪽.

38) 울리히 존네만(1912~1993)은 독일의 철학자이자 심리학자로 카셀대학 교수를 역임했다. −옮긴이

39) J. Améry, 『변증법의 은어』, 604쪽에서 재인용.

40) 장 아메리(1912~1978)는 오스트리아의 문필가로 나치에 저항하다 강제수용소에 갇혔으나 목숨을 건졌고, 전후에는 저널리스트로도 활동했다. −옮긴이

41) J. Améry, 『변증법의 은어』, 605쪽.

42) Th. W. Adorno, 『부정 변증법』, 21쪽.

43) J. Améry, 『변증법의 은어』, 600쪽.

44) H. Arendt, 「마르틴 하이데거가 80세 생일을 맞다Martin Heidegger ist achtzig Jahre alt」, 실린 곳: 한나 아렌트, 『어두운 시대의 사람들』, 184쪽.

45) G. Grass, 『개들의 세월Hundejahre』, 330쪽. 여기서 '또 다른 친구der Andere'는 히틀러를 가리킨다. −옮긴이

46) 루돌프 아우크슈타인Rudolf Augstein(1923~2002)은 저널리스트로 독일의 대표적 시사주간지 「데어 슈피겔」의 창간인이자 발행인이었다. ─옮긴이

47) H. W. Petzet, 『별을 향해 나아가다』, 103쪽.

48) 앞의 책, 같은 곳.

49) 「슈피겔 인터뷰Das SPIEGEL-Interview」, 실린 곳: G. Neske / E. Kettering (편), 『답변. 마르틴 하이데거와의 대화Antwort. Martin Heidegger im Gespräch』, 81쪽.

50) 앞의 글, 87쪽.

51) 앞의 글, 98쪽.

52) 앞의 글, 96쪽.

53) 앞의 글, 99쪽.

54) V. Farías, 『하이데거와 국가사회주의』, 373쪽에서 재인용.

55) 오늘날에는 우크라이나의 영토이지만 파울 첼란이 태어난 당시는 루마니아의 영토였다. ─옮긴이

56) O. Pöggeler, 『마르틴 하이데거 사유의 길』, 340쪽.

57) '황야를 걷는'의 독일어 표현은 '하이데갱어리쉬'이며, 이는 분명 '하이데거'라는 이름을 연상시키는 표현이다. ─옮긴이

58) G. Baumann, 『파울 첼란에 대한 회상Erinnerungen an Paul Celan』, 60쪽에서 재인용.

59) 앞의 책, 62쪽에서 재인용.

60) O. Pöggeler, 『말의 흔적. 파울 첼란의 서정시에 관해Spur des Wortes. Zur Lyrik Paul Celans』, 259쪽에서 재인용.

61) G. Baumann, 『파울 첼란에 대한 회상』, 70쪽.

62) 마리 루이제 카슈니츠(1901~1974)는 독일의 시인, 소설가, 방송작가이다. ─옮긴이

63) G. Baumann, 『파울 첼란에 대한 회상』, 72쪽.

64) 약초로 쓰이는 식물의 이름. ─옮긴이

65) 역시 약초로 쓰이는 식물로 우리말 이름으로는 '좁쌀풀'이며, '아우겐트로스트Augentrost'는 말 그대로는 '눈의 위안'이란 뜻이다. ─옮긴이

66) 부활절은 춘분(3월 21일경) 후 최초의 만월 다음에 오는 첫 번째 일요일로 보통 3월 22일에서 4월 26일 사이에 있게 된다. 성목요일은 부활절이 되기 사흘 전의 목요일을 말한다. ─옮긴이

67) G. Baumann, 『파울 첼란에 대한 회상』, 80쪽.

25장

1) H. W. Petzet, 『별을 향해 나아가다』, 198쪽.

2) 조차장操車場은 버스나 열차 등이 보관되거나 수리되는 차고를 말한다. - 옮긴이

3) E. Ettniger, 『한나 아렌트―마르틴 하이데거』, 130쪽에서 재인용.

4) H. Arendt, 『정신의 삶―의지』, 176쪽.

5) 원문에서는 동창생인 부인이 다음과 같은 사투리로 물은 것으로 표현되어 있다. "이쉬 메 아우 도?Isch me au do?" 이는 표준어로 표현하면 "이스트 만 아우흐 다?Ist man auch da?"이다. 독일어의 '만man'은 영어의 they나 one처럼 성과 수를 특칭하지 않고 일반적인 사람을 가리킬 때 쓰이는 말이다. - 옮긴이

6) H.-G. Gadamer, 『마르틴 하이데거의 한 가지 길Der eine Weg Martin Heideggers』. 실린 곳: H.-G. Gadamer, 『전집Gesammelte Werke』, 제3권, 429쪽.

7) H. Melville, 『모비딕Moby Dick』, 383쪽.

8) 「메스키르히의 마법사. 뤼디거 자프란스키와 울리히 뵘의 영화Der Zauberer von Meßkirch. Ein Film von Rüdiger Safranski und Ulrich Boehm」

9) H. W. Petzet, 『별을 향해 나아가다』, 230쪽.

10) B. Welte, 『만년의 어느 대화에 대한 기억Erinnerungen an ein spätes Gespräch』, 251쪽.

11) M. Müller, 『마르틴 하이데거―한 철학자와 정치. 인터뷰Martin Heidegger-Ein Philosoph und die Politik. Ein Gespräch』, 213쪽.

12) H.-G. Gadamer, 『철학적 수업 시대』, 78쪽.

참고문헌

Theodor W. Adorno, Eingriffe. Neun Kritische Modelle. – Frankfurt a. M. 1963.

Ders., Jargon der Eigentlichkeit. – Frankfurt a. M. 1964.

Ders., Kierkegaard. Konstruktion des Ästhetischen. – Frankfurt a. M. 1974.

Ders., Negative Dialektik. – Frankfurt a. M. 1966.

Ders., Noten zur Literatur I. – Frankfurt a. M. 1965.

Ders., Noten zur Literatur II. – Frankfurt a. M. 1965.

Ders., Ohne Leitbild. Parva Ästhetica. – Frankfurt a. M. 1967.

Ders., / Max Horkheimer, Dialektik der Aufklärung. – Frankfurt a. M. 1969.

Jean Améry, Jargon der Dialektik. – In : H. Glaser (Hg.), Bundesrepublikanisches Lesebuch

Jurg Altwegg (Hg.), Die Heidegger Kontroverse. – Frankfurt a. M. 1988.

Ders., Heidegger in Frankreich – und zurück? – In: Ders. (Hg.), Die Heidegger Kontroverse.

Hannah Arendt, Eichmann in Jerusalem. Ein Bericht von der Banalität des Bösen. – München 1986.

Dies., Elemente und Ursprünge totaler Herrschaft. – München 1986.

Dies., Freiheit und Politik. – In : Die neue Rundschau 69 (1958).

Dies., Martin Heidegger ist achtzig Jahre alt. – In : G. Neske / E. Kettering (Hg.), Antwort. Martin Heidegger im Gespräch.

Dies., Menschen in finsteren Zeiten. – München 1983.

Dies., Rahel Varnhagen. – Frankfurt a. M. 1975.

Dies., Vita activa oder Vom tätigen Leben. – München 1981.

Dies., Vom Leben des Geistes. Das Denken. – München 1989.

Dies., Vom Leben des Geistes. Das Wollen. – München 1989.

Dies., Was ist Existenzphilosophie? – Frankfurt a. M. 1990.

Dies., Was ist Politik? – München 1993.

Dies., Zur Zeit. Politische Essays. – Berlin 1986.

Alfred Baeumler, Hitler und der Nationalsozialismus. Aufzeichnungen von 1945~1947. – In: Der Pfahl. Jahrbuch aus dem Niemandsland zwischen Kunst und Wissenschaft. – München 1991.

Ders., Nietsche, der Philosoph und Politiker. – Berlin 1931.

Hugo Ball, Die Flucht aus der Zeit. – Zürich 1992.

Jeffrey Andrew Barash, Die Auslegung der 'Öffentlichen Welt' als politisches Problem. – In: D. Papenfuss/O, Pöggeler (Hg.), Zur philosophischen Aktualität Heideggers, Bd. 2.

Karl Barth, Römerbrief. – Zürich 1984 (1992).

Gerhart Baumann, Erinnerungen an Paul Celan, – Frankfurt a. M. 1992.

Josef und Rth Becker (Hg.) Hitlers Machtergreifung. Dokumente vom Machtantritt Hitlers. – München 1983.

Julien Benda, Der Verrat der Intellektuellen. – Frankfurt a. M./Berlin 1983.

Walter Benjamin, Das Passagen – Werk. Gesammelte Schriften, Bd. V,2. – Frankfurt a. M. 1982.

Gottfried Benn, Briefe an F. W. Oelze. 2 Bde. – Frankfurt a. M. 1982.

Ders., Werke. 4 Bde. – Wiesbaden 1961.

Max Bense, Technische Existenz. – Stuttgart 1950.

Nikolaus Berdjajew, Das neue Mittelalter. – Darmstadt 1972.

Walter Biemel/Hans Saner (Hg.), Briefwechsel Martin Heidgger–Karl Jaspers. – Frankfurt a. M./München 1990.

Ernst Bloch, Geist der Utopie. – Frankfurt a. M. 1978.

Ders., Spuren. – Frankfurt a. M. 1964.

Otto Friedrich Bollnow, Gespräche in Davos. – In: G. Neske (Hg.), Erinnerung an Martin Heidegger.

Carl Braig, Was soll der Gebildete von dem Modernismus wissen? – In: D. Thoma (Hg.), Die Zeit des Selbst und die Zeit danach, Zur Kritik der Textgeschichte Martin Heideggers.

Luzia Braun, Da-da-dasein. Fritz Heidegger: Holzwege zur Sprache. – In: DIE ZEIT, Nr. 39 vom 22. 9. 1989.

Carl Christian Bry, Verkappte Religionen. – Nördlingen 1988.

Arnold von Buggenhagen, Philosophische Autobiographie. – Meisenheim 1975.

Heinrich Buhr, Der weltliche Theologe. – In: G. Neske (Hg.), Erinnerung an Martin Heidegger.

Albert Camus, Der Mythos Sisyphos. – Reinbek b. Hamburg 1959.

René Char, Eindrücke von früher. – In: G. Neske (Hg.), Erinnerung an Martin Heidegger.

Anne Cohen-Solal, Sartre. – Reinbek b. Hamburg 1988.

Gunther Dehn, Die alte Zeit, die vorigen Jahre. Lebenserinnerungen. – München 1962.

Wilhelm Dilthey, Der Aufbau der geschichtlichen Welt in den Geisteswissenschaften. – Frankfurt a. M. 1981.

Elisbeth Endres, Edith Stein. – München 1987.

Elzbieta Ettinger, Hannah Arendt – Martin Heiegger. Eine Geschichte. – München 1995.

Walter Falk, Literatur vor dem ersten Weltkrieg. – In: A. Nitschke u. a. (Hg.), Jahrhundertwende, Bd. I.

Victor Farías, Heidegger und der Nationalsozialismus. – Frankfurt a. M. 1987.

Joachim C. Fest, Hitler. – Frankfurt a. M. 1973.

Sigmund Freud, Werke. Studienausgabe. 10 Bde. u. Ergänzungsband. – Frankfurt a. M. 1969.

Hans-Georg Gadamer. Philosophische Lehrjahre. – Frankfurt a. M. 1977.

Ders., Martin Heidegger und die Marburger Theologie. – In: O. Pöggeler (Hg.), Heidegger. Perspektiven zur Deutung seines Werkes.

Ders., Hegel–Husserl–Heidegger. – Tübingen 1987.

Arnold Gehlen. Studien zur Anthropologie und Soziologie. – Neuwied 1963.

Annemarie Gethmann-Siefert / Otto Pöggeler (Hg.), Heidegger und die praktische Philosophie. – Frankfurt a. M. 1988.

Hermann Glaser (Hg.), Bundesrepublikanisches Lesebuch. Drei Jahrzehnte geistiger Auseinandersetzung. – München 1978.

Ders. ; Kleine Kulturgeschichte der Bundesrepublik. – München 1991

Ders. ; Sigmund Freuds Zwanzigstes Jahrhundert. – München 1976

Günter Grass, Hundejahre. – Neuwied 1979.

Conrad Gröber, Der Altkatholizismus in Meßkirch. – Freiburg 1934.

Jürgen Habermas, Philosophisch-politische Profile. – Frankfurt a. M. 1987.

Sebastian Haffner, Anmerkungen zu Hitler. – Frankfurt a. M. 1981.

Ders., Von Bismark zu Hitler. – München 1987.

Ulrike Haß, Militante Pastorale. Zur Literatur der antimodernen Bewegung. – München 1993.

Werner Heisenberg, Das Naturbild der heutigen Physik. – Hamburg 1955.

Armin Hermann, "Auf eine höhere Stufe des Daseins erheben" – Naturwissenschaft und Technik. – In : A. Nitschke u. a. (Hg.), Jahrhundertwende, Bd. I, 312.

Friedrich Hölderlin, Sämtliche Werke und Briefe. 2 Bde. Hg. von G. Mieth. – München 1970.

Hugo von Hofmannsthal, Gesammelte Werke in zehn Bänden. – Frankfurt a. M. 1979.

Edmund Husserl, Cartesianische Meditationen und Pariser Vorträge. Husserliana Bd. I. – Den Haag 1950.

Ders., Ideen zu einer reinen Phänomenologie und phänomenologischen Philosophie. Bd. I. – Halle 1928.

Ders., Die Konstitution der geistigen Welt. – Hamburg 1984.

Ders., Die Krisis der empirischen Wissenschaften und die transzendentale Phänomenologie. – Hamburg 1977.

Ders., Philosophie als strenge Wissenschaft. – Frankfurt a. M. 1965.

William James, Der Wille zum Glauben. – In: Ekkehard Martens (Hg.), Texte der Philosophie des Pragmatismus. – Stuttgart 1975.

Karl Jaspers, Notizen zu Martin Heidegger. – München 1978.

Ders., Philosophische Autobiographie. – München 1984.

Ders., Die Schuldfrage. – München 1987.

Ernst Jünger, Der Arbeiter. – Stuttgart 1981.

F. G. Jünger, Die Perfektion der Technik. – Frankfurt a. M. 1953.

Wilhelm Kiefer, Schwäbisches und alemannisches Land. – Weißenhorn 1975.

Lotte Köhler / Hans Saner (Hg.), Briefwechsel Hannah Arendt – Karl Jaspers. – München 1985.

Alexandre Kojève, Hegel. – Frankfurt a. M. 1988.

Max Kommerell, Der Dichter als Führer in der deutschen Klassik. – Frankfurt a. M. 1942.

Ernst Krieck, Nationalpolitische Erziehung. – Berlin 1933.

Ders., Volk im Werden. – Berlin 1933.

Christian Graf von Krockow, Die Deutschen in ihrem Jahrhundert. – Reinbek b. Hamburg 1990.

Friedrich Albert Lange, Geschichte des Materialismus. – Frankfurt a. M. 1974.

Thomas Laugstien, Philosophieverhältnisse im deutschen Faschismus. – Hamburg 1990.

Joachim G. Leithäuser, Im Gruselkabinett der Technik. – In : Der Monat 29 (1959).

Mark Lilla, Das Ende der Philosophie. – In: Merkur 514 (1992).

Ulrich Linse, Barfüßige Propheten. Erlöser der zwanziger Jahre. – Berlin 1983.

Karl Löwith, Mein Leben in Deutschland vor und nach 1933. Ein Bericht. – Frankfurt a. M. 1989.

Ludwig Marcuse, Mein zwanzigstes Jahrhundert. – Zürich 1975.

Thomas Mann, Betrachtungen eines Unpolitischen. – Frankfurt a. M. 1988.

Ders., Doktor Faustus. – Frankfurt a. M. 1986.

Ders., Das essayistische Werk in acht Bänden. – Frankfurt a. M. 1968.

Brend Martin (Hg.), Martin Heidegger und das 'Dritte Reich'. – Darmstadt 1989.

Reinhard Mehring, Heideggers Überlieferungsgeschick. – Würzburg 1992.

Volker Meja / Nico Stehr (Hg.), Der Steit um die Wissenssoziologie. – Frankfurt a. M. 1982.

Herman Melville, Moby Dick. – Hamburg 1984.

Hermann Mörchen, Aufzeichnungen (unveröffentlicht).

Andreas Möller, Der Scheinwerfer. Anekdoten und Geschichten um Fritz Heidegger. – Meßkirch 1989.

Max Müller, Martin Heidegger. Ein Philosoph und die Politik. – In: F. Neske / E. Kettering (Hg.), Antwort. Martin Heidegger im Gespräch.

Ders., Erinnerungen an Husserl. – In: H. R. Sepp (Hg.), Edmund Husserl und Die Phänomenologische Bewegung.

Wolfgang Müller-Lauter, Über den Umgang mit Nietzsche. – In: Sinn und Form 1911, 5.

Robert Musil, Bücher und Literatur, Essays. – Reinbek b. Hamburg 1982.

Ders., Der Mann ohne Eigenschaften. – Hamburg 1960.

Paul Natorp, Philosophie und Pädagogik. – Marburg 1909.

Günther Neske (Hg.), Erinnerung an Martin Heidegger. – Pfullingen 1977.

Ders. / Emil Kettering (Hg.), Antwort. Martin Heidegger im Gespräch. – Pfullingen 1988.

Friederich Nietzsche, Sämtliche Werke. Kritische Studienausgabe. 15 Bde. – München 1980.

Ders., Der Wille zur Macht. – Frankfurt a. M. 1992.

August Nitschke u. a. (Hg.), Jahrhundertwende. Der Aufbruch in die Moderne. 2 Bde. – Reinbek b. Hamburg 1990.

Paul Noack, Carl Schmitt. Eine Biographie. – Berlin 1993.

Hugo Ott, Martin Heidegger. Unterwegs zu seiner Biographie. – Frankfurt a. M. / New York 1988.

Ders., Edmund Husserl und die Universität Freiburg.- In: Hans R. Sepp (Hg.), Edmund Husserl und die Phänomenologische Bewegung.

Dietrich Papenfuss/ Otto Pöggeler (Hg.), Zur Philsophischen Aktualität Heideggers. 3 Bde. –Frankfurt a. M. 1990f.

Heinrich Wiegand Petzet, Auf einen Stern zugehen. Begegnungen mit Martin Heidegger. –

Frankfurt a. M. 1983.

Georg Picht, Die Macht des Denkens. – In: G. Neske (Hg.), Erinnerung an Martin Heidegger.

Platon, Politeia. Werke in zehn Bänden. – Frankfurt a. M. 1991 Bd. 5.

Helmuth Plessner, Macht und menschliche Natur. – In: Ders., Zwischen Philosophie und Gesellschaft – Frankfurt a. M. 1979.

Ders., Die Stufen des Organischen und der Mensch. – Berlin 1975.

Otto Pöggeler, Der Denkweg Martin Heideggers. – Pfullingen 1983 (Dritte erweiterte Ausgabe 1990).

Ders. (Hg.), Heidegger. Perspektiven zur Deutung seines Werkes. – Königstein 1984.

Ders., Heideggers politisches Selbtverständnis. – In: A. Gethmann-Siefert / O. Pöggler (Hg.), Heidegger und die praktische Philosophie.

Ders., Spur des Wortes. Zur Lyrik Paul Celans. – Freiburg 1986.

Léon Poliakov / Joseph Wulf (Hg.), Das Dritte Reich und seine Denker. – Berlin 1959.

Marcel Proust, Auf der Suche nach der verlorenen Zeit. – Frankfurt a. M. 1978.

Walther Rathenau, Zur Kritik der Zeit. – Berlin 1912 (1925).

Stefan Reinhardt (Hg.), Lesebuch Weimarer Republik. – Berlin 1982.

Heinrich Rickert, Kulturwissenschaft und Naturwissenschaft. – Freiburg 1926 (1910).

Ders., Die Philosophie des Lebens. – Tübingen 1922.

Rainer Maria Rilke, Werke. 6 Bde. – Frankfurt a. M. 1987.

Fritz K. Ringer, Die Gelehrten. Der Niedergang der deutschen Mandarine 1890~1933. – München 1987.

Heinrich Rombach, Phänomenologie des gegenwärtigen Bewußtseins. – Freiburg 1980.

Edgar Salin, Hölderlin im Georgekreis. – Godesberg 1950.

Jean-Paul Sartre, Der Ekel – Reinbek b. Hamburg 1993.

Ders., Ist der Existentialismus ein Humanismus? – In: Ders., Drei Essays. – Berlin 1977.

Ders., Das Sein und Nichts. – Reinbek b. Hamburg 1993.

Ders., Die Transzendenz des Ego (1936). – Reinbek b. Hamburg 1982.

Max Scheler, Der Genius des Krieges und der Deutsche Krieg. – Leipzig 1915.

Ders., Die Stellung des Menschen im Kosmos. – Bonn 1991.

Ders., Vom Umsturz der Werte. – Bern 1955.

Carl Schmitt, Politische Romantik. – Berlin 1925.

Ders., Politische Theologie. – Berlin 1922.

Guido Schneeberger, Nachlese zu Heidegger. Dokumente zu seinem Leben und Denken.
Bern 1962.

Reinhold Schneider, Der Unzerstörbare. – Freiburg 1945.

Arthur Schopenhauer, Der Briefwechsel mit Goethe. – Zürich 1992.

Alexander Schwan, Politische Philosophie im Denken Heideggers. – Opladen 1989.

Hans Rainer Sepp (Hg.), Edmund Husserl und die Phänomenologische Bewegung.
Zeugnisse in Text und Bild. – Freiburg 1988.

Georg Simmel, Philosophie des Geldes. – Frankfurt a. M. 1989.

Peter Sloterdijk, Kritik der Zynischen Vernunft. – Frankfurt a. M. 1983.

Kurt Sontheimer, Antidemokratisches Denken in der Weimarer Republik. – München 1978
(1992).

Oswald Spengler, Der Mensch und die Technik. Beiträge zu einer Philosophie des Lebens. –
München 1931.

Edith Stein, Briefe an Roman Ingarden. – Freiburg 1991.

Dieter Thomä (Hg.), Die Zeit des Selbst und die Zeit danach. Zur Kritik der Textgeschichte
Martin Heideggers. – Frankfurt a. M. 1990.

Hartmut Tietjen, Verstrickung und Widerstand. – (Unveröffentlichtes Manuskript) 1989.

Paul Tillich, Die Sozialistische Entscheidung. – In: Werke, Bd. 2. – Stuttgart 1962.

Ferdinand Tönnies, Gemeinschaft und Gesellschaft. – Darmstadt 1991.

Ernst Troeltsch, Deutscher Geist und Westeuropa. – Tübingen 1925.

Bernhard Waldenfels, Phänomenologie in Frankreich. – Frankfurt a. M. 1983.

Max Weber, Der Beruf zur Politik. – In: Ders., Soziologie – Weltgeschichtliche Analysen –
Politik. – Stuttgart 1964.

Bernhard Welte, Erinnerung an ein spätes Gespräch, – In : G. Neske (Hg.), Erinnerung an
Martin Heidegger.

Benno von Wiese, Ich erzähle mein Leben. – Frankfurt a. M. 1982.

Rolf Wiggershaus, Die Frankfurter Schule. – München 1986.

Wilhelm Wundt, Sinnliche und übersinnliche Welt. – Leipzig 1914.

Elisabeth Young–Bruehl, Hannah Arendt. Leben und Werk. – Frankfurt a. M. 1982.

Heinz Zahrnt, Die Sache mit Gott. – München 1988.

Stefan Zweig, Die Welt von Gestern. – Frankfurt a. M. 1977.

기타 참고문헌

Günther Anders, Ketzereien. – München 1991.

Ders., Kosmologische Humoresken. – Frankfurt a. M. 1978.

Karl-Otto Apel, Transformation der Philosophie. – Frankfurt a. M. 1991.

Hans Blumenberg, Lebenszeit und Weltzeit. – Frankfurt a. M. 1986.

Otto Friedrich Bollnow, Existenzphilosophie. – Stuttgart 1955.

Ders., Das Wesen der Stimmung. – Frankfurt a. M. 1988.

Walter Biemel, Martin Heidegger. – Reinbek b. Hamburg 1973.

Medard Boss, Psychoanalyse und Daseinsanalytik. – München 1980.

Pierre Bourdieu, Die politische Ontologie Martin Heideggers. – Frankfurt a. M. 1976.

Stefan Breuer, Die Gesellschaft des Verschwindens. Von der Selbstzerstörung der technischen Zivilisation. – Hamburg 1992.

Rüdiger Bubner u. a. (Hg.), Neue Hefte für Philosophie. Wirkungen Heideggers. Heft 23. Göttingen 1984.

John D. Caputo, The Mystical Elements in Heideggers Thought. – Ohio 1978.

Jacques Derrida, Vom Geist. Heidegger und die Frage. – Frankfurt a. M. 1988.

Alexander Garcia Düttmann, Das Gedächtnis des Denkens. Versuch über Heideggers und Adorno. – Frankfurt a. M. 1991.

Hans Ebeling, Heidegger. Geschichte einer Täuschung. – Würzburg 1990.

Ders., Martin Heidegger. Philosophie und Ideologie. – Reinbek b. Hamburg 1991.

Norbert Elias, Über die Zeit. – Frankfurt a. M. 1984.

Günter Figal, Heidegger zur Einführung. – Hamburg 1992.

Ders., Martin Heidegger. Phänomenologie der Freiheit. – Frankfurt a. M. 1988.

Kurt Fischer, Abschied. Die Denkbewegung Martin Heideggers. – Würzburg 1990.

Luc Ferry / Alain Renaut, Antihumanistisches Denken. – München 1987.

Forum für Philosophie, Bad Homburg (Hg.), Martin Heidegger: Innen- und Außenansichten. – Frankfurt a. M. 1989.

Manfred Frank, Zeitbewußtsein. – Pfullingen 1990.

Winfried Franzen, Von der Existenzialontologie zur Seinsgeschichte. – Meisenheim am Glan

1975.

Hans-Georg Gadamer, Wahrheit und Methode. – Tübingen 1990.

Jean Gebser, Ursprung und Gegenwart. – München 1973.

Stanislav Grof, Geburt, Tod und Gegenwart. – München 1985.

Wolf-Dieter Gudopp, Der junge Heidegger. – Frankfurt a. M. 1983.

Karl Heinze Haag, Der Fortschritt in der Philosophie. – Frankfurt a. M. 1985.

Jürgen Habermas, Der Philosophische Diskurs der Moderne. – Frankfurt a. M. 1985.

Ders., Nachmetaphysisches Denken. – Frankfurt a. M. 1988.

Klaus Heinrich, Versuch über die Schwierigkeit nein zu sagen. – Frankfurt a. M. 1964.

Hans-Peter Hempel, Heideggers Weg aus der Gefahr. – Meßkirch 1993.

Ders., Heidegger und Zen. – Frankfurt a. M. 1987.

Ders., Natur und Geschichte. Der Jahrhundertdialog zwischen Heidegger und Heisenberg. – Frankfurt a. M. 1990.

Vittorio Hösle, Die Krise der Gegenwart und die Verantwortung der Philosophie. – München 1990.

Paul Hühnerfeld, In Sachen Heidegger. – Hamburg 1959.

Christoph Jamme / Karsten Harries (Hg.), Martin Heidegger. Kunst – Politik – Technik. – München 1992.

Hans Jonas, Gnosis und Spätantiker Geist. – Göttingen 1988.

Matthias Jung, Das Denken des Seins und der Glaube an Gott. – Würzburg 1990.

Peter Kemper (Hg.), Martin Heidegger – Faszination und Erschrecken. Die politische Dimension einer Philosophie. – Frankfurt a. M. 1990.

Emil Kettering, Das Denken Martin Heideggers. – Pfullingen 1987.

Leszek Kolakowski, Die Moderne auf der Anklagebank. – Zürich 1991.

Peter Koslowski, Der Mythos der Moderne. – München 1991.

Helga Kuschbert-Tölle, Martin Heidegger. Der letzte Metaphysiker? – Königstein / Ts. 1979.

Philippe Lacoue-Labarthe, Die Fiktion des Politischen. Heidegger, die Kunst und die Politik. – Stuttgart 1990.

Karl Leidlmair, Künstliche Intelligenz und Heidegger. Über den Zwiespalt von Natur und Geist. – München 1991.

Theodor Lessing, Geschichte als Sinngebung des Sinnlosen. – München 1983.

Karl Löwith, Heidegger – Denker in dürftiger Zeit. – Stuttgart 1984.

Jean-Françis Lyotard, Heidegger und die Juden. – Wien 1988.

Thomas H. Macho, Todesmetaphern. – Frankfurt a. M. 1987.

Herbert Marcuse, Kultur und Gesellschaft. – Frankfurt a. M. 1967.

Ders., Der eindimensionale Mensch. – Neuwied 1967.

Rainer Marten, Denkkunst. Kritik der Ontologie. – München 1989.

Ders., Heidegger Lesen. – München 1991.

Reinhard Margreiter / Karl Leidmair (Hg.), Heidegger. Technik – Ethik – Politik. – Würzburg 1991.

Werner Marx, Gibt es auf Erden ein Maß? – Frankfurt a. M. 1986.

Ders., Heidegger und die Tradition. – Hamburg 1980.

Barbara Merker, Selbsttäuschung und Selbsterkenntnis. Zu Heideggers Transformation der Phänomenologie Husserls. – Franfurt a. M. 1988.

Hermann Mörchen, Adorno und Heidegger. Untersuchung einer philosophischen Kommunikationsverweigerung. – Stuttgart 1981.

Ders., Macht und Herrschaft im Denken von Heidegger und Adorno. – Stuttgart 1980.

Ernst Nolte, Heidegger. Politik und Geschichte im Leben und Denken. – Berlin 1992.

Hanspeter Padrutt, Und sie bewegt sich doch nicht. Parmenides im epochalen Winter. - Zürich 1991.

Georg Picht, Glauben und Wissen. – Stuttgart 1991.

Helmuth Plessner, Die Verspätete Nation. – Frankfurt a. M. 1988.

Otto Pöggeler, Philosophie und Politik bei Heidegger. – Freiburg 1972.

Ders., Neue Wege mit Heidegger. Freiburg 1992.

Thomas Rentsch, Martin Heidegger. Das Sein und Tod. – München 1989.

Manfred Riedel, Für eine zweite Philosophie. – Frankfurt a. M. 1988.

Joachim Ritter, Metaphysik und Politik. – Frankfurt a. M. 1969.

Richard Rorty, Kontingenz, Ironie und Solidarität. – Frankfurt a. M. 1969.

Rüdiger Safranski, Wieviel Wahrheit braucht der Mensch? Über das Denkbare und das Lebbare. – München 1990.

Richard Schaeffler, Die Wechselbeziehung zwischen Philosophie und katholischer Theologie. – Darmstadt 1980.

Wolfgang Schirmacher, Technik und Gelassenheit. Zeitkritik nach Heidegger. – Freiburg 1983.

Walter Schulz, Phliosophie in der veränderten Welt. – Pfullingen 1984.

Günter Seubold, Heideggers Analyse der neuzeitlichen Technik. – Freiburg 1986.

Peter Sloterdijk, Weltfremdheit. – Frankfurt a. M. 1993.

Manfred Sommer, Lebenswelt und Zeitbewußtsein. – Frankfurt a. M. 1990.

Herbert Stachowiak (Hg.), Pragmatik. Handbuch des Pragmatischen Denkens. – Hamburg 1986.

George Steiner, Martin Heidegger. Eine Einführung. – München 1989.

Dolf Sternberger, Über den Tod. – Frankfurt a. M. 1981.

Michael Theunissen, Der Andere. – Berlin 1977.

Ders., Nagative Theologie der Zeit. – Frankfurt a. M. 1991.

Dieter Thomä, Die Zeit des Selbst und die Zeit danach. Zur Textgeschichte Martin Heideggers. – Frankfurt a. M. 1990.

Ernst Tugendhat, Philosophische Aufsätze. – Frankfurt a. M. 1992.

Silvio Vietta, Heideggers Kritik am Nationalsozialismus und an der Technik. – Tübingen 1989.

Elmar Weinmayr, Einstellung. Die Metaphysik im Denken Martin Heideggers. – München 1991.

Franz Josef Wetz, Das nackte Daß. Zur Frage der Faktizität. – Pfullingen 1990.

Richard Wisser (Hg.), Martin Heidegger – Unterwegs im Denken. – Freiburg 1987.

저작약호

GA: 『하이데거 전집^{Gesamtausgabe}』, Vittorio Klostermann Verlag, Frankfurt a. M.

단행본

A: 『체류^{Aufenthalte}』 – (Klostermann) Frankfurt a. M. 1989.

BZ: 『시간의 개념^{Der Begriff der Zeit}』 – (Niemeyer) Tübingen 1989.

D: 『사유의 경험^{Denkerfahrungen}』 – (Klostermann) Frankfurt a. M. 1983.

DJ: 「아리스토텔레스의 현상학적 해석^{Phänomenologische Interpretationen zu Aristoteles}. (해석학적 상황의 게시^{Anzeige der hermeneutischen Situation}).」, 실린 곳:『정신과학의 철학과 역사를 위한 딜타이-연감^{Dilthey-Jahrbuch für Philosphie und Geschichte der Geisteswissenschaften}』, 제6권.–Göttingen 1989.

EH: 『횔덜린 시문학의 해명^{Erläuterungen zu Hölderlins Dichtung}』 – (Klostermann) Frankfurt a. M. 1981.

EM: 『형이상학 입문^{Einführung in die Metaphysik}』 – (Niemeyer) Tübingen 1987.

FS: 『초기 저작^{Frühe Schriften}』 – (Klostermann) Frankfurt a. M. 1972.

G: 『내맡김^{Gelassenheit}』 – (Neske) Pfullingen 1985.

H: 『숲길^{Holzwege}』 – (Klostermann) Frankfurt a. M. 1950.

HK: 「예술의 유래와 사유의 규정^{Die Herkunft der Kunst und die Bestimmung des Denkens}」, 실린 곳: Petra Jaeger / Rudolf Lüthe 편,『거리와 가까움. 현재 예술에 대한 반성과 분석^{Distanz und Nähe. Reflexionen und Analysen zur Kunst der Gegenwart}』 – Würzburg 1983.

K: 『칸트와 형이상학의 문제^{Kant und das Problem der Metaphysik}』 – (Klostermann) Frankfurt a. M. 1991.

L: 『논리학. 1934년 여름학기 강의. 알려지지 않은 학생의 필기록^{Logik. Vorlesung Sommersemester 1934. Nachschrift einer Unbekannten}』, Victor Farías (편). – Madrid 1991.

N I, II: 『니체^{Nietzsche}』, 전2권. – (Neske) Pfullingen 1961.

R: 『독일 대학의 자기주장. 총장 취임 연설^{Die Selbstbehauptung der deutschen Universität. Das Rektorat}』 – (Klostermann) Frankfurt a. M. 1983.

SuZ: 『존재와 시간^{Sein und Zeit}』 – (Niemeyer) Tübingen 1963.

TK: 『기술과 전회^{Die Technik und die Kehre}』 – (Neske) Pfullingen 1962.

ÜH: 『휴머니즘에 관하여^{Über den Humanismus}』 – (Klostermann) Frankfurt a. M. 1981.

VA: 『강연과 논문^{Vorträge und Aufsätze}』 – (Neske) Pfullingen 1985.

VS: 『4개의 세미나^{Vier Seminare}』 – (Klostermann) Frankfurt a. M. 1977.

W: 『이정표^{Wegmarken}』 – (Klostermann) Frankfurt a. M. 1978.

WM: 『형이상학이란 무엇인가?^{Was ist Metaphysik?}』 – (Klostermann) Frankfurt a. M. 1986.

WW: 『진리의 본질에 관하여^{Vom Wesen der Wahrheit}』 – (Klostermann) Frankfurt a. M. 1986.

WHD: 『사유란 무엇인가?^{Was heißt Denken?}』 – (Niemeyer) Tübingen 1984.

Z: 『사유의 사태로^{Zur Sache des Denkens}』 – (Niemeyer) Tübingen 1969.

ZS: 『촐리콘 세미나^{Zollikoner Seminare}』 – (Klostermann) Frankfurt a. M. 1987.

BwHB: 『마르틴 하이데거와 엘리자베트 블로흐만 왕래 서신^{Martin Heidegger / Elisabeth Blochmann, Briefwechsel}』, Joachim W. Storck (편). – Marbach 1989.

BwHJ: 『마르틴 하이데거와 카를 야스퍼스 왕래 서신^{Martin Heidegger / Karl Jaspers, Briefwechsel}』, Walter Biemel / Hans Saner (편). – München 1990.

BwHK: 『마르틴 하이데거와 에르하르트 캐스트너 왕래 서신^{Martin Heidegger / Erhart Kästner, Briefwechsel}』, Heinrich Wiegand Petzet (편). – Frankfurt a. M. 1986.

S: 『하이데거 보유. 그의 생애와 사유에 관한 자료^{Nachlese zu Heidegger. Dokumente zu seinem Leben und Denken}』 – Bern 1962.

BwAJ: 『한나 아렌트와 카를 야스퍼스 왕래 서신^{Hannah Arendt / Karl Jaspers, Briefwechsel}』, Lotte Köhler / Hans Saner (편). – München 1985.

인명색인

사항색인

저작색인

(마르틴 하이데거)

지은이 **뢰디거 자프란스키** Rüdiger Safranski

1945년 독일에서 태어나 프랑크푸르트대학에서 철학, 독일문학, 역사를 전공하고 1976년에 박사학위를 받았다. 독일펜PEN클럽 회원이자 독일언어및문학아카데미Deutsche Akademie für Sprache und Dichtung의 회원으로 활동하고 있다. 2002년부터 10년 동안 철학자 페터 슬로터다이크Peter Sloterdijk와 함께 독일 공영방송 ZDF에서 '철학 사중주'를 진행했으며, 2012년부터 베를린자유대학 철학과 명예교수로 재직 중이다.

2000년 프리드리히 니체 상을, 2006년에는 '벨트 문학상'과 '프리드리히 횔덜린 상'을 수상했고, 2009년에는 '코리네 상'과 독일 1급 공로십자훈장을, 2011년에는 '알고이 철학상'을, 2014년에는 '요제프 피퍼 상'과 '토마스 만 상'을 수상했다.

주요 저서로는 사상사 평전의 최고 작품으로 꼽히는 『E. T. A. 호프만』, 『쇼펜하우어』, 『프리드리히 니체』, 『괴테와 실러』, 『괴테』 등과 『인간은 얼마만큼의 진실을 필요로 하는가?』, 『악 또는 자유의 드라마』, 『인간은 얼마나 많은 세계화를 감당할 수 있는가?』, 『낭만주의』, 『시간』 등이 있다.

옮긴이 **박민수**

연세대학교 독어독문학과를 졸업하고 동 대학교 대학원에서 실러 미학에 관한 논문으로 석사 학위를 받았다. 이후 독일 베를린 자유대학교에서 독문학과 철학을 공부했으며 '바움가르텐, 람베르트, 칸트, 실러, 헤겔의 미학에서 미적 가상의 복안'이라는 주제로 박사 학위를 받았다. 현재는 한국해양대학교 국제해양문제연구소에 인문한국 교수로 재직하고 있다. 주요 논문으로 〈미와 현상에서의 자유〉, 〈풍경과 모던의 예술〉, 〈미적 경험과 좋은 삶 – 마르틴 젤의 미학에 대하여〉, 〈들뢰즈의 사건 철학과 문학〉, 〈정치와 미학 그리고 예술 – 랑시에르의 사상에 관하여〉, 〈고트프리트 뵘의 이미지론〉 등이 있으며, 2015년 대한민국학술원 우수학술도서로 선정된 《해항도시와 초국경 네트워크》(공저)와 2016년 세종도서 교양부문 선정도서 《고전 콘서트》(공저), 《바움가르텐의 〈미학〉 읽기》, 《가상: 미학의 개념》을 썼다. 옮긴 책으로는 《세계 철학사》, 《데리다 – 니체, 니체 – 데리다》, 《우리의 포스트모던적 모던》, 《곰브리치 세계사》, 《이것이 완전한 국가다》, 《자성록 – 마르쿠스 아우렐리우스 명상록》, 《아그네스》, 《희미한 풍경》, 《크라바트》, 《만들어진 나!》 등과 꿈결 클래식 《데미안》, 《젊은 베르터의 고뇌》, 《변신》이 있다.

• 옮긴이 박민수는 이 책의 마지막 교정을 마치고 안타깝게도 세상을 떠났습니다. 그가 심혈을 기울여 번역한 이 책이 "세종도서 교양부문"에 선정된 것은 그동안의 번역작업에 대한 마지막 선물이라고 믿습니다. 삼가 고인의 명복을 빕니다.